L'Espagne

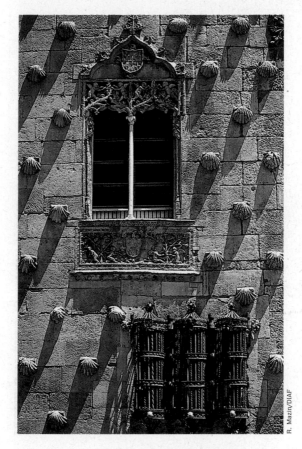

« J'ai des souvenirs de mon enfance, j'ai
des images de lumière et de palmiers,
... des images de grises oliveraies
sous un soleil torride qui étourdit et aveugle,
et de montagnes bleues et dispersées
sous les rougeurs d'un soir immense. »

Antonio Machado
Champs de Castille

D1027655

Éditions du Voyage

46, avenue de Breteuil – 75324 Paris Cedex 07
☎ 01 45 66 12 34
www.michelin-travel.com

Manufacture française des pneumatiques Michelin

Société en commandite par actions au capital de 2 000 000 000 de francs
Place des Carmes-Déchaux – 63000 Clermont-Ferrand (France)
R.C.S. Clermont-Fd B 855 200 507

© Michelin et Cie, Propriétaires-éditeurs, 1997
Dépôt légal juin 2000 – ISBN 2-06-000028-9 – ISSN 0293-9436

Printed in the EU 05-00/1

Compogravure : MAURY Imprimeur S.A., Malesherbes
Impression et brochage : CASTERMAN, Tournai.

Maquette de couverture extérieure : Agence Carré Noir à Paris 17ᵉ

LE GUIDE VERT,
l'esprit de découverte

Avec cette nouvelle collection LE GUIDE VERT, nous avons l'ambition de faire de vos vacances des moments passionnants et mémorables, d'accompagner votre découverte de nouveaux horizons, bref...de vous faire partager notre passion du voyage. Voyager avec LE GUIDE VERT, c'est être acteur de ses vacances, profiter pleinement de ce temps privilégié pour découvrir, s'enrichir, apprendre au contact direct du patrimoine culturel et de la nature.

Le temps des vacances avec LE GUIDE VERT, c'est aussi la détente, se faire plaisir, apprécier une bonne adresse pour se restaurer, dormir, ou se divertir. Explorez notre sélection !

Alors, plongez vite dans LE GUIDE VERT à la découverte de votre prochaine destination de voyage. Partagez avec nous cette ouverture sur le monde qui donne au temps des vacances, son sens, sa substance et en définitive son véritable esprit.

L'esprit de découverte

Jean-Michel Dulin
Rédacteur en Chef

Sommaire

Villes et curiosités 57

R. Mazin/DIAF

Pèlerin comme saint Jacques..

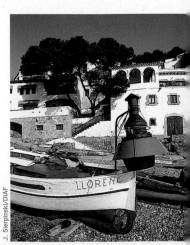

J. Sierpinski/DIAF

Embarqueras-tu à Begur ?

Iras-tu méditer à Grenade ?

Ou voir une corrida à Séville ?

Y. Travert/DIAF

G. Guittot/DIAF

Cartographie

LES PRODUITS COMPLÉMENTAIRES AU GUIDE

Carte Michelin n° 990

– à l'échelle 1/1 000 000, elle permet de se rendre aisément d'un point à l'autre de la péninsule Ibérique.

Cartes Michelin nᵘˢ 441, 442, 443, 444, 445 et 446

– cartes à 1/400 000 donnant le détail du réseau routier espagnol et faisant apparaître tous les sites et monuments isolés décrits dans le Guide Vert

– répertoire des localités

Atlas Michelin Espagne Portugal

– à 1/400 000, regroupant les cartes énumérées ci-dessus

– répertoire des localités et plans de 49 villes et agglomérations

ainsi que le plan de Madrid n° 42 à 1/12 000

... et pour se rendre en Espagne

Atlas routier Michelin Europe

– toute l'Europe à 1/1 000 000 présentée en un seul volume

– les grands axes routiers et 70 plans d'agglomération ou cartes d'environs.

– la réglementation routière appliquée dans chaque pays

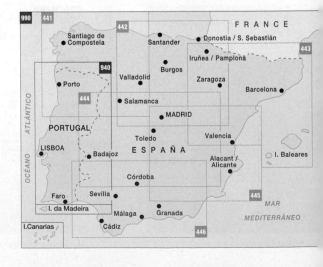

INDEX CARTOGRAPHIQUE

Votre guide

Ce guide a été conçu pour vous aider à tirer le plus grand profit de votre voyage en Espagne. Il est présenté en quatre grands chapitres : Introduction au voyage, Villes et curiosités, Les îles et Renseignements pratiques, complétés par une sélection attentive de cartes et de plans.

● Les cartes générales, en pages 6 à 11, ont été conçues pour vous aider à préparer votre voyage. La carte des **Principales curiosités** repère les sites de plus grand intérêt, celle des **Itinéraires de visite** vous suggère des circuits et des étapes.

Avant de commencer votre voyage, permettez-nous de vous recommander la lecture de l'**Introduction**, qui vous donne des informations pour mieux comprendre l'histoire, l'art, la culture, les traditions et la gastronomie de l'Espagne.

● La partie **Villes et Curiosités** répertorie les principaux centres d'intérêt touristique de l'Espagne continentale. Pour faciliter l'orientation du voyageur sur place, nous avons privilégié la langue de chaque communauté autonome dans les chapitres descriptifs.

● La partie **Les îles** mentionne de la même façon les sites et monuments les plus caractéristiques des archipels des Baléares et des Canaries.

● Toutes les informations à caractère pratique, adresses, transports, fêtes..., sont regroupées dans la partie **Renseignements pratiques**. Le chapitre Conditions de visite précise les horaires de visite et tarifs d'entrée appliqués au moment de la rédaction du guide dans les monuments signalés par le symbole ⊙ dans les chapitres descriptifs.

● Pour certaines grandes villes, un **Carnet d'adresses** vous propose une sélection d'hôtels et de restaurants, classés en trois catégories et par ordre croissant de prix.

Si vous avez des commentaires ou des suggestions à nous proposer, nous sommes à votre disposition sur notre site Web : www.michelin-travel.com.

Bon voyage !

F. Bouillot/MARCO POLO

Légende

★★★ Vaut le voyage

★★ Mérite un détour

★ Intéressant

Curiosités

⊙ Conditions de visite en fin de volume

◎ → Itinéraire décrit Départ de la visite

Église – Temple

Synagogue – Mosquée

Bâtiment

■ Statue, petit bâtiment

† Calvaire

◎ Fontaine

Rempart – Tour – Porte

►► Si vous le pouvez : voyez encore…

AZ B Localisation d'une curiosité sur le plan

🛈 Information touristique

Château – Ruines

Barrage – Usine

Fort – Grotte

Monument mégalithique

Table d'orientation – Vue

▲ Curiosités diverses

Sports et loisirs

Hippodrome

Patinoire

Piscine : de plein air, couverte

Port de plaisance

Refuge

Téléphérique, télécabine

Chemin de fer touristique

Sentier balisé

◆ Base de loisirs

Parc d'attractions

Parc animalier, zoo

Parc floral, arboretum

Parc ornithologique, réserve d'oiseaux

Autres symboles

Autoroute ou assimilée

❶ ❶ Échangeur : complet, partiel

Rue piétonne

Rue impraticable, réglementée

Escalier – Sentier

Gare – Gare routière

Funiculaire – Voie à crémaillère

Tramway – Métro

…ert (R.)… Rue commerçante sur les plans de ville

Poste restante – Téléphone

Marché couvert

Caserne

Pont mobile

Carrière – Mine

B F Bacs

Transport des voitures et des passagers

Transport des passagers

③ Sortie de ville identique sur les plans et les cartes MICHELIN

Abréviations et signes particuliers

D Conseil provincial (Diputación)

G Délégation du gouvernement (Delegación del Gobierno)

H Hôtel de ville (Ayuntamiento)

J Palais de justice (Palacio de Justicia)

M Musée (Museo)

POL. Police (Policía)

T Théâtre (Teatro)

U Université (Universidad)

a Hôtel

🅟 Parador (établissement hôtelier géré par l'état)

Principales curiosités

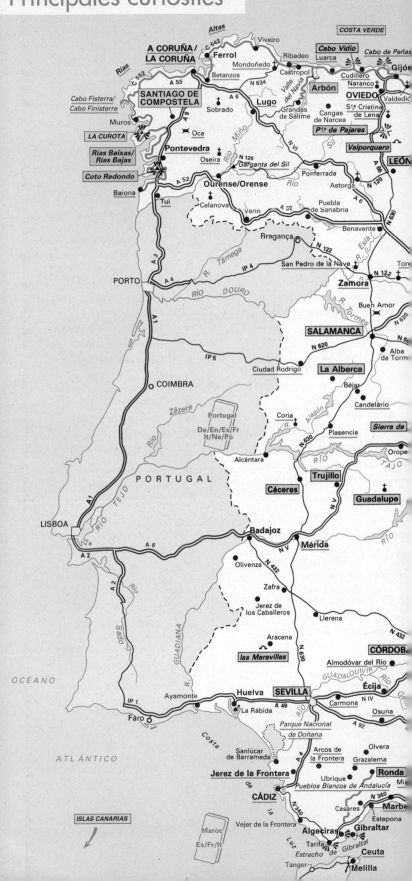

Itinéraires de visite

- Rías Altas ★
- Ferrol
- ★A CORUÑA / LA CORUÑA
- Betanzos ★
- Ribadeo
- N 634
- Na
- ★★★ SANTIAGO DE COMPOSTELA
- A 9
- A 6
- R. Navia
- C
- R. Miño
- N VI
- Ponferrada
- R. Sil
- Astor
- Rías Baixas ★★ / Rías Bajas
- Pontevedra ★
- N 120
- VIGO
- N 120
- Ourense/Orense
- ★Baiona
- A 3
- Tui ★
- A 52
- Bragança
- San Ped de la Na
- ★Za
- PORTO
- A 4
- R. Tâmega
- IP 4
- Buer
- RÍO DOURO
- A 1
- IP 5
- ★★★ SALAMA
- N
- Ciudad Rodrigo ★
- SA
- COIMBRA
- R. Zêzere
- ★La Alberca
- C 526
- P O R T U G A L
- ★Coria
- R. Alagón
- Plase
- N 630
- RÍO
- ★★Cáceres
- A 1
- LISBOA
- RÍO TEJO
- A 6
- N V
- Mérida ★
- A 2
- A 2
- N V
- N 630
- N 432
- Río Sado
- GUADIANA
- R.
- GUADAL
- IP 1
- ★★★ SEVILLA
- Faro
- A 49
- Carr
- RÍO
- A 4
- ★Arcos de la Fronte
- ★Jerez de la Frontera
- Puertos Blancos
- OCÉANO
- ★CÁDIZ
- Medina – Sidonia
- Cas
- ATLÁNTICO
- N 340
- Estrecho de
- Tanger

COSTA VERDE ★★★

Gijón
Ribadesella
★★ Santillana del Mar
SANTANDER ★
Costa de Cantabria ★
Costa Vasca ★★
DONOSTIA / S. SEBASTIÁN ★

Valdediós
OVIEDO
Covadonga
Laredo
N 634
BILBO / BILBAO
GASTEIZ / VITORIA
A 8
BIARRITZ

N 32
N 120

PICOS DE EUROPA ★★★

S. Miguel de Escalada ★
LEÓN ★★
Carrión de Los Condes
★★ Frómista
BURGOS
Sto Domingo de la Calzada
Lizarra / Estella
Puente la Reina
IRUÑEA / PAMPLON
Leyre
Leyre

N 611
N 620
N 610
N 632
A 6
N 501
N 234

Palencia
Covarrubias ★
Sto Domingo de Silos ★★
Nájera
S. Millán de la Cogolla
Los Arcos
Sangüesa
Olite
Sos del Católi
La Oliva ★

VALLADOLID
N 122
Toro
Tordesillas
N 122
Peñaranda de Duero ★
Peñafiel
Soria ★
Tarazona
Tudela ★
Veruela ★★

Medina del Campo
Coca ★★
SEGOVIA
N 110
Sigüenza ★
Sta María de Huerta ★★
ZARAGOZ

★★ Valle de los Caídos
La Granja de San Ildefonso ★★
Sierra de Guadarrama
Guadalajara

Alba de Tormes
Ávila ★★
★★ Sierra de
Candelario
EL ESCORIAL ★★
Alcalá de Henares ★
MADRID ★★★
Ciudad Encantada ★

Arenas de S. Pedro
S. Martín de Valdeiglesias
el Águila
★★ TOLEDO
Aranjuez ★★
N 400
Cuenca ★★

Guadalupe ★★
Uclés ★
N III
Belmonte ★
Arcón ★
Alarcón ★

Almagro ★
Convento de Calatrava la Nueva

Andújar
Úbeda ★★
Sª de Cazorla ★★
MURCIA

★★ CÓRDOBA
Écija
Jaén
Baeza ★★
Cazorla

GRANADA ★★★
Guadix
La Calahorra

Ronda ★★
★★ Nerja
Lanjarón
Alpujarras
ALMERÍA ★

MÁLAGA ★★
Mijas ★
Marbella ★
Costa del Sol
Ceuta
MELILLA

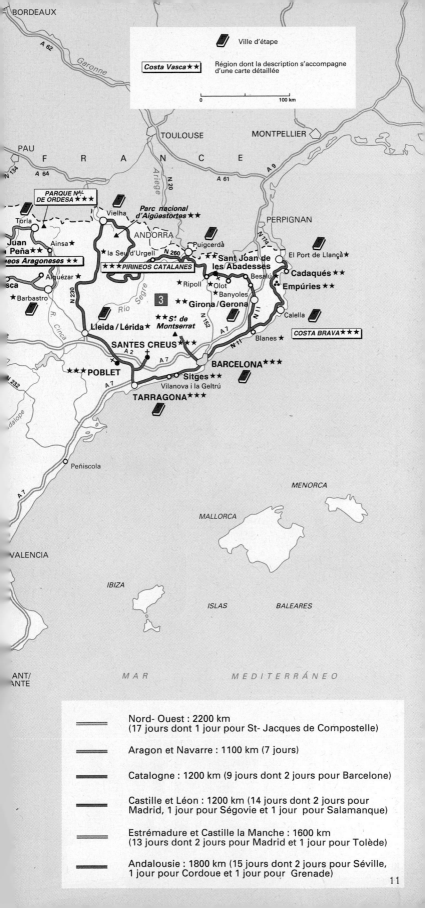

Ville d'étape

Costa Vasca ★★   Région dont la description s'accompagne d'une carte détaillée

0   100 km

BORDEAUX

A 62

Garonne

TOULOUSE   MONTPELLIER

PAU   F   R   A   N   C   E

N 134   A 64   A 9

Ariège   A 61

N 20

PERPIGNAN

PARQUE N^{AL} DE ORDESA ★★★

Vielha   **Parc nacional d'Aigüestortes** ★★

Torla   ANDORRA

Ainsa ★   Puigcerdà   El Port de Llançà ★

Juan Peña ★★   la Seu d'Urgell   ★★**Sant Joan de les Abadesses**

eos Aragoneses ★★   ★★★ **PIRINEOS CATALANES**   Besalú   **Cadaqués** ★★

Alquézar ★   ★ Ripoll   Olot   **Empúries** ★★

sca   Banyoles

★ Barbastro   Río Segre   ★★ **Girona/Gerona**

R. Cinca   N 152   Calella

Lleida/Lérida   ★★ **St de Montserrat**   N II

N 230   **COSTA BRAVA** ★★★

SANTES CREUS   Blanes

A 2   A 7   **BARCELONA** ★★★

★★★ POBLET

A 7   **Sitges** ★★

Vilanova i la Geltrú

TARRAGONA ★★★

Peñíscola

N 232

A 7

MENORCA

VALENCIA   MALLORCA

IBIZA

ISLAS   BALEARES

ANT/ ANTE

MAR   MEDITERRÁNEO

Nord- Ouest : 2200 km
(17 jours dont 1 jour pour St- Jacques de Compostelle)

Aragon et Navarre : 1100 km (7 jours)

Catalogne : 1200 km (9 jours dont 2 jours pour Barcelone)

Castille et Léon : 1200 km (14 jours dont 2 jours pour
Madrid, 1 jour pour Ségovie et 1 jour pour Salamanque)

Estrémadure et Castille la Manche : 1600 km
(13 jours dont 2 jours pour Madrid et 1 jour pour Tolède)

Andalousie : 1800 km (15 jours dont 2 jours pour Séville,
1 jour pour Cordoue et 1 jour pour Grenade)

11

Statue équestre de Philippe III, sur la Plaza Mayor de Madrid

Introduction
au voyage

Politique et Administration

La Constitution espagnole, approuvée en octobre 1976 par les Cortes (Assemblée et Sénat) et adoptée par référendum le 6 décembre 1978, définit la forme politique de l'État espagnol comme une monarchie parlementaire ; la souveraineté nationale réside dans le peuple espagnol. Un **chef de l'État**, incarné dans la personne du roi, des **Cortes Generales** et un **gouvernement** sont les figures représentatives de ce système politique. Le roi dispose de pouvoirs importants : désignation du président du gouvernement, convocation et dissolution des Cortes, mais l'exercice du pouvoir réel revient au Premier ministre. Les Cortes, qui représentent le peuple espagnol, sont élues au suffrage universel tous les quatre ans ; elles disposent du pouvoir législatif et sont divisées en deux chambres : la **Chambre des députés**, composée d'un minimum de 300 membres et d'un maximum de 400, et le **Sénat**. Le gouvernement exerce la fonction exécutive par l'intermédiaire d'un président du gouvernement (ou Premier ministre), de vice-présidents et de ministres. Le pouvoir judiciaire, dont l'organe supérieur est le Tribunal Suprême, est un pouvoir indépendant déposé entre les mains de juges et de magistrats.

Du point de vue territorial, l'Espagne est organisée en municipalités, provinces et communautés autonomes.

ORGANISATION ADMINISTRATIVE

Les divisions administratives de l'Espagne sont :

– **Les communautés** : l'Espagne est divisée en 17 communautés autonomes. Celles-ci peuvent être constituées d'une seule province (uniprovinciales) ou de plusieurs (pluriprovinciales). Chacune dispose de son propre gouvernement, avec un conseil exécutif et une assemblée législative élue au suffrage universel ; un Président de communauté, élu tous les quatre ans, la dirige. Le transfert de pouvoirs des ministères centraux (le pouvoir central conserve la Défense, les Relations extérieures et la politique économique concernant l'ensemble du pays) vers les organismes autonomes est un processus encore inachevé, mais le régime d'autonomie que connaît l'Espagne est l'un des plus avancés d'Europe, chaque communauté ayant vu entre autre sa langue propre reconnue comme langue officielle au même titre que le castillan.

– **Les provinces** : la recherche d'une meilleure efficacité administrative a conduit les gouvernements d'Isabelle II (au 19e s.) à créer la première division du territoire en provinces. Actuellement, l'Espagne compte 50 provinces, regroupées en communautés.

– **Les municipalités** : il s'agit de la plus petite division territoriale et aussi de la mieux enracinée historiquement ; chacune est dirigée par un conseil municipal, à la tête duquel se trouve un maire, élu pour quatre ans.

Dans le cadre de cette organisation administrative, les communautés et les municipalités sont les organismes qui disposent des plus grands pouvoirs de gestion du territoire.

Régions et paysages

L'Espagne continentale partage avec le Portugal la péninsule Ibérique (581 000 km²) que les Pyrénées séparent du reste du continent européen. Sa superficie, 505 000 km² avec les Baléares et les Canaries, la place au 4e rang européen après la Russie, l'Ukraine et la France. Sa population approche les 40 millions d'habitants. Par son isolement, par les contrastes de son relief et les excès de son climat, l'Espagne, dont l'extrémité Sud se trouve à moins de 15 km de l'Afrique, tient une place originale en Europe.

Un pays montagneux – L'altitude moyenne du pays est de 650 m et 1/6 s'élève à plus de 1 000 m avec, pour point culminant, le Mulhacén (3 482 m), dans la sierra Nevada.

Le trait dominant de la péninsule est l'existence en son centre d'un immense plateau, la **Meseta**, socle hercynien entre 600 et 1 000 m légèrement incliné vers l'Ouest, et encerclé de longues barrières montagneuses qui l'isolent des régions côtières. Toutes sont la conséquence du plissement alpin : la **cordillère Cantabrique** au Nord-Ouest, prolongement des Pyrénées, la **cordillère Ibérique** au Nord-Est et la **sierra Morena** au Sud. D'autres massifs se dressent çà et là sur la Meseta, ils correspondent à des sortes de bourrelets du massif ancien avec les sierras de **Somosierra**, de Guadarrama, de **Gredos**, la **Peña de Francia** et les monts de Tolède. À la périphérie se trouvent les massifs les plus élevés : au Nord les **Pyrénées** et, au Sud, les **chaînes Bétiques** (qui comprennent la **sierra Nevada**) ainsi que deux vastes dépressions : celle de l'Èbre et celle du Guadalquivir.

Des climats variés – La grande diversité des paysages en Espagne provient aussi de la variété des climats auxquels la péninsule est soumise : **continental** sur la Meseta avec des écarts de température énormes entre l'été caniculaire et l'hiver glacial ; **doux et très humide** sur la côte Nord où la brume se transforme bien souvent en crachin ; et **méditerranéen** sur la côte orientale et méridionale. Ce climat devient quasiment désertique dans la région d'Almería.

Pour chaque région décrite ci-dessous, nous donnons les communautés autonomes qui leur correspondent, avec leurs provinces (ou la capitale quand il n'y a pas de province) - voir carte du découpage administratif p. 14, où les noms sont en espagnol.

ESPAGNE ATLANTIQUE

Pays Basque (Euskadi)

Provinces : Álava, Guipúzcoa, Vizcaya (Biscaye)
Superficie : 7 261 km²
Population : 2 109 009 h

Galice

Provinces : La Corogne, Lugo, Orense, Pontevedra
Superficie : 29 500 km²
Population : 2 720 445 h

Cantabrie

Capitale : Santander
Superficie : 5 282 km²
Population : 530 281 h

Principauté des Asturies

Capitale : Oviedo
Superficie : 10 565 km²
Population : 1 098 725 h

Pays Basque, Cantabrie, Asturies : des allures de Suisse maritime – Une chaîne montagneuse, surgie au tertiaire, facteur d'homogénéité entre ces provinces côtières, ourle le Nord de la Meseta. Soudées aux contreforts pyrénéens, les **montagnes basques**, de calcaire secondaire, culminent à 1 500 m, tandis qu'à l'Ouest la **cordillère Cantabrique** forme une imposante barrière qui a valu à la province de Cantabrie le nom de *montaña*. Dans les **pics d'Europe**, à moins de 50 km de la mer, cette barrière s'élève à plus de 2 500 m.

Le **Pays Basque** frappe par ses vallonnements dans lesquels se nichent des villages et des fermes isolées à l'architecture très particulière avec leur large façade blanchie à chaux et décorée de colombages.

En **Cantabrie** et dans les **Asturies**, le moyen pays, coincé entre l'océan et la montagne, est très accidenté. Les routes s'y faufilent au creux de vallons encaissés parmi les grasses prairies, les pommiers à cidre, les champs de maïs, de fèves et de haricots. Beurres et laitages sont produits en abondance, surtout en Cantabrie. La silhouette trapue des séchoirs à grains *(hórreos)* caractérise les villages asturiens. La côte déchancrée en rias domine souvent la mer par de courtes falaises. Ce littoral, surtout dans la province de Cantabrie, bénéficie de belles plages.

Galice – Cette région isolée, tendue vers l'océan, rappelle la Bretagne française. Son territoire est un massif granitique érodé très ancien, disloqué et rajeuni par le contrecoup du plissement alpin. Si ce massif atteint en quelques points les 2 000 m (Peña Trevinca : 2 124 m), son altitude moyenne ne dépasse pas 500 m.

Ses côtes sont découpées en rias profondes et plus peuplées que l'intérieur. C'est la première région d'Espagne pour la pêche (morue, sardine, colin, thon, mollusques et crustacés), destinée en grande partie à la conserverie. Les autres industries

importantes sont celle du bois et la construction navale dans les rias de Ferrol et Vigo. L'intérieur du pays est essentiellement tourné vers l'agriculture. Dans les champs morcelés, la polyculture est la règle générale (maïs surtout, pommes de terre, seigle, vigne, herbages). La province d'Orense exporte de la viande bovine.
Le climat est franchement océanique : températures douces (moyenne annuelle : 13°) et de faible amplitude et pluies abondantes.

LES RÉGIONS DES PYRÉNÉES ET DE L'ÈBRE

Aragon

Provinces : Huesca, Saragosse, Teruel
Superficie : 47 669 km²
Population : 1 221 546 h

Navarre

Capitale : Pampelune
Superficie : 10 421 km²
Population : 523 563 h

La Rioja

Capitale : Logroño
Superficie : 5 034 km²
Population : 267 943 h

Les Pyrénées – Le **haut Aragon** correspond aux Pyrénées centrales – vallées intérieures et piémont – avec leurs paysages grandioses et encaissés, leurs villages en pierre de taille et toits d'ardoise. Cette région vit de l'agriculture, autour de Huesca, et de l'élevage dans les vallées. Industries à Saragosse.

En **Navarre**, les Pyrénées, arrosées par les pluies atlantiques, s'abaissent régulièrement de 2 504 m au pic d'Anie à 900 m dans la montagne de la Rhune. À l'Est de Roncevaux, vers l'Aragon, l'aspect est plus montagnard, le tapis forestier et l'habitat (ardoises et pierre) accusent la sévérité du climat. À l'Ouest de Roncevaux, la parenté avec les provinces basques est évidente : pays morcelés où alternent les pâturages et les champs de maïs, maisons aux toits de tuile et aux façades blanchies à colombage. Au contact de la montagne et du bassin de l'Èbre s'alignent les sierras calcaires d'Andia, d'Urbasa, de Navascues et de Leyre.

Dépression de l'Èbre – C'est un ancien golfe marin comblé, au sol argileux. Les terrasses de part et d'autre du fleuve sont d'un ravinement prononcé, accentué dans le désert des Monegros en Aragon par des affleurements salins. Heureux contraste, le fond de la vallée se transforme, grâce à l'irrigation, en une huerta verdoyante.

En **Navarre**, la Cuenca ou bassin de Pampelune est surtout céréalière. La **Ribera** occidentale fait suite à la célèbre **Rioja**, comme elle région viticole, tandis que la Ribera orientale, autour de Tudela, est devenue grâce à l'irrigation un véritable jardin potager où asperges, artichauts et piments entretiennent une conserverie prospère.

Cordillère Ibérique – Dans l'**Aragon méridional**, les collines d'argile qui bordent le bassin de l'Èbre à hauteur de Piedra, Daroca ou Alcañiz sont couvertes de vignes et d'oliviers. Villages de brique ou de pierre ocre et buttes ravinées s'y confondent dans le même ton fauve. Les plateaux entourant Teruel font partie de la lourde carapace des **Montes Universales**, un des grands châteaux d'eau de l'Espagne, où naissent le Guadalaviar, le Turia, le Júcar et le Tage.

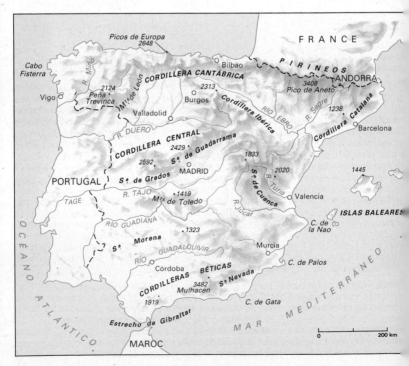

LA MESETA

Castille et Léon

Provinces : Avila, Burgos, Léon, Palencia,
Ségovie, Salamanque, Soria,
Valladolid, Zamora
Superficie : 94 147 km²
Population : 2 562 979 h

Communauté autonome de Madrid

Capitale : Madrid
Superficie : 7 995 km²
Population : 5 030 958 h

Castille-la Manche

Provinces : Albacete, Ciudad Real,
Cuenca, Guadalajara,
Tolède
Superficie : 79 226 km²
Population : 1 651 833 h

Estrémadure

Provinces : Badajoz, Cacérès
Superficie : 41 602 km²
Population : 1 056 538 h

La Meseta représente 40 % de la superficie de la péninsule Ibérique. Elle se caractérise par ses horizons démesurés que rien ne vient interrompre, sauf, çà et là, quelque village aux tons terreux, tassé autour de son château fort, et la ligne à peine marquée des « **páramos** » (hauteurs calcaires dépourvues de végétation).

La Meseta septentrionale – La région de Castille et Léon (ou Vieille-Castille), au Nord, correspond presque entièrement au bassin du Douro, à près de 1 000 m d'altitude. Elle est cernée de montagnes : monts de Léon au Nord-Ouest, cordillère Cantabrique au Nord, cordillère Ibérique à l'Est et cordillère Centrale au Sud-Est. Les sédiments tertiaires de la Meseta n'opposant pas tous la même résistance à l'érosion ont formé ici de larges vallées aux terrasses semées de buttes-témoins, là d'étroits canyons, ailleurs des collines doucement ondulées, mais ces variations n'affectent pas la physionomie générale du plateau, aux vastes horizons, aux villages dispersés sur une terre que l'on sent peu occupée. Partout domine la culture des céréales : blé sur les meilleures terres, avoine et seigle ailleurs. Seules les pénéplaines du Sud-Ouest, vers Salamanque, sont consacrées à l'élevage (moutons, taureaux de combat).

La Meseta méridionale – Elle comprend l'ensemble de Madrid-Castille-la Manche (ou Nouvelle-Castille) et l'Estrémadure. Elle a l'allure d'un vaste plateau légèrement incliné vers l'Ouest qu'arrosent deux grands fleuves : le Tage, qui découpe dans la carria calcaire un profond sillon, et le paresseux Guadiana. La surface du plateau est plus uniforme qu'en Castille et Léon. L'altitude moyenne reste inférieure à 700 m entre 800 à 1 000 m au Nord. La sécheresse s'y fait énormément sentir en été, et le nom de **Manche** provient du mot arabe *manxa* qui signifie « terre sèche ». Le regard survole des champs mouvants de céréales, des plans de safran violacés à la floraison, les alignements parfaits d'oliviers et de vignes, car cette région est le premier « vignoble de masse » en Espagne avec les crus de Manzanares et de Valdepeñas. C'est aussi le pays du fameux fromage de la Manche, le *queso manchego*.

1

Tandis que les monts de Tolède aplanis et pour ainsi dire inhabités isolent le bassin du Tage et du Guadiana, les autres massifs se situent à la périphérie : la **cordillère Centrale** au Nord (sierras de Gredos et de Guadarrama), la **sierra Morena** au Sud ; au Nord-Est, la **serranía de Cuenca**, sorte de causse creusé de dolines (*torcas*), entaillé de défilés (*hoces*) ; plus au Nord, la **Alcarria**, creusée de profonds sillons d'érosion que suivent le Tage et ses affluents et où se réfugient les villages. Ici, sur le haut des versants, une végétation buissonnante d'essences aromatiques (thym, romarin, lavande, marjolaine) favorise l'élaboration d'un miel réputé.

Au Sud-Ouest, en **Estrémadure**, le socle hercynien affleure sous forme de schistes et de granit nivelés à 400 m d'altitude environ. Ces immenses plateaux sont voués à l'élevage des brebis et se vident l'été en raison de la transhumance. Le chêne-liège fournit un supplément de revenus de même que le traditionnel élevage des porcs. La population se concentre le long des cours d'eau et l'irrigation permet des cultures variées : tabac, coton, blé et cultures maraîchères. Le plan Badajoz qui régularise le cours du Guadiana par une succession de barrages a permis un important reboisement et le développement de cultures de haute rentabilité : maïs, tournesol, cultures maraîchères et surtout cultures fourragères.

RÉGIONS MÉDITERRANÉENNES

Catalogne

Provinces : Barcelone, Gérone, Lérida, Tarragone
Superficie : 31 930 km²
Population : 6 115 579 h

Communauté valencienne

Provinces : Alicante, Castellón, Valence
Superficie : 23 305 km²
Population : 3 923 841 h

Région de Murcie

Capitale : Murcie
Superficie : 11 317 km²
Population : 1 059 612 h

Îles Baléares

Capitale : Palma
Superficie : 5 014 km²
Population : 745 944 h

Catalogne – Triangle situé entre la frontière française, l'Aragon et la Méditerranée la Catalogne présente des visages très divers. Au Nord, la partie orientale de la chaîne des Pyrénées, d'Andorre jusqu'au cap Creus, verdoyante et boisée, possède des sommets dépassant 3 000 m. La **Costa Brava**, entre la France et Barcelone, rocheuse et découpée, bénéficie du climat méditerranéen, comme la **Costa Dorada** au Sud aux immenses plages de sable. L'intérieur, séparé de la côte par les sierras catalanes, plus aride, connaît des hivers rigoureux. Les contreforts des Pyrénées lui confèrent un paysage semblable à celui des sierras aragonaises. Au Sud du triangle, la basse vallée de l'Èbre et son delta sont cultivés et bordés de collines. Fertile (céréales, vigne, oliviers, cultures maraîchères et fruitières), la Catalogne est cependant essentiellement une région industrielle dont l'activité se groupe autour de Barcelone.

Le Levant – Comprenant la région de Valence et celle de Murcie, il est constitué par une étroite plaine alluviale qui s'étend entre la Méditerranée et les derniers jalons des massifs intérieurs (cordillère Ibérique au Nord, chaînes Bétiques au Sud).

Benidorm

La côte, nommée **Costa del Azahar** près de Valence et **Costa Blanca** autour d'Alicante et de Murcie, se compose de dunes et cordons littoraux formant des lagunes et des étangs.

Le climat est méditerranéen avec une sécheresse plus accentuée qu'ailleurs. La pluie ne tombe guère qu'en automne faisant alors déborder les fleuves. La végétation naturelle (oliviers, caroubiers, amandiers, vigne) a été peu à peu remplacée grâce à un extraordinaire système d'irrigation par canaux (*acequias*) développé depuis l'Antiquité. C'est le domaine des **huertas** où le paysage se métamorphose sous la végétation luxuriante des agrumes (plantations d'orangers entre Castellón et Denia et de citrons près de Murcie) ou des cultures maraîchères. Dans le Sud apparaissent les palmeraies (Elche, Orihuela), et dans les zones marécageuses on cultive le riz. En raison de leur fertilité, les huertas comptent parmi les zones les plus peuplées d'Espagne.

Le tourisme connaît sur cette côte un essor fulgurant avec des stations comme Benidorm.

Les Baléares – Cet archipel comprend deux groupes d'îles : d'une part Majorque et Minorque, d'autre part Ibiza et Formentera appelées dans l'Antiquité les **Pityuses**.

Les reliefs calcaires dont le point culminant n'atteint pas 1 500 m ont des origines diverses. Ibiza et Majorque sont le prolongement de la cordillère Bétique andalouse tandis que le plateau de Minorque appartient à un massif englouti d'où émergent encore la Corse, la Sardaigne et les cordillères catalanes.

L'abondance de la végétation, favorisée par les pluies automnales, n'est pas l'un des moindres charmes de ces îles du soleil. On appréciera l'ombrage des pinèdes le long des côtes accidentées et celui des genévriers et des chênes en haut des versants. Dans la plaine, les amandiers, les figuiers et les oliviers mêlent leurs feuillages.

Nulle monotonie dans les trois grandes Baléares qui présentent cependant le même contraste entre le calme des hautes terres intérieures et l'animation touristique qui règne sur la côte baignée d'une eau merveilleusement limpide.

ANDALOUSIE

Provinces : Almería, Cadix, Cordoue, Grenade, Huelva, Jaén, Malaga, Séville

Superficie : 87 268 km²
Population : 7 040 627 h

Ancienne Bétique des Romains, puis Al-Andalus des Arabes, l'Andalousie comprend des régions physiques très diverses. Elle a cependant une personnalité très marquée par son habitat, ses villages ou quartiers anciens, aux rues bordées de maisons blanches ornées de grilles en fer forgé s'entrouvrant sur de frais patios fleuris.

Sierra Morena – Cette chaîne de montagnes couverte d'un épais maquis de chênes, lentisques et arbousiers, et riche en ressources minières sépare la Meseta de l'Andalousie. La région de Jaén frappe par ses extraordinaires paysages formés d'alignements d'oliviers à perte de vue.

Dépression du Guadalquivir – Cet ancien golfe maritime quaternaire ouvert sur l'Atlantique est une des régions agricoles les plus riches d'Espagne : céréales, coton, oliviers, agrumes dans la plaine et, sur la côte : riz, élevage des taureaux de combat et culture de la vigne (région de Jerez). La métropole de cette région est Séville, la quatrième ville d'Espagne. Les paysages présentent de grandes étendues cultivées occupées par de grosses propriétés, les **fincas**.

Les chaînes Bétiques – La **sierra Nevada**, dont le plus haut sommet, le Mulhacén (3 482 m), est le point culminant de l'Espagne continentale, se prolonge à l'Ouest par la **serranía de Ronda** et la **sierra d'Ubrique**.

Sur la côte (**Costa del Sol**), extrêmement touristique malgré le climat quasiment désertique, l'irrigation a permis de développer des cultures d'agrumes, de fruits et de primeurs.

Michelin sur Internet
Accès : www.michelin-travel.com.
Produits tourisme Michelin, déclinés selon 4 rubriques :
- *le calcul d'itinéraires*
- *les ressources touristiques (avec hôtels et restaurants)*
- *le catalogue des produits Michelin*
- *la messagerie Michelin*

Jardins d'Espagne

Les jardins espagnols sont un témoignage de la richesse culturelle du pays et d'une fructueuse adaptation à sa diversité climatique. En Espagne, l'art des jardins, héritier de la tradition européenne qui s'enracine dans la culture gréco-romaine, s'est enrichi de façon décisive sous la domination musulmane.

D. Ball/DIAF

Le Generalife (14e s.), à Grenade. Les Arabes ont été d'authentiques maîtres de l'art du jardin. En dépit des transformations qu'il a connues au cours des siècles, le *Generalife* est le jardin arabe par excellence. Son extraordinaire situation fait de lui un splendide belvédère et, surtout, il conserve ce caractère intimiste et sensuel si caractéristique des jardins musulmans.

Le jardin arabe est une évocation du Paradis : un cadeau pour les sens, un ensemble harmonieux d'où est bannie toute grandiloquence. Rien n'est laissé au hasard, tout – couleurs des plantes et des fleurs, senteurs et eau, toujours omniprésente – est conçu pour créer la sérénité et l'envoûtement.

Le *Generalife* est structuré sur plusieurs niveaux, de sorte que les arbres d'un jardin ne gênent pas la vue d'un autre. Il s'agit, en définitive, d'une succession d'espaces et d'enceintes aménagés, traités chacun de façon spécifique mais de façon à s'intégrer dans un ensemble homogène. Éléments architecturaux et végétation, se reflétant dans les canaux, se fondent en parfaite symbiose.

J. Helsing/STOCK PHOTOS

La Granja (18e s.), à La Granja de San Ildefonso (province de Ségovie). Après son accession au trône d'Espagne, Philippe V, petit-fils de Louis XIV, jeta son dévolu sur ce beau site ségovien, au pied de la chaîne de Guadarrama, pour y réaliser ces magnifiques jardins baroques, destinés à lui rappeler ceux de Versailles où il avait passé son enfance. Le souverain fit de la *Granja* son refuge personnel.

Bien que l'inspiration de Versailles soit évidente, les différences le sont également. Les vastes perspectives versaillaises disparaissent nécessairement de la Granja, adossée à la montagne qui barre l'horizon. L'ordonnancement du jardin à la française perd ici sa rigidité en même temps que tout axe directeur. Il s'agit plus d'une succession de zones à caractère clairement indépendant, un peu dans le style arabe. Bien que diverses essences aient été apportées expressément de France, les paysagistes ont parfaitement réussi à s'adapter aux caractéristiques naturelles du lieu et à préserver cette apparence sylvestre qui lui confère un attrait indubitable. Fontaines et sculptures magnifiques, mises en scène sur ronds-points et avenues, surprennent le promeneur par leurs apparitions spectaculaires.

Pazo de Oca (18e-19e s.), à La Estrada (province de La Corogne). Le *pazo* est un type de construction galicienne très caractéristique du baroque. Ces villas opulentes à caractère rural se dressent sur des parcelles où coexistent le jardin de plaisir, le potager et les terres agricoles.

Le jardin de Pazo de Oca, le plus ancien de Galice, est un exemple splendide de jardin de l'Espagne humide. Il surprend par son intégration parfaite dans son environnement ; l'humidité climatique fait croître la végétation sur la pierre, créant ainsi une relation intime entre éléments architecturaux et végétaux. L'eau joue un rôle décisif et s'offre, retenue dans des fontaines ou en mouvement. C'est après une zone de parterres que s'ouvre dans son écrin d'arbres touffus la partie la plus belle, celle des deux étangs.

Un merveilleux pont de granit couvert de mousse, où des bancs ont été astucieusement placés pour permettre la contemplation du site, les sépare. Adossé au mur qui retient l'étang supérieur, il permet ainsi, d'un point de vue strictement architectural, de rattraper la différence de niveau entre les étangs. L'élément le plus représentatif et le plus connu du *pazo* se trouve dans l'étang inférieur : la barque de pierre, plantée d'hortensias, avec ses deux rameurs pétrifiés.

Tant à cause du climat que de la végétation, l'ensemble dégage une atmosphère indubitablement romantique.

A. de la Rosa

F. Bouillot/MARCO POLO

Jardin botanique de Marimurtra (20e s.), à Blanes (province de Gérone). Carlos Faust, homme d'affaires allemand installé sur la Costa Brava, fut le concepteur de ce jardin d'acclimatation, créé en 1921 à des fins scientifiques et pour permettre l'étude de la flore, l'identification et la conservation d'espèces végétales en voie d'extinction.

Le jardin occupe un emplacement privilégié, entre la montagne et la mer, situation qui permet au visiteur de profiter de vues magnifiques sur la côte.

Marimurtra est un exemple remarquable de jardin méditerranéen contemporain, où l'on a néanmoins procédé à l'acclimatation de nombreuses espèces exotiques en provenance de tous les continents. Il comporte un intéressant jardin de cactées, un beau jardin aquatique, ainsi que des collections de plantes médicinales, toxiques et aromatiques. Sa finalité scientifique n'a jamais fait obstacle au sens esthétique qui en a accompagné la création. Le seul élément architectural à fonction purement décorative est un petit pavillon situé en haut du bel escalier qui débouche face à la mer.

Actuellement, seul un tiers de Marimurtra est ouvert au public.

L'histoire

De l'Antiquité au royaume wisigothique

Avant J.-C. 11e-5e s.
Sur les côtes Est et Sud de l'Espagne, occupées respectivement par les **Ibères** et les **Tartessiens**, les Phéniciens et les **Grecs** d'Asie Mineure fondent des comptoirs. Les **Celtes**, peuple centreuropéen, pénètrent à partir du 9e s. et s'établissent à l'Ouest et sur la Meseta. Mêlés aux Ibères, ils forment la population **celtibère**.

3e-2e s.
Les **Carthaginois** dominent le Sud-Est de la péninsule après avoir vaincu les Grecs et les Tartessiens. La prise de **Sagonte** déclenche la deuxième guerre punique (218-201). Après avoir vaincu les Carthaginois, Rome commence la conquête de la péninsule espagnole (résistance à **Numance**).

1er s. avant J.-C. 1er s. après J.-C.
Les dernières provinces à être soumises, la Cantabrie et les Asturies, sont définitivement pacifiées en l'an 19. L'Espagne est alors appelée Iberia ou Hispania. Au 1er s., le christianisme pénètre dans la péninsule.

5e-6e s.
Aux premières invasions suèves et vandales succèdent les **Wisigoths** (411) qui réussissent à créer une monarchie puissante, dont la capitale est Tolède, et unifient la péninsule sous Leovigilde (en 584).

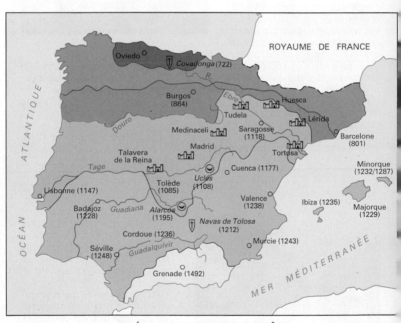

LES ÉTAPES DE LA RECONQUÊTE

Royaume des Asturies vers 750

Territoires reconquis
Vers 850 · Vers 1040 · Vers 1150 · Vers 1270 · Entre 1270 et 1492

Victoires chrétiennes · Victoires musulmanes · Places fortes musulmanes

L'Espagne musulmane et la Reconquête

8e s.
Après la **bataille de Guadalete**, en 711, les musulmans envahissent la péninsule et anéantissent le royaume wisigothique. Mais dès 722 la victoire de Pélage à **Covadonga** marque le début de la Reconquête qui va durer 7 siècles. Les premiers conquérants musulmans dépendaient du califat omeyade de Damas. En 756 **Abd-er-Rahman Ier** fonde à Cordoue un émirat indépendant.

9e s.
Repeuplement de terres vierges par les chrétiens.

10e s.
Essor de l'émirat de Cordoue. **Abd-er-Rahman III** l'érige en califat (929-1021) : période très florissante qui freine l'expansion des royaumes chrétiens. Au Nord des forteresses s'élèvent le long du Douro.

11e s.	L'Espagne se partage alors entre les royaumes de Léon, de Castille, de Navarre, d'Aragon et le comté de Barcelone. À la mort d'Al-Mansour (1002), le califat de Cordoue se désintègre (1031) en une vingtaine de **royaumes de taifas** (taifa : faction). Alphonse VI conquiert Tolède (1085) et la ligne du Tage se repeuple. Les rois des taifas font appel à la tribu des **Almoravides** qui domine rapidement une partie de l'Espagne. Le chemin de St-Jacques commence à être fréquenté. **Le Cid** conquiert Valence (1094).
12e s.	La formation des seconds royaumes de taifas favorise l'avance de la Reconquête surtout dans la vallée de l'Èbre (Saragosse 1118, Tortosa 1148, Lérida 1149), mais, grâce à la victoire de Yacoub al-Mansour à Alarcos (1195), les **Almohades** (qui ont chassé les Almoravides) récupèrent l'Estrémadure et freinent l'expansion vers le Guadiana et le Guadalquivir. Séville, qui a incorporé Cordoue, connaît son plein essor. Création des grands ordres militaires (Calatrava, Alcántara, Santiago). Union d'Aragon et de Catalogne (1150).
13e s.	Troisièmes royaumes de taifas. Avec la **bataille de las Navas de Tolosa** (1212) commence la décadence des musulmans : leur pouvoir reste réduit au royaume nasride de Grenade (actuelles provinces de Malaga, Grenade et Almería), qui se maintiendra jusqu'en 1492. Union de Castille et Léon avec Saint Ferdinand III (1230). Expansion méditerranéenne de la couronne d'Aragon avec Jacques Ier le Conquérant (1213-1276).

Les Rois catholiques (1474-1516) et l'unité nationale

1474	**Isabelle** mariée à Ferdinand, héritier du trône d'Aragon, succède en Castille à son frère Henri IV. Jusqu'en 1479 elle doit lutter contre les partisans de sa nièce Jeanne, « la Beltraneja ».
1478-1479	Par une bulle spéciale est instauré le tribunal de l'**Inquisition**, dont le grand maître fut plus tard **Torquemada**. Cette institution religieuse et politique créée pour lutter contre la diversité des cultes subsistera jusqu'au 19e s. En 1479, premier pas vers l'unification : **Ferdinand** devient roi d'Aragon.

1492

S'il n'y avait qu'une date importante à retenir dans l'histoire de l'Espagne, ce serait celle-là. Après 781 années d'occupation musulmane, la Reconquête prenait fin le 2 janvier avec la chute de Grenade, les juifs étaient expulsés, un Espagnol, Rodrigo Borgia, devenait le pape Alexandre VI et Christophe Colomb découvrait l'Amérique le 12 octobre.

Christophe Colomb (Cristóbal Colón) (1451-1506) **et la découverte de l'Amérique** – Ce fils de tisserand né à Gênes commence à naviguer jeune et arrive à Lisbonne en 1476 où il se passionne pour la cartographie en découvrant la *Géographie* de Ptolémée et l'ouvrage *Imago Mundi*, de Pierre d'Ailly. Il est convaincu que l'on peut rejoindre par l'Ouest les Indes et soumet son projet à Jean II du Portugal, aux rois de France et d'Angleterre. Il gagne finalement à sa cause le duc de Medinaceli et Juan Pérez, le supérieur du monastère de la Rábida qui est le confesseur d'Isabelle la Catholique. Les Rois catholiques accep-

R. Mazin/DIAF

Les Rois catholiques

tent de financer son expédition et lui offrent s'il réussit le titre héréditaire d'amiral de la mer Océane et la vice-royauté des terres à découvrir. Le 3 août 1492, à la tête d'une flotte comprenant trois caravelles (la *Santa María*, la *Pinta* et la *Niña*), la première sous son commandement, les deux autres sous celui des frères Pinzón, il quitte Palos de la Frontera. Après une traversée éprouvante, ils arrivent le 12 octobre en vue de San Salvador (Bahamas) puis découvrent peu de temps après Hispaniola (Haïti) et Cuba. De retour en Espagne le 15 mars 1493, Christophe Colomb reçoit un accueil triomphal et la possibilité de monter de nouvelles expéditions. C'est le début des Grandes Découvertes espagnoles.

1492	Fin de la Reconquête avec la **chute de Grenade**. Expulsion des juifs. Le 12 octobre, **Christophe Colomb** découvre l'Amérique.
1494	Le traité de Tordesillas consacre le partage du Nouveau Monde entre l'Espagne et le Portugal.
1496	Jeanne, fille des Rois catholiques, épouse Philippe le Beau, fils de l'empereur Maximilien d'Autriche.
1504	Mort d'Isabelle. Elle laisse comme héritière de son royaume sa fille Jeanne la Folle, mais Ferdinand gouverne comme régent jusqu'à la majorité du fils de Jeanne, Charles, le futur Charles Quint, né en 1500.
1512	Le duc d'Albe conquiert la Haute-Navarre, achevant l'unité de l'Espagne.

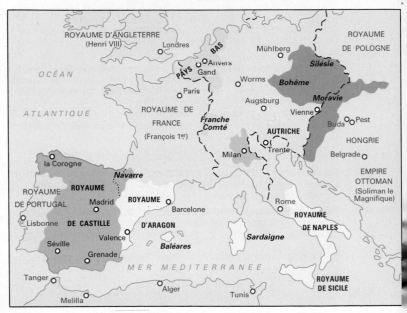

EMPIRE DE CHARLES QUINT

Héritage bourguignon	Héritage autrichien	Autres possessions
Héritage espagnol	Conquêtes de Charles Quint	– – – Saint Empire Germanique

Les Habsbourg (1516-1700) – Conquête de l'Amérique

L'apogée : **Charles Quint** (1516-1556) et **Philippe II** (1556-1598).

1516	À la mort de Ferdinand, son petit-fils devient Charles Ier d'Espagne. Par sa mère, il hérite de l'Espagne, Naples, la Sicile, la Sardaigne et les territoires découverts en Amérique. Le cardinal Cisneros assure la régence jusqu'à son arrivée en Espagne en 1517.
1519	À la mort de Maximilien d'Autriche, Charles Ier est élu empereur du Saint-Empire romain germanique sous le nom de **Charles Quint**. Il reçoit l'Allemagne, l'Autriche, la Franche-Comté et les Pays-Bas.
1520-1522	Exaspérés par l'entourage de Charles Quint essentiellement flamand et les impôts de plus en plus nombreux, les Espagnols se soulèvent : l'empereur brise la révolte des « **comuneros** » puis celle des « **germanías** » à Valence et à Majorque.
1521-1556	Charles Quint soutient cinq guerres contre la France pour pouvoir obtenir l'hégémonie européenne. Dans les quatre premières, il vainc le roi François Ier, le faisant prisonnier à Pavie en 1525. Dans la cinquième, il met en déroute le nouveau roi français Henri II et s'empare du Milanais. À la même époque, les « **conquistadores** » sillonnent l'Amérique : en 1521 **Cortés** s'empare de Mexico ; en 1533, **Pizarro** et Diego de Almagro soumettent le Pérou ; en 1535, Francisco **Coronado** explore le Colorado en 1539, Hernando **de Soto** prend possession de la Floride ; en 1541 Pedro **de Valdivia** fonde Santiago du Chili.
1555	Après avoir vainement tenté de combattre la Réforme allemande, Charles Quint signe un compromis avec les protestants : la paix de Augsbourg.

1556	Charles Quint abdique en faveur de son fils et se retire au monastère de Yuste. **Philippe II** reçoit l'Espagne et ses colonies, le royaume de Naples, le Milanais, les Pays-Bas et la Franche-Comté mais non l'Empire qui est laissé en héritage au frère de Charles Quint, Ferdinand Ier d'Autriche. La politique de Philippe II se tourne surtout vers l'Espagne et la défense du catholicisme. Il choisit Madrid comme capitale en 1561. L'Espagne traverse une grave crise économique.
1568-1570	Révolte des morisques (musulmans convertis) à Grenade.
1571	Les Turcs sont mis en déroute à **Lépante** par une flotte composée d'embarcations pontificales, vénitiennes et espagnoles, dirigée par don **Juan d'Autriche**, frère naturel du roi. L'Espagne affirme avec cette victoire son hégémonie sur la Méditerranée.
1580	Le roi du Portugal meurt sans héritier. Philippe II fait valoir ses droits, envahit le Portugal et est proclamé roi en 1581.
1588	Contre l'Angleterre protestante qui soutient les Pays-Bas, il envoie l'**Invincible Armada** dont la destruction anéantit sa puissance maritime.
1598	À sa mort, Philippe II laisse un royaume encore immense, mais, malgré les richesses provenant d'Amérique, les guerres incessantes depuis 70 ans et les constructions grandioses (l'Escurial) ont grevé le trésor. **La décadence** : les derniers Habsbourg **Philippe III** (1598-1621), **Philippe IV** (1621-1665) et **Charles II** (1665-1700) n'ont pas l'étoffe de leurs prédécesseurs. Paradoxalement, au point de vue culturel et artistique c'est le **Siècle d'Or**.
1598-1621	Philippe III confie les responsabilités du trône au duc de Lerma, celui-ci lui conseille en 1609 l'expulsion des morisques ; 275 000 Maures abandonnent alors l'Espagne, c'est une catastrophe pour l'agriculture.
1640	Sous le règne de Philippe IV, la politique décentralisatrice du comte-duc de Olivares provoque le soulèvement de la Catalogne et du Portugal. Les Portugais élisent roi le duc de Bragance, Jean IV, mais l'indépendance ne sera pas reconnue avant 1668.
1618-1648	L'Espagne s'épuise dans la **guerre de Trente Ans**. Malgré des victoires comme celle de Breda (1624), la déroute de Rocroi (1643) donne le coup de grâce au pouvoir de l'Espagne en Europe. Les **traités de Westphalie** confirment l'indépendance des Provinces-Unies.
1659	Le **traité des Pyrénées** conclut la guerre contre la France ; Philippe IV organise le mariage de sa fille Marie-Thérèse avec le roi de France, Louis XIV.
1667-1697	Pendant la **guerre de Dévolution** (1667-1668), l'Espagne perd en faveur de la France différentes places des Flandres. La guerre de Hollande (1672-1678) se conclut avec le **traité de Nimègue**. Les **traités de Ryswick** (1697) mettent fin à la guerre de la Ligue d'Augsbourg.

Les Bourbons
Napoléon et la guerre d'Indépendance (1808-1814)

1700	Charles II meurt sans descendance, laissant comme héritier Philippe d'Anjou, petit-fils de sa sœur Marie-Thérèse et de Louis XIV. L'empereur Léopold, qui avait renoncé à ses droits en faveur de son fils l'archiduc Charles, était mécontent, mais l'établissement des Bourbons menace l'équilibre européen.
1702-1714	**Guerre de Succession d'Espagne** : l'Angleterre, la Hollande, le Danemark et les princes allemands appuient l'archiduc d'Autriche contre la France et Philippe d'Anjou. La Catalogne, Valence et l'Aragon prennent aussi parti pour l'archiduc et la guerre s'étend à toute l'Espagne (1705). À la suite du **traité d'Utrecht**, l'Espagne perd Gibraltar et Minorque, prises par les Anglais, et de nombreuses possessions italiennes. **Philippe V** est proclamé roi d'Espagne (1714-1745).
1759-1788	**Charles III** implante le despotisme éclairé et son règne est le plus brillant des Bourbons. Il s'entoure de ministres compétents (Floridablanca, Aranda), qui élaborent d'importantes réformes économiques. Expulsion des jésuites en 1767.
1788	**Charles IV** monte sur le trône. Ce roi faible se laisse gouverner par son épouse Marie-Louise et le favori de celle-ci, **Godoy**.
1793	À la mort de Louis XVI, l'Espagne déclare la guerre à la France révolutionnaire.
1796-1805	L'Espagne signe une alliance offensive-défensive avec le Directoire français contre l'Angleterre (traité de San Ildefonso, 1796). **Napoléon**, sous le prétexte d'aller attaquer le Portugal, fait entrer ses troupes en Espagne. En 1804, il reprend les hostilités contre l'Angleterre qui se terminent par le désastre de **Trafalgar**.

1805-1808	Profitant de la mésentente entre Charles IV et son fils Ferdinand, Napoléon leur impose sa volonté. Charles IV abdique et Napoléon proclame son frère Joseph roi d'Espagne. En mars 1808, émeute d'Aranjuez *(voir p. 73)*.
2 mai 1808	Le peuple de Madrid se soulève contre les troupes françaises : c'est le début de la **guerre d'Indépendance** qui dure jusqu'en 1814, date à laquelle Napoléon est chassé par Wellington. Entre-temps ont lieu de nombreux combats à Bailén (1808), à Madrid, à Saragosse, à Gérone.
1812	Déroute d'Arapiles : le roi Joseph s'enfuit de Madrid. Suchet lutte victorieusement à Valence. Les représentants du pays réunissent les Cortes et rédigent la **Constitution de Cadix**, libérale.
1813-1814	Grâce à des victoires successives, l'armée anglo-espagnole expulse Napoléon. Ferdinand VII revient en Espagne, refuse de prêter serment à la Constitution de Cadix et règne en monarque absolu jusqu'en 1820. Les colonies américaines commencent à proclamer leur indépendance : Argentine (1816), Chili (1818) et Colombie (1819).

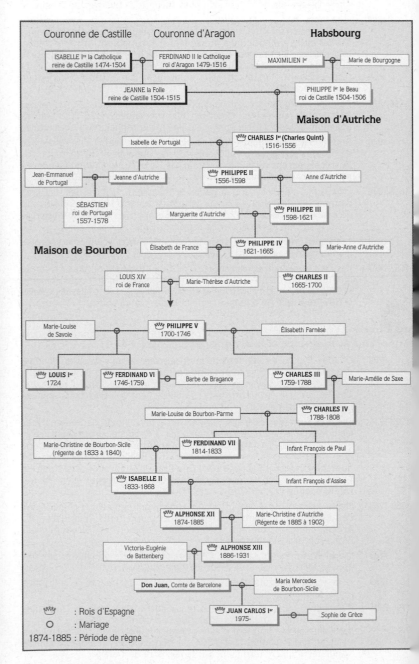

Les troubles du 19e s.

1820-1823	Les libéraux sont opposés à l'absolutisme du roi mais chacun de leurs soulèvements est sévèrement réprimé. En 1820, à la suite d'une insurrection **libérale** à Cadix menée par **Riego**, la Constitution de 1812 est rétablie. Mais dès 1823, Ferdinand VII demande de l'aide à l'Europe. Le roi de France Louis XVIII lui envoie l'armée des Cent Mille Fils de Saint Louis, qui rétablit l'absolutisme.
1833-1840	À la mort de Ferdinand VII, son frère Don Carlos dispute le trône à sa nièce Isabelle, fille de Ferdinand, qui avait fait abolir la loi salique en 1830. Les carlistes sont traditionalistes et la régente Marie-Christine cherche l'appui des libéraux qui, après six ans de lutte, gagnent la **première guerre carliste** (convention de Vergara).
1833-1843	**Minorité d'Isabelle II.** En 1835, le ministre Mendizábal fait voter une série de mesures supprimant les ordres religieux et confisquant leurs biens. La fin de la guerre carliste incite la régente Marie-Christine à un retour à l'absolutisme. En 1840, une junte révolutionnaire provoque l'exil de la régente, qui est remplacée par le général Espartero.
1843-1868	Majorité de la reine Isabelle. Le **soulèvement de Narváez** contraint Espartero à fuir l'Espagne. Nouvelle Constitution en 1845. La **deuxième guerre carliste** (1847-1849) s'achève par la victoire d'Isabelle II, mais son règne est une succession de soulèvements des progressistes et des modérés. La **révolution de 1868** dirigée par Prim met fin au règne. Isabelle part en France et le général Serrano est désigné chef du gouvernement provisoire.
1869	Les Cortes votent une Constitution très avancée mais qui prévoit un roi. On élit Amédée de Savoie.
1873	**Troisième guerre carliste** (1872-1876). Le roi, incapable de remettre de l'ordre, abdique. L'Assemblée nationale proclame la **République**.
1874	Soulèvement de Martínez Campos. Cánovas del Castillo proclame roi Alphonse XII, fils d'Isabelle, c'est la **Restauration**, une période de paix.
1885	Mort d'Alphonse XII (28 ans). Sa veuve Marie-Christine qui attend un enfant est régente.
1898	Désastre de Cuba et des Philippines. Les États-Unis, qui appuient les colonies rebelles, occupent Porto Rico et les Philippines. L'Espagne perd ses dernières colonies.
1902	**Alphonse XIII**, fils posthume d'Alphonse XII, monte sur le trône à 16 ans.

La chute de la monarchie
La 2e République (1931-1936)

1914-1918	Le gouvernement demeure neutre pendant la Première Guerre mondiale. En 1917, grève générale durement réprimée.
1921	Révolte du Maroc. En 1927, le général Sanjurjo occupe le Nord du protectorat.
1923	Avec l'approbation du roi, le **général Miguel Primo de Rivera** proclame la dictature. L'ordre est rétabli, le pays se développe mais l'opposition s'accentue.
1930	Devant l'opposition populaire Primo de Rivera doit partir. La dictature continue avec la nomination du général Berenguer.
1931	Aux élections d'avril, les républicains triomphent en Catalogne, dans le Pays Basque, dans la province de Huesca et dans la Rioja. Le roi abandonne l'Espagne et la **2e République** est proclamée.
Juin 1931	Réunion de l'Assemblée constituante de majorité républicaine-socialiste : la Constitution est promulguée en décembre. D. Niceto Alcalá Zamora est élu président de la République. Mais les réformes agraires, dont l'expropriation des grandes propriétés, et d'autres mesures entraînent une forte opposition de la droite.
1933	**José Antonio Primo de Rivera**, fils du général, fonde la **Phalange** : sa doctrine est hostile au séparatisme. Les militaires fomentent différents complots.
Oct. 1934	La Catalogne proclame son autonomie et les mineurs des Asturies provoquent une insurrection contre le gouvernement de droite : la répression est très dure.
Févr. 1936	Le triomphe du Front populaire aux élections précipite les événements ; l'anarchie domine dans les rues et la réplique de la droite ne se fait pas attendre.

La guerre civile (1936-1939)

17juil.1936	Le soulèvement de Melilla déclenche la guerre civile. L'armée prend le pouvoir et met fin à la 2e République.

17juil.1936 | Le soulèvement de Melilla déclenche la guerre civile. L'armée prend le pouvoir et met fin à la 2e République.
Les troupes dites nationalistes, menées par **Franco** et basées au Maroc, passent le détroit de Gibraltar et atteignent Tolède qui est pris fin septembre. À Burgos, Franco est nommé généralissime des armées et chef d'État. Attaque infructueuse contre Madrid. Alors que Madrid, la Catalogne, Valence demeurent fidèles aux républicains, les nationalistes contrôlent rapidement les régions agricoles et conservatrices : Andalousie, Castille et Galice. Les nationalistes sont dix fois supérieurs en nombre aux républicains et ceux-ci connaissent en leur sein des dissensions entre anarchistes et communistes, cependant ils reçoivent de l'aide des Brigades internationales.

1937 | En été, les villes industrielles du Nord (bombardement de Guernica par l'aviation allemande) sont prises. En novembre, le gouvernement républicain se transporte à Barcelone. En décembre : bataille de Teruel dans le but d'isoler le front d'Aragon des autres fronts nationalistes. Le gouvernement républicain prend Teruel, qui est récupéré par les nationalistes peu de temps après, et se transporte à Barcelone.

1938 | L'armée nationaliste arrive à la Méditerranée divisant le territoire des républicains en deux parties. De juillet à novembre : **bataille de l'Èbre** : fuite de l'armée républicaine de l'Est et offensive de Franco contre la Catalogne qui est occupée par les nationalistes en février 1939.

1^{er}avr.1939 | La guerre s'achève avec la prise de Madrid.

L'époque de Franco

1939-1949 | Franco assure la direction de l'État espagnol qui se désigne comme une monarchie. Neutralité de l'Espagne pendant la Seconde Guerre mondiale. Isolement diplomatique.

1952 | Entrée à l'UNESCO.

1955 | Entrée aux Nations Unies.

1969 | Le prince Juan Carlos est nommé successeur de Franco.

20 déc. 1973 | Carrero Blanco, président du gouvernement, meurt dans un attentat.

20 nov. 1975 | **Mort de Franco. Juan Carlos Ier, roi d'Espagne.**

La démocratie

15 juin 1977 | Élections générales : **Adolfo Suárez** est élu président du gouvernement. Une nouvelle Constitution est approuvée par référendum le 6 décembre 1978. Les statuts d'autonomie de la Catalogne, du Pays Basque et de la Galice sont reconnus.

1981-1982 | Démission de Suárez. Coup d'État avorté le 23 février.
Élections générales le 28 octobre 1982 : victoire du parti socialiste : **Felipe González** est élu président du gouvernement.

1^{er}janv.1986 | Entrée de l'Espagne dans l'**Union européenne.**

1992 | Exposition Universelle à Séville. Jeux olympiques à Barcelone.

1996 | Le parti populaire remporte les élections législatives. **José María Aznar** devient Premier ministre.

L'art

DE LA PRÉHISTOIRE À LA CONQUÊTE ARABE

Préhistoire – Les habitants de la péninsule Ibérique dès la préhistoire ont laissé de leur art des témoignages exceptionnels : les plus anciens sont les peintures rupestres du paléolithique supérieur (40 000 à 10 000 ans avant J.-C.) découvertes dans les grottes de Cantabrie (Altamira, Puente Viesgo) et du Levant (Cogull, Alpera). Au néolithique (7500 à 2500 avant J.-C.), appelé aussi âge de la pierre, les hommes élèvent des monuments mégalithiques, dont les fameux dolmens d'Antequera, tandis que dans les îles Baléares une civilisation de l'âge du bronze (2500 à 1000 avant J.-C.) dresse de curieux monuments en pierre : les *talayots (voir p. 414)* et les *navetas.*

La dame d'Elche

H. Stierlin, Ginebra

Premier millénaire avant J.-C. – Les civilisations ibériques se signalent par l'orfèvrerie (trésor du Carambolo) et surtout par des sculptures, certaines d'une perfection remarquable : les lions de Cordoue, les *toros* de Guisando *(voir p. 313)* et les *dames de Baza et d'Elche.* À la même époque, les colonies phéniciennes puis grecques transmettent l'art de leur pays d'origine : sarcophages anthropoïdes phéniciens à Cadix, art punique à Ibiza et art grec à Ampurias.

L'Espagne romaine (1er s. avant J.-C. au 5e s.) – Comme dans tout leur Empire, les Romains tracent des voies de communication, lancent des ponts et des aqueducs (Ségovie), bâtissent des villes et des monuments (théâtre de Mérida, ruines d'Italica et d'Ampurias, arc de triomphe de Tarragone).

Les Wisigoths (6e s. au 8e s.) – Les Wisigoths, convertis au christianisme, élèvent des églises modestes (Quintanilla de las Viñas, San Pedro de la Nave) ornées de frises sculptées (motifs géométriques, rinceaux). Le plan des absides est carré et le dessin des arcades est fréquemment en fer à cheval.
Remarquables orfèvres, ils réalisent de somptueux bijoux, où se mêlent les traditions byzantine et germanique, qui sont offerts aux églises ou enfermés dans les tombeaux de grands personnages : couronnes votives en or (trésor de Guarrazar), fibules et boucles de ceinture ornées de pierres précieuses ou d'émaux cloisonnés.

ART HISPANO-MAURESQUE (8e s. au 15e s.)

Art califal – Cordoue (8e s. au 11e s.) – La mosquée, l'alcázar et l'*alcazaba* sont les trois types d'édifices illustrant cette période. La **mosquée** se caractérise par sa simplicité : le minaret, la cour avec le bassin destiné aux ablutions rituelles, et enfin une salle de prière carrée où se trouve le mihrab. L'**alcázar** (ou palais), organisé autour de charmants patios, est environné de jardins agrémentés de fontaines et de jets d'eau. Enfin l'**alcazaba** (ou forteresse), construite sur une hauteur, est entourée de plusieurs enceintes couronnées de merlons pointus et dominées par la *Torre de la Vela* (tour de guet) comme à Malaga.
Les monuments les plus fameux de cette période se trouvent à Cordoue (mosquée, palais de Medina Azahara) et à Tolède (Cristo de la Luz) où s'affirment outre l'emploi systématique de l'arc en fer à cheval, qui deviendra l'arc musulman par excellence, divers caractères appelés à connaître une grande fortune dans les églises mudéjars et romanes : le décor de briques en relief, les coupoles sur nervures, les modillons à copeaux, les arcs où alternent claveaux blancs (pierre) et rouges (brique), les arcs polylobés, la tradition de surmonter les portes d'arcatures aveugles.
Les Omeyades apportent de Syrie le goût d'une décoration abondante. Le Coran, interdisant la représentation de l'homme et des animaux, les éléments du décor musulman s'expriment par la calligraphie (les inscriptions en écriture coufique courent le long des murs), les motifs géométriques (décors de brique, de marbre, formant des polygones et des étoiles) et enfin les motifs végétaux (fleurons, palmettes entrelacées).

Art almohade – Séville (12e s.-13e s.) – Le puritanisme religieux de la dynastie almohade, dont la capitale est Séville, se traduit dans l'art par une simplicité parfois un peu austère. Son style se caractérise par l'utilisation de la brique rehaussée d'un décor en relief à facture large, sans surcharge (Giralda de Séville), souvent repris dans l'art mudéjar aragonais. On note l'apparition du plafond *artesonado* et des *azulejos.*

Les arcs à alternance de brique et de pierre disparaissent, l'arc outrepassé se brise, l'arc polylobé se borde d'un feston curvilinéaire comme dans l'Aljafería de Saragosse. Le décor calligraphique admet l'écriture cursive, mais continue à employer le coufique, où un motif floral comble le vide laissé entre les hampes.

Art nasride – Grenade (14e s.-15e s.) – Cette époque d'extrême raffinement, dont le suprême chef-d'œuvre est l'**Alhambra** de Grenade, introduit moins d'innovation en matière architecturale que dans le décor, de stuc ou de céramique, qui tapisse entièrement les murs. Entre les encadrements des portes et des fenêtres, qui marquent les points forts de la composition, prennent place des panneaux aux proportions savamment définies. La silhouette des arcs se simplifie (le plein cintre surhaussé est fréquent), tandis que leur contour se borde d'une dentelle de détails.

Art mudéjar – Art des musulmans continuant à travailler selon leurs traditions pour le compte des chrétiens, il fut en vogue du 11e s. au 15e s. selon la progression de la Reconquête, mais quelques éléments comme le plafond artesonado survivront plusieurs siècles.

Le mudéjar de cour, pour lequel on fait venir les artistes des cours musulmanes (synagogues de Tolède, constructions de Pierre le Cruel à Tordesillas et à Séville avec le remarquable alcázar), prolonge le style almohade ou s'inspire du nasride contemporain. Par contre le mudéjar populaire, développé par les artistes locaux, présente des aspects régionaux marqués : en Castille, les murs sont décorés d'arcatures aveugles (Arévalo, Sahagún, Tolède) ; en Aragon, entrelacs géométriques et azulejos couvrent les clochers.

Les arts décoratifs – Des éléments décoratifs d'une grande richesse et d'une extrême variété ont subsisté : bois à entrelacs géométriques, tissus brochés, armes, céramiques à reflets métalliques, coffrets d'ivoire.

ART PRÉROMAN ET ROMAN (8e s. au 13e s.)

Art asturien – Du 8e au 10e s. se développe dans le petit royaume asturien un art de cour très évolué caractérisé par les lignes ascendantes des bâtiments. Les églises asturiennes (Naranco, Sta Cristina de Lena) adoptent des basiliques latines le plan rectangulaire à trois nefs et narthex, les arcades en plein cintre séparant les nefs, le vaste transept précédant un chevet tripartite. La décoration intérieure reprend l'usage des fresques et emprunte à l'Orient les motifs des chapiteaux (entrelacs, rosaces, monstres) ou des garnitures ajourées des fenêtres.

L'orfèvrerie produisit aux 9e et 10e s. plusieurs joyaux exposés à la Cámara Santa d'Oviedo.

Église San Martín, à Frómista

Art mozarabe – On appelle mozarabe l'art des chrétiens vivant sous la domination musulmane après l'invasion de 711. Les églises, situées surtout en Castille (Sa Miguel de Escalada, San Millán de la Cogolla), reprennent les traditions wisigothiques (arcs outrepassés) en les enrichissant d'apports arabes (coupole nervée, modillons copeaux).

Les manuscrits enluminés sont les premières manifestations connues de la peinture médiévale espagnole. Exécutés aux 10e s. et 11e s. par les moines mozarabes, ils illustrent le Commentaire sur l'Apocalypse de saint Jean rédigé au 8e s. par le moine Beato de Liébana, d'où le nom de « **Beatus** » donné à ces manuscrits qui comportent de nombreux éléments arabes dans leur iconographie (arcs outrepassés, costumes).

Premier art roman en Catalogne – Peu ouverte aux influences mozarabes mais en rapport étroit avec l'Italie et la France, la Catalogne élabore à partir du 11e s. une architecture à forte influence lombarde qui se maintient jusqu'au 13e s. dans les vallées pyrénéennes restées à l'écart des grandes voies de passage.

Les sobres petites églises, souvent accompagnées d'un clocher séparé, sont décorées de bandes lombardes. Les murs intérieurs sont simplement égayés de fresques des 11e s. et 12e s. qui, malgré leur emprunt aux mosaïques byzantines (dessin souligné de noir, attitudes raides, choix des thèmes comme le Christ en mandorle), s'avèrent spécifiquement espagnoles par la représentation de nombreux détails réalistes et expressifs. Les devants d'autel en bois peint, aux couleurs éclatantes, reprennent les mêmes sujets et disposition.

Un art roman « européen » sur les routes de Compostelle – Le Nord-Ouest de l'Espagne s'ouvre aux courants étrangers sous le règne de Sanche le Grand de Navarre (début 11e s.) : fondation d'abbayes cisterciennes, ouverture des villes à des francs-bourgeois français (Estella, Sangüesa, Pampelune). À la même époque, le pèlerinage de Compostelle suscite l'édification de nombreux monuments religieux où s'affirment les influences françaises (poitevines à Soria et à Sangüesa ; toulousaines en Aragon et à St-Jacques-de-Compostelle). La cathédrale de St-Jacques est le chef-d'œuvre incontesté de ce style.

En Aragon, l'art roman se fait particulièrement remarquer par la sculpture. Les sculpteurs de chapiteaux, à l'image de leur chef de file, le maître de San Juan de la Peña, possèdent un style dont le symbolisme ne saurait être pris pour de la maladresse. Dans les visages disproportionnés aux yeux proéminents, l'artiste fait transparaître l'âme et c'est le sens religieux du geste qu'illustrent les mains tendues. Au début du 12e s., la réforme de l'ordre cistercien fondée sur l'austérité entraîne un changement important dans l'architecture, initiant un style de transition qui annonce déjà le style gothique (voûtes sur croisée d'ogives, abside carrée). La décoration foisonnante du roman disparaît. Cette architecture se manifeste dans de grands ensembles monastiques : Poblet, Santes Creus, La Oliva, Santa María de Huerta.

ART GOTHIQUE (à partir du 13e s.)

Début du gothique – Importé de France, le gothique pénètre difficilement en Espagne, sauf en Navarre où depuis 1234 règnent les dynasties françaises. Au 13e s. apparaissent les premiers édifices vraiment gothiques (église de Roncevaux, cathédrales de Cuenca et de Sigüenza). Dans quelques grandes villes de Castille (Léon, Burgos, Tolède), les évêques font venir de l'étranger plans et artistes pour élever leur cathédrale. À Valence, en Catalogne, aux Baléares s'élabore un type d'église original : sans transept, à une seule nef, voûtée d'ogives ou couverte en charpente sur arcs diaphragmes, elle enrobe de ses murs lisses un espace agrandi et unifié. Il y a peu de décor sculpté, c'est la pureté de ses lignes qui fait son élégance.

L'architecture civile a le même caractère, le même goût des volumes géométriques qu'elle utilise avec une rare perfection, notamment dans les constructions des *lonjas* ou Bourses du commerce (Barcelone, Palma de Majorque, Valence et Saragosse).

Évolution du gothique – Aux 14e et 15e s. fleurit dans le royaume de Castille un style proche du gothique flamboyant sous l'influence d'artistes venus du Nord : **Jean de Cologne, Hennequin de Bruxelles**. En s'hispanisant il évoluera en deux branches contemporaines : l'une, par la prolifération du décor, donnera le style isabélin, l'autre, par la simplification des structures, sera un type d'église proprement national qui restera en faveur jusqu'en plein 16e s. (cathédrales de Ségovie et de Salamanque).

Les dernières cathédrales gothiques – Sur le modèle de celle de Séville, elles adoptent le parti de l'immensité. Des bas-côtés d'un volume presque égal à la nef centrale élargissent l'espace, tandis que les piliers gardent leur élan vertical ; un nouveau plan apparaît : oubliant l'ancien « crescendo » des chapelles rayonnantes, déambulatoire, chœur et transept, on bâtit dorénavant un simple rectangle, vaste aire où seule la croisée du transept soulignée d'une tour-lanterne entre la *capilla mayor* et le *coro* rappelle l'organisation traditionnelle en forme de croix. Avec ce schéma sévère contraste un décor proprement gothique accumulé sur les portails, les pinacles et le réseau complexe d'ogives en étoile. Ce style se retrouve dans plusieurs cathédrales andalouses.

La peinture – Elle s'exprime sur les polyptyques et les retables qui atteignent plus de 15 m de haut. Peignant traditionnellement sur fond d'or, les « primitifs » sont imprégnés d'influence italienne (douceur du modelé), française et flamande (riches étoffes aux plis cassés, réalisme minutieux). Cependant, de leur œuvre se dégage la recherche d'un naturalisme expressif et du détail piquant, caractères purement espagnols.

Une intense activité artistique se développe dans les états de la couronne d'Aragon, surtout en Catalogne. On trouve dans les musées de Vic, Barcelone et Valence les œuvres de **Ferrer Bassá** (1285-1348) marqué par le Siennois **Duccio**, de **Ramón Destorrents**

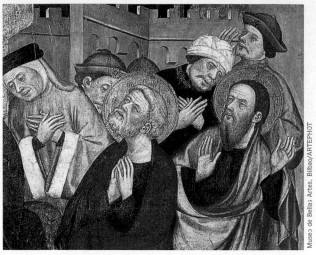

Art gothique : retable peint par Pedro Serra

(1346-1391), son successeur, des frères **Serra**, élèves de ce dernier. **Luis Borrassá** (1360-v. 1425) apporte un goût bien espagnol du pittoresque. **Bernat Martorell** (mort en 1452) fait la part belle au paysage. **Jaume Huguet** (1415-1492), qui se distingue par sa sensibilité aiguë, est reconnu comme le chef incontesté de l'école catalane. **Luis Dalmau** et **Bartolomé Bermejo** sont marqués par Van Eyck, arrivé en Espagne avec l'ambassade envoyée par le duc de Bourgogne. En Castille, le 14ᵉ s. est dominé par l'influence française, le 15ᵉ s. par celle des Italiens et, à partir de 1450, par les Flamands, dont **Roger Van der Weyden**. À la fin du 15ᵉ s., **Fernando Gallego** devient le meilleur représentant du courant hispano-flamand ; **Juan de Flandes** séduit par sa délicatesse.

Sculpture – Comme l'architecture la sculpture s'affine. Le relief est plus accentué que dans l'art roman, les attitudes plus naturelles et des détails plus minutieux, le décor plus abondant à mesure que s'avance le 15ᵉ s. ; les visages s'individualisent au point de devenir pour les gisants de véritables portraits. Toute sculpture s'accompagne de dais ajourés au-dessus des personnages, et de frises de feuillage très fouillées autour des portes, sur les corniches et les chapiteaux. L'influence française, sensible aux 13ᵉ et 14ᵉ s., et celle des Flamands qui domine le 15ᵉ s. enrichissent cet art qui aboutira avec le style isabélin à une création purement espagnole.

Les portails suivent dans les grandes lignes le schéma français.

Les tombeaux sont d'abord des sarcophages décorés d'armoiries, parfois surmontés d'un gisant à l'attitude conventionnelle (les mains jointes, et au visage la sérénité du dernier sommeil) ; puis on soigne le costume du personnage : une technique de plus en plus sûre permet de traduire dans le marbre la richesse des brocarts et la finesse des peausseries ; au 15ᵉ s., on s'enhardit à représenter le sujet vivant, dans une position naturelle (agenouillé), ou même nonchalante, comme l'extraordinaire *Doncel* de la cathédrale de Sigüenza.

Les retables comportent une prédelle, bande horizontale formant la base, surmontée de plusieurs étages de panneaux sous dais sculptés à jour. Les stalles du *coro* enfin s'ornent de scènes bibliques et historiques ou imitent de délicats remplages.

Le style isabélin – À la fin du 15ᵉ s., sous le règne d'Isabelle la Catholique (1474-1504), la politique de prestige du couple royal et des grands seigneurs favorise l'éclosion d'un style nouveau, dont le décor exubérant couvre toute la façade des bâtiments civils et religieux d'arcs aux formes libres et souples, de dentelures, de motifs héraldiques et de toutes les fantaisies d'une imagination fertile (*voir Valladolid*). La diversité de cette inspiration est en grande partie le fait d'artistes aux fortes attaches étrangères : **Simon de Cologne**, fils de Jean ; **Juan Guas**, fils du Français Pierre ; **Enrique Egas**, neveu de Hennequin de Bruxelles.

RENAISSANCE (16ᵉ s.)

Au 16ᵉ s. l'Espagne connut à l'aube de son Siècle d'Or un fort courant national et créa un style dans lequel l'influence italienne n'y fut admise qu'interprétée par le génie espagnol.

Architecture – Ce premier style Renaissance fut appelé **platéresque** à cause de son décor fin et dense qui rappelle le travail de l'orfèvrerie (*platero* : orfèvre). Encore très proche du style isabélin par le foisonnement de ses sculptures et leur extension à la façade entière, il emprunte à l'Italie son arc en plein cintre et son répertoire ornemental (grotesques, rinceaux, pilastres, médaillons et corniches). Le platéresque domine sous le règne de Charles Quint et triomphe à Salamanque avec la façade de l'Université et celle du couvent de San Esteban. L'architecte **Rodrigo Gil de Hontañón**

travailla à Salamanque (palais de Monterrey et de Fonseca) et à Alcalá de Henares (façade de l'Université). À Burgos, le principal artiste fut **Diego de Siloé** (escalier de la Coronería). Ce dernier et **Alonso de Covarrubias** (mort en 1570) – qui travailla surtout à Tolède (alcázar et chapelle des Nouveaux Rois dans la cathédrale) – marquent le passage du plateresque au style Renaissance classique. **Andrés de Vandelvira** (1509-1576) est l'artiste de la Renaissance andalouse (cathédrale de Jaén). Son art annonce l'austérité qui caractérise le dernier quart du siècle.

Le style Renaissance d'inspiration italienne adopte des formes de l'Antiquité (arcs en plein cintre, colonnes, entablements, frontons). La décoration passe à un plan secondaire devant la perfection architectonique. **Pedro Machuca** (mort en 1550), formé en Italie à l'école de Michel-Ange, réalise avec le palais de Charles Quint à Grenade l'œuvre la plus classique dans la tradition italienne. **Bartolomé Bustamante** (1500-1570) est l'auteur de l'hôpital de Tavera à Tolède.

La grande figure du classicisme espagnol est **Juan de Herrera** (1530-1597) qui a donné son nom à un style caractérisé par la géométrie, l'austérité et la grandeur. Il fut l'architecte favori de Philippe II qui voyait en lui la sévérité qui convenait à la Contre-Réforme et le chargea en 1567 de la continuation des travaux de l'Escurial, son œuvre majeure.

Sculpture – La Renaissance marque l'apogée de la sculpture espagnole. Au 16e s. on fait encore beaucoup de stalles, de mausolées et de retables d'albâtre ou de bois. Ces derniers sont peints selon la technique de l'« **estofado** », c'est-à-dire passés à la

Art plateresque : détail de la façade de l'université de Salamanque

R. Mazin/DIAF

feuille d'or avant l'application de la couleur que l'on raye ensuite légèrement pour créer des reflets dorés ; leurs panneaux sculptés sont encadrés par des architraves et des pilastres corinthiens.

Damián Forment (v. 1480-1540), qui travailla surtout en Aragon, se situe à la charnière des styles gothique et Renaissance. Le Bourguignon **Felipe Bigarny** (mort en 1543) et **Diego de Siloé**, architecte formé à Naples, œuvrèrent à la cathédrale de Burgos. **Bartolomé Ordóñez** (mort en 1520) étudia à Naples et réalisa le *trascoro* de la cathédrale de Barcelone, les mausolées de Jeanne la Folle et de Philippe le Beau (chapelle royale de Grenade) et celui du cardinal Cisneros (Alcalá de Henares).

Dans le deuxième tiers du 16e s., le foyer de la Renaissance passa de Burgos à Valladolid. L'esprit espagnol a assimilé les éléments étrangers et les deux grands sculpteurs de la Renaissance espagnole apparaissent. **Alonso Berruguete** (1488-1561) a étudié en Italie avec Michel-Ange. Son style, proche de celui de la Renaissance florentine, reflète une puissante personnalité. Il préfère la force expressive à la beauté formelle, et ses formes tourmentées et impétueuses sont aussi puissantes que celles de son maître (statue de saint Sébastien dans le musée de Valladolid). **Juan de Juni** (mort en 1577), Français installé à Valladolid, reflète aussi l'influence de Michel-Ange et sera le créateur de l'école castillane de sculpture. Ses statues, reconnaissables à la beauté et à la plénitude des formes, montrent déjà les caractéristiques du baroque par les attitudes théâtrales censées exprimer la douleur. Beaucoup de ses compositions furent reproduites ultérieurement, comme la fameuse *Vierge aux sept couteaux* (église de las Angustias, Valladolid) et les Mises au tombeau du musée de Valladolid et de la cathédrale de Ségovie.

La plupart des grilles de fer forgé extrêmement ouvragées qui ferment chapelles et *coros* ont été réalisées aux 15e et 16e s.

Dans le domaine de l'orfèvrerie se distinguent les **Arfe** – Enrique, Antonio et Juan – qui ont réalisé respectivement les custodes de Tolède, St-Jacques-de-Compostelle et Séville.

La peinture – L'étude de la perspective, l'exaltation du corps humain et le goût des compositions claires apparaissent au 16e s. sous l'influence de la Renaissance italienne. Ces formes entrent essentiellement par Valence où **Fernando Yáñez de la Almedina** et **Fernando de Llanos** introduisent le style de Léonard de Vinci ; **Vincent Macip** ajoute l'influence raphaélique ; son fils **Juan de Juanes** est l'auteur d'œuvres déjà légèrement maniéristes. À Séville, **Alejo Fernández** peint la célèbre *Vierge des Navigateurs* qui se trouve à l'alcázar.

Le grand maître castillan de la fin du 15e s. est **Pedro Berruguete** (v. 1450-v. 1504), avec son style très personnel qui catalyse toutes les influences de la péninsule. **Jean de Bourgogne**, son continuateur, montre un grand intérêt pour le paysage et les motifs architecturaux et décoratifs. **Pedro de Campaña**, originaire de Bruxelles, cherche un effet dramatique utilisant le clair-obscur. **Luis de Morales** (v. 1520-1586), peintre maniériste, humanise ses œuvres en utilisant l'introduction du sentiment. La spiritualité qui émane de ses tableaux produisit un effet favorable dans la religiosité populaire.

À la fin du 16e s. Philippe II fait venir pour la décoration de l'Escurial un grand nombre de peintres italiens ou de formation italienne. Pendant son règne il impose l'art du portrait avec le Hollandais **Antonio Moro** (1519-1576), son disciple **Alonso Sánchez Coello** (1531-1588) et **Pantoja de la Cruz** (1553-1608). Par contre, **le Greco**, dédaigné par la cour, installe sa résidence à Tolède.

LE BAROQUE (17e s. et 18e s.)

L'art hispanique fut à l'apogée de sa splendeur au milieu du 17e s. Le baroque connaît alors un succès remarquable comme art essentiellement religieux au service de la Contre-Réforme et se manifeste tout particulièrement dans une Andalousie enrichie par le commerce avec l'Amérique.

Architecture – Dans le premier tiers du 17e s. l'architecture continue sur sa lancée du siècle précédent : les artistes sont encore très influencés par le classicisme et l'art herrérien auquel ils ajoutent des détails décoratifs. À cette époque, les édifices publics prolifèrent et beaucoup se construisent pendant la période baroque.

À Madrid, la Plaza Mayor, œuvre de **Juan Gómez de Mora**, précède de peu la construction de l'hôtel de ville, mais l'édifice le plus important est l'actuel ministère des Affaires extérieures réalisé par **Juan Bautista Crescenzi**, auteur aussi du panthéon des Rois à l'Escurial.

Dans l'architecture religieuse s'observe une plus grande liberté. Le type d'église jésuite se développe : de plan cruciforme avec un grand transept qu'illuminent des retables. Madrid possède plusieurs exemples : la cathédrale San Isidro, œuvre des jésuites Pedro Sánchez et **Francisco Bautista** ; le couvent de l'Incarnation de Juan Gómez de Mora, etc. Au milieu du siècle après l'austérité de l'Escurial, on cherche de nouvelles solutions qui amènent à changer les plans et les façades, à couper les entablements et à compliquer les frontons ; la basilique San Miguel (18e s.) à Madrid est un bon exemple de ce baroque italianisant. Dans les églises apparaît le « camarín », d'abord simple passage derrière le maître-autel, donnant accès à la niche du retable contenant une statue vénérée, il devient une chapelle richement décorée. À Saragosse, **Francisco Herrera le Jeune** (1622-1685) crée la basilique del Pilar. Salamanque compte une magnifique œuvre baroque, la Clerecía, dont le patio annonce le baroque surchargé et l'audace propre aux Churriguera.

Le style « Churrigueresque » – La recherche de la somptuosité débouche dès la fin du 17e s. sur une dynastie d'architectes, les Churriguéra, qui vont donner leur nom à un style. Il se caractérise par l'emploi de colonnes salomoniques (colonnes torses où s'enroulent des pampres) et d'estipites (pilastres en pyramide renversée). La première œuvre où s'observe cette fantaisie est le retable de San Esteban à Salamanque réalisé par **José de Churriguera** (1665-1725) qui se montre un précurseur mais ne réalise pas de transformations dans l'architecture. Ses frères **Joaquín** (1674-1724) et surtout **Alberto** (1676-1750), auteur de la Plaza Mayor de Salamanque, font preuve d'une plus grande liberté. **Pedro de Ribera** (1683-1742) travaille surtout à Madrid et surpasse les frères Churriguera par le délire décoratif. L'autre grand architecte castillan est **Narciso Tomé**, auteur de la façade de l'Université de Valladolid (1715) et surtout du Transparent de la cathédrale de Tolède.

Aspects régionaux – Le Baroque comme art populaire se développe dans les régions avec des particularités différentes. En **Galice**, la dureté du granit se prêtant peu aux sculptures délicates, ce sont des lignes fortement accusées, des moulures qui traduisent l'esprit baroque, le meilleur exemple est la façade de l'Obradorio de la cathédrale de St-Jacques-de-Compostelle (1750), chef-d'œuvre de **Fernando de Casas y Novoa**.

En **Andalousie**, le baroque atteint les extrêmes du faste, surtout dans la décoration. L'ondoiement caractérise au 18e s. les façades des palais (Écija), des cathédrales (Guadix) et les portails de nombreuses églises et maisons seigneuriales (Jerez). L'initiateur du baroque andalou est **Alonso Cano**, aussi sculpteur et peintre, avec la façade de la cathédrale de Grenade, mais la grande figure est **Vicente Acero**, qui travailla à la façade de la cathédrale de Guadix (1714-1720), dessina celle de Cadix et construisit la fabrique de tabacs de Séville. Les autres figures intéressantes sont **Leonardo Figueroa** (1650-1730), auteur du palais de San Telmo à Séville, ainsi que **Francisco Hurtado** (1669-1725) et **Luis de Arévalo**, artisans l'un du Sagrario, l'autre de la sacristie de la chartreuse de Grenade, exemples les plus exubérants du baroque andalou.

Dans le **Levant** le baroque utilise la polychromie en décorant de céramiques les coupoles des églises (tour de Santa Catalina à Valence). Le palais du marquis de Dos Aguas à Valence, de **Luis Domingo** et **Ignacio Vergara**, rappelle les façades de Ribera, mais sa conception se rapproche plus du rococo français. Murcie se signale par l'impressionnante façade de sa cathédrale, œuvre de **Jaime Bort**.

Peinture du Siècle d'Or – L'abandon du maniérisme du siècle précédent pour passer à la recherche du naturalisme caractérise la peinture du Siècle d'Or espagnol. Le point de départ sera le « ténébrisme » du Caravage, avec son dur réalisme et ses contrastes violents de lumière et d'ombres. Les peintres abordent le portrait et la nature morte *(bodegón)* ; les « vanités » (peintures évoquant la futilité de la vie) développent une intention philosophique en rapprochant les symboles de la richesse et de la mort. À Valence vécurent **Francisco Ribalta** (1565-1628), qui introduisit le « ténébrisme » en Espagne, et **José de Ribera** (1591-1652) connu pour son réalisme vigoureux.
En Andalousie travaillèrent quelques-uns des représentants les plus importants de la peinture baroque. Dans l'école sévillane se détachent **Francisco de Zurbarán** (1598-1664), dans ses toiles la lumière n'est pas extérieure mais jaillit des personnages eux-mêmes, **Murillo** (1618-1682), dont la peinture est pleine de tendresse et de mysticisme, et **Valdés Leal**, qui représente avec un réalisme à faire frémir les vanités terrestres. À Grenade, **Alonso Cano** (1601-1667), architecte, sculpteur et peintre, est l'auteur de Vierges à l'attitude réservée. Les peintres castillans de cette époque : **Vicente Carducho** (1575-1638) et les portraitistes **Carreño de Miranda** (1614-1685) et **Claudio Coello** (1642-1693) – tous excellents – pâlissent devant l'éclat d'un **Vélasquez**, dont la perspective aérienne et la profondeur visuelle sont inimitables.

Sculpture – La sculpture baroque espagnole se caractérise par son naturalisme qui s'illustre par des statues exprimant des émotions pathétiques ; le matériau le plus employé est le bois, plus tendre que le marbre, et pour les rendre plus réalistes les statues sont peintes avec de l'huile, et non plus à l'*estofado*, et représentées avec des larmes et des yeux en cristal. Bien que l'on continue à faire des retables, la grande nouveauté est les « **pasos** », statues réalisées spécialement pour les processions de la Semaine sainte. Les deux grandes écoles de sculpture baroque sont la castillane et l'andalouse. Le premier centre castillan est Valladolid, où travailla **Gregorio Fernández** (1566-1636), sculpteur continuateur de Juni bien que plus naturel ; son Christ gisant du couvent des Capucins de El Pardo fut très imité.
Séville et Grenade sont les deux foyers principaux de l'école andalouse. Dans la première s'installe **Juan Martínez Montañés** (1568-1649) : ce sculpteur, qui travailla seulement le bois, est l'auteur d'innombrables pasos et de différents retables. Grenade compte un illustre représentant en la personne d'Alonso Cano, célèbre pour la grâce et la féminité de ses Immaculées. Son meilleur disciple est **Pedro de Mena** dont les modèles, au contraire des œuvres ternes de son maître, reflètent une grande tension dramatique : la Madeleine (musée de Valladolid), Saint François (cathédrale de Tolède), Dolorosa (couvent des Descalzas Reales, Madrid).
Au 18e s. apparaît à Murcie la grande figure de **Francisco Salzillo**. Ses œuvres inspirées par le baroque italien se caractérisent par le côté spectaculaire et théâtral.
L'extrémisme churrigueresque se traduit en sculpture par d'immenses retables montant jusqu'aux voûtes formant désormais des ensembles organisés autour du tabernacle et dessinés par les architectes. Les statues semblent prisonnières des éléments décoratifs et perdues dans la surabondance des dorures et des stucs.

L'ART DES BOURBONS

Désormais, l'art sera dirigé par des organismes officiels comme l'académie des Beaux-Arts de San Fernando.

Architecture – Pendant la première partie du 18e s., l'architecture est encore marquée par le baroque espagnol alors influencé par le rococo français. Les monarques construisent différents palais dans un baroque modéré (le Pardo, Riofrío, la Granja, Aranjuez) et entreprennent les travaux du palais royal de Madrid, inspiré par le modèle de Versailles. Ces constructions allient l'harmonie classique des palais français avec la grâce italienne – la plupart des travaux furent confiés à des architectes italiens, respectant généralement le plan quadrangulaire traditionnel des alcázars, typiquement espagnol. Les jardins, très vastes, sont dessinés à la française.
Puis jusqu'au 19e s. fleurit l'art néoclassique ; les fouilles effectuées à Pompéi et à Herculanum contribuent à la formation de ce nouveau style. Le néoclassicisme renie les excès baroques et prétend atteindre la beauté hellénistique en utilisant les ordres, les frontons, les portiques et les coupoles. Pendant cette période les rois, en particulier Charles III, se consacrent à l'embellissement de la capitale et construisent des fontaines (Cibeles, Neptune), des jardins (jardin botanique) et des portes (Alcalá et Tolède).
Le premier architecte du néoclassicisme espagnol est **Ventura Rodríguez** (1717-1785). Cet artiste, formé en réalité au baroque d'inspiration italienne, évolue rapidement vers le néoclassicisme académique : façade de la cathédrale de Pampelune, Paseo du Prado madrilène, basilique du Pilar à Saragosse. **Sabatini** (1722-1797), qui suit la même évolution, réalisa la Porte d'Alcalá et le bâtiment abritant aujourd'hui le ministère de l'Urbanisme à Madrid. La figure la plus importante est sans aucun doute **Juan de Villanueva** (1739-1811), formé aux canons classiques pendant un séjour à Rome. On lui doit la façade de l'hôtel de ville de Madrid, le pavillon du Prince à l'Escurial et surtout le musée du Prado. Au cours du 19e s. apparurent deux urbanistes importants : **Ildefonso Cerdà** à Barcelone et **Arturo Soria** (1844-1920) à Madrid.

El Dos de mayo (Le 2 mai), par Goya

Peinture – Les Bourbons prirent un grand intérêt à s'entourer des meilleurs peintres, les installant officiellement à la Cour ; en 1752, Ferdinand VI fonda l'académie des Beaux-Arts de San Fernando, instaurée pour l'enseignement des techniques artistiques selon les règles académiques et l'étude des maîtres italiens. Les principales figures du siècle sont **Anton Raphaël Mengs** (1728-1779), de Bohême, et l'Italien **Tiepolo** (1696-1770) qui travaillèrent à la décoration du Palais royal. L'Aragonais **Francisco Bayeu** (1734-1795) peignit de nombreux cartons de tapisseries tout comme son beau-frère **Francisco de Goya** (1746-1828), dont l'immense personnalité domine tout le siècle.

Les peintres postérieurs à Goya ne suivront pas sa voie, l'influence académique, néo-classique et le romantisme prenant le relais. Il faudra attendre la fin du siècle avant que l'héritage de Goya ne soit repris. À l'intérieur du courant romantique de tendance académique se détachent **Federico de Madrazo**, représentant du goût officiel avec ses portraits royaux et ses scènes historiques, **Vicente Esquivel**, aussi portraitiste, **Leonardo Alenza** et **Eugenio Lucas**, représentant du « costumbrismo » devenu genre à part entière (ce goût pour les représentations de la vie populaire passe peu à peu de l'anecdote à l'évocation de l'âme espagnole). Le thème historique fait fortune au cours de ce siècle avec José Casado de Alisal, Eduardo Rosales et Mariano Fortuny. Le naturalisme de Martí Alsina et les paysages post-romantiques de Carlos de Haes annoncent déjà de nombreux caractères impressionnistes. Cet impressionnisme se montre déjà définitif chez **Narciso Oller**, chez **Ignacio Pinazo**, le meilleur impressionniste valencien, chez **Joaquín Sorolla**, qui aime les éléments folkloriques et régionaux imprégnés d'une lumière éblouissante, chez **Darío Regoyos**. Le Basque **Ignacio Zuloaga** (1870-1945), à l'heure où l'impressionnisme triomphe en Europe, exprime surtout son amour pour l'Espagne avec des thèmes populaires et des couleurs ardentes.

Arts décoratifs – Les Bourbons favorisèrent en Espagne la création de manufactures royales consacrées à la production des objets décoratifs qui ornent les palais de la couronne ; Philippe V créa la fabrique de céramique de Alcora. Mais très vite elle fut supplantée par celle du Buen Retiro, fondée en 1760 par Charles III, où furent réalisés les célèbres salons de porcelaine du palais de Aranjuez et du Palais royal de Madrid. Cette manufacture disparut avec l'invasion napoléonienne. En 1720, toujours sur l'initiative de Philippe V, fut ouverte la manufacture royale de Tapisseries de Santa Bárbara, où furent exécutées les tapisseries de Don Quichotte et celles, réalisées d'après les cartons de Bayeu et Goya, montrant des scènes populaires.

L'ART DU 20e S.

Du modernisme au surréalisme – La paralysie générale dont souffraient les arts espagnols à la fin du 19e s. fut rompue en Catalogne par un vaste mouvement culturel : le **modernisme**, qui eut particulièrement de succès en architecture avec **Antoni Gaudí** *(voir index)*, **Lluis Domènech i Montaner** et **Josep Maria Jujol**.
Dans le domaine de la sculpture, **Pau Gargallo** fut un précurseur par sa simplification des formes, l'importance des volumes et l'utilisation de matériaux nouveaux comme le fer. La peinture de cette période est féconde et variée. Parmi les nombreux artistes se détachent **Ramón Casas**, le meilleur impressionniste espagnol dont les œuvres sont empreintes d'une atmosphère triste et grise, **Santiago Rusiñol**, **Isidro Nonell**, initiateur du

vedette de cette période et ses innovations remplissent toute l'histoire de la peinture du 20e s. Il cultiva d'abord le naturalisme académique (*Science et charité*), fut ensuite moderniste et expressionniste social. Plus tard, définitivement installé à Paris (1904), il évolue des périodes bleue et rose au cubisme (*Les Demoiselles d'Avignon*) puis au surréalisme et à l'expressionnisme (*Guernica*) pour aboutir à une espèce de lyrisme totalement subjectif et personnel (*La Joie de vivre*).

Vers 1920 apparaît un mouvement marqué par le cubisme et surtout par le surréalisme que cultivent les sculpteurs **Angel Ferrant**, **Victorio Macho**, **Alberto Sánchez** et **Julio González** qui, en utilisant le fer, simplifie les formes en tentant de réussir un expressionnisme abstrait. Dans le domaine de la peinture ce mouvement est représenté par **Daniel Vázquez Díaz**, **Juan Gris**, **Joan Miró** et **Salvador Dalí**. **Juan Gris** (1887-1927), qui travailla à Paris, est le représentant le plus authentique du cubisme analytique. **Joan Miró** (1893-1983), vedette du surréalisme, se caractérise par une spontanéité quasi infantile et une vue originale sur les objets quotidiens. Une palette très vive et une série de symboles au caractère magique constituent une constante dans son œuvre. **Salvador Dalí** (1904-1989), quasi surréaliste, imagine son propre mode de création, qu'il baptise lui-même la paranoïa critique. Intéressé par le monde onirique et le subconscient, il réussit dans ce domaine quelques-unes de ses meilleures toiles.

L'art de l'après-guerre – La guerre civile affecta l'art espagnol pour deux raisons fondamentales : en premier lieu, l'exil de plusieurs artistes représenta une perte culturelle et, en second lieu, se développa à un niveau officiel un mouvement dont la caractéristique fut la monumentalité.

L'architecture illustre clairement ce fait : les édifices optèrent pour le gigantisme. De nombreux bâtiments officiels, tous à Madrid, furent construits dans un style s'inspirant de l'Escurial : le ministère de l'Air, le musée d'Amérique, l'arc de triomphe, le Conseil supérieur des recherches scientifiques. L'exemple le plus frappant de cet esprit architectural est le monument de la Vallée de los Caídos. Cependant apparaissent déjà dans cette architecture nationaliste quelques innovateurs comme **Miguel Fisac**.

À partir de 1950, on peut parler des prémices d'une nouvelle architecture fondée sur l'aspect fonctionnel et le rationalisme dont les exemples abondent à Barcelone : édifice de la Vanguardia, de **Oriol Bohigas** et **José María Martorell** ; maison de la carrer de Nicaragua, de **Ricardo Bofill** ; tout comme à Madrid le collège Monfort de **A. Fernández Alba**, le gymnase du lycée Maravillas de **Alejandro de la Sota** et les Tours Blanches de **F. Javier Sáenz de Oíza**.

Gasull/GC (DICT) – (c) ADAGP 1997

Antoni Tàpies – *Llibre-mur*

la sculpture et la peinture de l'après-guerre sont fondamentalement académiques, mais l'on y remarque certains artistes comme **José Gutiérrez Solana**, peintre d'ambiances angoissées, les paysagistes **Benjamín Palencia**, exaltant la campagne et la lumière de la Castille, et **Rafael Zabaleta**, plus préoccupé à la représentation des paysans de cette terre. Au même moment apparaissent d'authentiques peintres d'avant-garde. La première manifestation surréaliste de l'après-guerre est constituée par le groupe « **Dau al set** » dans lequel s'intègrent **Modest Cuixart**, **Antoni Tàpies** et **J. Tharrats**. Tàpies est un réel pionnier et un des représentants les plus importants de l'informalisme.

Nouvelles tendances – Dans les années cinquante naissent deux groupes artistiques aux caractéristiques différentes mais avec un objectif commun : l'innovation artistique. Ce sont « **El Paso** », constitué à Madrid par **Antonio Saura**, **Manuel Millares**, **Rafael Canogar**, **Luis Feito**, **Manuel Viola** et **Martín Chirino**, tous représentants de ce que l'on appelle la peinture d'action, et « **El Equipo 57** » formé à Cuenca par **Duart**, **Ibarrola**, **Serrano** et **Duarte**, artistes plus intéressés par le dessin. Dans ce mouvement informaliste s'inscrivent les sculpteurs **Eduardo Chillida**, qui dépouille ses œuvres réalisées en fer ou en bois de tout élément figuratif, **Jorge Oteiza** et **Andréu Alfaro**.

Juan Genovés et le groupe valencien **Equipo Crónica**, rejoint par **Solbes** et **Valdés**, représentent le réalisme critique au cours des dernières années du franquisme, alors qu'**Antonio López** est l'initiateur du courant réaliste.

ABC d'architecture

Les termes espagnols, sans équivalent en français, sont indiqués en bleu dans les pages qui suivent et utilisés sous leur forme espagnole dans le guide.

Plan de la cathédrale de BARCELONE (13ᵉ-15ᵉ s.)

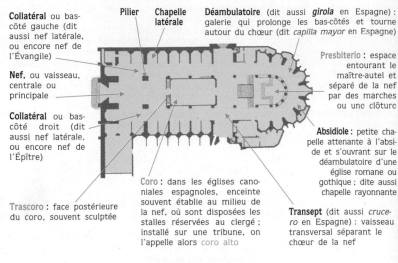

Collatéral ou bas-côté gauche (dit aussi nef latérale, ou encore nef de l'Évangile)

Nef, ou vaisseau, centrale ou principale

Collatéral ou bas-côté droit (dit aussi nef latérale, ou encore nef de l'Épître)

Pilier

Chapelle latérale

Déambulatoire (dit aussi *girola* en Espagne) : galerie qui prolonge les bas-côtés et tourne autour du chœur (dit *capilla mayor* en Espagne)

Presbiterio : espace entourant le maître-autel et séparé de la nef par des marches ou une clôture

Absidiole : petite chapelle attenante à l'abside et s'ouvrant sur le déambulatoire d'une église romane ou gothique ; dite aussi chapelle rayonnante

Trascoro : face postérieure du coro, souvent sculptée

Coro : dans les églises canoniales espagnoles, enceinte souvent établie au milieu de la nef, où sont disposées les stalles réservées au clergé ; installé sur une tribune, on l'appelle alors coro alto

Transept (dit aussi *crucero* en Espagne) : vaisseau transversal séparant le chœur de la nef

Coupe d'une église

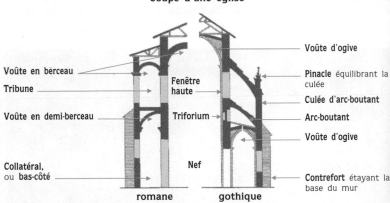

Voûte en berceau

Tribune

Voûte en demi-berceau

Collatéral, ou bas-côté

Fenêtre haute

Triforium

Nef

romane

gothique

Voûte d'ogive

Pinacle équilibrant la culée

Culée d'arc-boutant

Arc-boutant

Voûte d'ogive

Contrefort étayant la base du mur

Retables et triptyques

Les églises espagnoles sont fréquemment décorées d'un retable monumental, dit *retablo mayor* (grand retable), qui s'élève souvent jusqu'aux voûtes. Il est placé derrière le maître-autel, lui-même situé dans la *capilla mayor*.

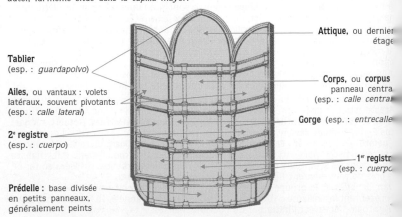

Tablier (esp. : *guardapolvo*)

Ailes, ou vantaux : volets latéraux, souvent pivotants (esp. : *calle lateral*)

2ᵉ registre (esp. : *cuerpo*)

Prédelle : base divisée en petits panneaux, généralement peints

Attique, ou dernier étage

Corps, ou **corpus** panneau central (esp. : *calle central*)

Gorge (esp. : *entrecalle*)

1ᵉʳ registre (esp. : *cuerpo*)

Arcs

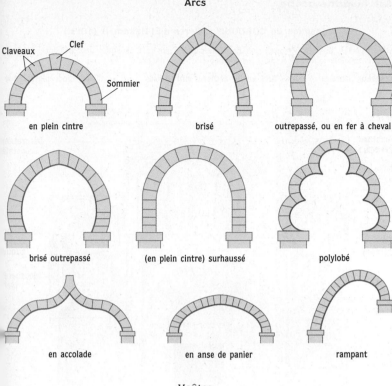

Claveaux — Clef — Sommier

en plein cintre — brisé — outrepassé, ou en fer à cheval

brisé outrepassé — (en plein cintre) surhaussé — polylobé

en accolade — en anse de panier — rampant

Voûtes

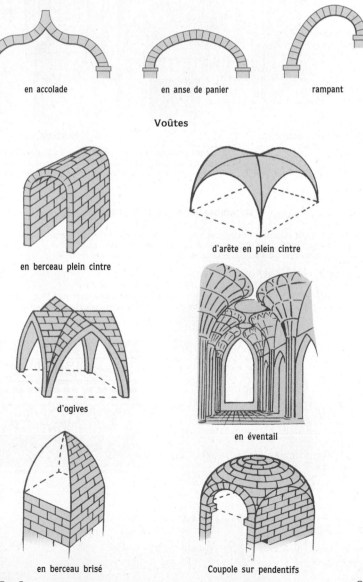

en berceau plein cintre

d'arête en plein cintre

d'ogives

en éventail

en berceau brisé

Coupole sur pendentifs

H. Cholmet

Art hispano-arabe

Mosquée de CORDOUE – Porte d'El-Hakam II (10ᵉ s.)

Les 8 siècles de présence arabe en Espagne ont eu sur l'art espagnol une influence décisive, encore sensible aujourd'hui dans les éléments et les concepts.

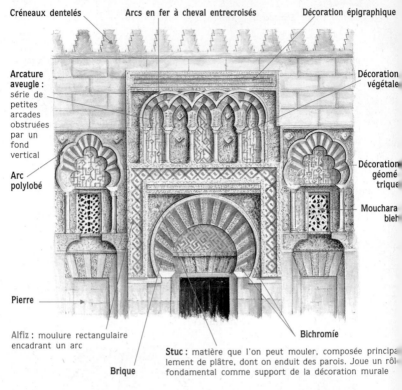

Créneaux dentelés

Arcs en fer à cheval entrecroisés

Décoration épigraphique

Arcature aveugle : série de petites arcades obstruées par un fond vertical

Décoration végétale

Arc polylobé

Décoration géométrique

Mouchara bieh

Pierre

Alfiz : moulure rectangulaire encadrant un arc

Brique

Bichromie

Stuc : matière que l'on peut mouler, composée principalement de plâtre, dont on enduit des parois. Joue un rôle fondamental comme support de la décoration murale

Alhambra de GRENADE (14ᵉ s.)

Moçárabes : motif décoratif formé par une combinaison de prismes assemblés, dont l'extrémité inférieure s'achève en surfaces concaves. Leur forme évoque stalactites et pendentifs. S'emploie dans les voûtes et les corniches

Soubassement d'azulejo à décoration épigraphique et géométrique

Cathédrale de **ST-JACQUES-DE-COMPOSTELLE** (11ᵉ-13ᵉ s.)

Exemple type d'église de pèlerinage, cette cathédrale témoigne d'une forte influence française.

Tribune : galerie située au-dessus des collatéraux, dont elle adopte la largeur

Arcade géminée : juxtaposition de petites arcades s'inscrivant dans une arcade plus grande

Voûte en berceau plein cintre

Arc doubleau : arc bandé transversalement à l'axe du vaisseau

Orgue

c formeret : arc placé ns l'axe de la nef

Abaque : tablette constituant la partie supérieure du chapiteau d'une colonne

Chapiteau corinthien

Arc en plein cintre surhaussé

Pilier à colonnes adossées

H. Choimet

Art gothique

Façade latérale de la cathédrale de LÉON (13e-14e s.)

Pour le monde gothique, la lumière est l'essence de la beauté et le symbole de la Vérité. Léon, la plus aérienne et la plus lumineuse des grandes cathédrales espagnoles, est la meilleure illustration de cette idée. La magnificence de ses vitraux suscite l'admiration de tous les visiteurs. Son plan s'inspire de celui de Notre-Dame de Reims et sa statuaire de celle de Chartres.

Pinacle : amortissement élancé couronnant un contrefort ou un arc-boutant

Gâble : pignon ornemental très pointu portant une décoration de masse ou ajourée

Rosace, ou grande rose

Gargouille : dégorgeoir saillant généralement sculpté d'animaux fantastiques

Contrefort : renfort extérieur d'un mur, faisant saillie et engagé dans la maçonnerie

Remplage : réseau léger de pierre découpée garnissant tout ou partie d'une baie, d'une rose ou la partie haute d'une fenêtre.

Arc-boutant

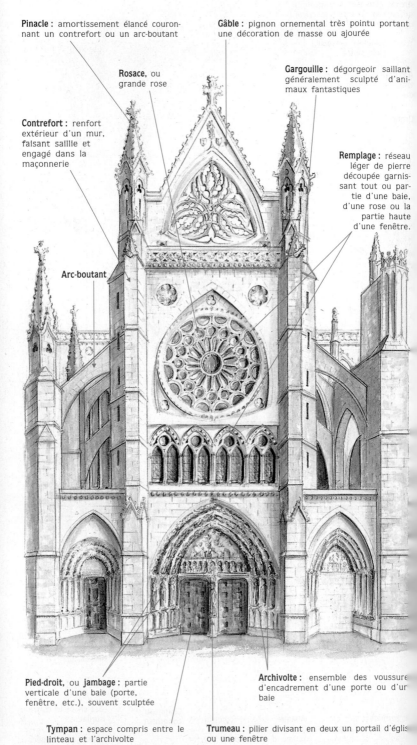

Pied-droit, ou **jambage :** partie verticale d'une baie (porte, fenêtre, etc.), souvent sculptée

Archivolte : ensemble des voussures d'encadrement d'une porte ou d'une baie

Tympan : espace compris entre le linteau et l'archivolte

Trumeau : pilier divisant en deux un portail d'église ou une fenêtre

42

Art plateresque

Façade de l'université de SALAMANQUE (16ᵉ s.)

Premier art de la Renaissance proche encore du gothique, caractérisé par un décor exubérant ayant recours à des motifs classiques.

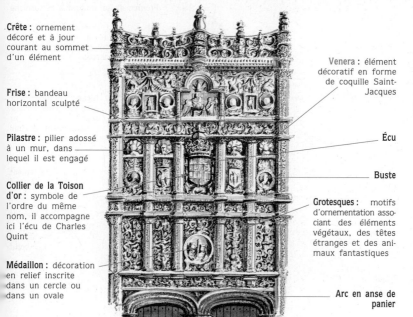

Crête : ornement décoré et à jour courant au sommet d'un élément

Frise : bandeau horizontal sculpté

Pilastre : pilier adossé à un mur, dans lequel il est engagé

Collier de la Toison d'or : symbole de l'ordre du même nom, il accompagne ici l'écu de Charles Quint

Médaillon : décoration en relief inscrite dans un cercle ou dans un ovale

Venera : élément décoratif en forme de coquille Saint-Jacques

Écu

Buste

Grotesques : motifs d'ornementation associant des éléments végétaux, des têtes étranges et des animaux fantastiques

Arc en anse de panier

Art de la Renaissance

Patio de l'hôpital Tavera à TOLÈDE (16ᵉ s.)

Le sens de la proportion qui apparaît tant en plan qu'en élévation fait de ce patio à deux galeries l'un des exemples les plus purs de l'art de la Renaissance. Conformément à la conception classique, la galerie inférieure est composée de colonnes doriques, la galerie supérieure de colonnes ioniques.

Triglyphe : ensemble de trois cannelures verticales

Écoinçon d'arcade : surface comprise entre la courbe d'un arc et son encadrement orthogonal

Colonne ionique

Voûte d'arête

Balustre

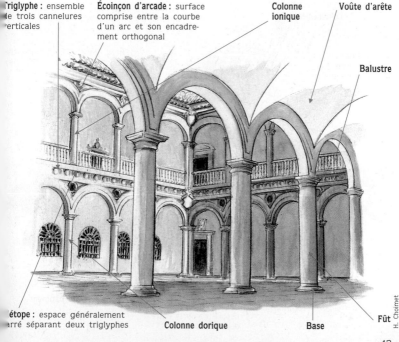

Métope : espace généralement carré séparant deux triglyphes

Colonne dorique

Base

Fût

Art baroque

Portail du Musée municipal (ancien hospice) de MADRID (18ᵉ s.)

Le retable, qui atteint en Espagne le sommet du grandiose avec la période baroque, quitte l'intérieur des édifices pour exploser en façade.

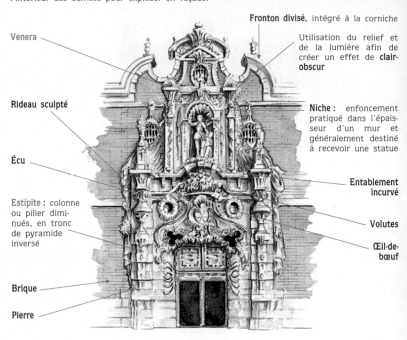

Fronton divisé, intégré à la corniche

Utilisation du relief et de la lumière afin de créer un effet de **clair-obscur**

Venera

Rideau sculpté

Écu

Niche : enfoncement pratiqué dans l'épaisseur d'un mur et généralement destiné à recevoir une statue

Entablement incurvé

Estípite : colonne ou pilier diminués, en tronc de pyramide inversé

Volutes

Œil-de-bœuf

Brique

Pierre

Néoclassicisme

Observatoire astronomique de MADRID (18ᵉ s.)

Dans ce petit édifice de Villanueva, modèle de simplicité et de dépouillement, l'influence palladienne est sensible dans le jeu des volumes.

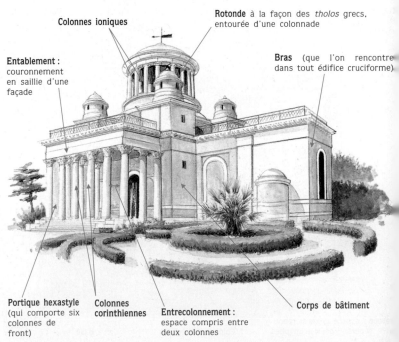

Colonnes ioniques

Rotonde à la façon des *tholos* grecs, entourée d'une colonnade

Entablement : couronnement en saillie d'une façade

Bras (que l'on rencontre dans tout édifice cruciforme)

Portique hexastyle (qui comporte six colonnes de front)

Colonnes corinthiennes

Entrecolonnement : espace compris entre deux colonnes

Corps de bâtiment

Modernisme

La Casa Battló, réalisée par A. Gaudí à BARCELONE (1905-1907)

Caractérisé par la profusion décorative, la couleur et la sensualité, le modernisme introduit les formes organiques dans un monde où règnent les courbes et les contre-courbes.

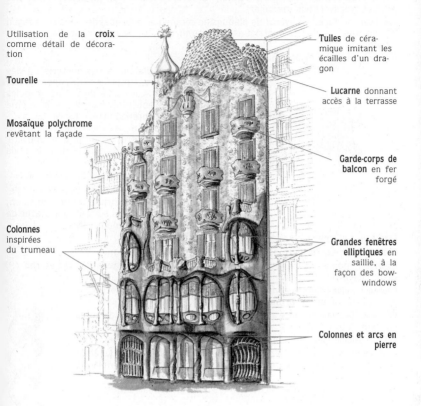

Utilisation de la **croix** comme détail de décoration

Tourelle

Mosaïque polychrome revêtant la façade

Colonnes inspirées du trumeau

Tuiles de céramique imitant les écailles d'un dragon

Lucarne donnant accès à la terrasse

Garde-corps de balcon en fer forgé

Grandes fenêtres elliptiques en saillie, à la façon des bow-windows

Colonnes et arcs en pierre

Rationalisme mediterranéen

Fondation Joan Miró, réalisée par J. L. Sert à BARCELONE (1972-1975)

Le concept fondamental de cette tendance consiste à privilégier la structure et la fonction. L'édifice est composé de volumes architecturaux et d'espaces ouverts où un rôle primordial est accordé à la lumière.

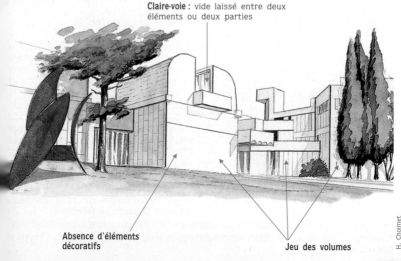

Claire-voie : vide laissé entre deux éléments ou deux parties

Absence d'éléments décoratifs

Jeu des volumes

H. Cholmet

45

QUELQUES TERMES D'ART

Les mots en bleu, sans équivalent en français, sont en espagnol

Abside : extrémité d'une église, derrière l'autel. Elle peut être arrondie ou polygonale.

Ajimez : baie géminée.

Alfarje : plafond en bois, généralement décoré, consistant en un plancher sur des poutres transversales (mudéjar).

Alicatado : surface recouverte de plaques de céramique (azulejos) découpées de façon à former des dessins géométriques. Décoration très utilisée pour les soubassements (mudéjar).

Aljibe : mot arabe désignant une citerne.

Artesonado : plafond à marqueterie où des baguettes assemblées dessinent des caissons en étoiles. Ce décor, né sous les Almohades, eut une grande diffusion, même en Espagne chrétienne aux 15e et 16e s.

Ataurique : motif décoratif de type végétal dans le plâtre ou la brique appartenant à l'art califal et adopté dans le style mudéjar.

Azulejos : carreaux de faïence vernissée.

Camarín : petite chapelle en arrière du retable, située au 1er étage, ornée comme un salon, où se conserve le plus souvent une statue de la Vierge précieusement vêtue.

Campanile : clocher isolé, souvent près d'une église.

Chevet : partie extérieure de l'abside, dite cabecera en Espagne.

Chrisme : monogramme du Christ, formé des lettres grecques *khi (X)* et *rhô (P)* majuscules.

Churrigueresque : dans le style de Churriguera, famille d'architectes du 18e s. Désigne un décor baroque surchargé.

Clef de voûte : claveau placé au sommet du cintre de l'arc ou de la voûte, souvent décoré.

Colonne salomonique : colonne torse décorée d'un réseau végétal.

Flamboyant : style décoratif de la fin de l'époque gothique (15e s.) ainsi nommé pour ses découpures en forme de flammèches aux remplages des baies.

Mihrab : dans la mosquée, niche ouverte dans le mur sacré *(quibla)* au grand luxe décoratif.

Miséricorde : petite console visible quand les sièges des stalles sont levés et servant aux prêtres ou moines à s'appuyer en donnant l'impression qu'ils sont debout.

Modillon : petite coupole soutenant une corniche.

Mudéjar : se dit de l'art des musulmans restés sous le joug chrétien après la Reconquête.

Quibla : dans la mosquée, mur normalement orienté vers La Mecque, où se dirige l'attention de ceux qui prient.

Rinceaux : ornements de sculpture ou de peinture empruntés au règne végétal formant souvent une frise.

Sagrario : chapelle où est conservé le Saint-Sacrement ; parfois le sagrario est une église indépendante.

Sebka : genre de décoration à base de brique, appartenant à l'art almohade. Consiste en la répétition jusqu'à l'infini de petits arcs formant un réseau de losanges.

Soportales : portiques à colonnes de bois ou de pierre supportant le premier étage des maisons et qui forment galerie ouverte autour de la *plaza mayor* dans les villes et villages.

Trasaltar : mur postérieur du chœur, où se trouvent sculptures ou tombeaux.

Triptyque : ouvrage de peinture ou de sculpture composé de trois panneaux articulés pouvant se refermer.

Voûte étoilée : voûte à plan carré ou polygonal formée par plusieurs arcs entrecroisés.

Yesería : ouvrage de plâtre. Décor habituellement sculpté ou gravé et peint : type en stalactite.

La littérature

L'Espagne possédait déjà sous la domination romaine de grands écrivains de langue latine : **Sénèque le Rhéteur**, son fils **Sénèque le Philosophe**, Quintilien, Martial, poète satirique, et **Lucain**, poète épique. Au 8e s., le *Commentaire sur l'Apocalypse* écrit par le moine Beato donna lieu à une série de remarquables manuscrits enluminés : les **Beatus**. La littérature en langue castillane n'apparut qu'au Moyen Âge.

Beatus de l'Escurial

Monasterio de El Escorial/H. Stierlin

Moyen Âge – La poésie épique, dans les chansons de geste, se nourrit des épisodes de la Reconquête. Au 12e s., *El Cantar del Mío Cid*, poème anonyme écrit en castillan et inspiré des aventures du Cid, est le premier monument littéraire espagnol. Puisant son inspiration dans la religion, le moine **Gonzalo de Berceo** s'illustre au 13e s. dans le *mester de clerecía*, poésie des clercs. Roi lettré, **Alphonse X le Sage**, qui par ailleurs compose des poèmes en galicien, fait du castillan la langue officielle de son royaume, en remplacement du latin.

L'expansion castillane imposera ce dialecte au reste de l'Espagne, sauf en Catalogne où subsistera, comme langue littéraire, le catalan. Au 14e s., don Juan Manuel introduit la prose narrative et l'archiprêtre **Juan Ruiz de Hita** écrit en vers une brillante œuvre satirique : *Le Livre du Bon Amour* qui fournira les thèmes du roman picaresque.

Renaissance – Au 15e s., sous l'influence italienne, la poésie lyrique est florissante avec Jorge Manrique et le **marquis de Santillana**. De veine épique et populaire par contre est le *Romancero*, recueil de poèmes qui, jusqu'au 16e s., perpétue la poésie médiévale. Enfin, l'*Amadis de Gaule*, publié en 1508, est le prototype d'une légion de romans de chevalerie. En 1499, *La Célestine*, pièce attribuée à Fernando de Rojas, jette les bases d'un théâtre moderne dialogué qui mêle tragique et comique dans une intrigue révélant un grand sens de la psychologie.

Siècle d'Or – Sous les Habsbourg (1516-1700), l'Espagne connaît son apogée littéraire. Cette période compte de grands poètes lyriques : le doux **Garcilaso de la Vega**, adepte de la mode italienne, le religieux **frère Luis de León** et surtout **Luis de Góngora** (1561-1627), dont le style hermétique et précieux fera école sous le nom de *gongorisme*.

Le caractère espagnol s'exprime alors dans le roman picaresque. Le premier paru est le *Lazarillo de Tormes* (1554), œuvre anonyme dont le héros est un fripon (*picaro* en castillan) avisé et malicieux. Dans le *Guzmán de Alfarache* de Mateo Alemán, le style est particulièrement alerte et le langage truculent ; *El Buscón* nous montre l'un des aspects du talent de **Quevedo** (1580-1645). Cependant, le génie du Siècle d'Or s'appelle **Cervantès** (1547-1616) et son chef-d'œuvre, *Don Quichotte de la Manche*, ouvrage à la fois amer et comique, railleur et ému, a une portée universelle. À la fin du 16e s. apparaît la *comedia* à laquelle **Lope de Rueda** avait ouvert la voie. Les auteurs dramatiques prolifèrent. Le maître de cet art, **Lope de Vega** (1562-1635), le perfectionne et l'enrichit. Ce « phénix des esprits » qui a écrit plus de 1 000 pièces touche aux sujets les plus divers. Son successeur, **Calderón de la Barca** (1600-1681), se fait, dans ses drames historiques ou philosophiques (*La Vie est un songe*, *L'Alcalde de Zalamea*), un interprète prodigieux de l'âme espagnole du 17e s. **Tirso de Molina** (1583-1648), dramaturge fécond, impose son type de don Juan à la postérité et **Guillén de Castro** écrit les *Mocedades del Cid* (Enfances du Cid) qui fourniront à Corneille son meilleur argument.

Il ne faut pas négliger les documents que nous ont fournis sur la conquête de l'Amérique Cortés et **Bartolomé de Las Casas**. Enfin, le moraliste **frère Luis de Granada** et surtout les mystiques **sainte Thérèse d'Avila** (1515-1582) et **saint Jean de la Croix** (1542-1591) mettent leur talent au service de la théologie.

18e et 19e s. – L'esprit de critique voit le jour chez les essayistes, le père **Feijóo** et Jovellanos. L'élégance domine dans le théâtre de **Moratín**, inspiré de Molière ; Ramón de la Cruz fait la joie du peuple avec ses saynètes. Au 19e s., le grand poète romantique est le Sévillan **Bécquer** (1836-1870). **Larra** se distingue dans la satire sociale. **Menéndez Pelayo** dans la critique littéraire, **Angel Ganivet** dans l'analyse de l'Espagne. Dans les romans d'**Alarcón** (*Le Tricorne*) et du régionaliste **Pereda** s'introduit un certain réalisme. Mais à la fin du 19e s. le meilleur romancier réaliste est **Benito Pérez Galdós** ; son œuvre féconde (*Épisodes nationaux*), vivante, est empreinte d'une grande valeur humaine.

47

20e s. – La « génération de 98 », attristée par la perte de Cuba, s'interroge sur l'essence de l'Espagne. Elle compte les essayistes **Miguel de Unamuno** (1864-1936), préoccupé par les problèmes de la destinée humaine et de l'avenir de l'Espagne *(Le Sentiment tragique de la vie)* et **Azorín** ; le philologue **Menéndez Pidal** ; le romancier **Pío Baroja** ; l'esthète **Valle Inclán**, créateur d'une élégante prose poétique. Parmi leurs contemporains, citons **Jacinto Benavente** (prix Nobel en 1922), qui met au point un nouveau style théâtral, et le romancier **Blasco Ibáñez**. Après eux, l'Espagne s'ouvre aux apports étrangers. De grands poètes apparaissent : **Juan Ramón Jiménez**, qui s'épanche en des vers ou récits dépouillés *(Platero y Yo)*, **Antonio Machado** (1875-1939), chantre de la Castille, **Rafael Alberti**. **Federico García Lorca** (1898-1936), aussi merveilleux poète que dramaturge *(Noces de sang)*, tout imprégné de sa terre andalouse, est le plus fascinant écho de l'Espagne ; cette Espagne dont toute sa vie le penseur **Ortega y Gasset** tentera de percer le mystère.

L'après-guerre – Après la fin de la guerre civile, la production littéraire renaît de ses cendres, avec des essayistes (Américo Castro), des dramaturges (Alfonso Sastre) et des romanciers, très pénétrés des problèmes sociaux de leur pays : **Camilo José Cela** *(La Famille de Pascal Duarte)*, prix Nobel 1989, **Juan Goytisolo**, **Ramón Sender**, Antonio Ferres.
Parmi les écrivains contemporains, citons les romanciers Juan Benet, Juan Marsé, Manuel Vázquez Montalbán, Terenci Moix, Eduardo Mendoza et les auteurs dramatiques Antonio Gala, José Martín Recuerda, Fernando Arrabal et Francisco Nieva.
Les pays d'Amérique hispanique apportent une contribution capitale aux lettres espagnoles avec Borges, García Márquez, Pablo Neruda, Miguel Ángel Asturias, Mario Vargas Llosa et Octavio Paz.

La musique

Aux côtés d'un folklore prestigieux, l'Espagne développe depuis le Moyen Âge une musique d'une richesse étonnante marquée par de nombreuses influences wisigothique, arabe, mozarabe, française. Dès le 11e s., le chant polyphonique est étudié : c'est à St-Jacques-de-Compostelle, vers 1140, qu'a été composée la plus ancienne œuvre à trois voix connue, le *Codex calixtinus*. Pendant la Reconquête, dans les villes reprises par les chrétiens, l'impulsion des évêques favorise une vaste production musicale. La liturgie (chants), les représentations théâtrales dans les églises *(autos)*, dont nous est parvenu *Le Mystère d'Elche*, la poésie (**Cantigas de Santa María** d'Alphonse le Sage – 13e s.) font une large part à la musique.
À la fin du 15e s. le dramaturge **Juan del Encina** se révèle un excellent musicien. Mais comme dans les autres arts, la musique atteint son apogée dans la deuxième moitié du 16e s., sous la protection des premiers Habsbourg. Le polyphoniste **Victoria** (1549-1611) est l'un des plus fameux. Ses contemporains **Francisco de Salinas** e **Fernando de las Infantas** furent de savants musicologues, **Cristóbal de Moralès** et Guerrero d'habiles compositeurs de musique religieuse. L'orgue prend une importance capitale, tandis que dans la musique profane l'instrument d'accompagnement favori est la **vihuela**, sorte de guitare à six cordes doubles, bientôt remplacée par le luth et la guitare à cinq cordes, dite espagnole. En 1629, Lope de Vega compose le livret du premier opéra espagnol. **Calderón de la Barca** est le créateur de la **zarzuela** (1648), genre de comédie musicale qui compte aussi des dialogues parlés et des ballets.
Le père **Antonio Soler**, claveciniste, est le plus remarquable compositeur du 18e s.
Au 19e s., le Catalan **Felipe Pedrell** donne à la musique espagnole ses lettres de noblesse et ouvre la voie à une génération de musiciens. Au début du siècle, au moment où les œuvres des compositeurs français sont empreintes d'un profond hispanisme *(Boléro* de Ravel, *Carmen* de Bizet, *Symphonie espagnole* de Lalo, *España* de Chabrier), les Espagnols pratiquent le retour à l'inspiration nationale : **Isaac Albéniz** (1860-1909), auteur d'*Iberia*, **Enrique Granados** (1867-1916), célèbre pour ses *Goyescas*, **Joaquín Turina** (1882-1949), avec sa *Symphonie sévillane*, puisent dans le folklore l'essentiel de leurs thèmes musicaux. Dans *Nuits dans les jardins d'Espagne*, *L'Amour sorcier*, *Le Tricorne*, **Manuel de Falla** porte à son sommet cette veine populaire.
De nos jours la guitare possède de remarquables interprètes qui adaptent cet instrument bien espagnol à un répertoire très varié : **Andrés Segovia** (1893-1987), **Joaquín Rodrigo**, **Narciso Yepes** sont parmi les plus connus. **Pablo Casals** (1876-1973), lui a imprimé sa personnalité au jeu subtil du violoncelle. Actuellement, l'Espagne occupe une des premières places dans le domaine vocal avec Victoria de Los Ángeles, Montserrat Caballé, Plácido Domingo, Alfredo Kraus, José Carreras, Teresa Berganza et María Mayo.

Le cinéma

Dès 1897 le cinéma espagnol voit le jour avec un petit film montrant la sortie de la messe de la basilique du Pilar à Saragosse. Des studios de cinéma muet s'installent à Barcelone.

Dans les années vingt quelques artistes surréalistes s'essaient à ce nouveau moyen d'expression : Dalí et surtout **Buñuel**, le Grand du cinéma espagnol, qui réalise alors *Un chien andalou* (1928) et *L'Âge d'or* (1930). Au moment de l'invention du parlant vers 1930, dans une Espagne en pleine crise politique et économique, les studios n'ont pas les moyens de s'équiper.

À la fin des années trente, alors que les films sont plutôt de tendance religieuse comme *Sœur Angélique* de Gargallo, Juan Piqueras lance la revue *Nuestro cinema*, très influencée par les idées soviétiques, et met en vedette des films, presque de propagande, comme *Las Hurdes* (Terre sans pain – 1932) de Buñuel, qui montre la misère dans une région retirée d'Espagne.

Pendant la guerre civile, puis pendant la période franquiste, le cinéma, soumis à une censure redoutable, constitue l'un des principaux supports idéologiques avec des films historiques, religieux, exaltant la mort et l'esprit de sacrifice. C'est la période du succès de *Marcelino, pan y vino* de Ladislao Vajda (1955). Un changement s'opère avec **Juan Antonio Bardem** (*Mort d'un cycliste* – 1954) et **Berlanga** (*Bienvenue M. Marshall* – 1953 –, *Le Bourreau* – 1964).

Les années soixante voient un renouvellement avec des metteurs en scène comme **Carlos Saura**, dont le premier film *Los Golfos* (Les Voyous)

Mort d'un cycliste

Collection Cahiers du Cinéma, Paris

est sorti en 1959 ; mais c'est surtout dans les années soixante que se signale la nouvelle vague espagnole, avec des réalisateurs et des films très marquants montrant les troubles de l'enfance et de la jeunesse marquées par le régime franquiste. *Anna et les loups* (1973) de Saura raconte l'arrivée d'une jeune étrangère dans une famille où trois frères quinquagénaires représentent la toute-puissance de l'armée et de la religion pendant le franquisme. Citons aussi *Cría Cuervos* (1975) du même réalisateur, *L'Esprit de la ruche* (1973) et *El Sur* (1983) de **Víctor Erice**, *La Colmena* (La Ruche) de **Mario Camus** (1982), les films de **Manuel Gutiérrez Aragón**, *Les Démons dans le jardin*, *L'Autre Moitié du ciel* (1986), où l'on voit les mutations économiques entre l'Espagne franquiste et démocratique. Dans ce cinéma très sérieux et nostalgique où les réalisateurs stigmatisent le franquisme, **Pedro Almodóvar** montre un tout autre visage, celui de l'Espagne moderne, de la *movida* madrilène, présentée à travers des comédies comme *Femmes au bord de la crise de nerfs* (1988) ou dans *Talons aiguilles* (1991). Deux productions espagnoles ont obtenu l'Oscar du meilleur film étranger : *Volver a empezar*, de José Luis Garci en 1983, et *Belle Époque* de F. Trueba en 1993. Au cours des cinq dernières années, le cinéma espagnol a connu un certain renouveau avec l'apparition de jeunes metteurs en scène, tels **Alejandro Amenabar** (*Tesis* – 1996) et **Alex de la Iglesia** (*El día de la Bestia* – 1995). Cela s'est traduit par des succès égaux à ceux jusqu'ici rencontrés par les productions hollywoodiennes, entre autres *El perro del hortelano* (1996), de **Pilar Miró**, hélas prématurément disparue, et *Secrets du cœur* (1997), de **Montxo Armendáriz**.

Tradition et folklore

UN PAYS RELIGIEUX

Les fêtes religieuses revêtent un éclat extraordinaire, par la foi catholique profondément enracinée dans l'âme espagnole et par l'aptitude de ce peuple à extérioriser ses sentiments. Ces fêtes dont le caractère varie selon le tempérament de chaque région – bucolique en Galice, exubérant en Andalousie, retenu en Castille – se mêlent en général de folklore régional et de réjouissances profanes. Dans l'ensemble de l'Espagne on célèbre la fête des Rois, la Fête-Dieu (Corpus Christi) et la Semaine sainte, mais ensuite chaque région, chaque ville vénère son propre saint.

Les « romerías » – Ce sont des pèlerinages à un sanctuaire ou à un ermitage isolé où l'on se rend en procession groupés par confréries, par quartiers ou par villages. En majorité consacrées à la Vierge, ces chapelles sont célèbres pour la statue qui y est vénérée, les plus connues étant celles de Pilar (Saragosse), de Guadalupe, de Montserrat et du Rocio.
De nombreux pèlerins revêtent le costume régional et scandent leur marche de chants folkloriques. C'est l'occasion de se retrouver, de déjeuner sur l'herbe, de danser. Dans les rias du Nord certaines romerías ont lieu en mer, sur des barques décorées de fleurs.

Les processions – Elles sont le complément de toute solennité religieuse, qu'il s'agisse d'une grande fête chrétienne ou de celle d'un saint patron. C'est sans aucun doute la **Semaine sainte** qui dans toute l'Espagne provoque les plus ferventes manifestations. Elle commence le dimanche des Rameaux, avec la bénédiction des palmes, puis viennent les manifestations de deuil : le sompteux décor des églises est caché sous de grands voiles noirs, les **« pasos »** (sortes de chars) montrent les étapes de la Passion du Christ représentées par des groupes sculptés en bois à l'échelle humaine.
De ces lents et douloureux cortèges, le plus brillant est celui de Séville où pointent les hautes cagoules des pénitents. En Catalogne, ce sont les villageois qui, en acteurs improvisés, retracent le drame de la Passion. D'autres grandes fêtes religieuses donnent lieu à des processions : celle de la **Vierge du Carmel**, patronne des marins, celle de la **Fête-Dieu**, qui voit sortir, dans les rues décorées de pétales de fleurs, le Saint Sacrement exposé dans un ostensoir d'or ou d'argent.

Les « ferias » – Souvent programmées à l'occasion d'une fête religieuse, les ferias, sortes de foires agricoles, sont très populaires surtout en Andalousie où des foules en costume andalou se pressent à celles de Séville ou de Jerez de la Frontera.

Coutumes nationales – **Noël** est une fête chrétienne et familiale ; les seuls cadeaux traditionnels à cette occasion sont les *cestas de Navidad*, grandes corbeilles d'osier, souvent à plusieurs étages, garnies de bouteilles, de jambons et de dragées, de *turrón* (nougat) et de massepain, offertes entre amis. La nuit du **31 décembre** se passe dans la rue ; la foule, massée à Madrid à la Puerta del Sol, avale un grain de raisin à chaque coup de minuit, imitée dans chaque foyer espagnol. À l'**Épiphanie**, on s'offre des cadeaux en famille et l'on partage le gâteau des Rois ou « roscón » (sorte de brioche) : celui qui trouve la fève aura une surprise dans la journée.

FOLKLORE RÉGIONAL

Andalousie – D'origine gitane et arabe, le **flamenco** a pour base le *cante jondo*, un chant profond qui exprime des sentiments intimes dans une langue ancienne et poétique. Battements de mains, castagnettes et claquements de talons donnent le rythme. La **« sevillana »** est une danse plus populaire. On verra les meilleurs **« tablaos »** à Séville et à Malaga. Le flamenco et la sevillana doivent une grande partie de leur grâce au costume andalou : robe à volants de couleurs vives pour les femmes, costume ajusté et chapeau à fond plat pour les hommes.

Aragon – Avec la bondissante **« jota »**, l'Aragonais extériorise sa joie et son courage. Les danseurs tourbillonnent au son d'une *rondalla* (ensemble d'instruments à cordes).

Catalogne et Levant – La Catalogne est restée très attachée à la **sardane** que l'on danse le dimanche sur la place, en cercle. Aux fêtes de El Vendrell et de Valls, les hommes forment d'audacieuses pyramides humaines, les **« castells »**.
Dans le Levant, la gaieté populaire s'exprime dans les fêtes qui offrent l'occasion d'admirer le riche costume local remarquable pour ses coloris et la préciosité de ses broderies. Les **« falles »**, de Valence, en mars, sont une véritable institution avec laquelle tentent de rivaliser les **« fogueres »** d'Alicante. La création de monuments de carton qu'on incendie à grand fracas sous les feux d'artifice procure aux habitants

Castells à Valls

l'occasion de prouver leur sens de la décoration, d'exercer leur verve satirique et de donner libre cours à leur exubérance. Enfin, les fêtes de *Moros y Cristianos* perpétuent avec beaucoup de pittoresque les luttes entre Maures et Chrétiens pendant la Reconquête.

Côte cantabrique et Galice – En Asturies et en Galice, la romería est toujours accompagnée des sons aigrelets de la « **gaita** », variante du biniou, et parfois du tambourin et des castagnettes. Elle honore les plus vieux métiers du terroir : vachers, bergers, marins. Les fêtes les plus typiques sont celles des vachers *(vaqueiros)* à Aristébano, en été, et la fête du Berger, dans les environs du lac d'Enol. Les danses les plus courantes en Galice sont la *muñeira* (danse de la Meunière), la danse des épées, réservée aux hommes, et la *redondela*.

Pays Basque et Navarre – Coiffés du fameux béret rouge, vêtus d'un costume blanc ceinturé de rouge, les hommes exécutent des rondes, au son des « **zortzicos** » (chants), du « **txistu** » (flûte) et du *tamboril*. La plus solennelle est l'*aurresku*, que les hommes dansent après la grand-messe, en se donnant la main. L'« **espata-dantza** » (danse des épées) a des réminiscences guerrières, celle des fileuses ou celle des bâtons évoquent des travaux quotidiens. Autre particularité basque, les concours sont très populaires. Mais la pelote est de loin la grande passion des Basques. Elle se joue sous différentes modalités : à la **chistera** (gouttière en osier prolongeant le gant protecteur), à la « **cesta punta** », importée d'Amérique latine, qui se joue sur un fronton couvert *(jaï alaï)*, avec une raquette en bois ou *pala*, ou à main « **a mano** ». À Markina en Biscaye fonctionne une célèbre université de la pelote.

Pour les Navarrais, la grande fête est les **Sanfermines** de Pampelune.

Castille – Les danses les plus traditionnelles sont la « **seguidilla** » et surtout le « **paloteo** », appelé aussi **danse de palos**, où l'on évolue au son de la flûte et du tambourin, dans certaines occasions de la « **dulzaina** », sorte de pipeau qui est l'instrument le plus typique de Castille, et de la grosse caisse. Parfois les danseurs attachent des grelots à leurs chevilles ou les musiciens rythment leurs danses avec des objets de la vie quotidienne tels que mortiers et bouteilles. Autour de Salamanque, le costume paysan est richement brodé de pierreries, fils de soie et paillettes.

Baléares – Les danses traditionnelles à Majorque sont le *copeo*, la *jota*, les *mateixes* et le boléro. Elles sont accompagnées par la *xeremía* (sorte de cornemuse) et le tambourin. À Ciutadella, ville de Minorque, a lieu le jour de la Saint-Jean une fête d'origine médiévale, avec une centaine de cavaliers vêtus d'un élégant costume. À Ibiza, les danses populaires s'exécutent sur des compositions poétiques.

TAUROMACHIE

La lutte contre le taureau s'est pratiquée à cheval du Moyen Âge au 18e s. Elle devint alors un spectacle populaire qui se pratiquait à pied. Les règles de la tauromachie actuelle furent élaborées au cours des 18e et 19e s. par la famille **Romero**, les toreros **Costillares**, **Francisco Montes « Paquiro »** et **Juan Belmonte** (1892-1962). **Pepe Hillo** (1754-1801) crée le style sévillan, spontané et gracieux, qui s'oppose à celui de Ronda grave et sobre. Après lui vinrent les Cordouans : **Lagartijo** (1841-1900), **Guerrita** (1862-1941), **Joselito** (1895-1920), **Manolete** (1917-1947) et **El Cordobés**.

Les élevages – Les taureaux de combat sont élevés en quasi-liberté sur d'immenses propriétés d'Andalousie et de Castille (entre Salamanque et Ciudad Rodrigo). Leur aptitude au combat est étudiée lors de la « **tienta** », épreuve de bravoure que l'on fait subir à des taureaux d'environ 2 ans. Chaque élevage acquiert ses qualités propres qu'analysent les connaisseurs **(aficionados)**.

La corrida (course de taureaux) – Elle a lieu à 17 h et comporte la mise à mort de six taureaux (4 ans, 450 kg) répartis entre trois matadors. La course commence, au son des paso doble, par le « **paseo** » (défilé) des toreros (combattants de l'arène) précédés de deux *alguazils* (serviteurs du président de la course) à cheval et en costume du 17e s. Les trois **matadors**, dans leur habit de lumière, marchent en tête de leur *cuadrilla* (équipe). Chaque combat, ou « **lidia** », comprend trois « **tercios** », actes soulignés par des sonneries de trompes, où l'homme doit progressivement assurer sa domination sur l'animal.

1er acte : réception et étude du taureau – À l'aide de la cape, les péons attirent la bête. Puis le matador intervient et jouant de sa vaste cape rose fait virevolter l'animal pour étudier son comportement. Cet exercice comprend plusieurs figures dont la fameuse « véronique ».

Ensuite les picadors, montés sur leurs chevaux caparaçonnés, attendent, le fer en arrêt, la charge du taureau pour lui planter leur lance dans le garrot, nœud de muscles qui domine les épaules.

2e acte : les banderilles – Pour permettre à l'animal de reprendre son souffle et l'exciter, les *banderilleros* lui plantent dans le garrot les banderilles, bâtons enrubannés terminés en harpon, tout en esquivant prestement ses cornes.

3e acte : la mise à mort – C'est le travail à la **muleta**, pièce de serge rouge écarlate tendue sur un bâton, plus petite que la cape. Après avoir salué le président et dédié la bête à une personnalité ou à la foule, le torero, l'épée dans la main droite, attire avec la muleta le taureau qu'il dirige par des passes dont l'élégance ou la témérité peuvent lui valoir le triomphe. Finalement, c'est l'**estocade**, le taureau s'immobilise et le matador, l'épée droite, s'avance, vise entre les omoplates et frappe, son corps frôlant la corne droite de l'animal fasciné par la muleta. Si le matador a bien combattu, il peut recevoir en récompense une oreille, voire deux et parfois la queue de l'animal.

Autres formes de courses – Les « **capeas** » sont des fêtes populaires où les jeunes amateurs s'essayent sur la place du village, comme à Ciudad Rodrigo. Les « **novilladas** » voient s'affronter les *novillos*, jeunes taureaux de 3 ans, et les apprentis toreros, les *novilleros*. Le « **rejoneador** », lui, torée à cheval, en respectant les trois actes de la corrida.

Corrida : passe de cape

L'artisanat

L'Espagne a eu de tout temps une riche tradition artisanale où se reflètent le caractère de chaque région ainsi que les influences des différentes civilisations qui ont marqué son histoire : ibère, romaine, wisigothique, musulmane. Dans tout le pays on trouve des poteries, des céramiques, de la vannerie, des tissages…

Céramique et poterie – Ces deux formes d'artisanat occupent la place d'honneur par la variété et la qualité de leurs productions.

En Castille, la poterie est en grande partie exécutée par les femmes qui utilisent une technique primitive et se sont spécialisées dans les ustensiles de cuisine, les jarres et les cruches pour le transport de l'eau. Sur tous les marchés et dans les villages on trouve ces plats, ces soupières, ces bols en terre cuite *(barro cocido)* vernissée qui sont la base de la vaisselle dans les maisons paysannes.

La céramique, dans de nombreux endroits, a été influencée par l'art islamique dans ses techniques, ses motifs et ses couleurs.

Céramique de Talavera de la Reina

B. Brillion/MICHELIN

Dans la région de Tolède se trouvent deux grands centres : **Talavera de la Reina**, avec ses fameuses céramiques bleu, vert, jaune, orange et noir, et **El Puente del Arzobispo**, dont la production est dominée par les tons verts.

À **la Bisbal** en Catalogne la céramique sur fond jaune est décorée de motifs verts.

En Aragon et dans le Levant la tradition mudéjar se fait sentir dans la céramique blanc et bleu de **Muel**, vert et violet de **Teruel** et celle aux reflets métalliques de **Manises** (Valence).

Murcie produit la majorité des figurines qui décorent les crèches de Noël.

La région la plus riche est l'Andalousie avec les ateliers de **Grenade** (céramique vernissée aux touches épaisses vertes et bleues), de **Guadix** (vaisselle rouge), de **Triana** à Séville (vernissée, polychrome et décorée d'animaux), de **Úbeda**, de **Andújar** (jarres décorées de motifs bleu de cobalt) et de **Vera** (formes ondulées et couleur blanche).

En Galice, le centre de **Sargadelos** dans la province de La Corogne produit industriellement de la faïence et de la porcelaine avec des motifs et des formes modernes, mais il existe aussi une production artisanale à **Niñodaguia** (Orense) avec un vernis jaune qui ne recouvre pas totalement la pièce et à **Buño** (décoration jaune sur fond marron sombre).

Aux **Baléares** on citera les fameux sifflets « Xiruels » décorés en rouge et vert.

Tissage, dentelle et broderie – Pendant la période musulmane les industries textiles étaient prospères. Aujourd'hui survivent quelques ateliers artisanaux qui tissent des couvertures et des tapis de couleurs vives dans les Alpujarras, la Rioja, la région de Cadix (**Grazalema**), et à **Nijar** près d'Almería (*tela de trapo* : tapis exécutés avec des bandelettes de tissus). Les couvertures de Zamora, Palencia et Salamanque sont réputées.

Dans certains villages de la province de Ciudad Real (en particulier à **Almagro**), on peut encore voir les dentellières sur le pas de leur porte travaillant avec leurs fuseaux et leurs aiguilles. **Camariñas** en Galice est aussi célèbre pour ses dentelles. Mais l'activité la plus populaire reste la broderie, souvent exécutée en famille. Les broderies les plus caractéristiques sont celles de la région de Tolède **(Lagartera, Oropesa)** avec leurs motifs géométriques. Signalons deux domaines en Espagne où la broderie devient un véritable art : les ornements des *pasos* de la Semaine sainte et les costumes de toreros.

Travail du métal et orfèvrerie – Le travail du métal, activité très ancienne, a donné de véritables chefs-d'œuvre comme les grilles de fer forgé que l'on voit dans de nombreuses églises. Les artisans forgerons continuent à produire les grilles pour les portes, les fenêtres, si utilisées dans l'architecture du Sud de l'Espagne (Manche, Estrémadure, Andalousie). Le travail du cuivre s'est maintenu à **Guadalupe** en Estrémadure (chaudrons, marmites, braseros, alambics).

Eibar dans le Pays Basque et surtout **Tolède** fabriquent toujours des armes damasquinées (incrustation d'or dans le métal) selon la pure tradition islamique.

La coutellerie se concentre autour d'**Albacete**.

L'orfèvrerie, qui était déjà développée dans l'Antiquité et pendant l'époque wisigothique – on peut admirer de remarquables trésors dans les musées archéologiques –, a conservé des méthodes traditionnelles comme le filigrane (fils d'argent ou d'or entrelacés et soudés) à **Cordoue** et à **Tolède**. Salamanque, Cacérès et Ciudad Rodrigo sont plutôt spécialisés dans les bijoux en or.

Travail du cuir – Il a toujours été important surtout en Andalousie et s'est souvent industrialisé (maroquinerie, chaussures en Andalousie, dans la région d'Alicante et aux Baléares). Dans le domaine purement artisanal on continue à produire les fameux cuirs de **Cordoue** (Guadameciles), cuirs repoussés polychromes qui autrefois étaient très recherchés et furent célèbres à travers toute l'Europe.

Dans les provinces de Bilbao, Pampelune et Burgos ainsi que dans d'autres régions vinicoles, on fabrique ces gourdes et outres en peau très spécifiques à l'Espagne.

La vannerie – Elle demeure l'un des artisanats le plus représentatifs de l'Espagne. Cette activité, bien que représentée dans tout le pays, est particulièrement riche sur la côte méditerranéenne et dans les Baléares.

Paniers, corbeilles, chapeaux, tapis, en roseau, en osier, en sparte, en lanière d'olivier, en écorce de bouleau ou de châtaignier, meubles en jonc, en osier, les productions en vannerie et le matériau utilisé varient selon les régions. Dans le Levant et en Andalousie on choisit plutôt l'osier, dans la région galicienne et en Asturies on préfère le noisetier et le châtaignier, dans l'île d'Ibiza la paille et le sparte.

La gastronomie

Préparée à base d'huile d'olive, relevée par des herbes aromatiques et épicée par le piment, la cuisine espagnole a un caractère très nettement méditerranéen. Elle varie cependant énormément selon les régions. Parmi les plats que l'on retrouve dans tout le pays, citons la soupe à l'ail, le « **cocido** », sorte de pot-au-feu agrémenté de haricots dans le Nord, de pois chiches dans le Sud, les omelettes dont la célèbre **tortilla** aux pommes de terre, les charcuteries bien caractéristiques comme le **chorizo** (sorte de saucisson au piment), les exquis jambons « **serranos** » bien secs.

Les produits de la mer, poissons, crustacés et coquillages, entrent aussi dans la composition de nombreux plats.

Les régions du Nord – En **Galice**, la cuisine doit sa finesse à la qualité des produits provenant de la mer : poulpe, merlu, daurade, coquilles Saint-Jacques (*vieiras*), moules (*mejillones*), pouces-pieds (*percebes*), gambas, cigales de mer et langoustines. Mais on y trouve aussi le pot-au-feu local, « **el caldo gallego** », et le jambonneau aux feuilles de navet, « **el lacón con grelos** ». On arrose tout cela de vins locaux : le Ribeiro blanc ou rouge et l'Albariño blanc.

Dans les **Asturies**, poissons et fruits de mer sont aussi à l'honneur, mais la plus grande spécialité est une sorte de cassoulet baptisé « **fabada** ». Dans cette région, le cidre accompagne souvent les repas. En pâtisserie, il faut mentionner les délicieux « **sobaos** » biscuits à l'huile originaires de la Cantabrie.

Yemas de Santa Teresa (Ávila)

J. Hidalgo-C. Lopesino/MARCO POLO

Dans le **Pays Basque**, la cuisine est élevée au rang d'art : elle est le fruit d'une laborieuse préparation avec de nombreux plats en sauce, des ragoûts de poisson, de morue, de colin préparés en sauce verte, au piment, les *chipirones en su tinta* (petits calmars préparés dans leur encre). Le *marmitako*, plat typique des villages de pêcheurs, est composé de thon, de pommes de terre et de poivrons et souvent accompagné d'un bon *txacoli*, vin blanc au goût acide.

Les régions de l'Èbre – La **Navarre** et la **Rioja** sont les pays du bon gibier, des excellents produits maraîchers et des meilleurs vins d'Espagne, surtout des rouges. Leur cuisine est riche et raffinée : perdrix, cailles et palombes rivalisent avec les truites dans la préparation des plats. En Navarre se remarquent les vins rosés et certains blancs très fruités. Dans ces vallées s'élabore le Roncal, un délicieux fromage de brebis. L'**Aragon** est la terre des « **chilindrones** », une savoureuse sauce aux tomates et aux poivrons qui agrémente volailles et viandes, et aussi du

Paella

« ternasco », chevreau cuit au four, le tout arrosé des vins rouges et épais de la Cariñena.

Les régions de la Meseta – Les spécialités castillanes sont issues de l'agriculture locale : le « **cordero asado** » (agneau rôti) et le « **cochinillo tostón** » ou « **tostado** » (cochon de lait), sans oublier le « **cocido** », le tout arrosé d'un bon vin rouge de Valdepeñas frais et léger. Au Sud de la province de Valladolid s'élaborent les vins de la Rueda, les blancs frais et fruités. Les vins de la Ribera del Duero sont généralement des rouges acides.
C'est aussi une région réputée pour ses fromages de brebis : celui de Burgos, et le Manchego qui dans ses nombreuses variétés est le fromage le plus connu d'Espagne. Dans le domaine des sucreries citons les célèbres massepains de Tolède.

Les régions méditerranéennes – En **Catalogne** et dans le **Levant** la cuisine est typiquement méditerranéenne. Évoquons le pain à la tomate catalan, les poivrons rouges à l'huile, et surtout les poissons préparés avec des sauces comme l'aïoli (*allioli* en espagnol) ou la *samfaina* (tomate, piment et aubergine). Parmi les charcuteries se signalent : « **butifarra** » (saucisse), saucisson et *fuet* de Vic. Les fruits secs entrent dans la composition de nombreux plats ou se servent en fin de repas.
Mais le dessert le plus répandu est la **crème catalane**, sorte de crème renversée recouverte d'une fine pellicule de caramel. La Catalogne est la patrie du *cava*, un vin pétillant. On y élabore aussi d'excellents vins légers dans l'Emporda, blancs fruités dans le Panades et rouges dans le Priorato.
Le **Levant** est le royaume de la célèbre **paella** à base de riz au safran et garnie de poule, de porc, de coquillages, de calmars, de gambas et de langoustines (cigales). De même la « **fideuà** » est typique de cette région ; ce sont de petites pâtes cuites avec poissons et crustacés. Dans le domaine des sucreries, le **turrón** est une spécialité levantine.
La cuisine des **Baléares** compte des soupes : la majorquine avec du pain, des poireaux et de l'ail et aussi les soupes de poissons, ainsi que le fameux « **tumbet** », ragoût de pommes de terre, d'oignons, de tomates, de courgettes et de poivrons. La « **sobrasada** », saucisse pimentée, entre dans la préparation de nombreux plats. Les cocas, tartes salées et sucrées, et les « **ensaimadas** », sorte de brioche, font un délicieux dessert.

Andalousie – Le plat le plus connu est le « **gazpacho** », une soupe froide à l'huile et au vinaigre, parfumée d'ail et garnie de concombre et de tomate. Les Andalous adorent les fritures et plus particulièrement celles de poissons et de fruits de mer. Sur les versants de la sierra Nevada et de celle d'Aracena l'élevage des porcs donne des jambons serranos particulièrement fins. Parmi les desserts évoquons le *tocino del cielo* sucré comme une pâtisserie orientale.
Cette région produit surtout de célèbres vins de dessert : les fameux **xérès**, le **manzanilla** et le **malaga**.

Tourisme-informations sur Minitel :
consulter 3615 Michelin (2,23F/mn).

Ce service vous aide à préparer
ou décider du meilleur itinéraire à emprunter
en vous communiquant d'utiles informations routières.

Cordoue : la mosquée

D.Ball

Villes
et curiosités

AGUILAR DE CAMPÓO

Castille et León (Palencia)

7 594 habitants

Carte Michelin n° 442 D 17 – Atlas España Portugal p. 12

Dans cette région à l'extrême Nord de la Meseta, le paysage est animé par des escarpements calcaires redressés où se lit le plissement provoqué par la formation des monts Cantabriques. Sur l'une de ces buttes, le château d'Aguilar résiste au temps ; à ses pieds, la ville garde un charme ancien : portes de murailles aux arcs ogivaux parfois surmontés d'une sculpture, maisons nobles aux façades blasonnées.

À 2,5 km à l'Ouest, la très vaste **retenue d'Aguilar** est un centre de sports nautiques.

Monasterio de Santa María la Real ⊘ – *À la sortie de la ville vers Cervera de Pisuerga.*
Ce bel édifice de transition romano-gothique (12e-13e s.) est intéressant pour les chapiteaux historiés de l'église, son cloître et sa salle capitulaire. Il a fait l'objet d'une restauration importante.

Colegiata de San Miguel ⊘ – *À l'extrémité de la longue* **plaza de España** toute bordée de portiques, les vastes nefs gothiques de la collégiale abritent de beaux mausolées : celui des marquis d'Aguilar (statues orantes du 16e s.) et celui de l'archiprêtre García González, dans l'absidiole gauche, sculpté avec un réalisme surprenant.

Parc nacional de AIGÜESTORTES I ESTANY DE SANT MAURICI★★

Catalogne (Lleida)

Carte Michelin n° 443 E 32-33 – Atlas España Portugal p. 17

Schéma : PIRINEOS CATALANES

Les 10 230 ha du parc national de Aigüestortes sont situés entre 1 500 et 3 000 mètres d'altitude dans la chaîne axiale des Pyrénées formée de granit et d'ardoise ; ce parc montre une tout autre physionomie des Pyrénées que celui d'Ordesa au typique relief calcaire. Sculptés par les glaciers, les paysages sont d'une sauvage beauté : vallées en auge, lacs suspendus. L'eau y est partout présente sous forme de lacs, de cascades et de torrents. Dans le fond des vallées, les cours d'eau paressent et musardent entre les prés moussus et les bois. Ces tracés « tortueux » ont donné son nom au parc : *aigües tortes*.
La végétation se compose de nombreux résineux : pins noirs, pins sylvestres, sapins mais aussi de bouleaux et de hêtres qui prennent de si jolies couleurs à l'automne. Quelques troupeaux de vaches à la robe beige paissent les verts pâturages tandis que cimes et crêtes sont le domaine de l'isard et que quelques coqs de bruyère hantent encore les bois.

EXCURSIONS DANS LE PARC

On peut accéder au **parc** ⊘ soit par Espot à l'Est, soit par Boí à l'Ouest.

Estany de Sant Maurici – *Accès en voiture par route revêtue à partir d'Espot*
Cerné par un écrin de forêts, le lac de Sant Maurici est dominé par les sommets aigus de la sierra dels Encantats.

Portarró d'Espot – *3 h A/R à pied par un chemin forestier à partir du lac de San Maurici.* Le chemin s'enfonce dans la vallée de Sant Nicolau. À la hauteur du lac Redó, on découvre de magnifiques **vues panoramiques★★** sur le secteur d'Aigües tortes.

Aigüestortes – *Accès à partir de la route entre Barruera et Caldes de Boí ; la piste (5 km) est praticable pour les voitures particulières mais il y a aussi des possibilités d'excursions en jeep.*
La route parvient au lieu dit Aigüestortes où le torrent forme un labyrinthe parmi d'épaisses prairies. Un sentier *(3 h à pied A/R)* mène jusqu'à l'Estany Llong.

Estany Negre – *5 h A/R à pied à partir d'Espot, ou 4 h A/R à pied par un chemin forestier partant du lac de Sant Maurici.* On emprunte la très belle vallée de Peguera. La rivière se fond dans l'**étang Noir**, qui doit son nom à l'opacité de ses eaux, cerné par d'imposants sommets.

Estany Gran – *3 h A/R à pied par un sentier à partir du lac de Sant Maurici.* À côté du lac, les torrents forment de spectaculaires cascades.
De nombreux sentiers, dont celui traversant le parc, sont balisés et quatre refuges peuvent héberger les randonneurs.

ALACANT/ALICANTE*

Communauté valencienne

275 111 habitants

Carte Michelin n° 445 Q 28 - Atlas España Portugal p. 79

Dans cette ville accueillante, typiquement méditerranéenne, se mêlent avec bonheur une tranquillité toute provinciale et l'animation d'un grand centre touristique.

De tout temps Alicante fut appréciée pour la luminosité de son ciel. Les Grecs l'appelaient Akra Leuka (la citadelle blanche) et les Romains Lucentum (ville de lumière). Arabe à partir de 711, elle ne fut reconquise qu'en 1296, lorsque Jacques II l'incorpora au royaume d'Aragon. Elle s'étale au pied du château Santa Bárbara, le long d'une vaste baie fermée par les caps de Huertas et de Santa Pola.

Tourisme et activité portuaire – Grâce à la douceur de son climat et à la proximité de vastes plages **(El Postiguet, La Albufereta, San Juan)**, Alicante est devenue la capitale du tourisme de la Costa Blanca *(voir ce nom)*. Le long de la côte Sud, plate et sablonneuse, ont surgi de nombreuses stations balnéaires : **Santa Pola, Guardamar del Segura, Torrevieja, Campoamor**. Outre le tourisme, Alicante a un rôle économique important grâce à son port dont l'activité commerciale est dominée par l'exportation des produits de sa huerta (vins, amandes, raisins de table) et de celle de Murcie. L'industrie est relativement importante : métallurgie, aluminium, industries chimiques.

Les « fogueres » – La nuit de la Saint-Jean, le 24 juin, Alicante s'abandonne au délire des *fogueres*. La création de monuments de carton qu'on incendie à grand fracas sous les feux d'artifice donne aux habitants l'occasion d'exercer leur verve satirique avec exubérance.

LA VIEILLE VILLE *Suivre à pied l'itinéraire indiqué sur le plan.*

* **Explanada de España (ABZ)** - Longeant le port de plaisance, l'esplanade est la plus agréable des promenades de la région, égayée de marbres polychromes aux dessins géométriques et ombragée d'élégants palmiers. Le dimanche, des concerts sont donnés dans le kiosque à musique.

Catedral de San Nicolás ⊙ **(AZ)** - Situé à l'emplacement d'une ancienne mosquée, le bâtiment actuel fut construit au début du 17e s. La nef, aux sobres proportions, est dominée par une coupole harmonieuse.

Ayuntamiento (BZ H) - Ce palais de pierre ocre construit au 18e s. et flanqué de deux tours montre une belle façade baroque. À l'intérieur on peut voir la **chapelle** ⊙ rococo, décorée d'azulejos de Manises, et deux salons romantiques tendus de soie bleue.

Église Santa María ⊙ **(BZ)** - Elle se dresse sur une place pittoresque de la vieille ville au pied même du château Santa Bárbara. Ancienne mosquée, elle fut reconstruite dès le 14e s. L'intérieur a subi de nombreux remaniements : au 17e s. la nef fut élargie et le sanctuaire défiguré par une lourde décoration churrigueresque.

Près de l'entrée on remarquera une peinture sur bois (les saints Jean) par Rodrigo de Osona le Jeune et de gracieux fonts baptismaux Renaissance en marbre.

La façade est très caractéristique du baroque du 18e s. avec ses colonnes torses, ses corniches cassées, et ses piliers.

* **Colección de Arte del s. XX. Museo de La Asegurada** ⊙ **(BZ M)** - Installée dans un palais du 18e s., la collection se compose de peintures et de sculptures modernes, données par le sculpteur Esgebio Sempere. Elle comprend des œuvres d'artistes espagnols (Miró, Picasso, Gargallo, Tápies, Saura, Genovés, Chillida, Dalí) et étrangers (Vasarely, Bacon, Braque, Chagall, Kandinsky).

Castillo de Santa Bárbara ⊙ **(BY)** - *Il est conseillé de monter par l'ascenseur et de descendre par le sentier (belles vues) ou de reprendre l'ascenseur à la station intermédiaire.* Occupant sur le mont Benacantil une remarquable position stratégique, cette forteresse, construite dit-on par Amilcar Barca, joua un grand rôle dans tous les épisodes de l'histoire de la cité. Elle compte trois enceintes : la première, la plaza de la Torreta *(station d'arrivée de l'ascenseur)*, est entourée des édifices les plus anciens ; l'un d'eux abrite le **Museu de Fogueres** (musée des Feux de joie), qui expose des *ninots*, ces mannequins que l'on brûle le jour de la Saint-Jean. De la terrasse supérieure, la **vue** s'étend sur le port, la ville, le château San Fernando sur une autre colline et Platja de San Juan.

La seconde enceinte est du 16e s. *(station intermédiaire de l'ascenseur)* et l'enceinte inférieure du 17e s.

La descente à pied débouche dans le quartier populaire de Santa Cruz aux ruelles étroites, escaliers et petites places d'origine médiévale.

EXCURSION

D'Alicante à Alcoi - *Itinéraire de 70 km au Nord. Sortir d'Alicante par N 340* **(BZ)**. *À Sant Joan, continuer par la route d'Alcoi puis prendre à droite la CV 772.*

Coves dels Canelobres ⊙ - Véritable labyrinthe de stalactites et de stalagmites dont certaines ont la forme d'un candélabre, les grottes sont creusées dans le flanc du Cabeçó d'Or, à 700 m d'altitude.

ALACANT
ALICANTE

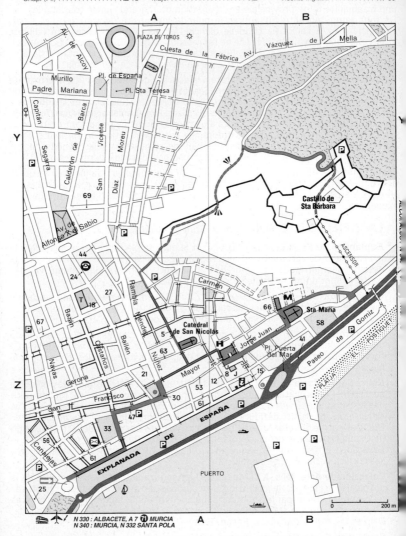

H Ayuntamiento   M Colección de Arte del s. XX. Museo de La Asegurada

Revenir à la N 340 par la CV 774, à droite au retour des grottes.

La route traverse un paysage aride planté de figuiers et de caroubiers.

Xixona/Jijona – Cette petite ville s'est spécialisée dans la fabrication du *turrón*, confiserie faite d'amandes et de miel, qu'elle exporte à travers le monde entier. Sur place on peut visiter quelques fabriques et un petit **musée** (E Lobo).

Après Xixona, la route se faufile à travers les champs d'amandiers plantés en terrasses et parvient après une série de lacets au **port de la Carrasqueta** (1 024 m d'où l'on domine toute la vallée du Torremanzanas et, au loin, Alicante et la mer.

Alcoi / Alcoy – Cette ville industrielle (textiles, papier, métallurgie, sucreries) occup un site exceptionnel au confluent de trois rivières (Serpis, Molinar et Barchell) e dans un grandiose paysage montagneux.

Alcoi célèbre à la fin d'avril **les fêtes des Maures et des Chrétiens** en commémoratio d'une attaque en 1276 qui s'acheva par la victoire des chrétiens grâce l'intervention de saint Georges.

ALARCÓN ★

Castille-la Manche (Cuenca)
245 habitants
Carte Michelin n° 444 N 23 – Atlas España Portugal p. 54

Presque ceinturé par un méandre du Júcar, Alarcón coiffe une butte de terre brune. Le château (13e-14e s.), aujourd'hui *parador*, est l'un des meilleurs exemples de l'architecture militaire du Moyen Âge. Gardée par deux lignes de fortifications, cette forteresse, de plan carré, construite en pierre dorée, ajoute encore à la beauté mélancolique du **site**★★.

Alarcón, dont le nom signifierait « ville d'Alaric », fut fondée par le fils de ce roi wisigoth. Reprise aux Arabes en 1184 par Alphonse VIII, cette place forte fut alors confiée à l'ordre des chevaliers de Santiago, puis appartint par la suite à l'infant **D. Juan Manuel** (1284-1348) qui y écrivit une partie de son œuvre littéraire. Au 15e s., la forteresse fut l'objet de luttes sanglantes entre son propriétaire, le marquis de Villena, et les Rois catholiques, désireux d'en finir avec le pouvoir féodal.
Le barrage d'Alarcón, à 3 km, régule le régime capricieux du Júcar.

Le village – Dans ce modeste bourg campagnard, le crépi dissimule parfois de magnifiques façades en pierre de taille.
L'**église Santa María** dévoile, outre une élégante porte platéresque (16e s.), un vaste intérieur gothique et un admirable retable sculpté de la même période.
Sur la **place D. Juan Manuel** s'élèvent l'église paroissiale San Juan et le portique de la mairie.

ALBACETE

Castille-la Manche
135 889 habitants
Carte Michelin n° 444 O 24-P 24 – Atlas España Portugal p. 67
Plan dans le guide Rouge Michelin España & Portugal

Capitale du Sud de la Manche, Albacete (Al-Basite signifiait pour les Arabes « la plaine ») se situe sur un plateau formant une avancée du monde castillan aride vers la fraîcheur des huertas, entre les chaînes des systèmes Bétique et Ibérique.
Depuis l'époque arabe, Albacete est spécialisée dans la coutellerie.

Musée ⊘ – Situé en bordure du parc Abelardo Sánchez, le bâtiment moderne a été spécialement conçu pour mettre en valeur les produits des fouilles effectuées dans la province.
La section d'archéologie est riche en vestiges de la culture ibérique (sphinx de Haches, sculptures du sanctuaire du Cerro de los Santos) et de l'époque romaine : remarquer les **poupées articulées**★, quatre en ivoire et une d'ambre, qui faisaient partie du mobilier funéraire découvert en 1946 dans une sépulture du 4e s. à Ontur.

EXCURSION

★ **Alcalá del Júcar** – *50 km au Nord-Est par la CM 332, puis Villavaliente.*
Entre la tour du château et l'église, le village est venu s'accrocher à la falaise que contourne le Júcar. Le **site**★ est magnifique tant le jour que la nuit. Une promenade dans les abruptes ruelles ne manque pas d'attrait. La plupart des habitations creusées dans la roche possèdent de l'autre côté de la falaise des balcons accessibles par de longs couloirs. On peut en visiter certaines (Masagó).
Après la visite d'Alcalá, il est conseillé de suivre la route vers Jorquera qui serpente le long du Júcar entre les hautes parois des **gorges**.

ALBARRACÍN ★

Aragon (Teruel)
1 164 habitants
Carte Michelin n° 443 K 25 – Atlas España Portugal p. 55

Dissimulée dans la sierra de Albarracín, cette cité médiévale, d'une précieuse teinte rosée, apparaît dans un **site**★ remarquable accrochée à une falaise qu'entaille le Guadalaviar. Les remparts qui escaladent la colline derrière la ville furent élevés par les Maures au 10e s., puis reconstruits en grande partie par les chrétiens au 14e s.

La sierra de Albarracín fut habitée dès le paléolithique supérieur comme le prouvent les nombreuses **gravures rupestres** que l'on trouve dans les abris de Callejón del Plou et de la Cueva del Navaza (*5 km de la ville en direction de Bezas et Valdecuenca*).

Une volonté d'indépendance – Au 11e s., la dynastie almoravide des Beni-Razin, qui a légué son nom à la ville, fonde ici un petit royaume de taifa. Pour résister aux incursions des Almohades, elle bâtit une enceinte et demande le soutien des Navarrais. La ville fut cédée au milieu du 12e s. à la famille des Azagra, seigneurs chrétiens venus de Estella (Lizarra) en Navarre. La seigneurie d'Albarracín refusa pendant cinquante ans d'être annexée au puissant royaume d'Aragon. Jacques II en vint à bout en 1300 seulement.

★ LE VILLAGE *visite : 3/4 h*

Au hasard des échappées qui s'offrent tandis que l'on parcourt les rues pavées, étroites, tortueuses et déclives, se découvre un nouvel aspect du site de la ville. De la **plaza Mayor** on accède à un quartier de maisons en pierre de taille calcaire à la base, dont le premier étage est souvent construit en encorbellement et recouvert d'un enduit argileux rosé. Les fines boiseries des balcons, les ferronneries des fenêtres et, çà et là, un blason de famille habillent ces façades. Ici la galerie couverte aménagée sous les combles apparaît bien différente de celle que l'on voit ailleurs en Aragon.

Cathédrale ⊘ – Un peu à l'écart, au Sud du bourg, elle se signale par son clocher coiffé d'un lanternon en retrait. Dans l'une des chapelles latérales qui se greffent sur la vaste nef du 16e s., un petit retable en bois sculpté (1566) retrace des épisodes de la vie de saint Pierre. Le **trésor**, exposé dans la salle capitulaire, mérite une visite pour ses pièces d'orfèvrerie et ses **tapisseries**★ du 16e s. : sept tentures tissées à Bruxelles racontent l'histoire de Gédéon.

La ALBERCA★★

Castille et Léon (Salamanque)
958 habitants
Carte Michelin n° 441 K 11 – Atlas España Portugal p. 37

La Alberca est située au cœur de la sierra de la Peña de Francia, à l'extrémité de la chaîne cristalline qui sépare en deux la Meseta. Parcourue de routes peu nombreuses, la région vit dans un isolement qui lui a conservé tout son caractère.

Le village – Il a gardé un cachet ancien exceptionnel. Les maisons à colombage, en encorbellement sur un rez-de-chaussée de pierre, délimitent des rues au tracé capricieux. La grand-place irrégulière, bordée en partie de portiques, se nomme ici « **plaza pública** », souvenir d'une vie communautaire active.
Pays de tradition religieuse, La Alberca célèbre avec une grande ferveur les fêtes du 15 août : la représentation d'un très ancien mystère (la *Loa*) consacre le triomphe de la Vierge face au démon du Mal. On pourra voir à cette occasion les costumes traditionnels remarquablement ouvragés et brodés.

La grand-place

ENVIRONS

★★ **Peña de Francia** – *15 km à l'Ouest.* Piton schisteux visible de fort loin et point culminant du massif de la Peña de Francia (1 732 m). La route d'accès est très spectaculaire en fin de parcours lorsque, taillée dans les dalles de schistes verts, elle contourne le rocher, offrant successivement de vastes **panoramas**★★ sur les monts des Hurdes au Sud, les hauteurs du Portugal à l'Ouest, le plateau castillan jusqu'à Salamanque au Nord, la sierra de Gredos à l'Est. Au sommet, un monastère est occupé l'été par des dominicains qui y tiennent une hôtellerie.

★ **Route de Las Batuecas** – Elle atteint insensiblement le col del Portillo (1 240 m) avant de plonger par 12 km de lacets dans une vallée profonde et étonnamment verdoyante, où se tapit le monastère de Las Batuecas. Après Las Mestas, elle se dirige vers **Las Hurdes**, région d'Estrémadure restée longtemps dans le plus grand isolement, où Buñuel choisit de tourner son film *Terre sans pain* en 1932.

Miranda del Castañar – *15 km à l'Est.* Les étroites venelles de ce village sont bordées de maisons aux toits débordants et aux balcons fleuris.

ALCALÁ DE HENARES

Madrid
162 780 habitants
Carte Michelin n° 444 ou 442 K 19
Atlas España Portugal p. 40

Sous les Romains, ce fut une importante cité nommée Complutum, mais l'histoire d'Alcalá fut surtout liée à son université créée en 1498 par le cardinal Cisneros. Celle-ci brillait par son enseignement linguistique et on y publia dès 1517 la première bible polyglotte d'Europe : en latin, grec, chaldéen et hébreu. Cette université fut transférée à Madrid en 1836. Aujourd'hui, Alcalá est de nouveau ville universitaire. Alcalá vit naître **Cervantès**, **Catherine d'Aragon**, fille des Rois catholiques, l'une des épouses de Henri VIII d'Angleterre, ainsi que **Bustamante**, architecte de la Renaissance, auteur de l'hôpital de Tavera à Tolède.

Ancienne université (Colegio de San Ildefonso) ⊙ – Ce bâtiment, aujourd'hui occupé par le rectorat de l'université, se trouve sur la place San Diego, près de la place Cervantès. Sa belle **façade platéresque**★ (1543), œuvre de Rodrigo Gil de Hontañón, se compose de trois corps couronnés par une balustrade. Le **Patio Mayor**, dit de St-Thomas de Villanueva, présente trois étages et est empreint d'une certaine majesté. Au centre, le puits est décoré de cygnes, emblème du cardinal Cisneros. On traverse ensuite le patio des Philosophes et on accède au charmant **patio trilingue** (1557) où étaient enseignées les langues mortes : latin, grec et hébreu. On peut visiter le **Paraninfo**, petite salle réservée jadis aux examens et aux cérémonies de fin d'études, où on célèbre de nos jours l'ouverture solennelle de l'université. Elle possède, à l'étage, une galerie platéresque finement décorée avec plafond à caissons.

Capilla de San Ildefonso – 15ᵉ s. Elle abrite le **mausolée**★ du cardinal Cisneros, œuvre de Fancelli et Bartolomé Ordóñez, richement sculpté. Beau **plafond** « **artesonado** » mudéjar.

Cervantès

Aventure et littérature, ces deux mots résument la vie de **Miguel de Cervantès Saavedra**, né à Alcalá en 1547. Après quatre ans passés en Italie, il s'engage comme soldat et participe à la bataille de Lépante où il est blessé. En 1575, les Turcs le font prisonnier et le conduisent à Alger. Il est sauvé cinq ans plus tard par les pères trinitaires. En 1605 paraît son *Don Quichotte* dont le succès est inestimable. Au-delà du tragi-comique de cette association entre un don Quichotte idéaliste et un Sancho Pança commandé par ses instincts, il faut voir dans ce chef-d'œuvre la méditation d'un homme de 58 ans qui se penche sur sa vie et son époque. Cervantès se consacre alors à la littérature : on lui doit les *Nouvelles exemplaires*, récits séduisants par leur style et leur humour, des comédies, des *entremeses*, courtes pièces de théâtre en prose, et enfin la seconde partie du *Quichotte*, qu'il fait publier en 1615 poussé par la nécessité car un imitateur a déjà écrit une suite au roman. Un an après, en 1616, meurt ce grand écrivain aventurier.

ALCAÑIZ

Aragon (Teruel)

12 820 habitants

Carte Michelin n° 443 I 29 – Atlas España Portugal p. 44

Au centre de vergers et de fertiles oliveraies, Alcañiz est la capitale du Bas-Aragon, région connue pour ses spectaculaires cérémonies de la Semaine sainte, accompagnées du roulement des tambours, la *tamborrada*.

Le cinéaste **Buñuel** (1900-1983) était originaire de Calanda, à 17 km d'Alcañiz.

Plaza de España – Sur un angle, deux façades retiennent l'attention : une haute galerie gothique de style catalan, appelée « **Lonja** » car elle servait à l'origine de marché, et la façade Renaissance de l'hôtel de ville. Toutes deux possèdent la typique galerie haute aragonaise abritée par un auvent.

Collégiale ⊙ – Reconstruite au 18e s., elle présente une façade bien rythmée, animée par le jeu des lignes droites et des courbes. Un grand **portail**★ s'y incruste, d'un baroque exubérant. À l'intérieur, très ample, remarquer la taille des piliers et de leurs chapiteaux composites, terminés par une corniche très saillante.

Château – Établi au sommet de la butte, il fut au 12e s. le siège de la commanderie aragonaise de l'ordre de Calatrava.

Les bâtiments, aménagés en parador, datent, pour l'essentiel, du 18e s. Au fond de la cour, on peut voir la chapelle gothique à vaisseau d'arcades en tiers-point et, au 1er étage du donjon, quelques traces de peinture murale du 14e s.

ALCÁNTARA

Estrémadure (Cacérès)

1 948 habitants

Carte Michelin n° 444 M 9 – Atlas España Portugal p. 49

Dans un paysage de roches anciennes délitées où s'encaisse le Tage, Alcántara veille sur le vénérable pont qui lui donna son nom (Al Kantara signifie le pont en arabe).

Les gorges qui cernent la ville furent le cadre en 1580 de la défaite qu'infligea le duc d'Albe aux Portugais et qui assura à Philippe II le trône du Portugal.

L'ordre d'Alcántara – Tel est le nom que prit l'ordre de St-Julien-du-Poirier lorsque lui fut confié en 1218 la défense de la forteresse d'Alcántara. Les grands ordres espagnols de chevalerie – Calatrava, Alcántara, Santiago, Montesa – ont été créés à partir du 12e s. pour libérer le pays des envahisseurs musulmans. Chaque ordre était

Le pont romain

constitué à la fois en unité militaire sous le commandement d'un Maître et en communauté monastique assujettie à la règle cistercienne. Ces « milices religieuses » toujours prêtes à se battre et capables de soutenir un long siège dans leurs forteresses ont joué un rôle capital pour la Reconquête.

★ Pont romain - *2 km au Nord-Ouest sur la route du Portugal.*
Ce magnifique ouvrage d'art, jeté sur le Tage légèrement en aval de son confluent avec l'Alagón, a été construit sous Trajan en 106 au moyen de gros blocs de granit que ne liait aucun ciment. Long de 194 m, la hauteur de l'arche centrale - 70 m au total - devait le protéger des crues les plus redoutables. Il a plus souffert des dégâts causés par plusieurs restaurations. Le petit temple édifié à l'une des extrémités et l'arc de triomphe au centre sont également romains.

Couvent San Benito ⊙ - Dominant le Tage, l'ancien siège de l'ordre militaire d'Alcántara, construit au 16e s., a été restauré. L'église présente une abondante décoration plateresque (voûtes en étoiles), un patio gothique et, à l'extérieur, une élégante galerie Renaissance à arcades qui a été reconstituée et sert de décor à des représentations théâtrales.

ALCARAZ

Castille-la Manche (Albacete)

2 087 habitants

Carte Michelin n° 444 P 22 - Atlas España Portugal p. 66

Isolée au sein de la sierra du même nom, Alcaraz est construite sur une butte argileuse ayant cette couleur lie-de-vin qui imprègne tout le paysage. La cité, qui s'était enrichie grâce à la fabrication des tapis, a gardé son cachet Renaissance où il faut voir la marque de Vandelvira, né ici en 1509.

Plaza Mayor - Elle réunit d'élégants édifices à portiques : la **Lonja** (18e s.), adossée à la **Torre del Tardón** (tour du lambin, dite aussi de l'horloge), le **Pósito**, ancien grenier municipal (16e s.), la **mairie** du 16e s., ornée d'un écusson, et l'**église de la Trinidad** du 15e s., qui s'ouvre sur un portail gothique flamboyant. Sur la droite de la calle Mayor partent d'étroites venelles en escalier. La rue est bordée de façades anciennes, témoins de l'importance passée de la ville. On remarquera une façade avec deux guerriers et la **Casa Consistorial** avec sa porte plateresque (Puerta de la Aduana).
En sortant du village, le chemin qui mène au cimetière dévoile une charmante **vue** sur les toitures brunes du bourg et des alentours.

EXCURSION

Source du Mundo - *62 km au Sud.* La route s'enfonce par une vallée boisée dans la sierra de Alcaraz. 6 km après Ríopar, prendre sur la gauche le chemin qui mène à la grotte de los Chorros. Là, une résurgence au pied de l'abrupte sierra del Calar donne naissance au río Mundo, affluent du Segura, qui franchit en cascades un mur de roche. C'est au printemps que l'eau est la plus abondante.

ALICANTE★

Voir ALACANT

ALMAGRO★

Castille-la Manche (Ciudad Real)

8 962 habitants

Carte Michelin n° 444 P 18 - Atlas España Portugal p. 65

Située au cœur des vastes étendues de la Manche, Almagro fut du 13e s. à la fin du 15e s. le siège des maîtres de l'ordre militaire de Calatrava *(voir ce nom)* et, au 18e s., chef-lieu de la province avant que les services ne fussent transférés à Ciudad Real. Une université y eut son siège de 1574 à 1828 et de nombreux ordres religieux y établirent des couvents. L'histoire explique la richesse architecturale de cette ville aux élégantes façades ornées de blasons.

Elle vit naître l'explorateur **Diego de Almagro** (1475-1538), qui devint gouverneur du Chili.

Renommé pour ses dentelles et ses aubergines, Almagro est pourvu d'un parador, installé dans un couvent franciscain du 16e s.

CURIOSITÉS

★★ **Plaza Mayor** – Cette longue place est l'une des plus étonnantes de Castille. Sur deux côtés, une colonnade en pierre supporte deux étages de fenêtres aux boiseries peintes en vert. Autrefois, elle servait de cadre à des corridas et à des joutes.

★ **Corral de Comedias** ⊘ – Au n° 17. Ce petit théâtre fut construit au 16e s. Ses portiques en bois, ses lampes à huile, son vieux puits et son mur de scène composent une symphonie blanc et grenat d'une émouvante simplicité. Chaque année s'y déroule le festival international de théâtre classique.

Rues anciennes – En suivant l'itinéraire décrit ci-dessous, on parcourt les rues pavées, bordées de façades blanchies à la chaux, où plusieurs couvents et demeures arborent de beaux portails sculptés en pierre et des blasons rappelant la puissance des chevaliers de Calatrava.

Plaza Mayor

Itinéraire – À l'extrémité de la plaza Mayor, traverser le square où se trouve la statue de Diego de Almagro, et prendre à gauche la calle de Nuestra Señora de las Nieves (belles portes) qui aboutit plaza de Santo Domingo. Tourner à gauche. Cette place triangulaire entourée de palais se poursuit par la calle de Bernardas et la calle de Don Federico Relimpio. La calle de Don Diego de Almagro sur la gauche est dominée par l'importante façade du couvent des dominicains, décorée d'un magnifique blason.

Convento de los Dominicos (ou de la Asunción) ⊘ – Sur son cloître du 16e s. à deux niveaux s'ouvrent un bel escalier Renaissance et des portails plateresques.

Pour un bon usage des plans de villes, consultez la légende p. 4.

ALMANSA

Castille-la Manche (Albacete)

22 488 habitants

Carte Michelin n° 444 ou 445 P 26 – Atlas España Portugal p. 68

L'ancienne Al-Manxa des Maures entoure un château juché à la pointe d'un abrupt piton calcaire. Là, en 1707, le duc de Berwick gagna une bataille décisive pour l'accession de Philippe V au trône d'Espagne : cependant la paix ne fut signée qu'en 1713.

Église de la Asunción – *Au pied du château.* Entièrement transformée à l'époque néoclassique, elle est intéressante pour son portail Renaissance monumental qui serait dû à Vandelvira.

À côté, la **Casa Grande**, demeure seigneuriale, montre un beau portail (16e s.) dont l'écusson est encadré de deux géants. Admirer à l'intérieur le patio à double galerie.

Château – Restaurées, ses murailles du 15e s., en équilibre sur l'arête rocheuse, dominent la plaine. C'est un agréable lieu de promenade.

ENVIRONS

Cueva de la Vieja – *22 km au Nord-Ouest par Alpera.*
Cette **grotte** est l'une des rares de la région à être accessible et à conserver des peintures encore très visibles. Caractéristiques de la peinture rupestre levantine, des hommes aux silhouettes allongées, porteurs d'arcs, sont représentés en train de chasser le cerf. L'un de ces personnages porte une coiffure de plumes et les femmes sont vêtues de longues robes.

ALMERÍA

Andalousie
159 587 habitants
Carte Michelin n° 446 V 22 – Atlas España Portugal p. 87
Plan dans le guide Rouge Michelin España & Portugal

Almería apparaît toute blanche entre la mer et la colline aride sur laquelle se dresse sa puissante *alcazaba*, forteresse arabe qui rappelle le rôle important qu'eut « Al-Meriya » (le miroir de la mer, en arabe) au 11e s. quand elle était le centre d'un royaume de taifa *(voir p. 23)*. Sous les Almoravides, elle devint un repaire de pirates qui poussaient leurs incursions jusqu'en Galice. Pour les faire cesser, Alphonse VII assiégea la ville et la prit en 1147, mais dix ans plus tard, à sa mort, elle redevint arabe jusqu'à la reconquête en 1489.

Son climat particulièrement doux en hiver en a fait le centre d'une région agricole et touristique. Son port exporte fruits, légumes, fleurs, cultivés grâce à des techniques de pointe : irrigation, cultures sous serres.

L'activité d'Almería se concentre le long du **paseo de Almería**, élégante promenade plantée d'arbres (commerces, banques, cafés). Le **parque de Nicolás Salmerón**, le long du port, permet de jouir de l'air marin à l'ombre des palmiers. À l'Ouest, la **Chanca** est le quartier des pêcheurs ; ses maisons à terrasses, souvent creusées dans les collines, forment des cubes colorés, alignés irrégulièrement.

★ **Alcazaba** ⊙ – Sur un site privilégié, au sommet d'une butte dominant Almería et sa baie, Abd-er-Rahman III fit construire cette forteresse au 10e s. pour défendre la ville. Ultérieurement, elle fut agrandie par Almotacín, qui édifia un beau palais mauresque, puis par les Rois catholiques, qui la dotèrent d'un château chrétien après la reconquête de la cité.

Ses hauts murs crénelés ocre dominent les maisons blanches. Une longue muraille, reste de l'ancienne enceinte de la ville, la relie encore à la colline voisine où s'élevait un château.

La première enceinte contient de beaux **jardins**★ où des filets d'eau jaillissent de petites fontaines et coulent entre des parterres aux essences variées. Les fouilles entreprises dans la deuxième enceinte, à l'emplacement des appartements royaux, ont permis quelques découvertes (sculpture et calligraphie arabes) exposées dans le petit **musée**. Tout à côté se trouve l'ancienne mosquée surmontée de la tour de Guet (torre de la Vela). Au 15e s., les chrétiens bâtirent le donjon, aux murs d'une épaisseur prodigieuse.

Des chemins de ronde, les **vues** se succèdent sur la ville, le quartier de la Chanca, les collines et la mer.

★ **Cathédrale** ⊙ – Elle fut élevée en 1524 à l'emplacement de l'ancienne mosquée. Les incursions des pirates barbaresques contraignirent les architectes à construire une église fortifiée, fait exceptionnel à cette époque. Malgré son rôle militaire, elle présente deux portails bien composés et, au chevet, un soleil sculpté avec une grande délicatesse. L'intérieur est ample et d'une belle unité. On remarque l'autel principal et les chaires du 18e s., en marqueterie de marbre et de jaspe, les stalles du chœur (1560), et le *trascoro* (18e s.), en jaspe, orné de trois statues d'albâtre. Dans la chapelle axiale se trouve le gisant de l'évêque qui la fit construire.

EXCURSIONS

Des paysages désertiques, où poussent cactus, agaves et figuiers de Barbarie, donnent à la province d'Almería un caractère particulier.

★ **Cabo de Gata** – *29 km à l'Est par la route de l'aéroport puis une route signalée à droite.* La route traverse les salines de Acosta avant d'arriver à ce cap désolé. Le phare surmontant un éperon rocheux fait face au récif des Sirènes dont les rochers sont très appréciés par les amateurs de pêche sous-marine.

Plage de Monsul

De l'autre côté de la montagne se trouve **San José**, un agréable petit village situé au bord de la mer, très fréquenté pendant les vacances d'été, et possédant deux belles plages : **Genoveses** et **Monsul**★ *(à environ 2 km du centre).*

★ **Mojácar, par la route du Nord-Est** – *Circuit de 182 km. Quitter Almería par la N 340 au Nord et prendre la A 370 à partir de Benahadux.*

De Benahadux à Tabernas, des collines tabulaires moutonnent à perte de vue. Là furent tournés des films sur le désert *(Lawrence d'Arabie)* et des westerns. Des décors se visitent à **Mini-Hollywood**. Après Tabernas, les terres rouges stériles dominent ; la poterie constitue la principale activité des villageois. **Sorbas**, dont les maisons accrochées à une falaise sont encerclées par une boucle du fleuve, occupe un **site**★ étonnant.

Poursuivre après Sorbas par la A 370 et rejoindre la voie rapide N 344, que l'on quitte à la sortie 520 pour emprunter la AL 152.

★ **Mojácar** – Sur son piton, le village, tout blanc, occupe un **site**★ splendide dominant de magnifiques **vues** sur la côte et sur la plaine, parsemée de curieux pitons. Son noyau urbain, s'échelonnant sur le piton, garde une indubitable couleur arabe avec ses étroites ruelles ornées de massifs fleuris et parsemées de recoins ombreux.

Prendre la N 341 vers le Sud, en direction de Carboneras.

De Mojácar à Carboneras, la route, après avoir longé la mer, s'enfonce dans les montagnes aux formes pyramidales et s'élève en lacet, offrant de beaux points de vue avant de déboucher sur la plage de Carboneras.

Carboneras – Cette charmante et paisible station balnéaire a échappé au béton et gardé son caractère familial. Le paysage est malheureusement gâché par la présence détonnante d'une centrale thermique récente, équipée d'un vaste port minéralier qui ferme la plage au Sud.

Par la N 341, rejoindre la voie rapide N 344, que l'on quitte à la sortie 481 vers Níjar.

Níjar – Le vieux village perché est une belle démonstration d'architecture populaire qui a maintenu un artisanat original : la catalogne, ou *jarapas*, tissu épais aux coloris très doux dont la trame est faite de lanières de chiffons *(trapo)* ; on en fait tentures et dessus-de-lit.

Revenir par la AL 102 à la N 344 pour regagner Almería.

Route du Nord-Ouest – *71 km par N 340 et 324.* La route monte vers Guadix à travers un paysage grandiose et désolé de collines creusées de gorges où l'on a la surprise parfois d'une petite vallée très verte, où poussent citronniers, orangers et vignes. Elles produisent un raisin réputé, à grains très gros. Dans toute l'Espagne, le 31 décembre, la tradition exige d'en manger un grain à chaque coup de minuit.

Vous prendrez plus d'intérêt à la visite des monuments si vous avez lu en introduction le chapitre sur l'art.

Castillo de ALMODÓVAR DEL RÍO*

Andalousie (Cordoue)

Carte Michelin n° 446 S 14
Atlas España Portugal p. 74

Occupant une position stratégique, cet imposant **château** ⊙ se dresse sur une colline qui domine les grandes étendues de la campagne de Cordoue. Le village est blotti au Sud de la colline, en bordure du Guadalquivir. Déjà au 8ᵉ s., sous la domination musulmane, existait une forteresse qui fut complètement remodelée au 14ᵉ s. pour lui donner sa forme actuelle. Une demeure néo-gothique fut ajoutée au début du 20ᵉ s. Le château se compose de deux enceintes – dont une en forme d'ouvrage de défense avancé – et de huit tours de tailles différentes. La plus grande, qui flanque l'ensemble fortifié, est connue sous le nom de tour de l'Hommage (del Homenaje). Le chemin de ronde, la place d'armes et les tours constituent une promenade agréable.

Las ALPUJARRAS*

Andalousie (Grenade)

Carte Michelin n° 446 V 20
Atlas España Portugal p. 86

Cette région très accidentée aux paysages variés s'étend sur le versant Sud de la sierra Nevada, entre les massifs de Gador et de la Controviesa. Son isolement lui a permis de conserver un caractère traditionnel.

Un peu d'histoire – En 1499, les Arabes qui ne désiraient pas quitter la péninsule espagnole furent contraints de renier leur religion et de se convertir au christianisme. On les appelait les **morisques**. En 1566, Philippe II leur interdit de parler l'arabe et de porter leur costume. Ces mesures provoquèrent un grave soulèvement, et les morisques, réfugiés dans les Alpujarras, proclamèrent roi Fernando Valor sous le nom de Abén Humeya. En 1571, Philippe II mit fin à l'insurrection en envoyant une armée commandée par de don Juan d'Autriche. Cependant, l'agitation demeurait latente et Philippe III ordonna en 1609 l'expulsion de tous les morisques espagnols (environ 275 000).

DE LANJARÓN À UGÍJAR *93 km – environ une demi-journée*

La vallée du Guadalfeo constitue la Haute-Alpujarra. Là, paysages et habitat s'harmonisent parfaitement. Les Alpujarras montrent de beaux exemples d'architecture populaire, évoquant plutôt l'Afrique du Nord : les maisons blanches, dont les terrasses sont couvertes d'un sable imperméable provenant de la sierra, sont agglutinées les unes aux autres, formant de petits villages rustiques s'étageant sur les versants de la montagne.

La route part de **Lanjarón**, célèbre ville d'eau, et monte jusqu'aux villages pittoresques de **Pampaneira**, **Bubión** et **Capileira**. De là, une route *(en mauvais état et ouverte seulement en été)* conduit jusqu'au pic Veleta.

De Capileira à Pitres, le parcours procure des vues sur la vallée encaissée et mène à travers les boisements de peupliers, châtaigniers, et chênes à **Trevélez**, connu pour ses jambons. Ensuite, la vallée s'élargit. **Yegen** se présente comme un belvédère intéressant sur le secteur Est et **Ugíjar** est réputé pour ses toiles.

ALQUÉZAR*

Aragon (Huesca) – 215 habitants

Carte Michelin n° 443 F 30 – Atlas España Portugal p. 47

Le **site**★★ d'Alquézar est saisissant : au détour de la route apparaît le village, accroché au rocher et dominé par son château-collégiale construit sur le rebord du canyon du río Vero. C'est un dédale de ruelles irrégulières bordées de maisons aux façades blasonnées et aux portails de pierre. Sa plaza Mayor à arcades charme par ses modestes proportions.

Collégiale ⊙ – Les Arabes avaient construit ici un alcázar, qui fut repris par le roi Sanche Iᵉʳ Ramirez à la fin du 11ᵉ s. C'est à cette époque et au début du 12ᵉ s. que furent élevées les murailles et l'église, transformée en 1530. La galerie Nord du cloître roman a conservé de beaux chapiteaux représentant des scènes de la Bible : le sacrifice d'Isaac, Balaam traînant son ânesse, Adam et Ève, la Cène... sculptées dans un style archaïque et savoureux. Dans l'église, beau Christ roman du 12ᵉ s.

★ **Canyon du río Vero** – Il faut une journée au moins pour remonter à pied, voire à la nage parfois, cette spectaculaire vallée. Mais une simple promenade *(2 h à pied A/R)* jusqu'au pont romain de Villacantal suffit à donner un bon aperçu des hautes parois ocre et gris du canyon.

Le site d'Alquézar

ENVIRONS

Rodellar – *38 km par la HU 340, puis, après Adahuesca, les HU 343 et 341 à droite.* Ce village typiquement aragonais se trouve dans la **sierra de Guara**, massif calcaire constitué de hauts plateaux désertiques, où les rivières ont façonné d'extraordinaires gorges. Les plus célèbres, très fréquentées par les alpinistes et les randonneurs, sont celles du río Vero et le ravin de Mascún, accessible depuis Rodellar.

Barranco de Mascún – La descente à pied *(3 h A/R)* dans les gorges permet d'admirer des formes de relief originales : arches naturelles, monolithes, falaises ruiniformes.

Cuevas de ALTAMIRA★★

Grottes d'ALTAMIRA – Cantabrie

Carte Michelin n° 442 B 17 – Atlas España Portugal p. 12

La découverte – En 1879, **Marcelino de Sautuola** découvre sur le plafond d'une caverne des peintures pariétales qu'après une étude minutieuse il date de l'époque préhistorique. Devant cette invention – la première de ce genre au monde – et à cause de la remarquable conservation des peintures, le scepticisme est général. Il faudra attendre, une vingtaine d'années plus tard, des découvertes analogues en Dordogne pour que les spécialistes reconnaissent l'existence surprenante d'un art pictural très élaboré à l'âge de la pierre taillée.

VISITE ⊙

Les grottes d'Altamira comprennent plusieurs galeries où l'on peut voir des contours noirs et des gravures très anciennes remontant à l'aurignacien (25 000 ans avant J.-C.), mais c'est la salle où sont peints les bisons qui a fait leur célébrité. Surnommée la « chapelle Sixtine de l'art quaternaire », cette salle de 18 m de long et 9 m de large présente un remarquable **plafond★★★** peint pendant la période magdalénienne (15 000 à 12 000 ans avant J.-C.), comme la grotte de Lascaux. Des bisons polychromes y sont représentés endormis, accroupis, s'étirant, galopant, avec un réalisme extrême. Les renflements naturels de la paroi ont été utilisés avec beaucoup de sens artistique pour faire ressortir l'anatomie des animaux et donner l'impression de mouvement. Plusieurs autres silhouettes d'animaux s'intercalent, notamment un sanglier au galop et un cheval primitif et trapu dans lequel une biche est inscrite. La taille des dessins est considérable, de 1,60 m en moyenne jusqu'à plus de 2 m (belle biche au fond de la salle).

Les artistes devaient être accroupis pour peindre (le sol a été surbaissé récemment). Ils utilisaient des colorants naturels : ocre, jaune, rouge, brun, qu'ils pulvérisaient et délayaient dans la graisse animale. Les contours sont mis en valeur par un trait noir (réalisé au charbon de bois) soulignant les silhouettes.

Musée ⊘ – À côté de la grotte, trois pavillons présentent des expositions sur le paléolithique, l'importance de la découverte d'Altamira, ainsi qu'un film vidéo sur les peintures du plafond.

Une excellente reproduction du plafond des bisons se trouve au musée archéologique de Madrid.

AMPURIAS★★

Voir EMPÙRIES

Principat d'ANDORRA★★

Principauté d'ANDORRE

62 400 habitants

Carte Michelin n° 86 plis 14, 15 ou 235 plis 50, 54

La principauté d'Andorre, formée de sept paroisses, couvre 464 km² de hauts plateaux et de vallées desservis par de pittoresques petites routes de montagne. Coprincipauté jusqu'en 1993, l'Andorre vivait sous le régime du paréage hérité du monde féodal : les seigneurs voisins (jusqu'en 1993, il s'agissait des évêques d'Urgel et du président de la République française) délimitaient leurs pouvoirs et leurs droits sur un territoire qu'ils tenaient en fief en commun. Aujourd'hui, la principauté est un État souverain membre de l'O.N.U.

Le développement de l'équipement hydro-électrique, les opérations d'*urbanitzacio* (lotissements touristiques), l'afflux des visiteurs étrangers ont bouleversé la vie andorranne. Malgré tout, les traditions perdurent à travers les types de culture (culture du tabac en terrasse dans la vallée de Sant Julià de Lória) ou les *aplec* catalans (pèlerinages).

Andorra la Vella – Capitale des vallées d'Andorre, la ville est massée sur une terrasse dominant le Gran Valira.

À l'écart des voies de traversée, le noyau d'Andorre-la-Vieille garde ses ruelles et sa **Casa de les Valls** (maison des Vallées) ⊘ où se discutent toujours les intérêts du pays. C'est à la fois le Parlement et le palais de justice des Vallées, où le « Très Illustre Conseil Général » tient ses séances.

À l'Est, Andorre-la-Vieille se soude à la commune animée d'Escaldes au-dessus de laquelle se dresse **Caldea**, grand centre aquatique (hammam, lits à bulles, marbres chauds, etc.) à l'allure futuriste.

Estany d'Engolasters – Sur le plateau de pâturage d'Engolasters, annexe sportive d'Andorre-la-Vieille, se dresse la fine tour romane de l'**église Sant Miquel**. Du terminus de la route, franchir la crête, sous les pins, pour redescendre aussitôt (à pied) au barrage. L'ouvrage a élevé de 10 m le niveau du lac (alt. 1 616 m), reflétant la forêt sombre.

Santuari de Meritxell – Une fois franchi le verrou des Bons, **site**★ d'un hameau groupé sous la ruine du château qui défendait le passage et la chapelle Sant Romà, on atteint la **chapelle Notre-Dame-de-Meritxell**, sanctuaire national de la principauté, reconstruite en 1976.

Canillo – L'église collée au rocher est surmontée du plus haut clocher d'Andorre. A côté se détache, en blanc, l'ossuaire, construction fréquente dans les pays de civilisation ibérique.

Sant Joan de Caselles – L'église ⊘ est l'un des types les plus accomplis d'édifice roman d'Andorre, avec son clocher à trois étages de baies. À l'intérieur, derrière la pittoresque grille de fer forgé et découpé du chœur, apparaît un retable peint, œuvre du Maître de Canillo (1525) illustrant la vie de saint Jean et les visions de l'apôtre. Une **crucifixion**★ romane a été reconstituée lors d'une restauration en 1963 : sur une fresque représentant la scène du Calvaire est plaqué un christ en stuc.

** **Port d'Envalira** – *La route peut être obstruée par la neige, mais sa réouverture est assurée dans les 24 h.* Le plus haut col pyrénéen (2 407 m) franchi par une bonne route marque la ligne de partage des eaux entre la Méditerranée et l'Océan. Il offre un **panorama** sur les montagnes d'Andorre.

* **Pas de la Casa** – Simple poste-frontière, ce village, le plus élevé (2 085 m) de la principauté, est devenu un centre important de ski.

Ordino – *Laisser la voiture dans le village haut sur la place près de l'église.* Bourg pittoresque dont on parcourra les ruelles en contrebas de l'église. L'église a gardé de belles grilles de fer forgé et découpé, que l'on découvre encore dans plusieurs sanctuaires proches des anciennes « forges catalanes ». Une autre réalisation de ferronnerie ancienne s'observe près de l'église : le balcon, long de 18 m, de la « maison de Don Guillem », jadis propriété d'un maître de forges.

ANDÚJAR

Andalousie (Jaén)

35 803 habitants

Carte Michelin n° 446 R 17 – Atlas España Portugal p. 75

Située sur l'axe Madrid-Séville, Andújar possède de nombreuses maisons et chapelles anciennes. La plupart de ces édifices datent des 15e et 16e s. La région est, avec celle de Martos, le principal centre de production d'olives.

C'est à l'Est d'Andújar que se déroula en juillet 1808 la **bataille de Bailén**, où le général Castaños infligea aux troupes napoléoniennes du général Dupont de l'Étang la défaite qui inaugura le déclin de l'Empire.

Église Santa María – *Plaza de los Mártires.* Une chapelle du côté gauche, fermée d'une belle **grille*** de Bartolomé, renferme un Greco : *Le Christ au jardin des oliviers.* Dans l'absidiole gauche, tableau de Pacheco : *l'Assomption de la Vierge.*

ENVIRONS

Santuario de la Virgen de la Cabeza – *32 km au Nord par la J 501.* Après Las Viñas, la route en corniche parmi les pins réserve de belles **vues****.

Une nuit d'août 1227, la Vierge apparaît à un berger sur cette « tête rocheuse ». Peu après, on y élève un sanctuaire puis, au 16e s., un véritable monastère. Quand éclate la guerre civile, des gardes civils, leurs familles et un millier de nationalistes se réfugient sur ce piton isolé, sous le commandement du capitaine Cortés, et résistent de septembre 1936 à mai 1937 à un adversaire dix fois supérieur en nombre. Quand ils succombent, le sanctuaire est en ruine. Reconstruit, il est le but, fin avril, d'un pèlerinage très fréquenté.

ANTEQUERA*

Andalousie (Malaga)

38 827 habitants

Carte Michelin n° 446 U 16 – Atlas España Portugal p. 84

La ville blanche, petit centre industriel au cœur d'une vallée fertile, a su intégrer les constructions modernes aux maisons anciennes. Les ruelles pavées, les grilles aux fenêtres, les curieux toits de tuile peints, les nombreuses églises lui confèrent son caractère typiquement andalou. Le clocher de San Sebastián présente un beau décor mudéjar en brique.

Musée municipal ⊘ – Installé dans le **palais de Nájera** (18e s.), il présente des collections d'art sacré et d'archéologie, dont la pièce la plus remarquable est une sculpture romaine en bronze datant du 1er s. : l'**éphèbe d'Antequera***.

Église Santa María – Située sur la plaza Alta, à côté du château, on y accède par l'**Arco de los Gigantes** (16e s.). Cette église, élevée en 1514, possède une façade savamment composée d'éléments géométriques, l'un des premiers exemples de la Renaissance en Andalousie.

Château – Ce fut la première forteresse prise par les chrétiens lorsqu'ils s'attaquèrent au royaume de Grenade (1410). Mais encerclée par les Maures, elle ne put tenir. Ses murailles enserrent aujourd'hui un agréable jardin. Du haut des tours, belle **vue*** sur Antequera, ses clochers, ses toits et, au-delà, sur la plaine et le Torcal.

Église del Carmen ⊘ – Elle présente dans la nef centrale un plafond à caissons mudéjar et un magnifique retable churrigueresque.

ENVIRONS

* **Les dolmens (Cuevas)** ⓥ – *À la sortie de la ville à gauche de la route de Grenade.*
Les dolmens de **Menga**, de **Viera** et du **Romeral**, constructions préhistoriques datées
de 2500 à 1800 avant J.-C., sont des chambres funéraires enfouies sous des
tumulus qui se caractérisent par leur appareil cyclopéen. Celui de Menga, le plus
ancien et le plus vaste, se compose d'une salle oblongue divisée par une ligne de
piliers soutenant d'énormes dalles. Celui du Romeral, le plus récent, présente des
murs faits de petites pierres plates en encorbellement qui donnent au couloir une
section trapézoïdale.

* **El Torcal** – *16 km au Sud. Sortir d'Antequera en direction de Malaga. Au bout de
12 km tourner à droite.* Un circuit balisé *(bornes vertes ; 1 h)* permet de parcourir
cet ensemble monumental de rochers ruiniformes, remarquables formations
calcaires *(pour plus d'informations, s'adresser au refuge El Torcal).*

* **De Antequera à Malaga** – *62 km au Sud par les N 331, C 340 et C 345.* Agréables,
bien tracées, toujours en vue de beaux escarpements, ces routes offrent des
vues★★ splendides, au-delà du col du Lion (puerto del León, alt. 960 m), sur la mer
et Malaga.

ARACENA

Andalousie (Huelva)
6 739 habitants
Carte Michelin n° 446 S 10 – Atlas España Portugal p. 72

Aracena, coquette cité dont l'altitude atténue les ardeurs du climat andalou, s'étage
sur une colline coiffée par les restes du château des Templiers. Une belle tour
adossée à l'église est un ancien minaret, décoré du côté Nord à la façon de la Giralda
de Séville.

★★ **Gruta de las Maravillas (grotte des Merveilles)** ⓥ – Les eaux souterraines ont creusé
sous le château d'énormes cavités habillées de concrétions. Les salles s'enfilent
le long de hautes failles, se mirent dans des lacs ou se rétrécissent en passages
étroits. Draperies, tuyaux d'orgue, coraux colorés par des oxydes de fer et de
cuivre tranchent sur les cristaux de calcite blancs qui ont fait appeler la première
salle découverte « le puits de la neige » (El Pozo de la Nieve).

* **SIERRA DE ARACENA** *35 km au Sud de Aracena*

La partie Ouest de la sierra Morena est très verdoyante. Les routes sinueuses, les
bois de chênes-lièges et d'eucalyptus sont d'une fraîcheur reposante. La route
d'Aracena à Minas de Riotinto, près de la petite retenue de Campofrío, traverse
une belle pinède.
Aux environs de **Minas de Riotinto**, les mines à ciel ouvert d'or, d'argent, de pyrites
et de cuivre sont les plus anciennes mines au monde encore exploitées, bien que
la production de cuivre soit paralysée depuis 1986. Vers le Sud, le paysage
devient plus aride, la N 435 domine la vallée où l'Odiel étire ses premiers
méandres.
Le jambon serrano de cette région est renommé, surtout celui de Jabugo.

ARANJUEZ★★

Madrid
35 872 habitants
Carte Michelin n° 444 ou 442 L 19 – Atlas España Portugal p. 53

Au milieu de l'âpre plateau castillan, Aranjuez apparaît comme une oasis avec ses
frondaisons et ses avenues entourant ses palais. Le contraste est saisissant quand
on vient du Sud. Les allées ombragées que les écrivains ont célébrées, que les
musiciens ont chantées (Joaquín Rodrigo et son fameux *Concerto d'Aranjuez*), où les
peintres – tel le Catalan Rusiñol – ont planté leur chevalet, sont devenues l'une des
promenades préférées des Madrilènes le dimanche.

L'émeute de Aranjuez – En mars 1808, Charles IV, la reine et le Premier ministre
Godoy sont à Aranjuez. Leur départ pour l'Andalousie et de là pour l'Amérique est
décidé pour le 18. L'année précédente, en effet, Napoléon Ier a obtenu de Godoy
l'autorisation de faire passer en Espagne les troupes qui devaient combattre le
Portugal, favorable aux Anglais. L'installation des troupes françaises dans le Nord
inquiète les Espagnols, et Godoy a conseillé au roi d'imiter l'exemple des souverains

portugais qui ont quitté Lisbonne pour le Brésil en novembre. Dans la nuit du 17 mars, le palais de Godoy est attaqué par les partisans du prince héritier Ferdinand, désireux de s'emparer du trône. Charles IV doit destituer son ministre et, le lendemain, abdiquer en faveur de son fils. En réponse, Napoléon convoque à Bayonne Ferdinand et son père et les contraint à abdiquer en sa faveur (5 mai). Ces négociations et la présence de la garnison française à Madrid mécontentent le peuple. La révolte de mai 1808 marque le début de la guerre d'Indépendance espagnole.

★★ PALAIS ROYAL ET JARDINS

Les Rois catholiques aimaient déjà séjourner dans le palais primitif du 14e s. Charles Quint agrandit le domaine ; mais on doit surtout le palais actuel à l'initiative de Philippe II qui fait appel aux futurs architectes de l'Escurial pour construire de nouveaux bâtiments autour desquels on commence à aménager des jardins.

Au 18e s. les Bourbons font d'Aranjuez l'une des principales résidences royales et l'embellissent. Ravagé par un incendie en 1727, le palais est à peine réédifié en 1748 qu'il en subit un second. À nouveau restauré, on construit alors l'actuelle façade principale. Ferdinand VI édifie la ville au plan quadrillé, Charles III ajoute les deux ailes du palais, Charles IV élève la délicieuse maison du Laboureur.

> ### Le « train de la Fraise »
>
> Une façon différente et pleine de charme d'aller de Madrid à Aranjuez consiste à utiliser le train de la Fraise (El Tren de la Fresa), un petit train à vapeur copie de l'original qui a roulé pour la première fois en 1851 *(fonctionne les week-ends et jours fériés d'avril à octobre. ☎ 902 22 88 22)*. Le voyage comprend une visite guidée du palais et des musées.

★ **Palacio Real** ⊙ – En pierre et brique, il date du début du 18e s. Malgré de nombreuses modifications, il possède une réelle unité de style. En face d'une vaste place s'ouvre la cour d'honneur, encadrée par un bâtiment principal et deux ailes en retour. Aux angles s'élèvent deux pavillons surmontés d'un dôme. L'aménagement des salles est demeuré tel qu'il était à la fin du 19e s.
L'escalier d'honneur a été construit sous Philippe V par l'Italien Giacomo Bonavia. Le buste de Louis XIV par le sculpteur Coysevox rappelle l'ascendance française de Philippe V. Dans les appartements de la reine Marie-Louise, on voit dans la petite antichambre des toiles de Lucas Jordan ; dans le salon de musique, piano offert par l'impératrice Eugénie à Isabelle II. La **salle du trône**, aux murs tendus de velours rouge, possède un mobilier rococo et un plafond peint représentant l'allégorie de la monarchie. Dans ce salon eut lieu l'acte d'abdication de Charles IV après l'émeute du 17 mars. Le **salon de porcelaine**★★ est l'ensemble le plus gracieux et intéressant du palais. Entièrement réalisé (1763) à la manufacture de porcelaine du Buen Retiro à Madrid, il se compose de plaques de porcelaine blanche sur lesquelles courent des guirlandes et des reliefs représentant des scènes de la vie chinoise, des sujets exotiques et des jeux d'enfants. Les portes en bois sculpté et peint, le lustre, le sol de marbre ne déparent pas cette réussite. Dans les appartements du roi, la salle de musique précède le fumoir ou « salon arabe », amusante reproduction de la salle des Deux

Palais royal

Sœurs de l'Alhambra de Grenade. Un beau Christ de Mengs orne la chambre à coucher. Dans le salon des Infants, les murs sont décorés de **203 tableautins**, peints sur papier de riz à sujets chinois.

À la fin de la visite guidée, on peut parcourir une reconstitution de la vie au palais à l'époque d'Alphonse XIII, où l'on ne manque pas d'être surpris en découvrant l'existence d'une salle de gymnastique et la présence d'un tricycle.

★ **Parterre y jardín de la Isla** ⊘ – Le **Parterre** est un jardin à la française, œuvre du Français Boutelou (1746), qui s'étend au pied de la façade Est du palais. La fontaine d'Hercule apporte une note mythologique à l'harmonieuse disposition de parterres et de grands arbres (cèdres, magnolias).

Tracé au 16ᵉ s., le **jardín de la Isla** se trouve sur une île artificielle du Tage. Il faut traverser le canal qui alimentait les moulins pour atteindre ce parc, où se dissimulent de nombreuses fontaines parmi les bosquets de marronniers, de frênes, de peupliers et les haies ou massifs de buis.

★★ **Jardín del Príncipe** ⊘ – *Entrer par la calle de la Reina.* Entouré d'une grille flanquée de quatre portes monumentales réalisées par Juan de Villanueva, c'est un gracieux et immense parc (150 ha) longeant le Tage. Réalisé en 1763 par Boutelou à la demande du futur Charles IV, ce jardin de style anglais répond aux goûts paysagers en vogue à la fin du 18ᵉ s. Les rois y entretenaient une ferme modèle, dotée de serres tropicales, et y pratiquaient l'élevage d'animaux exotiques.

★★ **Casa del Labrador** ⊘ – Isolée à l'extrémité Est du jardin du Prince, la maison du Laboureur est le fruit d'un caprice du roi Charles IV. Construite dans un style néoclassique semblable à celui du palais royal, sa décoration est plus riche et fastueuse. Vingt bustes en marbre de Carrare, représentant des personnages de l'Antiquité, couronnent la grille d'entrée.

L'intérieur est un exemple remarquable de l'art décoratif du 18ᵉ s. : plafonds de style pompéien, tentures de soie brodée, portes en acajou, sols de marbre, meubles, lampes, toiles de Brambilla, horloges et porcelaines témoignent du raffinement qui régnait à la cour des Bourbons d'Espagne. Au premier étage, la salle de billard, sous une voûte de Maella (les quatre éléments), possède de magnifiques broderies sur soie représentant des vues de Madrid. La galerie des statues est ornée d'authentiques bustes grecs et son sol de marbre a des incrustations de mosaïques romaines trouvées à Mérida. L'horloge, au centre, exécutée à Paris, reproduit la colonne de Trajan. Dans le salon de la reine Marie-Louise, remarquables tentures brodées de 97 tableautins. Le centre de la salle de bal est occupé par un magnifique cadeau du tsar Alexandre III à Charles IV, une table et un fauteuil en malachite. Enfin, le cabinet de platine est décoré d'incrustations d'or, de platine, de bronze ; remarquer dans l'antichambre un oiseau fait d'une seule pièce d'ivoire.

Casa de Marinos ⊘ – À proximité de l'ancien embarcadère, un musée expose les **embarcations royales**★★ qui formaient l'« escadre du Tage ». Elles transportaient la famille royale et ses invités du palais à la maison du Laboureur. Ces 6 embarcations furent celles de Charles IV (peintures de Maella), Isabelle II, Alphonse XII (en acajou), Marie-Christine (peintures imitant des tapisseries) et Alphonse XIII. Celle de Philippe V, cadeau d'un comte vénitien, surpasse les autres par la richesse de sa décoration de bois sculpté et doré.

EXCURSION

Tembleque – *47 km au Sud par la N IV.* Ce village de la Manche possède une pittoresque **plaza Mayor**★ (17ᵉ s.), vaste quadrilatère bordé de trois étages de fins portiques, le premier en pierre, les deux autres en bois. Une curieuse toiture arachnéenne couronne un des accès à cette place qui a dû servir d'arènes.

La « Plaza Mayor » de Tembleque

F. Gouverneur/MICHELIN

ARCOS DE LA FRONTERA★

Andalousie (Cadix)

26 466 habitants

Carte Michelin n° 446 V 12 – Atlas España Portugal p. 83

Arcos jouit d'un **site**★★ remarquable, au sommet d'un roc entaillé par le Guadalete. C'est depuis la route de El Bosque, qui longe la retenue, que l'on bénéficie de la meilleure vue sur le site. La vieille ville, tout en haut, est concentrée autour du château des ducs d'Arcos, aux sévères murailles crénelées, et de ses deux églises. Les processions de la Semaine sainte y sont d'une particulière ferveur.

Il est préférable de laisser la voiture en bas du village, sur la Plaza de Andalucia, et de monter à pied par les ruelles étroites jusqu'à la Plaza del Cabildo (suivre la signalisation pour le parador).

Plaza del Cabildo – Un côté de cette grande place domine en balcon la profonde entaille du río. La **vue**★ porte sur un vaste méandre du Guadalete à l'intérieur duquel sont cultivés arbres fruitiers et céréales.

Église Santa María ⊙ – Sa **façade Ouest**★ est un excellent exemple de style plateresque. À l'intérieur, où se mêlent les styles gothique, mudéjar, plateresque et baroque, on remarquera les belles voûtes en étoile et le retable de la fin de la Renaissance. Sur le côté Nord de l'église, la ruelle *(callejón)* de las Monjas passe sous les arcs-boutants.

Par le dédale de ruelles étroites qui font tout le charme d'Arcos, on parvient, à l'autre bout de la falaise, à l'**église San Pedro** surmontée d'un clocher baroque.

ASTORGA

Castille et Léon (Léon)

13 802 habitants

Carte Michelin n° 441 E 11 – Atlas España Portugal p. 10

Au temps des Romains, plusieurs grandes routes faisaient leur jonction à Asturica Augusta. Au Moyen Âge, l'importance du bourg s'est maintenue grâce aux foires et à l'animation qu'y entretenaient les pèlerins de St-Jacques.

Les gourmands retiendront d'Astorga ses « **mantecadas** », sortes de brioches.

Le pays des Maragatos – Dans la région fit souche, il y a bien longtemps, un groupe ethnique d'origine mal connue dans lequel on a cru voir un croisement de Maures et de Goths. Les Maragatos vivaient très isolés au cœur d'une contrée montagneuse inhospitalière. Ils exerçaient traditionnellement le métier de muletier. On peut voir parfois, à l'occasion d'une fête, un Maragato vêtu de la culotte bouffante, du plastron et de la large ceinture brodée. Sur la **plaza Mayor** d'Astorga, remarquer en haut de l'**hôtel de ville** le célèbre jacquemart où deux Maragatos en costume frappent les heures.

CURIOSITÉS

★ **Cathédrale** ⊙ – Commencée par le chevet à la fin du 15e s. dans le style gothique flamboyant, elle ne fut terminée qu'au 18e s., ce qui explique la présence d'abondants éléments Renaissance et baroques sur les tours et la façade. Cette dernière présente un **porche**★ dont les bas-reliefs illustrent certaines actions marquantes de la vie du Christ (marchands chassés du temple, femme adultère) ; on remarque au-dessus de la porte une belle Descente de croix.

Intérieur – Les dimensions de la nef sont imposantes et les multiples colonnettes des piliers jaillissant vers la voûte lui donnent une belle envolée. Derrière le maître-autel, le **retable**★ est l'œuvre des trois Gaspar : pour le décor peint et sculpté, Gaspar de Hoyos et Gaspar de Palencia, pour les bas-reliefs **Gaspar Becerra** (1520-1570). Le style de cet Andalou, formé à l'école italienne de la Renaissance, est d'une sensibilité humaniste assez éloignée de l'expressionnisme baroque des sculpteurs espagnols.

Musée ⊙ – Il possède une riche collection d'orfèvrerie, dont le reliquaire de la Vraie Croix (13e s.) en filigrane d'or, la châsse d'Alphonse III le Grand (10e s.) et un beau coffre roman en bois (13e s.) recouvert de peintures.

Palacio Episcopal ⊙ – Ce curieux pastiche d'un palais médiéval est né en 1889 de l'imagination débordante de **Gaudí**. Sa décoration intérieure, brillante et originale, utilise à profusion voûtes sous croisées d'ogives, vitraux, mosaïques... surtout dans la chapelle néo-gothique qui se trouve au premier étage.

Le palais abrite le **musée des Chemins** (museo de los Caminos), une exposition d'art médiéval sur le thème du pèlerinage à St-Jacques-de-Compostelle.

ÁVILA ★★

Castille et Léon

49 868 habitants

Carte Michelin n° 442 ou 444 K 15 – Atlas España Portugal p. 38

Ville de pierres, ville de saints, Ávila apparaît entre ses murailles du 12ᵉ s. remarquablement conservées. Perchée à 1 131 m sur les hauts plateaux de la Meseta, c'est la capitale provinciale la plus élevée d'Espagne. À cette altitude, le rude climat castillan est encore avivé : l'hiver, froid et venteux, y est très long.

Patrie de sainte Thérèse, Ávila est marquée par la forte personnalité de la sainte dont le nom est partout présent. On le retrouve même sur une spécialité gastronomique, les *yemas de Santa Teresa*, sucreries au jaune d'œuf *(illustration p. 54)*.

La ville de sainte Thérèse – Sainte Thérèse de Jésus (1515-1582) fut l'une des plus grandes mystiques catholiques, dont les extases firent grande impression sur ses contemporains. À une époque où la Réforme faisait de grands progrès en Europe centrale et en France, où les ordres monastiques, par l'accroissement de leur pouvoir temporel, abandonnaient la rigueur de leur règle, sainte Thérèse parvint à rétablir l'observance de la très austère règle du Carmel, à susciter maintes vocations et à fonder de nouveaux couvents.

Elle écrivit de nombreuses lettres à **saint Jean de la Croix**, son directeur spirituel, et des livres, dont une autobiographie, le *Livre de ma vie*, récit de son évolution spirituelle, et le *Livre des demeures*, ou *Château intérieur*, également publié en 1588. Canonisée en 1622, elle fut reconnue docteur de l'Église en 1970.

Plusieurs endroits conservent le souvenir de sainte Thérèse : deux musées, l'un au **couvent San José (las Madres) (B R)** l'autre au **couvent de l'Incarnation (B)**. Le **couvent de Ste-Thérèse (A B)** a été élevé à l'emplacement de sa maison natale. Cependant, la sainte ne repose pas ici mais à Alba de Tormes.

CURIOSITÉS

★★ **Les murailles** – L'enceinte crénelée, ponctuée de 90 tours saillantes et rapprochées, de 9 portes et diverses poternes dessine un trapèze d'environ 900 m sur 450 m ; elle date en majeure partie du 11ᵉ s., garde une grande unité malgré quelques modifications du 14ᵉ s. et constitue l'un des meilleurs exemples de fortification médiévale en Europe. Pour en avoir une **vue** générale, le meilleur endroit est le site des « **cuatro Postes** » (Quatre piliers) qui se trouve sur la route de Salamanque. Le chemin de ronde est accessible au public.

Les murailles

★★ **Cathédrale** ⊘ **(B)** – Le chevet fortifié, en saillie dans la muraille, y forme une tour rebondie à double couronne de créneaux. L'emploi du granit et le rôle de forteresse donnent à l'extérieur du monument une austérité que ne parvient pas à tempérer le dessin des remplages, le décor de boules qui souligne dans les parties hautes les arêtes de la tour, des contreforts et des pinacles, ni les sculptures des portails.

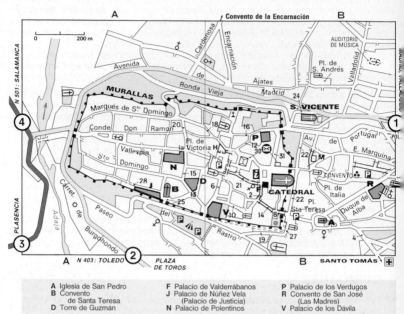

ÁVILA

A Iglesia de San Pedro
B Convento de Santa Teresa
D Torre de Guzmán
F Palacio de Valderrábanos
J Palacio de Nuñez Vela (Palacio de Justicia)
N Palacio de Polentinos
P Palacio de los Verdugos
R Convento de San José (Las Madres)
V Palacio de los Dávila

On admirera le décor gothique français du **portail Nord** (14e s.) taillé dans une pierre malheureusement trop tendre pour résister à l'usure du temps ; élevé à l'origine à l'Ouest, il fut déplacé au 15e s. par Juan Guas, qui redessina alors la **façade Ouest**. Celle-ci doit à un remaniement du 18e s. sa curieuse composition actuelle, que l'on s'attendrait plutôt à trouver sur un palais.

L'**intérieur** est tout autre grâce à l'élévation des nefs gothiques, à la couleur de la pierre dans le chœur (grès à grandes taches jaunes et rouges) et à de nombreuses **œuvres d'art**★★. Parmi celles-ci citons le **trascoro** (1531) aux abondantes sculptures platéresques (*de gauche à droite* : Présentation de Jésus au temple, Adoration des Mages et Massacre des Innocents) d'une excellente exécution de détail en même temps que de composition générale parfaitement harmonieuse ; les **stalles**, de la même époque ; les deux **chaires** en fer forgé finement ouvragées, l'une Renaissance, l'autre gothique. Au fond de l'abside, aux fenêtres encore romanes (la construction de la cathédrale s'est échelonnée de 1135 au 14e s.) se trouve un grand **retable** (vers 1500) peint par Pedro Berruguete et Jean de Bourgogne ; sur l'encadrement de bois doré s'allient éléments isabelins et pilastres de la Renaissance italienne. Donnant sur le double **déambulatoire**, s'adossent au maître-autel cinq panneaux sculptés par Vasco de Zarza : les quatre latéraux représentent les saints chevaliers (Hubert, Georges, Martin et Jacques) avec des médaillons des évangélistes, tandis que le panneau central constitue le **tombeau**★★ du théologien et évêque d'Avila, Alonso de Madrigal, dit El Tostado. Remarquer la finesse d'exécution des broderies de la chasuble.

Musée ⊘ – On traverse successivement l'antesacristie (13e s.) puis la **sacristie**★★ de la même époque, remarquable pour sa voûte à huit nervures, ainsi que pour le grand retable d'albâtre (16e s.) et, à l'emplacement des fenêtres, les quatre scènes de la Passion en bois sculpté, imitant l'albâtre.

Dans le musée, on notera une porte de tabernacle peinte d'une tête de Christ par Morales, un portrait par le Greco, une grille isabeline monumentale, des antiphonaires (fin 15e s.) et un ostensoir haut de 1,70 m exécuté par Juan de Arfe en 1571.

Le **cloître** gothique a été récemment restauré.

Sur la place de la cathédrale, le **palais de Valderrábanos** (**B F**), aujourd'hui hôtel, s'orne d'une porte (15e s.) surmontée d'un beau motif blasonné.

★★ **Basilique San Vicente** ⊘ (**B**) – Élevée, dit-on, sur les lieux du martyre de saint Vincent et de ses sœurs Sabine et Cristeta au 4e s., c'est une grande basilique romane, mais voûtée d'ogives car la construction dura du 12e s. au 14e s. La galerie

Sud extérieure (14e s.), aux faisceaux de colonnettes serrées par des bagues, la corniche sculptée qui court le long de la nef, le haut porche ajouté à l'Ouest et les deux tours inachevées composent une silhouette fort harmonieuse.

Le **portail occidental**★★ est exceptionnel. Sous une corniche et des voussures richement ornées, les statues-colonnes semblent converser tant leurs attitudes sont naturelles et variées. Les draperies « mouillées » de leurs vêtements rappellent la sculpture de Vézelay, en France. À l'intérieur, on remarque sous la **tour-lanterne**★ (14e s.) le **tombeau des martyrs**★★, chef-d'œuvre de la fin du 12e s., abrité par un curieux baldaquin gothique (15e s.) au toit en pagode ; le martyre de saint Vincent et de ses sœurs y est représenté avec une technique si parfaite jointe à un art si vivant qu'on l'a attribué au même sculpteur que le portail occidental. Remarquer les scènes où les martyrs sont capturés sous les murailles d'Ávila, dénudés puis torturés.

★ **Monastère Santo Tomás** ⊙ (**B**) – Couvent dominicain fondé à la fin du 15e s., embelli grâce aux dons des Rois catholiques dont il fut la résidence d'été, il fut aussi le siège de l'université.

La façade de l'**église** arbore les principaux motifs décoratifs de l'ensemble : rangées de boules soulignant les lignes architecturales, décor très répandu à Ávila mais employé ici avec profusion, joug et flèches, emblèmes d'Isabelle et de Ferdinand. Comme il était d'usage alors chez les dominicains, l'église comporte un seul vaisseau dont les voûtes retombent sur des faisceaux de colonnettes élancées mais, fait rare, elle possède deux tribunes : l'une à l'Ouest abrite les stalles du *coro*, l'autre le maître-autel. Accessibles seulement par le cloître, ces tribunes étaient réservées aux religieux.

À la croisée du transept trône le très beau **mausolée**★ (1512) d'albâtre aux délicates sculptures Renaissance de l'infant D. Juan, fils des Rois catholiques, mort à 19 ans. C'est l'œuvre du Florentin Domenico Fancelli qui exécuta également celui d'Isabelle et de Ferdinand à la chapelle royale de Grenade. Une chapelle du côté gauche de la nef recèle le tombeau Renaissance de Juan Dávila et de sa femme, précepteurs du prince.

Les cloîtres – On traverse le **cloître des Novices** (15e s.), d'une extrême simplicité, pour accéder au **cloître du Silence**★, assez petit pour être intime, généreusement sculpté à l'étage. Au-delà, le **cloître des Rois**, plus grand et solennel, dénude les arcs supérieurs avec une grande science de l'effet produit.

Un escalier dans le cloître du Silence mène à la tribune du *coro* (belles **stalles** gothiques du 15e s. aux dossiers couverts d'arabesques sous la dentelle des dais de bois). Par la galerie supérieure du cloître, on gagne la tribune du maître-autel où l'on peut voir de près le **retable de saint Thomas**★★ (vers 1495), chef-d'œuvre de Berruguete illustrant plusieurs scènes de la vie de saint Thomas d'Aquin, dont les personnages prennent un relief incomparable.

Église San Pedro ⊙ (**B A**) – Dans cette belle église romane, donnant sur la vaste **plaza Santa Teresa**, s'insinue déjà l'esprit gothique dans les voûtes d'ogives et surtout la délicate rosace qui illumine la façade. Une tour-lanterne éclaire le transept.

Palacio de los Verdugos (**B P**) – Encadrée de deux solides tours carrées, la façade offre une porte et une fenêtre blasonnées gothico-Renaissance.

Palacio de Polentinos (**A N**) – Ce bâtiment, occupé actuellement par l'armée, présente un portail et un patio au fin décor Renaissance.

Torre de Guzmán (**A D**) – Le palais de Oñate se signale par sa tour d'angle carrée, puissante et crénelée, du début du 16e s.

Palacio de Núñez Vela (**A J**) – Aujourd'hui palais de justice, cet ancien palais Renaissance du vice-roi du Pérou présente des baies encadrées de fines colonnes chapeautées de blasons. Beau patio.

Palacio de los Dávila (**B V**) – Ce palais est formé de plusieurs demeures seigneuriales : deux bâtiments gothiques du 14e s., ornés de blasons, donnent sur la place Pedro Dávila, et deux autres, appartenant au palais épiscopal, sur la place du Rastro.

Sur un plan de ville, les curiosités apparaissent en orange.

Elles sont identifiées soit par leur nom propre,
soit par une lettre repère
reprise en légende dans un encadré vert.

BADAJOZ

Estrémadure

130 247 habitants

Carte Michelin n° 444 P 9 – Atlas España Portugal p. 61

Plan dans le guide Rouge Michelin España & Portugal

En arrivant par le Nord, une vue agréable s'offre sur Badajoz. L'alignement du **pont de Palmas**, ouvrage de granit de style herrerien, et de la porte crénelée du même nom (16ᵉ s.) fait une entrée majestueuse à la ville qui s'étage sur une colline dominée par les murailles de la forteresse arabe.

Aujourd'hui les quartiers modernes qui s'étendent au-delà de la vieille ville rappellent que Badajoz est la capitale de la plus grande province du pays. Son avenir de marché régional s'est précisé grâce à l'aménagement de la vallée du Guadiana.

Une histoire mouvementée – Modeste cité romaine sous la dépendance de Mérida, elle devint au 11ᵉ s. la capitale d'un royaume musulman de taifa *(voir p. 23)*. Au 16ᵉ s., position clef de la stratégie péninsulaire, elle fut prise dans l'engrenage des guerres de succession entre l'Espagne et le Portugal, ce qui lui valut maints sièges et pillages. Pendant des siècles, la ville resta confinée dans ses rues étroites et austères, à l'abri de sa forteresse maure et des remparts médiévaux.

Aujourd'hui, la ville a perdu son caractère de ville frontière et s'offre comme une ville ouverte au dialogue, comme en témoignent le nouveau **pont Royal** ou le **musée d'Art contemporain**.

CURIOSITÉS

Cathédrale ⊘ – Bien que construite (13ᵉ s.) dans le style gothique, elle a été fortement remaniée à la Renaissance. Sa haute tour fortifiée contraste avec la fine décoration platéresque des fenêtres et des frises. Au milieu de la nef centrale, masquant la perspective, s'élève un imposant *coro*, dont les stalles ont été sculptées en 1557. À droite du chœur, la sacristie abrite un groupe de six belles tapisseries flamandes du 17ᵉ s.

Museo arqueológico provincial ⊘ – Le palais de la Roca (16ᵉ s.), à l'intérieur de l'*alcazaba*, a été réaménagé afin d'accueillir les riches collections archéologiques rassemblant les objets trouvés dans la région. Elles concernent la préhistoire et la protohistoire (stèles, petites idoles), l'époque romaine (mosaïques, outils de travail en bronze), la période wisigothique (très beaux **pilastres** sculptés de motifs géométriques ou végétaux) et, enfin, les civilisations islamique et médiévale.

Museo Provincial de Bellas-Artes ⊘ – Il est installé dans deux demeures seigneuriales du 19ᵉ s. à l'architecture élégante. Il propose des collections de peinture, sculpture et dessins où les 19ᵉ et 20ᵉ s. sont les mieux représentés.

La douteuse ascension de Don Manuel.....

Né à Badajoz en 1767, **Manuel Godoy Álvarez de Faria**, fils d'un humble hidalgo d'Estrémadure, part à 17 ans à la cour, où il entre dans les Gardes du corps. Les faveurs de la reine Marie-Louise lui valent d'être nommé duc d'Alcudia et grand d'Espagne, puis Premier ministre à l'âge de 25 ans. Plus tard, il reçoit le titre de prince de la Paz, puis on le marie à une infante, nièce du roi. Son rapide triomphe et sa politique de rapprochement avec la France (il espère en obtenir une principauté taillée dans le territoire portugais) ne lui attirent ni la sympathie de la cour, ni celle du peuple, qui l'accuse d'être vendu à Napoléon et exige son départ. Après l'émeute d'Aranjuez, il suit ses souverains en exil à Bayonne et y rédige l'acte d'abdication de Charles IV qui laisse l'Espagne aux mains de Napoléon. En 1851, il meurt à Paris, complètement oublié.

BAEZA★★

Andalousie (Jaén)

17 695 habitants

Carte Michelin n° 446 S 19 – Atlas España Portugal p. 76

À la limite de l'Andalousie et de la Manche, Baeza joua jadis un important rôle de frontière. Ce bourg tranquille entouré d'oliviers possède de nombreuses demeures seigneuriales et édifices en belle pierre dorée, témoins d'une gloire passée. Capitale d'un royaume de taifa, elle fut la première ville reconquise en Andalousie (1227) demeura jusqu'au 15ᵉ s. marche du royaume de Castille. La paix venue, la vie citadine et intellectuelle s'y développa : une imprimerie fut fondée dès 1551, puis en 159 une université qui ne fut dissoute qu'au 19ᵉ s.

★★ CENTRE MONUMENTAL visite : 1 h (voir itinéraire sur le plan).

★ **Plaza del Pópulo** (**Z**) – Au centre de cette petite place de forme irrégulière s'élève la **fontaine des Lions**, construite avec des éléments antiques. À gauche, le bâtiment des **anciens abattoirs** (Antigua Carnicería – **A**), qui fut en service de 1550 à 1962, est d'une rare noblesse en dépit de sa destination. Au premier étage figure le blason impérial.

La **Casa del Pópulo** (ancien tribunal) au fond de la place est ornée de fenêtres et de médaillons plateresques. Ses six portes correspondaient à autant de bureaux de greffiers ; à l'étage se tenaient les audiences. Contre l'édifice prennent appui deux arcs édifiés en l'honneur de Charles Quint. Le premier à gauche, ou **Porte de Jaén**, qui est relié à la maison du Peuple par un joli balcon en quart de cercle, fut élevé à l'occasion de son passage à Baeza alors qu'il se rendait à Séville pour épouser Isabelle de Portugal. Le second, l'**arc de Villalar**, est une marque de soumission au roi après la défaite des comuneros *(voir p. 331)*, que la ville avait soutenus.

Plaza de Santa María

Plaza de Santa María (**Z**) – Sur la gauche, les murs de l'ancien séminaire (1660) sont couverts d'inscriptions : c'était un privilège accordé aux étudiants à l'obtention de leur diplôme que d'y inscrire leur nom et la date de leur succès avec du sang de taureau.

Derrière la **fontaine de Santa María**, arc de triomphe orné de cariatides et d'atlantes, s'élève la façade gothique des **Casas Consistoriales Altas** (**F**), où deux fenêtres géminées encadrent les blasons de Jeanne la Folle et Philippe le Beau.

Cathédrale ⊙ (**Z**) – L'intérieur★ fut presque entièrement remanié par Vandelvira et ses successeurs de 1570 à 1593. Certaines chapelles sont très belles : la chapelle Dorée, à côté des fonts baptismaux, ornée d'un fin relief à l'italienne ; la chapelle St-Jacques, au bel encadrement à l'antique ; celle de St-Joseph, entourée de cariatides. La porte de la sacristie, agrémentée de rinceaux et de têtes d'anges, a beaucoup de grâce. Une monumentale grille de Bartolomé ferme la première travée de la nef. Une chaire de métal repoussé et peint (1580) s'élève à la croisée du transept. Au fond, dans une chapelle du bas-côté gauche, est exposé un ostensoir d'or et d'argent (1714) utilisé en procession le jour de la Fête-Dieu. Dans le cloître, des arcs proviennent de l'ancienne mosquée.

★ **Palacio de Jabalquinto** (**Z**) – Sa **façade**★ est un parfait exemple du style isabélin. Le soleil du matin allonge les ombres des fleurons, accuse le décor gothique des baies et des pinacles sous les blasons penchés « à la wallonne ». Le **patio** (vers 1600) est beaucoup plus sobre ; deux lions montent la garde dans le grand escalier baroque.

En face du palais, l'église de **Santa Cruz** est la seule église romane encore existante de celles qui furent construites aussitôt après la reconquête de la ville. L'intérieur présente une chapelle gothique.

Ancienne Université (**Z U**) – Façade simple et patio élégant (élevés entre 1568 et 1593). Beau plafond mudéjar dans le grand amphithéâtre.

BAEZA

Aguayo	Y 2
Alcalde Garzón Nebrera (Av. del)	Y
Barbacana	Z 3
Cardenal Benavides (Pasaje)	Y 5
Carmen	Z
Cipriano Tornero o del Rojo	Y
Compañía	Z 6
Concepción	Y
Conde de Romanones	Z 7
Constitución (Plaza de la)	Z 8
Córdoba (Puerta de)	Z 9
Corvera	Y
España (Pl. de)	Y
Gaspar Becerra	Y 12
General Cuadros	Y 13
José M. Cortés	Y 15
Julio Burel	YZ
Los Molinos	Y
Magdalena	Y 16
Merced	Z
Motilla	Y
Obispo Mengibar	Z 17
Obispo Narváez o Barreras	YZ
Pintada Baja	Y
Pópulo (Pl. del)	Z
Real (Camino)	Z 19
Sacramento	Z 20
San Andrés	Y 21
San Felipe Neri (Cuesta)	Z 23
San Francisco	Y
San Gil (Cuesta de)	Z 25
San Juan Bautista	Z
San Pablo	Y
Santa Maria (Pl. de)	Z

A Antigua Carniceria
F Casas Consistoriales Altas
H Ayuntamiento
R Ruinas de San Francisco
U Antigua Universidad

Antigua Alhóndiga (**Z**) – La façade en pierre de l'**ancienne halle aux grains** est fait d'arcades et de portiques (1554).

Casas consistoriales bajas (**Z**) – Elles furent élevées en 1703 pour servir d tribune officielle lors des fêtes données sur la grand-place.

★ **Ayuntamiento** (**Y H**) – L'hôtel de ville occupe une ancienne prison dont la façad s'orne de magnifiques fenêtres plateresques, des armes de Philippe II et de celle de la ville, et d'une large corniche à modillons sculptés de personnages.

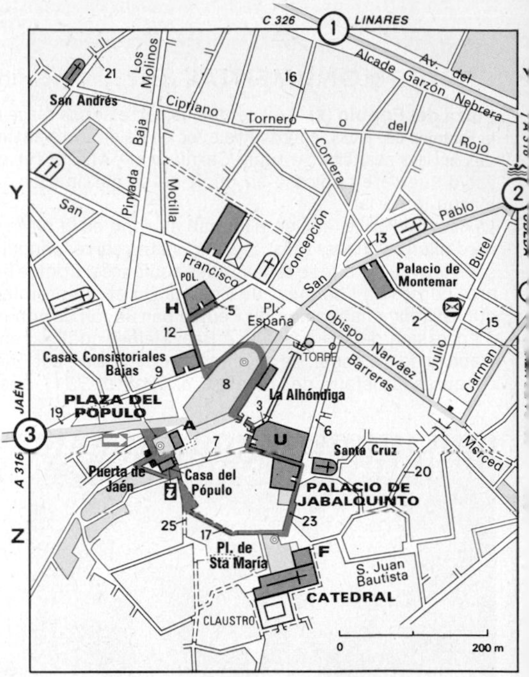

AUTRES CURIOSITÉS

Église San Andrés ⓥ (**Y**) – Au portail Sud, délicates sculptures plateresques e dans la sacristie, ensemble de neuf **peintures**★ gothiques.

Ruines de San Francisco (**Y R**) – Seuls le vaste transept, l'abside et les majestueu retables de pierre donnent une idée de ce que fut la magnificence du couvent a 16e s.

Palacio de Montemar (ou de los Condes de Garcíez) (**Y**) – Cette maison noble (débu 16e s.) possède de jolies fenêtres gothiques et un patio plateresque.

BAIONA/BAYONA★

Galice (Pontevedra)

9 690 habitants

Carte Michelin n° 441 F 3 – Atlas España Portugal p. 20 – Schéma : RÍAS BAJAS

À l'embouchure de la ria de Vigo s'ouvre la vaste baie de Baiona entre deux presqu'île rocheuses, le Monte Ferro au Nord et le Monterreal au Sud, qui protège le port. C'es ici que le 10 mars 1493 accosta la caravelle *la Pinta* – l'un des trois bateaux de la flot de Christophe Colomb – commandée par **Martín Alonso Pinzón** qui fut le premier annoncer la découverte du Nouveau Monde. L'activité commerciale et maritime de ville fut importante aux 16e s. et 17e s.

Le village ancien – Baiona est aujourd'hui une station balnéaire animée, avec u port de pêche et de plaisance bordé par une promenade aux nombreuses terrass de café. Elle a conservé son ancien quartier aux maisons blasonnées et aux galeri vitrées, dominé par la **collégiale** ⓥ construite entre le 12e s. et le 14e s. dans u style de transition romano-gothique. Remarquer les symboles à l'intérieur d arcs : ciseaux, haches, couteaux, évoquant les différentes corporations q contribuèrent à son édification, ainsi que la chaire en pierre du 14e s.

Monterreal ⊙ – Les Rois catholiques firent ceindre de murailles la presqu'île de Monterreal au début du 16ᵉ s. Au milieu d'un agréable bois de pins, le fort où résidait le gouverneur de la ville a été converti en parador. Il est recommandé de suivre la **promenade sur les remparts**★ *(environ 1/2 h)* au pied desquels les vagues viennent se briser et d'où l'on peut admirer les splendides **vues**★★ sur la baie, le mont Ferro, les îles Estelas et la côte Sud jusqu'au cap de Silleiro. Le long de la côte, de petites plages s'abritent entre les rochers.

★ROUTE DE BAIONA À A GARDA *30 km – environ 1 h*

Entre ces deux villes, la côte, plate mais découpée, est quasi déserte.

Oia – Ce village de pêcheurs groupe ses maisons autour de l'ancienne abbaye cistercienne de **Santa María la Real** à façade baroque. De l'autre côté de la route viennent mourir en pente douce les collines à l'herbe drue où paissent les chevaux sauvages. C'est là, sur la hauteur, que certains dimanches de mai et juin se déroulent les *curros* (marquage des poulains sauvages).

A Garda – Ce petit port de pêche est situé à l'extrême pointe méridionale de la côte galicienne. Au Sud s'élève le **mont Santa Tecla**★ (341 m) qui domine l'embouchure du Miño. Belles **vues**★★ de son sommet. Pendant la montée, on peut voir d'abondants restes d'une **cité celte**, témoignant d'un peuplement continu de l'âge du bronze au 3ᵉ s. après J.-C. Au bord de la route ont été reconstituées deux huttes rondes à mur de pierre et toit de chaume.

BARBASTRO

Aragon (Huesca)
15 827 habitants
Carte Michelin nᵒ 443 F 30 – Atlas España Portugal p. 57

Barbastro occupe le centre du Somontano, fertile piémont, au débouché de deux hautes vallées pyrénéennes conduisant l'une vers le parc d'Ordesa, l'autre vers la Maladeta par le défilé de Ventamillo *(voir Pyrénées aragonaises)*. Reconnue important marché agricole dès l'occupation maure, la ville a été promue siège épiscopal et conserve ce titre qui témoigne de son importance régionale. Le 11 août 1137 y fut signé le compromis de mariage de la princesse Pétronille, héritière de l'Aragon, avec Raymond Bérenger IV, comte de Barcelone.

★ **Cathédrale** ⊙ – Typique église-halle du 16ᵉ s. espagnol, elle frappe par son élancement dû à la sveltesse particulière des piliers. Les chapiteaux sont à peine soulignés et, au contraire, d'exubérantes voûtes en réseaux sont parsemées de rosaces. À la manière churrigueresque, des stucs surabondants décorent les portes des chapelles latérales. La prédelle du **retable** qui orne le maître-autel est de Damián Forment. Dans la première chapelle à gauche, beau retable peint au début du 16ᵉ s.

ENVIRONS

Torreciudad – *24 km au Nord par les N 123 et A 2211.* Dès 1084, date de la Reconquête, les habitants de la région vénéraient la statue de Notre-Dame de Torreciudad qui se trouvait dans un petit ermitage. En 1975 était inauguré le sanctuaire ⊙ de pèlerinage actuel, construit à l'initiative de Monseigneur José María Escrivá de Balaguer, fondateur de l'Opus Dei en 1928.
Les bâtiments en briques sont précédés d'une immense esplanade d'où s'offrent de belles **vues**★★ sur les eaux turquoise de la retenue de El Grado et la chaîne des Pyrénées.
À l'intérieur de l'église, à la vaste nef, un retable moderne en albâtre dont les bas-reliefs représentent des scènes de la vie de la Vierge, abrite dans sa partie inférieure la statue romane (11ᵉ s.) de Notre-Dame de Torreciudad qui se trouvait autrefois dans l'ermitage.

Sachez tirer parti de votre guide Michelin.
Consultez la légende en p. 4.

BARCELONA★★★

BARCELONE – Catalogne
1 681 132 habitants
Carte Michelin n° 443 H 36 – Atlas España Portugal p. 32
Plan Michelin Barcelona au 1/12 000 n° 41

Capitale de la Catalogne et seconde ville d'Espagne, Barcelone s'étend le long de la Méditerranée, entre les collines de Montjuïc, de Vallvidrera et du Tibidabo. L'un de ses principaux attraits est sa richesse architecturale.

Le développement de la ville – Fondée par les Phocéens, elle se développe à l'époque romaine, au 1er s. avant J.-C., sous le nom de **Barcino**. Les Romains s'installent sur le mont Taber (à l'emplacement de la cathédrale) et dès le 3e s. une muraille fortifiée est élevée. Au 12e s. Barcelone absorbe la plupart des anciens comtés catalans, devient la capitale de la Catalogne et la résidence de la confédération catalo-aragonaise, ainsi qu'un très important centre de marché ; son expansion sur la Méditerranée est considérable. De nombreux édifices se construisent : c'est le plein épanouissement du gothique catalan et la ville déborde alors au-delà des murailles. Au moment de la guerre de Succession d'Espagne (1701-1714), la Catalogne prend parti pour l'archiduc d'Autriche. Après le triomphe des Bourbons (11 sept. 1714), Barcelone perd son régime municipal et ses libertés historiques. Montjuïc est alors fortifié, une citadelle, la Ciutadella, est élevée et le quartier de la Barceloneta est créé. Les Barcelonais ont interdiction de construire sur un rayon de 2 km en dehors des murs, ce qui correspondait à la portée des canons. La ville se développe en hauteur à l'intérieur des remparts avec une densité de population énorme. Il faut attendre le milieu du 19e s. pour que prenne fin l'interdiction de construire. Il est alors décidé d'urbaniser tout le no man's land entourant la vieille ville. Le plan Cerdà est choisi. En 30 ans, Barcelone augmente sa superficie d'une façon extraordinaire et englobe rapidement les petits villages des environs : Gràcia, Sants, Horta, Sarrià, Pedralbes... L'industrialisation en fait l'une des villes les plus actives d'Europe et deux expositions universelles s'y tiennent, l'une en 1888 (à l'emplacement de la Ciutadella), l'autre en 1929 à Montjuïc. C'est la pleine explosion de l'architecture moderniste.

Barcelone d'aujourd'hui et de demain – Plus dynamique que jamais, Barcelone est un grand centre industriel au port très actif mais aussi une ville universitaire, le siège de la Generalitat de Catalogne et un centre culturel important, comptant de nombreux musées, théâtres, salles d'opéra et de concerts.
La célébration des Jeux olympiques de 1992 a favorisé la réalisation de grands projets d'urbanisme, déterminants pour la physionomie de la ville. Entre autres, on peut citer le prolongement de la Diagonal, la construction d'un boulevard périphérique ou la reconstruction d'une partie du bord de mer, où l'espace occupé par le port industriel a été transformé en une zone résidentielle.

Identité catalane et pépinière d'artistes – Barcelone est avant tout une ville catalane, où l'usage du catalan prime sur celui du castillan. Cette langue avait été interdite pendant la période du franquisme. Il suffit de se promener pour remarquer que tous les noms de rues et toutes les enseignes sont écrits dans cette langue et de regarder les vitrines des libraires pour se faire la même remarque à propos de la littérature. Barcelone a été et demeure une pépinière d'artistes. Parmi les peintres modernes citons Picasso, Miró, Dalí, Tàpies, le sculpteur Subirachs, et parmi les architectes : Gaudí, Josep Lluís Sert, Bofill, Bohigas.

Cérémonie d'ouverture des Jeux olympiques

LES QUARTIERS

Barri Gòtic (**CDST**) – Au cours des années vingt, après un processus de restauration intense, l'ensemble des édifices monumentaux de la vieille ville a reçu le nom de Quartier gothique.

Ciutat Vella (**CST**) – La vieille ville comprend des quartiers aussi différents que Santa Anna, La Mercè, Sant Pere et Raval. Ce dernier, précédemment appelé Barri Chino (Quartier chinois) et exemple remarquable de rénovation urbaine, accueille les centres culturels les plus importants de la ville.

Eixample (**CRS**) – Aménagé après la destruction des anciens remparts médiévaux, l'Eixample (l'Expansion) personnifie la Barcelone bourgeoise et raffinée de la fin du 19e s. On y trouve des boutiques de prestige, des avenues élégantes et les meilleurs échantillons de l'architecture moderniste.

Gràcia (**BR**) – Situé à l'extrémité du Passeig de Gràcia, c'est le quartier qui possède la personnalité la plus marquée de Barcelone. Village agricole à l'origine, Gràcia doit sa croissance aux commerçants, artisans et ouvriers. Tout au long du 19e s., le quartier a affirmé son esprit républicain. Actuellement, il conserve de nombreuses fêtes populaires.

La Ribera (**DS**) – Ce vieux quartier de pêcheurs préserve, grâce à ses ruelles étroites et ses bâtiments gothiques, un charme tout particulier. La rue de Montcada et l'église Santa Maria del Mar sont ses principaux attraits.

Barceloneta (**DS**) – Célèbre pour ses buvettes, ses restaurants et son charme maritime.

Vila Olímpica (**DS**) – Le village olympique a été construit pour recevoir les athlètes des JO de 1992. Aujourd'hui, il s'agit d'un quartier moderne doté de larges avenues et de jardins, qui offre un accès direct aux plages récemment réhabilitées du littoral barcelonais.

Les Corts (**AS**) – Situé dans la partie haute de l'avenue Diagonal, il regroupe la **cité universitaire** et le stade de football du Fútbol Club Barcelona, le **Camp Nou**, avec son musée, le **musée du Barça**.

Sarrià (**AR**) – Couché au pied de la montagne de Collserola, cet ancien village conserve un caractère paisible et traditionnel. Ses alentours, où se trouvent **Pedralbes** (**AS**) et **Sant Gervasi de Cassoles** (**BR**), au pied du Tibidabo, sont devenus le lieu de refuge de la haute bourgeoisie.

Sants (**BS**) – Il s'agit du quartier ouvrier par excellence.

Horta-Guinardó (**CR**) – Habité d'abord par des paysans et plus tard par certains groupuscules ouvriers, ce quartier se trouve au pied du Collserola. Il abrite le **Laberint de Horta** *(au Nord)*, ancienne propriété du 18e s., et ses beaux jardins, et le **vélodrome**, où se déroulent de grandes compétitions sportives et de grands concerts.

Poble Sec (**CT**) – Niché au flanc de la montagne de Montjuïc, il s'agit de l'un des quartiers ouvriers les plus anciens de la ville.

OÙ SE LOGER...

Le guide Rouge Michelin España & Portugal propose un grand nombre d'hôtels classés par secteurs. Nous donnons ici un certain nombre d'adresses choisies pour leur situation, leur caractère ou leur rapport qualité-prix.

Les coordonnées placées à la suite du nom de l'établissement permettront de le situer sur les plans de Barcelone contenus dans ce guide.

La sélection a été répartie en trois catégories répondant à tous les budgets. Pour chacune, les hôtels sont classés dans l'ordre ascendant des prix.

La catégorie « **Petits budgets** » propose des chambres à moins de 11 000 ptas. Normalement il s'agit d'hôtels modestes mais confortables.

« **Notre sélection** » comprend des établissements agréables où les prix des chambres varient de 11 000 à 20 000 ptas.

Dans la section « **Option prestige** », vous trouverez quelques hôtels au charme particulier qui garantissent un séjour mémorable. Naturellement, ces hôtels pratiquent des prix à la hauteur de leur charme : plus de 20 000 ptas la chambre.

« PETITS BUDGETS »

Peninsular (LY n) – *Sant Pau 34 (Ciutat Vella)* – ☏ *933 02 31 38 – 60 chambres (un bon nombre d'entre elles sans climatisation).*
Les chambres spartiates et quelque peu bruyantes (lorsqu'elles donnent sur la rue) de cet hôtel central entourent un curieux patio où l'on sert le petit déjeuner et l'apéritif. Clientèle jeune.

Abalón (CR α) – *Travessera de Gràcia 380-384 (Gràcia)* – ☏ *934 50 04 60 – fax 934 35 81 23 – 40 chambres.*
À côté de l'hôpital de Sant Pau, près de la Sagrada Familia. Les chambres sont propres et le service y est efficace.

Turín (LX v) – *Pintor Fortuny 9-11 (Ciutat Vella)* – ☏ *933 02 48 12 – 60 chambres.*
Noter sa situation près de la Rambla, au centre du Raval. Le bâtiment est dépourvu de charme, mais les chambres sont spacieuses et quelques-unes disposent d'une terrasse. La salle des petits déjeuners est ornée d'*azulejos* polychromes et de poutres en bois rustiques.

« NOTRE SÉLECTION »

Aragón (DR e) – *Aragón 569 (Eixample)* – ☏ *932 45 89 05 – fax 932 47 09 23 – 115 chambres.*
Central et un peu bruyant ; il convient de réserver, car il est toujours plein. Les chambres ont une décoration moderne et le service y est efficace.

Gaudí (LY u) – *Nou de la Rambla 12 (Ciutat Vella)* – ☏ *933 17 90 32 – fax 934 12 26 36 – 73 chambres.*
Situé en face du palais Güell. Hall dans le goût moderniste. Les chambres sont spacieuses ; à noter celles des étages élevés, qui ont des terrasses d'où l'on a un coup d'œil surprenant sur la ville et sur les toits du palais Güell.

Mesón Castilla (CS c) – *Valldonzella 5 (Ciutat Vella)* – ☏ *933 18 21 82 – fax 934 12 40 20 – 56 chambres.*
Situé dans un bâtiment remarquable, près du MACBA et du CCCB, sa décoration est pittoresque et son mobilier en bois peint est rustique. C'est un hôtel agréable à l'ambiance familiale.

Metropol (NY r) – *Ample 31 (Ribera)* – ☏ *933 10 51 00 – fax 933 19 12 76 – 68 chambres.*
À proximité du quartier de la Ribera, décoré avec bon goût. Les chambres sont spacieuses et fonctionnelles.

Mercure Barcelona Rambla (LX z) – *Rambla 124 (Ciutat Vella)* – ☏ *934 12 04 04 – fax 933 18 73 23 – 74 chambres.*
Hôtel élégant à la décoration raffinée, il est situé sur la Rambla, à proximité de la plaça de Catalunya. Ses chambres lumineuses donnent sur la pittoresque promenade et en offrent d'excellentes vues.

« OPTION PRESTIGE »

Arts Barcelona (DS) – *Marina 19-21 (Vila Olímpica)* – ☏ *932 21 10 00 – fax 932 21 10 70 – 455 chambres.*
Le plus récent et le plus luxueux des hôtels de Barcelone. Situé au milieu du Village olympique, ses quarante-quatre étages ouvrent des perspectives impressionnantes sur la ville.

L'hôtel Arts Barcelona et la tour Mapfre

Palace (**CS x**) – *Gran Via de les Corts Catalanes 668 (Eixample)* – ☎ *933 18 52 00 - fax 933 48 37 - 161 chambres.*
Le prestige de l'ancien Ritz est fidèlement maintenu. Bâtiment de grande classe à la décoration luxueuse et raffinée, avec un service à la hauteur de sa catégorie. Le restaurant Diana fait partie de la maison.

RESTAURANTS

Les restaurants proposés ont été choisis pour leur décor particulier, leur atmosphère ou leur nature insolite. Si vous souhaitez une sélection suivant des critères gastronomiques plus rigoureux, consultez le guide Rouge Michelin España & Portugal. Les établissements sont classés par quartiers, et leurs prix concernent un repas complet. La catégorie « **Petits budgets** » inclut des établissements où les repas reviendront à moins de 3 000 ptas., « **Notre sélection** » les repas compris entre 3 000 et 6 000 ptas., et « **Option prestige** » plus de 6 000 ptas. Néanmoins, il faut tenir compte du nombre de plats et des boissons commandées : une bouteille de bon vin peut faire augmenter de façon appréciable le montant de la note...
Les restaurants sont ouverts de 13 à 16 h et de 21 à 24 h en soirée.

Ciutat Vella

« PETITS BUDGETS »

Ca l'Estevet – *Valldonzella 46* – ☎ *933 02 41 86.*
Petit restaurant où l'on retrouve un service de type familial, Ca lÉstevet est décoré de jolis azulejos et de photographies de personnages en vue.

Agut – *Gignàs 16* – ☎ *933 15 17 09.* .
Situé près du Moll de la Fusta, dans un secteur de ruelles étroites, il possède une vaste salle au charme désuet : panneaux en bois sur la moitié inférieure des murs, nappes blanches et vieilles chaises de bureau. La formule de midi tourne autour de 2 000 ptas.

« NOTRE SÉLECTION »

Brasserie Flo – *Jonqueres 10* – ☎ *933 19 31 02.*
Une brasserie dans le plus pur style français, fréquentée par les musiciens et les artistes.

Can Ramonet – *Maquinista 17* – ☎ *933 19 30 64.*
Un des restaurants de poissons et fruits de mer typiques de la Barceloneta.

Los Caracoles – *Escudellers 14* – ☎ *933 02 31 85.*
Restaurant traditionnel, très touristique, dans un cadre typique.

Ca l'Isidre – *Flors 12* – ☎ *934 41 11 39.*
Cet établissement réputé a été fréquenté par la bohème artistique de Barcelone

Casa Leopoldo – *Sant Rafel 24* – ☎ *934 41 30 14.*
Le fameux détective Pepe Carvalho, création de Manuel Vázquez Montalbán, est un des habitués de ce classique barcelonais. Sa décoration pittoresque est faite de sujets de la corrida, de photos dédicacées de personnages en vue et d'une singulière collection de bouteilles.

Eixample

PETITS BUDGETS »

La Llotja – *Aribau 55* – ☎ *934 53 89 58.*
Restaurant moderne et central, décoré de photographies des footballeurs du Barça.

La Provença – *Provença 242* – ☎ *933 23 23 67.*
Agréable établissement où la décoration soignée apporte une note de gaieté.

NOTRE SÉLECTION »

Colquer – *Torrent de l'Olla 3* – ☎ *932 17 43 95.*
Le petit restaurant décoré de travaux graphiques de peintres catalans (Tàpies, Hernández Pijuan, Ràfols Casamada...), est situé près du Passeig de Gràcia. À signaler les formules du midi (environ 1 500 ptas.).

Tragaluz – *Passatge de la Concepció 5* – ☎ *934 87 01 96.*
Restaurant sympathique décoré comme une serre chaude (le toit est en verre) rehaussé de détails de conception moderne. Bar à tapas et salle de service rapide.

OPTION PRESTIGE »

Casa Calvet – *Casp 48.* ☎ *934 12 40 12.*
Installé dans ce qui fut les bureaux d'une société textile, dans un très bel exemple de bâtiment moderniste conçu par Gaudí.

Gràcia

« NOTRE SÉLECTION »

Roig Robí – *Sèneca 20* – ☎ *932 18 92 22.*
Élégant établissement qui possède une magnifique terrasse pour des repas à ciel ouvert.

OT – *Torres 25* – ☎ *932 84 77 52.*
Au sein du très connu quartier de Gràcia, dans des locaux où motifs traditionnels et détails avant-gardistes se combinent en une plaisante décoration. Cuisine moderne mais petites portions.

« OPTION PRESTIGE »

Jean Luc Figueres – *Santa Teresa 10* – ☎ *934 15 28 77.*
Ce restaurant de prestige est un des haut lieux du paysage gastronomique barcelonais.

Sarrià-Sant Gervasi

« NOTRE SÉLECTION »

El Asador de Aranda – *Avda. del Tibidabo 31* – ☎ *934 17 01 15*
Installé dans l'ancien hôtel particulier de Frare Blanc, sur le flanc du Tibidabo. Agréable atmosphère, grands salons, belles terrasses.

« OPTION PRESTIGE »

Via Véneto – *Ganduxer 10-12* – ☎ *932 00 72 44.*
Un véritable classique : plus de vingt-cinq ans d'existence cautionnent la cuisine catalane de ce restaurant très connu. Décoration style Belle Époque.

Neichel – *Beltran i Rozpide 16 bis* – ☎ *932 03 84 08.*
L'une des tables catalanes traditionnelles les plus raffinées de la ville. Les détails modernes et le mobilier traditionnel font l'essentiel de la décoration.

Vila Olímpica

« NOTRE SÉLECTION »

Agua – *Passeig Marítim Barceloneta 30* – ☎ *932 25 12 72.*
Vastes locaux décorés de meubles design et de sculptures africaines. Sa terrasse, très courue en été, est l'endroit idéal pour un dîner calme face à la mer.

« OPTION PRESTIGE »

Talaia Mar – *Marina 16* – ☎ *932 21 90 90.*
Local d'avant-garde face au Port olympique, bénéficiant d'une vu exceptionnelle.

TAPAS

La tradition du *tapeo* n'est pas le propre de la Catalogne, à l'inverse de ce qu l'on retrouve dans d'autres régions espagnoles, mais Barcelone compt néanmoins certains endroits intéressants.

Txacolín – *Pl. Montcada 1-3* – *Ciutat Vella.*
Idéal pour goûter le *txacolí* et les excellentes tapas basques.

Tapa Tapa – *Passeig de Gràcia 44* – *Eixample*
Large variété de tapas et de petits sandwiches.

Casa Tejada – *Tenor Viñas 3* – *Sarrià-Sant Gervasi.*
Bien connu pour ses *bravas* et son jambon.

El Xampanyet – *Montcada 22* – *Ciutat Vella.*
Les anchois et le vin pétillant qui donne son nom au restaurant so célèbres.

POUR LES NOCTAMBULES

La nuit barcelonaise peut se prolonger jusqu'au petit matin, particulièreme le week-end. Les propositions sont variées et vont du café classique pour u conversation tranquille, jusqu'aux bars où l'on prend un verre et a discothèques les plus modernes.

Cafés

Café de la Opera – *Rambla dels Caputxins 74 (Ciutat Vella)*. Ce café de vieille tradition situé en pleine Rambla est l'un des endroits les plus réputés de Barcelone. Vaut le voyage.

Quatre Gats – *Montsió 3 bis (Ciutat Vella)*. Symbole de la Barcelone moderniste et bohème, ce café classique fut le centre où se retrouvaient des artistes tels que Picasso, Casas et Utrillo.

Café del Sol – *Plaça del Sol s/n (Gràcia)*. Café ancien et calme avec une terrasse très agréable les soirs d'été.

El Paraigua – *Pas de l'Enseyança 2*. Ce café singulier situé dans un ancien magasin de parapluies possède une belle décoration de miroirs et de meubles modernistes.

Café de la Opera

Ch. Sarramon/MARCO POLO

Bars

Ils reflètent souvent l'atmosphère du quartier environnant. Les plus fréquentés se trouvent dans la Vila Olímpica et le Maremàgnum, alors que dans la partie haute de la ville et dans l'Eixample on retrouve les bars dits « de design ». La Ciutat Vella possède des bars à l'ambiance artistique et bohème – autour de la zone du Born, dans le quartier de la Ribera – et des établissements variés et populaires près de la Plaça Reial. Les soirées bruyantes accueillant des présentations *live* sont fréquentes dans le quartier de Gràcia.

Les établissements ferment un jour par semaine (le lundi ou le mercredi).

CIUTAT VELLA

Pastís – *Santa Mònica 4*. C'est un bar vieux de plus de 40 ans, où on déguste le pastis en écoutant Jacques Brel, Georges Moustaki ou Édith Piaf.

Marsella – *Sant Pau 65*. Miroirs anciens et tables en marbre ornent cet établissement ouvert depuis 1820.

London – *Nou de la Rambla 34*. Ouvert depuis 1909, les gens du cirque s'y rencontraient. Hemingway, Miró et d'autres l'ont également fréquenté à cause de son ambiance particulière.

Glaciar – *Plaça Reial 3*. Ce classique barcelonais situé sur la très fréquentée Plaça Reial était autrefois le lieu de rencontre des écrivains, des artistes et autres amateurs de conversation. Sa terrasse agréable est un lieu de passage obligé pour ceux qui souhaitent prendre un verre au grand air.

EIXAMPLE

Rock Havanna – *Rosselló 208*. Son design moderne a fait sa réputation.

La Boîte de Gas – *Muntaner 246*. Un ancien théâtre Belle Époque accueille maintenant ce bar fréquenté par les plus « branchés ». Un jour par semaine, spectacles musicaux divers *(country, jazz, soul et salsa)*.

Dry Martini – *Aribau 162*. La spécialité de ce lieu raffiné est le cocktail dont il emprunte le nom.

Snooker – *Roger de Llúria 42*. Tables de *snooker*. C'est un endroit agréable pour prendre un verre.

La Fira – *Provença 171*. Endroit pittoresque décoré d'automates et d'attractions foraines.

VILA OLÍMPICA – POBLE NOU

Oferino – *Pamplona 88 intérieur*. Il s'agit d'une des premières salles situées dans une des anciennes usines du quartier de Poble Nou. La musique la plus fréquente est le *pop* local et le rock.

SARRIÀ – SANT GERVASI

Merbeyé – *Plaça Dr. Andreu s/n*. Sur le flanc du Tibidabo. Terrasse très fréquentée en été.

Mirablau – En face du précédent. Magnifique vue sur la ville.

Discothèques

Bien qu'ouvertes plus tôt en soirée, elles ne s'emplissent que vers 2 h du matin. Des concerts live y sont très fréquemment donnés.

Zeleste – *Almogàvers 122 (Vila Olímpica – Poble Nou)*. Anciennes installations industrielles dans lesquelles on a aménagé une salle de concerts très prisée.

Torres de Ávila – *Poble Espanyol, Avda. del Marquès de Comillas s/n (Montjuïc)*. Décorée par les designers Mariscal y Arribas, c'est en été l'endroit où se retrouvent les noctambules en quête de distractions.

Bikini – *Déu i Mata 105 (Les Corts)*. Située dans l'Illa Diagonal, il s'agit d'une discothèque animée où l'on donne aussi des concerts.

Up & Down – *Numància 179 (Les Corts)*. Endroit raffiné où la tenue décontractée et sportive n'est pas de mise.

Otto Zutz – *Lincoln 15 (Sarrià – Sant Gervasi)*. Joue en alternance les rôles de discothèque et de salle de spectacles.

LOISIRS

Musique

Le **Palau de la Música Catalana** *(voir p. 104)*, le **Gran Teatre del Liceu** *(voir p. 96)* et le tout nouveau **auditori** *(voir p. 105)* sont les salles de concerts les plu importantes de Barcelone.

Les concerts « pop » ont pour cadre le **palau Sant Jordi** *(voir p. 99)*, le **vélodrome de Horta** *(voir p. 85)*, la **Plaça de Toros Monumental** et le **Sot de Migdia** (**BT**).

Le **Festival del Grec**, de fin juin à début août, se déroule sur plusieurs scènes, parmi lesquelles le **Teatre Grec de Montjuïc**.

Galeries

Les plus réputées de la ville se regroupent dans le secteur délimité par les rue Consell de Cent – **Carles Tatché, René Metras, Sala Gaudí** –, puis sur la Rambla d Catalunya – **Joan Prats** –, autour du marché du Born et autour du MACBA. L **galerie Maeght** et la **sala Montcada** se trouvent carrer Montcada.

Antiquités/Brocante

Plaça de la Catedral – *(Ciutat Vella)*. Un petit marché proposant les objets ancier les plus insolites se tient ici tous les jours fériés.

Plaça del Pi – *(Ciutat Vella)*. Produits de l'artisanat local et objets anciens à de prix raisonnables.

Plaça de Sant Josep Oriol – *(Ciutat Vella)*. Une fois par semaine, vente de miroir meubles, tableaux et ustensiles anciens.

Carrer de la Palla et carrer Banys Nous – *(Ciutat Vella)*. Remarquables pour leu commerces d'objets anciens de grande réputation.

Bulevard Antiquaris – *Passeig de Gràcia 55 (Eixample)*. Sur ce vaste espa l'on retrouve plus de soixante-dix boutiques consacrées à la peinture et l'ancien.

INFORMATIONS TOURISTIQUES

Office de tourisme de Barcelone – *Passeig de Gràcia 107 (Palau Robert) 08008 Barcelona* – ☎ 93 238 40 00 – fax 93 238 40 10.
Internet: *www.gencat.es/probert*

Publications – Publication hebdomadaire, la *Guía del Ocio* donne programme des événements culturels à Barcelone et en Catalogne (d ponible chez tous les marchands de journaux). On peut trouver à l'aé port et dans les bureaux de tourisme toute la gamme des publicatic éditées par le service d'Indústria, Comerç i Turisme de la Generalitat Catalunya.

Numéros utiles

Informations – 1010

Urgences – 061

Pharmacies de garde – 934 81 00 60

Police nationale – 091

Police municipale – 062

Trains – Renfe (international) : 934 90 11 22

Taxis – Radio Taxi Barcelone : 933 00 11 00 ; Tele-Taxi : 933 92 22 22

PTT – 933 18 38 31

Aéroport – 932 98 38 38

Gare routière Barcelone Nord – 932 65 65 08

Gare maritime – 934 43 13 00 / 934 43 02 62

TRANSPORTS

Aéroport – Il se trouve à 15 km du centre-ville. Son accès se fait par les trains de banlieue, qui font plusieurs parcours pendant la journée, et par des autobus qui relient, toutes les 30 mn, la plaça de Catalunya et la plaça d'Espanya avec l'aéroport. Le trajet en taxi jusqu'au centre-ville revient environ à 2 000 ptas.

Taxis – C'est un moyen de transport rapide, mais onéreux. Facilement reconnaissables à leurs couleurs jaune et noire.

Autobus métropolitains – Renseignements au ☎ 933 18 70 74. Ils permettent de profiter du paysage urbain mais sont soumis aux éventuels embouteillages. Certains autobus circulent jusqu'à 2 h du matin.

« Bus Turístic » (Autobus touristique) – Cet autobus particulier effectue de très nombreux trajets touristiques dans Barcelone. Il part tous les jours de la Plaça de Catalunya à partir de 9 h.

Métro – *Les stations de métro sont identifiées sur les plans de ce guide.* Renseignements au ☎ 933 18 70 74. De nombreuses stations permettent l'accès aux personnes handicapées : renseignements au ☎ 934 12 44 44. Le réseau comporte cinq lignes. Il existe un guide du métro gratuit. Horaires : de 5 h à 23 h les jours ouvrables – sauf le vendredi et les veilles de jours fériés ; de 5 h à 1 h les vendredis, samedis et veilles de jours fériés ; de 6 h à 24 h le dimanche et de 6 h à 23 h les jours fériés en semaine.
Les tickets et les cartes de métro sont également valables sur les lignes des chemins de fer de la Generalitat de Catalogne. Les tickets sont vendus à l'unité mais il existe des cartes T-2 (valables pour dix voyages), T-DIA (nombre illimité de voyages en un jour), T50-30 (pour cinquante voyages en trente jours) et T-MES (tous les voyages souhaités pendant un mois).

Chemins de fer de la Generalitat de Catalunya – *Les gares gérées par les « Chemins de fer catalans » sont identifiées sur les plans de ce guide.* Renseignements au ☎ 932 05 15 15. Les correspondances avec le métro sont assurées gratuitement aux stations suivantes : Av. Carrilet/l'Hospitalet, Espanya, Catalunya et Diagonal/Provença.

« Tramvía Blau » – Ce singulier tramway réalise les jours fériés des trajets touristiques dans la partie haute de la ville (Diagonal, Pedralbes, Sarrià). ☎ 933 18 70 74.

★ BARRI GÒTIC (MX) *3 h avec la visite des musées*

Riche en monuments construits entre le 13ᵉ et le 15ᵉ s., le **Quartier gothique** est en fait beaucoup plus ancien puisqu'on y trouve des vestiges de la ville romaine ainsi que les grandes murailles qui furent élevées au 4ᵉ s. après une intrusion barbare.

Plaça Nova (128) – C'est le cœur du quartier. De l'enceinte rectangulaire de 9 m de haut construite par les Romains, il subsiste les deux tours qui flanquaient la porte Ouest. Lorsqu'au Moyen Âge la ville se développa, la porte servit d'habitation et fut surchargée d'aménagements sans but défensif.
En face de la cathédrale, on remarquera, insolite parmi les édifices anciens, la façade moderne du **collège des architectes** (Collegi d'Arquitectes – **MX L**), décorée d'un bandeau de béton gravé par Picasso.

BARCELONA

★ **Cathédrale** ⊙ – Elle se dresse sur la Pla de la Seu, entre la **casa de la Canonja** (16e s.) ancienne résidence des chanoines, et la **Pia Almoina** qui abrite le **musée du Diocèse** Barcelone et, de l'autre côté, la **maison de l'archidiacre**★ (casa de l'Ardiaca – 12e/14e s. – **A**), qui s'ouvre sur un gracieux patio.

Dédiée à sainte Eulalie et à la Sainte Croix, elle fut édifiée à l'emplacement d'une église romane. Sa construction, commencée à la fin du 13e s., ne s'acheva qu'en 1450. La façade et la flèche sont récentes (19e s.) mais construites selon les plans d'origine dessinés par un maître d'œuvre venu de Rouen, ce qui explique son décor très français de gables, pinacles et crochets.

L'**intérieur**, de style gothique catalan, est d'une remarquable élévation due en partie à la légèreté et à l'élancement des piliers. Au-dessus de la première travée, une très belle tour-lanterne éclaire la nef. Rompant la perspective de la nef, le **cor**★★ est constitué de deux rangs de **stalles** sculptées, dont les miséricordes sont ornées de fines scènes humoristiques. Au début du 16e s., on peignit sur les dossiers les

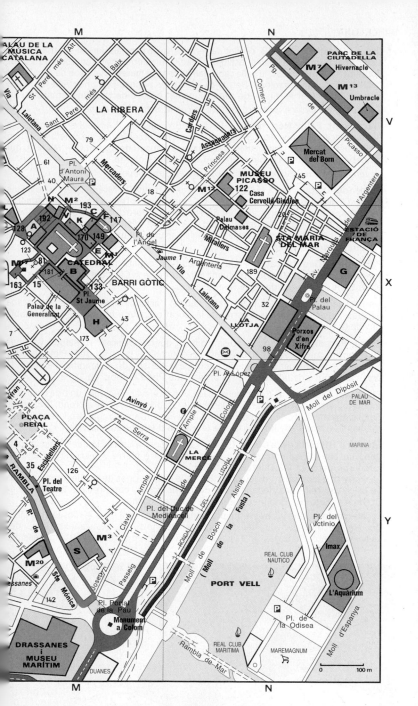

armoiries des chevaliers de l'ordre de la Toison d'or, à l'occasion d'une assemblée qui eut lieu ici, présidée par Charles Quint. Auteur de ces peintures, Jean de Bourgogne réalisa ainsi l'un des plus extraordinaires ensembles héraldiques d'Europe. La **clôture**★ de marbre blanc fut taillée au 16e s. d'après le projet de l'un des plus grands artistes de la Renaissance espagnole, Bartolomé Ordóñez. Elle retrace le supplice de sainte Eulalie, vierge et martyre du 4e s., née à Barcelone et patronne de la ville. Ses reliques sont conservées dans la **crypte**★, dans un sarcophage d'albâtre sculpté au 14e s. dans le style pisan.

Dans la chapelle du Saint-Sacrement (capella del Santíssim), à droite près de l'entrée, se trouve le *Christ de Lépante* (15e s.) qui figurait à la proue de la galère de Don Juan d'Autriche lors de la célèbre bataille. Les chapelles latérales sont richement ornées de retables gothiques et de tombeaux de marbre : dans la chapelle centrale du déambulatoire, retable dédié à saint Gabriel, dans la deuxième chapelle à droite de celle-ci (chapelle St-Benoît), **retable de la Transfiguration**★ de Bernat Martorell ; dans la suivante, retable de la Visitation.

93

★ **Cloître** – Construit en 1448, cet îlot de verdure, avec ses palmiers et ses magnolias, s'ouvre par d'immenses baies gothiques. Traditionnellement y vit un troupeau d'oies. Donnant sur l'aile Ouest, la salle capitulaire abrite le **musée** ⊘, où l'on peut voir une *Pietà* du Cordouan Bartolomé Bermejo (1490), les panneaux d'un retable de Jaime Huguet (15e s.) et le missel de sainte Euladie, décoré de très fines miniatures.
À la sortie du cloître, prendre en face la rue Montjuïc del Bisbe.

Plaça Sant Felip Neri (163) – Cette petite place est encadrée de maisons Renaissance transportées ici au moment de la percée de la Via Laietana. L'une d'elles accueille le curieux **musée de la Chaussure** (Museu del Calçat ⊘ – **MX M¹⁷**), qui conserve entre autre la chaussure de Christophe Colomb.
Revenir carrer del Bisbe Irurita par la carrer Sant Sever.

Carrer del Bisbe Irurita (15) – Sur la droite se trouve la façade latérale du palais de la Généralité, dont un dessus de porte est orné d'un beau médaillon représentant saint Georges (début du 15e s.) dû à Pere Johan, et sur la gauche la **maison des Chanoines** (casa dels Canonges – **MX B**), résidence du président de la Généralité. Ces deux bâtiments sont reliés par une galerie couverte néo-gothique (1929) sur voûte en étoile.

Palau de la Generalitat ⊘ – Un vaste édifice, construit du 15e au 17e s., est aujourd'hui le siège du gouvernement autonome de la Catalogne. La façade sur la plaça Sant Jaume est de style Renaissance.

Ajuntament (**H**) – Sur la plaça Sant Jaume, l'**hôtel de ville** présente une façade néoclassique alors que sur la carrer de la Ciutat on peut admirer une remarquable façade gothique du 14e s.

Carrer Paradís (133) – Au n° 10 se trouvent quatre **colonnes**★ romaines, vestiges du temple d'Auguste. La carrer Paradis débouche sur la carrer de la Pietat bordée sur le côté gauche par la façade gothique de la maison des Chanoines ; en face, la porte du cloître de la cathédrale s'orne d'une Pietà en bois du 16e s.

★★ **Plaça del Rei** (149) – Cette belle place voit s'élever quelques-uns des édifices médiévaux les plus importants de la ville : le Grand palais royal au fond, la chapelle Sainte-Agathe à droite et le palais du Lieutenant. Dans l'angle droit se trouve la maison Clariana-Padellàs, qui abrite le musée d'Histoire de la ville.

★ **Museu d'Història de la Ciutat** ⊘ (**M¹**) – *Entrée par le carrer Veguer*. Il est installé dans un bel édifice gothique du 15e s., transféré pierre à pierre à cet endroit lorsqu'on perça la Via Laietana en 1931.
La visite se décompose en deux parties : celle des vestiges de la ville romaine, sous la place, et celle des dépendances du palais royal, comprenant la salle de la Crédence (Saló del Tinell) et la chapelle Sainte-Agathe.

★★ **La ville romaine** – Une intéressante promenade en sous-sol sous le musée et la plaça del Rei permet de voir des fondations de maisons, des canalisations, des réservoirs, etc. Dans des salles adjacentes à voûte en berceau sont exposées de

La Rambla

sculptures du 1er et 4e s. (bustes d'Agrippine, de Faustine et d'Antonin le Pieux). L'entresol de la maison Padellàs présente des vestiges juifs et arabes de la Barcelone médiévale.

Palau Reial Major – *Traverser la place.* Construit aux 11e et 12e s., il fut agrandi jusqu'à acquérir au 14e s. son aspect actuel. D'abord résidence des comtes de Barcelone, il fut ensuite celle des rois d'Aragon. Les grands contreforts de la façade sont reliés par des arcs au fond desquels se trouve l'ancienne façade romaine, à triplets et rosaces gothiques.

★ **Capella de Santa Águeda** (**F**) – Construite au 14e s. et composée d'une seule nef, la chapelle Ste-Agathe est couverte d'un minutieux maillage de bois polychrome. Elle renferme le **retable du Connétable**★★ (1465), œuvre de Jaume Huguet représentant des scènes de la vie de la Vierge et de Jésus. L'Adoration des Rois mages, au centre, est un sommet de la peinture catalane.

Par un perron latéral, on accède au **Miràdor del Rei Martí** (**K**), tour de cinq étages offrant une **vue**★★ privilégiée sur la vieille ville, avec la coupole de la basilique de La Mercé au fond.

Saló del Tinell (**C**) – Cette grande salle (14e s.) haute de 17 m présente un plafond à double pente soutenu par 6 monumentaux arcs en plein cintre. La tradition veut que les Rois catholiques y reçurent (1493) Christophe Colomb à son premier retour d'Amérique.

Palau del Lloctinent (**E**) – Le palais des vice-rois de Catalogne, de style gothique tardif avec des éléments Renaissance, date du 16e s.

★ **Museu Frederic Marès** (**M²**) ⊘ – Ce musée, offert à la ville par le sculpteur Frederic Marès, est installé dans des dépendances du palais royal *(entrée par la Plaça de Sant Iu)* et compte deux sections.

Section de sculpture – Elle occupe la crypte et les deux premiers niveaux du palais. Les œuvres, présentées dans un ordre chronologique, s'étendent de la période ibérique au 19e s. On remarquera une importante **collection**★ **de christs et de calvaires** en bois polychrome (12e au 14e s.), une **Mise au tombeau**★ du 16e s. et l'expressif marbre du 12e s. dû au maître Cabestany, *La vocation de saint Pierre*★.

Musée sentimental – *Au deuxième étage.* Il rassemble de très riches collections d'objets de la vie quotidienne : éventails, pipes, tabatières, ombrelles, etc.

Plaça de Ramon Berenguer el Gran (**147**) – On y voit les murailles de l'enceinte romaine incorporées au palais royal.

★ **LA RAMBLA** *2 h*

Artère la plus célèbre et la plus animée de Barcelone, en bordure du Quartier gothique, la Rambla occupe l'emplacement d'un ancien ravin et forme une grande promenade entre la plaça de Catalunya qui sépare l'Eixample du quartier ancien et la plaça Portal de la Pau où s'élève le monument de Christophe Colomb, près du port.

R. Camprubí/GC (DICT)

En permanence une foule dense et bigarrée de Barcelonais, de marginaux, de touristes se promène sous les platanes entre les marchands de fleurs et d'oiseaux et les kiosques à journaux où l'on vend des quotidiens et magazines dans toutes les langues.

La section la plus haute de la Rambla, à la jonction avec la plaça de Catalunya, porte le nom de Rambla de Canaletes (**LV 27**), la section suivante celui de Rambla dels Estudis, ou dels Ocells (oiseaux).

Église de Betlem (LX) – Détruite par un incendie en 1936, elle présente encore sur la rue del Carme une monumentale façade.

* **Palau de la Virreina (LX)** – Cet élégant palais mariant les styles baroque et rococo, construit en 1778 pour la vice-reine du Pérou, accueille aujourd'hui des expositions temporaires.

Revenir vers l'église de Betlem et prendre à gauche la carrer del Carme.

** **Museu d'Art Contemporàni de Barcelona (MACBA)** ⊘ **(CS M¹⁰)** – Réalisé par l'architecte américain Richard Meyer, le monumental **édifice**** s'apparente à la tradition rationaliste méditerranéenne en intégrant des éléments spécifiques de l'architecture moderne. À l'extérieur apparaissent deux œuvres représentatives : *La Ola* de Jorge Oteiza, et la peinture murale de Eduardo Chillida, *Barcelona*.

Dans les vastes salles blanches, la **collection permanente*** couvre les cinquante dernières années de ce siècle. Sont exposées les œuvres dérivées du constructivisme et de l'abstraction (Klee, Oteiza, Miró, Calder, Fontana), des peintures plus expérimentales (Kiefer, Boltanski, Solano) et des pièces représentatives des années quatre-vingts (Hernández Pijuán, Barceló, Tàpies, Ràfols Casamada, Sicilia).

Centre de Cultura Contemporània de Barcelona (CCCB) ⊘ **(CS R)** – Ce dynamique centre culturel (expositions temporaires, conférences, cours, etc.) est installé dans un édifice rénové qui associe dans son singulier **patio*** décoration d'origine (motifs floraux sérigraphiés ou de mosaïque) et éléments modernes, telle la grande paroi de verre qui se dresse en son centre.

Antic Hospital de la Santa Creu (LY) – Véritable havre de paix au milieu d'un quartier très animé, les bâtiments gothiques, baroques et néo-classiques de l'**ancien hôpital de la Sainte Croix**, dont la cour a été transformée en jardin public abritent aujourd'hui la bibliothèque de Catalogne. On y voit un joli **patio gothique*** auquel on accède par un vestibule décoré d'azulejos.

Revenir vers la Rambla, la traverser et prendre la carrer del Cardenal Casañas.

* **Église Santa Maria del Pi** ⊘ **(LX)** – Cette église de style gothique catalan du 14ᵉ s frappe par sa simplicité et le volume de sa nef. Elle se dresse sur la jolie place du même nom qui sert de cadre à un marché à la brocante le jeudi.

Revenir sur la Rambla.

En descendant la Rambla, on verra sur la droite la façade du **Gran Teatre del Liceu (L** – 1845), dont la salle, réputée pour être l'une des plus belles d'Europe, a été détruite par un incendie en janvier 1994 (*réouverture prévue au cours d l'automne 1999*).

En face s'ouvre une petite esplanade, la **Pla de la Boqueria**, dont le pavement fu dessiné par Joan Miró.

Prendre à droite la carrer Nou de la Rambla.

** **Palau Güell** ⊘ **(LY)** – L'ancienne demeure familiale des Güell est un étrange édific construit en 1889 par Gaudí. Observer les arcs paraboliques de l'entrée et le extravagantes grilles, si typiques du Modernisme. À l'intérieur, il ne faut pa manquer d'admirer le hall supérieur et les sols, décorés de mosaïques d céramique et de pierre.

Revenir vers la Rambla et la traverser.

** **Plaça Reial (MY)** – Entourée de bâtiments néoclassiques, construits entre 184 et 1859, cette vaste place piétonne, ombragée de palmiers, est bordée de café et reste très pittoresque avec ses cireurs de chaussures et autres peti commerces. Au centre, la fontaine est flanquée de réverbères dessinés pa Gaudí. Le dimanche matin se déroule le marché aux timbres et monnaie anciennes.

Revenir sur la Rambla.

La **Rambla de Santa Mònica** unit l'avenue à la mer. Sur la gauche s'élève l'ancien **couve Santa Mònica (MY M²⁰)**, réaménagé pour accueillir un **centre d'art** ⊘ contempora (expositions temporaires) et le **musée de Cire** (Museu de Cera).

Monument Colomb (MY) – Il fut érigé en 1886 pour commémorer la réceptio que les Rois catholiques donnèrent au navigateur à son retour d'Amérique.

★ LA FAÇADE MARITIME *une demi-journée*

Tout le secteur s'étendant du bas de la colline de Montjuïc jusqu'à l'embouchure du rio Besòs a fait l'objet d'un remodèlement à l'occasion des Jeux olympiques de 1992, restituant ainsi à Barcelone son identité de ville maritime.

★ **Drassanes et Museu Marítim** ⊘ (**MY**) – Les **corderies** constituent l'un des meilleurs exemples d'architecture civile gothique en Catalogne. Les dix hangars (sept datent du 14e s. et les trois situés le long de la Rambla du 17e s.) subsistants de l'ancien arsenal présentent une couverture de bois reposant sur de puissants arcs de pierre. C'est le site idéal pour abriter le **musée de la Marine**, où des itinéraires interactifs vous entraînent au fil de l'histoire de la marine catalane. De toutes les maquettes de voiliers et de vapeurs exposées, la plus remarquable est la reproduction grandeur nature de la galère *La Real*, qui fut construite ici et que Don Juan d'Autriche commandait à Lépante. Dans la partie consacrée aux cartes, on peut voir le portulan de Gabriel de Vallseca (1439), qui appartint à Amerigo Vespucci. Le bâtiment Perer IV présente une belle collection de mascarons de proue.

La réhabilitation du secteur portuaire débuta par l'aménagement du Moll de Bosch i Alsina (**NY**), plus connu sous le nom de **Moll de la Fusta** (Quai du bois), qui constitue aujourd'hui une promenade plantée de palmiers, bordée d'une terrasse surélevée.

★ **Port Vell** (**NY**) – Le vieux port a été transformé en une zone de détente regroupant de nombreux bars ainsi que le moderne **Aquàrium**, le centre commercial **Maremàgnum** et l'**Imax**, dont le spectaculaire écran géant offre des projections tridimension-nelles.

★ **Aquàrium** – C'est l'un des plus grands d'Europe. Il offre une présentation complète d'espèces méditerranéennes accompagnées d'exemplaires de poissons exotiques. Un spectaculaire tunnel de 80 m, l'**oceanario**, le traverse.

★ **Basilique de la Mercè** ⊘ (**NY**) – L'édifice actuel date de 1760. Sa façade principale est le seul exemple barcelonais de façade baroque courbe. La coupole (fin du 19e s.) est couronnée d'une monumentale statue de la Vierge de la Mercé, également honorée à l'intérieur par une **statue gothique**★ réalisée en 1361 par Pere Moragues.

Après avoir traversé la Via Laietana, dont le percement dans la première moitié du 19e s. provoqua la destruction ou le transfert de plusieurs bâtiments, poursuivre par le Passeig d'Isabel II.

★ **La Llotja** (**NX**) – L'ancienne **bourse de commerce**, actuellement siège de la Chambre de commerce et d'industrie, fut reconstruite à la fin du 18e s. dans le style néoclassique. De l'époque médiévale subsiste toutefois une **salle gothique**★★ de grandes proportions présentant trois nefs séparées par des arcs triples en plein cintre.

★ **Estació de França** (**NVX**) – Récemment restaurée, cette immense ossature de fer couverte de verre d'où partent les lignes ferroviaires à longue distance accueille aussi des manifestations culturelles, tel le Salon annuel de la bande dessinée.

★ **Parc de la Ciutadella** ⊘ (**DS**) – Construite par Philippe V pour surveiller les Barcelonais, par trop rebelles, la citadelle fut détruite en 1868 et remplacée par des jardins. En 1888, le site fut le siège de l'Exposition universelle, dont le symbole fut sa porte d'accès, l'Arc del Triomf (**DS**).

★ **Castell dels Tres Dragons** (**NV M⁷**) – Pavillon réalisé dans un style néogothique pour l'Exposition par Domenech i Montaner, le fer et la brique y sont utilisés sans le moindre placage.

★ **Museu de Zoologia** ⊘ (**NV M⁷**) – Tous les groupes zoologiques sont représentés dans ses larges collections.

Cascade – Un petit lac propice au canotage s'étend devant ce monument conçu par Gaudí encore étudiant.

★ **Parc Zoològic** ⊘ (**DS**) – Il occupe une grande partie du parc de la Citadelle. Dans un cadre adapté y sont présentés des animaux du monde entier, dont le célèbre Floquet de neu (Flocon de neige), un gorille albinos.

Museu d'Art Modern ⊘ (**DS M⁸**) – Dans l'un des bâtiments subsistant de l'ancienne citadelle sont réunies des œuvres d'artistes catalans du 19e s. et, surtout, du 20e : Fortuny, Ramón Casas, Nonell, Regoyos, Gargallo, Sert.

Par l'avenue Marquès d'Argentera, revenir à la Pla del Palau et prendre le Passeig Nacional.

★ **La Barceloneta** (**DS**) – Ce quartier, appelé le « Naples barcelonais », traditionnel-lement habité par les pêcheurs, les dockers et les travailleurs du port, offre au passant le charme de ses pittoresques ruelles et la saveur de ses poissons et crustacés dans ses restaurants typiques.

★ **Museu d'Història de Catalunya** ⊘ (**DS M⁹**) – Situé dans les anciens magasins généraux du port de Barcelone, ensemble d'édifices du début du 20e s., il permet de suivre l'histoire de la Catalogne, de la préhistoire jusqu'à nos jours.

Au bout du Passeig Nacional, rejoindre le Passeig Marítim.

* **Vila Olímpica** (**DS**) – Construit pour loger les 15 000 participants des Jeux olympiques, ce secteur est l'un des plus modernes de Barcelone.

Si la conception des immeubles fut confiée à des architectes locaux, l'ensemble du projet fut élaboré par l'équipe constituée des architectes Martorell, Bohigas et Mackay, qui tracèrent de vastes avenues et jardins ornés de sculptures contemporaines.

Le nouveau **port de plaisance★★**, œuvre de l'ingénieur J.R. de Clascà, est devenu, avec ses bars, ses restaurants et ses terrasses, l'un des secteurs de loisirs les plus fréquentés de la ville. Les édifices les plus remarquables sont les deux **tours** (Hotel Arts et tour Mapfre) hautes de 153 m, d'où la **vue★★★**, véritable émerveillement, porte par temps clair jusqu'à l'île de Majorque.

★★ CARRER DE MONTCADA (NX 122)

1 h 1/2 avec la visite du musée Picasso

Aux 13e et 14e s., quand les marins catalans dominaient en Méditerranée occidentale, les grandes familles de marchands acquirent un grand prestige social dont cette rue, qui doit son nom à une prestigieuse famille noble, devint la vitrine ostentatoire. Il y subsiste un ensemble unique de palais de marchands et de demeures aristocratiques, datant pour la plupart du Moyen Âge. Les façades, généralement austères, cachent de précieux patios ornés de galeries et de perrons caractéristiques du gothique catalan.

Parmi ces hôtels particuliers, citons le palais Berenguer de Aguilar (15e s.), le palais du marquis de Llio (14e s. – **NV M¹⁶**), qui abrite le **musée du Textile et du Vêtement** (Museu Téxtil i d'Indumentaria ⊘), le palais Dalmases (nº 20 – 17e s.), dont l'escalier s'orne de frises baroques, et la maison Cervelló-Giudice (nº 25 – 16e s.), au bel escalier, où s'est installée la galerie Maeght.

* **Museu Picasso** ⊘ (**NV**) – Aménagé dans le merveilleux cadre des palais gothiques de Berenguer de Aguilar et des barons de Castellet, ce musée réunit de nombreuses œuvres de Picasso (Malaga 1881-Mougins 1973), dédiées pour la plupart à son ami Sabartès dont on verra plusieurs portraits (entre autres un abstrait le représentant avec une collerette). Les œuvres de jeunesse montrent le génie précoce de Picasso : portraits de ses parents, *La Première Communion* (1896), *Science et Charité* (1897). De ses débuts à Paris, on retiendra *la Nana* et *la Espera*, de la période bleue *Los Desemparados* (1903), de la période rose le portrait de *la Señora Casals*. Toute une série de *Las Meninas★* interprète librement le célèbre tableau de Vélasquez.

Son œuvre gravée se manifeste par les remarquables eaux-fortes sur la tauromachie et ses talents de céramiste par toute une série de vases, plats et assiettes réalisés dans les années cinquante et offerts par Jacqueline Picasso.

Museu Barbier-Mueller d'art precolombí ⊘ (**NVX M¹²**) – Le palais Nadal abrite cette collection d'art précolombien, dont se détachent, parmi d'autres pièces, les statues votives d'Amazonie.

★★ **Église Santa Maria del Mar** ⊘ (**NX**) – Récemment restaurée, cette église est l'une des plus belles réalisations du gothique catalan. Elle fut construite au 14e s. par les marins qui demeuraient dans ce quartier. Ceux-ci, malgré leurs moyens modestes, voulaient rivaliser avec les bourgeois qui finançaient alors la cathédrale. Le résultat fut cette église merveilleuse de simplicité et d'élégance. Ses murs sont plats « à la catalane », et la façade animée seulement par le gâble du portail et de deux contreforts qui encadrent la belle **rosace★** flamboyante. L'intérieur donne une impression de grande harmonie grâce à l'élévation de sa nef et de ses collatéraux qui ne sont séparés que par de minces piliers octogonaux.

* **MONTJUÏC** (**CT**) *une journée avec les visites*

Sur la « montagne des juifs », colline de 173 m qui domine le port au Sud de la ville, les Barcelonais bâtirent un fort lorsqu'ils se révoltèrent contre Philippe IV en 1640 (il abrite aujourd'hui un musée militaire). De ses terrasses, **vues** étendues sur le port et la ville. En 1929, Montjuïc fut choisi comme site de l'Exposition internationale. On y accédait par la plaça de Espanya (**BT**) qui est resté le grand centre des foires et salons internationaux. À l'occasion de cette exposition furent conçus la **fontaine lumineuse** (**BT**) de Carles Buigas (au fond de l'avenue Reina Maria Cristina) ainsi que le **pavillon d'accueil★★** (**BT Z**) de Mies van der Rohe, remarquable par sa modernité, sa simplicité et l'utilisation de matériaux. Ce bâtiment a été reconstitué récemment. Les jardins furent dessinés par le Français Forestier.

★★★ **Museu Nacional d'Art de Catalunya** ⊘ (**BT**) – Installé dans le palais construit à l'occasion de l'exposition internationale de 1929, il expose de splendides **productions romanes et gothiques★★★** provenant de plusieurs églises catalanes et aragonaises, ainsi qu'une sélection de la collection **Francesc Cambó**, avec des oeuvres des 16e et 18e s. L'incorporation de sections consacrées à la Renaissance, au baroque et celle des fonds du musée d'Art moderne sont également prévues.

Section d'art roman – Aux 12e et 13e s. s'est développé, surtout dans les vallées pyrénéennes, un art populaire expressif et d'une extraordinaire maturité.

Les fresques murales sont admirablement présentées dans de vastes salles recréant le volume de leur église d'origine. Elles empruntent aux mosaïques byzantines leur dessin durement souligné de noir, leur composition en frises superposées, l'absence de perspective, la raideur des attitudes, mais des détails réalistes ou expressifs font de cet art solennel une création purement autochtone.

On remarque plus particulièrement les fresques de Boí (12e s. – salle II), représentant la lapidation de saint Étienne, le Fauconnier et le Ciel et l'Enfer, celles des absides latérales de Sant Quirze de Pedret (fin du 11e s. – salle III), l'ensemble de Santa Maria de Taüll (12e s. – salle VII), qui présente une profusion d'images présidée par une merveilleuse Épiphanie, et, enfin, Sant Climent de Taüll (salle V), dont

Parement d'autel roman
(Musée d'Art de Catalogne)

l'abside, ornée d'un extraordinaire Christ en majesté, constitue l'un des chefs-d'œuvre de la peinture romane (remarquer la volonté anti-naturaliste et la subtile géométrisation des formes).

Les **parements d'autel** sont tantôt faits d'une simple planche peinte (Sant Martí d'Ix, La Seu d'Urgell, parement dit des Apôtres), tantôt sculptés (Esterrí de Cardós, Santa Maria de Taüll).

Le musée présente une magnifique **collection**★ de chapiteaux (salle VI), d'orfèvrerie et d'émaux (salle XV).

Section d'art gothique – Elle permet de connaître l'art gothique catalan entre les 13e et 15e s. À remarquer : l'*Annonciation* du **maître d'Anglesola** (salle III), où l'on peut observer l'influence du gothique linéaire français ; les retables en pierre attribués à **Jaume Cascalls** (salles IV et V) ; l'importante collection de gothique international catalan (salle IX), avec des oeuvres des plus importants peintres de Barcelone (**Guerau Gener, Joan Mates, Ramón de Mur, Joan Antigó, Bernardo Despuig** et **Jaume Cirera**) ; la salle consacrée à **Bernardo Martorell** (salle XI), artiste pour lequel les détails et les nuances acquièrent une grande importance ; la salle XII, avec la célèbre *Vierge des Conseillers* de **Luis Dalmau** ; le groupe d'oeuvres du **maître de la Seu d'Urgell** (salle XV) et, pour finir, l'espace consacré à la sculpture funéraire aux 14e et 15e s. (salle XVIII).

★ **Poble espanyol** ⊘ (**BT**) – Construit pour l'exposition de 1929, ce grand village rassemble des reconstitutions de rues et de places typiques des différentes régions d'Espagne. On passe ainsi d'une petite place castillane à la rue toute blanche d'un village andalou fleurie de géraniums ou à la tour mudéjar de l'Aragon. Des restaurants, des boutiques anciennes (pharmacie, parfumerie), des artisans traditionnels travaillant sur place animent cet aperçu de l'Espagne pittoresque, que complète la présence du **musée des Arts, Industries et Traditions populaires** (Museu de les Artes, Indústrias i Tradiciones populares) ⊘.

★ **Anella Olímpica** (**BT**) – Cadre des principales manifestations sportives des Jeux olympiques de 1992, l'**Anneau olympique** occupe une vaste esplanade sur la partie haute de la montagne. Le noyau principal est composé d'un palais des sports couvert d'une grande structure métallique, le **palau Sant Jordi**★★ ⊘, conçu par l'architecte japonais Arata Isozaki, et par le **stade olympique**★ ⊘, dont la façade date de 1929. Entièrement remanié à l'intérieur à l'occasion des Jeux, il abrite la **Galerie olympique** ⊘ (**M**[14]), où, à côté des médailles gagnées par les sportifs espagnols, des photos ressuscitent les meilleurs moments des Jeux de 1992. La **tour de télécommunications**, œuvre de Santiago Calatrava, associe modernisme et beauté.

BARCELONA

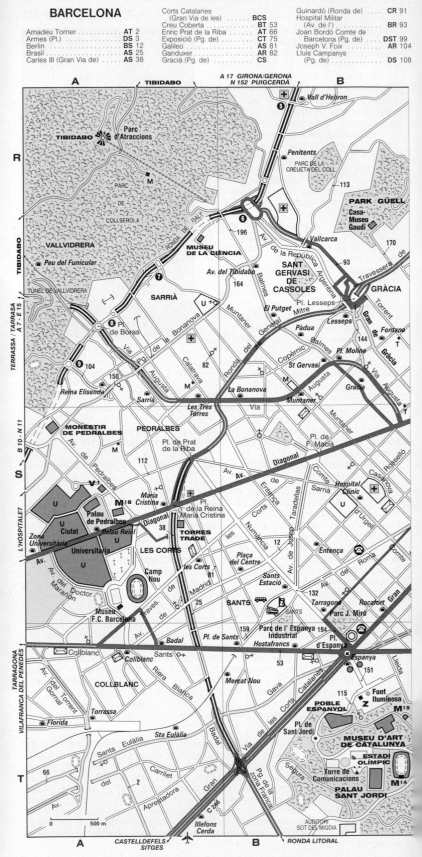

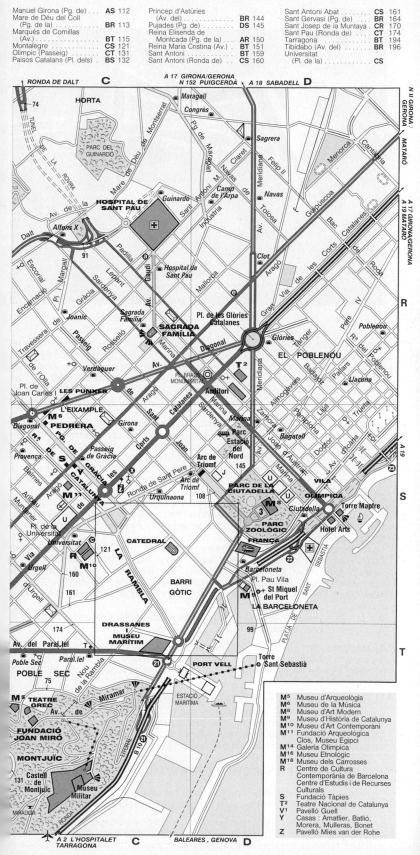

M⁵   Museu d'Arqueologia
M⁶   Museu de la Música
M⁸   Museu d'Art Modern
M⁹   Museu d'Història de Catalunya
M¹⁰ Museu d'Art Contemporàni
M¹¹ Fundació Arqueològica
     Clos, Museu Egipci
M¹⁴ Galeria Olímpica
M¹⁶ Museu Etnològic
M¹⁸ Museu dels Carrosses
R   Centre de Cultura
     Contemporània de Barcelona
     Centre d'Estudis i de Recursos
     Culturals
S   Fundació Tàpies
T²   Teatre Nacional de Catalunya
V¹   Pavelló Guell
Y   Casas : Amatlier, Batlió,
     Morera, Mulleras, Bonet
Z   Pavelló Mies van der Rohe

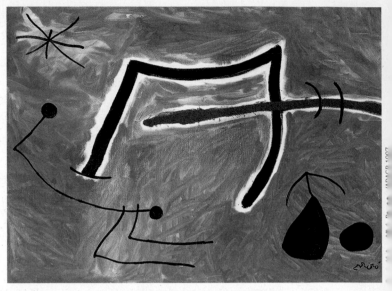

Joan Miró – *Personnages, oiseaux, étoile*

★★★ **Fondació Joan Miró** ⊘ **(CT)** – **Joan Miró** (1893-1983) est sans conteste l'une des figures de proue de l'avant-gardisme européen du 20ᵉ s. Étroitement associé à Palma de Majorque *(voir p. 410)*, il a fortement marqué de son empreinte Barcelone, sa ville natale, où l'on peut voir ses œuvres en maints endroits : les fresques en céramique de l'aéroport, les mosaïques du pavement des Ramblas, et, surtout, le logo qui orne tous les bureaux et succursales de la Caixa de Pensions de Catalunya.
Installé à Paris en 1921 et 1922, il y peint *La Masía*, qui marque l'abandon du style figuratif. Entre 1939 et 1941, il réalise la série des vingt-trois *Constellations*, où se manifeste son horreur de la Seconde Guerre mondiale. Les différents éléments (la femme, la nuit et le soleil) entrant dans ces compositions deviendront dès lors une constante de son œuvre, recherche permanente des possibilités offertes par la couleur et du langage symbolique. Sa peinture mêle gaieté et tragique dans une atmosphère pleine de magie et de poésie.
Il créa en 1971 la fondation, inaugurée en 1976. Le bâtiment aux harmonieux volumes fut dessiné par un ami personnel de l'artiste, l'architecte Joseph Lluís Sert, dont la préoccupation fut d'établir un équilibre entre l'architecture et le paysage *(illustration p. 45)*.
La collection, dont le fonds comprend plus de 10 000 pièces, tant peintures, sculptures et dessins que collages, réunit des œuvres de Miró, réalisées pour la plupart au cours des vingt dernières années de sa vie. Une petite collection d'art contemporain comprend, outre des toiles de Matisse, Tanguy, Max Ernst, Chillida, Saura et Rauschenberg, la *Fontaine de Mercure* d'Alexander Calder.
À côté de la fondation, dans le petit **Jardin des sculptures**, sont exposées des œuvres de jeunes artistes catalans.

★ **Teatre Grec (CT)** – Inspiré du théâtre d'Épidaure, ce théâtre de plein air (1929) a pour arrière-scène la muraille rocheuse d'une carrière abandonnée. En été, il accueille les manifestations du festival del Grec, qui associe théâtre, musique et danse.

★ **Museu d'Arqueologia de Catalunya** ⊘ **(CT Mˢ)** – L'archéologie catalane, de riche tradition, s'appuie sur d'importants gisements. Grâce aux pièces exposées (outils céramiques, statues votives, mobiliers funéraires, etc.), nous pouvons suivre les différentes phases historiques, depuis le paléolithique jusqu'à l'époque wisigothe en passant par les colonisations grecque et romaine.

★★ L'EIXAMPLE ET L'ARCHITECTURE MODERNISTE

Le nom Eixample (en catalan) ou Ensanche (en castillan), qui signifie expansion, a été donné à la ville moderne du 19ᵉ s., construite selon le plan Cerdà.

Le plan Cerdà – En 1859, Ildefons Cerdà conçut un plan géométrique de rues parallèles à la mer et d'autres perpendiculaires, circonscrivant des pâtés de maisons (appelés *manzanas* : pommes en espagnol) de forme octogonale et chanfreinées aux carrefours. L'ensemble est traversé par deux grandes avenues diagonales : la Diagonal et la Meridiana, qui se rejoignent sur la plaça de les Glories Catalanes. L'un des grands intérêts de ce quartier est sa richesse en édifices d'architecture moderniste.

Architecture moderniste – Elle se développe entre 1890 et 1920. Correspondant à d'autres mouvements similaires en Europe : l'Art nouveau en France, le Modern Style en Grande-Bretagne, le Jugendstil en Allemagne, l'architecture moderniste est le fruit d'une recherche liée aux nouveaux matériaux industriels, aux techniques modernes et à l'utilisation d'éléments décoratifs comme la ligne sinueuse, les formes asymétriques, les vitraux, les céramiques ou le métal. Elle a fait florès en Catalogne à un moment où l'industrialisation fit éclore de grosses fortunes. Les architectes les plus représentatifs de ce style sont Antoni Gaudí, Domènech i Montaner et Puig i Cadafalch. À la même époque, en littérature, un mouvement similaire avait reçu le nom de Renaixanca.

Gaudí (1852-1926) – Né à Reus, Antoni Gaudí étudie l'architecture à Barcelone. Son style s'inspire d'abord du gothique catalan avec les volumes qui lui sont propres (large nef, recherche de la légèreté), puis des architectures islamique et mudéjar. Il étudie aussi la nature, observe plantes et animaux qui lui suggèrent des formes, des couleurs, des textures : courbes des lianes, gonflement de vagues, rugosité des rochers, dentelures de fleurs deviennent des édifices fabuleux. L'une de ses grandes originalités se manifeste dans l'utilisation de l'arc parabolique, et de l'hélicoïde (voir les cheminées de la casa Mila). Très marqué par un profond sentiment religieux, il s'appuie sur nombre de symboles, surtout pour la réalisation de la Sagrada Familia à laquelle il travailla plus de 40 ans. Il y passa ses dernières années reclus dans une petite pièce aménagée au cœur du chantier avant de mourir tragiquement, écrasé sous un tramway. Il travailla beaucoup pour le banquier **Eusebi Güell**, l'un de ses grands admirateurs, qui lui demanda de réaliser ses résidences personnelles.

Ses principales œuvres : la Sagrada Familia, la casa Batlló, la Pedrera, la casa Vicens, le palau Güell, les pavillons Güell et le parc Güell.

Lluís Domènech i Montaner (1850-1923) – Son style, très décoratif, fait largement appel aux mosaïques, aux vitraux et aux tuiles vernissées.

Ses principales œuvres : le Palau de la Mùsica catalana, la casa Lleó Morera, le Castell dels tres Dragons, l'hospital de Sant Pau, la casa Montaner i Simó.

Josep Puig i Cadafalch (1867-1956) – Chez cet architecte se mêlent les traditions régionales et étrangères (influence du style plateresque ou de l'architecture flamande).

Ses principales œuvres : la casa de les Punxes, la **casa Macaya** (1901), la casa Quadras (1904).

★★ La Sagrada Familia ⊙ **(CR)** – Le projet avait été commencé par Francisco de P. Villar en 1882 et Gaudí le reprit en 1883. Il avait prévu un plan en forme de croix latine avec 5 vaisseaux et un transept à 3 vaisseaux. À l'extérieur, 3 façades étaient dominées par 4 hautes tours représentant les 12 apôtres et, au-dessus de la croisée du transept, une tour centrale flanquée de 4 autres tours représentait le Christ et les évangélistes. La nef devait ressembler à une forêt de colonnes. De son vivant, seules furent réalisées la crypte, l'abside et la **façade de la Nativité**★★. Cette dernière comporte trois portails : l'Espérance, la Foi et la Charité, avec un riche décor de statues et de groupes sculptés. Une seule tour avait été achevée. Après la mort de Gaudí, les travaux reprirent en 1940 et l'on peut aujourd'hui admirer 8 tours et la façade de la Passion, achevée en 1981. La Sagrada Familia reste donc un vaste chantier, susceptible de décevoir qui n'est pas prévenu. Du haut de la tour Est, **vue**★★ sur l'ensemble des travaux de l'église et sur Barcelone.

On peut voir au bout de l'avinguda de Gaudí les toits décorés de tuiles vernissées de l'**hôpital Sant Pau**★ **(CR)**, l'une des principales œuvres de Domènech i Montaner.

★ Passeig de Gràcia (CS) – Cette artère luxueuse, ornée d'élégants lampadaires en fer forgé de Pere Falqués (1900), réunit les plus beaux exemples de l'architecture moderniste. Le pâté de maisons dit **manzana de la discordia**★★ (pomme de discorde – **Y**) permet de comparer les styles des trois architectes les plus célèbres : au n° 35, la **casa Lleó i Morera**★ (1905) de Domènech i Montaner, au n° 41, la **casa Amatller**★ (1900) de Puig i Cadafalch et enfin au n° 43, la **casa Batlló**★★ (1905 – *illustration p. 45*) de Gaudí, avec son extraordinaire façade de mosaïques et son toit ondulé couvert d'« écailles ». De l'angle avec la carrer d'Aragó, on voit la casa Montaner i Simó de Domènech i Montaner (Fondation Tàpies – *voir ci-dessous*). Un peu plus loin à droite, la **casa Milà**★★★ (1905 – *illustration p. 471*), dite aussi la **Pedrera (CS P)**, également de Gaudí, ressemble à une falaise sous-marine. La **montée aux terrasses** ⊙ procure une impression

La Sagrada Familia

étrange : cheminées et bouches d'aération ressemblent à une armée
fantasmagorique. Les combles, réhabilités, accueillent l'**Espai Gaudí**, où études,
maquettes et films évoquent l'œuvre de l'artiste.

À la plaça de Joan Carles I, prendre à droite la Diagonal.

Diagonal – Sur la droite s'élève la **casa Quadras** (1904 – **CS M⁶**) de Josep Puig
Cadafalch, qui abrite le **Museu de la Mùsica** ⊘ (remarquable collection d'instruments
de musique provenant des quatre coins du monde), et, un peu plus loin sur la
gauche, la **casa Terrades**★, ou **casa de les Punxes** (**CR Q**), du même architecte, marquée
par l'architecture flamande.

★★ **Park Güell** ⊘ (**BCR**) – La plus célèbre des entreprises de Gaudí commandées par
Güell devait à l'origine être une cité-jardin. L'imagination de Gaudí y fut
particulièrement féconde et on a l'impression de pénétrer dans un monde
enchanté aux pavillons évoquant des champignons, aux escaliers parcourus par un
dragon en mosaïque et dont les avenues emportent dans un monde hallucinatoire.
La fantaisie de l'artiste est particulièrement frappante avec la **salle des colonnes**, où
un toit ondulant de mosaïques recouvre un bosquet de colonnes inclinées, et avec
le beau **banc ondulant**★★.
La visite du parc peut s'achever par celle de la maison qu'il habitait, la **Casa-Museu
Gaudí** ⊘.

★★ **Palau de la Mùsica Catalana** ⊘ (**MV**) – *Carrer de Sant Pere Mès Alt.* Cette
singulière salle de concerts, siège de l'Orfeó Català, construite entre 1905 et
1908, est la plus célèbre réalisation de Domènech i Montaner. Les abords ont été
récemment réaménagés pour dégager la vue sur la **façade principale**★, dont la riche
décoration de mosaïques ne manque pas de surprendre.
À l'intérieur, où la spectaculaire **coupole inversée**★★ de verre polychrome accroche
le regard, se déploie une exubérante décoration de groupes sculptés et de
silhouettes de mosaïque.
Salle de concerts la plus importante de Barcelone, assister à une représentation
musicale dans un cadre aussi surprenant est une expérience inoubliable.

* Fondació Antoni Tapiès ⊙ **(CS S)** – Créée par l'artiste lui-même, né en 1923 à Barcelone, elle est installée dans le bâtiment moderniste Montaner i Simó, œuvre de Domènech i Montaner, qui abritait une maison d'édition. Cet édifice en briques est couronné d'une grande sculpture aérienne de Tàpies, *Núvol i cadira* (nuage et chaise), deux images réunies pour former l'emblème du musée et représentant bien l'univers symbolique du peintre.

L'intérieur, vaste espace sobre et dépouillé, où tout est peint dans les coloris chers à Tàpies (brun, beige, gris, ocre) et éclairé par des puits de lumière (coupole et pyramide), met remarquablement en valeur les toiles et les compositions sculpturales de l'artiste. La collection (plus de 300 peintures et sculptures qui retracent toute la trajectoire de Tàpies depuis 1948) est présentée par roulement. Les rayonnages en bois de l'ancienne maison d'édition ont été conservés pour abriter la bibliothèque de cette fondation qui se veut aussi centre de recherche.

AUTRES CURIOSITÉS

** Monastère Santa Maria de Pedralbes ⊙ **(AS)** – Le village de Pedralbes a été englobé dans un quartier résidentiel de Barcelone, mais a conservé son charme campagnard.

Fondé au 14ᵉ s. par le roi Jacques II d'Aragon et sa quatrième femme Doña Elisenda de Montcada, il comprend une belle **église*** de style gothique catalan où l'on remarque le sépulcre de la fondatrice. Son **cloître*** vaste, sobre et élégant avec ses trois étages est entouré de cellules et d'oratoires. La chapelle Sant Miquel est ornée de très belles **fresques***** de Ferrer Bassá (1346), Catalan dont l'art fortement marqué par l'Italie réussit à synthétiser la méticulosité de l'école de Sienne et les volumes des maîtres toscans.

La **collection Thyssen-Bornemisza*** *(accès à partir du cloître)* est installée dans l'ancien dortoir des religieuses et dans la salle de la Reine. Elle compte 72 peintures et 8 sculptures importantes (du Moyen Âge au 17ᵉ s.) ; ces œuvres sont une partie de l'importante collection (plus de 800 œuvres) qui est exposée au musée Thyssen-Bornemisza de Madrid. Parmi les nombreux sujets religieux, on peut distinguer la *Vierge à l'Enfant* (B. Daddi, 14ᵉ s. ; L. Monaco, 15ᵉ s.) et surtout l'excellente *Vierge d'Humilité* de **Fra Angelico** (15ᵉ s.) et *Sainte Marine* de **Zurbarán**. La section des **portraits**, avec de beaux exemples de différentes écoles du 15ᵉ au 18ᵉ s., mérite aussi une mention spéciale.

Palau de Pedralbes (AS) – Il se trouve dans le quartier de l'université. La ville édifia entre 1919 et 1929 pour le roi Alphonse XIII une résidence inspirée des palais italiens de la Renaissance. Il abrite le **Museu de les Artes Decoratives*** ⊙, qui permet de suivre l'évolution des ustensiles, du Moyen-Âge au design industriel. Il est aussi le siège du **Museu de la Ceràmica** ⊙, qui réunit des pièces témoignant des développements de cet art du 13ᵉ s. à nos jours. À remarquer : les collections de céramiques catalanes et les faïences d'Alcora (18ᵉ-19ᵉ s.).

* Pavillons Güell (AS V) – On admirera dans ces anciennes écuries réaménagées par Gaudí la remarquable **grille** en fer forgé décorée d'un dragon.

* Museu de la Ciència ⊙ **(AR)** – Il est installé dans un édifice du début du siècle ; le pendule de Foucault, le planétarium et les salles d'optique et de météorologie constituent quelques-uns de ses nombreux attraits.

Église Sant Pau del Camp (LY) – Construite à la fin du 10ᵉ s., l'église de l'ancien monastère bénédictin a conservé en partie son pavement d'origine. Son petit **cloître*** à galerie d'arcs trilobés est une œuvre charmante des 11ᵉ et 12ᵉ s.

* Teatre nacional de Catalunya (DR T²) – L'architecte Ricardo Bofill a combiné dans cet édifice modernité et classicisme. Le vestibule s'offre comme une serre regorgeant de plantes. En face se dresse l'**Auditori**, création de Rafael Moneo.

BÉJAR

Castille et Léon (Salamanque)

17 027 habitants

Carte Michelin n° 444 ou 441 K 12 – Atlas España Portugal p. 50

En venant du Nord-Ouest, on peut apprécier le site de cette petite ville, connue pour ses fabriques de draps et de lainages, qui s'étire sur une étroite bande rocheuse au pied de la sierra de Béjar.

ENVIRONS

* Candelario – *4 km au Sud*. Ce village très pittoresque se compose d'un dédale de ruelles inégalement pavées et en forte pente, bordées de maisons blanchies à la chaux laissant apparaître encadrements et chaînages de pierre grise. Au dernier étage les galeries des rues abritées par les avant-toits sont abondamment fleuries. Quelques pans de murs sont curieusement recouverts de tuiles retournées assurant l'étanchéité.

Candelario

Au moment de la fonte des neiges, les rues deviennent de véritables torrents et des portillons protègent l'entrée des maisons.

Baños de Montemayor – *17 km au Sud-Ouest par la N 630.* Cette station thermale conserve un quartier ancien avec des balcons de bois caractéristiques des maisons de la sierra.

Hervás – *23 km au Sud-Ouest par la N 630.* Son ancien quartier juif, ou **Judería**, a conservé ses ruelles tortueuses où règne une animation qui doit rappeler l'époque médiévale.

BELMONTE★

Castille-la Manche (Cuenca)
2 601 habitants
Carte Michelin n° 444 N 21 – Atlas España Portugal p. 54

Belmonte, ville natale de **frère Luis de León**, conserve plusieurs portes monumentales et une partie de l'enceinte qui la reliait au château fort.

Entrer par une des portes et se diriger vers la plaza Mayor (Office de tourisme).

Ancienne collégiale – 15e s. Elle renferme une collection de retables intéressants réalisés par des artistes locaux aux 15e, 16e et 17e s. Les **stalles★** du *coro* (15e s.) provenant de la cathédrale de Cuenca, dépeignent dans un style réaliste des scènes de la Genèse et de la Passion. Elle conserve les fonts baptismaux où fut baptisé frère Luis de León.

Château ⊙ – Cette forteresse hexagonale flanquée de tours rondes fut élevée au 15e s. par Juan Pacheco, marquis de Villena, pour défendre ses vastes domaines. Laissé à l'abandon jusqu'au 19e s., le château a perdu tout aménagement intérieur. En 1870, le patio triangulaire fut défiguré par sa nouvelle propriétaire, Eugénie de Montijo, qui fit installer un placage de brique.
Dans les immenses salles vides, il ne reste que de beaux **plafonds artesonados★** mudéjars, spécialement dans le salon de réception, et les fines dentelures de pierre qui encadrent les fenêtres.
En suivant les courtines, à hauteur des merlons en gradins, on domine le village et l'âpre paysage de la Manche.

ENVIRONS

Villaescusa de Haro – *6 km au Nord-Est.* Dans l'église paroissiale, on ira voir la **chapelle de l'Assomption★**. Édifiée en 1507, elle constitue un ensemble magnifique de gothique tardif avec ses créneaux et sa grille en fer forgé dessinant trois arcs de style gothique fleuri et un retable gothique-Renaissance.

Les voies piétonnes vous permettent de vous promener tranquillement.
Elles sont indiquées sur nos plans.

BETANZOS★

Galice (La Corogne)

11 871 habitants

Carte Michelin nº 441 C 5 – Atlas España Portugal p. 3

Au fond de sa ria, Betanzos, port aujourd'hui ensablé, était le centre du commerce d'une riche vallée, las Mariñas, qui fournissait tout le blé à La Corogne.

Au cœur de la ville, trois églises gothiques, à la fois simples et richement ornées, témoignent de cette prospérité. Le quartier qui les entoure, aux rues déclives bordées de maisons à galeries vitrées, garde un cachet ancien.

★ **Église Santa María del Azogue** ⊙ – Son nom vient de souk, le marché en arabe. Elle date des 14e et 15e s. La façade, gracieusement asymétrique, est animée par l'avancée du corps central où s'ouvrent la rosace et le portail aux voussures dentelées. De part et d'autre de la porte, deux niches abritent les statues archaïsantes de la Vierge et de l'archange Gabriel, symbolisant l'Annonciation. Trois nefs d'égale hauteur sous une seule charpente font l'intérieur spacieux.

★ **Église San Francisco** ⊙ – Le comte Fernán Pérez de Andrade, seigneur de Betanzos et de Puentedeume, fit construire près de Santa María en 1387 un couvent de franciscains dont subsiste cette église. En forme de croix latine, parée d'un chevet gothique élancé, elle est remarquable surtout pour les nombreux tombeaux alignés le long de ses murs et la décoration sculptée des ogives et des arcs du chœur. Sous la tribune à gauche de l'entrée se trouve le **sépulcre**★ monumental du fondateur, supporté par un sanglier et un ours, ses emblèmes ; sur les côtés courent des scènes de chasse, des chiens sont couchés aux pieds du défunt tandis qu'à sa tête un ange recueille son âme.

Église Santiago – Située plus haut que les deux églises précédentes, celle-ci fut élevée au 15e s. par la corporation des tailleurs. L'intérieur suit le modèle de Santa María. Au portail caracole saint Jacques « Matamore », le vainqueur des Maures. Adossé au chevet, l'**hôtel de ville** (16e s.) s'orne d'arcades et d'un beau blason sculpté.

BILBO/BILBAO★

Pays Basque (Vizcaya)

372 054 habitants

Carte Michelin nº 442 C 21 – Atlas España Portugal p. 13

Schéma : COSTA VASCA

À 14 km de la mer, au fond de la ria de Bilbao qui forme l'estuaire du río Nervión, la capitale de la Biscaye est le centre d'une gigantesque agglomération industrielle. L'industrie s'est développée depuis le milieu du 19e s. avec l'exploitation des mines de fer qui se trouvaient dans les montagnes environnantes. Les bateaux emportaient ce minerai vers l'Angleterre et revenaient chargés de houille, ce qui a permis de mettre en place une importante sidérurgie.

La vieille ville fondée au début du 14e s. sur la rive droite du Nervión a été surnommée « las siete calles » (les sept rues) en raison de son plan. Elle est adossée à la colline qui porte le sanctuaire de Begoña. Sur la rive gauche, de l'autre côté du pont del Arenal, le centre moderne, **El Ensanche**, aujourd'hui quartier d'affaires, avait été réuni à Bilbao au siècle dernier. Autour de l'élégant parc Doña Casilda Iturriza s'étend un quartier résidentiel aux immeubles cossus.

D'importants efforts, concrétisés notamment par la réalisation d'un métro conçu par l'architecte anglais Norman Foster, de la passerelle Zubiburi dessinée par Santiago Calatrava et du musée Guggenheim, ont été récemment accomplis pour donner un nouvel élan à la ville.

Deux classiques du centre-ville

Café Iruña – *Jardines de Albia-Berástegui, 5*. Situé sur une agréable place, ce café fondé en 1903 est devenu un classique de Bilbao. On prêtera attention à sa décoration, basée sur des éléments d'inspiration mudéjar, et à ses plafonds. Un bon endroit pour s'arrêter le soir.

Café La Granja – *Plaza Circular, 1*. Ce café classique, fondé en 1926, possède un style plus propre au 19e s., avec ses tables de marbre, ses chaises en bois et son atmosphère quelque peu décadente. L'ambiance paisible, propice à la conversation, devient dynamique et musicale les soirs de week-end.

Carnet d'adresses

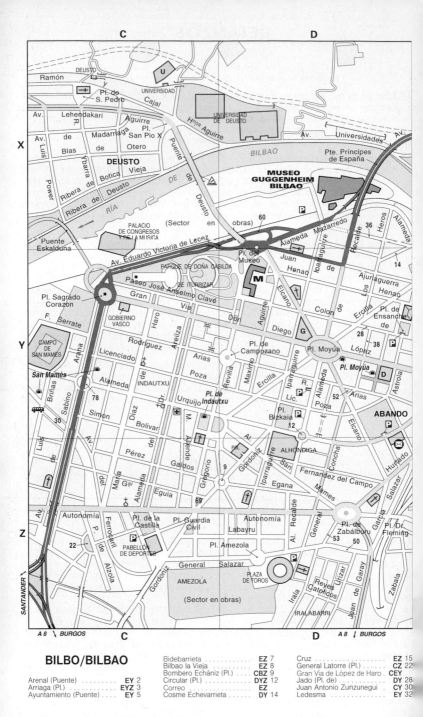

BILBO/BILBAO

Une succession de corridas, de concours de pelote basque et de manifes
tations marque les fêtes locales au cours de la **Grande Semaine** (Semana Grande)
d'août.

Parmi les enfants célèbres de la ville, citons le grand écrivain et humaniste **Miguel de
Unamuno** (1864-1936).

La ria et le Grand Bilbao – La ria est en fait un immense port fluvial, le premier port
d'Espagne pour le trafic de marchandises. Depuis 1945, le Grand Bilbao réunit les
communes qui la bordent jusqu'à l'océan, de Bilbao à Getxo. Les industrie
(sidérurgie, chimie, chantiers navals) se concentrent sur la rive gauche à **Baracaldo,** à
Sestao, à **Portugalete** d'où part le **pont transbordeur,** construit en 1893, et à **Somorrostro**
(importante raffinerie de pétrole). **Santurtzi,** port de pêche, est connu pour se
sardines fraîches. Sur l'autre rive, la ville d'**Algorta,** plus aérée, a un caractère plutô
résidentiel. **Deusto** est célèbre pour son université.

CATEDRAL METROPOLITANA DE GRANADA

BILLETE PERSONAL

para visitar la

Catedral, Sacristía y Museo

Vale: **350** pesetas

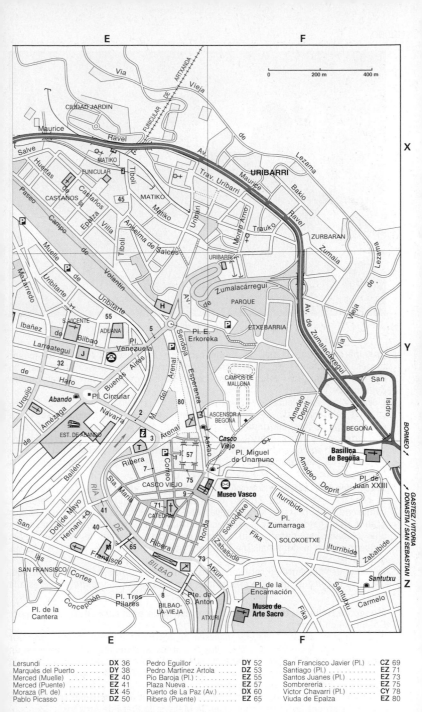

CURIOSITÉS

★★ **Museo Guggenheim** ⊙ (**DX**) – Cette nouvelle étoile architecturale, financée par le gouvernement basque, vient s'ajouter à la constellation de musées gérée par la Fondation Solomon R. Guggenheim, qui comprend les deux sièges new-yorkais (le bâtiment emblématique de Frank Lloyd Wright et celui de Soho) et la collection Peggy Guggenheim de Venise.

L'édifice – L'architecte canadien **Frank O. Gehry** (prix Pritzker d'architecture en 1989) a imaginé dans la zone industrielle au bord du Nervión une colossale sculpture de titane, de calcaire jaune et de verre mariée au pont de la Salve. Il est parvenu à revaloriser l'environnement immédiat et à mettre en accord le paysage, en faisant s'entremêler bassins, estuaire et mur de verre du grand atrium et en intégrant le pont à la tour-sculpture qui se dresse au bout de la grande salle.

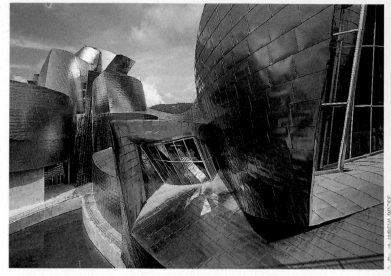

Tel un animal mythique, le musée Guggenheim

Principal matériau choisi, le titane recouvre le musée d'écailles où jouent toutes les nuances de la lumière. L'imposante silhouette, hachée par un enchevêtrement de volumineuses contorsions, dégage un extraordinaire dynamisme.

L'originalité extérieure se confirme avec le fascinant intérieur, où les courbes s'affrontent, se superposent et s'enlacent. Le regard se porte sur les murs, les plafonds, les passerelles, les volumes, tous différents et sans cesse surprenants. Le musée compte dix-neuf galeries distribuées sur trois niveaux autour du monumental **atrium central** haut de plus de 50 m. La plus grande, longue de 130 m, se glisse sous le pont jusqu'à la tour-sculpture.

La collection de la Fondation Solomon R. Guggenheim – Fondée dans les années trente et consacrée à l'art du 20e s., elle est l'une des plus riches au monde et comprend des œuvres significatives de tous les mouvements, depuis les grands maîtres de l'avant-garde classique aux représentants des tendances les plus récentes en passant par l'Expressionnisme abstrait, le Pop Art, l'Art conceptuel et le Minimalisme. Elle inclut également des toiles d'artistes espagnols.

Le fonds est présenté en rotation entre les différents musées Guggenheim, qui organisent aussi de grandes expositions temporaires d'œuvres, étrangères à la Fondation.

★ **Museo de Bellas Artes** ⊘ **(DY M)** – Ses deux bâtiments sont situés dans le parc Doña Casilda Iturriza.

La **section d'art ancien**★★ *(rez-de-chaussée du bâtiment ancien)* met à l'honneur l'école espagnole du 12e au 17e s. On y remarquera, dans les salles romanes, un Christ en croix de l'école catalane du 12e s., et, dans les salles consacrées à la peinture classique espagnole (16e-17e s.), des œuvres de Morales, du Greco, de Valdés Leal, de Zurbarán, de Ribera et de Goya.

Peintres flamands et hollandais du 15e au 17e s. sont aussi très bien représentés avec notamment *les Usuriers* de Quentin Metsys, *la Pietà* de Ambrosius Benson, *la Sainte Famille* de Gossaert.

La **section d'art basque** *(premier étage)* abrite les grands maîtres de la peinture basque : Regoyos, Zuloaga, Iturrino...

La **section d'art contemporain** *(bâtiment moderne)* est riche en œuvres d'artistes espagnols : Solana, Vázquez Díaz, Sunyer, Gargallo, María Blanchard, Luis Fernández Oteiza, Chillida, Tàpies, etc. et étrangers : Delaunay, Léger, Kokoschka, Vieira da Silva, Bacon.

Museo Vasco ⊘ **(EFZ)** – Il est installé dans l'ancien collège San Andrés au cœur de la vieille ville. Sa vaste collection ethnographique nous rapproche des activités basques traditionnelles : pêche, tissage du lin, artisanat, forgeage. Au centre du cloître classique se dresse la mystérieuse **idole de Mikeldi**. Au dernier étage, l'accent est mis sur une immense **maquette** en relief de la Biscaye.

Museo Diocesano de Arte Sacro ⊘ (**FZ**) – Cet intéressant musée qu'accueille l'ancien couvent de l'Incarnation (16ᵉ s.) est remarquable pour sa collection d'orfèvrerie basque et son ensemble de Vierges à l'Enfant en bois du 12ᵉ au 15ᵉ s.

Basílica de Begoña (**FZ**) – *On peut s'y rendre en voiture par la route de San-Sebastián (Avenida de Zumalacárregui), ou alors prendre l'ascenseur dans la rue Esperanza Ascao. Du haut, vue panoramique intéressante de Bilbao. À la sortie du parc de Mallona, suivre la rue principale, à droite, qui mène directement au sanctuaire.* L'image de Notre Dame de Begoña, patronne de la Biscaye, est conservée dans un *camarín* en argent, au-dessus du maître-autel.

El BURGO DE OSMA*

Castille et Léon (Soria)
5 054 habitants
Carte Michelin nº 442 H 20 – Atlas España Portugal p. 26

Lorsque l'on vient de l'Ouest, on voit de loin se profiler la haute tour baroque qui coiffe la cathédrale. El Burgo de Osma doit en effet sa physionomie actuelle aux architectes du 18ᵉ s. qui l'ont doté de rues et de places bordées d'arcades et de bâtiments civils d'un baroque élégant, tel l'hôpital San Agustín qui borde un des côtés de la plaza Mayor.

★ Cathédrale ⊘ – À l'emplacement d'une cathédrale romane, Pedro de Osma, moine de Cluny, entreprend d'édifier en 1232 un sanctuaire gothique : le chevet, le transept et la salle capitulaire sont achevés dans le courant du 13ᵉ s. Le 16ᵉ s. voit s'élever un cloître gothique tardif tandis que le chœur se pare d'un décor Renaissance. Au 18ᵉ s., on construit la grande sacristie et le clocher, haut de 72 m. Le **portail Sud** (fin 13ᵉ s.) porte un décor gothique où l'on reconnaît sur les ébrasements, de gauche à droite, Moïse, Gabriel, la Vierge, Judith, Salomon et Esther, sur le linteau la Dormition de la Vierge, et sur le trumeau un Christ montrant ses plaies (fin 15ᵉ s.).
À l'intérieur on admire, outre la belle élévation du vaisseau central, la finesse des **grilles** exécutées par Juan Francés au 16ᵉ s. Juan de Juni a sculpté le **retable du maître-autel** consacré à la vie de la Vierge. La **chaire** de marbre blanc et le **retable du trascoro** sont également de belles œuvres du 16ᵉ s.
Dans le transept gauche on peut voir le **tombeau de saint Pierre de Osma★** en calcaire polychrome (13ᵉ s.). Au **musée**, parmi la collection d'**archives anciennes** et de **manuscrits enluminés★**, se trouve un **Beatus** (*voir en Introduction la rubrique : Littérature*) exécuté en 1086, très richement illustré. À remarquer aussi un manuscrit du 12ᵉ s. où sont figurés les signes du zodiaque.

ENVIRONS

Berlanga de Duero – *28 km au Sud-Est par la C 116 et la SO 104.* Sous la silhouette massive de son château fort du 15ᵉ s., l'un des jalons de la ligne de défense du Douro, Berlanga a conservé de solides remparts. Dans la **collégiale** ⊘ gothique, monumentale église-halle du 16ᵉ s., on verra dans les chapelles latérales deux retables flamboyants peints et sculptés ainsi que deux gisants en albâtre du 16ᵉ s.
À 8 km au Sud-Est, à **Casillas de Berlanga**, se trouve l'ermitage **San Baudelio de Berlanga** ⊘, une chapelle mozarabe isolée (11ᵉ s.), qui présente une disposition très originale : au centre de la nef carrée, un pilier massif reçoit les huit nervures plates qui supportent la voûte. La tribune, soutenue par une double rangée d'arcs outrepassés, fut couverte de fresques au 12ᵉ s. comme l'ensemble de l'édifice ; on y distingue encore des scènes de chasse et des motifs géométriques.

Château de Gormaz – *15 km au Sud par la SO 160.* Ses 28 tours et ses 380 m de long font de cette forteresse du 10ᵉ s. la plus grande du Moyen-Âge européen.

Calatañazor – *25 km au Nord-Ouest par la N 122, direction Soria.* Calatañazor est l'un de ces villages où le temps semble ne pas exister. Flâner par ses ruelles montantes et pavées constitue toute une expérience. Depuis le château médiéval, on peut contempler la plaine où fut vaincu Almanzor.

Canyon du río Lobos ⊘ – *15 km au Nord par la SO 920.* L'action érosive du Lobos a formé ce canyon de 25 km (de Ucero jusqu'à Hontoria del Pinar) et sculpté un paysage karstique riche en grottes, gouffres, dépressions et dolines où abondent sabines, pins et chênes rouvre. *Renseignements au Centro de Interpretación del Parque Natural –* ☎ *975 36 35 64.*

BURGOS★★★

Castille et Léon
169 111 habitants
Carte Michelin n° 442 E 18-19
Atlas España Portugal p. 25

Située sur les rives de l'Arlanzón, Burgos, berceau de la Castille, découvre avec orgueil aux visiteurs les flèches aiguës et dentelées de sa célèbre cathédrale. Sa position isolée sur un plateau à près de 900 m d'altitude l'expose souvent aux rigueurs des vents froids.

Un peu d'histoire – Fondée en 884 par le comte de Castille Diego Rodriguez, Burgos fut choisie comme capitale du royaume unifié de Castille et Léon en 1037, titre qu'elle céda à Valladolid en 1492 au moment de la chute de Grenade. À l'oubli politique répondit le dynamisme commercial et artistique. La ville centralisait la laine des grands éleveurs de la Mesta *(voir p. 351)*. Des architectes et des sculpteurs venus surtout du Nord mettent alors la cité à la mode gothique. Burgos devient la capitale de cet art en Espagne, avec des réalisations remarquables comme la cathédrale, le monastère royal de las Huelgas et la chartreuse de Miraflores. À la fin du 16e s., le déclin de la Mesta mit un terme à la prospérité burgalaise.

De 1936 à 1939, Burgos fut choisie par Franco pour être le siège de son gouvernement.

Le Cid Campeador (1026-1099)

Les exploits de Rodrigo Díaz, natif de Vivar *(9 km de Burgos)*, ont marqué l'histoire de la Castille à la fin du 11e s. Ce brillant capitaine sert, tout d'abord, les ambitieux desseins du roi de Castille, Sanche II, puis ceux d'Alphonse VI qui succède à son frère dans des circonstances suspectes. Mécontent des soupçons que le Cid n'a pas cachés à son égard, Alphonse VI le fait bannir de Castille, en 1081, après lui avoir donné toutefois sa cousine Chimène pour épouse. Rodrigue entre alors au service du souverain maure de Saragosse et livre de prestigieux combats contre les armées chrétiennes. Puis réconcilié avec son ancien suzerain, il s'empare de Valence en 1094. Riche et craint de ses ennemis, il meurt en 1099. La courageuse Chimène résiste encore trois ans dans Valence assiégée par les Maures, mais doit s'enfuir en Castille après avoir incendié la ville. Les deux époux furent inhumés au monastère **San Pedro de Cardeña** *(10 km à l'Est de Burgos)* ; en 1921, leurs cendres furent transportées dans la cathédrale de Burgos.

La légende n'a pas retenu l'aspect du *condottiere* ou de l'opportuniste. Au contraire, l'épopée a exalté la bravoure exceptionnelle du héros, son rôle de « champion » *(campeador)* de l'hégémonie castillane. Un premier poème, *El Cantar del Mío Cid*, fut écrit dès 1180 ; d'autres poèmes reprirent le thème. En 1618, Guillén de Castro a donné une version très romancée de l'histoire dans **Las Mocedades del Cid** *(les Enfances du Cid)* dont Corneille s'est inspiré.

★★★ CATHÉDRALE ⊙ (A) *1 h 1/2*

Troisième cathédrale d'Espagne par ses dimensions, après Séville et Tolède, ce remarquable édifice gothique a su adapter le style fleuri venu de France et d'Allemagne à l'exubérance propre au style décoratif espagnol. Les nombreuses œuvres d'art qui se trouvent à l'intérieur en font un grandiose musée de la sculpture gothique européenne.

Après la pose de la première pierre par Ferdinand III en 1221, la construction de la cathédrale s'effectua en deux grandes étapes correspondant à deux styles de gothique : au 13e s., les nefs et les portails sont édifiés par des architectes locaux d'après les plans rapportés par l'évêque Don Mauricio d'un voyage à travers la France, alors en pleine « fièvre » gothique ; au 15e s. une nouvelle tranche de travaux élève les flèches de la façade, la chapelle du Connétable et la décoration des chapelles des bas-côtés. C'est alors le style nordique qui s'implante car Alonso de Carthagène, un autre grand prélat de Burgos, a ramené avec lui à son retour du concile de Bâle plusieurs architectes et sculpteurs venus de Flandre, de Rhénanie et de Bourgogne. Ces artistes trouvèrent dans l'art local imprégné d'arabesques mudéjars, une source de renouvellement du gothique flamboyant qui s'affadissait alors dans le reste de l'Europe. Le Bourguignon **Felipe Bigarny**, le Flamand **Gil de Siloé** et le Rhénan **Jean de Cologne** se distinguent tout particulièrement. S'assimilant rapidement, ils créeront de véritables lignées de sculpteurs burgalais : Gil avec son fils Diego ; Jean avec son fils Simon et son petit-fils François.

Le cloître avait été construit entre-temps au 14e s. ; quant à la magnifique tour-lanterne de la croisée effondrée après les travaux audacieux de Simon de Cologne, elle dut être réédifiée par Juan de Vallejo au milieu du 16e s.

La cathédrale

Extérieur

En faisant le tour de la cathédrale, on verra comment les architectes ont su utiliser l'irrégularité du terrain (le 1er étage du cloître est de plain-pied avec l'église) en formant de charmantes places coupées d'escaliers.

Façade principale – On admirera le décor fleuri de la partie haute avec la frise des Rois et ses deux flèches ajourées, chef-d'œuvre de Jean de Cologne.

Portail de la Coronería (1) – Les statues des piédroits ont la grâce de leurs modèles d'Île-de-France, mais les plis de leurs vêtements sont plus mouvementés. Sur l'autre face du transept Nord, le **portail de la Pellejería** (peausserie – **2**) a été conçu par François de Cologne au début du 16e s. dans le style platéresque.

En longeant le chevet, on s'aperçoit que la chapelle du Connétable avec son décor isabélin et sa lanterne à pinacles est un ajout au plan initial.

Porte du Sarmental (3) – Les voussures illustrent la Cour Céleste et le tympan est de fort belle venue ; remarquer la variété des attitudes des quatre évangélistes écrivant sur leurs tréteaux.

Intérieur

*★ **Croisée du transept, stalles du « coro » et chœur** – La splendide lanterne étoilée de la croisée s'élève à 54 m au-dessus du sol. Au-dessous se trouvent les dalles funéraires du Cid et de Chimène.

L'imposant ensemble de 103 stalles en noyer a été sculpté de 1507 à 1512 par Felipe Bigarny. Les scènes de l'Ancien et du Nouveau Testament occupent les

113

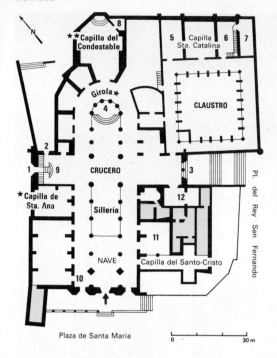

8

★★**Capilla del Condestable**

5 Capilla Sta. Catalina **6** **7**

Girola ★

4

CLAUSTRO

2

1 **9** **CRUCERO** **3**

★**Capilla de Sta. Ana**

12

Sillería

Pl. del Rey San Fernando

11

NAVE Capilla del Santo-Cristo

10

Plaza de Santa Maria

0 _____ 30 m

dossiers hauts, les sujets mythologiques ou burlesques dominant dans la partie inférieure des stalles. Au centre se trouve le beau gisant de l'évêque fondateur Mauricio : sculpté dans le bois, il a été recouvert d'une plaque de cuivre émaillé (13e s.).

Le retable du maître-autel (**4**) est une œuvre Renaissance du 16e s. traitée en fort relief sur fond de niches et de frontons très classique.

Cloître – Ses galeries gothiques du 14e s. exposent de nombreuses sculptures de l'école de Burgos, en bois polychrome, en pierre et en terre cuite. La **chapelle Santiago** (**5**) renferme le trésor, riche de pièces d'orfèvrerie et d'ornements liturgiques. La **chapelle Santa Catalina** abrite des manuscrits anciens (acte de mariage du Cid). Remarquer les consoles sculptées et peintes (15e s.) où sont figurés les rois maures venus rendre hommage au roi de Castille.

Dans la **sacristie** (**6**) *Le Christ à la colonne* de Diego de Siloé est un parfait exemple de l'expressionnisme de la statuaire espagnole à partir du 16e s.

La **salle capitulaire** (**7**) est recouverte d'un plafond à caissons mudéjar en bois peint (16e s.). Elle réunit des tapisseries de Bruxelles des 15e et 16e s. représentant les vertus théologales et cardinales, ainsi qu'un diptyque hispano-flamand et une *Vierge à l'Enfant* de Memling.

★ **Déambulatoire** – À l'exception des deux scènes latérales, l'arrière du maître-autel a été sculpté par Felipe Bigarny. En arrière-plan du Chemin de Croix, étonnant d'expressivité, l'artiste a introduit un fonds architectural Renaissance.

★★ **Chapelle du Connétable** – Elle est fermée par une magnifique grille. Somptueuse fondation du Connétable de Castille Hernández de Velasco, cette chapelle isabéline élevée par Simon de Cologne est éclairée par une lanterne coiffée d'une élégante coupole étoilée.

Tous les grands sculpteurs burgalais du début de la Renaissance ont collaboré à l'exubérante décoration des murs et du retable. Le Connétable et son épouse gisent sur leur mausolée en marbre de Carrare, à côté d'une immense dalle de marbre grenat qu'ils destinaient à leurs enfants. Sur le côté droit de la chapelle s'ouvre la porte platéresque de la sacristie (1512 – **8**), où l'on admire une *Marie-Madeleine* par Léonard de Vinci.

Escalier de la Coronería (**9**) – Du plus pur style Renaissance, ce majestueux escalier à double volée a été conçu par Diego de Siloé au début du 16e s. Le maître ferronnier français Hilaire participa à l'exécution de l'élégante rampe dorée.

Chapelles latérales – Chacune est un véritable musée d'art gothique et platéresque. Gil de Siloé et Diego de la Cruz ont travaillé ensemble au grand retable gothique de la **chapelle Santa Ana**★ qui retrace la vie de la mère de la Vierge. En son centre s'épanouit l'Arbre de Jessé au sommet duquel trônent la Vierge et l'Enfant. Au cœur de l'Arbre figure la rencontre d'Anne et de Joachim son époux.

Au bout de la nef, tout près des voûtes, Papamoscas (Gobemouches) (**10**) est un automate qui rythme les heures en ouvrant la bouche.

Au centre du retable de la **chapelle Santo Cristo** figure un christ fait de peau de buffle de cheveux et de sourcils humains. Dans la **chapelle de la Présentation** (**11**) se trouve le tombeau de l'évêque de Lerma, par Felipe Bigarny, et dans la **chapelle de la Visitation** (**12**), celui du chanoine Alonso de Cartagena par Gil de Siloé.

★ **Arco de Santa María** ⊘ (**A B**) – Parure très populaire de la cité, c'est une porte crénelée du 14e s. modifiée au 16e s. à l'occasion d'une visite de Charles Quint Elle présente les grands personnages de Burgos : en bas, Diego Porcelo. Rodríguez est encadré par les deux juges mi-légendaires qui auraient dirigé les affaires de Castille au 10e s. ; en haut, le comte Fernán González et le Cid *(à droite)* tiennent compagnie à Charles Quint.

Église San Nicolás ⊘ (**A**) – Son **retable**★ de taille imposante fut exécuté en 1505 par Simon de Cologne. Sa décoration extrêmement abondante ne compte pas moins de 465 figures. Dans la partie haute, la Vierge couronnée apparaît encerclée d'une théorie d'anges. Autour de la statue centrale de saint Nicolas, le sculpteur a retracé la vie du saint – son voyage en caravelle à Alexandrie – et, en bas, la Cène, avec les apôtres de dos.

Église San Esteban (**A**) – Cette ravissante **église**★ construite au 14e s. dans le style gothique burgalais sert aujourd'hui d'écrin au **musée du Retable** (Museo del Retablo) ⊘. L'intérieur constitue un cadre magnifique pour les 18 retables répartis en fonction de leur signification religieuse dans les trois nefs de l'église. Dans la partie supérieure du *coro* est présentée une petite exposition d'orfèvrerie.

Église San Gil ⊘ (**AB**) – Une des plus belles églises de Burgos. Sa façade sobre cache un temple de la fin du gothique, où la chapelle de la Nativité et celle du Bon Matin, avec un retable de Gil de Siloé, rivalisent de beauté.

★★ REAL MONASTERIO DE LAS HUELGAS ⊘

1,5 km à l'Ouest de la ville, par l'avenida del Monasterio de las Huelgas.

Fondé en 1180 par Alphonse VIII et sa femme Eléonore d'Angleterre, ce couvent « doré », construit à l'emplacement d'une demeure destinée aux loisirs *(las huelgas)* du roi, était réservé à des religieuses cisterciennes de haut lignage. Au 13e s., son pouvoir spirituel et temporel s'étendait sur plus de cinquante localités. La famille royale de Castille en fit un lieu de retraite pour ses membres ainsi que son panthéon.

Divers travaux d'aménagement en ont fait un ensemble hétérogène et cloisonné : si l'architecture cistercienne domine (12e et 13e s.), il s'y mêle des éléments romans et aussi mudéjars (13e-15e s.) et du mobilier plateresque.

Église – L'extérieur a les lignes pures de l'art cistercien. L'intérieur est séparé en deux parties par la clôture : dans le transept, ouvert aux fidèles, remarquer la chaire tournante (1560), en fer repoussé et doré, qui permettait au prédicateur

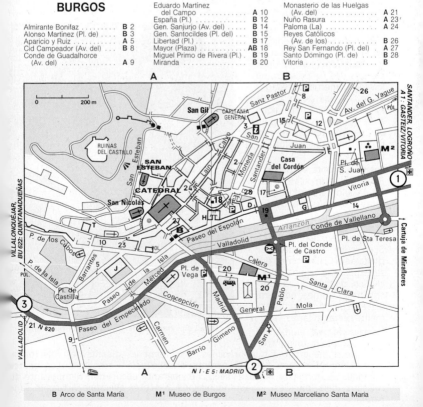

B Arco de Santa Maria   **M**¹ Museo de Burgos   **M**² Museo Marceliano Santa Maria

d'être entendu des deux côtés de la clôture. De nombreuses sépultures royales et nobles, ornées de motifs héraldiques ou de sujets historiés, originellement polychromées, occupent la nef, dont celles du royal couple fondateur, situées dans le *coro* des religieuses, au milieu du vaisseau central. Le **retable** qui ferme la clôture, tout orné de délicates ciselures Renaissance et entièrement polychromé, est surmonté d'une belle Descente de croix du 13e s. De part et d'autre de l'autel se trouvent deux beaux tombeaux des 13e et 14e s.

Cloître gothique – 13e-15e s. Il subsiste des fragments des stucs mudéjars des voûtes, dont les entrelacs ou motifs inspirés de tissus et d'ivoires persans sont d'une extrême finesse.

Salle capitulaire – Elle abrite le « **pendón**★ », un trophée conquis sur le calife Miramamolín à la bataille de Las Navas de Tolosa *(voir p. 23)* et réalisé avec de petits bouts de soie.

Cloître roman – Fin 12e s. De fines colonnes géminées aux chapiteaux très stylisés donnent à ce cloître de l'élégance. On traverse ensuite plusieurs salles de l'ancien palais d'Alphonse VIII, de décoration mauresque. La **chapelle Santiago** a conservé un plafond à caissons avec sa polychromie d'origine et sa frise de stucs. D'après la tradition, la statue de saint Jacques, aux bras articulés, armait chevalier les princes de sang royal.

★★ **Museo de Telas Medievales (musée des Tissus médiévaux)** – L'ensemble d'étoffes et de parures exposé dans l'ancien grenier à grain est un témoignage exceptionnel sur le costume royal dans la Castille du 13e s. Ces vêtements (tunique, pelisse, cape) ont été retrouvés dans les tombes. Les plus précieux proviennent de la tombe de l'infant Ferdinand de la Cerda (mort en 1275), fils d'Alphonse X le Sage, qui n'avait pas été profanée par les soldats de Napoléon en 1809. Ils comprennent une longue tunique, le *pellote* (pantalon très large à bretelles), et une immense cape à porter par-dessus, tous dans une même étoffe brodée de soie et de fils d'argent. Sur la tête se portait le *birrete*, sorte de couronne en soie ornée de perles et de pierres précieuses.

CARTUJA DE MIRAFLORES ⊘ (B) *4 km à l'Est*

La **chartreuse de Miraflores** occupe l'emplacement de l'ancien palais de Henri III, détruit par un incendie. En 1454, Jean II et son épouse, Isabelle de Portugal, ordonnèrent la construction de l'église, destinée à recevoir leurs dépouilles. Les travaux ne s'achevèrent qu'en 1498, à l'apogée du style isabélin.

Détail du retable de la Chartreuse de Miraflores

★ **Église** – La sobriété de la façade extérieure, égayée seulement par les pinacles des contreforts et les deux blasons des fondateurs, ne laisse aucunement présager de la richesse du décor de l'intérieur, de la nef unique aux élégantes voûtes à clefs dorées et surtout de l'exceptionnel ensemble sculpté de l'abside.

★★★ **Ensemble sculpté du chœur** – Exécuté à la fin du 15e s. par Gil de Siloé, il comprend le retable, le mausolée royal et un enfeu.

Le **retable**, en bois polychrome, pour lequel Gil de Siloé s'est fait aider par Diego de la Cruz, étonne par sa disposition originale : des cercles, dans lesquels s'inscrivent les scènes, ont remplacé les habituels compartiments rectangulaires.

Le **mausolée royal**, en marbre blanc, adopte la forme très élégante d'une étoile à huit branches. Il contient les gisants des rois fondateurs, Jean II et son épouse, parents d'Isabelle la Catholique. Les quatre évangélistes dominent ce mausolée à l'exubérante décoration flamboyante de rinceaux, dais, pinacles, amours et blasons, exécutée avec une virtuosité sans pareille.

Dans le mur de gauche, un **enfeu** très orné abrite le tombeau de l'infant Alphonse, dont la mort prématurée fit d'Isabelle la Catholique, sa sœur, l'héritière du trône de Castille. Le jeune prince en prière sculpté par Gil de Siloé est d'une technique brillante mais n'a pas la « présence » du page Juan de Padilla que l'on peut voir au musée.

À droite de l'autel se trouve un triptyque hispano-flamand du 15ᵉ s. Les stalles gothiques aux fines arabesques variées à l'infini complètent heureusement la décoration de l'église.

AUTRES CURIOSITÉS

★ **Musée** ⊙ (**B M¹**) – Il comprend deux sections, installées chacune dans une demeure différente.

Section de préhistoire et d'archéologie – Aménagée dans la **casa de Miranda**, belle demeure Renaissance du chanoine Miranda à l'agréable patio, elle réunit le produit de fouilles effectuées dans la province de Burgos, couvrant la période de la préhistoire à l'époque wisigothique. Remarquer les salles consacrées aux sites de l'âge de fer, à la ville romaine de Clunia, ainsi que la collection de stèles funéraires romaines.

Section des beaux-arts – La production artistique de la région de Burgos du 9ᵉ au 20ᵉ s. est présentée dans la **casa de Angulo**. On remarquera deux pièces très précieuses provenant du monastère de Santo Domingo de Silos (un **coffret hispano-arabe**★ en ivoire taillé à Cuenca au 11ᵉ s. et orné de plaques émaillées et un **parement d'autel**★, dit urne de saint Dominique, en cuivre repoussé et émaillé du 12ᵉ s.), ainsi qu'un **diptyque en ivoire** du 10ᵉ s. La sculpture funéraire des 14ᵉ et 15ᵉ s. est représentée notamment par le **tombeau**★ de Juan de Padilla, où Gil de Siloé a mis tout son talent dans la représentation de la physionomie et de l'habit somptueux du défunt. Dans la collection de peinture du 15ᵉ s., le *Christ aux larmes* est attribué à Jan Mostaert, peintre flamand.

Casa del Cordón (**B**) – Récemment restaurée, elle est occupée par la Caisse d'épargne (Caja de Ahorros). Édifiée au 15ᵉ s. pour les Connétables de Castille, cette demeure arbore toujours, sur sa façade, le grand cordon franciscain qui lui a donné son nom. Les Rois catholiques y reçurent Christophe Colomb au retour de son second voyage ; Philippe le Beau y mourut subitement d'un refroidissement pris après une partie de pelote, ce qui plongea définitivement son épouse Jeanne dans la folie ; François Iᵉʳ, libéré de la captivité que lui valut sa défaite de Pavie en 1525, y logea avant de retourner en France.

Plaza Mayor (**AB 18**) – Cette charmante grand-place circulaire, typiquement ourlée d'une galerie couverte, sert de cadre aux réjouissances populaires.

Museo Marceliano Santa María ⊙ (**B M²**) – Installé dans l'ancien monastère bénédictin St-Jean, ce musée expose les œuvres d'un enfant de Burgos (1866-1952) dont la peinture impressionniste est proche d'un Zuloaga ou d'un Sorolla.

Hospital del Rey – Cette fondation d'Alphonse VIII était à l'origine destinée aux pèlerins. Il en subsiste l'entrée, le Patio de Romeros (patio des pèlerins), avec une belle façade platéresque du 16ᵉ s. Il est désormais le siège de l'université de Burgos.

ENVIRONS

Gisements archéologiques de la Sierra de Atapuerca – *13 km à l'Est. Prendre la N 120 vers Logroño jusqu'à Ibeas de Juarros. Là, se rendre à la salle Emiliano Aguirre (au bord de la route).*

La construction d'une tranchée pour chemin de fer, à la fin du siècle dernier, a révélé la présence de l'un des gisements archéologiques les plus importants au monde. Les fouilles de **La Dolina** ont mis au jour des restes d'hominidés présents sur le lieu il y a 800 000 ans environ. De son côté, le relevé de fossiles de la **Sima de los Huesos** est le plus riche d'Europe pour le pléistocène moyen (entre 400 000 et 200 000 ans avant notre ère). On peut parcourir la tranchée et visiter un petit musée.

Participez à notre effort permanent de mise à jour.
Adressez-nous vos remarques et vos suggestions :

Cartes et Guides Michelin
46, avenue de Breteuil
75324 PARIS CEDEX 07

CÁCERES★★

Estrémadure

84 319 habitants

Carte Michelin nº 444 N 10

Atlas España Portugal p. 49

Plan général dans le guide Rouge Michelin España Portugal

Capitale d'une province agricole (cultures céréalières, élevage de bovins et de porcins), cette ville animée possède un remarquable centre historique dont la visite ramène quelques siècles en arrière.

★★★ LE VIEUX CÁCERES *1 h 1/2*

Ses murailles arabes défendues par des tours protègent un ensemble de maisons seigneuriales gothiques et Renaissance, unique en Espagne par son homogénéité. Les maisons nobles élevées aux 15e et 16e s. présentent des façades sans décoration surabondante, à l'image de leurs propriétaires, ces chevaliers rudes et fiers, les Ulloa, Ovando ou Saavedra, qui gagnaient à lutter contre l'infidèle – Maure ou indien d'Amérique – plus de prestige que de richesse. Seuls un orgueilleux blason, une fine nervure encadrant une fenêtre, une corniche sculptée, viennent égayer ces demeures dont les tours fortifiées, qui affirmaient la puissance de leurs habitants, ont été tronquées en 1477 sur l'ordre d'Isabelle la Catholique.

Suivre l'itinéraire indiqué sur le plan. La visite nocturne est recommandée. Partir de la plaza Mayor.

On franchit l'**arc de l'Étoile** (Arco de la Estrella), percé dans la muraille au 18e s. par Manuel Churriguera.

★ **Plaza Santa María** – Centre de la cité ancienne, cette place allongée et biscornue multiplie les perspectives sur des façades ocre qui ne manquent pas de noblesse. Celle du **palais Mayoralgo** (**B**) a retrouvé, après restauration, ses élégantes fenêtres géminées. La façade à bossages du **palais épiscopal** (**C**) date du 16e s. ; le portail est encadré par des médaillons représentant l'ancien Monde *(à gauche)* et le nouveau *(à droite)*.

Église Santa María – Cet édifice de noble architecture, terminé au 16e s., fait office de cathédrale. Les trois vaisseaux gothiques, presque d'égale hauteur, ont des voûtes à liernes et tiercerons qui se prolongent dans les fines colonnes engagées des piliers. Le retable sculpté du maître-autel (16e s.), malheureusement peu mis en valeur et très sombre, se révèle à l'examen être de bonne facture.

À gauche de l'église, au début de la rue des Tiendas, s'élève le **palais Carvajal** flanqué d'une tour du 15e s. Sa visite permet d'admirer l'intérieur d'une maison noble avec ses salons, son patio et sa chapelle.

CÁCERES

Adarve del Padre Rosalío ... 2
Adarve de Sta Ana 3
Adarve la Estrella 5
Aldana (Cuesta de) 6
Amargura 7
Ancha 8
Camberos 9
Compañía (Cuesta de la) 12
Condes 13
Defensores del Alcázar 15
Fuente Concejo 18
General Ezponda 19
Marqués (Cuesta del) 24
Pereros 25
Pintores 26
Plaza Mayor
Rincón de la Monja 27
Sancti Espíritu 28
San Jorge (Pl.) 31
San Mateo (Pl. de) 33
Santa Ana (Arco de) 34
Santa Clara (Pl. de) 36
Tiendas 39
Veletas (Pl. de las) 40

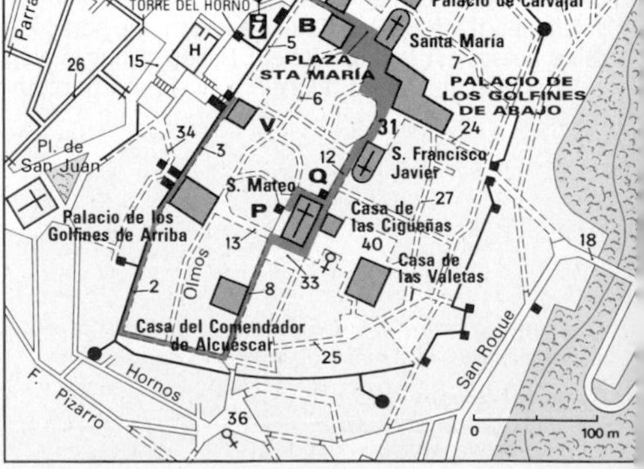

B Palacio Mayoralgo
C Palacio episcopal
P Torre de los Plata
Q Casa del Sol
V Casa de la Generala

Palacio de los Golfines

Palacio de los Golfines de Abajo – Cette riche résidence qui eut, par deux fois, l'honneur d'accueillir les Rois catholiques possède une façade en pierre de taille d'un gothique teinté de plateresque, très caractéristique de l'architecture civile de la fin du 15e s. La fenêtre géminée dérive de l'*ajimez* musulman tout comme la nervure, qui encadre délicatement les deux fenêtres et la porte, rappelle l'*alfiz*. Venue égayer la façade au 16e s., une frise plateresque sculptée de griffons ailés couronne une partie du mur central. Des médaillons et le blason des Golfines (fleur de lys et tour) complètent la décoration.

Plaza San Jorge (31) – Elle est dominée par l'austère façade du 18e s. de l'**église San Francisco Javier** élevée par les jésuites.

Église San Mateo – La haute nef gothique commencée au 14e s. s'est vu adjoindre au 16e s. un *coro alto* reposant sur une arcade en anse de panier. L'ensemble est très dépouillé. Hormis le retable baroque, l'unique ornement vient des chapelles latérales (tombeaux décorés de motifs héraldiques).

En contournant l'église par le flanc Nord, on voit deux tours du 15e s. ayant perdu leurs créneaux mais encore pourvues de mâchicoulis ; ce sont la **Torre de la Plata** (tour de l'Argent – **P**) et la **Casa del Sol (Q)** qui doit son nom à l'élégant blason de la famille des Solís, sculpté au-dessus du portail.

Casa de las Cigüeñas – Actuellement occupée par l'armée, la **maison des Cigognes** tire fierté de sa tour crénelée, la seule qui ait échappé au démantèlement ordonné à la fin du 15e s.

Casa de las Veletas – Derrière une belle façade du 18e s. habillée de blasons baroques, la **maison des Girouettes** construite à l'emplacement de l'alcázar maure, dont il subsiste la citerne, abrite aujourd'hui le **musée provincial** ⊙ : collections d'archéologie (stèles gravées de l'âge du bronze, sangliers de pierre, vestiges romains) et salles d'ethnologie (costumes, artisanat).

La **citerne arabe** (aljibe) du 11e s. est toujours alimentée par l'eau ruisselant de la toiture et de la place déclive. Elle comprend cinq travées d'arcades outrepassées s'appuyant sur des colonnes de granit aux chapiteaux à peine esquissés.

Casa del Comendador de Alcuéscar – Ce palais à la belle tour gothique abrite aujourd'hui un parador. Remarquer le fin encadrement des fenêtres et le balcon d'angle.

En suivant la ruelle qui longe les remparts, on parvient devant la noble et austère façade du **Palacio de los Golfines de Arriba** qui s'orne d'un beau patio. Un peu plus bas la **casa de la Generala** (**V**) abrite la faculté de droit.

Franchir les remparts par la porte qui se trouve en face.

De l'escalier qui descend vers la plaza del General Mola, une perspective intéressante s'offre sur les murailles, particulièrement hautes à cet endroit, et la tour del Horno.

AUTRES CURIOSITÉS

Palacio de los Toledo-Moctezuma – Construit par Juan Cano de Saavedra avec la somptueuse dot de sa femme, qui n'était autre que la fille du roi aztèque Moctezuma, ce palais présente une imposante façade surmontée d'une galerie.

Torre de los Espaderos – La **tour des Armuriers** est tronquée comme toutes les tours de la fin du 15e s.

Église Santiago ⊙ – Elle est considérée comme le berceau de l'ordre militaire des Frères de Cacérès, lui-même à l'origine de l'ordre militaire de St-Jacques-de-Compostelle. L'édifice d'origine romane a été très remanié au 16e s. Il abrite un retable d'Alonso Berruguete (1557) représentant plusieurs scènes de la vie du Christ autour d'un saint Jacques Matamore vigoureusement campé.

En face, le **palais Godoy** frappe par son imposant blason en angle. À l'intérieur beau patio décoré d'azulejos.

ENVIRONS

Virgen de la Montaña ⊙ – *3 km à l'Est.* Un sanctuaire baroque du 17e s. érigé sur une colline plantée d'oliviers abrite une statuette célèbre vers laquelle se dirig le 1er dimanche de mai une pittoresque *romería.* De l'esplanade, **vue**★ sur tout le plateau d'Estrémadure.

Garrovillas – *36 km au Nord-Ouest par la N 630 et la C 522.* Typique bour d'Estrémadure. Sa plaza mayor à arcades, de forme fantaisiste, surprend par s charmante rusticité. Elle appuie ses arcades sur des piliers tout de guingois.

Arroyo de la Luz – *20 km à l'Ouest par la N 521 puis la C 523. Pour atteindr l'église de la Asunción, prendre le clocher comme repère et suivre la rue la plu large.* La nef gothique de cette église fut construite aux 15e et 16e s. ; son retab est composé de seize **tableaux**★ et quatre médaillons exécutés sur place de 156 à 1563 par **Luis de Morales.** Ce peintre, dont on ne connaît habituellement que de œuvres éparses, nous livre ici un bon aperçu de son style, fait de douceur et d noblesse.

Museo Vostell-Malpartida ⊙, à **Malpartida de Cáceres** – *10 km par la N 521 jusqu Malpartida ; du village, suivre les indications (3 km jusqu'au musée).*

En 1976, l'artiste hispano-allemand Wolf Vostell (1932-1998), représentant d mouvement expérimental Fluxus qu'il fonda en 1962 avec George Maciunas, pu de l'Art Vidéo, constitua dans cet ancien lavoir à laine des 18e et 19e s. un singuli musée d'art contemporain. Celui-ci compte sept installations créées par Voste une collection importante d'art conceptuel, avec des œuvres, entre autres, Canogar, du groupe Equipo Crónica ou de Saura, ainsi que la collection d'œuvre Fluxus de Gino di Maggio, avec des réalisations de Maciunas, Brecht, Higgins Vautier.

Tourisme-informations sur Minitel :
consulter 3615 Michelin (2,23F/mn).

Ce service vous aide à préparer
ou décider du meilleur itinéraire à emprunter
en vous communiquant d'utiles informations routières.

CÁDIZ★

CADIX – Andalousie
157 355 habitants
Carte Michelin nº 446 W 11
Atlas España Portugal p. 8

Véritable bastion cerné par la mer, Cadix n'est rattachée au continent que par un étroit banc de sable. Sa situation remarquable, sa vaste baie bien abritée ont attiré des peuplements depuis les temps les plus reculés. Fondée par les Phéniciens vers 1100 avant J.-C., elle fut ensuite romaine et arabe. Au 18e s., Cadix devient l'un des ports les plus importants d'Europe grâce au commerce avec l'Amérique, qui était jusque-là le monopole du port de Séville.

La bataille de Trafalgar

Le 21 octobre 1805, c'est de la rade de Cadix que la flotte franco-espagnole commandée par l'amiral de Villeneuve partit affronter les Anglais, sous les ordres de Nelson, au large du cap de **Trafalgar**. Les vaisseaux étaient vétustes, les équipages peu entraînés et la flotte franco-espagnole, après d'héroïques combats, fut détruite par les Anglais. Nelson fut tué, Villeneuve fait prisonnier. L'Espagne était désormais incapable de défendre son empire colonial contre l'Angleterre.

À Londres sur Trafalgar Square, la colonne de Nelson évoque sur l'une de ses faces la mort de l'amiral à bord du *Victory* le jour de la bataille. Cette scène est accompagnée d'une inscription relatant les paroles que Nelson prononça le matin de l'engagement : « l'Angleterre compte que chacun fera son devoir. » *Voir Guide Vert Michelin Londres.*

Le trois-mâts *Victory* est exposé dans le port de Portsmouth en Angleterre (*voir Guide Vert Michelin Grande-Bretagne*).

En 1812, durant l'occupation française, assiégés par les Français, les patriotes espagnols réunirent les Cortès pour promulguer une constitution libérale connue sous le nom de **Constitution de Cadix**.

Cadix aujourd'hui – Ville et port industriels (chantiers navals, arsenaux), c'est aussi un port de pêche important et un port de voyageurs à destination des Canaries et d'autres parties de l'Espagne. Sa situation en fait un point stratégique.

CURIOSITÉS

★ **Promenade du front de mer** – Au Sud et à l'Ouest, vue sur l'océan. Au Nord et à l'Est d'où l'on aperçoit la rive opposée de la baie, les beaux **jardins**★ (parc Genovés, Alameda Marqués de Comillas, Alameda de Apodaca) sont l'un des principaux attraits de la ville.

★ **Museo Provincial** ⊙ **(BY M)** – *Accès par calle Antonio López.* Installé dans l'ancien couvent San Francisco et dans un bâtiment moderne, ce musée comprend trois sections : archéologie, beaux-arts et ethnologie.

Archéologie – La richesse des collections témoigne du long passé de Cadix. Une salle est consacrée aux nécropoles romaines et aux différents rites funéraires. Collection de vases, de lampes à huile et de bijoux. La statue colossale de Trajan a été trouvée dans la région de Tarifa.

Les pièces les plus remarquables de cette section sont deux **sarcophages phéniciens**★ anthropoïdes datant du 5e s. avant J.-C. Le sarcophage masculin fut découvert en 1887 et le féminin en 1980. Ils furent exécutés par des artistes grecs copiant des modèles égyptiens.

Beaux-Arts – Cette section est riche en peintures de l'école espagnole du 17e s. : le divin Morales, Murillo, Ribera et plus particulièrement les **œuvres de Zurbarán**★ provenant de la chartreuse de Jerez, exécutées entre 1630 et 1640, période où l'artiste était au faîte de sa gloire.

Ethnologie – Le théâtre de marionnettes de Tía Norica, avec ses décors et les différents personnages qui l'animent, dont la fameuse Tía et son neveu Batillo, illustre le folklore de Cadix depuis le 18e s.

Museo Histórico ⊙ **(AY M¹)** – Belle **maquette**★ de la ville sous le règne de Charles III, réalisée en ivoire et acajou.

Église San Felipe Neri  (**AY A**) – C'est là, dans cette salle de plan ovale couverte par une vaste coupole, qu'en 1812 les Cortès se réunirent pour proclamer la Constitution.

Au-dessus du maître-autel, Vierge de Murillo.

Cathédrale  (**BZ**) – De style néoclassique, elle fut construite de 1720 à 1838 d'après les plans de Vicente Acero. Dans la crypte est enterré le grand compositeur **Manuel de Falla** (1876-1946).

Musée – Il comprend une très riche collection de **pièces d'orfèvrerie**★ : croix processionnelle d'Enrique de Arfe, une custode en argent monumentale (5 m de haut) et l'ostensoir du « million » (1721) orné, dit-on, de près d'un million de pierres précieuses.

CÀDIZ

Ancha	**BY** 2	Mina (Pl. de)	**BY** 12
Calderón de la Barca	**BY** 3	Montañés	**BZ** 13
Candelarias (Pl.)	**BZ** 5	Novena	**BY** 15
Columela	**BYZ**	Pelota	**BZ** 18
Compañía	**BZ** 6	Ramón de Carranza	**BZ** 19
Doctor Marañón	**AY** 7	San Antonio (Pl. de)	**AY** 21
Fernando El Católico	**BY** 8	San Francisco	**BY** 22
Mentidero (Pl. del)	**AY** 9	San Juan de Dios	**BZ** 24
		San Juan de Dios (Pl. de)	**BZ** 25
		San Roque	**BZ** 27
		Santo Cristo	**BZ** 28
		Topete (Pl.)	**BZ** 30

A Iglesia de San Felipe Neri	**M** Museo provincial de Cádiz	**M¹** Museo Histórico Municipal

ENVIRONS

Medina Sidonia – *44 km à l'Est par les N IV, N 340 et C 346.* En quittant Cadi: la route suit un cordon littoral bordé d'un côté par des plages et de l'autre par le **salines de San Fernando**.

Le village de Medina Sidonia apparaît bâti sur une colline. Au sommet, l'**église San María** , gothique, abrite un remarquable **retable**★ Renaissance sculpté par Jua Bautista Vázquez l'Ancien.

De belles vues se dégagent sur la plaine environnante, jusqu'à la côte par temp clair.

Actualisée en permanence,

la carte Michelin au 1/400 000 indique :
- *golfs, stades, hippodromes, plages, piscines, altiports ;*
- *sentiers de randonnée, panoramas, routes pittoresques ;*
- *parcs naturels, monuments intéressants...*

Pour vos loisirs, elle est le complément naturel des guides Verts Michelin.

Équipez votre voiture de cartes Michelin à jour.

Castillo-Convento de CALATRAVA LA NUEVA★

Castille-la Manche (Ciudad Real)

Carte Michelin nº 444 P 18
Atlas España Portugal p. 64

Haute colline hérissée de murs croulants, citadelle déchue, la forteresse de Calatrava inspire encore le respect. Aucun site n'est plus évocateur de ces terribles solitudes où se retiraient les chevaliers de la Reconquête.

Des moines-soldats

Au milieu du 12e s. la plaine de Calatrava est le théâtre de luttes incessantes entre chrétiens et musulmans. La forteresse de Calatrava, d'origine arabe, bâtie au bord du Guadania, abandonnée par les Templiers, trouve preneur en la personne de l'abbé Raimundo de Fitero. Ancien soldat, il y installe une garnison et fonde en 1158 l'ordre de Calatrava, premier ordre militaire espagnol. Mais Al-Mansour réussit à s'emparer du château. Aussi, après leur victoire à las Navas de Tolosa, les chevaliers, redevenus maîtres de la région, préfèrent-ils choisir ce site imprenable pour y édifier une autre forteresse, où ils se retirent en 1217.

Visite ⊙ – À 7 km au Sud-Ouest de Calzada de Calatrava, prendre sur la droite un chemin revêtu de 2,5 km en montée. Trois solides enceintes se développent, la seconde prenant directement assise sur le rocher.

L'**église** restaurée, éclairée par une immense rosace, a conservé des voûtes en brique, en forme de « nids d'hirondelles », probablement œuvre de prisonniers maures. Du haut des tours se découvrent les ruines du **château de Salvatierra**.

CAMINO DE SANTIAGO★★

CHEMIN DE SAINT-JACQUES – Navarre, Castille et Léon, Galice

Cartes Michelin nºˢ 441 et 442 D, E, F de 4 à 26

Découvertes au début du 9e s., les reliques de l'apôtre saint Jacques devinrent très vite l'objet d'un culte local, puis d'un pèlerinage qui se développa surtout à partir du 11e s. Chaque année, cinq cent mille « jacquets », « jacquots », « jacobites » ou « coquillarts » se mettent en route pour St-Jacques, munis de « papiers » attestant leur qualité de pèlerins. Large chapeau à bord relevé garni de coquilles, vaste pèlerine, gourde, « bourdon » (gros bâton), panetières à la ceinture : telle est la silhouette du pèlerin : « coquille de paix, bâton d'espérance, gourde de salut ».

Une organisation mise au point par les bénédictins de Cluny facilite le voyage. Les chevaliers de l'ordre espagnol de l'Épée rouge prêtent de l'argent aux voyageurs et assurent la sécurité des chemins, où les bornes sculptées, les « montjoie », servent de repères. Des maladreries et hospices, tenus par les frères hospitaliers, reçoivent les « jacquots », les réconfortent et les soignent. Un guide du Pèlerin, œuvre probable du Poitevin Aimeri Picaud, moine à Parthenay-le-Vieux, renseigne sur les coutumes, les habitants, le climat de certaines contrées ; il indique également les chemins intéressants et les curiosités qu'on peut y rencontrer. En effet, le « jacquot » n'hésite pas, en cours de route, à faire un large détour pour visiter une église ou vénérer des reliques. La richesse de certains sanctuaires est due au grand nombre de pèlerins venus y apporter leur obole.

Le long du chemin se créent des étapes : des auberges, des boutiques, des forges s'installent, formant une *calle mayor* le long de laquelle se développent des bourgs. Des communautés agricoles se transforment en villes et certaines se peuplent d'étrangers ou de minorités (Français, juifs), qui s'établissent pour consolider les territoires reconquis et apportent avec eux une grande variété culturelle.

Mais, au cours des siècles, avec le développement du commerce, la foi qui anime les « jacquots » s'émousse : des perspectives de lucre ou de brigandage rassemblent des bandes de « coquillarts », faux pèlerins dont fit partie le poète Villon. Plus tard, les guerres de Religion portent un premier coup fatal au pèlerinage : les chrétiens, occupés à s'entrebattre, ne trouvent plus ni la foi, ni l'élan pour entreprendre cette marche vers Dieu. En 1589 enfin, l'archevêque de St-Jacques, prenant peur devant un corsaire anglais, fit enlever de la basilique les reliques de l'apôtre pour les cacher dans un lieu secret, sonnant ainsi le glas du pèlerinage.

En 1879, on redécouvrit par hasard des restes, que la papauté reconnut solennellement comme ceux qui, pendant tout le Moyen Âge, avaient soulevé une immense ardeur dans la Chrétienté.

PRINCIPALES ÉTAPES EN ESPAGNE

Les nombreux itinéraires français se rassemblaient pour franchir les Pyrénées à Behobie, à Roncevaux et au Somport, et ne plus constituer au-delà que deux chemins : celui des Asturies, considéré comme dangereux jusqu'au 15e s. à cause des risques d'incursions barbaresques, et le « Camino Francés » (Chemin des Français), jalonné d'églises et de monastères d'un style mêlé d'influences françaises. Les deux branches, partant l'une du Somport et l'autre de Roncevaux, se rejoignaient à Puente la Reina.

Du Somport à Puente la Reina, les principales étapes étaient **Jaca, Santa Cruz de la Serós, San Juan de la Peña**, le **monastère de Leyre** et **Sangüesa** *(voir index)*. De **Roncevaux** à Puente la Reina, le trajet, beaucoup plus court, ne comptait qu'une étape importante : **Pampelune**.

★ **Puente la Reina** – Le vénérable pont en dos d'âne qui enjambe le río Arga et donne son nom à la ville fut construit au 11e s. pour permettre le passage des pèlerins se rendant à St-Jacques. À l'entrée de la ville en venant de Pampelune, un pèlerin en bronze signale ce point de rencontre entre les deux *caminos*.

La grande route cerne la vieille cité. L'**église del Crucifijo** ⊙, qui se trouvait hors les murs, communique par un porche avec l'ancien hospice des pèlerins. Accolée à la nef d'origine (12e s.), une nef postérieure (14e s.) abrite la fameuse Croix en Y et son **Christ**★ en bois d'un expressionnisme violent. Il aurait été rapporté d'Allemagne par un pèlerin du 14e s. S'engager à pied dans l'étroite Calle Mayor, très élégante avec ses maisons en briques dorées et ses avant-toits de bois sculpté, qui mène au fameux pont. On rencontre en chemin l'**église Santiago** ⊙, dont le **portail**★ fourmille de figures presque effacées. La nef, refaite au 16e s., a été décorée de retables. Remarquer, face à l'entrée, un saint Jacques pèlerin en bois doré et le saint Bartholomé qui lui fait pendant.

★ **Eunate** – *5 km à l'Est de Puente la Reina.* Cette **chapelle romane** si harmonieuse de proportions reste d'origine énigmatique. La découverte d'ossements tend à accréditer la thèse d'une chapelle funéraire établie sur le chemin du pèlerinage ; il en serait de même pour la chapelle de Torres del Río. La galerie extérieure, aujourd'hui curieusement découverte, se rattachait à des bâtiments annexes ; elle servait d'abri aux pèlerins.

Église d'Eunate

★ **Cirauqui** – Le long des ruelles tortueuses bordées d'escaliers se pressent de façades à demi blanchies, ornées de portes arrondies, de balcons, blasons e corniches sculptés. Tout en haut du village (montée difficile), l'**église San Roma** possède un **portail**★ du 13e s. polylobé, semblable à celui de San Pedro de la Rú à Estella.

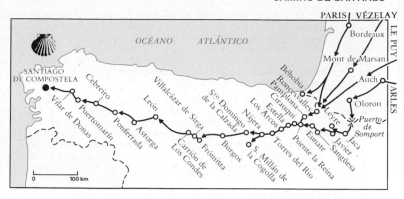

★★ **Estella et monastère d'Irache** – *Voir Lizarra.*

Los Arcos – Reconnaissable à sa haute tour, l'**église Santa María de los Arcos** appartient par sa décoration intérieure au baroque espagnol. L'effet est saisissant : les stucs, les statues, les peintures ne laissent aucune surface à nu. On remarquera tout particulièrement les murs du transept et leur décoration imitant des cuirs de Cordoue. Sur le maître-autel, du plus pur style baroque, trône une statue en bois polychrome du 13e s. représentant la vierge noire de Santa María de los Arcos. Le cloître (15e s.) avec ses fenêtres flamboyantes montre l'élégance du gothique.

Torres del Río – L'**église del Santo Sepulcro**★ est un curieux édifice roman tout en hauteur et de plan octogonal, construit vers 1200. Sa ressemblance avec la chapelle d'Eunate a frappé les spécialistes qui y voient une chapelle funéraire. À l'intérieur, les lignes verticales dominent ; la magnifique **coupole** en étoile, d'influence mudéjar, est d'une géométrie parfaite. Les minuscules fenêtres disposées au bout des branches de l'étoile, les modillons et chapiteaux historiés sont les seuls éléments décoratifs.

★ **Nájera et Santo Domingo de la Calzada** – *Voir Nájera.*

★★ **Burgos** – *Voir ce nom.*

★★ **Église de Frómista** – *Voir ce nom.*

Villalcázar de Sirga – La vaste **église Santa María la Blanca** ⊘ gothique, dont on admirera le **portail**★ méridional sculpté, protégé par un porche, abrite dans son croisillon Sud deux **tombeaux**★ gothiques remarquables. Là reposent un frère d'Alphonse X, exécuté par ce dernier en 1271, et sa femme Léonore. Sur le tombeau du prince, le sculpteur a décrit la procession funéraire avec un sens aigu du détail.

Carrión de los Condes – Les comtes de Carrión, attirés par la belle dot promise aux filles du Cid, les épousèrent, les maltraitèrent et eurent à s'en repentir car leur beau-père les fit condamner à mort par le roi. Le **monastère San Zoilo** ⊘, reconstruit à la Renaissance, possède un **cloître**★, édifié d'après les plans de Juan de Badajoz, qui présente des voûtes remarquables, ornées sur les clés et les culs-de-lampe de médaillons et de bustes.
L'**église Santiago** montre de belles sculptures du 12e s. Sur la voussure centrale du portail on reconnaît l'architecte avec son compas, le coiffeur avec ses ciseaux, le potier et son tour, le savetier... Les hauts-reliefs ont déjà une allure gothique.

★ **León** – *Voir ce nom.*

Astorga – *Voir ce nom.*

Ponferrada – *Voir ce nom.*

Cebreiro – Non loin du col de Piedrafita (1 109 m), Cebreiro est le lieu où le visiteur peut le mieux imaginer ce que furent pour les pèlerins la longue route et ses fatigues. Ses curieuses maisons de pierres sèches couvertes de chaume sont une survivance des huttes celtiques (elles abritent un **musée ethnographique**) et étaient habitées encore récemment ; une auberge offre toujours abri et réconfort, à côté de la petite église montagnarde du 9e s. où les jacquets vénéraient les reliques du miracle des Saintes Espèces, qui eut lieu vers l'an 1300 lorsque le pain se changea en chair et le vin en sang. Ces saintes reliques sont conservées dans des ampoules d'argent offertes par Isabelle la Catholique, exposées avec le calice et la patène du miracle.

Portomarín – Ce vieux village, près du pont sur le Miño, fut englouti lors de la construction du barrage de Belesar. L'**église**★ des chevaliers de Saint-Jean-de-Jérusalem, reconstruite pierre par pierre dans le village neuf, est fortifiée, de forme rectangulaire, ornée de grands arcs de décharge et de portails romans aux voussures finement sculptées. Au portail occidental figure un Christ en majesté entouré des vingt-quatre vieillards musiciens de l'Apocalypse.

Vilar de Donas – *6,5 km à l'Est de Palas de Rei*. Légèrement à l'écart de la route, l'**église** s'ouvre par un beau portail roman. À l'**intérieur** sont alignées le long des murs les tombes des chevaliers de Saint-Jacques morts au combat contre les infidèles. Dans l'abside subsistent les **fresques**★ du 15e s. On voit au centre le Christ en majesté, à gauche saint Paul et saint Luc, à droite saint Pierre et saint Marc et, sur les murs du chœur, des figures de jeunes femmes élégantes (*donas* en galicien), qui donnèrent leur nom au lieu.

★★★ **St-Jacques-de-Compostelle** – *Voir Santiago de Compostela.*

CANGAS DE NARCEA

Asturies

19 083 habitants

Carte Michelin n° 441 C 10 – Atlas España Portugal p. 4

Porte de la haute vallée du Narcea, Cangas est le rendez-vous des pêcheurs de truites, des excursionnistes ou des chasseurs.

ENVIRONS

Corias – *3 km au Nord*. Le **monastère** ⊙, à la façade néoclassique et aux dimensions impressionnantes, a été fondé au 11e s. et occupé pendant huit siècles par des bénédictins. Incendié, il fut reconstruit au 19e s. Dans l'**église**, autels churrigueresques.

Tineo – *30 km au Nord-Est*. L'attrait de ce bourg accroché à flanc de montagne à 673 m d'altitude réside dans sa position de mirador, ménageant vers le Sud-Est un immense **panorama**★★ sur les sierras environnantes.

CARAVACA DE LA CRUZ

Murcie

21 238 habitants

Carte Michelin n° 445 R 24 – Atlas España Portugal p. 78

Caravaca entoure une colline couronnée par les murailles du château. En mai, la ville commémore le miracle qui eut lieu dans ses murs en 1231. Un prêtre nommé Chirinos, célébrait la messe devant le roi maure qui l'avait fait prisonnier lorsque la croix qui manquait sur l'autel fit son apparition. Il n'en fallut pas plus pour que le roi maure se convertisse et que la croix, jugée morceau de la vraie Croix, devienne l'objet d'une vénération populaire. Elle a été dérobée en 1934.

Église de la Santa Cruz ⊙ – Les remparts du château (15e s.), restaurés, renferment l'église qui conserva longtemps la **sainte croix**. Le portail (1722), en marbres rouges locaux, surprend par son audace baroque. Il dégage, grâce aux *estípites* (balustres inversés) et aux colonnes finement torsadées, une impression de verticalité mais aussi de robustesse qui l'apparente aux portails des églises latino-américaines. À l'intérieur, on admire la stricte élégance herrérienne.

Des remparts et créneaux au sommet de l'édifice, **panorama** sur la ville et les environs.

Pour voyager, utilisez l'Atlas Espagne Portugal au 1/400 000.

Il couvre toute la péninsule Ibérique et les îles.

Il utilise le même carroyage que les cartes, carroyage dont les coordonnées sont données dans ce guide sous le nom des villes et curiosités.

Il comprend les plans des principales villes.

CARDONA★

Véritable citadelle au sommet d'une butte de 589 m, le **château**★ domine de sa silhouette dorée le village. Reconstruit au 18 s., il abrite aujourd'hui un parador. De l'édifice du 11e s. subsistent la tour démantelée de la Minyona (Demoiselle) et la collégiale, joyau de l'art roman lombard. Du haut de la citadelle des vues s'offrent sur la **mine de sel** exploitée depuis l'époque romaine, dont certaines galeries parviennent à plus de 1 000 m de profondeur.

★★ **Collégiale Sant Vincenç** ⊘ – Construite en 1040, la collégiale relève de l'architecture lombarde qui fleurissait alors en Catalogne. Le parement totalement uni des murs, la tour-lanterne à la croisée du transept, l'emploi de plusieurs types de voûtes, en berceau dans la nef centrale à la belle élévation, d'arêtes dans les collatéraux, témoignent d'une grande maîtrise. Au-dessous les voûtes d'arêtes de la **crypte**★ reposent sur six gracieuses colonnes. Devant la collégiale, charmant cloître gothique du 15e s.

Château et collégiale de Cardona

CARMONA★

u bord du plateau qui domine l'immense plaine céréalière du Guadalquivir se ┌essent les murailles de cette cité ancienne.

VIEILLE VILLE *1 h*

Laisser la voiture dans la partie basse de la ville près de la porte de Séville.

On accède à la vieille ville par la porte fortifiée de Séville, au double arc arabe, qui fait face à la tour baroque de l'église San Pedro. À l'intérieur des murailles, les rues sont bordées de façades blanches, de maisons nobles au portail de pierre, de couvents.

Par la rue Prim on parvient à la plaza San Fernando encadrée de demeures des 17e et 18e s. L'**hôtel de ville** *(entrée par la calle El Salvador)* conserve dans son patio une grande mosaïque romaine.

En poursuivant par la rue Martín López, on passe devant l'**église Santa María** ⊘, précédée de l'ancienne cour aux ablutions de la mosquée. Un peu plus loin se trouve le **couvent Santa Clara** dont les murs de l'église sont peints de portraits de femmes où se lit l'influence de Zurbarán. À l'extrémité de cette rue, la **porte de Cordoue** a été plaquée au 17e s. aux murailles romaines.

En montant les rues de Calatrava et G. Freire, on accède à l'**Alcázar del rey Don Pedro** dans lequel a été aménagé le parador.

AUTRE CURIOSITÉ

Nécropole romaine ⊘ - *Accès signalisé sur la route de Séville.* Plus de 800 tombes datant du 1er au 4e s. ont été mises au jour. Elles présentent pour la plupart une chambre funéraire voûtée où les urnes sont logées dans de petites niches. Les plus remarquables sont la tombe de l'Éléphant qui doit son nom à une statue de pachyderme et qui comprend trois salles à manger et une cuisine, et la tombe de Servilia, aussi vaste qu'une demeure patricienne.

CARTAGENA

CARTHAGÈNE – Murcie

173 061 habitants

Carte Michelin n° 445 T 27 – Atlas España Portugal p. 79

Remarquablement située dans une baie profonde encadrée de promontoires défendus par des forts, Carthagène est un port militaire de première importance.

Cartago Nova - La ville fut occupée en 223 avant J.-C. par les Carthaginois qui la baptisèrent Cartago Nova. Plus tard, les Romains en firent une colonie prospère : on a découvert, plaza de los Tres Reyes, les vestiges du forum. Les Arabes lui préférèrent Almería et les chrétiens transférèrent à Murcie son archevêché. Grâce à Philippe II qui fit fortifier ses collines et à Charles III qui y fonda l'arsenal, la ville retrouva une certaine importance.

La création de la raffinerie d'Escombreras à 9 km a contribué à son essor ainsi que les importations de pétrole brut et les exportations de zinc, de plomb et de fer.

À Carthagène se déroulent pendant la Semaine sainte d'impressionnantes processions.

CURIOSITÉS

L'animation se concentre autour de la calle Mayor, artère principale de la ville. Près des murailles et de la plaza del Ayuntamiento on peut voir le tout premier **sous-marin** inventé en 1888 par un enfant du pays, le lieutenant Isaac Peral.

Du sommet de l'ancien **fort de la Conception** converti en jardin public (Parque Torres) belle **vue** d'ensemble sur le port, la rade et les ruines de l'ancienne cathédrale romane.

Museo Nacional de Arqueología Marítima ⊘ - *Installé dans le port sur la digue de la Navidad. Suivre la direction de la Algameca. En arrivant à la Empresa Nacional Bazán, prendre une route à droite et la suivre jusqu'au bout.*

Le musée expose des objets trouvés dans différents champs de fouilles sous-marins et surtout une riche collection d'amphores phéniciennes, puniques, romaines... L'activité maritime en Méditerranée pendant l'Antiquité est illustrée par des cartes, des modèles réduits de bateaux (galères birèmes, trirèmes...), une maquette de la fosse marine méditerranéenne.

ENVIRONS

Mar Menor - *35 km par la N 332.* C'est une baie fermée par un cordon littoral long de 20 km, large de 500 m, appelé « **Manga** », qui prend assise sur un promontoire rocheux du cap de Palos. Des terres basses plantées d'amandiers occupent l'arrière-pays avec, çà et là, quelques palmiers et moulins à vent. Ses eaux peu profondes et salées favorisent la pêche à la daurade, au mulet et à la langoustine.

Importante station balnéaire, **La Manga del Mar Menor** dresse le long du cordon littoral, sur des kilomètres, ses hautes tours modernes, vision quasi surréaliste. Ses plages de sable et ses eaux tranquilles se prêtent merveilleusement à la pratique de la voile, de la planche à voile et du ski nautique.

À **Santiago de la Ribera**, des pontons avec cabines ont été aménagés en l'absence de plages tout le long du front d'eau. À **San Javier** tout proche se trouve le siège de l'académie de l'Air.

Sierra de CAZORLA★★

Andalousie (Jaén)

Carte Michelin n° 446 R 21-S 21 – Atlas España Portugal p. 76

La sierra de Cazorla fait partie du **parc naturel des sierras de Cazorla, Segura et las Villas**, qui s'étend sur 214 336 ha et a été créé en 1986 dans le but de préserver les richesses naturelles de cette zone.

Les chaînes Bétiques dépassent ici les 2 000 m d'altitude. De nombreuses sources y donnent naissance à des torrents dont l'un, le Guadalquivir, deviendra le grand fleuve de l'Andalousie. Il coule longtemps du Sud-Ouest au Nord-Est, avant de trouver le passage qui l'oriente définitivement vers l'Atlantique. L'altitude et l'humidité favorisent une végétation à la fois méditerranéenne et montagnarde (thym, lavande, etc.).

Ses forêts constituent la plus grande surface boisée de l'Andalousie. Des sentiers balisés permettent d'agréables promenades. La faune est très variée : cerfs, mouflons, aigles royaux, vautours et orfraies. La réserve de Cazorla est une réserve de chasse.

LA TRAVERSÉE NORD-SUD

De Villacarrillo à Cazorla, 110 km avec la montée au parador, environ 4 h – routes sinueuses.

9 km au Nord-Est de Villacarrillo, on quitte la N 322 pour emprunter à droite la route qui pénètre dans les **gorges** du Guadalquivir. Celles-ci débouchent sur le barrage du Tranco, l'un des plus vastes réservoirs d'Andalousie, qui permet l'irrigation de la région d'Úbeda. Au carrefour avec la route de **Hornos**, village perché au **site**★ pittoresque *(30 km A-R au Nord-Est, qu'il faut ajouter si l'on effectue le crochet)*, prendre à droite le long du lac. Les **vues**★★ se succèdent sur un paysage alpestre, où l'on peut voir, à certaines heures, les cerfs et les biches boire aux eaux du lac. Au fond se détache la sierra de Pozo.

Parc cynégétique – *Après Bujaraiza.* Depuis plusieurs belvédères, on peut observer quelques-unes des espèces les plus représentatives de la sierra. À la fin de l'été, l'écho du brame des cerfs s'entend dans toute la réserve. Un peu plus loin se trouve le **centre d'interprétation Torre del Vinagre** (musée de la Chasse).

Cazorla

★ Route d'accès au parador – En assez forte montée à travers les pins, elle conduit au **parador El Adelantado**, ou de Cazorla, dont le splendide isolement est très apprécié des chasseurs.

Revenir à la route qui mène à Cazorla.

Un peu plus loin, un belvédère offre une **vue**★★ sur la haute vallée du Guadalquivir. Après un impressionnant passage de crête, le col de las Palomas (1 290 m) marque la frontière entre la verte montagne et les collines ocre. Des **vues**★★ magnifiques s'offrent alors sur l'immense résille des oliviers.

La Iruela – Dans le village prendre à droite sur la place **le chemin des belvédères** *(chemin forestier non revêtu mais en bon état)*. Trois belvédères aménagés se succèdent : **vues**★★ plongeantes sur la ville et le château de Cazorla ; un peu plus loin, belles **vues** sur le cirque rocheux.

Cazorla – Dominée par son château, cette ville aux ruelles abruptes, parfois en escalier, ne manque pas de cachet. Ses deux grand-places sont bordées de maisons anciennes.

CELANOVA

Galice (Orense)

5 902 habitants

Carte Michelin n° 441 F 6 – Atlas España Portugal p. 21

Celanova fut au Moyen Âge un important centre de foires du fait de sa situation sur la route des pèlerins portugais se rendant à St-Jacques-de-Compostelle.

Monastère ⊙ – *Sur la Plaza Mayor.* Ce célèbre monastère de vastes proportions, fondé en 936 par saint Rosendo, évêque de San Martín de Mondoñedo, bénéficia durant plusieurs siècles d'une importante renommée. L'**église** (fin 17e s.) monumentale, présente une **façade** baroque encore teintée de classicisme. Les voûtes sont décorées de caissons et de lignes géométriques, la coupole de volutes. Un immense retable (1697) occupe le fond de l'abside. Remarquer les stalles, de style baroque à la partie inférieure et gothique à la partie supérieure, ainsi que le bel orgue.

À droite de l'église, la **chapelle San Miguel** (937) est l'un des rares monuments mozarabes à nous être parvenus en bon état.

★★ Cloître – Bien que commencé en 1550 sur les plans d'un moine de Celanova, ce cloître ne fut pas achevé avant le 18e s. Le jeu savant des lignes ainsi que le relief où s'accroche la lumière en font l'un des plus beaux de Galice.

ENVIRONS

Santa Comba de Bande – *26 km par la route N 540 vers le Sud. 10 km après Bande, prendre à droite un chemin de terre sur 400 m.* La petite **église**★ wisigothique (7e s.) domine le lac. Elle a la forme d'une croix grecque qu'éclaire une tour lanterne. Précédant l'abside carrée, un arc triomphal outrepassé repose sur quatre colonnes à chapiteaux corinthiens. Ses lignes pures et la parfaite maçonnerie des murs ajoutent la qualité à la rareté de cet édifice.

CEUTA ★

Enclave espagnole au Maroc

73 208 habitants

Carte Michelin n° 959 plis 5 et 10 – Guide Vert Michelin Maroc

Le port de Ceuta, port africain le plus proche de la péninsule ibérique, occupe face à Gibraltar une position exceptionnelle, au seuil du détroit. La ville, bâtie dans un site remarquable, étage ses immeubles d'aspect européen sur l'isthme très étroit qui rattache le Monte Hacho au continent. Conquis par les Portugais en 1415, le port passa aux mains des Espagnols en 1580, quand Philippe II annexa le royaume de Portugal.

★ MONTE HACHO

Circuit de 10 km – environ 1/2 h. À faire de préférence le matin.

La calle Independencia et la calle Recinto Sur conduisent, en suivant le front de

Comment y arriver ?

Par bateau – La compagnie **Transmediterránea** relie Algeciras et Ceuta en 40 minutes. *Renseignements et réservations au ☎ 902 45 46 45.*

mer, au pied du Monte Hacho couronné par une citadelle. La route tracée en corniche fait le tour de la presqu'île, offrant de belles **vues**, au Sud, sur la côte du Rif occidental, au Nord sur le littoral espagnol et le rocher de Gibraltar.

Avant d'arriver au phare (accès interdit), prendre à gauche.

Ermitage San Antonio – *Laisser la voiture au parking.* Au fond d'une charmante place s'élève la chapelle San Antonio (16e s.). De la plate-forme du monument qui commémore le passage des troupes du général Franco en 1936, on découvre une **vue**★★ magnifique : à gauche la ville se déploie autour du port, ramassée sur son isthme légèrement incurvé ; à droite, dans le lointain se profilent les côtes péninsulaires.

AUTRES CURIOSITÉS

Museo municipal ⊘ – Ce musée abrite un sarcophage romain en marbre blanc, des amphores puniques et romaines, une collection de monnaies et armes anciennes ainsi que différentes céramiques.
Sont également dignes d'intérêt : l'**église de Nuestra Señora de África** qui conserve la statue de la patronne de la ville, la **cathédrale** (18e s.) et le **Foso de San Felipe**, ancien fort portugais où travailla en 1530 saint Jean de Dieu, fondateur de l'ordre des Frères Hospitaliers.

Parque Marítimo del Mediterráneo ⊘ – Palmiers, essences exotiques, piscines, lacs, cascades et sculptures : César Manrique a su créer pour ce spectaculaire parc de loisirs une atmosphère parfaitement harmonieuse.

CHEMIN DE ST-JACQUES★★

Voir CAMINO DE SANTIAGO

CHINCHÓN★

Madrid
3 994 habitants
Carte Michelin n° 444 ou 442 L 19
Atlas España Portugal p. 53

Le nom de Chinchón a été rendu célèbre par son anis et surtout par la comtesse de Chinchón qui fut à l'origine de la découverte de la quinine, isolée en 1820 par Pelletier et Caventou. Cette épouse d'un vice-roi du Pérou avait été guérie au 17e s. d'une fièvre tropicale grâce à un remède préparé par les Indiens avec de l'écorce de quinquina et l'avait rapporté en Europe. En hommage, le savant suédois Linné donna au quinquina le nom scientifique de *cinchona*.

★★ **Plaza Mayor** – Dominée par l'église, cette curieuse place de forme irrégulière, entourée de maisons sur arcades de trois étages aux balcons de bois, se transforme en été en arènes pour les courses de taureaux. À côté de la place, les bâtiments en brique du couvent des augustins ont été aménagés en parador.
Dans le vieux château au sommet du bourg on fabrique des eaux-de-vie : anis, anisette, genièvre.

CIUDAD RODRIGO★

Castille et León (Salamanque)
14 973 habitants
Carte Michelin n° 441 K 10
Atlas España Portugal p. 36

qui vient du Portugal, la ville apparaît, au-delà du pont romain qui franchit l'Águeda, perchée sur la colline et ceinte de murailles que domine la double tour carrée de l'Alcázar (14e s.), qui fait aujourd'hui partie du parador. Après l'invasion arabe, elle fut repeuplée au 12e s. par le comte Rodrigo González, dont elle a gardé le nom ; plus tard elle participa à tous les conflits entre Castille et Portugal.
Dans les environs s'étendent de grandes propriétés plantées de chênes verts sous lesquels paissent taureaux de combat et porcs noirs.

★ **Plaza Mayor** – Cette place animée, au centre de la ville, se pare de deux palais Renaissance : l'actuel **hôtel de ville**, où deux étages d'arcades en anse de panier forment galerie et loggia, et la **casa de los Cueto**, où une frise court entre le premier et le second étage.

★ **Cathédrale** ⊘ – Elle fut construite en deux étapes principales, de 1170 à 1230 et au 14e s. Rodrigo Gil de Hontañón, au 16e s., ajouta l'abside centrale. On remarque sur l'altière façade du croisillon Sud une galerie, où s'alignent les douze apôtres, dont la raideur contraste avec le fin décor des arcades qui les encadrent. Le **portail de la Vierge**★ (portail occidental, 13e s.), caché à l'extérieur derrière un clocher classique formant narthex, présente une rangée de statues d'apôtres entre les colonnes des ébrasements et des voussures.

À l'intérieur, les stalles isabélines du coro sont du sculpteur Rodrigo Alemán. Dans le bas-côté gauche, on verra un fort bel **autel**★ Renaissance orné d'une remarquable Descente de croix d'albâtre ; la savante composition de ce bas-relief, la douceur du modelé en font un chef-d'œuvre de Lucas Mitata.

Le **cloître**★ rassemble des styles très divers : dans l'aile Ouest, la plus ancienne, des chapiteaux romans racontent le péché originel, tandis qu'à la base des colonnes des grotesques symbolisent la gourmandise et la vanité ; dans l'aile Est s'ouvre une porte d'un pur style plateresque salmantin décorée de médaillons dont celui de droite représente l'architecte Pedro Güemes.

Chapelle de Cerralbo – *À droite de la cathédrale*. Construite de 1588 à 1685, elle a les lignes sévères et pures, mais parfaitement harmonieuses, du style herrérien. Sur le côté droit de l'église, la tranquille plaza del Buen Alcalde s'entoure d'arcades.

Palais de los Castros (ou du comte de Montarco) – *Accessible par la rue qui s'ouvre au fond de la plaza del Buen Alcalde*. Sa longue façade (fin 15e s.) présente une belle porte décentrée encadrée d'un *alfiz* et flanquée de deux colonnes torses de style portugais.

Les murailles – Élevées au 12e s. sur quelques restes romains, elles furent complétées en 1710, sur les flancs Nord et Ouest, d'un système défensif à la Vauban. Plusieurs escaliers donnent accès au chemin de ronde, long de 2 km.

Castillo de COCA★★

Castille et Léon (Ségovie)

Carte Michelin n° 444 ou 442 I 16 – Atlas España Portugal p. 39

Aux portes du village, cette **forteresse** ⊙ est le plus important témoignage d'architecture militaire mudéjar en Espagne. Construite par des artisans maures à la fin du 15e s., elle se compose de trois enceintes flanquées de tours d'angle polygonales, de tourelles rondes sur les côtés et d'un puissant donjon. Lorsque le soleil avive le rose soutenu de la brique jouant sur les cannelures des échauguettes et des créneaux, le spectacle est très séduisant.

On peut visiter le donjon et la chapelle, qui garde de bonnes sculptures sur bois d'époque romane. En longeant les courtines, on distingue bien l'ensemble du système fortifié.

ENVIRONS

Arévalo – *26 km au Sud-Ouest*. Dominée par son **château** (14e s.) au donjon massif et crénelé où vécut dans son enfance Isabelle la Catholique, cette petite ville conserve plusieurs églises romano-mudéjars en brique ainsi que des demeures anciennes.

Sa **plaza de la Villa**★, ancienne plaza Mayor, est l'une des mieux conservées de Castille ; ses maisons en brique et à colombage s'harmonisent parfaitement avec le chevet mudéjar à arcatures aveugles de l'église Santa María.

Tel un orgue monumental établi en pleine nature, le château de Coca

CÓRDOBA★★★

CORDOUE – Andalousie

310 488 habitants
Carte Michelin n° 446 S 15 – Atlas España Portugal p. 74
Plan d'agglomération dans le guide Rouge Michelin España Portugal

Sur la rive droite du Guadalquivir, au contact de la **Campiña**, au Sud, plaine à blé et à olives, et des plateaux de la sierra de Córdoba, au Nord, terres d'élevage, Cordoue doit sa renommée à l'éclat des civilisations qui, à deux reprises, l'ont élevée au rang de capitale. Le passé y est si riche qu'il suffit presque à nourrir le présent. Il ne l'étouffe pas cependant, et les industries se sont développées à la périphérie, tandis qu'au cœur de la ville se maintiennent les traditions d'artisanat (filigrane et cuir repoussé) et de folklore. À la mi-mai ont lieu les concours de croix, patios, fenêtres, ruelles et places, décorés de fleurs ; à la fin du mois, la féria donne lieu à des bals en costume andalou et à des spectacles de flamenco.

Entre Montilla et Lucena, à 50 km environ au Sud de Cordoue, s'étend une région vinicole qui produit, sous le nom de **Montilla-Moriles**, une gamme de vins et de spiritueux semblable à celle des xérès.

La ville romaine – Capitale de la Bétique, elle vit naître **Sénèque le Rhéteur** (55 avant J.-C.-39 après J.-C.) et son fils, le stoïcien **Sénèque le Philosophe** (4 avant J.-C.-65 après J.-C.), qui fut précepteur de Néron. **Lucain** (39-65 après J.-C.), neveu du second Sénèque, compagnon d'études de Néron, est l'auteur d'œuvres appréciées, dont *La Pharsale*, poème retraçant la lutte de César et Pompée. L'époque chrétienne est marquée par l'évêque **Ossius** (257-359), conseiller de l'empereur Constantin, défenseur de l'orthodoxie contre l'arianisme et réorganisateur de l'Église d'Espagne.

Le califat de Cordoue – Dès 719, les émirs s'installent à Cordoue, sous l'autorité du calife de Damas. En 756 arrive **Abd-er-Rahman Ier**, le seul survivant des **Omeyades** de Damas massacrés par les Abbassides. En se proclamant calife en 929, **Abd-er-Rahman III** affirme sa puissance et l'indépendance de l'Espagne. Sous cette dynastie, Cordoue connaît un siècle de prospérité ; elle possède dès le 10e s. une université célèbre. L'ouverture d'esprit, la tolérance qui y règnent, permettent aux trois cultures chrétienne, juive et musulmane non seulement de cohabiter mais de s'enrichir mutuellement. Durant le règne de Hicham II (976-1009), son ministre **Al-Mansour** (« le Victorieux ») maintient un pouvoir fort et dévaste les royaumes chrétiens. Mais à sa mort, les divisions internes provoquent bientôt le morcellement d'Al Andalus en petits royaumes, les **royaumes des taifas**. Cordoue sera incorporée en 1070 au royaume de Séville. La décadence politique n'affecte pas la vitalité intellectuelle de la ville. L'Arabe **Averroès** (1126-1198) fut un esprit universel : physicien, astrologue, mathématicien, médecin et philosophe ; ses théories furent désavouées par le rigide chef almohade Yacoub al-Mansour et il dut cesser de professer. C'est par lui que l'Occident chrétien découvrit Aristote. À la même époque, le juif **Maïmonide** (1135-1204) fut un célèbre médecin, théologien et philosophe, qui, pour échapper aux persécutions des Almohades, partit vivre au Maroc et en Égypte, où il devint médecin à la cour du sultan.

Finalement reconquise par les chrétiens en 1236, la ville s'appauvrit. Elle retrouve la prospérité aux 16e et 17e s. grâce aux « cordouanneries », cuirs repoussés aux motifs polychromes, utilisés pour la décoration des murs et des sièges.

Enfants célèbres – Citons le « **Gran Capitán** », **Gonzalve de Cordoue** (Gonzalo Fernández de Córdoba – 1453-1515), général des Rois catholiques, qui s'illustra en Italie contre le roi de France Charles VIII et conquit pour l'Espagne le royaume de Naples (1504). **Luis de Góngora** (1561-1627) est considéré comme l'un des plus grands poètes espagnols pour son art des sonorités et des couleurs ; le « gongorisme », qui qualifie une certaine préciosité de style, lui doit son nom.

NH Amistad Córdoba (AZ v) – *Plaza de Maimónides, 3* – ☎ *957 42 03 56* – fax *957 42 03 65* – *69 chambres* – *Garage* – *Forfait week-end intéressant.* Situé au cœur de l'ancien quartier juif, près de la muraille, ce joli hôtel conserve un grand patio mudéjar et dispose de vastes espaces communs. Chambres très confortables et fonctionnelles, dotées de tous les services et décorées avec goût.

Maimónides (ABZ e) – *Torrijos, 4* – ☎ *957 47 15 00* – fax *957 48 38 03* – *82 chambres* – *Garage.* Emplacement privilégié face à la mosquée (20 chambres donnent sur le monument). Patio cordouan.

SE RESTAURER...

Restaurants : trois classiques

Pour les tranches de prix, se reporter à la page 87.

se reporter à la page 87.

El Churrasco – *Romero, 16* – ☎ *957 29 08 19.* Restaurant typique dans le style des tavernes, avec un petit patio très agréable. Des tapas sont servies au comptoir d'en bas.

La Almudaina – *Jardines de los Santos Mártires, 1* – ☎ *957 47 43 42.* Élégant et très agréable restaurant avec un splendide patio couvert en bois.

El Caballo Rojo – *Cardenal Herrera, 28* – ☎ *957 47 53 75.* Une véritable institution. Décoration classique. Tapas au bar à l'entrée.

Tapas

Cordoue fait honneur à la tradition andalouse du *tapeo* et compte un très grand nombre d'établissements proposant les tapas les plus variées. Profitez-en pour déguster les spécialités locales (*salmorejo* – gazpacho épaissi de pain trempé –, *flamenquines*, queue de taureau, charcuteries) et les vins du pays (*finos, amontillados, olorosos…*).

DANS LA JUDERÍA

Casa Salinas – *Puerta de Almodóvar, 2.* Taverne traditionnelle typique, avec comptoir à l'entrée, petite salle et patio. Ambiance conviviale, décoration à base d'azulejos et de nombreuses photos de célébrités.

Taberna Guzmán – *Judíos, 9 (face à la synagogue).* Taverne traditionnelle, pleine de charme et décorée par une frise d'azulejos, des motifs tauromachiques et de belles affiches annonçant la féria. Charcuteries et fromages.

Pepe « de la Judería » – *Romero, 1 (entre le Zoco et la mosquée).* Inauguré en 1928, il conserve le comptoir de l'époque. Son patio s'ouvre sur plusieurs salles destinées à la dégustation des tapas. Restaurant à l'étage supérieur.

La Bacalá – *Medina y Corrella (près de la mosquée).* Taverne à arcade et murs blancs, spécialisée dans les tapas à base de morue. Située sur une petite place très agréable pour prendre place en terrasse.

ZONE PLAZA DE LA CORREDERA – PLAZA DEL POTRO

Taberna Salinas – *Tundidores, 3 (à côté de la Plaza de la Corredera).* Jolie taverne ancienne, fondée en 1924. Patio couvert entouré de plusieurs salles.

Sociedad de Plateros – *San Francisco, 6 (à côté de la Plaza del Potro).* La Société des orfèvres possède plusieurs tavernes, dont celle-ci, caractéristique, qui date de plus d'un siècle (1872).

Bodegas Campos – *Lineros, 32 (près de la Plaza del Potro).* L'établissement occupe d'anciennes caves fondées en 1908. Restaurant autour de plusieurs patios. À droite en entrant, taverne décorée de photos de célébrités.

ZONA GRAN CAPITÁN – CRUZ CONDE

La Canoa – *Ronda de Tejares, pasaje Cajasur (près de Cruz Conde).* Très agréable, salle à arcades en plein cintre. Les tables sont des tonneaux (la *canoa* est un entonnoir utilisé pour remplir les tonneaux).

Gaudí – *Av. Gran Capitán, 22.* Brasserie à décoration moderniste. On peut y prendre le petit-déjeuner, l'apéritif ou y goûter. Grande diversité de tapas.

Taberna San Miguel « El Pisto » – *Plaza de San Miguel, 1 (à côté de l'église San Miguel).* Taverne absolument typique, plus que séculaire, qu'ont fréquenté des toreros aussi célèbres que Manolete ou Guerrita. Beau comptoir en bois.

Calle de las Flores

★ LA MOSQUÉE ET LA JUDERÍA *3 h*

Les trois civilisations sont représentées ici : l'islamique par sa remarquable mosquée, la chrétienne par la cathédrale qui fut étrangement imbriquée dans la mosquée, et la juive par ce quartier qui a conservé sa synagogue.

★ **Mezquita-Catedral** ⊙ **(BZ)** – La **mosquée-cathédrale** est hétérogène, mais chaque partie doit être admirée séparément.

La mosquée – Son plan suit le schéma traditionnel : enceinte rectangulaire crénelée, cour bordée de galeries (cour des Orangers) où l'on procédait aux ablutions rituelles dans le grand bassin d'Al-Mansour (1), salle des prières et minaret. Elle fut construite en plusieurs étapes. En s'installant à Cordoue, les premiers musulmans se contentèrent de partager l'église wisigothique St-Vincent avec les chrétiens. Mais par manque de place, Abd-er-Rahman Ier (758-788) acheta aux chrétiens leur part de l'édifice, le rasa et éleva vers 780 une splendide mosquée de onze vaisseaux, ouvrant chacun sur la cour des Orangers. Dans sa construction furent réemployées des colonnes de marbre et des pierres provenant d'édifices romains et wisigothiques. Une innovation architecturale la rendit célèbre : la superposition de deux étages d'arcs permettant plus de hauteur sous plafond et allégeant l'ensemble. Abd-er-Rahman II agrandit une première fois la mosquée en 848, en la prolongeant jusqu'à l'endroit où se trouve aujourd'hui la chapelle de Villaviciosa. El-Hakam II construisit le Mihrab en 961. Finalement, Al-Mansour, en 987, lui donna ses dimensions définitives en ajoutant huit nefs parallèles aux premières (on les reconnaît au pavement en briques rouges). L'intérieur est une véritable forêt de colonnes (850 environ). Les arcs en fer à cheval sont formés de claveaux alternativement blancs (pierre) et rouges (brique).

Se diriger à droite vers la porte des Palmes.

Pta de Sta Catalina

Pta del Caño Gordo

PATIO

DE LOS

NARANJOS

Puerta del Perdón

Puerta de las Palmas

Minarete

CATEDRAL

★★★ Mihrab

Pta de los Deanes

N

0   40 m

Étapes de construction

785   848   961   987

La nef qui la prolonge, plus large que les autres, est décorée d'un beau plafond artesonado. C'était la nef centrale de la première mosquée, menant au **mihrab**★★★ devant lequel les fidèles, dirigés par l'iman, se prosternaient pour la prière. Ce qu est normalement une simple niche représente ici une vraie salle à la décoration somptueuse.

Il est précédé d'une triple « **maksourah** » (**2**), enceinte réservée au calife, dont les trois coupoles sur nervures couvertes de mosaïques à fond d'or reposent sur ur remarquable réseau d'arcs polylobés entremêlés. La décoration s'ajoute à la richesse de l'architecture : sur les plaques d'albâtre ciselées au trépan, sur les stucs, sur les mosaïques se déploient arabesques et palmettes parfois encadrées de caractères coufiques.

Au 13e s. le passage au culte chrétien n'alla pas sans transformations. On ferma les nefs donnant sur la cour, sauf la porte des Palmes. En supprimant des colonnes et en lançant des voûtes d'ogives, on aménagea une première cathédrale (**3**) sans pour autant détruire les perspectives de la mosquée. Alphonse X situe le chœur dans la **chapelle de Villaviciosa**, ou **Lucernario** (**4**), et construisit la **Chapell royale**★ (**5** – 13e s.), décorée de stucs mudéjars qui s'harmonisent avec le styl général.

Le Jardin arabe

La cour des Orangers de la mosquée de Cordoue est le plus ancien jardin arabe d'Espagne. C'est dans la simplicité de ses rangées d'orangers, dans l'eau qui court par ses canaux et dans le parfum de ses fruits que réside son charme.

L'importance du jardin dans le monde islamique s'explique par son lien avec le Paradis coranique. L'eau, la symétrie et l'idée d'intimité en sont quelques-uns des éléments fondamentaux. L'harmonie de l'ensemble est le but recherché avant tout dans la création de ce monde subtil.

Refuges de beauté et de paix, les jardins arabes recherchent toujours la jouissance des sens au travers des parfums et des couleurs. L'eau n'est pas seulement l'élément purificateur par excellence, elle est aussi source de plaisir grâce à son doux murmure en arrière-fond et à la fraîcheur qu'elle répand.

La notion d'intimité, également déterminante, est commune à la tradition gréco-romaine et conduit à élever de hauts murs destinés à protéger des regards étrangers.

Le développement de ce concept de jardin passera des mosquées et des palais arabes aux maisons particulières, jusqu'à atteindre les caractéristiques du patio andalou classique.

La cathédrale – Au 16e s., le chapitre obtint l'autorisation d'élever une cathédrale au centre de la mosquée. Malgré le talent déployé par les architectes, Hernán Ruiz et son fils, Charles Quint fut mécontent. « Vous avez détruit ce que l'on ne voyait nulle part pour construire ce que l'on voit partout », dit-il. Ailleurs, la cathédrale eût été une merveille. Tous les styles du siècle s'y trouvent alliés dans la même recherche de faste : dans les croisillons du transept et l'abside (1523-1547) percent encore les structures gothiques ; la voûte de l'abside (1560) s'orne de bustes en médaillons Renaissance ; celle de la nef (1598), à l'abondant décor de stuc peuplé d'angelots, et la coupole à caissons du transept (1600) sont de style italianisant. De belles **stalles**★★ (**6**) baroques du sculpteur Pedro Duque Cornejo (vers 1750) et deux **chaires**★★ (**7**), où le marbre et le jaspe se mêlent à l'acajou, enrichissent l'ensemble.

Trésor – Il est installé dans la **chapelle du Cardinal** (**8**), due à l'architecte Francisco Hurtado Izquierdo. Parmi les divers objets liturgiques, on remarquera une **custode** (16e s.) de Enrique Arfe et un splendide Christ baroque en marbre.

À l'extérieur, le **minaret** (267 marches) fut englobé au 17e s. dans une tour baroque. À côté, donnant sur la rue, s'ouvre la **porte du Pardon**, de style mudéjar du 14e s., couverte de plaques de bronze repoussé. Un peu plus loin dans le mur Nord un reposoir accueille la **Vierge aux lanternes** (**9**), très vénérée à Cordoue.

★★ **Judería** (**ABZ**) – Ruelles blanches aux murs fleuris, portes entrouvertes sur de frais patios, grilles ouvragées, dédale animé par les étalages bigarrés, bars, où soudain quelques Cordouans entonnent une chanson rythmée par la guitare et les battements de mains, tel est l'ancien quartier juif.

Synagogue (**AZ**) ⊘ – C'est, avec celles de Tolède, l'une des rares synagogues conservées en Espagne. Datant du 14e s., elle se présente sous la forme d'une petite pièce carrée ouverte d'un côté sur un balcon où se tenaient les femmes. Toute la partie haute du mur est couverte de stucs mudéjars.

Non loin de là se trouvent le **musée taurin** et le « **Zoco** » (souk), qui réunit des artisans autour d'un patio où se donnent en été des spectacles de flamenco.

AUTRES CURIOSITÉS

★★ **Palacio de Viana** ⊘ (**BY**) – Bel exemple de l'architecture civile à Cordoue au 14e s., le **palais de Viane** se répartit autour de douze patios et d'un agréable jardin. Cordoue est célèbre par la beauté de ses patios et ceux de ce palais, pleins de charme, méritent sans aucun doute cette renommée.

À l'intérieur, le mobilier frappe par sa richesse et son harmonie. Au rez-de-chaussée sont présentées de précieuses collections : porcelaines, armes blanches du 17e au 19e s., tapisseries. Un escalier au très beau plafond artesonado mudéjar en cèdre conduit au premier étage. Parmi les nombreuses pièces qui se visitent, on remarque la galerie des cuirs de Cordoue, avec de magnifiques réalisations du 15e au 18e s., le salon des tapisseries exécutées dans la fabrique royale d'après les cartons de Goya, la bibliothèque et le salon principal décoré d'un somptueux plafond artesonado et de tapisseries représentant la guerre de Troie et des contes espagnols. Au rez-de-chaussée, visite des anciennes écuries.

★ **Museo Arqueológico** ⊘ (**BZ M²**) – Il est installé dans le palais Renaissance des Páez, œuvre de Hernán Ruiz (16e s.). Au rez-de-chaussée, dans les salles distribuées autour de frais patios, sont exposées les collections préhistorique, ibérique, romaine et wisigoth montrant l'importance de Cordoue à cette époque : bas-reliefs, chapiteaux, sarcophages, mosaïques.

Le premier étage est consacré aux arts décoratifs de la Cordoue musulmane : céramiques, maquette de la mosquée, chapiteaux, bronzes dont le très beau **cerf**★ (10e s.) de Medina Azahara décoré de motifs végétaux. On remarquera aussi la cloche d'Abad Samson et une importante collection de margelles de puits.

★ **Alcázar** ⊘ (**AZ**) – L'Alcázar des Omeyades et de leurs successeurs se trouvait face à la mosquée, à l'emplacement de l'évêché, entouré de magnifiques jardins. Les bâtiments actuels furent élevés au début du 14e s. par le roi Alphonse XI. De ce palais subsistent d'agréables patios arabes ornés de bassins, des bains et des salles où sont présentés des **mosaïques**★ et un très beau **sarcophage**★ (3e s.) romains. Du haut des tours, **vues** sur les jardins et le Guadalquivir, le pont romain et la tour de la Calahorra. Les **jardins**★ sont animés par une succession de pièces d'eau et de terrasses aux cyprès de diverses couleurs.

★ **Églises « ferdinandines »** – Le 29 juin 1236, Ferdinand III le Saint reconquiert Cordoue. L'arrivée des chrétiens va marquer le développement architectural de la ville, avec la construction de quatorze églises dont on perçoit encore la beauté à **Santa Marina de Aguas Santas** (**BY**), **San Miguel** (**BY**) et **San Lorenzo** (**BY**). Ces édifices de pierre bâtis entre la fin du 13e s. et le début du 14e s., dans un style gothique primitif, affichent une noble sobriété que ne viennent animer que des éléments architecturaux comme les portails en anse de panier.

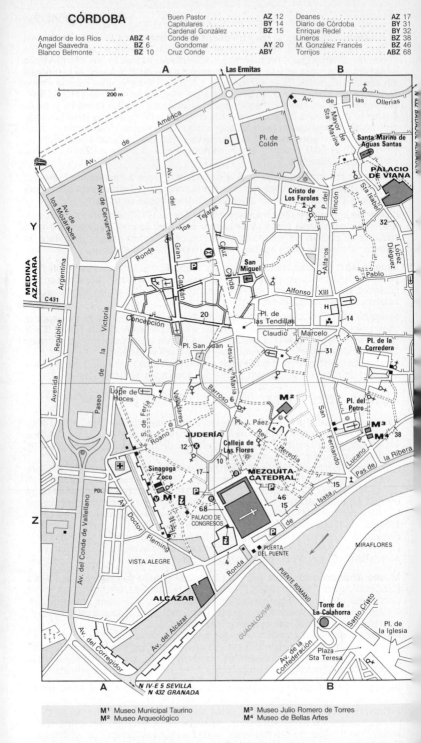

CÓRDOBA

M¹ Museo Municipal Taurino
M² Museo Arqueológico
M³ Museo Julio Romero de Torres
M⁴ Museo de Bellas Artes

Torre de la Calahorra ⓥ (**BZ**) – Cette forteresse arabe du 14e s. défendait le pont romain. À l'intérieur, un musée présente l'histoire de Cordoue à cette époque de grande prospérité culturelle, artistique, philosophique et scientifique que fut le Califat. Les grands courants de pensée du 12e s. sont exprimés par le chrétien Alphonse X, le juif Maimonide et les musulmans Averroès et Ibn-Arabi. Remarquez la **maquette**★ de la mosquée telle qu'elle se présentait au 13e s.

Museo Municipal Taurino ⓥ (**AZ M¹**) – Installé dans une maison du 16e s., il réunit une collection de gravures sur la corrida, d'affiches, d'habits de lumière et de documents sur les grands toreros cordouans : Lagartijo, Guerrita, Manolete et Machaquito.

Plazuela del Potro (BZ) – La place du Poulain doit son nom à la statuette qui couronne la fontaine du 16ᵉ s. Une charmante auberge, la **Posada del Potro** ⊙, décrite par Cervantès dans *Don Quichotte*, abrite aujourd'hui une intéressante exposition sur les cuirs de Cordoue. De l'autre côté de la place se trouvent le **musée Julio Romero de Torres (BZ M³)** ⊙, qui rassemble les œuvres de ce Cordouan du début du siècle, peintre des belles femmes, et le **musée des Beaux-Arts** (museo de Bellas Artes - œuvres de peintres espagnols - **BZ M⁴**) ⊙ .

Cristo de los Faroles (BY) – Célèbre calvaire, entouré de lanternes de fer forgé, sur une place silencieuse et austère.

Plaza de la Corredera (BY) – On y donnait jadis les corridas. Arcades du 17ᵉ s.

ENVIRONS

★ **Medina Azahara** ⊙ – *Quitter Cordoue par la C 431* (**AY**). *À 8 km, prendre à droite un chemin (3 km) qui arrive à une esplanade.* Des fouilles ont mis au jour les restes d'une ville d'une grande richesse élevée par Abd-er-Rahman III à partir de 936. À peine était-elle achevée qu'en 1013 les Berbères, sur lesquels s'appuyaient les descendants d'Al-Mansour, mécontents d'être tenus écartés du pouvoir, la saccagèrent, ne laissant pas pierre sur pierre. Elle s'étageait sur trois terrasses : en bas la mosquée, au-dessus les jardins, au sommet l'Alcázar, dont on a relevé deux pavillons. Dans l'un d'eux se reconstitue peu à peu le salon d'Abd-er-Rahman III avec son extraordinaire décor floral qui en couvrait les murs, les arcs et les chapiteaux, tandis que sont présentés sur le sol les morceaux de stuc ou de marbre admirablement ciselés mais inutilisables dans la restauration de ces salles.

Las Ermitas – *13 km du Nord par la route d'El Brillante* (**BY**). Depuis le 6ᵉ s., ce site abrite des ermitages. Du belvédère, belles **vues**★ sur Cordoue et la vallée du Guadalquivir.

Les juifs séfarades

Il est difficile d'évoquer l'histoire et la culture de l'Espagne sans mentionner la présence juive dont témoignent encore les *juderías* (anciens quartiers juifs) et quelques synagogues à Tolède, Cordoue, Séville, Palma et Gérone.

Les **séfarades** ou **sefardim** (*Sefarad* est le mot hébreu désignant l'Espagne) arrivèrent dans la péninsule Ibérique dès l'Antiquité en même temps que les Phéniciens et les Grecs. Au 8ᵉ s., ils accueillirent avec sympathie les musulmans qui leur confièrent les charges de négociateurs auprès des chrétiens. Commerçants, banquiers, artisans, médecins, savants, ils jouèrent un rôle important dans les domaines économique, culturel et scientifique ; certains devinrent célèbres comme Maimonide de Cordoue. Les juifs furent particulièrement prospères sous le califat de Cordoue (10ᵉ-11ᵉ s.), mais à la fin du 11ᵉ s. l'intolérance des Almohades les fit partir d'Andalousie vers Tolède, et la Catalogne, plus particulièrement à Gérone. Ils furent ensuite persécutés par les chrétiens (un décret royal les obligeait à porter un morceau d'étoffe jaune ou rouge) et finalement expulsés par les Rois catholiques en 1492. Certains choisirent la conversion au catholicisme, d'autres bien que convertis continuèrent à pratiquer le judaïsme dans la clandestinité (les **marranes**), la plupart émigrèrent vers les pays méditerranéens, la Hollande et les pays anglo-saxons.

Les séfarades représentent aujourd'hui 60 % de la diaspora juive. Quelques-uns ont conservé leur langue, le **ladino**, qui est du pur castillan du 15ᵉ s.

O. Torres/MARCO POLO

Maimonide

CORIA

Estrémadure (Cacérès)
11 260 habitants
Carte Michelin nº 444 M 10
Atlas España Portugal p. 49

Au centre d'une région spécialisée dans la culture du tabac, Coria domine la vallée de l'Alagón. Cette ancienne cité romaine (Caurium) montre encore par endroits le bel appareil de ses murailles et ses portes reconstruites au Moyen Âge. C'est le siège d'un évêché depuis la Reconquête.

★ **Cathédrale** ⊘ – Édifice gothique agrémenté au 16e s. d'une élégante décoration platéresque, elle est surmontée d'un clocher baroque, tandis qu'une frise sculptée souligne le haut des murs. À l'intérieur, la nef unique, très haute, possède une voûte ornée d'un réseau de liernes et de tiercerons d'un type courant dans la région. Remarquer le retable du 18e s. et, dans le coro, les grilles en fer forgé et les stalles gothiques.

A CORUÑA/La CORUÑA★

La COROGNE – Galice
252 694 habitants
Carte Michelin nº 441 B 4 – Atlas España Portugal p. 2
Plan d'agglomération dans le guide Rouge Michelin España & Portugal

Un îlot rocheux relié à la terre par un isthme étroit, tel est le site de cette agréable ville côtière. Tout au Nord, face à la mer, se dresse le phare (Tour d'Hercule) ; au Sud s'arrondit le port, avec la spectaculaire tour de verre du port de plaisance, et à l'Ouest de l'isthme, les plages de sable de Riazor et d'Orzán.

Trois quartiers marquent les phases d'expansion de la ville : sur l'ancien îlot, la **Cité** (Ciudad), vieux quartier au charme d'antan avec ses petites places tranquilles et ses églises romanes, sur l'isthme, le **Centre** (Centro), aux larges avenues et aux rues commerçantes **(avenida de los Cantones, calles Real et San Andrés)**, et au Sud l'**Extension** (Ensanche), où se sont installés industries et entrepôts rappelant que La Corogne est un port de commerce important (le 6e d'Espagne), centre d'industries de pêche.

UN PEU D'HISTOIRE

La ville était déjà importante sous l'Empire romain, comme en témoigne le phare, ancienne **Tour d'Hercule** (**BY**). Les murailles de La Corogne remontent au 13e s., sans cesse reprises depuis jusqu'à constituer au 18e s. un système à la Vauban prolongé par le « **castillo** » **de San Antón** (**BZ**). Au centre, dans le **jardin de San Carlos** (**BZ**), repose le général John Moore, tué à la bataille d'Elviña.

En 1588, La Corogne fut le point de départ de l'**Invincible Armada**, cette formidable flotte comptant 130 vaisseaux de guerre, totalisant un équipage de 10 000 matelots et pouvant accueillir 19 000 soldats, qui se dirigea vers l'Angleterre sous prétexte de venger la mort de la catholique Marie Stuart, reine d'Écosse, mais en fait pour mettre fin aux attaques des corsaires anglais contre les navires espagnols et à l'aide qu'Élisabeth d'Angleterre apportait aux rebelles hollandais. L'expédition joua de malheur. Le mauvais temps la retarda et les Anglais prévenus s'étaient préparés au combat. Leurs voiliers rapides harcelèrent la flotte espagnole lourdement chargée. L'expédition tourna à l'échec. Au retour, la grande flotte avait perdu 63 navires et plus de 15 000 hommes. Ce fut la fin de l'hégémonie espagnole sur les mers. À titre de représailles, le corsaire Drake attaqua à son tour la ville en 1589 ; déjà l'ennemi escaladait ses murs, mais **María Pita** veillait. Elle renversa le porte-étendard anglais qui pénétrait dans la ville, lui arracha son drapeau et donna l'alerte : la ville était sauvée. Plus tard, pendant la guerre d'Indépendance, La Corogne tenta, avec l'aide de l'Angleterre, de résister à l'armée napoléonienne, mais en 1809, à la bataille d'Elviña, Soult jeta à la mer les ennemis de l'empereur.

Au cours des insurrections libérales du 19e s., La Corogne fut toujours dans le camp des insurgés, ce qui lui valut de sévères représailles.

La ville s'enorgueillit d'être le berceau de la romancière **Emilia Pardo Bazán** (1852-1921) et d'avoir abrité la poétesse **Rosalía de Castro** (1837-1885), qui chanta avec un sentiment très personnel la mélancolie galicienne.

CURIOSITÉS

La vieille ville (**BYZ**) – Sur le rocher au Nord du port, la **Ciudad** constitue la ville ancienne aux étroites rues dallées et aux places calmes.

Collégiale Santa María del Campo (**BY M¹**) ⊘ – Église romane à trois nefs couvertes de berceaux en plein cintre soutenus par des arcs de renfort. À l'extérieur, citons le portail (13e-14e s.), la rosace gothique et la tour. Le **musée d'Art sacré** ⊘ a été installé dans un bas-côté. Sur la place, entre Santa María et une jolie résidence baroque, beau calvaire du 15e s.

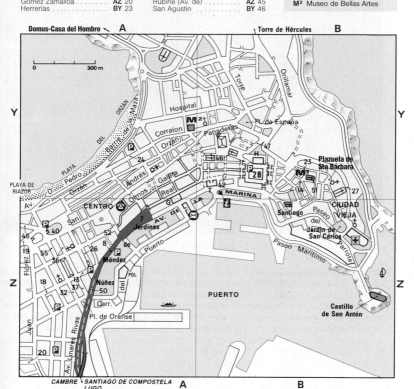

Plazuela de Santa Bárbara (BY) – Cette place paisible, cadre de récitals et de concerts de musique de chambre au mois d'août (fêtes de Maria Pita), semble protégée du monde extérieur par le sobre couvent Santa Bárbara, dont la porte est surmontée d'un linteau roman représentant la pesée des âmes en présence du Christ.

Église Santiago (BZ) ⊘ – Les trois absides de l'église, qui donnent place de Azcárraga, et le portail Nord sont romans. À l'époque gothique on fit le portail occidental : au-dessous du tympan où caracole saint Jacques Matamore, aux piédroits s'adossent saint Jean et saint Marc. De l'époque gothique datent aussi les grands arcs qui soutiennent la charpente au-dessus de la nef. À l'intérieur la chaire de pierre est joliment sculptée.

Castillo de San Antón (BZ) – Cette forteresse, qui date de l'époque de Philippe II, faisait partie du système de défense de La Corogne. Ses casemates ont servi de prison à d'illustres personnages, tels que Malaspina. Aujourd'hui, il abrite le **Musée archéologique et historique** ⊘, doté d'une salle remarquable consacrée à l'orfèvrerie préhistorique.

El Centro – Ce prolongement naturel de la vieille ville constitue actuellement une zone commerciale animée.

★ **Avenida de la Marina (ABY)** – Ses hautes galeries composent l'estampe la plus caractéristique de La Corogne, la « ville de verre ». Par sa beauté et ses dimensions, cet ensemble de galeries est unique en son genre. L'avenue commence au Paseo de la Dársena et et débouche sur les **jardins de Méndez Núñez (AZ)**, agréables par leur atmosphère et leur dessin.

Plaza de María Pita (BY 28) – Juste derrière l'avenida de la Marina, cette vaste place piétonne aux nombreuses terrasses de cafés est entourée sur trois côtés d'édifices à galeries vitrées sur arcades et sur le quatrième par l'**hôtel de ville**. Elle porte le nom de l'héroïne du 16e s.

Museo de Bellas Artes ⊘ **(AY M²)** – La principale caractéristique de ce musée moderne est sa luminosité et l'ampleur de ses salles, consacrées à la peinture du 16e au 20e s. On remarquera les gravures de Goya.

Avenida de la Marina

Domus-Casa del Hombre ⊘ (**AY**) – Situé sur la baie de Riazor, cet **édifice**★ surprenant conçu par l'architecte japonais **Arata Isozaki** est déjà devenu l'un des symboles architecturaux de la ville. La façade tournée vers la baie présente une double courbe qui adopte la forme d'une grande voile recouverte d'écailles d'ardoise. L'autre mur de l'édifice s'appuie sur une ancienne carrière pour créer un espace de grands blocs de pierre formant paravent. Le musée est entièrement consacré à l'être humain et examine de façon interactive (textes, photographies, écrans informatiques, holographies...) différentes facettes de la constitution et de la condition humaine comme la génétique, la reproduction ou les sens.

Torre de Hércules ⊘ (**BY**) – Construit au 2ᵉ s., c'est le plus ancien phare au monde toujours en fonctionnement. Il était ceint d'une rampe extérieure que Charles III, en 1790, transforma en escalier intérieur lorsqu'il donna à l'édifice sa forme carrée actuelle. Du sommet (104 m), **vue** sur la côte et la ville.

ENVIRONS

Cambre – *11 km au Sud*. Dans ce village rustique, l'église romane **Santa María**★ ⊘, du 12ᵉ s., présente une jolie façade composée de trois corps qui correspondent aux trois nefs intérieures. De chaque côté, une fenêtre est soulignée d'un arc polylobé d'influence arabe. On retrouve cette influence dans les chapiteaux des contreforts. Au tympan figure l'Agneau, dans un médaillon tenu par des anges. L'intérieur est d'une grande pureté ; comme dans maintes églises du chemin de St-Jacques, l'abside est entourée d'un déambulatoire à cinq chapelles rayonnantes.

COSTA BLANCA★

La CÔTE BLANCHE – Communauté valencienne (Alicante), Murcie
Carte Michelin nº 445 P 29-30, Q 29-30 ou Atlas España Portugal p. 69 et 79

La Costa Blanca désigne le littoral des provinces d'Alicante et de Murcie. Plat et sablonneux dans son ensemble, il comprend cependant quelques fragments accidentés, là où les sierras viennent s'achever en falaises sur la mer. Le climat très chaud aux précipitations rares (350 mm par an), la lumière blanche qui lui a donné son nom, les vastes et nombreuses plages et leurs eaux bleues, attirent une multitude de touristes espagnols et étrangers à toutes les saisons.

DE DÉNIA À GUADALEST *165 km – compter une journée*

Dénia – Importante colonie grecque, elle fut ensuite romaine sous le nom de Dianium. Une forteresse, abritant un musée archéologique, domine la ville et son port de pêche et de commerce. Centre industriel spécialisé dans les jouets, c'est aussi une station balnéaire.
Après Dénia, la côte plantée de pinèdes devient escarpée.

★ **Cap de Sant Antoní** – Avancée de la sierra del Montgó, ce promontoire offre près du phare une **vue**★ étendue sur Xàbia et le cap de la Nau.

Xàbia / Jávea – Sur une butte se tasse le quartier ancien autour de son église gothique fortifiée (14e s.). Le quartier moderne de cette élégante station balnéaire s'est développé près du port et autour de la Platja de l'Arenal, où se trouve le parador.

★ **Cap de la Nau** – Pendant la montée vers ce cap s'offrent de vastes vues sur Xàbia au pied de la sierra du Montgó. On traverse ensuite de denses pinèdes qui se peuplent de nombreuses villas. Le cap de la Nau est le relief le plus oriental de la chaîne Bétique (en fait le plissement se poursuit sous la mer pour réapparaître à Ibiza). De la pointe, la **vue**★ est belle sur la côte Sud, où se succèdent les falaises déchiquetées jusqu'au Penyal d'Ifac. De nombreuses grottes accessibles par la mer et de charmantes criques, comme la **Granadella** au Sud, ou la **Cala Blanca** au Nord, sont très appréciées des chasseurs sous-marins.

Calp / Calpe – La silhouette du **Penyal d'Ifac**★, un impressionnant rocher dénudé, haut de 332 m, confère au site de Calp sa physionomie originale. Un sentier mène au sommet *(environ 1 h de marche)* et offre dès que l'on s'élève des vues étendues sur Calp et ses salines, les chaînes grisâtres de l'intérieur et la côte accidentée jusqu'au cap de la Nau.
Le parcours à travers la sierra de Bernia devient très sinueux. On franchit le spectaculaire ravin du Mascarat, prémices montagneuses du cap de la Nau.

Altea – Échelonnée sur une colline dominant la mer, Altea – murs blancs, tuiles roses, coupoles bleues vernissées – compose une symphonie de couleurs et de lumière au pied de la sierra de Bernia. Une promenade à travers ses ruelles grimpant vers l'église et la vue qui s'offre de sa place sur le village et au loin sur le Penyal d'Ifac font comprendre pourquoi Altea inspire de nombreux peintres.

Benidorm – *Plan dans le guide Rouge Michelin España & Portugal.* Le climat privilégié et deux immenses plages de sable incurvées (celle du Levant et celle du Ponant), de part et d'autre d'un petit promontoire, ont assuré l'incroyable essor touristique de Benidorm. Modeste village de pêcheurs dans les années cinquante, c'est aujourd'hui un véritable « Manhattan », dressant ses hautes tours modernes face à la mer et offrant un choix de distractions multiples et une animation nocturne exceptionnelle.
Depuis le **belvédère du château** se contemplent des **vues**★ sur les plages et l'île Plumbaria. Derrière se dissimule le quartier ancien près des coupoles bleues de l'église.
Prendre la route de Callosa d'en Sarrià puis celle d'Alcoi.
Dès qu'on s'enfonce vers l'intérieur des terres, les vallonnements sont couverts d'arbres fruitiers (agrumes, néfliers…). Le village de **Polop** s'enroule sur une butte dans un harmonieux cadre montagneux. Ensuite le paysage devient plus sec et l'on découvre des vues plus dégagées sur de magnifiques horizons montagneux.

★ **Guadalest** – Le village se profile parmi des vallonnements aux terrasses plantées d'oliviers, d'amandiers, face aux âpres escarpements calcaires de la sierra d'Aitana. Le **site**★ est impressionnant : retranché pour sa défense sur une arête rocheuse, véritable forteresse naturelle, le village n'est accessible que par une arche creusée dans la pierre. En parcourant le **château Sant Josep**, dont il ne subsiste que les ruines des murailles détruites par le séisme de 1744, et dans lequel se trouve le cimetière, on admirera le panorama sur la retenue de Guadalest, tache émeraude où se reflètent les cimes, l'étonnant emplacement du village ancien et au-delà la mer.

COSTA BRAVA★★★

La CÔTE SAUVAGE – Catalogne (Gérone)

Carte Michelin n° 443 E 39, F 39, G 38-39 – Atlas España Portugal p. 19 et 33

a Costa Brava, qui comprend tout le littoral de la province de Gérone, doit son nom e « côte sauvage » à son tracé tourmenté. Les roches anciennes de la cordillère atalane y forment une ligne de falaises tombant dans la mer. Les multiples et belles riques, la limpidité des eaux, le pittoresque des ports et de certains villages lui ont alu une réputation internationale qui attire nombre de touristes en été.

★ LE LITTORAL DES ALBÈRES

⓵ **De Portbou à Roses** *65 km – une demi-journée*

Au niveau de la mer, les derniers contreforts des Albères forment de vastes baies, très fermées, comme celles de Portbou et de El Port de la Selva.
Le parcours en montée serpente entre de hautes falaises, notamment sur la **section de route**★★ de Portbou à Colera, d'où l'on peut voir les profils rocheux les plus escarpés du littoral catalan.

* **El Port de Llançà** – Cette agréable station touristique s'édifie autour d'une petite baie ouverte sur la mer et protégée de la tramontane et des tempêtes. Sa plage peu profonde est propice à la baignade.

* **El Port de la Selva** – Enclavé au fond d'une vaste baie formant port naturel que le soleil couchant pare de tons dorés, ce village a vu surgir autour de son ancien noyau de maisons blanches, anciennes demeures de pêcheurs, de nombreux immeubles modernes abritant appartements de location et hôtels. La pêche reste toutefois l'une de ses principales activités.

** **Monastère Sant Pere de Rodes** ⊘ – *À 7 km de El Port de la Selva. Laisser la voiture au parking et continuer à pied durant 15 mn.* Les ruines de cet impressionnant monastère bénédictin s'élèvent sur le flanc du mont Sant Salvador, dans un magnifique **site**★★ dominant le golfe du Lion et le cap Creus. Construit à partir du 10e s., il fut saccagé et finalement abandonné au 18e s. L'**église**★★, exceptionnel édifice où se manifeste l'influence préromane, présente une unité de construction inhabituelle. La nef centrale, dotée d'une voûte en berceau, est séparée des nefs latérales, à voûtes surbaissées, par de massifs piliers renforcés de colonnes adossées reposant sur des soubassements élevés. Les splendides **chapiteaux**★ sont décorés de délicats entrelacs et de feuilles d'acanthe réalisés dans un style rappelant ceux de Cordoue et Byzance. Le transept a deux chapelles absidales et une abside centrale avec un étroit déambulatoire et une crypte. Par le bras droit, on accède à un chemin de ronde, d'où l'on juge mieux du volume de la nef centrale.

Entre El Port de la Selva et Cadaqués, la côte est formée de criques, baignées par les eaux transparentes, accessibles uniquement par la mer. La route, quant à elle, se poursuit par l'intérieur des terres.

** **Cadaqués** – Dissimulé dans les derniers contreforts des Pyrénées, Cadaqués occupe au Sud du cap Creus un magnifique **emplacement**★ cerné par la montagne avec la mer pour seul accès naturel. C'était un simple village de pêcheurs jusqu'à ce qu'il fût mis à la mode par différents artistes.

Les étroites rues en pente et les maisons blanches aux pittoresques portails se pressent autour de l'**église Santa Maria** ⊘. Sa sobriété extérieure contraste avec le riche intérieur qui recèle un magnifique **retable baroque**★★ en bois doré. Le **museu Perrot-Moore** ⊘ présente une intéressante collection d'art graphique du 15e au 20e s.

Cadaqués et les artistes

Dès la fin du 19e s. et, surtout, tout au long du 20e s., Cadaqués devint l'un des endroits les plus fréquentés par les artistes et les intellectuels. Les Pitxot - famille de peintres et de musiciens très connus en Catalogne – furent les premiers à revendiquer la beauté du site, mais celui qui a le plus contribué à la renommée universelle de Cadaqués est sans aucun doute **Salvador Dalí**.
Picasso fut le premier à séjourner (1910) à Cadaqués, où il peignit *Le guitariste*, l'un de ses tableaux cubistes les plus connus. Il fut suivi vers la fin des années vingt par quelques-uns des plus illustres membres du mouvement surréaliste français : Paul Éluard et son épouse, Gala - qui devient par la suite celle de Dalí -, André Breton, René Magritte et René Crevel. Federico García Lorca et Luis Buñuel résidèrent quelque temps chez Dalí, et c'est dans les années trente que Man Ray et Marcel Duchamp commencèrent à fréquenter assidûment la ville dont la personnalité fut profondément marquée par la présence de ces célébrités et qui fut dès lors consacrée entièrement au monde des arts.

---

* **Portlligat** – *2 km au Nord.* La petite baie accueille la **casa-museu Salvador Dalí**★ ⊘ composée d'un ensemble de maisons de pêcheurs. On visite l'atelier, la bibliothèque, les chambres et le jardin.

** **Parc naturel du cap Creus** – *4 km au Nord.* Le parc est parcouru de routes vertigineuses et de sentiers qui courent entre les précipices abrupts et les petites calanques cachées. Quant au phare, situé dans la partie la plus élevée, il offre une vue **panoramique**★★★ spectaculaire.

* **Roses** – C'est probablement là que les marins de Rhodes fondèrent la colonie du même nom. Située dans un splendide port naturel et centre estival très fréquenté, la ville possède une importante flotte de pêche. Sa **citadelle**★ (16e s.) de style Renaissance, construite selon un plan pentagonal sur l'ordre de Charles Quint par crainte d'une invasion turque, possède de nombreux bastions et renferme les ruines d'un monastère bénédictin détruit par les troupes françaises durant la guerre d'Indépendance.

★ LA PLAINE DE L'AMPURDÁN

② De Roses à Begur *75 km - une journée*

Ici s'étend, au pied de la cordillère, la plaine fertile de l'Ampurdán (Empordà en catalan).

★ **Empùriabrava** – Belle marina de luxe édifiée en 1973 où les bateaux de plaisance sont amarrés aux portes des maisons.

★ **Castelló d'Empùries** – L'ancienne capitale du comté d'Ampurias (11e au 14e s.) se dresse sur un petit promontoire proche de la côte. L'église **Santa Maria**★ ⊙ (14e-15e s.) est flanquée d'un typique clocher catalan. Le **portail**★★est une réalisation unique du gothique catalan ; au tympan est représentée l'Adoration des Rois mages, aux jambages figurent les apôtres. La vaste nef centrale, séparée des nefs latérales par de fins piliers cylindriques, présente une voûte sur croisée d'ogives. Le **retable**★ d'albâtre du maître-autel (15e s.), couronné de pinacles coniques, est décoré de scènes de la Passion. Le village garde quelques édifices, témoins de sa splendeur d'antan, tels l'**hôtel de ville** (ancienne Bourse maritime) mêlant éléments romans et gothiques, et la **Casa Gran**, de style gothique.

★★ **Empùries** – *Voir ce nom.*

★ **L'Escala** – Ville touristique traditionnellement vouée à la pêche, elle est spécialisée dans la salaison des anchois. Belles plages de sable.

★ **Torroella de Montgrì** – La localité a gardé sa disposition de camp romain, avec deux rues principales se croisant sur une place à arcades. L'**église Sant Genis** (14e s.) est un bel exemple de gothique catalan bien que sa façade soit baroque. Le **château**, qui s'élève au sommet de la montagne de Montgrì *(1 h A/R à pied par un sentier jalonné parmi les rochers)*, est un extraordinaire **belvédère**★★ sur les montagnes de Les Gavarres et la mer.

★★ **Îles Medes** – *Excursions en bateau* ⊙ *autour des îles à partir de L'Estartit.* Le petit archipel, composé de sept îles et de quelques récifs, prolongement en mer du massif calcaire du Montgrì, constitue un site d'un grand intérêt écologique par la diversité des espèces et des écosystèmes que l'on y rencontre. L'endroit est très fréquenté par les passionnés d'activités subaquatiques.

★ **Pals** – Dominant l'embouchure du río Ter, ce village possède un attrayant noyau ancien, **El Pedró**, où les restes d'une enceinte fortifiée enferment d'anciennes maisons et de tortueuses ruelles.

★ LA ROUTE DE LA CORNICHE

③ De Begur à Blanes *98 km - une journée*

Le littoral est constitué par une succession de plaines et de chaînons créant des **criques** cernées de pins : **Aiguafreda, Aigua Blava**, petits paradis où émergent des pins, quelques somptueuses villas ou des hôtels de grand luxe. La crique de **Tamariu** est la plus populaire.

Aigua Blava

★ **Begur** – Dominant un bel ensemble de criques, la ville s'élève à 200 m au-dessus de lamer. Au point le plus haut de la localité, les ruines du château (16e-17e s.) permettent d'observer le pittoresque plan irrégulier de la cité.

★ **Phare de Sant Sebastià** – *À 2 km de Llafranc*. Construit en 1857, il se dresse sur un minuscule cap environné de falaises escarpées. D'un ermitage voisin, une belle **vue**★ s'étend sur la mer.

★ **Calella de Palafrugell** – Ce joli village de pêcheurs, station estivale fréquentée est connu pour le festival de habaneras qui s'y déroule le premier samedi de juillet dans la populaire rue de Les Voltes, sur le front de mer. Les spectateurs se délectent de *cremat* (café au rhum flambé) au son des mélodies.
Une route quittant Calella sur le Sud conduit à une pittoresque ferme, siège du **Jardin Botànic del Cap Roig**★ ⊘. S'étageant en terrasses sur une falaise surplombant la mer, il présente plus de 1 200 espèces végétales agréablement disposées le long d'allées ombragées qui offrent de spectaculaires **vues**★★ sur la côte.
À partir de Palamós, la route longe la côte où alternent plages et renfoncements rocheux.

★ **S'Agaró** – Luxueuse station balnéaire de villas édifiées dans les pins et les jardins. Du Camino de Ronda on a de belles **vues**★ sur les falaises.

★ **Sant Feliu de Guíxols** – Au fond d'une baie abritée par les derniers contreforts de la sierra de Les Gavarres, c'est une localité très fréquentée dont le Passeig de la Mar est envahi par les terrasses de cafés. L'**église-monastère Sant Feliu**★ ⊘ fait partie d'un ancien monastère bénédictin dont les vestiges dominent le noyau urbain. Le portail, dit **Porta Ferrada**★★, de style roman mais aux arcs outrepassés préromans, étonne par sa singularité ; l'intérieur, décoré au 14e s. est gothique.
De la chapelle Sant Elm, on a des **vues**★★ impressionnantes sur la corniche côtière.

★ **Tossa de Mar** – Sa plage de sable s'incurve au pied de la Punta del Faro, promontoire qui porte les murailles (13e s.) enserrant les rues empierrées de la Villa Vella★. Le **musée municipal**★ ⊘ présente des pièces archéologiques provenant d'une ancienne ville romaine voisine et une **collection d'art contemporain** composée de toiles d'artistes qui fréquentèrent Tossa (Chagall, Masson, Benet).
De Tossa à **Lloret de Mar**, station balnéaire la plus importante et la plus animée de la Costa Brava, la route emprunte une corniche dominant de vastes plages.

★ **Blanes** – Le **Passeig Marìtima**, magnifique promenade, et la lumineuse plage donnent une merveilleuse image de la ville. La gothique église Santa Maria (14e s.) s'élève au pied d'une colline à l'Est portant les ruines du château Sant Joan. Sur le versant Sud-Est, le **jardin botanique Marimurtra**★ ⊘ exhibe 5 000 espèces différentes de plantes exotiques le long de sentiers sinueux qui offrent de belles **échappées**★ sur la côte et la Cala Forcadera (*illustration p. 21*).

COSTA DE CANTABRIA★

La CÔTE CANTABRIQUE – Cantabrie

Carte Michelin n° 442 B 16 à 20 – Atlas España Portugal p. 12 et 13

De Castro-Urdiales à San Vicente de la Barquera, la côte Cantabrique est une succession de golfes, de caps, de péninsules, de rias, de baies splendides comme celles de Santander et Santoña et de longues plages de sable. À côté des stations traditionnelles fréquentées surtout par les Espagnols, telles Santander ou Comillas, d'autres attirent plutôt une clientèle étrangère comme Laredo, San Vicente de la Barquera et Noja. Derrière cette côte, les paysages de bocages, très verts, sont le domaine de l'élevage. En été on assiste à la fenaison qui s'effectue encore parfois selon les méthodes ancestrales. Dans les villages, les façades des maisons s'ornent souvent d'un blason, le plus bel ensemble étant celui de Santillana del Mar.

Cette région est riche en grottes préhistoriques. La province de Cantabrie réunit plus de vingt grottes gardant des traces d'occupation humaine au paléolithique.

SITES ET CURIOSITÉS

Castro-Urdiales – Au-dessus d'une vaste baie, sur un promontoire, le village se groupe autour de l'église gothique et de l'ancien château où s'élève le phare. Le premier vendredi de juillet a lieu la fête du Coso Blanco.

Laredo – À côté de la longue plage bordée d'immeubles modernes, la **vieille ville** tassée autour de l'église est un dédale de ruelles étroites escaladant la colline au pied de laquelle s'abrite le port de pêche.

Limpias – Ce petit port sur la ria de l'Asón est célèbre pour le miracle qui s'y produisit en 1919. Dans l'église, la statue vénérée du Christ aurait, dit-on, versé des larmes de sang. Cette sculpture d'une excellente facture baroque serait l'œuvre de Juan de Mena.

La Bien Aparecida – Une route en montée sinueuse, jalonnée d'un calvaire, dessert le sanctuaire de Nuestra Señora de la Bien Aparecida. La vénération pour la patronne de la province de Cantabrie date de 1605. À proximité de l'église baroque, beau **panorama**★ sur la vallée de l'Asón.

Santoña – Face à Laredo, ce port de pêche fut un des quartiers généraux des troupes napoléoniennes. Son église, **Nuestra Señora del Puerto** ⊘, bien que modifiée au 18ᵉ s., présente des nefs gothiques et des vestiges romans : chapiteaux et fonts baptismaux.

Pêcheurs à Santoña

J. Hidalgo-C. Lopestino/MARCO POLO

Bareyo – Sur une pente dominant la ria d'Ajo, la petite **église Santa María** ⊘ garde d'intéressants vestiges de la construction romane d'origine. Dans l'abside : décoration de fines arcades moulurées et chapiteaux historiés. Les **fonts baptismaux**★ sont probablement wisigothiques.

Peña Cabarga – Une route dont la pente atteint 16 % mène au sommet de ce pic (568 m), où a été élevé un monument aux conquistadors et à la marine castillane. Du sommet se révèle un splendide **panorama**★★ notamment sur la baie de Santander et la ville.

★ **Santander** – *Voir ce nom.*

★★ **Santillana del Mar et Cuevas de Altamira**★★ – *Voir ces noms.*

★ **Comillas** – Dotée d'une charmante plaza mayor, Comillas est une station balnéaire très agréable disposant d'une plage à la station et d'une autre plus étendue de Oyambre *(5 km à l'Ouest).* Alphonse XII avait coutume d'y séjourner. Le **palais des marquis de Comillas** est une demeure de style néo-gothique entourée d'un vaste parc où Gaudí a construit un pavillon fantaisiste, « El Capricho » (aujourd'hui restaurant). Au-dessus d'une colline dominant la mer, l'architecture de l'Université pontificale attire le regard.

★ **San Vicente de la Barquera** – Cette station de vacances est attachante pour l'originalité de son **site**★, sa vaste plage établie de l'autre côté de la ria et ses vieilles maisons. Au sommet de la colline en partie fortifiée, l'**église Nuestra Señora de los Ángeles** possède deux portails romans, des nefs gothiques et plusieurs tombeaux des 15e et 16e s. Agréable **vue**★ du village depuis la route d'Unquera.

COSTA DE LA LUZ

La CÔTE de la LUMIÈRE – Andalousie (Huelva, Cadix)

Carte Michelin n° 446 U 7 à X 13
Atlas España Portugal p. 82, 83 et 88

De la frontière portugaise à la pointe de Tarifa sur le détroit de Gibraltar, la Costa de la Luz déroule un littoral de plages de sable fin interrompu par les embouchures des fleuves : le Guadiana, le Tinto, le Guadalquivir… Moins touristique que les autres côtes du Sud de l'Espagne, elle voit cependant se développer quelques stations balnéaires très animées en saison.

L'éclatante blancheur de cette côte où viennent mourir les rouleaux verts de l'Atlantique et la luminosité de l'atmosphère lui ont valu son nom.

CÔTE DE HUELVA

D'Ayamonte au Parc national de Doñana

140 km – environ une demi-journée

Ayamonte – Situé à l'embouchure du Guadiana, qui forme la frontière avec le Portugal, ce port de pêche aux ruelles pittoresques est animé par le passage des voitures se rendant au Portugal.

Du parador, sur la colline, belle **vue**★ sur le village, l'estuaire du Guadiana et, au-delà, le Portugal.

Entre Ayamonte et Huelva, les dunes fixées par les pins et les eucalyptus forment une bordure agréable à la côte. De petites routes transversales permettent d'accéder aux stations balnéaires d'**Isla Canela, Isla Cristina, la Antilla, Punta Umbría.**

Gagner Huelva par les N 431 et H 414.

Huelva – *Plan dans le guide Rouge Michelin España & Portugal.* Capitale de la province qui porte son nom, cette ville doit son importance à son port, d'où s'exportent les minerais de cuivre de l'arrière-pays, à ses raffineries de pétrole à ses conserveries et industries chimiques.

Historiquement, l'estuaire du Tinto fut au 16e s. l'une des rades d'arrivée et de départ des conquistadors, et plus particulièrement de Christophe Colomb à qui a été dédié un grand monument commémoratif qui s'élève près du port enjambant le Tinto, à Punta del Sebo.

Quitter Huelva par la N 442 au Sud ; après avoir traversé le río Tinto, prendre à gauche la H 624.

La Rábida – En 1484, le prieur du couvent de la Rábida, Juan Pérez, eut confiance dans la thèse de Christophe Colomb selon laquelle la terre étant sphérique, il était possible d'atteindre les Indes par l'Ouest. Convaincu, il permit au Génois de se faire entendre par les souverains d'Espagne qui donnèrent enfin à Colomb les moyens nécessaires pour monter son expédition ⊙.

Les bâtiments actuels du **monastère de la Rábida** ⊙ ne conservent que quelques vestiges de l'église du 15e s. et des fresques qui l'ornaient. Les maquettes des trois navires de la première expédition constituent, avec les plans de navigation et de livres anciens, un petit musée intéressant.

Poursuivre vers le Nord par la H 624.

Palos de la Frontera – C'est de son port, aujourd'hui comblé par les alluvions, que Christophe Colomb embarqua le 3 août 1492 et là qu'il revint le 15 mars suivant après avoir découvert l'île de San Salvador (Bahamas) le 12 octobre. En souvenir a lieu chaque année à cette date la fête nationale de la Hispanidad.

En 1528, Hernán Cortés, le conquérant du Mexique, y débarqua aussi. L'**église San Jorge** (14e s.) a un intéressant portail mudéjar.

Moguer – Autre port d'où partirent et où revinrent de nombreuses expéditions. Dans l'église du **couvent Santa Clara** ⊙ se trouvent les **tombeaux**★ en albâtre des navigateurs fondateurs du couvent. Les gisants sont alignés devant l'autel ou abrités sous des enfeus isabélin et Renaissance.

Le poète **Juan Ramón Jiménez** (1881-1958), prix Nobel de littérature en 1956, a donné son nom à la rue principale où une plaque indique sa maison natale.

Revenir à la N 442 qui longe la côte.

Derrière les dunes plantées de pins s'étirent de longues plages de sable fin parfois surplombées par des falaises comme à **Mazagón** (parador). La principale station balnéaire est Matalascañas.

★ **Parc national de Doñana** – *Voir Parque nacional de Doñana.*

CÔTE DE CADIX

De Sanlúcar de Barrameda à Tarifa *170 km - compter une journée*

Au Sud du Guadalquivir, le paysage devient plus accidenté. La vigne apparaît au Nord de Cadix.

Sanlúcar de Barrameda – Port de pêche situé à l'embouchure du Guadalquivir, Sanlúcar est aussi la ville de la *manzanilla*, vin élevé comme un *fino* de Xérès, mais auquel l'air marin donne une saveur propre. Dans le quartier ancien situé sur la colline, autour du château massif, se trouvent les caves (bodegas) des grandes maisons produisant ce vin. À proximité, l'**église Nuestra Señora de la O** présente un beau **portail**★ mudéjar décoré d'entrelacs.

Dans le quartier bas, l'**église Santo Domingo**★ ⊙ a les nobles proportions des édifices de la Renaissance. À l'intérieur très belles **voûtes**★ à caissons et à coupoles.

Par la C 441 et Chipiona, gagner Rota.

Rota – La ville ancienne, dans ses murailles, a conservé autour du château et de l'église un caractère presque médiéval. Une importante base navale américaine y est installée.

Emprunter la CA 603.

El Puerto de Santamaría – Situé au fond de la baie de Cadix, El Puerto a pour ressources actuelles la pêche, le xérès (Terry, Osborne) et le tourisme (plages, golf...).

Une promenade bordée de palmiers, surplombant les quais de la rive Nord, mène au **château de San Marcos** (12e s.) qui fut celui des ducs de Medinaceli.

★ **Cadix** – *Voir Cádiz.*

Prendre les N IV et N 340.

Au Sud de Cadix, après les salines de San Fernando, on trouve les plages agréables de La Barrosa et de Conil de la Frontera.

Vejer de la Frontera – C'est l'un des plus beaux villages blancs d'Andalousie, perché sur son piton. S'y rendre par la route Sud, en corniche. Du parking, à l'entrée Nord de Vejer, **vue**★ sur la vallée de Barbate et la campagne.

Entre Vejer et Tarifa, la route traverse les contreforts des chaînes Bétiques.

Tarifa – *Voir ce nom.*

COSTA DEL SOL★

La CÔTE du SOLEIL – Andalousie (Malaga, Grenade, Almería)

Carte Michelin n° 446 W 14 à V 22 – Atlas España Portugal p. 84 à 88

Côte du Soleil désigne le littoral méditerranéen andalou, de Tarifa au cap de Gata, à l'Est d'Almería. Protégée des influences continentales par la serranía de Ronda et la sierra Nevada, elle jouit d'un climat très agréable, aux hivers doux (12 ºC), étés chauds (26 ºC), et pluies assez abondantes en hiver et au printemps, propice aux cultures exotiques dans les petites plaines alluviales.

★ LE LITTORAL OUEST

De Estepona à Málaga *139 km - compter une demi-journée*

Entre les montagnes et la mer, la côte, très aménagée, se présente comme une succession de stations balnéaires, d'hôtels, de grands immeubles résidentiels et d'équipements touristiques : ports de plaisance, terrains de golf, tennis, etc.

Estepona - Port de pêche et de plaisance.

À 24 km à l'Ouest par la MA 539, **Casares**, à l'intérieur des terres, est un beau village blanc, remarquable par son **site**★ sur un piton rocheux.

San Pedro de Alcántara - Belle plage. *Voir Ronda pour la description de la route de Ronda à San Pedro de Alcántara.*

★ **Marbella** - *Voir ce nom.*

Fuengirola - Grand centre balnéaire hérissé de tours modernes.

À Fuengirola, prendre à gauche la route de Mijas.

★ **Mijas** – Ce village aux belles maisons blanches ornées de grilles, souvent aménagées en restaurants ou en cafés, offre des produits de l'artisanat andalou (poteries, vanneries, tissages). Des terrasses les plus élevées, belles **vues** sur le littoral.

Torremolinos - Tranquille port de pêche dans les années cinquante, c'est aujourd'hui un ensemble anarchique de hautes tours, célèbre pour ses boutiques et ses lieux de distraction. Belle plage de sable.

★ **Málaga** - *Voir ce nom.*

★ LE LITTORAL EST

De Málaga à Almería *210 km - compter une demi-journée*

Tout au long de cette côte, parfois très belle, se dressent les restes des « tours des Maures » élevées après la Reconquête pour surveiller la mer et se préparer contre les attaques des pirates barbaresques.

L'agriculture, en grande partie pratiquée sous serres dans la région d'Almería, l'industrie sucrière et l'exportation du minerai de fer sont les principales activités économiques.

Nerja - La ville est juchée sur une falaise, le « Balcon de l'Europe », offrant de vastes panoramas sur la mer et la montagne. De part et d'autre jolies criques.

★★ **Cueva de Nerja** ⊘ - *À 4,5 km sur la route de Motril.* C'est une cavité naturelle impressionnante par son énormité et le nombre de ses concrétions bien mises en valeur par un éclairage élaboré. Des restes de peintures, armes, bijoux et ossements ont permis d'établir que cette grotte était habitée dès le paléolithique. La salle de la Cascade sert de cadre à un festival de musique et de danse.

★ **Route de Nerja à la Herradura** - Ce parcours suit le flanc de la montagne aux tonalités rousses et mauves. L'ancien tracé de la route offre des **vues**★ étonnantes sur les profondes échancrures de la côte.

Almuñécar - Station cosmopolite bien aménagée. Une promenade bordée de palmiers longe la plage de graviers. Sa petite plaine alluviale *(hoya)* est cultivée comme un jardin (bananiers, néfliers, grenadiers, manguiers...).

Motril - Grand centre de culture de la canne à sucre. Les sucreries et sa situation dans la vallée du Genil en font un port actif.

Casares

Grotte de Nerja

★ Route de Calahonda à Castell de Ferro – La route suit la côte rocheuse, offrant des vues sur la montagne et la mer.
Après Balanegra, la N 340 s'éloigne de la côte et traverse l'immense étendue de serres de El Ejido, véritable mer de plastique, où se cultivent légumes, fruits tropicaux et fleurs.

Route d'Aguadulce à Almería – Aguadulce fut la plage pionnière de la côte almérienne. De la route en corniche, on embrasse d'un seul coup d'œil Almería, la baie, le port bien abrité et la forteresse.

Almería – *Voir ce nom.*

COSTA VASCA★★

La CÔTE BASQUE – Pays Basque (Guipúzcoa, Vizcaya)
Carte Michelin n° 442 B 21 à C 24 – Atlas España Portugal p. 13 et 14

La Côte basque s'étire du golfe de Biscaye au cap Machichaco. Escarpée, soulignée de falaises et découpée d'estuaires, c'est une suite presque ininterrompue de petits ports nichés au pied de collines verdoyantes.

DE ST-SÉBASTIEN À BILBAO *184 km – compter une journée*

★★ St-Sébastien – *Voir Donostia.*
À 7 km de St-Sébastien, prendre à droite la N 634 vers Bilbo.

Zarautz – Cette station balnéaire, célèbre depuis que la reine Isabelle II en fit au 19ᵉ s. sa villégiature, est aménagée dans un site agréable qui forme un amphithéâtre de collines autour d'une immense **plage**. Le quartier ancien a conservé deux beaux **palais** : dans la calle Mayor, la tour Luzea, avec d'élégantes fenêtres à meneaux et un balcon d'angle à mâchicoulis, et, dominant la plage, celui du marquis de Narros (16ᵉ s.), aux angles garnis d'échauguettes. À côté, à l'écart de l'église Santa María, s'élève le clocher.
Après Zarautz, la route, taillée en **corniche★★** au bord de l'océan jusqu'à Zumaia, devient très pittoresque. On arrive bientôt en vue du rocher (« El ratón », la souris, ou île San Antón) de Getaria.

Getaria – Près du « ratón », auquel il est relié par une digue, Getaria est un petit port de pêche réputé pour ses *chipirones* (nom des calmars sur cette côte). On n'y part plus, de nos jours, ni pour la pêche à la baleine, ni pour les Indes comme **Juan Sebastián Elcano**, natif de Getaria, qui ramena des Philippines, où Magellan avait été assassiné, l'unique bateau restant de l'expédition, concluant ainsi le premier tour du monde (1522). Une rue étroite mène à l'**église del San Salvador** (13ᵉ-15ᵉ s.) dont le chœur s'appuie sur un arc où passe une ruelle (crypte). À l'intérieur, belle galerie de style flamboyant.

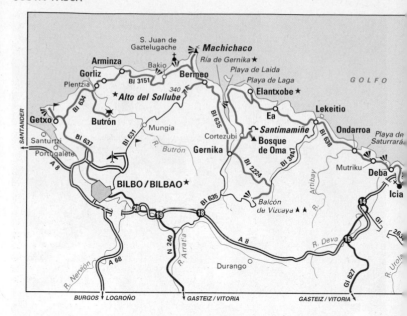

Zumaia – À l'embouchure de l'Urola, ses deux plages (Itzurun, cernée par les falaises, et Santiago, à l'entrée de la localité), c'est une importante station estivale. C'est à proximité de la plage de Santiago que vécut le peintre **Ignacio Zuloaga** (1870-1945). Sa maison a été convertie en **musée** ⊘, où sont exposées ses œuvres, aux couleurs ardentes, aux tracés vigoureux, illustrant des thèmes réalistes et populaires, et sa collection personnelle (tableaux du Greco, de Goya, de Zurbarán, de Morales). Dans l'**église San Pedro**, grand retable de Juan de Anchieto (16ᵉ s.).

La section de route jusqu'à Deba est l'une des plus belles du Pays Basque.

Iciar – Le sanctuaire à l'allure de forteresse renferme, dans un retable plateresque en bois sombre, une souriante Vierge romane du 12ᵉ s., habillée d'un manteau somptueux.

Deba – À l'embouchure du Deva, c'est un petit port de pêche. L'**église Santa María la Real** cache, sous le porche de sa façade fortifiée, un beau portail gothique dont la statuaire montre beaucoup de naturel. Son cloître présente des arcades compliquées.

À Deba, prendre la GI 638.

Sur le trajet en **corniche**★ de Deba à Lekeitio, du promontoire qui ferme l'estuaire du Deva, **vue**★ splendide sur la côte. On traverse ensuite **Mutriku**, qui s'honore de posséder l'une des plages les plus enchanteresse de la côte basque, la **plage de Santurraran**.

En entrant dans la province de Bilbao, la route cha nge d'identification et devient la BI 638.

Ondarroa – L'agglomération s'allonge entre la colline et la boucle du río Artibay, sur une langue de terre où sa curieuse église surélevée ressemble à une figure de proue. Cernées par le fleuve, les hautes maisons basques, où pavoise le linge qui sèche, composent un **tableau**★ pittoresque. Ondarroa possède des conserveries et des usines de salaison de poisson.

La route entre Ondarroa et Lekeitio est agréable. Au détour d'une pointe rocheuse, jolie **vue**★ sur Lekeitio, sa plage principale et l'île de San Nicolás, réunie au rivage à marée basse.

Lekeitio – Au pied du mont Calvario, une baie bien échancrée, divisée en deux par l'île de San Nicolás, sert de port à Lekeitio dont la pêche est l'activité traditionnelle. C'est aussi une station balnéaire aux belles plages de sable. Gardant le port, son **église**, du 15ᵉ s., s'impose aux regards avec ses rangées d'arcs-boutants et son haut clocher baroque.

3 km après Lekeitio, prendre à droite.

Ea – Port miniature entre deux collines au fond d'une calanque.

★ **Elantxobe** – Village tranquille à l'écart des grands axes routiers. Les marins ont profité de l'ébauche d'une baie pour y construire leur port de pêche et ils ont suspendu leurs maisons à l'abrupt cap Ogoño (300 m).

Après la **plage de Laga**, vaste espace de sable rose, qui s'étend jusqu'au pied du cap Ogoño, on découvre la côte, la **ria de Gernika**★ aux calmes horizons, l'île de Izaro, la tache blanche de Sukarrieta et l'île de Chacharramendi.

La **plage de Laida**, sur la ria, est très fréquentée par les habitants de Gernika.

On retrouve la BI 638 à Gauteguiz de Arteaga. À Cortézubi, prendre à gauche.

Cuevas de Santimamiñe ⊘ - En 1917, on découvrit dans ces **grottes** des peintures et gravures rupestres de l'époque magdalénienne et d'intéressants gisements archéologiques. Désormais, pour les sauvegarder, les salles ornées de peintures sont fermées à la visite.

Bosque de Oma - Des formes géométriques capricieuses, des silhouettes humaines qui se cachent derrière les troncs et d'immenses taches de couleur témoignent de l'union entre l'art et la nature qu'a voulu inscrire Agustín Ibarrola dans ce bois.

Revenir sur la route de Gernika.

Gernika - La célèbre toile de Picasso *Guernica* a immortalisé le drame dont a été victime cette petite ville pendant la guerre civile : le 26 avril 1937, jour de marché, une escadrille allemande a soudain bombardé la localité, faisant plus de 2 000 morts.

Au Moyen Âge, le chêne de Gernika était l'un des quatre endroits où les nouveaux seigneurs de Biscaye venaient prêter serment de respecter les privilèges locaux. Il reçut ainsi la visite d'Isabelle la Catholique en 1483. Aujourd'hui, les restes de l'arbre millénaire sont abrités sous un petit temple derrière la **Casa de Juntas** où se réunissent les représentants des assemblées générales de Biscaye.

À 18 km au Sud *(par les BI 2224 et 3281)*, on parvient au **Balcón de Vizcaya**★★, un remarquable belvédère sur les paysages montagneux, mosaïque de prés et de forêts.

Revenir à Gernika et prendre la BI 635.

À l'embouchure de la ria, deux belvédères aménagés avant Mundaka permettent de contempler la ria une dernière fois. Dans une descente, magnifique **vue**★ sur Bermeo.

Bermeo - Ce port important est spécialisé dans la pêche côtière. Dominant le vieux port (Puerto Menor), le quartier des pêcheurs se tasse sur le promontoire de la Atalaya. Quelques murailles et la tour des Ercilla (musée du Pêcheur), à la sévère façade de granit, témoignent de l'origine ancienne de l'agglomération. Les rois et seigneurs venaient autrefois jurer les privilèges de Biscaye dans l'église Santa Eufemia.

Prendre à gauche la route de Mungia (BI 631).

★ **Alto del Sollube** - La route d'accès à ce petit col (340 m) offre d'excellentes vues sur le site de Bermeo, bâti en amphithéâtre.

Revenir à Bermeo, suivre la route de la côte à gauche et après 3 km tourner à droite.

Phare de Machichaco - En s'écartant un peu du phare vers la gauche, on bénéficie d'une jolie vue sur la côte très découpée à l'Ouest.

La route s'élève en corniche. Un **belvédère**★ domine la presqu'île de **San Juan de Gaztelugache**, creusée d'arches où la mer vient écumer. Un sentier monte à l'ermitage où se déroule chaque année, pour la Saint-Jean, un pèlerinage.

Après Bakio, prendre à droite la BI 3151.

Le parcours en **corniche**★, de Bakio à Arminza, est très dégagé. D'un belvédère, **vue**★ intéressante sur la côte, Bakio, la vallée cultivée et l'arrière-pays boisé.

Arminza - Unique havre, mais bien modeste, sur une section de côte sauvage et inhospitalière parce que très abrupte.

Gorliz - Plage séduisante à l'embouchure du río Butrón. À 2 km, **Plentzia**, centre d'ostréiculture, jadis port de pêche et de commerce, s'est converti au tourisme.

Après Plentzia, prendre à gauche.

Un peuple mystérieux

Les Pyrénées basques comptent sept provinces, dont trois côtés français : le Labourd, la Basse-Navarre et la Soule. La formule consacrée « *Zaspiak-bat* » se traduit par « les sept ne font qu'un » : la race, la langue sont en effet les mêmes des deux côtés des Pyrénées.

L'origine du peuple basque et de sa langue reste énigmatique. On sait seulement que les Basques quittèrent la vallée de l'Èbre, refoulés par les Wisigoths. Ils fondèrent le royaume de Vasconie, dans les Pyrénées occidentales. Les Vascons de la plaine fusionnèrent avec les populations aquitaines et devinrent les « Gascons ». Ceux des montagnes gardèrent farouchement leur langue et leurs traditions. L'**euskara** – la langue basque – est l'armature de la race.

Château de Butrón ⊘ – Château médiéval ou fantaisie du 19e s., c'est un bon exemple de l'éclectisme architectural en vogue au siècle passé. Bâti sur des vestiges des 14e-15e s., il ouvre maintenant ses portes pour offrir une reconstitution de la vie quotidienne à l'intérieur d'un château médiéval.

Revenir sur ses pas, et par la BI 100 rejoindre à Sopela la BI 634, que l'on prend à gauche.

Getxo – Une **promenade maritime** surplombe la côte. De la route qui mène à son célèbre golf, vue intéressante sur la ria de Bilbao : en face, Santurtzi et Portugalete.

Bilbao – *Voir Bilbo.*

*Cet ouvrage tient compte des conditions du tourisme
connues au moment de sa rédaction.
Certains renseignements perdent de leur actualité en raison de
l'évolution incessante des aménagements et des variations du coût de la vie.*

Nos lecteurs sauront le comprendre.

COSTA VERDE★★★

La CÔTE VERTE – Asturies

Carte Michelin n° 441 B 8 à 15 – Atlas España Portugal p. 4, 5 et 11

La Côte verte, l'une des plus belles du littoral espagnol, doit son nom à la couleur de l'océan, à ses rivages plantés d'eucalyptus et de pins, à son arrière-pays bocager domaine des pâturages. Par temps clair les Pics d'Europe, tout proches, apparaissent en toile de fond.

D'Unquera à Ribadeo, la côte, très rocheuse, présente un tracé assez rectiligne ne s'interrompant qu'avec le cap de Peñas, à l'Ouest de Gijón. Elle est formée de courtes falaises, dont les nombreuses indentations laissent la place à des criques sablonneuses. Si les estuaires étroits et profonds portent tous le nom espagnol de rias, ils ne sont pas comparables à ceux de la Galice proche. Trois ports miniers écoulent le minerai asturien : San Esteban de Pravia, Gijón et Avilés. Les autres villages côtiers se consacrent à la pêche, à la conserverie de poisson. La chaîne montagneuse n'est isolée de la mer que par un plateau d'une vingtaine de kilomètres de large. À partir du Cudillero, le littoral apparaît plus déchiqueté et plus abrupt. Le plateau côtier s'achève sur la mer par un ruban de falaises très escarpées et une série de plages intimes situées aux embouchures des cours d'eau. Les ports de pêche sont installés dans les criques.

CURIOSITÉS (D'EST EN OUEST)

Llanes – Petit port de pêche à la langouste et tranquille station balnéaire, Llanes fut autrefois fortifiée. Du Paseo de San Pedro dominant le village, on découvre le vieux quartier de Llanes, les ruines de ses anciens remparts et de son château, la silhouette trapue de l'église Santa María. En août, il ne faut pas manquer d'assister à la fête de St-Roch : la danse du *Pericote* et surtout celle de *la Prima*, exécutée par des enfants, constituent un spectacle pittoresque que rehausse le costume local.

Entre Llanes et Ribadesella se succèdent des plages de sable entre de promontoires rocheux : **Celorio, Barro, Cuevas del Mar.**

Plage de Llanes

Ribadesella – La ville et le port sont établis sur la rive droite de l'estuaire du Sella, tandis que sur l'autre rive s'est développée une station balnéaire le long de la plage. Chaque année, la descente internationale du río Sella en kayak, le premier samedi d'août, attire des foules de spectateurs.

★ **Cuevas de Tito Bustillo** ⊘ – La **grotte** est célèbre pour son **mur de peintures**★ exécutées par les hommes du paléolithique entre le solutréen et le magdalénien (environ 20 000 ans avant J.-C.). Quelques figures (un cheval, deux cerfs, un renne, un autre cerf, un autre cheval) précèdent la partie la plus lisse de la paroi, sorte de plafond bas où sont représentées, dans les concavités, des silhouettes d'animaux atteignant 2 m de long, peintes en rouge ou ocre et soulignées de noir.

La Isla – Tout proche de la route, sur une pointe rocheuse, dans ce petit village coquet les typiques *hórreos* asturiens se mêlent aux villas. Au fond d'une vaste baie, chapelet de plages isolées par des rochers ; l'un d'eux forme un îlot qui a donné son nom au lieu.

★★ **Mirador del Fito** – *À 12 km de la Isla par la AS 260*. De ce belvédère on découvre un splendide **panorama** sur les pics d'Europe et la côte.

Lastres – Accroché au flanc d'une abrupte falaise, entre la plage et le port, c'est un typique village de pêcheurs renommé pour ses palourdes.

Priesca – L'église San Salvador (921) a été restaurée. Dans le chœur, chapiteaux similaires à ceux de Valdediós.

Villaviciosa – C'est au fond de sa profonde ria que le futur **Charles Quint**, âgé de 17 ans, venu de Flandres avec toute une escorte de courtisans pour prendre possession de son nouveau royaume, accosta en septembre 1517. Une erreur de navigation l'avait éloigné du port de débarquement prévu : Santander.
De la ville aux rues étroites et aux maisons blasonnées, on retiendra l'**église Santa María** dont la façade a gardé une rose gothique et un portail roman flanqué de statues-colonnes.
Une incursion dans l'arrière-pays permet de découvrir les églises d'Amandi et de Valdediós.

Amandi – *3 km au Sud de Villaviciosa*. Juchée sur une hauteur et signalée par son clocher-pignon, l'**église San Juan**, transformée au 18ᵉ s., conserve du 13ᵉ s. le portail et l'abside à l'élégante **décoration**★. Dans l'**abside**★, on retrouve la frise de la façade épousant les contours incurvés des entre-colonnades et formant un ruban sinueux du plus heureux effet. Les chapiteaux remarquablement ciselés sont d'une grande richesse inventive.

★ **Valdediós** – *7 km au Sud de Villaviciosa*. Dans un vallon sont réunis une petite église asturienne d'allure désuète et charmante et un monastère.
L'**église San Salvador** ⊘, consacrée en 893 et appelée familièrement « El conventín », représente l'art asturien dans sa dernière période. La nef centrale, très élevée, est épaulée de collatéraux étroits. Remarquer à l'arc triomphal les chapiteaux ornés

155

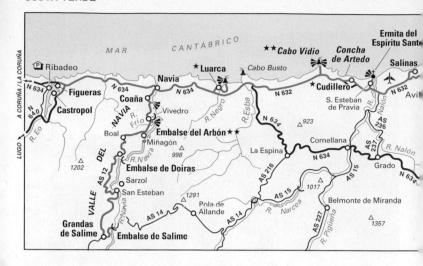

du cordon asturien. Le portique latéral devait servir de promenoir. Les chapiteaux à entrelacs, les fenêtres à arcades et les *claustra* artistiquement sculptés dénoncent l'influence mozarabe.

Le **monastère** ⊙ se compose d'une église cistercienne du 13e s. et d'un cloître des 15e, 17e et 18e s.

Tazones – *12 km au Nord de Villaviciosa.* Ce petit port de pêche niché au fond d'une anse ne manque pas de charme.

Gijón – *Plan dans le guide Rouge Michelin España & Portugal.* Grande cité animée et moderne de plus de 250 000 habitants, la ville a été construite à l'origine sur l'étroite presqu'île de Santa Catalina, entre deux anses qui abritent aujourd'hui l'une, à l'Ouest, le port, l'autre la vaste plage de San Lorenzo. Près du port, la **plaza del Marqués** forme un ensemble harmonieux : l'élégante façade du **palais de Revillagigedo** (fin 17e s.) se détache sur la colline de Santa Catalina, où s'échelonnent les maisons du quartier des pêcheurs appelé Cimadevilla.

Gijón est la patrie de **Gaspar de Jovellanos** (1744-1811), l'un des esprits les plus éminents de l'Espagne du 18e s. On lui reconnaît les talents d'un poète, d'un économiste partisan du libéralisme, ainsi que ceux d'un homme politique.

Luanco – Une promenade longe la petite plage de sable. Le port est situé au fond de la baie, à l'abri de la Punta de la Vaca.

★ **Cap de Peñas** – Une route à travers la lande mène au point le plus septentrional des Asturies : de la falaise, dominée par un phare et prolongée par un gros rocher, belles vues sur la côte de part et d'autre.

Salinas – À l'écart de la grand-route, c'est une station balnéaire en plein essor, bordée à l'Est par une vaste pinède. À l'extrémité opposée de la baie, un îlot rocheux, la Peñona, accessible par une passerelle, révèle une **vue générale**★ de la plage, une des plus longues de la Costa Verde. La houle s'acharne en contrebas sur les rocs déchiquetés.

Ermitage del Espíritu Santo – La montée permet d'entrevoir, à travers les eucalyptus, l'estuaire du Nalón ou ria de Pravia et la plage immense de San Juan de la Arena où déferlent les vagues. De l'ermitage, **vue**★ étendue à l'Ouest sur les falaises du littoral.

★ **Cudillero** – Encerclé par des collines abruptes, le village égrène ses maisons blanches à toits de tuiles brunes, jusqu'au petit port de pêche tapi entre deux pointes rocheuses. De l'extrémité de la jetée, le **tableau**★ est attachant : hautes façades s'échelonnant sur les premières pentes, barques ventrues, forêt drue de mâts, filets qui sèchent.

Concha de Artedo – Plage superbe.

★★ **Cap Vidio** – Près du phare, **vues**★★ très étendues sur cette austère partie de la côte, qui se déroule à droite vers le cap de Peñas et à gauche vers le cap Busto.

★ **Luarca** – Dans un **site**★ remarquable à l'embouchure du sinueux río Negro que franchissent sept ponts, Luarca possède un port de pêche bien abrité et trois plages. La ville a une allure pimpante avec ses maisons aux toits d'ardoise et façades blanches. Au bout de l'éperon qui ferme l'estuaire, un phare, une église et un cimetière ont remplacé l'ancienne forteresse. Une petite rue grimpe jusqu'au sommet. Là, prendre à gauche la route du phare, puis contourner la chapelle par la droite pour redescendre : on aura ainsi un intéressant **point de vue**★ sur Luarca, lovée autour de son port. Le 15 août, celui-ci se remplit de barques pavoisées.

Navia - *Voir Valle del Navia.*

Figueras - De ce port sur la ria de Ribadeo, très jolie vue sur Castropol qui ressemble à un village autrichien se reflétant dans un lac.

Castropol - Face à Ribadeo, port le plus oriental de Galice, le dernier port asturien occupe un promontoire au milieu de la ria qui sert de frontière entre les Asturies et la Galice. Village paisible avec une Plaza Mayor toute blanche. Vue sur Ribadeo *(voir Rías Altas).*

COVADONGA

Asturies

Carte Michelin n° 441 C 14 – Atlas España Portugal p. 11
Schéma : PICOS DE EUROPA

Le sanctuaire de Covadonga niché dans un **cadre**★★ impressionnant, au creux d'une étroite vallée encadrée de hautes montagnes, est l'un des principaux sites historiques de l'Espagne.

Le berceau de la Reconquête – Après la déroute de leur dernier souverain, Rodéric, à Guadalete en 711, quelques Wisigoths, abandonnant l'Espagne à la souveraineté arabe, se réfugièrent dans les pics d'Europe. L'un d'eux, **Pélage**, organisa toutefois la résistance et vers 722 défit à Covadonga les troupes envoyées par l'émir de Cordoue Al-Sahm pour réduire la rébellion. Élu chef par les chrétiens, Pélage établit sa capitale à Cangas de Onís, jetant ainsi les bases de la future monarchie espagnole.

CURIOSITÉS

Santa Cueva ⊘ - Aménagée en l'honneur de la « Vierge des Batailles » qui aurait apporté la victoire, la grotte abrite une vierge en bois du 18e s., la **Santina**, très vénérée. Patronne des Asturies, elle est l'objet d'une importante procession le 8 septembre.

Basilique – Édifiée de 1886 à 1901 dans le style néo-roman. Devant se dresse la statue de Pélage, surmontée de la Croix de la victoire que Pélage brandissait au cours de la bataille et dont l'original est exposé à la Cámara Santa d'Oviedo.

Musée ⊘ - Il rassemble les cadeaux offerts à la Vierge de Covadonga, telle la magnifique **couronne**★ ornée de plus de 1 000 brillants.

EXCURSION

★ **Lacs de Enol et de la Ercina** – *Voir Picos de Europa ; itinéraire* ⑤ .

*Poursuivez la visite de la péninsule ibérique,
avec le guide Vert Michelin Portugal.*

COVARRUBIAS★

Castille et Léon (Burgos)
629 habitants
Carte Michelin n° 442 F 19 – Atlas España Portugal p. 26

Situé sur les bords de l'Arlanza, Covarrubias conserve une partie de ses remparts défendus par la tour Doña Urraca en forme de pyramide tronquée. Un palais Renaissance faisant arche sur la rue donne accès au quartier pittoresque dont les maisons à colombage soutenues par des colonnes de pierre ont été restaurées.
À Covarrubias repose un des grands personnages de l'histoire castillane, **Ferdinand González**, qui au 10ᵉ s., constitua un vaste comté de Castille dont il proclama l'autonomie, donnant ainsi à cette province un rôle moteur dans la lutte contre les musulmans.

★ **Collégiale** ⊙ – L'église à trois nefs et le cloître aux voûtes fleuries forment un bel ensemble gothique. Véritable panthéon, la collégiale abrite plus de vingt tombeaux médiévaux, dont ceux de Ferdinand González et celui de la princesse norvégienne Christine qui fut mariée en 1258 à l'infant Philippe de Castille.
Les orgues de l'église sont réputées pour leur qualité.

Musée-trésor – Parmi les peintures de primitifs anonymes, on distingue un **triptyque**★ du 15ᵉ s. de l'école flamande dont les hauts-reliefs du panneau central représentant l'Adoration des Mages sont attribués à Gil de Siloé, ainsi qu'une œuvre de Pedro Berruguete et une de Van Eyck. Une splendide croix processionnelle très ouvragée témoigne de la virtuosité des orfèvres de Calahorra au 16ᵉ s.

Église de Quintanilla de las Viñas : détail de la frise

ENVIRONS

Quintanilla de las Viñas – *24 km par le C 110 et la N 234 en direction de Burgos, puis une petite route signalisée à droite.* À la sortie de Covarrubias, la route suit la vallée de l'Arlanza qui s'encaisse dans de belles gorges boisées. Sur la droite apparaissent en contrebas les ruines de l'**ancien monastère San Pedro de Arlanza** (belles absides romanes).

★ **Église de Quintanilla de las Viñas** ⊙ – La grande ancienneté de cet ermitage – en qu la plupart des archéologues reconnaissent un édifice wisigothique du 7ᵉ s. – lu confère une valeur archéologique considérable. Il ne reste que l'abside et le transept, édifiés avec de grandes pierres régulièrement appareillées. Les murs extérieurs sont décorés d'une frise (grappes de raisin, feuilles, oiseaux) et de médaillons et motifs très stylisés. Ces mêmes motifs se retrouvent à l'intérieur sur les claveaux de l'arc triomphal. De chaque côté, les deux impostes sont ornées de figures symboliques représentant le soleil et la lune.

Lerma – *23 km à l'Ouest par la C 110.* Lerma doit sa splendeur à **Francisco de Sandoval, duc de Lerma** (1553-1625), l'ambitieux favori de Philippe III, qui dirigea les destinées du pays de 1598 à 1618, où il fut évincé par son propre fils, le duc de Uceda. Ce fut une période de gaspillage et de corruption. La cour, étourdie de fêtes et de bals, se partageait entre Madrid et Valladolid. Quant au duc, confortablement enrichi, il s'attacha à embellir sa bonne ville de Lerma qui devint un des rares exemples d'urbanisme classique en Espagne.
Dans la partie haute de la ville se trouve le quartier, construit par le duc au 17ᵉ s. qui conserve ses rues étroites, en forte montée, tapissées de pavés pointus e bordées de maisons parfois très anciennes sur portiques de bois ou de pierre. Su la **Plaza Mayor**★ s'élève l'austère façade du palais ducal. La **collégiale** ⊙ conserve la statue agenouillée en bronze doré de l'archevêque Cristóbal de Rojas, neveu du duc, œuvre de Juan de Arfe (17ᵉ s.).

CUENCA★★

Castille-la Manche (Cuenca)
46 047 habitants
Carte Michelin n° 444 L 23 – Atlas España Portugal p. 54

Cuenca apparaît dans un **site**★★ grandiose au cœur d'un massif (la Serranía de Cuenca) qui fait la liaison entre la Meseta castillane et le Levant. Dans ce massif calcaire l'érosion a façonné un relief très accidenté aux formes parfois fantastiques. Les processions de la Semaine sainte sont particulièrement spectaculaires dans ce cadre d'abruptes ruelles où, à l'aube du Vendredi saint, se perpétue la lente montée vers le Calvaire au milieu du roulement des tambours. Un concours de musique sacrée s'y déroule en même temps.

★★ CIUDAD ANTIGUA (VIEILLE VILLE) *2 h 1/2*

Accroché sur une plate-forme rocheuse découpée par les défilés du Júcar et du Huécar, ce quartier ressemble à un balcon entre deux précipices. Le manque d'espace explique l'étroitesse et le tracé irrégulier des rues, ainsi que la hauteur des maisons.

Passer sous l'arc de l'hôtel de ville (18e s.) et laisser la voiture sur la plaza Mayor de Pío XII.

Cathédrale ⊘ – Derrière la façade reconstruite au début de ce siècle on découvre un édifice gothique (13e s.) dont l'architecture s'inspire des styles français et normand, alors que la décoration est Renaissance. Remarquables sont les **grilles** des différentes chapelles, le double déambulatoire, le triforium et l'élégante **porte**★ plateresque de la salle capitulaire aux vantaux de noyer sculptés par Alonso Berruguete.

Suivre le côté droit de la cathédrale.

★ **Museo Diocesano** ⊘ (**M¹**) – Installé dans le palais épiscopal, il présente huit panneaux d'un retable de Jean de Bourgogne (vers 1510), deux Greco, une Crucifixion de Gérard David et une exceptionnelle collection d'orfèvrerie parmi laquelle se remarque un **diptyque byzantin**★ (13e s.) peint dans un monastère du mont Athos, recouvert d'argent, de perles et de pierres précieuses, ainsi que la **crosse de saint Julien**, en bronze doré décorée d'émaux, réalisée par un atelier de Limoges vers 1200. Au premier étage sont exposés des tapisseries et des tapis.

★ **Casas Colgadas** – Célèbres demeures du 14e s., très restaurées, les **maisons suspendues** abritent un musée d'Art abstrait et un restaurant. Par le passage voûté contigu à ce dernier, on gagne la passerelle de San Pablo d'où s'offre une jolie **vue**★ sur les plus spectaculaires de ces maisons suspendues au-dessus du défilé de Huécar, vision qui devient féerique avec les illuminations de nuit.
De l'autre côté du pont se trouve le **couvent San Pablo**. Une partie de ses dépendances est aménagée en parador.

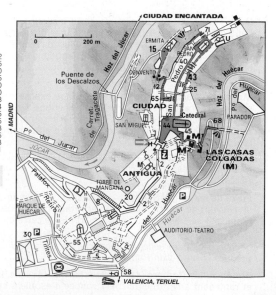

CUENCA

M¹ Museo Diocesano
M² Museo de Cuenca

Les maisons suspendues

★★ **Museo de Arte Abstracto Español** ⊙ – Il fut inauguré en 1966. Son cadre et les vue: qui s'offrent sont tellement spectaculaires que certaines fenêtres apparaissen comme d'authentiques tableaux. La collection réunie par Fernando Zóbel, enrichie depuis la fondation, montre un échantillonnage très riche de l'art abstrai espagnol avec des œuvres de Chillida, Tàpies, Saura, Zóbel, Cuixart, Sempere Rivera, Millares, etc.

★ **Museo de Cuenca** ⊙ (M²) – Le 1er étage expose des objets préhistoriques. L second, de grand intérêt, abrite des collections de sculpture, de numismatique e de céramique trouvées dans les fouilles romaines de Segóbriga, Valeria e Ercávica ; remarquer un couronnement d'autel romain, trouvé à Ercávica, qu reproduit les objets utilisés dans les rites sacrés.

Revenir à la cathédrale et prendre la rue San Pedro. La première rue à gauch mène à la place San Nicolás. Là un escalier descend à la place de lo Descalzos.

★ **Plaza de las Angustias** (15) – Au-dessus du ravin de Júcar, entre l'eau et la ville un couvent de franciscains et un ermitage placé sous le vocable de la Vierge de Angoisses se dissimulent sous les arbres de cette place.

Revenir rue de San Pedro et poursuivre jusqu'à l'église de ce nom. Tourner gauche dans une ruelle qui débouche sur le ravin du Júcar. Revenir à l'église prendre la rue Julián Romero.

Ronda Julián Romero (43) – Cette charmante ruelle, longeant la gorge du Huéca et ramenant à la cathédrale, est coupée d'escaliers et de placettes.

EXCURSIONS

Les défilés – De chaque côté de l'éperon rocheux, une route longe la rivière : vues surprenantes sur les maisons suspendues.

Hoz del Júcar – C'est le défilé le plus court et le plus encaissé. Les peupliers se mirent dans les eaux vertes du fleuve au pied des falaises aux teintes ocre.

Hoz del Huécar – *Circuit de 15 km.* Tracé en dents de scie, il a des versants plus évasés. Le Huécar draine une petite vallée occupée par des cultures maraîchères. De la route, les maisons suspendues semblent un véritable défi à la loi de la pesanteur.

À la fin du défilé, prendre à gauche jusqu'à Buenache de la Sierra et ensuite de nouveau à gauche la direction du couvent de San Jerónimo.

Peu après, dans un virage à droite, se dégage une **perspective**★ remarquable sur les hautes colonnes de roche grise de la vallée et, à l'horizon, sur Cuenca. On entre dans la ville par la porte des remparts du quartier ancien.

★ **Les « Torcas »** – *Prendre la N 420 et après 11 km tourner à gauche.* La route traverse une belle forêt de conifères où se trouvent les *torcas*, curieuses dépressions de terrain qui atteignent parfois des dimensions spectaculaires, comme la Torca del Lobo.

Serranía de CUENCA★

Castille-la Manche (Cuenca)

Carte Michelin n° 444 K 23 à L 24 – Atlas España Portugal p. 42, 54 et 55

Les paysages surprenants de cette terre calcaire ont été formés au cours des siècles par l'eau des rivières et l'érosion du vent. Les formes curieuses des roches, les nombreuses forêts de pins et les nombreux ruisseaux donnent à la sierra une grande beauté.

CIRCUIT DANS LA SIERRA *270 km - compter une journée*

Ventano del Diablo – *25,5 km de Cuenca par la CM 2105.* La « **fenêtre du diable** », ouverture percée dans la roche, surplombe de façon impressionnante les **gorges du Júcar**★.

★ **Ciudad Encantada** – *Prendre une route signalisée à droite de la CM 2105.* La « **ville enchantée** » est un ensemble chaotique résultant de l'érosion dans une épaisse couche de roches calcaires. De grands blocs ont été isolés et curieusement sculptés. Un circuit fléché permet de se promener (*1 h*) dans ce dédale rocheux avec comme attraction majeure la traversée du « toboggan » et de « la mer de pierres » (*mar de piedras*).
On peut se rendre (*2 km*) au **mirador de Uña** en suivant un chemin de terre ; à la bifurcation, prendre à gauche. **Vue** très dégagée sur la vallée du Júcar dominée par de hautes falaises. Au fond Uña et son petit lac vert.

Revenir sur la CM 2105, puis jusqu'à Villalba de la Sierra, et prendre à droite une route au Nord vers Las Majadas.

Los Callejones – *3 km de las Majadas par la route de Uña. Laisser la voiture sur l'esplanade.* Bien moins spectaculaire que la Ciudad Encantada, ce chaos rocheux isolé présente un labyrinthe d'arcs et de passages étroits qui lui ont valu son appellation de « **ruelles** ».

À Las Majadas, reprendre l'itinéraire vers le Nord, puis l'Ouest en direction de Priego.

★ **Hoz de Beteta** – Avant d'arriver à Priego, une route à droite (*3 km*) mène au couvent **San Miguel de las Victorias** qui occupe un **site**★ exceptionnel sur une terrasse surplombant l'entrée du **défilé de l'Escabas**. (*Revenir à la route CM 2023*). Le défilé se poursuit pendant quelques kilomètres. Puis la route quitte la rivière et pénètre après Vadillos dans le **défilé de Beteta**★, une impressionnante gorge aux hautes parois verticales, au fond de laquelle coule le río Guadiela parmi une végétation exubérante.

Source du Cuervo – *30 km au Sud-Ouest de Beteta. Après un pont, laisser la voiture et continuer à pied (500 m).* Un sentier monte jusqu'aux **cascades**★ formées par les eaux du Cuervo dévalant de rochers envahis par la végétation et creusés de grottes moussues.
La route de retour vers Cuenca (*CM 2106 puis CM 2105*) offre ensuite de jolies **vues** sur la retenue de la Toba.

DAROCA★

Aragon (Saragosse)
2 630 habitants
Carte Michelin n° 443 I 25
Atlas España Portugal p. 42

Daroca apparaît logée entre deux lignes de crête où se profilent des **murailles★** crénelées, longues de 4 km, épaulées à l'origine par plus de cent tours et percées de portes fortifiées, dont l'importante **Puerta Baja**, défendue par deux tours carrées. D'origine musulmane, la ville fut libérée des Maures en 1120 et acquit la liberté municipale en 1142.

Le miracle des Saints Corporaux – Ce miracle se situe en 1239, après la conquête de Valence, lorsque les troupes chrétiennes de Daroca, Teruel et Calatayud partaient à la reconquête des terres occupées par les Maures. Pendant une messe, une attaque des musulmans obligea le prêtre à cacher quelques hosties consacrées entre deux corporaux (corporal : linge sur lequel reposent calice et patène). Peu après, on s'aperçut que les hosties avaient laissé une empreinte sanglante sur le tissu. Les trois villes, Daroca, Teruel et Calatayud, revendiquèrent la précieuse relique. On chargea alors les linges sur une mule qui, laissée en liberté, se dirigea tout droit vers Daroca et mourut en franchissant la Porte Basse.

CURIOSITÉS

Collégiale Santa María ⊙ – Édifiée à l'époque romane pour accueillir les saintes reliques, elle a été transformée aux 15e et 16e s. Sur le flanc gauche, à côté du clocher, portail gothique flamboyant.

Intérieur – La nef d'un gothique finissant adopte plusieurs éléments d'architecture Renaissance, comme la coupole de la croisée du transept.
Les **chapelles latérales droites**, en partie revêtues d'azulejos du 16e s. de fabrication locale, exposent une collection de retables. A droite de l'entrée, un **retable★** du 15e s. en albâtre polychrome fut exécuté, croit-on, en Angleterre ; noter le souci du détail anecdotique ; de part et d'autre, tombeaux gothiques. La **chapelle des reliques★** (15e s.) occupe l'emplacement de l'abside romane primitive ; derrière une sorte de jubé flamboyant, l'autel abrite l'actuel reliquaire des Corporaux, entouré de statues en albâtre polychrome au déhanchement prononcé ; sur les murs, des scènes sculptées racontent le miracle. A hauteur du maître-autel, le **retable★** peint d'époque gothique est dédié à saint Michel.

★ **Musée paroissial** ⊙ – Parmi les peintures sur bois, on remarque deux rares panneaux du 13e s. très endommagés et surtout les **retables** de St-Pierre (14e s.) et de St-Martin (15e s.). Toute l'orfèvrerie exposée provient de Daroca à l'exception de la précieuse **custode-reliquaire** ciselée par le Catalan Moragues au 14e s. et qui abrita autrefois les reliques des Corporaux. Les personnages sont en or, l'armature en argent. La plupart des **chasubles**, souvent très anciennes, furent tissées ici ; on verra en outre quelques chasubles mexicaines du 17e s.

Église San Miguel ⊙ – Remarquable pour son bel appareil comme pour la pureté romane de son chevet et de son portail (12e s.), cette église a retrouvé sa simplicité d'origine. Les peintures murales (13e s.) de l'abside sont malheureusement un peu effacées.
On peut voir en contrebas le clocher de style mudéjar, fort bien restauré, de l'**église Santo Domingo**.

Parque Nacional de DOÑANA★

Andalousie (Huelva, Séville)
Carte Michelin n° 446 U 10, V 10-11
Atlas España Portugal p. 82

Situé entre les provinces de Huelva et de Séville, entre l'océan Atlantique et l'embouchure du Guadalquivir, le parc national de Doñana fut créé comme réserve botanique et zoologique. Du fait de sa situation géographique qui le soumet à la fois aux influences atlantique et méditerranéenne et de sa proximité avec l'Afrique, le parc est une étape pour de nombreux oiseaux migrateurs européens et africains. Actuellement sa superficie, 73 000 ha de zone protégée (parc et préparc), en fait le plus étendu des parcs nationaux espagnols. Il abrite de nombreuses espèces animales, les plus remarquables étant le lynx, l'aigle impérial, le daim, le cerf, le sanglier et une grande variété d'oiseaux : canards, foulques, hérons et flamants roses.

Centre d'information à El Acebuche, 2 km au Nord de Torre de la Higuera.

La **visite** ⊙ en véhicules tout terrain (*à partir du centre d'information*) permet de découvrir les différents écosystèmes. La **zone des sables stabilisés** est occupée par des landes et quelques arbres : chênes-lièges et pins (quelques ramasseurs de pignons vivent encore dans des cabanes très rustiques couvertes de branchages

La **lagune**, zone la plus étendue, abrite de nombreux oiseaux en hiver. Enfin les **dunes mobiles** forment une mer de sable en mouvement avançant de 6 m en moyenne par an.

El Rocío – Situé au Nord de la limite du parc, ce village abrite un sanctuaire à Notre-Dame du Rocío qui attire tous les ans à la Pentecôte des foules de pèlerins provenant de toute l'Andalousie. Ils effectuent le chemin en charrettes ou sur des chevaux richement harnachés ; ceux qui viennent de la région de Cadix passent le Guadalquivir en barque, puis traversent le parc de Doñana. En dehors de la semaine de pèlerinage qui voit affluer près d'un million de personnes, le Rocío ressemble à une ville fantôme.

DONOSTIA/SAN SEBASTIÁN★★

ST-SÉBASTIEN – Pays Basque (Guipúzcoa)
176 019 habitants
Carte Michelin n° 85 pli 1 ou n° 442 C 23 – Atlas España Portugal p. 14
Schéma : COSTA VASCA

Le site et la station – Bordant une baie en forme de coquille, la « **Concha** », d'où son surnom de « perle du Cantabrique », St-Sébastien s'étend entre le mont Urgull et le mont Igueldo. Sa baie est en partie fermée par l'îlot de Santa Clara.
Une belle rangée d'immeubles luxueux et cossus, d'agréables promenades, des jardins longent les deux plages de sable à la courbure parfaite : la Concha et, au-delà d'un promontoire, la plage aristocratique de **Ondarreta (A)**. Au-delà de la plage, au pied du mont Igueldo, se trouve le *Peine de los Vientos* d'Eduardo Chillida *(illustration p. 477).*
La vocation balnéaire de St-Sébastien s'éveilla au 19ᵉ s. lorsque la reine Marie-Christine d'Autriche la choisit comme lieu de villégiature. De cette époque la ville a conservé le **palais Miramar (A)**, construit à la demande de la reine.
En saison les festivités se succèdent : festival international de Jazz, du Cinéma, Grande Semaine d'août, fêtes basques avec des manifestations folkloriques.
St-Sébastien offre aussi aux sportifs une gamme étendue de possibilités : golf, concours hippiques, régates, tennis...

Une capitale gastronomique – Bien caractéristiques de cette ville, une trentaine d'associations réunissent des amis et amateurs de bonne chère. Les associés, uniquement des hommes, se confectionnent d'excellents repas qu'ils arrosent d'un bon cidre ou de *chacoli*, un vin basque. Parmi les spécialités basques évoquons les poissons (dorades, merlus, sardines) et les fameux *chipirones* (calmars).

Baie de la Concha

POINTS DE VUE

★★★ **Panorama du mont Igueldo** (**A**) – *Accès par le funiculaire ⊙ ou en voiture : suivre la plage de la Concha et de Ondarreta et prendre à gauche.* Le sommet est occupé par un parc d'attractions et un hôtel-restaurant. On y découvre un splendide **panorama** sur la mer, la rade avec l'île de Sta Clara, St-Sébastien dans son cirque de montagnes. Le soir, la ville illuminée offre un beau spectacle.

★★ **Panorama du mont Urgull** (**B**) – Ce mont est occupé par un parc municipal et couronné par le **fort de Sta Cruz de la Mota**. Du sommet beau **panorama** sur la Concha et sur les monuments de la vieille ville que l'on surplombe.

LA VIEILLE VILLE 2 h

St-Sébastien est né au pied du mont Urgull. Là, entre le port et l'embouchure de l'Urumea, se masse encore la vieille cité. Bien que les bâtiments datent du siècle dernier, ses rues étroites contrastent avec les avenues de la ville moderne. Elle s'anime tous les soirs à l'heure de l'apéritif. La population locale, les touristes et de nombreux Français, passant la frontière le temps d'un repas, envahissent les bars et les petits restaurants qui pullulent autour de la place de la Constitución et le long du port, pour y déguster tapas, coquillages, crustacés ou *chipirones* ; c'est dans les rues Portu, Muñoa et Fermín Calbetón que l'art des tapas atteint ses sommets les plus vertigineux.

DONOSTIA SAN SEBASTIÁN

Plaza de la Constitución (**B 12**) – Entourée de maisons à hautes arcades, elle fut utilisée comme arènes pour les premières courses données à St-Sébastien. Les numéros que portent encore les balcons rappellent qu'ils servaient alors de tribunes.

Église Santa María ⊙ (**B B**) – On est frappé par l'exubérance de son portail (fin 18e s.). La sobriété de l'architecture intérieure rend plus frappante encore la profusion des autels baroques.

Museo de San Telmo ⊙ (**B M¹**) – Cet ancien monastère, fondé au 16e s., a été transformé en musée. Sous les voûtes du cloître Renaissance est disposée une collection de stèles funéraires basques en pierre sculptée, de tradition ibérique, datant pour la plupart du 15e au 17e s. La galerie supérieure du cloître est consacrée à la section ethnographique (intéressante reconstitution d'un intérieur basque). Elle donne sur les salles de peinture (un Ribera, un Greco, peintres du 19e s.). L'ancienne chapelle a été décorée par José María Sert de peintures en camaïeu illustrant avec vigueur divers épisodes historiques du Pays Basque.

Paseo Nuevo (B) – Cette large promenade en corniche autour du mont Urgull offre de belles **vues** sur la mer Cantabrique et la baie. Elle débouche sur le port, trapu et coloré, où se côtoient bateaux de pêche et voiliers.

Aquarium-Palacio del Mar – Le palais de la Mer abrite un Musée océanographique et un Aquarium. Si le musée présente une collection intéressante mais courante de maquettes, la surprise vient de l'aquarium, dont une rénovation a fait l'un des meilleurs d'Europe. Un **bassin tactile**, où l'on peut toucher les espèces inoffensives, deux **bassins des microcosmes**, où des caméras permettent d'observer la vie marine la plus modeste, et, surtout, l'**Océanorium**★, un bassin traversé par un grand tunnel de 360 m qui nous immerge dans la surprenante diversité de l'océan, sont quelques-unes des installations nouvellement créées.

Museo Naval ⊘ **(B M²)** – Il est installé dans un simple édifice du 18ᵉ s. édifié pour recevoir la bourse de commerce. Le rez-de-chaussée montre les matériaux et les outils traditionnels de la construction navale, tandis que le premier étage abrite des maquettes et des instruments de navigation. Sa visite permet d'apprécier l'importance de la mer dans l'histoire du Pays Basque.

ENVIRONS

Mont Ulía – *7 km à l'Est, suivre la N 1 en direction d'Irún. Avant d'atteindre le sommet de la montée et de redescendre vers St-Sébastien, prendre la première route à droite.* Après plusieurs lacets au cours desquels les **vues** se développent sur la ville et son site, on atteint le sommet d'où un chemin à droite conduit, à travers un beau parc, au restaurant du mont Ulía.

ÉCIJA

Andalousie (Séville)
35 727 habitants
Carte Michelin nº 446 T 14
Atlas España Portugal p. 74

Fondée par les Romains, Écija jouit d'un climat très doux sauf en été où la chaleur l'a fait surnommer « la poêle de l'Andalousie ». Elle s'étale dans la dépression du Guadalquivir, signalée par ses tours baroques rehaussées de céramique. Celle de **San Juan**★, la plus intéressante, et celles de San Gil et de Santa Cruz sont les témoins d'églises ruinées. Celle de Santa María *(à gauche de l'hôtel de ville)* s'intègre à la place du même nom, bordée de vieilles maisons.

CURIOSITÉS

Laisser la voiture sur la plaza de España.

De part et d'autre de l'avenue Miguel Cervantès, les rues conservent toujours quelques palais anciens aux belles façades : baroque pour le **palais de Benamejí** (18ᵉ s.), concave et décorée de fresques pour le **palais de Peñaflor**, et plateresque pour celui de **Valdehermoso**.

★ **Église Santiago** ⊘ – Un agréable patio du 17ᵉ s. précède l'église. Les trois nefs refaites en 1628 à la suite d'un effondrement gardent quelques fenêtres mudéjars, vestiges de l'édifice antérieur. Le **retable**★ du maître-autel représente la Passion et la Résurrection du Christ.

ELX/ELCHE★

Communauté valencienne (Alicante)
187 596 habitants
Carte Michelin nº 445 R 27
Atlas España Portugal p. 79
Plan d'agglomération dans le guide Rouge Michelin España Portugal

Situé sur les rives du Vinalopó, Elche est connu pour sa « dame », sa palmeraie et son « mystère ».

La dame d'Elche – Plusieurs civilisations se sont succédées à Elche sur le site de l'ancienne Illicis romaine. À l'**Alcúdia** *(2 km au Sud)* les ruines ibériques et romaines ont livré aux archéologues, en 1897, l'une de leurs plus grandes découvertes : la **dame d'Elche** (4ᵉ s. avant J.-C.), chef-d'œuvre de l'art ibérique, exposée aujourd'hui au musée archéologique de Madrid *(voir illustration p. 29)*.

Palmeral – La **palmeraie** aurait été plantée par les Phéniciens. Unique en Europe par son étendue, elle conserve une centaine de milliers de palmiers grâce à un climat très doux et à un remarquable système d'irrigation. Les palmiers femelles permettent la récolte des dattes en hiver ; on utilise les palmes des arbres mâles pour les processions des Rameaux et dans l'artisanat. Pour les rendre blanches, il faut les priver de lumière (on les attache en bottes avant de les couper). À l'ombre des arbres : céréales et légumes.

Le mystère – Les 14 et 15 août a lieu, à l'intérieur de la cathédrale de Santa María, la représentation du mystère d'Elche. Ce drame lyrique sacré, d'origine médiévale, retraçant la Dormition, l'Assomption et le Couronnement de la Vierge, est joué et chanté uniquement par des interprètes masculins.

CURIOSITÉS

★★ **Huerto del Cura** ⊙ (**Z**) – Les fleurs se mêlent aux palmiers pour composer un ravissant jardin. On y voit de très beaux spécimens comme le palmier impérial vieux de plus de 150 ans dont le tronc supporte sept branches. Curieux jardin de cactées.

★ **Parque municipal** (**Y**) – Agréable parc aménagé à la limite de la palmeraie, il couvre plus de 5 ha divisés en quatre jardins ; le plus remarquable est le **jardin du Bas** (Hort de Baix).

Museo Arqueológico ⊙ (**Y**) – Installé dans le palais de Altamira, il expose des produits de fouilles provenant en grande partie de La Alcudia. Remarquer la sculpture et les céramiques de l'époque ibérique et la Vénus de Illici, délicate sculpture romaine de marbre blanc.

Basilique Santa María (**Y**) – Cette monumentale église baroque (18e s.), conçue pour la représentation du mystère, s'ouvre par un intéressant portail de Nicolas de Bari.

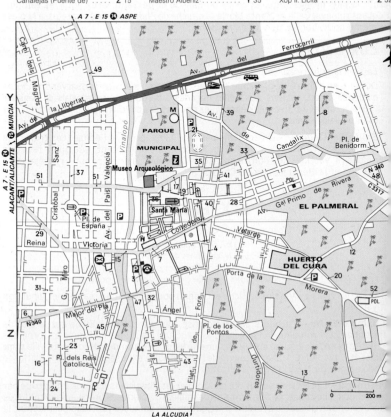

EMPÙRIES/AMPURIAS★★

Catalogne (Gérone)

Carte Michelin n° 443 F 39

Atlas España Portugal p. 19 – Schéma : COSTA BRAVA

Construite dans un site★★ remarquable au bord de la mer, la ville gréco-romaine d'Ampurias (Emporion voulait dire marché en grec) comprend trois centres : Palaiápolis ou ville antique, Neápolis ou ville nouvelle et la ville romaine.

Au milieu du 6e s. avant J.-C., les Grecs phocéens, déjà établis à Marseille, fondent Palaiápolis, un port de commerce, sur une île proche de la côte aujourd'hui rattachée et occupée par le village de Sant Martí d'Empúries. Quelques années après, une vraie ville se développe et prend pied sur le rivage en face de l'île, c'est Neápolis. Alliée aux Romains pendant les Guerres Puniques, elle voit débarquer en 218 un corps expéditionnaire romain commandé par Scipion l'Africain, mais il faut attendre 100 avant J.-C. pour voir s'établir la ville romaine à l'Ouest de la ville nouvelle. Pendant un certain temps, les deux villes coexistent indépendamment jusqu'au moment où Auguste donne aux Grecs la citoyenneté romaine. La ville, dont le développement s'est poursuivi jusqu'au 3e s., est ruinée par les invasions barbares. Cependant, elle devient le siège d'un évêché, comme en témoignent les ruines de la basilique retrouvées dans Neápolis. La ville s'éteint à l'arrivée des Arabes au 8e s.

Neápolis ⊘ – La superposition des différentes constructions pendant 1 000 ans a rendu difficile l'interprétation des ruines. Près de la porte d'entrée se trouve le **temple d'Asclépios**, dieu de la médecine, et une enceinte sacrée qui contenait des autels et statues des divinités. À côté se dressait la **tour de guet**. Au pied de la tour se voient les citernes d'eau potable ; le filtre de l'une d'elles a été reconstruit. Le **temple de Zeus Sérapis** était entouré d'une colonnade. À l'autre extrémité de la rue principale, l'**agora** était le cœur de la ville. On y voit encore trois socles de statues. De là une rue descend vers la mer, bordée à gauche par les ruines de la « **stoa** » ou marché couvert, comprenant des allées et des boutiques. Derrière la stoa on distingue le plan d'une **basilique paléochrétienne** (6e s.) avec son abside arrondie.

Musée archéologique – Il présente une coupe de Neápolis, des maquettes de temple et des objets découverts au cours des fouilles, parmi lesquels on remarque une mosaïque représentant *Le Sacrifice d'Iphigénie*, œuvre hellénistique du 2e ou 1er s. avant J.-C., la mosaïque de *La Perdrix* et une autre représentant un masque d'acteur tragique.

Ville romaine – Elle se trouve sur la colline derrière le musée. Cette ville haute se distingue de la précédente par son plan géométrique et ses vastes dimensions. Les murailles ont été restaurées partiellement, mais la ville n'a pas été totalement fouillée. La **maison n° 1** (accès par l'arrière) possède un atrium à six colonnes, autour duquel se distribuent les pièces, le péristyle et l'impluvium, petit bassin qui recevait les eaux de pluie. Les salles de réception sont pavées de mosaïques géométriques blanc et noir. La maison possède ses thermes particuliers à l'extrémité Nord.

À côté, la **maison n° 2 B** conserve quelques pièces avec leur pavement original de mosaïque ; l'une d'elles, près de l'atrium, a été reconstruite en pisé sur une assise de pierre, technique qui était en usage alors.

Le **forum**, centre de la vie civique, était formé d'une grande place carrée entourée de portiques, temples au Nord et boutiques au Sud. Une rue également bordée de portiques conduit à la porte de la ville. Derrière les murailles subsistent les restes de l'amphithéâtre, elliptique.

Monasterio de El ESCORIAL★★★

Monastère de l'ESCURIAL

Madrid

Carte Michelin n° 444 K 17 – Atlas España Portugal p. 39

Impressionnant monastère de San Lorenzo el Real, plus connu sous le nom de scurial, s'élève dans un splendide cadre naturel au pied du mont Abantos, sur le rsant Sud de la sierra de Guadarrama.

e bonne **vue★** d'ensemble du monastère et de son site s'offre depuis la **Chaise de lippe II** (Silla de Felipe II). *Pour s'y rendre, prendre à gauche après le monastère une ute signalisée « Entrada Herrería-Golf » et suivre la signalisation « Silla de Felipe II ».* 10 août se célèbre la fête de saint Laurent, patron du village et du monastère.

nstruction – Le 10 août 1557, jour de la Saint-Laurent, Philippe II bat les Français cours de la mémorable bataille de St-Quentin. Pour commémorer ce fait, il décide faire construire un ensemble monumental, à la fois monastère, palais et panthéon, lié au saint et confié aux Hiéronymites.

les travaux gigantesques – ne compte-t-on pas près de 1 200 portes et 00 fenêtres – ont accaparé 1 500 ouvriers, ils n'ont duré que 21 ans (1563-1584), ù l'exceptionnelle unité de style de l'édifice.

Les projets du premier architecte, Juan de Toledo, sont suivis dans leurs grande
lignes, après sa mort, en 1567, par son assistant **Juan de Herrera**. Par réaction contr
le style très orné du règne de Charles Quint, les architectes ont décidé de réaliser ur
œuvre sobre aux lignes majestueuses.

Le plan du monastère rappellerait, par sa forme de gril, le martyre de saint Lauren
Longue de 206 m, large de 161, l'abbaye est bâtie en granit gris. La rudesse de
pierre accuse la sévérité des lignes architecturales. Obligé par le roi, qui souhaita
accroître le nombre de religieux, de surélever l'édifice, Herrera réussit, par l'esp
cement asymétrique des rangées de fenêtres, à donner à l'ensemble une certair
élégance. Mais seules les tours d'angle aiguës atténuent la monotonie des longu
perspectives horizontales. L'édifice a la grandeur des palais et l'austérité d
monastères.

VISITE ⏲ une demi-journée

★★ **Appartements royaux** – Le quart Nord-Est des bâtiments est occupé par le pala
des Bourbons tandis que la partie cernant l'abside de l'église et le cloître d
Mascarons était celle où résidait Philippe II. L'Escurial eut une vie fastueuse so
la maison d'Autriche, mais les Bourbons, préférant la Granja, El Pardo
Aranjuez, eurent tendance à délaisser le palais, qui ne retrouva vie qu'av
Charles III et Charles IV au 18e s. L'escalier construit sous Charles IV conduit
palais des Bourbons *(3e étage)*. Plafonds pompéiens et belles **tapisseries★**, les unes
la Fabrique royale de Madrid, les autres flamandes, ornent l'ensemble des sall
Parmi les tapisseries, celles exécutées d'après les cartons de Goya illustrent
pittoresques sujets populaires ; celle de « Neptune » fait partie de la série
Télémaque, tissée aux Pays-Bas ; enfin dans la dernière salle, celles de Tenie
montrent un style plein de véracité.

Ramenant à l'austérité autrichienne, très impressionnante par ses dimensions
salle des Batailles est décorée de fresques (1587) illustrant au Sud la bataille
Higueruela remportée sur les Maures au 15e s., et au Nord la bataille de St-Quent
Après le luxe des Bourbons, c'est le retour à la sobriété qu'implique la visite
appartements de Philippe II *(2e étage)*. Ceux de l'infante Isabelle Claire, gouvernante
Pays-Bas, comme ceux de son père, sont constitués d'une suite de salles minuscu
dont la principale décoration est la céramique de Talavera au bas des murs. Dan
chambre du roi, où il mourut en 1598 à l'âge de 71 ans, une porte dor

DIAF

accès à l'église : elle lui permettait d'assister à l'office depuis son lit. Sur les murs, on peut admirer un *Saint Christophe* de Patinir et un portrait du roi, déjà âgé, exécuté par Pantoja de la Cruz. Face aux jardins et à la plaine sur lesquels elle offre une vue très agréable, la salle du Trône est agrémentée de tapisseries de Bruxelles du 16e s. Des portraits royaux garnissent les murs de la salle des Portraits qui lui fait suite. Dans la dernière pièce, on voit la chaise à porteurs destinée à transporter le roi qui souffrait de la goutte.

★★Panthéons – On y accède par la cour des Évangélistes, dont les murs sont décorés à la fresque par Tibaldi (côté Est) et ses disciples.

Un escalier en marbre et jaspe mène au **panthéon des rois★★★**, situé sous le chœur de l'église. Tous les rois d'Espagne depuis Charles Quint y sont enterrés, à l'exception de Philippe V, Ferdinand VI et Amédée de Savoie, respectivement inhumés le premier à la Granja, le second chez les visitandines royales de Madrid et le troisième en Italie.

La chapelle, de plan octogonal, fut commencée sous Philippe III en 1617 et terminée en 1654. Son principal architecte fut Jean Baptiste Crescenci. En face de la porte se trouve l'autel de jaspe et sur les murs de part et d'autre les vingt-six sarcophages de marbre et de bronze. Les rois se trouvent à gauche et les reines mères à droite. Le lustre, réalisé par un artiste italien, complète la somptueuse décoration.

Dans le **panthéon des infants★** (19e s.) reposent les reines n'ayant pas eu de descendance couronnée et les infants. On peut y admirer de délicates sculptures. Les conditions climatiques ont permis une excellente conservation de l'ensemble.

Salles capitulaires – Ces deux belles pièces aux plafonds peints de grotesques et de fresques par des artistes italiens réunissent un musée de peinture religieuse espagnole (16e et 17e s.) et italienne (16e s.).
Dans la première salle sont exposées des toiles du Greco et de Ribera, un *Saint Jérôme* de Titien et *La Tunique de Joseph* que Vélasquez peignit à Rome. La seconde salle capitulaire est consacrée à l'école vénitienne du 16e s. : œuvres du Tintoret, de Véronèse, de Titien (*Ecce Homo*). La salle du fond présente Bosch et son école. Ici on peut admirer la *Charrette de foin*, où se traduit une imagination débordante, et le *Couronnement d'épines (los Improperios)*, où l'on reconnaît sa verve satirique.

Église – Plusieurs études furent présentées pour sa réalisation, et Herrera s'inspira des projets d'architectes italiens pour dessiner le plan définitif. Déjà dans l'atrium on est surpris par une nouveauté architecturale : la voûte plane. L'intérieur suit le schéma de St-Pierre de Rome avec son plan en forme de croix grecque, sa coupole haute de 92 m au-dessus de la croisée du transept supportée par quatre piliers colossaux, et les voûtes en berceau des bras du transept. Les fresques de la voûte ont été exécutées sous le règne de Charles II par Lucas Jordán. On accède au sanctuaire, dont la voûte a été peinte par Cambiasso de scènes de la Vie de la Vierge et de Jésus, par de larges degrés de marbre rouge.
L'immense **retable**, haut de 30 m, conçu par Herrera, est composé de 4 étages de colonnes de jaspe, d'onyx, de marbre rouge, entre lesquelles se répartissent 15 sculptures de bronze de Leoni et Pompeo Leoni. La custode aussi fut dessinée par Herrera. De chaque côté du chœur se trouvent les mausolées de Charles Quint et Philippe II : Pompeo Leoni les a représentés en prière avec leurs familles. La porte au fond à droite permettait à Philippe II d'assister aux offices sans quitter sa chambre.
Dans la première chapelle du bas-côté gauche on peut voir le *Martyre de saint Maurice*, réalisé par Rómulo Cincinato, que le roi préféra à celui du Greco (*voir ci-dessous*) et dans la chapelle à côté se trouve un magnifique Christ sculpté par Benvenuto Cellini (1562).

Cour des Rois – L'un des trois portails classiques de la façade principale ouvre sur cette cour. Elle doit son nom aux statues des rois de Judée qui ornent la majestueuse façade de l'église.

★★ **Bibliothèque** – *Au 2e étage. Illustration p. 478.* La salle longue de 54 m possède une magnifique décoration. Les étagères, là encore dessinées par Herrera, sont en bois précieux, le plafond fut luxueusement peint par Tibaldi : ses compartiments représentent les arts libéraux et, sur les extrémités de la salle, la Philosophie et la Théologie. On y voit aussi les magnifiques portraits de Charles Quint, Philippe II et Philippe III réalisés par Pantoja de la Cruz et celui de Charles II œuvre de Carreño.

Philippe II a réuni dans cette bibliothèque plus de 10 000 volumes, mais beaucoup ont disparu dans l'incendie de 1671 et pendant les guerres napoléoniennes. C'est actuellement une bibliothèque publique contenant plus de 40 000 livres et quelque 2 700 manuscrits allant du 5e au 18e s. On sera surpris par la présentation des livres dont le dos est tourné vers l'intérieur pour des raisons de conservation. Les vitrines centrales, installées sur des tables de marbre, renferment quelques manuscrits précieux qui comptent des manuscrits arabes, les livres autographes de sainte Thérèse, les *Cantigas de Santa María*, œuvre poétique d'Alphonse l Sage, aux belles enluminures, et un Béatus du 11e s. *(illustration p. 47).*

★★ **Nouveaux musées** – Le **musée de Peinture** possède une intéressante collection su des thèmes religieux.

Dans la première salle : nombreuses toiles de peintres italiens essentiellement d l'école vénitienne du 16e s. (Titien, Véronèse et le Tintoret). Dans la seconde sall se remarquent deux œuvres de Van Dyck et une de Rubens de petite taille. La sall suivante est consacrée à Miguel de Coxcie, peintre de Philippe II. Dans la 4e sall le remarquable *Calvaire* de Roger Van der Weyden, sobre mais expressif, es entouré de *L'Annonciation* de Véronèse et de *La Nativité* du Tintoret. La 5e sall présente des toiles de Ribera (*Saint Jérôme en pénitence*, le *Philosophe Chrysipp* et *Ésope*) qui frappent par les traits énergiques et réalistes de ses portraits, ain que deux tableaux de Zurbarán : *Saint Pierre de Alcántara* et la *Présentation c la Vierge* où l'on reconnaît son merveilleux traitement de la lumière et d matières. Dans la dernière salle : deux tableaux d'Alonso Cano et différente œuvres de Lucas Jordán.

Dans les caves voûtées, le **musée d'Architecture** évoque la construction du monastèr iconographie de ses principaux artisans, coût des travaux, dessins de Herrera Au rez-de-chaussée on retrouve la section de peinture avec à la place d'honne l'œuvre du Greco, **Le Martyre de saint Maurice et la légion thébaine**★. Cette to avait été commandée par Philippe II qui, choqué par l'originalité de compositi et les couleurs acides, la refusa. Le martyre de la légion qui avait refusé sacrifier aux dieux passe au second plan, toute l'ampleur étant donnée moment crucial où saint Maurice essaie de convaincre ses compagnons de laisser exécuter.

AUTRES CURIOSITÉS

★ **Casita del Príncipe** ⊘ – *Au Sud-Est par la route de la gare.* Dans le jardin Prince, Juan de Villanueva a construit à la commande de Charles III un **pavillon** loisir pour le futur Charles IV. Son exquise décoration fait de ce palais miniatu un véritable bijou : **plafonds**★ peints dans le style pompéien par Maella et Vicer Gómez, tentures de soie, toiles de Lucas Jordán, lustres, porcelaines, et une t belle salle à manger en acajou et marbre.

Casita de Arriba ⊘ – *3 km au Sud-Ouest après le golf.* Appelé aussi pavillon l'Infant, le **pavillon d'En-Haut** fut comme le pavillon du Prince construit par Juan Villanueva pour l'infant Gabriel, frère de Charles IV. L'intérieur est meublé da le style de l'époque. Le premier étage a été aménagé pour le prince Juan Car avant son accession au trône.

ESTELLA★★

Voir LIZARRA

Portails romans en « pages sculptées »

Le portail de Ste-Marie de Ripoll n'est pas un exemple isolé. La mê disposition se retrouve couramment en Espagne au 12e s., en particulier sur la route de St-Jacques-de-Compostelle, à :

Leyre (monastère) ; Sangüesa (Santa Maria la Real) ; Estella (St-Michel) ; L (St-Isidore) ; St-Jacques-de-Compostelle (Portail des Orfèvres de la cathédra

FIGUERES/FIGUERAS★

Catalogne (Gérone)
35 301 habitants
Carte Michelin n° 443 F 38 – Atlas España Portugal p. 19
Plan dans le guide Rouge Michelin España Portugal

Capitale de l'Alt Empordà, Figueras est surtout une ville commerçante au carrefour de routes entre la Catalogne française et la Catalogne espagnole. Son nom est souvent associé à celui de l'enfant du pays le plus célèbre : **Salvador Dalí (1904-1989).**

CURIOSITÉS

★★ **Teatre-Museu Dalí** ⊘ - Monde de la déraison, du farfelu qui peut séduire ou excéder, mais ne laisse pas indifférent, le musée Dalí est bien à l'image de l'artiste qui l'a créé et disait à son propos : « Ce musée ne peut être considéré comme un musée, c'est un gigantesque objet surréaliste, où tout est cohérent, rien n'y échappe à mon entendement. » Il est installé dans l'ancien théâtre municipal (1850) qui avait été incendié pendant la Guerre civile et fut restauré en 1966. Dalí y ajouta une immense coupole en verre – sous laquelle il est enterré –, aménagea un vaste patio et décora l'ensemble d'objets qui peuplent ses fantasmes : œufs géants, petits pains (crostons) posés sur la façade comme les coquilles de la Casa de las conchas à Salamanque, lavabos, mannequins dorés. Il a donné libre cours à son excentricité dans l'aménagement des places autour du musée : statues de personnages juchées sur des colonnes de pneus, aussi bien qu'à l'intérieur, où par exemple un salon représente Mae West (canapé-lèvres, cheminée-nez, cadres-yeux). Certaines de ses toiles y sont exposées (dont toute une série le représentant en train de peindre Gala) ainsi que des toiles d'autres peintres : Pitxot, Duchamp, Fortuny.

Tour Galatée et Théâtre-musée Dalí

G. Guittot/DIAF

★ **Torre Galatea** - En la décorant, Dalí y intégra le style ornemental qu'il affectionnait (couleurs criardes et objets oniriques).

Église Sant Pere ⊘ - Construite à la fin du 14ᵉ s., sa nef unique est un bel exemple de gothique catalan. L'abside, la transept et le clocher sont modernes.

★ **Museu de Joguets** ⊘ - Les jouets exposés (intéressantes collections d'automates, de marionnettes et de peluches), de différentes époques, proviennent du monde entier.

Museu de l'Empordà ⊘ – Parmi les collections d'archéologie, d'art et d'histoire locales, on remarque celle de peinture des 19ᵉ et 20ᵉ s. (Nonell, Sorolla, Dalí et Tàpies).

FRÓMISTA★★

Castille et Léon (Palencia)

Carte Michelin n° 441 ou 442 F 16 – Atlas España Portugal p. 25

De nombreux pèlerins de Compostelle faisaient halte à Frómista : la cité leur offrait les services de quatre hospices et l'occasion de faire œuvre pie au célèbre monastère bénédictin St-Martin dont seule subsiste l'église qui se dresse au centre d'une grande place.

★★ **Église San Martín** ⊘ – Édifiée en 1066, avec des grandes pierres de taille minutieusement appareillées, cette église *(illustration p. 30)* marque une étape très importante dans l'histoire de l'architecture romane en Castille ; à la suite des expériences faites à Palencia, Jaca et St-Isidore de León, elle a atteint la perfection dans l'ordonnance architecturale.

Extérieurement on reconnaît le classique étagement du chevet avec, de bas en haut, la série d'absides, le mur du transept, le léger ressaut des trompes de la **coupole** et la tour-lanterne. La décoration n'omet ni les frises de billettes soulignant les fenêtres, ni les colonnettes engagées, ni les corniches aux modillons très sculptés.

L'**intérieur** suit le plan basilical parfait avec trois nefs et un transept qui ne saille pas à l'extérieur. La pureté des lignes romanes se retrouve dans le dessin des voûtes en berceau, des absides en cul-de-four, de la coupole sur trompes et des arcades à double rouleau. Les **chapiteaux** richement sculptés de thèmes végétaux ou de personnages apportent l'élément décoratif indispensable.

Une restauration rigoureuse, en 1904, lui a donné une certaine raideur.

FUENTERRABÍA★

FONTARABIE – voir HONDARRIBIA

GANDIA

Communauté valencienne (Valence)

52 000 habitants

Carte Michelin n° 445 P 29 – Atlas España Portugal p. 69

Voir plan dans le guide Rouge Michelin España Portugal

Située sur la Costa Blanca au Sud de Valence, Gandia est le centre d'une huerta grande productrice d'oranges dont l'exportation est assurée par le port de **Grau de Gandia**. À côté du port, le long d'une immense **plage** de sable, s'élèvent les immeubles de la station balnéaire.

Le fief des Borgia – Cette ville devint le fief des Borja, plus connu sous leur nom italien de Borgia, quand le duché de Gandia fut remis en 1485 par Ferdinand le Catholique à Rodrigo Borgia, futur pape Alexandre VI. Celui-ci se distingua par les scandales de sa vie privée et par ses enfants, Lucrèce, réputée pour sa beauté et sa culture, et César, habile politique sans scrupules qui fit assassiner son frère et inspira Machiavel pour son œuvre *Le Prince*.

Mais Gandia garde surtout le souvenir de son quatrième duc, **saint François Borgia** (1510-1572), arrière-petit-fils d'Alexandre VI. Écuyer de l'impératrice Isabelle, épouse de Charles Quint, il fut très éprouvé par sa mort et par la vision de son corps décomposé. Il fit alors vœu de se consacrer à Dieu s'il perdait sa femme. Devenu veuf, il entra dans la Compagnie de Jésus et en fut nommé général.

Palais ducal ⊘ – La maison où naquit saint François, aujourd'hui occupée par les jésuites, a subi entre le 16e s. et le 18e s. bien des transformations. Seul le patio a gardé son allure gothique, caractéristique des patios de la côte Est d'Espagne. On visite une partie des appartements richement décorés (plafonds peints ou à caissons, frises d'azulejos, sols de marbre) dont plusieurs pièces ont été converties en chapelles. La dernière salle de la galerie dorée est pavée d'une belle mosaïque en céramique de Manises représentant les quatre éléments.

Les Atlas routiers Michelin :
- *France (édition reliée ou à spirale)*
- *Europe (édition reliée ou à spirale)*
- *Italie*
- *Espagne-Portugal*
- *Grande-Bretagne et Irlande*

Des centaines de cartes, des plans de villes,

des index complets des localités et noms de lieux.

GASTEIZ/VITORIA★

Pays Basque (Álava)

209 704 habitants

Carte Michelin n° 442 D 21-22 – Atlas España Portugal p. 13

Capitale de la plus vaste des provinces basques, Vitoria est le siège du gouvernement de la communauté autonome basque (Euskadi). Elle est située au cœur de la *llanada alavesa*, ample plateau cultivé de céréales, plus apparenté à la Castille qu'aux collines humides de la côte Cantabrique. La ville s'est développée au 20e s. autour d'une colline où, en 1181, Sanche le Sage, roi de Navarre, fonda une cité qu'il entoura de murailles. Bourgeoise et commerçante, Vitoria est aussi un actif centre industriel (industries alimentaires, chimique et mécanique, machines agricoles). Ses quartiers modernes, autour de la rue Dato, contrastent avec le silence et l'aspect un peu suranné de la vieille ville.

Les habitants de Vitoria bénéficient de la proximité des retenues de Urrunaga et Ullívarri (sports nautiques). Les fêtes de la Virgen Blanca en août ne manquent pas de pittoresque. La population a pour curieuse coutume d'allumer un cigare au moment où l'on fait descendre un « ange » du clocher de l'église St-Michel.

Capitale de la carte à jouer en Espagne (la fabrique Fournier y fut fondée en 1868), Vitoria est renommée aussi, depuis le 18e s., pour ses savoureuses truffes au chocolat.

LA VIEILLE VILLE 1 h 1/2

La vieille ville est formée de plusieurs rues curvilignes qui entourent la cathédrale et portent les noms des anciens métiers. Les vieilles maisons nobles à blason y abondent. Les rues les plus animées sont celles situées à gauche de la Plaza de la Virgen Blanca, avec leurs boutiques et leurs commerces pleins de charme. C'est ici que s'élève l'**église San Pedro (ABY)**, à l'intéressante façade gothique.

GASTEIZ VITORIA

Angulema	**BZ**	2
Becerro de Bengoa	**AZ**	5
Cadena y Eleta	**AZ**	8
Dato	**BZ**	

Diputación	**AZ**	12
Escuelas	**BY**	15
España (Pl. de)	**BZ**	18
Gasteiz (Av. de)	**AYZ**	
Herrería	**AY**	24
Independencia	**BZ**	27
Machete (Pl. del)	**BZ**	30
Madre Vedruna	**AZ**	33
Nueva Fuera	**BY**	34

Ortiz de Zárate	**BZ**	36
Pascual de Andagoya		
(Pl. de)	**AY**	39
Portal del Rey	**BZ**	42
Postas	**BZ**	
Prado	**AZ**	45
San Francisco	**BZ**	48
Santa María (Cantón de)	**BY**	51
Virgen Blanca (Pl. de la)	**BZ**	55

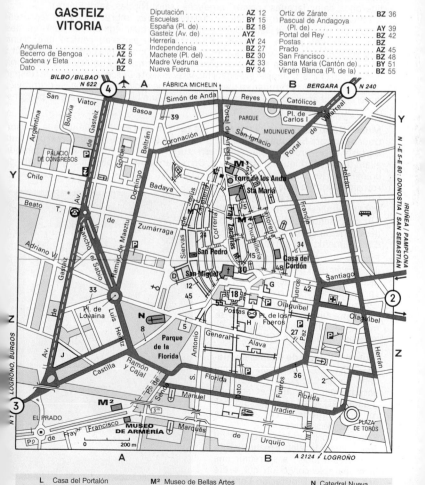

L	Casa del Portalón
M¹	Museo de Arqueología
M²	Museo de Bellas Artes
M⁴	Museo « Fournier » de Naipes de Álava
N	Catedral Nueva

Plaza de la Virgen Blanca (BZ 55) – Dominée par l'église San Miguel, elle est l'image la plus caractéristique du centre nerveux de Vitoria. Ses façades, éclairées de *miradores* (vérandas vitrées), encerclent un lourd monument à la victoire du 21 juin 1813 (Wellington mit en déroute les troupes napoléoniennes). Trait d'union entre les quartiers ancien et moderne, elle communique avec la **plaza de España**, ou **plaza Nueva (BZ 18)**, à la noble ordonnance néoclassique (18e s.). D'anciens édifices des 18e et 19e s. abritent de très agréables cafés (Café Marañon, Café Vitoria).

Église San Miguel (BZ) – À l'extérieur du porche, une niche de jaspe abrite la statue polychrome, de style gothique tardif, de la Vierge Blanche, patronne de la ville. On entre dans l'église par un portail de la fin du 14e s., dont le tympan retrace des épisodes de la vie de saint Michel. À l'intérieur, on remarquera surtout le retable du maître-autel, dû à Gregorio Fernández (17e s.), et, à sa droite, un arc plateresque.

Plaza del Machete (BZ 30) – Cette calme et vaste place est située derrière les **Arquillos**, arcades reliant la ville haute à la ville basse. Une niche au chevet de l'église San Miguel abritait autrefois le *machete*, coutelas sur lequel le procureur général jurait de défendre les libertés de la ville. Sur la droite s'élève le palais de Villa Suso (16e s.), aujourd'hui occupé par un centre culturel.

Quitter la place par l'escalier contigu au palais.

On prend plaisir à déambuler entre les vieilles demeures à colombage et les anciens palais de la **calle Fray Zacarías Martínez (BY)**. Remarquer le portail Renaissance du palais des Escoriaza-Esquivel, construit sur un pan de l'ancienne muraille.

Cathédrale Santa María ⓥ **(BY)** – 14e s. La partie Nord a gardé son allure fortifiée. Le porche est surmonté d'une voûte gothique dont les arcs retombent en étoile sur de nombreuses statues de grande dimension. Au trumeau du portail central, Vierge à l'Enfant polychrome. Les tympans des portails gothiques (14e s.) illustrent les vies de saints très vénérés en Espagne (*portail de droite* : saint Laurent, saint Ildefonse, saint Jacques ; *portail de gauche* : saint Nicolas, saint Pierre). À l'intérieur, dans une chapelle du collatéral droit, impressionnante représentation du martyre de saint Barthélemy. Remarquer également sur l'un des chapiteaux des piliers séparant ce collatéral du vaisseau central une scène représentant un homme combattant un taureau. Dans le bras droit du transept : joli retable plateresque en bois polychrome et admirable *Immaculée Conception* de Carreño (17e s.). Dans le bras gauche, intéressante *Descente de croix* de Gaspar de Crayer (17e s.) et tympan en pierre polychrome provenant de l'église primitive : la dernière chapelle du collatéral gauche abrite une belle dalle funéraire plateresque, encastrée dans le mur.

Museo de Arqueología ⓥ **(BY M¹)** – Ce petit musée est installé dans la maison Godeo-Guevara-San Juan, édifice en brique et à colombage du 16e s., reconstruit. Il présente les produits de fouilles effectuées en Álava, recouvrant une période allant du paléolithique au Moyen Âge. On remarquera les collections provenant de dolmens et les stèles et sculptures romaines dont la **stèle du Cavalier**.

En face du musée, la **Casa del Portalón (BY L)** installée dans un édifice du 15e s. présente dans une boutique, des écuries et une cave toutes sortes d'instruments et d'outils rustiques.

En face du musée se trouve la **Casa del Portalón (BY L)**, un établissement de commerce typique du 15e s., qui abrite un restaurant connu. Quant à la **tour des Anda**, dont la partie inférieure fut une tour de défense médiévale, elle forme triangle avec les deux édifices précédents.

Museo Fournier de Naipes de Álava ⓥ **(BY M⁴)** – Le palais de Bendaña, avec son portail simple encadré par une *alfiz* et sa tour d'angle, est le siège de ce singulier musée. L'intérieur conserve une belle **cour Renaissance**.

Félix Alfaro Fournier, petit-fils du fondateur de la célèbre manufacture de cartes à jouer, a su réunir une incomparable collection qui a été acquise par la Diputación Foral de Álava en 1986. La collection actuelle

Jeu de cartes espagnol (1570)

compte 15 000 jeux de cartes, allant du 14e s. à nos jours et provenant du monde entier. Ils couvrent une grande variété de thèmes (concernant l'histoire, la géographie, l'art, les caricatures, les coutumes, etc.) et utilisent les supports d'impression les plus divers (papier, parchemin, feuilles d'arbre, tissu, métal, etc.) Au n° 24 de cette même rue, la **Casa del Cordón** (16e s.) accueille une salle d'expositions temporaires.

LA VILLE MODERNE

À partir du 18e s., Vitoria s'agrandit avec les réalisations néoclassiques des **Arquillos** et de la **plaza Nueva**. Elle s'étend au 19e s. vers le Sud avec l'aménagement du **parc de la Florida** (**AZ**) – près duquel sera construite en 1907 dans le style néogothique la **nouvelle cathédrale** (**AZ N**) –, qui se prolonge par le paseo de Senda et celui de Fray Francisco. Sur ce dernier se succèdent palais et grandes maisons bourgeoises de la fin du 19e s. et du début du 20e s., dont le palais de Ajuria Enea, siège du gouvernement basque.

Museo de Bellas Artes ⊘ (**AZ M²**) – Le palais de Agustín abrite différentes collections de peintures et de sculptures, du 14e s. à aujourd'hui.
Au 1er étage, on remarque dans le hall d'intéressantes sculptures sur bois provenant d'Erenchun et de Gauna, et un ensemble de triptyques flamands du 16e s. Dans les salles de gauche, admirer entre autres une *Descente de croix* de l'école flamande, une série de cinq bustes-reliquaires d'influence rhénane (16e s.) et, dans les pièces consacrés au baroque, des toiles de Ribera et d'Alonso Cano. Le musée possède aussi un éventail très complet de la **peinture basque** (Iturrino, Regoyos, Zuloaga) et une riche collection d'**art contemporain espagnol** depuis 1960 (Miró, Tàpies, Millares, Serrano, etc.).

★ **Museo de Armería** ⊘ (**AZ**) – Agréablement présentée dans un bâtiment moderne, la collection, preuve de la tradition militaire basque, montre l'évolution des armes de la hache préhistorique au pistolet du début du 20e s. On y remarquera des **armures** du 15e au 17e s., des armures japonaises du 17e s. et une maquette reconstituant la bataille de Vitoria.

EXCURSIONS

Circuit à l'Est de Vitoria – *25 km. Sortir de Vitoria par* ② *du plan et emprunter la voie rapide N I jusqu'à la sortie 375.*

★ **Gaceo** – L'**église** ⊘ de Gaceo abrite de superbes **fresques gothiques**★★ du 14e s. ornant le chœur. On y voit à droite l'enfer (bouche béante d'une baleine), à gauche la vie de la Vierge, au centre la Crucifixion et le Jugement dernier et, au-dessus, une Trinité. La voûte illustre la vie du Christ.

Alaiza – *À 3 km par la A 411, tourner à droite et emprunter quelques mètres plus loin une route à gauche.* En 1982, on découvrit sur les murs et les voûtes de l'abside de l'**église** ⊘ des peintures énigmatiques : une série de figures rouges très schématisées représentant des guerriers, des châteaux, des églises, et de nombreux personnages. La signification de ces peintures qui datent probablement de la 2e moitié du 14e s. reste inconnue.

Sanctuaire d'Estíbaliz – *10 km à l'Est. Sortir par* ② *du plan, puis emprunter la A 132 et 4 km plus loin tourner à gauche.* Ce sanctuaire est chez les Alavais, depuis le 10e s., un lieu de pèlerinage très populaire à la Vierge d'Estíbaliz, dont la statue préside les assemblées législatives et judiciaires de la province. Dans l'**église** ⊘ romane est conservée une Vierge du 12e s. Sur la façade Sud, joli clocher à peigne.

Circuit à l'Ouest de Vitoria – *105 km. Sortir de Vitoria par la calle Beato Tomás de Zumárraga* (**AY**) *puis tourner à gauche dans la A 3302.*

Mendoza – Au cœur du village, le château est une forteresse à meurtrières, dépourvue de créneaux, mais entourée de quatre tours. Cette ancienne résidence du duc de l'Infantado abrite aujourd'hui le **Museo de Heráldica Alavesa** ⊘ : collection de blasons de familles nobles de la région. Vue sur le plateau.

Se diriger au Sud vers la N I et prendre à droite la A 2622 en direction de Póbes.

Salinas de Añana – Près du village, les salines étagées sur une colline en amphithéâtre composent un curieux paysage. Les eaux de plusieurs sources y sont recueillies et circulent par des canaux entre les plates-formes. Dans l'**église**, un tableau flamand représente l'Annonciation ; remarquer la finesse des traits. Le jour de Pâques, les sauniers descendent en procession pour la traditionnelle *quema de Judas*.

Poursuivre vers l'Ouest par la A 2622.

Tuesta – L'**église romane** (13e s.), remaniée ultérieurement, possède un portail en arc brisé décoré d'archivoltes et de chapiteaux historiés : sur celui de gauche un homme chasse le sanglier. Au-dessus du portail : l'Épiphanie. Dans la nef remarquer un saint Sébastien naïf en bois (*mur de gauche*) et une Vierge du 14e s.

Prendre la A 2625 vers Orduña au Nord.

Passé le **col d'Orduña** (900 m) se révèle un splendide **panorama**★ sur la cuvette verdoyante où se blottit Orduña ; au loin Amurrio et les montagnes basques (belvédère). On descend ensuite vers la plaine par une série d'épingles à cheveux.
À Orduña, prendre la A 2621 et rentrer à Vitoria par Murguía.

GERONA★★

GÉRONE – voir GIRONA

Détroit de GIBRALTAR

Andalousie (Cadix)
Carte Michelin n° 446 X 13
Atlas España Portugal p. 88 et 89

Large seulement de 14 km, ce détroit clef de la Méditerranée eut de tout temps un rôle stratégique important qui détermina l'histoire des villes qui s'y sont établies.

Algeciras (Algésiras) – *Plan dans le guide Rouge Michelin España & Portugal.* Les Arabes occupèrent cet endroit de 711 à 1344 et le baptisèrent Al-Djezirah (île), nom qui évoquait l'Ile Verte aujourd'hui reliée à la terre. À la commodité de sa rade, la baie d'Algésiras ajoute sa position sur le détroit. Les nombreuses liaisons quotidiennes avec Tanger et Ceuta en font le premier port de voyageurs espagnol (plus de 3,5 millions par an).
Les **vues**★★ sur le rocher de Gibraltar sont célèbres.

Gibraltar – *Territoire britannique. Plan dans le guide Rouge Michelin España & Portugal. Formalités : pour les Français présentation de la carte d'identité ou du passeport.*
Cette masse rocheuse, où résident près de 30 000 habitants, s'étire sur 4,5 km pour une largeur maximale de 1,4 km et une altitude atteignant 426 m.
En 711, un chef arabe baptise le rocher « Djebel Tarik » qui deviendra « Gibraltar ». Durant la guerre de Succession d'Espagne, en 1704, une flotte anglo-hollandaise prend possession du rocher au nom de la reine Anne d'Angleterre. À la fin de cette guerre, le traité d'Utrecht (1713) assure la souveraineté de la place forte aux Anglais. Toujours administrée par l'Angleterre, Gibraltar a servi de base navale pendant les guerres mondiales. Entre 1966 et 1984, l'Espagne avait fermé sa frontière, isolant totalement le Rocher.
Le premier contact avec Gibraltar se fait par la piste d'atterrissage que l'on traverse en voiture ! Le versant occidental abrite le port commercial et militaire ainsi que la ville qui étire le long du rocher ses rues bordées de maisons de style anglais ou espagnol, de pubs, de magasins aux enseignes typiquement britanniques. On y trouve aussi le style arabe, notamment dans la **cathédrale** qui a le plan d'une mosquée.

★ **Visite du Rocher** – *On peut atteindre le sommet du Rocher par le téléphérique ou en voiture. Suivre Main Street et ensuite la signalisation pour Upper Rock.* La route mène d'abord à **St. Michael's Cave** ⊙, grotte qui présente de belles concrétions. De là on peut rejoindre à pied le sommet de l'île *(1 h AR)* d'où s'offrent des **vues**★★ sur les deux versants du Rocher et au-delà sur les côtes espagnoles et marocaines. En poursuivant la route on passe par **Apes'Den**, endroit où vivent en liberté des singes qui auraient été introduits par les Arabes au 9e s.

Tarifa – Pointe la plus méridionale de l'Espagne, Tarifa se trouve au point de rencontre des masses d'air océanique et méditerranéenne, d'où son climat caractérisé par un vent régulier qui en fait l'un des grands centres de la planche à voile en Europe.
Le **château**, aux mains des chrétiens en 1292, fut alors le cadre d'un tragique événement. La forteresse était commandée par Guzmán el Bueno, dont le fils était captif des Maures. Sommé de choisir entre la mort de son enfant et la reddition de sa ville, Guzmán répondit en jetant son propre poignard, signifiant ainsi qu'il préférait la perte de son fils à la honte de la capitulation. Depuis le rempart Sud, la **vue** s'étend sur le détroit de Gibraltar et les côtes marocaines qui ne sont qu'à 13,5 km.

GIRONA/GERONA★★

GÉRONE – Catalogne
70 409 habitants
Carte Michelin n° 443 G 38
Atlas España Portugal p. 33

Située sur un promontoire au confluent du Ter et de l'Onyar, Gérone a un long passé qui lui a valu le surnom de ville aux mille sièges. Sa position stratégique a fait d'elle un objet de convoitise. Ses remparts ont été ibères, romains puis médiévaux. *Chanson de Roland* a gardé le souvenir des assauts des troupes de Charlemagne et en 1809, le général Álvarez de Castro et ses troupes résistèrent plus de sept mois aux soldats de Napoléon.

Gérone et le judaïsme – Installée dans le quartier ancien, de part et d'autre de la **carrer de la Força** (**BY**), la communauté juive de Gérone fut célèbre par son école cabalistique dont le prestige fut vite reconnu. D'étroites venelles évoquent ce passé comme Cúndaro et Sant Llorenc où se trouve le **Centre Bonastruc ça Porta** (**BY A**) qui se consacre à l'histoire juive de la ville (expositions, conférences, etc.).

GIRONA/GERONA

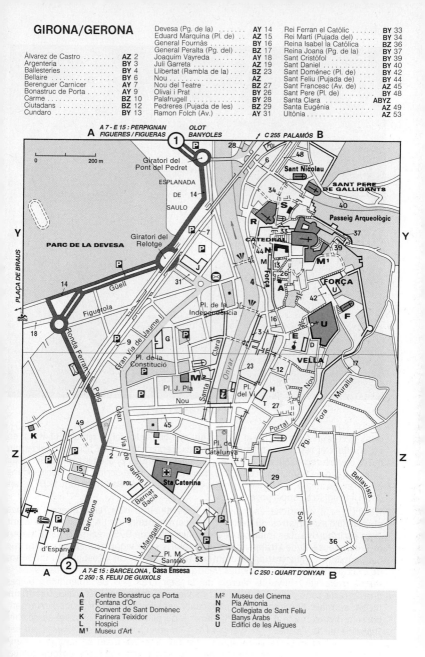

A 7 - E 15 : PERPIGNAN
FIGUERES / FIGUERAS

OLOT
BANYOLES

C 255 PALAMÓS

A	E	Centre Bonastruc ça Porta	M²	Museu del Cinema
	F	Fontana d'Or	N	Pia Almoina
	K	Convent de Sant Domènec	R	Collegiata de Sant Feliu
	L	Farinera Teixidor	S	Banys Àrabs
	M¹	Hospici	U	Edifici de les Àligues
		Museu d'Art		

★FORÇA VELLA 3 h

Des ponts sur l'Onyar, des vues pittoresques s'offrent sur l'alignement des façades ocre ou orangées qui se reflètent dans le fleuve, dominées par la flèche de Sant Feliu et la tour de la cathédrale.

On monte à la cathédrale par des ruelles étroites et le vaste **escalier de la Pera** qui compte 90 marches. À sa droite, la maison de **Pia Almoina** (**BY N**) (14ᵉ s.) est un élégant exemple d'architecture gothique.

★ **Cathédrale** ⊘ (**BY**) – La façade baroque est conçue comme un retable en pierre au-dessus duquel est percé un grand oculus. Le reste de l'édifice est gothique : le chœur, entouré d'un déambulatoire et de chapelles rayonnantes, fut commencé en 1312 ; au début du 15ᵉ s. on prit le parti audacieux de lui adjoindre une seule **nef**★★ dont l'ampleur (avec ses 22,9 m, c'est la plus large de l'architecture gothique européenne) et la clarté sont frappantes. Les deux parties sont exécutées dans le même style puissant et sobre où seuls s'inscrivent en creux les arcs des chapelles, les niches du triforium et les grandes fenêtres.

La Tapisserie de la création

Dans le chœur, sous un dais d'argent qui symbolise le ciel, le **retable★** (14e s.), en argent doré et repoussé, rehaussé d'émaux, retrace la vie du Christ ; le baldaquin qui le couvre représente le ciel. Les chapelles latérales possèdent des œuvres de valeur. Celle de Sant Honorat *(1re à gauche de l'entrée occidentale)* abrite, dans un enfeu gothique, le tombeau de l'évêque Bernard de Pau (mort en 1457), fait de trois registres superposés.

★★ **Trésor** ⊘ – Il est riche en œuvres extraordinaires. On remarquera l'un des plus beaux exemplaires du **Beatus★★**, ce commentaire de l'Apocalypse de saint Jean écrit au 8e s. Les miniatures de celui-ci, daté de 975, réalisées par Emeteri et la religieuse Eude, frappent par leur coloris et le vigoureux expressionnisme qui peuplent les illustrations d'animaux fantastiques. On y reconnaît l'influence de l'art califal ainsi que quelques vestiges de décoration wisigothique. Dans la même salle se trouve la *Vierge de la Seu* (12e s.). De splendides pièces d'orfèvrerie sont présentées dans les salles suivantes dont la croix aux émaux du 14e s., mais d'un intérêt tout particulier est le *coffret d'Hixem* (10e s.) en argent bosselé, bel exemple d'art califal. Dans la dernière salle est exposée la célèbre *Tapisserie de la Création*★★★ (vers 1100), merveilleuse par sa finesse et ses coloris d'origine. Cette pièce unique (en fait une broderie) se compose d'une partie centrale circulaire représentant le Christ en majesté, autour duquel s'ordonnent les étapes de la création du monde. Les angles sont occupés par les quatre vents.

★ **Cloître** – De forme trapézoïdale, ce cloître roman (12-13e s.) à la double rangée de colonnes date de l'ancienne cathédrale romane comme la « tour de Charlemagne » du 11e s. qui le domine. Aux angles et au milieu de chaque galerie les belles frises qui ceignent les piliers représentent en majorité la Genèse. Remarquer la beauté du dessin, les draperies soignées, la sérénité des visages.

★★ **Museu d'Art** ⊘ **(BY M¹)** – Installé dans le palais épiscopal, ce musée présente un panorama complet de l'art à Gérone du roman au 20e s. Dans la section d'art roman se remarquent l'autel de Sant Pere de Rodes en bois et pierre recouvert d'argent (10e s.-11e s.) et la **poutre de Cruïlles★** (12e-13e s.). Dans la section gothique on est accueilli par la ravissante *Vierge de Besalú* en albâtre (15e s.). Dans la salle du trône sont exposés de riches retables dont celui de **Sant Miquel de Cruïlles★** (15e s.) de Lluís Borrassá, l'une des plus belles œuvres du gothique catalan, et celui de **Púbol** (1437), de Bernat Martorell, de style gothique également. Le *retable de Sant Feliu* par Jean de Bourgogne marque la transition du gothique à la Renaissance.

Collégiale Sant Feliu (BY R) – Située hors les murs, ce devait être un martyrium, élevé sur les tombes de saint Narcisse, évêque de Gérone, et de saint Félix, patrons de la cité. Sur des bases romanes fut construite l'église gothique au chevet élancé. Dans les murs de l'abside sont encastrés huit **sarcophages paléochrétiens★**, trouvés en creusant les fondations de l'édifice. Les plus remarquables sont gravés, l'un de l'enlèvement de Proserpine, du côté droit, et l'autre, sur le mur opposé, d'une **chasse aux lions★** aux lignes vigoureuses.

★ **Banys àrabs** ⊙ **(BY S)** – Édifice musulman de la fin du 12e s., les **Bains arabes** sont composés de quatre pièces en enfilade : l'« **apoditerium** », ou salle de repos avec un bassin central entouré de colonnes soutenant une lanterne, le **frigidarium**, ou salle des bains froids, le **tepidarium**, ou salle tempérée utilisée pour prendre quelque répit entre les bains chauds ou froids, et le **caldarium**, destinée aux bains chauds.

Passeig Arqueològic (BY) – Face aux Bains arabes, un escalier mène aux jardins aménagés au pied des remparts et d'où la vue s'étend sur toute la vallée du Ter.

★ **Monastère Sant Pere de Galligants (BY)** – Près de Sant Nicolau dont on admire l'abside tréflée s'ouvre le portail de Sant Pere. L'église romane fut maintes fois fortifiée : le chevet était pris dans les murailles, le clocher servit de tour de guet et de défense. L'église et le cloître abritent le **Musée archéologique** (Museu arqueològic de Girona) ⊙ consacré aux produits des fouilles effectuées dans la province. Le cloître sert de cadre à une collection de dalles funéraires hébraïques (13e s.-14e s.) et l'ancienne sacristie, dédiée à l'art provenant d'Ampurias, abrite le magnifique **tombeau de Las Estaciones★** (4e s.).

AUTRE CURIOSITÉ

Museu del Cinema ⊙ **(AZ M²)** – La collection de Tomás Mallol constitue le noyau de ce musée original consacré à l'histoire du cinéma. Ce voyage dans le monde de l'illusion nous permet de découvrir les premières silhouettes mobiles, les délicates lanternes magiques et les inventions qui ont fait progresser le septième art.

ENVIRONS

★ **Casa-Museu Castell Gala Dalí,** ⊙ à **Púbol** – *16 km à l'Est. Quitter Gérone par la C 255 en direction de La Bisbal d'Empordà puis tourner à droite vers Púbol. Dans le village, laisser la voiture au parking municipal (gratuit), et monter au château par une ruelle.*
En 1970, **Salvador Dalí** offrit le château (14e s.) des barons de Púbol à son épouse, Gala. La visite est surprenante : dans une atmosphère surréaliste, on découvre les objets les plus insolites, tous empreints de la dévotion que le peintre portait à son épouse. On remarquera au premier étage, dans la salle des blasons, l'immense fresque de Dalí décorant le plafond et, dans la chambre de Gala (salle 3), un étrange jeu d'échecs dont les pièces reproduisent des doigts. Au deuxième étage, salle 7, sont exposées les robes de Gala et leurs dessins par Chanel, Pierre Cardin, Christian Dior et Dalí lui-même. Au sous-sol (salle 11), dans une ambiance solennelle, Gala repose auprès de diverses sculptures et d'une girafe empaillée.

EXCURSION

De Gérone à Olot

55 km, environ 2 h. Quitter Gérone par ① du plan.

★ **Banyoles** – Cette pittoresque localité est située sur les rives d'un **lac★** où se déroulent d'importantes compétitions nautiques. Dans un bâtiment gothique, le **Museu Arqueològic Comarcal★** ⊙ expose entre autres vestiges archéologiques la mâchoire de Banyoles, datant du paléolitique inférieur. Un marché hebdomadaire fréquenté a lieu chaque mercredi sur la Plaça Major aux arcades du 13e s.
La route qui longe le lac passe, sur la rive Ouest, devant l'**église Santa Maria de Porqueres★** (13e s.) dont l'intérieur présente une nef unique, séparée de l'abside par un grand arc principal dont les chapiteaux et le sommet des colonnes sont sculptés de curieux personnages.

★ **Besalú** – À l'entrée de cette localité, qui fut la capitale d'un comté indépendant aux 11e et 12e s., un **pont fortifié★** d'origine romaine et reconstruit au Moyen Âge franchit le río Fluvià. La ville possède un **noyau ancien★★** d'origine romane, avec quelques murailles et plusieurs édifices médiévaux ornés de fenêtres géminées. Dans l'**église romane Sant Pere★** ⊙, on remarque une merveilleuse fenêtre décorée de lions et un déambulatoire, peu fréquent dans la région. L'ancien quartier juif, aux ruelles étroites et tortueuses, contient des bains arabes, dits **Mikwa** ⊙.

Pont de Besalú

★ **Castellfollit de la Roca** – Le village s'élève sur une coulée basaltique haute de 60 m, dans un site volcanique d'une grande beauté faisant partie du **parc naturel de la zone volcanique de la Garrotxa**★. Après les mouvements orogéniques qui provoquè-rent l'effondrement de l'Ampurdán, la plaine d'Olot fut affectée d'éruptions volcaniques. Le parc comprend une trentaine de cônes volcaniques de type strombolien et une vingtaine de coulées basaltiques qui créent un surprenant relief.

★ **Olot** – Environnée de plusieurs volcans éteints, la ville, au confluent de trois petites vallées, est un centre de tradition agricole et artisanale, connu pour ses foires bovines et sa production de santons et d'images pieuses.
L'**église Sant Esteve**★ ⊘ (18ᵉ s.), néoclassique mais précédée d'un perron et d'une façade baroques, abrite un beau baldaquin, un retable baroque et une étrange toile du Greco : *Le Christ portant la croix*★. Établi dans un ancien hospice, le **Museu Comarcal de la Garrotxa**★ ⊘ expose notamment une collection de tableaux et dessins d'artistes catalans des 19ᵉ et 20ᵉ s. La **façade moderniste**★★ de la maison Solà-Morales, due à Domènech i Montaner, est remarquable.

GRANADA★★★

GRENADE – Andalousie

287 864 habitants

Carte Michelin n° 446 U 19 – Atlas España Portugal p. 85 U 19

Plan d'agglomération dans le guide Rouge Michelin España Portugal

Au prestige de ses monuments arabes, Grenade ajoute la splendeur d'un ciel lumineux et le charme d'un site★★ verdoyant. Au milieu de sa riche *vega*, grande plaine dont l'horizon est barré par les sommets enneigés de la sierra Nevada, la ville est bâtie en partie sur trois collines : l'Albaicín, le Sacromonte et l'Alhambra, qui multiplient les points de vue ; de la première surtout la vue sur les murs rouges de l'Alhambra est merveilleuse.

Les fêtes de la Semaine sainte et de la Fête-Dieu (Corpus Christi) donnent lieu à des festivités hautes en couleur auxquelles s'ajoute, en juin-juillet, le Festival international de musique et de danse.

OÙ SE LOGER...

Pour les tranches de prix, se reporter aux pages 85 et 87.

« PETITS BUDGETS »

Hotel Maciá (BY e) – *Plaza Nueva, 4* – ☎ 958 22 75 36 – fax 958 22 75 33 – 44 chambres.
Derrière une façade blanchie à la chaux et de petits balcons se trouve un hôtel tout simple, récemment rénové. Chambres sans surprise (mobilier en rotin et moquette), mais salles de bain vieillottes.

Hotel Universal (AZ a) – *Recogidas, 16* – ☎ 958 26 00 16 – fax 958 26 32 29 – 56 chambres.
Édifice typique de la période du « desarrollismo » (développement industriel des années cinquante/soixante) avec sa façade sans aucun charme. Hall et chambres fonctionnelles. Ses atouts : ses prix et sa situation centrale.

« NOTRE SÉLECTION »

América (DY c) – *Real de la Alhambra, 53* – ☎ 958 22 74 71 – fax 958 22 74 71 – 56 chambres.
Bien plus modeste que le parador voisin, ce petit hôtel discret jouit également d'un emplacement enviable dans les jardins de l'Alhambra. Tranquillité, grande terrasse, chambres correctes. Joli escalier en réception.

Palacio de Santa Inés (CX n) – *Cuesta de Santa Inés, 9* – ☎ 958 22 23 62 – fax 958 22 24 65 – 6 chambres et 5 suites.
Petit hôtel situé dans un édifice aux influences mudéjars du 16e s., dans le quartier de l'Albahicín, au pied de l'Alhambra. À l'intérieur, son charmant et sobre patio conserve des restes de fresques Renaissance (16e). Les chambres sont spacieuses et commodes.

« OPTION PRESTIGE »

Parador de San Francisco (DY) – *Real de la Alhambra,s/n* – ☎ 958 22 14 40 – fax 958 22 22 64 – 34 chambres.
Ce parador splendide est installé dans l'ancien couvent de San Francisco (16e s.). Sa situation, au sein de l'Alhambra, et ses vues du Generalife et de la Sierra Nevada en font une retraite digne des mille et une nuits.

RESTAURANTS

« NOTRE SÉLECTION »

Mariquilla – *Lope de Vega, 2* – ☎ 958 52 16 32.
Restaurant simple avec un très bon rapport qualité-prix.

Galatino – *Gran Vía de Colón, 29* – ☎ 958 80 08 03.
Le Galatino présente une décoration « années soixante-dix ». Lumière artificielle abondante, sol en forme de damier et lignes courbes. Un lieu différent près du centre.

TAPAS

Pilar del Toro – *Hospital de Santa Ana, 12*. Bon endroit pour déguster des tapas le soir. Installé dans un agréable patio.

La Trastienda – *Placeta de Cuchilleros, 11*. Une ancienne boutique constitue le cadre parfait pour déguster un bon jambon ibérique.

Bodega Castañeda – *Almireceros, 1-3*. Un établissement classique. Ses vins du pays (*finos et manzanillas*) et ses *migas* (mie de pain au lard) sont excellents.

Chikito – *Plaza del Campillo*. Un classique des bars à tapas de Grenade. Variété et abondance.

Carnet d'adresses

L'Alhambra

UN PEU D'HISTOIRE

Grenade commence à prendre de l'importance au 11e s. quand le royaume de Cordoue décline. Une première dynastie, celle des Zayrides, obtient en 1012 du calife Soliman l'émirat de Grenade. Mais les attaques incessantes du roi Alphonse de Léon amènent l'émir Témin Ier à faire appel aux Almoravides, qui règnent sur le Maroc et sont passés en Espagne en 1086. Ils le détrônent en 1090, et le roi Yusuf ben Tashefin reconstitue un important état, groupant Murcie, Grenade, Cordoue et Valence. Mais moins d'un siècle plus tard, en 1146, ses héritiers sont expulsés de Grenade par les Almohades. Pendant quelques décennies, le trône passe d'une faction à l'autre, jusqu'à ce que Mohammed ben al Humad, qui accepte de se reconnaître vassal de Saint Ferdinand III de Castille, assoie définitivement son autorité sur le royaume et fonde en 1232 une nouvelle dynastie, celle des **Nasrides**. Mais la véritable splendeur de Grenade date de la prise de Cordoue par les chrétiens en 1236. Les musulmans cordouans se réfugient alors à Grenade et, pendant deux siècles et demi (1232 à 1492), le royaume de Grenade est symbole de prospérité économique, culturelle et artistique, avec des réalisations aussi remarquables que l'Alhambra.

La chute de Grenade – Au 15e s. l'étendue des territoires soumis à l'Islam en Espagne se réduit de plus en plus et Grenade reste l'un des derniers bastions que les Rois catholiques aimeraient conquérir. Les dissensions maures facilitent leur tâche. Le roi s'est en effet épris d'une belle chrétienne, Zoraya, et pour elle il envisage de répudier la reine Aïcha dont il a un fils, Boabdil. Aïcha s'enfuit avec son fils, détrône son mari et le remplace par **Boabdil**, le « petit roi » (el rey chico).
Les Arabes se divisent en Zégris, partisans de Mohammed, oncle de Boabdil et légitime héritier du trône, et en **Abencérages**. Accusés par les Zégris d'être vendus aux chrétiens, trente-six de leurs chefs sont massacrés sur ordre de Boabdil, irrité en outre, dit-on, par une intrigue amoureuse au sérail. Le royaume ayant été partagé entre les deux compétiteurs, Ferdinand d'Aragon attaque séparément les deux rois. Après la soumission de Mohammed en 1490, il entreprend le siège de Grenade.
Le 2 janvier 1492, après un siège de six mois, les Rois catholiques sont maîtres de Grenade, Boabdil leur remet les clés de la ville et part en exil. Sur la route de Motril il jette un dernier regard de désespoir sur les lieux qu'il aimait : « Pleure comme une femme ce que tu n'as su garder comme un homme », lui dit alors sa mère. L'endroit porte toujours le nom émouvant de « Suspiro del Moro » (le soupir du Maure). La domination musulmane en Espagne avait duré 781 ans.
Après la Reconquête, Grenade reste florissante sous la Renaissance, mais elle est un moment affaiblie vers 1570 lorsque la révolte des Alpujarras (voir Las Alpujarras) est impitoyablement réprimée.

Quelques grands noms – Au 17e s. l'art fleurit à Grenade grâce à **Alonso Cano** (1601-1667), architecte, sculpteur et peintre. Héritier de la Renaissance, il évolue vers un pur classicisme, bannissant tout pathétique de ses sculptures et leur imprimant des sentiments contenus. **Pedro de Mena** (1628-1688), son élève, est l'auteur de statues au réalisme mystique.
Fille d'un Grand d'Espagne, **Eugénie de Montijo** voit le jour à Grenade en 1826. Elle épousera Napoléon III en 1853 ; belle, brillante mais mal inspirée en politique, elle poussera l'empereur à la guerre contre la Prusse.

En 1899 naît à Fuentevaqueros *(20 km de Grenade)* **Federico García Lorca**. À Madrid, où il a pour amis Dalí et Buñuel, il s'adonne à la poésie, à la musique, au dessin, au théâtre. En 1936, il est arrêté à Grenade et fusillé le 19 août par la garde franquiste. Le nom de Grenade est également indissociable de celui du compositeur **Manuel de Falla** (1876-1946), qui naquit à Cadix mais s'établit à Grenade, où il demeura jusqu'à ce que l'établissement du régime franquiste ne l'incite à s'exiler en Argentine, où il mourut.

Grenade aujourd'hui – Capitale d'une province essentiellement agricole (cultures de céréales, de betteraves, d'arbres fruitiers, et élevage bovin), Grenade est le siège d'un archevêché et d'une université. Sa principale ressource est le tourisme, qui permet aussi la survie d'activités artisanales telles que la broderie, la ferronerie ou le travail du cuivre.

La ville surprend par le contraste qui existe entre ses quartiers anciens sur les collines de l'Alhambra et de l'Albaicín, havres de verdure et de tranquillité, à l'Est de la **Plaza Nueva** (**BY**), et la ville basse, bruyante et bourdonnante, traversée par les grands axes de la **Gran Vía de Colón** (**ABXY**) et **de los Reyes Católicos** (**BY**), entre lesquels se dessinent le réseau des rues commerçantes et le quartier piétonnier de la cathédrale. Dans les restaurants du centre, on dégustera les fèves au jambon *(habas)*, spécialité de Grenade.

** L'ALHAMBRA ET LE GÉNÉRALIFE ⊙ *une demi-journée – plan p. 186*

L'art grenadin – Ultime évolution de l'art musulman en Espagne, il est l'expression d'une civilisation raffinée mais décadente. Les princes nasrides n'ont aucun souci de bâtir pour la postérité. Sous un décor fabuleux et flatteur se cachent des matériaux pauvres, briques grossièrement ajustées et plâtre. Le souverain en faisait table rase pour édifier un palais à sa convenance, à partir du même élément de base, le patio.

Le **décor** jouait un rôle primordial : si aujourd'hui les tentures et tapis ont disparu, s'il ne reste que peu de chose du mobilier, exposé dans les musées, les sculptures qui s'étendent à profusion le long des murs et des plafonds révèlent un art sans pareil.

Le stuc est omniprésent, à l'extérieur comme à l'intérieur, finement découpé, parfois sculpté à jour, travaillé en méplat avec un léger modelé qui accroche la lumière. Derrière un réseau de polygones peuvent apparaître un ou deux motifs d'arabesques superposés se répétant sur tout le panneau. Un autre procédé creuse le plâtre en *mocárabes*, qui couvrent chapiteaux, cimaises, arcs, pendentifs, et même des coupoles entières. Ces ciselures étaient entièrement peintes et parfois rehaussées d'or.

La céramique couvre les lambris d'un décor géométrique : les *alicatados* forment une marqueterie colorée dont les entrelacs déterminent des étoiles ; une autre technique isole les couleurs sur les azulejos par des filets en relief ou d'autres fois par un trait noir. Le décor calligraphique fait grand emploi du cursif andalou, particulièrement élégant ; le coufique, de plus en plus chargé de développements ornementaux, est réservé aux formules religieuses et sentences, enfermées dans un cartouche.

★★★ Alhambra (CDY)

Édifié sur une longue plate-forme, au sommet d'une colline boisée, le « Calat Alhambra », le « château rouge », est l'une des plus remarquables forteresses que l'homme ait jamais réalisées. Les points de vue sur la ville, sur les hauteurs austères du Sacromonte et les collines parées de beaux jardins apportent un attrait de plus à la visite.

On franchit la première enceinte de l'Alhambra par la porte des Grenades, construite sous Charles Quint, et l'on se trouve dans les **bosquets**★. L'allée de l'Alhambra est une allée pavée, en montée, menant à l'imposante **porte de la Justice**★ (Puerta de la Justicia) dont la tour fait partie des remparts soutenant et défendant la terrasse où s'élèvent les palais.

★★★ Palacios nazaríes
– Édifiés au 14e s., les bâtiments des **palais nasrides** se distribuent autour de la cour de Myrtes et de la cour des Lions. Les voûtes à stalactites, les coupoles, les stucs gravés, les cours aux élégantes arcades en font de véritables joyaux où tous les éléments architecturaux ont été conçus pour jouer avec l'eau et la lumière.

Alhambra – La cour des Lions

On visite d'abord le **Mexuar**, partie du premier palais qui était réservée au gouvernement et à l'administration judiciaire. La salle du Mexuar, qui avait été transformée en chapelle après la Reconquête, est prolongée par un oratoire d'où s'offre une belle **vue**★ sur l'Albaicín. Elle donne sur la **cour de la Chambre Dorée** (patio de Cuarto Dorado – **1**), dont le mur Sud, protégé par une remarquable corniche de bois sculpté, est un résumé de l'art grenadin par sa composition en panneaux encadrant les fenêtres et par la variété du décor de stuc et de céramique. À l'opposé se trouve la Chambre Dorée (Cuarto Dorado), décorée d'azulejos, de stucs et de bois.

On accède ensuite à la **cour des Myrtes** (patio de los Arrayanes). Dans le bassin, bordé de massifs de myrtes, qui en trace l'axe se reflète la **tour de Comares**, massive et crénelée, contrastant avec la légèreté et le raffinement des portiques qui donnent accès à la **salle de la Barca** (déformation de *Barakha* : la bénédiction) et au **salon des Ambassadeurs** (salón de Embajadores). Chef-d'œuvre de l'Alhambra, la salle des Ambassadeurs servait aux réceptions des émirs qui y tenaient audience. Couverte d'une magnifique coupole en bois de cèdre, elle est éclairée par les baies qui offrent de remarquables **vues**★★ sur Grenade. La décoration est composée d'azulejos et de stucs portant les inscriptions qui citent les versets du Coran et célèbrent les princes. Quittant la cour des Myrtes, on poursuit par le second palais réservé à la résidence de la famille royale qui a pour cœur la célèbre **cour des Lions** (Patio de los Leones), édifiée par Mohammed V. Autour de l'antique fontaine ornée de 12 lions rustiques évoquant des aquamaniles, une gracieuse galerie dessert les principales salles d'apparat.

La **salle des Abencérages** (Abencerrajes) possède de belles voûtes à stalactites couronnées par une splendide coupole-lanterne en forme d'étoile ; les têtes des Abencérages exécutés sur l'ordre de Boabdil auraient été empilées dans la vasque centrale. Le fond de la **salle des Rois** est garni d'alcôves aux voûtes peintes ; le style de ces peintures, représentant les distractions des princes maures et des seigneurs chrétiens, est si différent de ce qui l'entoure que l'on ne sait s'il faut les attribuer à un artiste chrétien travaillant pour le sultan ou les croire postérieures à la Reconquête. Sous une grande coupole à alvéoles, la **salle des Deux Sœurs** (Sala de los Dos Hermanas – **2**) doit son nom à deux grandes dalles de marbre identiques faisant partie de son pavement ; au fond s'ouvrent la **salle des Fenêtres à meneaux** (los Ajimeces) et le **mirador de Daraxa**, eux aussi précieusement décorés. Par les jardins del Partal, on accède au frais et silencieux jardin de Daraxa (fontaine), d'où une galerie mène à la **cour de la Grille** (patio de la Reja – **3**). De là, on descend vers les **bains royaux**, au somptueux décor polychrome. Le hammam est éclairé par de petites ouvertures en étoile.

Traverser le jardin de Daraxa pour gagner les jardins del Partal.

★★ **Jardins et tours d'enceinte** – À l'Est des palais royaux, les jardins del Partal descendent en terrasses vers la **tour des Dames**, au gracieux portique artesonado. Édifiée au début du 14e s., elle est aussi finement décorée que l'Alcazar même. De ses baies, dominant à pic le Darro, la vue s'étend sur l'Albaicín et le Sacromonte.

Sur la droite, la tour du Mihrab est un ancien oratoire nasride, ce qui est très rare, car ces princes n'étaient guère pieux. Plus loin les tours de la Cautiva et de las Infantas possèdent aussi des salles somptueusement décorées.

Du Partal on accède directement au palais de Charles Quint.

★ **Palacio de Carlos V** – Les gracieux bâtiments des palais nasrides ne pouvaient convenir à la majesté de la cour impériale. Pedro Machuca fut chargé en 1526 d'élever un palais financé par l'impôt payé par les morisques. Leur soulèvement en 1568 interrompit les travaux qui ne furent menés à bien que beaucoup plus tard. Architecte formé en Italie à l'école de Michel-Ange, Machuca n'a pas laissé d'autre œuvre que celle-ci du plus pur classicisme. Si la différence de style avec les palais nasrides peut choquer, la simplicité du plan (un cercle inscrit dans un carré) et des lignes ne manque pas de grandeur.

La vaste cour circulaire à deux étages de galeries est l'une des plus belles réussites de la Renaissance en Espagne. Le palais abrite deux musées :

Museo Hispano-musulmán – Présenté dans des salles dont les fenêtres donnent sur la cour des Myrtes et celle du Mexuar, il rassemble des fragments sculptés et des objets provenant de l'Alcazar : brûle-parfums, braseros, vases, etc.
Là se trouvent la célèbre **amphore bleue**★, haute de 1,32 m, chef-d'œuvre des ateliers nasrides, qui orna la salle des Deux Sœurs, ainsi qu'une cuve à ablutions du 10e s. ornée de lions chassant des cerfs et des bouquetins.

Museo de Bellas Artes – Ses collections comportent surtout des sculptures et peintures du 16e au 18e s., d'inspiration religieuse : œuvres de Diego de Siloé, Pedro de Mena, Vicente Carducho, Alonso Cano. Remarquer également la *Nature morte au cardon*★ de frère Juan Sánchez Cotán, grand peintre de natures mortes au caractère dépouillé.

★ **Alcazaba** – C'est la partie la plus ancienne de l'Alhambra : elle existe depuis le 9e s. Les deux tours qui dominent la place des Citernes (los Aljibes) datent du 13e s. De la haute tour du Guet (torre de la Vela), magnifique **panorama**★★ sur les palais, le Généralife, le Sacromonte, Grenade et la sierra Nevada.

★ **Généralife** (DX)

Résidence de campagne des rois de Grenade, aménagée au 14e s., le Généralife est intéressant pour ses jardins en terrasses *(illustration p. 20)*. Les allées des Cyprès (los Cipreses) et des Lauriers-roses (las Adelfas), somptueuses en juillet et en août, conduisent au palais. Celui-ci, de petites dimensions, se compose simplement du long et étroit **patio de la Acequia**, bordé de rosiers, limité par deux gracieux pavillons reliés à gauche par une galerie, à droite par des bâtiments de résidence. Du mirador, belle **vue** sur l'Albaicín.

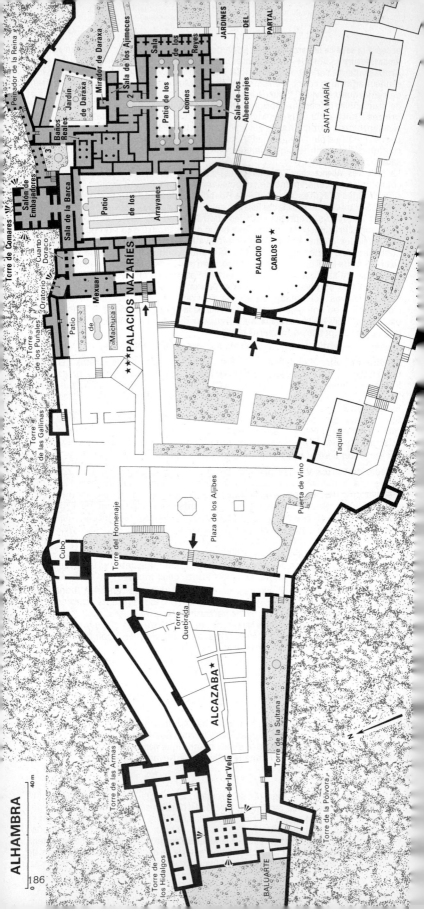

ALHAMBRA

40 m

186

PALACIOS NAZARíES ★★★

PALACIO DE CARLOS V ★

SANTA MARíA

JARDINES DEL PARTAL

Torre de Comares

Peinador de la Reina

Mirador de Daraxa

Sala de los Ajimeces

Sala de los Reyes

Patio de los Leones

Sala de los Abencerrajes

Jardín de Daraxa

Baños Reales

Salón de Embajadores

Sala de la Barca

Patio de los Arrayanes

Cuarto Dorado

Oratorio

Mexuar

Patio de Machuca

Torre de las Gallinas

Torre de los Puñales

Puerta de Vino

Taquilla

Plaza de los Aljibes

Torre del Homenaje

Cubo

Torre de las Armas

Torre Quebrada

ALCAZABA ★

Torre de la Sultana

Torre de la Vela

Torre de los Hidalgos

Torre de la Pólvora

BALUARTE

QUARTIER DE LA CATHÉDRALE *3/4 h*

★★ **Capilla Real** ⊙ **(BY)** – Les Rois catholiques voulurent reposer sur le lieu de leur victoire définitive sur les musulmans. Commencée en 1506 d'après le projet d'Enrique Egas, la chapelle fut achevée sous Charles Quint en 1521. L'unité du style, la richesse de l'ornementation et les œuvres d'art qu'elle renferme en font un chef-d'œuvre d'un intérêt incomparable. On entre du côté Sud, en traversant l'ancienne **Bourse** (Lonja – **BY**), contemporaine de la chapelle et du même architecte. À l'extérieur, deux rangées d'arcades aux colonnes torsadées lui font un élégant décor Renaissance. En face, l'**ancien hôtel de ville** (Antiguo Ayuntamiento, début 18ᵉ s. – **BY**), élevé à l'emplacement de l'ancienne université musulmane de Yusuf Iᵉʳ (14ᵉ s.), est un bel exemple du baroque grenadin.

À l'intérieur s'unissent toutes les possibilités décoratives du style isabélin : nervures aux voûtes, blasons sur les murs portant les armes des Rois catholiques, le joug et les flèches, emblème (qui fut repris en 1934 par la Phalange) aux initiales de leurs prénoms, et l'aigle de saint Jean. Deux chapelles ont de belles grilles en fer repoussé. Le chœur, fermé par une **grille**★ du maître Bartolomé de Jaén, renferme les **mausolées**★★★, à droite, des Rois catholiques, Isabelle de Castille et Ferdinand d'Aragon, à gauche, de Philippe le Beau et de Jeanne la Folle, les parents de Charles Quint. Le premier fut exécuté à Gênes par Fancelli en 1517 ; le second, de Bartolomé Ordóñez (1519-1520), est une œuvre magnifique, aux proportions harmonieuses. Les cercueils sont exposés au-dessous, dans une crypte. Le **retable**★ du maître-autel (1520) est l'un des premiers à être dégagés des influences gothiques. Dans un cadre orné de rinceaux et de grotesques, les groupes sculptés expriment le mouvement sans exagération. Le registre inférieur de la prédelle retrace des scènes du siège de Grenade.

Musée – Dans la sacristie *(accès par le bras droit du transept)* sont exposés des objets exceptionnels ayant appartenu aux Rois catholiques : **couronne et sceptre d'Isabelle, épée de Ferdinand d'Aragon**.

On peut également admirer une extraordinaire **collection**★★ d'œuvres de maîtres flamands (Van der Weyden, Memling), italiens (le Pérugin, Botticelli) et espagnols (Bartolomé Bermejo, Pedro Berruguete), puis au fond de la sacristie le *Triptyque de la Passion* du Flamand Thierry Bouts ainsi que les statues orantes des Rois catholiques de Felipe Bigarny.

★ **Cathédrale** ⊙ **(BY)** – *Entrée par la Gran Vía de Colón.* Exemple typique de l'évolution de l'art du 16ᵉ s. au 17ᵉ s. Diego de Siloé fut chargé de sa construction à partir de 1528. Après sa mort (1563), les travaux continuèrent sur ses plans, mais la façade (1667), enveloppée sous ses trois hautes arcades, est d'Alonso Cano.

À l'intérieur, le **chœur**★ surprend par son plan et son décor. Siloé en a fait une audacieuse rotonde, entourée d'un déambulatoire, astucieusement reliée aux cinq nefs de la basilique. Elle est divisée en deux ordres superposés dont le second réunit des scènes de la vie de la Vierge par Alonso Cano et les fenêtres doubles aux beaux vitraux du 16ᵉ s. À l'entrée de la rotonde se font face deux panneaux symétriques comprenant dans un cadre les statues orantes des Rois catholiques, par Pedro de Mena, et dans un médaillon les bustes sculptés d'Adam et Ève, par Alonso Cano.

Remarquer, dans la nef, les **orgues** de Leonardo de Ávila (vers 1750) et, dans le transept droit, l'ancienne **porte Nord de la Chapelle royale**★ (avant la construction de la cathédrale), œuvre isabéline finement sculptée.

Alcaicería (BY) – Marché de la soie à l'époque musulmane, reconstruit récemment, il évoque un souk ou un bazar oriental avec ses boutiques de souvenirs et d'artisanat espagnol.

AUTRES CURIOSITÉS

★ **Cartuja** ⊙ – *La chartreuse se trouve près de l'université. Pour s'y rendre, sortir du centre-ville par la Gran Vía de Colón ou par la calle San Juan de Dios* **(AX)**. Le cloître donne accès à l'église, décorée en 1662 de stucs d'un baroque exubérant. Derrière l'abside, un camarín, le Sancta Sanctorum, du début du 18ᵉ s., est orné de marbres polychromes ; sous sa coupole en trompe-l'œil un monument de marbre abrite le tabernacle. La **sacristie**★★ (1727-1764) est un chef-d'œuvre du baroque finissant. Les stucs blancs des murs et des voûtes, où moulures et corniches combinent à l'infini les droites et les courbes, lui ont valu le surnom d'« Alhambra chrétienne ». Ces stucs contrastent avec les peintures de la coupole et les couleurs des cimaises de marbre. La magnifique porte d'entrée et le mobilier de cèdre, incrustés d'écaille, de nacre et d'argent, sont l'œuvre d'un chartreux, le frère José Manuel Vázquez.

★ **Église San Juan de Dios** ⊙ **(AX)** – C'est l'une des principales églises baroques de Grenade. L'intérieur, auquel on accède par un beau portique ciselé en bois d'acajou, est d'une richesse et d'une unité de style magnifiques. Le grand retable

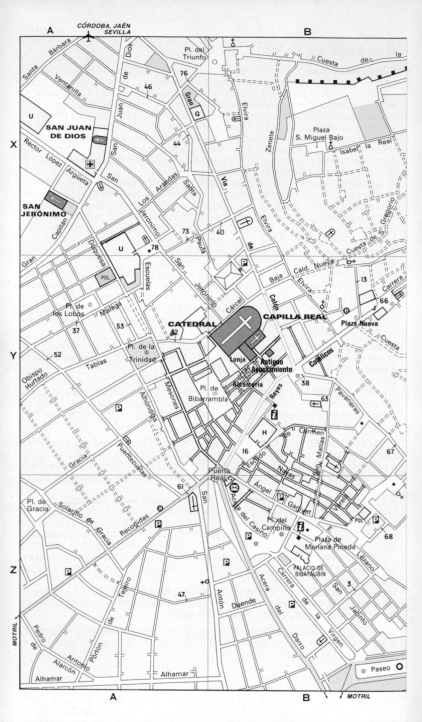

churrigueresque en bois doré cache, derrière la porte centrale, le camarín, abondamment décoré, qui conserve les reliques de **saint Jean-de-Dieu**, fondateur des Frères Hospitaliers, mort à Grenade en 1550.

★ **Monastère San Jerónimo** ⓥ (**AX**) - L'architecte principal de cette œuvre du 16e s. fut Diego de Siloé. Le monastère possède un cloître harmonieux aux colonnes robustes, sur lequel donnent de grands portails plateresques et Renaissance.

L'église est le caveau de la famille de Gonzalo Fernández de Córdoba, le « Gran Capitán ». On est surpris par la richesse du chœur Renaissance, superbement illuminé par les fenêtres du transept, et par le ciborium, qui possède de magnifiques voûtes sur croisée d'ogives, ornées de saints, d'anges, d'animaux, etc. Le **retable**★ est un joyau de l'école de Grenade. Les peintures murales furent réalisées au 18e s.

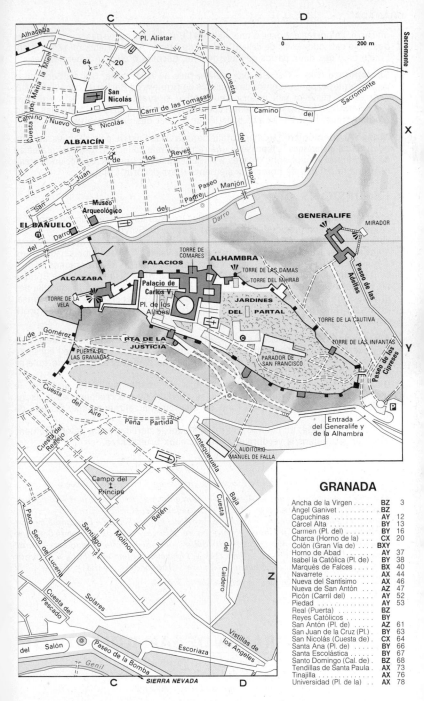

★ Albaicín (CX) – C'est dans ce quartier que fut construite la première forteresse arabe de Grenade, et que se réfugièrent les Maures après la conquête de la ville par les chrétiens. Les ruelles sont bordées de maisons blanches ou de longs murs entourant les jardins de villas parfois cossues, les *carmen*. De la terrasse de l'**église San Nicolás (CX)** (*accès par la Cuesta del Chapis DX*), la **vue★★★** est très belle sur l'Alhambra et le Généralife, surtout en hiver quand la sierra Nevada est tout enneigée et au coucher du soleil.

★ Baños árabes (El Bañuelo) ⏱ **(CX)** – Ces bains du 11ᵉ s. sont les mieux conservés d'Espagne. Une salle entourée de colonnes a sa voûte percée d'étoiles.

Hospital Real ⏱ – *Même chemin d'accès que pour la chartreuse.* Aujourd'hui rectorat de l'Université, l'hôpital fut fondé par les Rois catholiques. Son plan, comme ceux de Tolède et de St-Jacques-de-Compostelle, est une croix inscrite dans un carré. Le portail est orné d'une Vierge à l'Enfant, entourée des statues orantes des Rois catholiques et de celle d'Alonso de Mena. À l'intérieur, on remarquera l'harmonie des deux patios de l'aile gauche, décorés d'éléments héraldiques.

Sacromonte (DX) – Cette colline s'élève face au Généralife. Les sentiers qui la parcourent, serpentant entre des massifs de figuiers de Barbarie, conduisent aux grottes où résident les gitans. Leur cohue bruyante et colorée, les danses « folkloriques », inlassablement répétées pour les touristes dans des logis troglodytiques, confèrent à ce quartier un aspect des plus pittoresques.

Museo Arqueológico ⊙ **(CX)** – Installé dans la Casa Castril, palais Renaissance au beau **portail plateresque**★, il possède une remarquable collection de vases d'albâtre de provenance égyptienne trouvés à Almuñécar dans une nécropole, un taureau d'Arjona, ainsi que de nombreux éléments d'art décoratif arabe.

EXCURSIONS

Sierra Nevada – Elle dresse au-dessus de Grenade une perpétuelle couronne de neige. L'hiver, on pratique le ski dans la station de Solynieve.
Une route *(46 km – fermeture possible entre novembre et juillet après Solynieve en raison de l'enneigement)* donne accès au **pic Veleta**★★. C'est la plus haute route d'Europe, elle atteint 3 398 m après un parcours parmi les montagnes arides. Le panorama circulaire, incomparable, s'étend au Nord jusqu'à la chaîne Bétique et, au Nord-Est, sur la sierra de la Sagra ; à l'Est, il se heurte à la muraille des grands sommets : Mulhacén, et Alcazaba. Au Sud, on aperçoit la Méditerranée. Enfin, à l'Ouest, se dressent au loin les sierras de Tejeda et d'Almijara au profil aigu.

Alhama de Granada – *53 km au Sud-Est par la C 340*. Sur le plateau à peine ondulé où poussent les céréales, Alhama n'est qu'un gros village. Au pied de l'église de pierre jaune, aux belles proportions, les maisons blanches aux toits de tuile se groupent en ruelles irrégulières.
D'une esplanade aménagée en contrebas du jardin public se découvre le **site**★★ exceptionnel d'Alhama : la falaise abrupte où s'accrochent les maisons et le río Alhama qui, tout au fond de son canyon, alimente une cascade de moulins.
À l'écart du village, un chemin *(3 km)* longeant le défilé mène à l'établissement thermal, situé dans la verdure au bord des eaux bruissantes.

LES GUIDES VERTS MICHELIN (paysages, monuments, routes touristiques) :

Allemagne – Amsterdam – Autriche – Barcelone et la Catalogne – Belgique, Grand-Duché de Luxembourg – Berlin – Bruxelles – Californie – Canada – Danemark, Norvège, Suède, Finlande – Disneyland Paris – Écosse – Espagne – Europe Florence et la Toscane – Floride – Forêt Noire, Alsace – France – Grande-Bretagne Grèce – Guadeloupe, Martinique – Hollande – Irlande – Italie – Londres – Maroc Mexique, Guatemala, Belize – New York – Nouvelle-Angleterre – Paris – Portugal Le Québec – Rome – San Francisco – Suisse – Thaïlande – Venise – Vienne

... et la collection des guides régionaux sur la France.

Palacio de la GRANJA DE SAN ILDEFONSO★★

Castille et Léon (Ségovie)
Carte Michelin n° 444 ou 442 J 17 – Atlas España Portugal p. 39
Schéma : Sierra de GUADARRAMA

Né de la nostalgie de Philippe V, petit-fils de Louis XIV, pour le palais de son enfance, la Granja est un « petit Versailles », construit en 1731 au cœur de l'Espagne à 1 192 m d'altitude dans la sierra de Guadarrama.

Palais ⊙ – Les murs des salles sont décorés de marbre ou tendus de velours cramoisi, les plafonds à fresques et stucs dorés sont parés de lustres ouvragés réalisés dans la fabrique royale de La Granja, célèbre au 18e s. Un musée des **Tapisseries**★★, au 1er étage, expose principalement des tentures flamandes du 16e s. Les pièces les plus intéressantes sont présentées dans la 3e salle : neuf tapisseries de la collection Honneurs et Vertus, et une tapisserie gothique du 15e s. représentant saint Jérôme exécutée d'après un carton de Raphaël.
Dans une chapelle de la collégiale sont enterrés Philippe V et sa seconde épouse Élisabeth Farnèse.

★★ **Jardins** ⊙ - Pour aménager ces 145 ha *(illustration p. 20)*, on fit sauter des rochers à la poudre. Les paysagistes (Carlier, Boutelou), Français comme les sculpteurs (Dumandré, Thierry), se sont inspirés de Versailles, mais l'œuvre est originale : les longues perspectives sont plus forestières, les allées plus agrestes, les carrefours ornés de fontaines moins austères. Transportés de France à grands frais, les marronniers sont aujourd'hui superbes. Les **jeux d'eau**★★ animent le bassin de Neptune, puis la Nouvelle Cascade qui élève devant la façade du palais ses degrés de marbres multicolores, enfin la fontaine de la Renommée (Fama) où un jet fuse à 40 m.

Real Fábrica de Cristales ⊙ - Bien que sa fondation remonte à l'époque de Philippe V, l'édifice que nous contemplons aujourd'hui a été

Fontaine d'Andromède

J. Hidalgo-C. Lopesino/MARCO POLO

construit en 1770, sous le règne de Charles III. Rare exemple d'architecture industrielle en Espagne, la **manufacture royale** accueille aujourd'hui le Centre national du Verre et un musée du Verre, exposant des pièces fabriquées ici et les machines d'origine.

L'estimation de temps indiqué pour chaque itinéraire

correspond au temps global nécessaire

pour bien apprécier le paysage et effectuer les visites recommandées.

Sierra de GREDOS★★

Castille et Léon (Ávila)

Carte Michelin n° 444 ou 442 K 14 à L 15 – Atlas España Portugal p. 51

Le massif granitique de Gredos, qui culmine au pic de Almanzor (2 592 m), le sommet le plus haut de toute la cordillère centrale, est délimité par quatre fleuves : au Nord le Tormes et l'Alberche, au Sud le Tiétar et à l'Ouest l'Alagón. Les versants de la sierra sont dissymétriques : alors qu'au Nord prédominent les restes de formes glaciaires comme des cirques et des lacs naturels, le versant Sud est une abrupte muraille granitique aux versants cannelés par l'érosion. Les vallées constituent de véritables oasis : celles du versant Nord sont le domaine des arbres fruitiers (pommiers) et des haricots blancs (spécialité de Barco de Avilá) ; dans celles du versant Sud, protégées par la sierra, les cultures sont plus méridionales : vignes, oliviers, tabac.

Les truites hantent l'Alberche et le Tormes, tandis que sur les hauteurs règnent la *capra hispánica* (sorte de bouquetin) ainsi que les daims et les chevreuils. Cette richesse en faune a décidé de la création de la Réserve nationale de Gredos.

SITES ET CURIOSITÉS

★ **Cuevas del Águila** ⊙ - *9 km depuis Arenas de San Pedro. Juste après Ramacastañas, prendre à droite un chemin sur 4 km.* La partie aménagée de la **grotte de l'Aigle** comprend une salle unique de très grandes dimensions. Parmi les nombreuses concrétions, on remarque surtout de belles coulées de calcite blanche ou colorée en ocre par les oxydes de fer, et d'énormes piliers en cours de formation.

* **Route du Puerto del Pico** - *29 km depuis Arenas de San Pedro.* Elle traverse la sierra en son milieu. Après **Mombeltrán** (château du 15e s. bien conservé extérieurement) elle s'élève en corniche, doublée par une ancienne voie romaine (en contrebas), utilisée pendant longtemps par les troupeaux. Du belvédère aménagé au col (1 352 m), on a une **vue**★ sur un bel horizon de montagnes avec, au premier plan vers le Sud, la vallée du Tiétar et, au-delà, celle du Tage. Après le col, les paysages sont rendus sévères par la présence de blocs de granit coiffant des buttes. Le **parador de Gredos**, ancêtre de tous les paradors (1928), se trouve dans un très beau **site**★★ d'où l'on découvre des vues étendues.

* **Laguna Grande** - *12 km au Sud de Hoyos del Espino. Laisser la voiture sur le terre-plein à la fin de la route.* Un beau sentier conduit à la Laguna Grande (*2 h en pied aller*), une cuvette glaciaire alimentée par des torrents. À mi-chemin, **panorama**★ inoubliable sur le cirque de Gredos.

GUADALAJARA

Castille-la Manche
67 847 habitants
Carte Michelin n° 444 K 20 – Atlas España Portugal p. 40

Guadalajara, dont le nom arabe signifie la rivière de pierres, est devenue du fait de sa proximité avec Madrid une ville satellite.
Elle fut, dès le 14e s., le fief des **Mendoza**, famille qui donna de nombreux hommes illustres : Iñigo López de Mendoza, premier **marquis de Santillana** (1398-1458), poète et auteur des *serranillas*, son fils, le cardinal **Pedro González de Mendoza** (1428-1495), conseiller des Rois catholiques, et le deuxième duc de l'Infantado, qui fit construire au 15e s. le palais dressé à l'entrée Nord de la ville.

* **Palacio del Infantado** ⊙ – Ce chef-d'œuvre d'architecture civile de style isabélin, mélange d'architecture gothique et mudéjar, fut construit en 1483 par Juan Guas. La magnifique **façade**★ s'orne de pointes de diamant et d'un grand blason surmontant la porte aux armes des Mendoza. Au-dessus de la corniche court une galerie où s'intercalent fenêtres géminées en accolade et loggias en encorbellement. Malgré les baies ouvertes au 17e s. l'ensemble est splendide.
Le **patio**★ est tout aussi remarquable avec ses deux étages de galeries, aux arcs polylobés reposant sur des colonnes torses et l'extrême délicatesse du décor mudéjar. L'intérieur était aussi somptueusement décoré, mais fut détruit pendant la guerre civile. François Ier y fut reçu avec les honneurs dus à son rang quand, fait prisonnier à Pavie, il fut conduit à Madrid.

ENVIRONS

Pastrana – *42 km par la N 320.* Ancienne ville ducale, cette charmante cité conserve le souvenir de la **princesse d'Eboli**, favorite de Philippe II. Sur la plaza de la Hora s'élève la sobre façade en pierre de taille du **palais ducal**, dans lequel la princesse fut emprisonnée par son mari les cinq dernières années de sa vie ; il lui avait accordé le droit de se montrer à la fenêtre une heure par jour, d'où le nom donné à la place. La **collégiale** ⊙, construite par les ducs au 16e s., conserve dans la sacristie quatre **tapisseries**★ gothiques réalisées à Tournai d'après les cartons de Nuno Gonçalves représentant la prise d'Azilah et de Tanger par Alphonse V du Portugal en 1471. On y reconnaît parfaitement le style de cet artiste portugais, caractérisé par son magnifique sens de la composition, son souci du détail (armures et habits) ainsi que par son talent de portraitiste.

GUADALUPE★★

Estrémadure (Cacérès)
2 447 habitants
Carte Michelin n° 444 N 14 – Atlas España Portugal p. 51

Guadalupe se dévoile brusquement au cours de la montée en un **tableau**★ inattendu. Le monastère hérissé de créneaux et de clochetons dresse un sombre rempart au-dessus du village qui se serre à ses pieds. Une **vue**★ plongeante sur le monastère s'offre aussi depuis la route qui domine le village.
Le **village ancien**★ presse autour du monastère ses maisons aux tuiles brunes, aux toits plongeants et aux balcons fleuris au printemps. Le travail du cuivre encore très pratiqué (cruches, chaudrons) perpétue la tradition artisanale de Guadalupe.

Patronne de « toutes les Espagnes » – La découverte d'une Vierge miraculeuse à cet endroit par un vacher, vers 1300, serait à l'origine du premier sanctuaire. Alphonse XI, ayant invoqué la Vierge de Guadalupe peu avant sa victoire du **Salado** sur les Maures (24 octobre 1340), fait élever en remerciement un nouveau et grandiose monastère qu'il confie aux Hiéronymites. Très vite, le monastère, richement doté par les rois, devient un centre de pèlerinage exerçant la plus vive attraction auprès du peuple. La découverte de l'Amérique en fait tout naturellement le symbole de l'« Hispanidad », cette communauté de langue et de civilisation qui unit les hispanisants des deux Mondes : Colomb donnera le nom de Guadalupe à une des îles des Antilles (c'est l'actuelle Guadeloupe française), et c'est là que recevront le baptême les premiers Indiens convertis comme viendront y déposer leurs chaînes les chrétiens récemment libérés de la domination musulmane.

Chaque année, le 12 octobre, jour de l'« Hispanité », se déroulent de solennelles processions.

★★ MONASTÈRE ⊘ 1 h 1/4

Abandonné en 1835, le couvent a été réoccupé par les franciscains en 1908 et restauré. Le noyau de la construction date de l'époque gothique (fin 14e s.-début 15e s.), mais les adjonctions, faites aux 16e, 17e et 18e s. à la suite de donations successives, sont fort nombreuses. Le plan d'ensemble semble confus, en fait les moines ont dû entasser habitations et dépendances sur un espace très réduit à l'intérieur de l'enceinte fortifiée. Le monastère conserve des trésors artistiques de grande valeur.

B. Brillon/MICHELIN

Monastère de Guadalupe

Façade – 15e s. Donnant sur une place très pittoresque, la façade gothique du monastère apparaît coincée entre deux hautes tours crénelées. Sa couleur dorée et l'exubérance de sa décoration flamboyante tranchent sur l'appareil rugueux et sombre du mur d'enceinte. L'influence mauresque caractéristique du gothique mudéjar apparaît ici dans l'exagération des formes sinueuses, à l'imitation des stucs. Les vantaux des deux portes en bronze embouti, du 15e s., retracent des scènes de la vie de la Vierge et du Christ.

Église – 14e s. Elle date des débuts de la construction du monastère, mais on y fit au 18e s. des modifications comme les dorures baroques des voûtes et cette balustrade haute ajourée autour de la nef pour servir d'appui aux lampes votives allumées en l'honneur de la Vierge. Une grille très ouvragée, réalisée au début du 16e s. par deux célèbres ferronniers de Valladolid, ferme le sanctuaire que décore un grand retable d'ordonnance classique sculpté par Giraldo de Merlo et Jorge Manuel Theotocopuli, fils du Greco (17e s.). Au centre de ce retable se trouve la Vierge de Guadalupe (**1**), que l'on verra de plus près dans le camarín.

Salle capitulaire – Elle sert de cadre à un remarquable ensemble de 87 **antiphonaires★** aux riches enluminures, tous réalisés par les moines de Guadalupe entre le 14e et le 18e s. La plus grande partie datent du 16e s.

Cloître mudéjar – 14e-15e s. Il est remarquable par ses vastes dimensions et ses deux étages d'arcs outrepassés. Au centre s'élève un petit temple gothique mudéjar et dans un angle un lavabo en céramique polychrome.

Museo de Bordados – Le musée des Broderies est installé dans l'ancien réfectoire. Une riche collection de **chapes et de parements d'autel**★★ richement décorés témoignent de l'habileté de ces moines qui les brodèrent du 15e au 19e s.

Museo de pinturas y esculturas – Parmi les œuvres exposées, citons le *Triptyque de l'Adoration des Mages d'Isembrandt* (16e s.),

le Christ en ivoire attribué à Michel-Ange, un *Ecce Homo* de Pedro de Mena, huit petites toiles de Zurbarán représentant des moines et un tableau de Goya aux dimensions modestes, *Confession en prison*.

★★ **Sacristie** – 17e s. Dans l'antichambre : toiles de Carreño de Miranda. La sacristie, magnifique salle d'architecture classique et de décoration baroque extrêmement fouillée, est une réussite harmonieuse et colorée bien faite pour mettre en valeur les célèbres **tableaux de Zurbarán**★★. Dans un style à la fois puissant et serein, ces onze toiles, exécutées en 1638 et 1647, représentent des moines hiéronymites et retracent des scènes de la vie de saint Jérôme dont *La Tentation* où on le voit repoussant de ravissantes musiciennes.

Reliquaire – Les différents manteaux de la Vierge de Guadalupe et la couronne, réservée aux processions solennelles, y sont conservés.

★ **Camarín** – 18e s. Ce nom désigne l'antichambre du trône de la Vierge. C'est par là que pénètrent les pèlerins venus saluer l'image de la Patronne. Le luxe est répandu ici à profusion : jaspe, stucs dorés, marqueterie de marbres et de bois précieux enserrent neuf toiles de Luca Giordano. Sur son trône décoré d'émaux (1953), la Vierge de Guadalupe, petite statue en bois de chêne sombre, sculptée au 12e s., disparaît presque sous son voile et son manteau richement brodés.

Cloître gothique – *Dans l'hôtellerie.* Il a été construit au 16e s. dans un gothique flamboyant assez élégant. Ici fonctionnait autrefois la grande pharmacie qui alimentait les quatre hôpitaux dépendant du monastère.

ENVIRONS

Puerto de San Vicente – *40 km par la C 401 à l'Est.* La **route**★ jusqu'au col de San Vicente traverse les massifs montagneux de la région de Las Villuercas. Après la vallée du Guadarranque, c'est la montée *(8 km)* offrant de magnifiques **vues**★ sur des chaînes verdoyantes dont les crêtes dentelées s'alignent dans un paysage de landes sauvages.

Les sites les plus importants sélectionnés dans ce guide sont mis en évidence :
- sur la carte des principales curiosités ;
- par le descriptif des villes et curiosités.
Mais l'examen des cartes, plans et schémas,
le dépouillement du chapitre Manifestations touristiques,
la consultation de l'index et la lecture de l'introduction
donneront un surcroît d'intérêt à votre voyage.

Sierra de GUADARRAMA★

Madrid, Castille et Léon (Ségovie)

Carte Michelin nº 444 J 17-18 – Atlas España Portugal p. 39

Elle s'étire sur 100 km depuis le col de Malagón jusqu'à celui de Somosierra, fermant la province de Madrid au Nord-Ouest. Elle est un peu moins élevée que la sierra de Gredos dont elle est le prolongement, avec pour point culminant le pic de Peñalara (2 429 m).

C'est une partie du massif hercynien rajeuni par les poussées tertiaires. Son sol laisse affleurer le granit, en concurrence avec le gneiss. Les versants accidentés sont couverts à mi-pente de bois de chênes ou de pins qui donnent à ses abords une physionomie verdoyante. Près des sommets, le relief accuse quelques traces de glaciation : le lac de Peñalara occupe ainsi le fond d'une cuvette glaciaire. Sur les points les plus élevés sont enregistrées des précipitations abondantes qui donnent naissance à de nombreux cours d'eau (Lozoya, Guadarrama, Manzanares, Jarama), qui approvisionnent des retenues (Pinilla, Navacerrada, Santillana et El Atazar).

La sierra de Guadarrama est une oasis de fraîcheur dans le désert castillan, toute proche d'Avila, de Ségovie et de Madrid. De nombreuses stations de villégiature s'y sont développées, où les Castillans viennent fuir la chaleur torride de la Meseta : Navacerrada, Cercedilla, Guadarrama et El Escorial. Aux cols de Navacerrada et de Cotos se trouvent les trois stations de ski de Madrid.

DE MANZANARES EL REAL À SÉGOVIE

106 km - compter une demi-journée sans les visites de Ségovie, La Granja et Riofrío.

Manzanares el Real – Au pied de la sierra de la Pedriza s'élève un joyau de l'architecture civile, le **château**★ construit au 15e s. par le duc de l'Infantado. De proportions heureuses, cette forteresse atténue la sévérité de ses murailles par un semis de perles sur les tourelles et la décoration platéresque de sa façade Sud, qui pourrait être l'œuvre de Juan Guas.

Sierra de la Pedriza – Contrefort de la sierra de Guadarrama, ce massif granitique aux curieux chaos roses, aux éboulis ruiniformes agrémentés de frais ruisseaux, est très apprécié des amateurs d'escalade qui s'entraînent autour de la Peña del Diezmo (1 714 m).

Miraflores de la Sierra – Station estivale. Depuis le belvédère à la sortie du village, belle vue.

Puerto de la Morcuera – En arrivant au col (1 796 m), vue étendue au Sud. On aperçoit le lac d'El Vellón, l'une de ces retenues qui parsèment le Nord-Ouest de la province.

C'est ensuite la descente, parmi les landes désolées, sur la dépression boisée de Lozoya. On distingue près de Lozoya le barrage de Pinilla, formé par l'Angostura, rivière très appréciée des pêcheurs de truites.

★ **El Paular** – Dans la vallée du Lozoya, remarquable pour sa fraîcheur, se dresse cette ancienne **chartreuse** ⊙, la première fondée en Castille en 1390. Elle fut enrichie par les rois aux 15e et 16e s. En 1954, les bénédictins entreprirent la reconstruction de l'ensemble qui compte le monastère, l'église et un hôtel situé à l'emplacement de l'ancien palais. Le portail de l'**église**, de style flamboyant, est l'œuvre de Juan Guas. À l'intérieur sont conservés une grille gothique finement ouvragée et un magnifique **retable**★★ en albâtre (15e s.) retraçant la vie de la Vierge et du Christ jusqu'à la Résurrection. Le souci du détail pittoresque, les costumes et les intérieurs bourgeois minutieusement reproduits dénotent une facture flamande. Par contre, le baroque le plus exubérant triomphe dans le Sagrario, chapelle située derrière le maître-autel.

La route monte ensuite au milieu de denses forêts de pins.

Puerto de los Cotos - 1 830 m. C'est le point de départ de nombreuses remontées mécaniques pour les skieurs. Du sommet du télésiège de la Zabala, plusieurs excursions sont possibles l'été vers le lac de Peñalara *(1/4 h)*, le pic de Dos Hermanas *(1/2 h)* et le point culminant du massif, le pic de Peñalara *(3/4 h)*.

* **Puerto de Navacerrada** - 1 860 m. Aux confins des deux Castilles, ce col offre une belle **vue*** sur le plateau ségovian et sur la vallée couverte de belles pinèdes, dans laquelle s'enfonce la route de Madrid. C'est une station de sports d'hiver très fréquentée ; elle est reliée à Cercedilla par le train.

* **La Granja de San Ildefonso** - *Voir ce nom.*

* **Domaine de Riofrío** - *Voir Segovia (Environs).*

*** **Segovia** - *Voir ce nom.*

GUADIX

Andalousie (Grenade)
19 634 habitants
Carte Michelin n° 446 U 20
Atlas España Portugal p. 86

Guadix est placée au contact de la plaine irriguée et du plateau sec dont l'érosion a profondément raviné la roche tendre, lui donnant des aspects fantastiques.

D'origine préhistorique, centre important au temps de la domination romaine et sous la royauté wisigothe, Guadix obtint le privilège, durant l'occupation arabe, de conserver le libre exercice du christianisme. Le calme de cette ville, qui vit surtout de l'agriculture, laisse difficilement imaginer la richesse de son passé dont témoignent pourtant la cathédrale, la forteresse arabe (15e s.) et la Grand-Place qui remonte à l'époque de Philippe II.

CURIOSITÉS

* **Cathédrale** ⊘ – Plus que le clocher Renaissance, la **façade*** baroque (1713) séduit par ses savantes lignes ondulées. Les trois vaisseaux intérieurs présentent des voûtes en étoile compliquées. Le chevet est l'œuvre de Diego de Siloé.

* **Quartier troglodytique** - *Prendre la rue qui monte vers l'église St-Jacques.* En continuant, on aboutit à ce quartier où les habitations sont creusées dans les collines de tuf et se signalent par leurs façades blanches et leurs cheminées coniques à la hauteur du chemin.

Château de La Calahorra

Église Santiago – Sa façade donnant sur une place agréable présente une belle décoration plateresque.

Alcazaba ⊘ – *Dans la rue qui se trouve à hauteur de l'église St-Jacques. Accès par le séminaire.* Depuis les murailles crénelées du 15e s. s'offre une belle **vue**★ sur Guadix, plus particulièrement sur le quartier troglodytique et dans le fond sur la sierra Nevada.

ENVIRONS

Purullena – *6 km au Nord-Ouest.* La **route**★★ s'engage parmi les blocs de tuf jusqu'à ce curieux **village troglodytique**★. L'artisanat de la poterie y est très développé comme en témoigne le nombre d'échoppes qui bordent la route.
Au-delà de Purullena, la route de Grenade s'élève en corniche, offrant des **vues**★ étendues sur le plateau découpé de canyons, puis s'encadre entre de hauts blocs rocheux et pénètre dans un paysage plus sauvage jusqu'au col de la Mora (1 390 m).

La Calahorra – *18 km au Sud-Est.* Dans l'immense plaine qui sépare la sierra Nevada de celle de Los Filabres, La Calahorra est dominé par un **château** ⊘ cantonné de quatre tours rondes dont l'aspect austère ne laisse absolument pas présager du raffinement de l'intérieur. *Laisser la voiture dans le village et monter à pied.* Une lourde porte donne accès à un ravissant **patio**★★ Renaissance, chef-d'œuvre de délicatesse par le dessin des arcades et de la balustrade, par les sculptures à l'italienne des fenêtres, autant que par la conception harmonieuse de l'escalier. Ce patio témoigne d'un art de vivre raffiné.

HONDARRIBIA/FUENTERRABÍA★

FONTARABIE – Pays Basque (Guipúzcoa)
13 974 habitants
Carte Michelin n° 85 pli 1 ou n° 442 B 24
Atlas España Portugal p. 14

Station balnéaire fréquentée et important port de pêche, Fontarabie a été, en raison de sa position stratégique à la frontière, victime des attaques de ses voisins français. Sur la butte dominant la Bidassoa, l'ancienne place forte aux rues escarpées est encore entourée de remparts. Fontarabie garde de cette époque de troubles une fête annuelle (8 septembre) en l'honneur de N.-D. de Guadalupe, qui aurait libéré la ville en 1638 d'un siège organisé par Condé pendant plus de 2 mois : typique parade militaire *(alarde)*.
À l'extérieur de la ville et près du port, la **Marina**, quartier animé de pêcheurs, aux caractéristiques balcons en bois est fréquentée pour ses terrasses de café.

LA VIEILLE VILLE *1 h*

Puerta de Santa María – Percée dans les murailles qui datent du 15e s., cette porte est surmontée des armes de la ville et de deux anges vénérant N.-D. de Guadalupe.

Calle Mayor – Étroite rue, très pittoresque, bordée de maisons anciennes aux balcons de fer forgé et corniche en bois sculpté.

Église Santa María – Gothique, remaniée au 17e s. (tour baroque), c'est un édifice imposant étayé à l'abside par d'épais contreforts. Dans cette église, le 3 juin 1660, six jours avant la cérémonie solennelle à St-Jean-de-Luz, don Luis de Haro, ministre espagnol, épousa par procuration, au nom de Louis XIV, l'infante Marie-Thérèse.

Château de Charles Quint – La légende veut que le fondateur de cette austère forteresse soit, au 10e s., le roi de Navarre Sanche II Abarca. Elle a toujours été une pièce importante du système défensif du royaume navarrais. Charles Quint la fit restaurer au 16e s.
Le château a été aménagé en parador.

ENVIRONS

★ **Cap Higuer** – *4 km au Nord. Quitter Fontarabie par le port et la plage.* Prendre la route de gauche qui, en montant parmi les villas, offre une belle **vue**★ sur la plage, la ville et la jetée. De l'extrémité du cap, on distingue la côte française et Hendaye.

★ **Ermitage San Marcial** – *9 km à l'Est. Sortir de Fontarabie en direction de Béhobie et prendre la première route à droite après l'usine Palmera. Au premier carrefour, tourner à gauche.*

Une route étroite conduit au sommet boisé (225 m). De la terrasse près de l'ermitage, **panorama**★★ étendu sur St-Sébastien et la plage d'Hendaye au loin et plus près sur Fontarabie, **Irún** et l'**île des Faisans**, rivage-frontière qui a été le cadre de différents faits historiques (traité des Pyrénées en 1659, stipulant le mariage de Louis XIV avec l'infante Marie-Thérèse).

★★ **Route du Jaizkibel** – *À l'Ouest de Fontarabie.* Ce parcours★★ est magnifique au coucher du soleil. À 5 km, la **vue**★ de la chapelle de N.-D. de Guadalupe est belle sur l'embouchure de la Bidassoa et la côte basque française. La route s'élève dans les pins et les ajoncs, dominant la mer. À l'Hostal du Jaizkibel, situé à proximité du sommet de 584 m, un belvédère offre une très belle **vue**★★ *(table d'orientation)*. La descente sur Pasai Donibane découvre des **aperçus**★ magnifiques sur la côte déchiquetée, les monts Cantabriques et les monts Ulía, Urgull et Igueldo qui dominent St-Sébastien.

Pasaia / Pasajes – *17 km par la route de Jaizkibel.* Entourant une baie remarquablement abritée puisqu'elle ne communique avec l'océan que par un étroit goulet, Pasaia comprend trois agglomérations : **Pasai Antxo** (port de commerce), **Pasai Donibane**★ et **Pasai San Pedro** (les ports de pêche). Ils occupent la première place sur la côte basque pour la valeur du poisson pêché. On y pratique en particulier la pêche lointaine à la morue. Pour accéder à **Pasai Donibane**★, laisser la voiture à l'entrée du village ou prendre la vedette à San Pedro. L'arrivée en vedette ménage une **vue** pittoresque sur les hautes façades aux balcons de bois peints de couleurs vives. L'unique rue du village se faufile entre les maisons et sous leurs voûtes et s'ouvre sur de petits embarcadères. On peut longer la rade jusqu'à l'océan par le chemin du phare *(3/4 h).*

HUESCA★

Aragon (Huesca)

50 085 habitants

Carte Michelin n° 443 F 28 – Atlas España Portugal p. 29 – Schéma : JACA

Plan dans le guide Rouge Michelin España Portugal

Capitale du Haut-Aragon, Huesca offre un calme visage provincial qui ferait presque oublier son riche passé historique. Ville romaine, capitale d'un état indépendant créé par Sertorius, puis place forte arabe importante, elle fut reconquise en 1096 par **Pierre Iᵉʳ d'Aragon**. Huesca fut capitale de l'Aragon jusqu'en 1118, date à laquelle Saragosse lui ravit le titre.

L'expression « Ce sera comme la cloche de Huesca » désigne en Espagne un événement appelé à faire grand bruit. Elle remonte au 12ᵉ s., quand le roi **Ramire II** convoqua ses vassaux sous prétexte de voir fondre une cloche qui puisse être entendue dans tout le royaume d'Aragon. Les gentilhommes étant réunis, le roi fit décapiter les plus indisciplinés. Le son de la cloche résonna en effet dans tout le pays.

Pendant la guerre civile, de septembre 1936 à mars 1938, Huesca fut assiégée par les républicains. Les dégâts causés dans la partie haute de la ville furent très importants.

QUARTIER ANCIEN *1 h 30*

Construit sur une colline, le centre primitif est entouré d'une ceinture de rues dont la **calle del Coso**, qui occupent l'emplacement de l'enceinte fortifiée.

★ **Cathédrale** ⊙ – La façade, d'un gothique fleuri très élégant, est curieusement coupée en deux par une galerie et un auvent en bois sculpté typiquement aragonais. Un fin gâble enserre une petite rosace et les voussures du portail. Les statues des ébrasements faites dans un calcaire trop tendre ont beaucoup souffert des intempéries. Sur le tympan, on reconnaît les Rois mages et l'apparition du Christ à Marie-Madeleine.

Trois nefs ont été édifiées sur plan carré, à la fin de l'époque gothique, avec des voûtes en étoile. Le **retable**★★ du maître-autel (1533) en albâtre représente le chef-d'œuvre de Damián Forment. Au milieu d'un décor de frises et de dais flamboyants, l'élève de Donatello a campé trois scènes du Calvaire en haut relief. En face de la cathédrale, l'hôtel de ville, ou *palacio municipal*, est une demeure Renaissance décorée avec goût.

★ **Museo arqueológico provincial** ⊙ – Donnant sur une place au cachet ancien, le musée occupe les bâtiments de l'ancienne Université. L'édifice, formé de huit salles disposées autour d'un beau patio octogonal, fut construit en 1690. Il garde quelques vestiges du palais des rois d'Aragon, et l'on montre la salle où eut lieu l'épisode de « la cloche de Huesca ». Il contient des collections archéologiques (surtout de préhistoire) et des peintures, dont une **collection**★ de tableaux primitifs aragonais ; on remarquera plusieurs œuvres du Maître de Sigena (16ᵉ s.),

★ **Église San Pedro el Viejo** ⊙ – Bien que très restauré, le **cloître**★ de cet ancien monastère du 11ᵉ s. reste un témoignage capital de la sculpture romane en Aragon avec ses chapiteaux historiés. Le tympan de la porte d'accès du cloître (*en venant de l'église*) présente une Adoration des Mages originale, où l'accent est mis sur le geste d'offrande. La galerie Est a les chapiteaux les moins restaurés. Dans une chapelle romane, on peut voir les tombeaux des rois Ramire II (sarcophage romain) et Alphonse Iᵉʳ le Batailleur, les seuls rois de la dynastie aragonaise à ne pas être enterrés dans le panthéon royal de San Juan de la Peña.

ENVIRONS

Monastère de Monte Aragón – *5 km à l'Est par la N 240.* De la route, on voit les ruines du monastère de Monte Aragón, une forteresse construite par le roi Sanche Iᵉʳ Ramírez pour investir Huesca encore aux mains des Maures.

IRUÑEA/PAMPLONA★

PAMPELUNE – Navarre
191 197 habitants
Carte Michelin n° 85 pli 12 ou n° 442 D 25 – Atlas España Portugal p. 15

Pampelune est la grande ville des Pyrénées espagnoles. Ancienne capitale du royaume de Navarre, elle a conservé autour de la cathédrale son aspect de vieille cité fortifiée aux rues étroites. Une partie des murailles subsiste encore au Nord et à l'Est, face au río Arga, tandis qu'au Sud se développent les quartiers modernes : longues perspectives bordées d'immeubles cossus (**paseo de Sarasate** – **AY 72**), places et décorées de bassins et de massifs (**plaza del Castillo** – **BY**). Une large ceinture de parcs et de jardins (**la Taconera** – **AY**) entoure cette cité d'allure bourgeoise qui est le siège d'une importante université privée.

Pampelune s'est fait une spécialité des longs caramels durs au café.

Les « Sanfermines » – Du 6 au 14 juillet, les fêtes de la Saint-Firmin donnent lieu à de bruyantes réjouissances populaires. Une atmosphère de liesse règne alors dans la ville qui voit doubler le nombre de ses habitants. De grandes courses de taureaux sont organisées, mais la manifestation la plus spectaculaire et la plus prisée des Pampelonais reste l'« **encierro** » qui a lieu tous les matins à 8 h. Les taureaux qui combattront le soir même sont lâchés dans les rues suivant un itinéraire précis, long de 800 m, qui les mène aux arènes en quelques minutes. Les jeunes gens vêtus de blanc avec béret, foulard et ceinture rouges et brandissant un journal roulé, vont à la rencontre des puissants taureaux fonçant toutes cornes en avant, et se mettent à courir devant eux. Toute l'Espagne suit avec passion ce spectacle plein d'émotion, retransmis en direct par la télévision et chante :

« Uno de enero, dos de febrero	*« 1ᵉʳ janvier,2 février*
Tres de marzo, cuatro de abril	*3 mars, 4 avril*
Cinco de mayo, seis de junio	*5 mai, 6 juin*
Y siete de julio, San Fermín »	*et 7 juillet, saint Firmin »*

Un peu d'histoire – D'origine romaine, Pampelune aurait été fondée par Pompée qui lui aurait donné son nom. Au 8ᵉ s. les Maures occupent la ville ; ils en sont chassés peu après avec l'aide des troupes de Charlemagne qui profite de la faiblesse de ses alliés pour démanteler leurs remparts. Pour se venger, les Navarrais contribuent à l'écrasement de l'arrière-garde des armées impériales au col de Roncevaux. Au 10ᵉ s. Pampelune devient capitale de Navarre. Tout au long du Moyen Âge, la vie de la cité sera troublée par des luttes entre les habitants du vieux quartier – la Navarrería –, partisans de l'alliance avec la Castille, et les francs-bourgeois des faubourgs de San Cernín et San Nicolás, favorables au maintien de la couronne navarraise sous une dynastie française. Ces luttes se terminent en 1423 avec le privilège de l'Union promulgué par Charles III le Noble. Les trois municipalités se fondent alors en une seule et Pampelune connaît son apogée. En 1571, sous le règne de Philippe II, débute la construction de la citadelle.

CURIOSITÉS

★ **Cathédrale** ⊙ **(BY)** – De l'église romane primitive subsistent quelques chapiteaux des portails et du cloître, exposés au musée de Navarre. On reconstruit aux 14ᵉ et 15ᵉ s. une cathédrale gothique et, à la fin du 18ᵉ s., Ventura Rodríguez réédifia la façade principale dans les styles baroque et néoclassique alors à la mode. La nef ne compte que deux étages : grandes arcades et fenêtres. La sobriété des nervures, les grandes surfaces de mur nu lui donnent l'aspect dépouillé du gothique navarrais. Devant la grille ouvragée qui ferme le sanctuaire se dresse le **tombeau**★ en albâtre commandé en 1416 par le roi Charles III le Noble, fondateur de la cathédrale, pour lui-même et son épouse. Le sculpteur tournaisien Janin Lomme, instruit de l'art funéraire de Dijon, a su personnaliser les visages des gisants et varier les attitudes et les costumes des pleurants.

Dans une chapelle du déambulatoire à droite, retable hispano-flamand (fin 15e s.).

★ **Cloître** – 14e et 15e s. D'élégantes baies gothiques parfois surmontées de gâbles donnent à ce cloître une grande légèreté. Les tombeaux sculptés et les portes des différentes dépendances sont intéressants. La Dormition de la Vierge figurant au tympan de la porte d'accès au cloître est d'une expression presque baroque.

Dans l'aile Est, la chapelle Barbazane (de Barbazán, l'évêque qui y a fait ériger son tombeau) présente une belle voûte en étoile du 14e s. Du côté Sud, la porte de la « Sala Preciosa » est une pièce maîtresse de la sculpture de la même époque : le tympan et le linteau, consacrés à la vie de la Vierge, sont sculptés avec beaucoup de finesse ; de part et d'autre de la porte se répondent les deux statues d'une fort belle Annonciation.

Musée diocésain ⊘ – Il est installé dans l'ancien réfectoire et la cuisine attenante, qui datent de 1330. Dans le réfectoire, grande pièce voûtée de six croisées d'ogives, la chaire du lecteur est ornée d'une charmante chasse à la licorne. La cuisine carrée comporte une cheminée dans chaque angle et une lanterne centrale haute de 24 m. Le musée expose de nombreux objets de culte précieux dont le *Reliquaire du Saint Sépulcre* (13e s.) offert par Saint Louis, des Vierges de bois polychromes et des Christs provenant de toute la région.

En sortant de la cathédrale, suivre l'étroite et charmante rue Redín pour atteindre les remparts.

Promenade des remparts – D'un petit bastion aménagé en jardin, on aperçoit, en contrebas et sur la gauche, la porte fortifiée de Zumalacárregui et une partie des murailles. La vue est dégagée sur le méandre du río Arga et le mont Cristóbal.

H Ayuntamiento
M Museo de Navarra

★ **Musée de Navarre** ⊙ **(AY M)** – Il est élevé à l'emplacement d'un hôpital du 16ᵉ s. dont il a conservé la porte Renaissance. L'époque romaine est représentée par des vestiges lapidaires : stèles funéraires, inscriptions et pavements de **mosaïques**★ provenant de villas des 2ᵉ et 4ᵉ s. Les dessins sont surtout géométriques, souvent blanc et noir ; on reconnaît, dans la salle 3, Thésée et le Minotaure.

L'art roman est en vedette avec les **chapiteaux**★ de l'ancienne cathédrale de Pampelune (12ᵉ s.) : l'artiste inconnu qui sculpta les trois scènes bibliques des chapiteaux exposés au milieu de la salle – Passion, Résurrection et Histoire de Job – se montre aussi minutieux dans les détails que puissant dans la composition et génial dans l'invention.

Peinture gothique et Renaissance. Les trois premières salles reconstituent l'intérieur du palais d'Oriz décoré de panneaux peints en grisaille (16ᵉ s.) relatant l'histoire d'Adam et Ève et les guerres de Charles Quint. Les salles suivantes exposent de nombreux fragments de **peintures murales**★ venues de toute la province : Artaíz (13ᵉ s.), Artajona et Pampelune (13ᵉ-14ᵉ s.), Gallipienzo (14ᵉ-15ᵉ s.), Olleta (15ᵉ s.). Si les genres apparaissent divers, on retrouve le trait légèrement appuyé, l'accumulation des personnages, le hanchement prononcé, hérités de la miniature française et illustrés par Juan Oliver qui décora en 1330 le réfectoire de la cathédrale (salle 24).

Parmi les chefs-d'œuvre exposés dans ce musée, citons le **coffret**★ hispano-arabe en ivoire venant de Cordoue (début du 11ᵉ s.) et le *Portrait du marquis de San Adrián* par Goya.

En sortant, voir, dans la cour, la grande mosaïque de la villa de Liédena (2ᵉ s.).

Église San Saturnino ⊙ **(AY)** – En plein cœur d'un quartier ancien aux rues étroites, cet édifice composite mêle le roman de ses tours de brique et le gothique de son porche et de ses voûtes (13ᵉ s.) à de nombreux ajouts postérieurs.

Hôtel de ville (AY H) – Façade baroque de la fin du 17ᵉ s. (reconstruite) avec ses statues, balustrades et frontons.

EXCURSIONS

★ **Sanctuaire San Migel de Aralar** ⊙ – *36 km à l'Ouest par l'autoroute A 15 puis la voie rapide N 240ᴬ, que l'on quitte à la sortie vers Irañeta.* Sur une dizaine de kilomètres, la route vers le sanctuaire traverse de beaux paysages rocheux, des forêts de chênes et offre de nombreux point de vue.

L'**église**, construite à différentes époques – l'abside est une partie des murs sont wisigothiques (9ᵉ s.), le reste est préroman (10ᵉ s.) – C'est là que l'on retrouva, au 18ᵉ s., le magnifique **parement d'autel**★★ doré et émaillé, œuvre capitale de l'orfèvrerie romane européenne, qui serait peut-être l'œuvre d'un atelier limousin de la fin du 12ᵉ s.

★ **Vallée de la Bidassoa** – *100 km au Nord par N 121ᴬ, NA 254 et N 121ᴮ. Sortir par l'avenue de la Baja Navarra* **(BZ)**. La Bidassoa se fraie un chemin entre les contreforts des Pyrénées atlantiques. De grasses prairies et des champs de maïs entourent les villages aux maisons basques.

La N 121ᴬ passe par le col de Velate en suivant un parcours accidenté. En prenant la NA 254 on traverse Berroeta, Irurita et l'on atteint **Elizondo**, la capitale de la **vallée du Baztán**, habitée par un grand nombre d'*indianos* ou *americanos*, Basques émigrés en Amérique du Sud, et revenus fortune faite. Belles maisons blasonnées. On rejoint la N 121ᴬ qui pénètre dans l'ancienne confédération des « **Cinco Villas** ». Celle-ci comprend cinq charmantes cités situées sur de petites routes transversales de part et d'autre de la N 121ᴬ : **Etxalar**, **Arantza**, **Igantzi**, **Lesaka** et **Bera** dont les façades des maisons sont très caractéristiques de l'architecture basque. L'avant-toit abrite un balcon de bois à la fine balustrade. À la frontière du Pays basque français, la Bidassoa s'est encaissée dans les granits en un étroit sillon appelé gorge d'Endarlaza.

JACA★

Aragon (Huesca)

14 426 habitants

Carte Michelin nº 443 E 28 – Atlas España Portugal p. 16

...tablie sur une terrasse de la vallée du río Aragón, Jaca est dominée par la Peña de ...roel. Sa **citadelle** du 16ᵉ s., bien conservée, rappelle sa position stratégique. Très tôt ...aca s'était déjà illustrée en repoussant l'invasion arabe au 8ᵉ s., puis en devenant ... première capitale de l'Aragon.

...ujourd'hui, sa situation au débouché du col du Somport en fait un lieu de passage ...nimé, une ville d'étape pour les excursionnistes en été, les skieurs en hiver.

...es fêtes y sont nombreuses : en mai un pèlerinage avec défilé historique et danses ...ypiques commémore la bataille contre les Maures ; et fin juillet début août, tous les ...eux ans, Jaca est le cadre d'un festival folklorique international.

* **Cathédrale** ⊙ – Élevée au 11ᵉ s., c'est la première cathédrale romane d'Espagne. Sa décoration sculptée a inspiré les artistes romans qui ont travaillé sur tous les sanctuaires du chemin de St-Jacques. Extérieurement, il faut remarquer les **chapiteaux historiés**★ du portique latéral Sud et du portail qu'il abrite : l'accent mis sur les drapés dans la représentation du sacrifice d'Isaac ou du roi David accompagné de ses musiciens rappelle les canons antiques. Les voûtes gothiques aux clés surchargées qui ont été fâcheusement ajoutées au 16ᵉ s. n'enlèvent rien au caractère exceptionnel de la nef et des collatéraux, très larges pour l'époque. Les sculpteurs de la Renaissance ont décoré avec profusion les absides et les chapelles latérales, mais la coupole sur trompes à la croisée du transept a conservé sa primitive sobriété.

Musée diocésain ⊙ – Le cloître et les salles attenantes ont été aménagés pour exposer des **peintures murales**★ romanes et gothiques provenant d'églises de la région : Urríes, Sorripas, Ruesta, Navasa, Bagüés, Osia (reconstitution de l'abside). Collection de christs et de vierges romans.

EXCURSIONS

★★ **Circuit par Huesca, le château de Loarre et San Juan de la Peña** – *220 km. Compter une journée. Quitter Jaca par la N 330 vers Huesca.*

* **Lac d'Arguis** – D'un vert profond, la retenue d'Arguis, dans son cadre de haute montagne, est le point fort de l'itinéraire entre Sabiñánigo et Huesca.

* **Huesca** – *Voir ce nom.*

Prendre la route A 132 jusqu'à Ayerbe puis la A 1602 vers Loarre.

★★ **Castillo de Loarre** ⊙ – À mesure que l'on approche de cet impressionnant nid d'aigle, on est saisi par la beauté et le calme du site. Au 11ᵉ s. Sanche Ramirez, roi d'Aragon et de Navarre, fit construire à 1 100 m d'altitude cette forteresse inexpugnable et y installa un monastère. Une fois franchie l'enceinte flanquée de tours rondes, on découvre un immense **panorama**★★ sur la dépression de l'Èbre. Hormis le donjon massif et un bel escalier voûté, l'**église** retiendra l'attention. Terminée au 12ᵉ s., elle est soutenue par une crypte. La nef très élancée, la coupole et surtout l'abside rythmée d'arcatures sont d'un roman très pur. Très beaux chapiteaux à motifs stylisés.

Revenir à Ayerbe et reprendre la A 132 vers Puente la Reina de Jaca. À 9 km prendre à gauche la route d'Agüero.

Agüero – Le site de ce village aux toits de tuiles est embelli par des *mallos (voir ci-dessous)* isolés à l'arrière-plan.

1 km avant Agüero s'embranche à droite le chemin qui mène à l'**église romane Santiago** aux trois nefs couvertes de toits de pierre. Remarquer les thèmes sculptés du tympan (Épiphanie, saint Joseph endormi) et des ébrasements du portail (à gauche, danse de Salomé).

Revenir à la A 132.

Le parcours devient plus encaissé. On découvre bientôt le río Gállego bordé de hautes falaises ruiniformes d'une coloration ocre-rouge. Ce sont les **mallos**★ accumulations de poudingues roses, très vulnérables à l'érosion qui les a découpés en grands pains de sucre.

Le groupe le plus spectaculaire se trouve à droite de la route, écrasant de sa masse flamboyante le petit village de **Riglos**. On atteint ensuite la retenue de la Peña.

Avant Puente la Reina de Jaca, prendre à droite la N 240 puis, après 10 km, de nouveau à droite la A 1603.

* **Santa Cruz de la Serós** – *Voir San Juan de la Peña (Environs).*

Après Santa Cruz de la Serós, la route s'élève dans les paysages boisés de la sierra de la Peña et débouche soudain sur le monastère de San Juan niché sous un immense roche en surplomb.

★★ **Monastère de San Juan de la Peña** – *Voir ce nom.*

La route passe ensuite par le monastère haut de San Juan de la Peña et ramène à Jaca en offrant des **vues**★ sur la chaîne des Pyrénées.

* **Vallées du Roncal et d'Ansó** – *Circuit de 144 km - environ 4 h.* Ces deux hautes vallées pyrénéennes jouèrent un rôle important pendant la Reconquête. Longtemps repliées sur elles-mêmes, elles ont conservé une économie archaïque fondée sur l'élevage ovin et l'exploitation en commun des pâturages. Pendant les fêtes religieuses, les villageois arborent encore les costumes traditionnels.

Sortir de Jaca à l'Ouest par la N 240.

Pendant 47 km la route suit le cours de l'Aragón au milieu de collines arides.

Tourner à droite dans la A 137.

La route remonte la verte **vallée du Roncal**★ où coule l'Esca. **Burgui** se signale par un étroit pont en dos d'âne.

1 km avant Roncal, prendre à droite la route NA 176 vers Garde et Ansó.

Cette **route**★ d'un tracé spectaculaire est le plus souvent en corniche. À la descente sur **Ansó**, vue plongeante sur les toits bruns massés autour de l'église. À l'intérieur, intéressant **musée ethnologique** .

Pour revenir, suivre la A 1602 le long du Veral, étroit et sinueux.

Avant d'atteindre la plaine cultivée, la rivière a creusé l'étroite **gorge de Biniés**, longue de 3 km.

Route du Somport – *95 km par la N 330.* Après **Canfranc-Estación**, gare ferroviaire internationale et station estivale, la route parvient à **Candanchú**, à moins de 1 km du col du Somport, la plus connue des stations de ski aragonaises. Le **col du Somport**★★ (1 632 m) est le seul des Pyrénées centrales qui soit, sauf enneigement exceptionnel, dégagé toute l'année. Emprunté jadis par une voie romaine, il a vu défiler, outre les légions de Pompée, les hordes sarrasines puis les pèlerins de St-Jacques.

En montant sur la butte à droite du monument qui commémore la construction de la route, on découvre un vaste **panorama**★★ sur les Pyrénées espagnoles.

Siresa – *49 km par la N 240 et la A 176 à partir de Puente de la Reina de Jaca.* La route suit le cours de l'Aragón Subordán. Au fond de la vallée encaissée se groupe le village de Siresa. Ses maisons de pierre aux fenêtres soulignées de blanc, aux toits de tuile et cheminées montagnardes contrastent avec l'église de San Pedro d'une majesté inattendue. Le monastère San Pedro existait déjà au 9e s. puisqu'il fut visité par **saint Euloge** de Cordoue, martyrisé par les Infidèles en 859. Réformé à la fin du 11e s., il accueillit des moines augustins. Datant de cette époque, l'**église**★ , d'une belle élévation, présente des parois rythmées d'arcatures et de contreforts. Elle abrite une intéressante collection de **retables**★ dont la plupart datent du 15e.

JAÉN

Andalousie

107 413 habitants

Carte Michelin n° 446 S 18 – Atlas España Portugal p. 75

Plan dans le guide Rouge Michelin España Portugal

Au pied de la sierra de Jabalcuz, écrasée par la colline Ste-Catherine, Jaén s'ouvre sur la plaine couverte d'oliviers. De l'Alameda de Calvo Sotelo, on jouit d'une belle **vue** sur la ville, un **paysage d'oliveraies**★★ à l'infini et le cirque des montagnes environnantes. Ayant déjà la taille d'une ville sous la domination de Carthage, importante à l'époque romaine, Jaén fut, à partir du 11e s., la capitale d'un royaume de taifa *(voir p. 23)*.

★ **Musée provincial**  – Il rassemble l'archéologie au rez-de-chaussée, et les beaux-arts à l'étage principal. Les **collections archéologiques**★ présentent des pièces de valeur, comme la belle **mosaïque** romaine de Thétys, des sculptures ibériques de Porcuna et le sarcophage paléochrétien de Martós (4e s.).

Cathédrale  – En dessinant les plans en 1525, **Andrés de Vandelvira**, l'architecte le plus représentatif de la Renaissance andalouse, lui donna une grandeur déjà classique. La vaste façade a reçu une décoration baroque, statues, balcons, pilastres qui la font ressembler à celle d'un palais. Derrière l'autel principal, une chapelle abrite une relique de la Sainte Face (Santo Rostro), l'un des linges dont se servit sainte Véronique pour nettoyer la face du Christ.

Les **stalles**★ du chœur sont richement sculptées dans le style de Berruguete.

★ **Musée** ⊘ – Le trésor de la cathédrale est exposé dans trois salles souterraines. Il réunit des antiphonaires, des toiles de Ribera, une ravissante Vierge à l'Enfant de l'école flamande et de grands candélabres de bronze ciselé du maître Bartolomé.

Chapelle San Andrés – À l'intérieur de cette petite église, la **chapelle de l'Immaculée Conception★★**, avec sa voûte en étoile et la décoration minutieuse du tambour qui la soutient, est un chef-d'œuvre de l'art plateresque. La grille qui ferme la chapelle, véritable dentelle de fer repoussé et doré, est l'œuvre d'un enfant de Jaén, **maître Bartolomé** (16e s.).

Église San Ildefonso – Elle possède trois portails de styles différents : gothique, Renaissance et néo-classique de Ventura Rodríguez.

Baños árabes ⊘ – Situés sous le palais du comte de Villardompardo (16e s.), ces **bains arabes**, les plus grands d'Espagne avec leurs 470 m², ont été restaurés pour retrouver à peu près leur aspect du 11e s.
Dans le palais a été installé un **musée des Arts et Traditions populaires**.

Château Santa Catalina – *4,5 km à l'Ouest.* La **route★** d'accès permet de découvrir les falaises bleutées de la sierra de Jabalcuz. Du château, transformé en parador, vaste **panorama★** sur les champs d'oliviers.

JÁTIVA

voir XÀTIVA

JEREZ DE LA FRONTERA★

Andalousie (Cadix)
184 364 habitants
Carte Michelin nº 446 V 11
Atlas España Portugal p. 83

Jerez doit sa renommée à ses vins, les xérès, les plus prestigieux d'Espagne. La proximité de la mer fut au 18e s. le facteur déterminant de leur essor : exportés d'abord vers l'Angleterre (sous le nom de sherry), ils sont connus aujourd'hui dans le monde entier.

Quel effet produira-t-elle quand je serai en croupe ?

JEREZ
DE LA FRONTERA

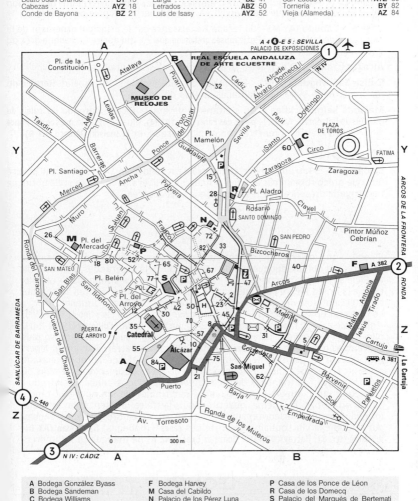

A Bodega González Byass F Bodega Harvey P Casa de los Ponce de Léon
B Bodega Sandeman M Casa del Cabildo R Casa de los Domecq
C Bodega Williams N Palacio de los Pérez Luna S Palacio del Marqués de Bertemati

Fêtes et férias – Si le vin est important à Jerez, le cheval ne l'est pas moins ; les élevages de la région sont réputés : les croisements de races de chevaux andalous, napolitains et allemands, effectués au 16e s. dans la chartreuse de Jerez, ont donné naissance à la célèbre race « cartujana ». Chaque année, début mai, a lieu la **Feria del Caballo** (foire du Cheval), où courses, concours de dressage et d'attelages révèlent la beauté des bêtes.

En septembre, la **fête des Vendanges** donne lieu à une cavalcade accompagnée d'un festival de flamenco. Car le *cante jondo* est particulièrement vivant à Jerez, qui donna le jour à des chanteurs réputés : **Manuel Torres** et **Antonio Chacón** (1870-1929).

CURIOSITÉS

★ **Museo de los Relojes « la Atalaya »** ⊘ (**AY**) – Dans le palais de la Atalaya, entouré d'un parc, est exposée une remarquable collection de plus de 300 **pendules** françaises et anglaises du 17e au 19e s., de forme et de décoration diverses. Toutes sont en parfait état de fonctionnement et, chaque jour, à midi, carillons et sonneries offrent un véritable concert aux visiteurs.

★ **Real Escuela Andaluza de Arte Ecuestre** ⊘ (**BY**) – Installée dans le parc de las Cadenas, l'**École royale andalouse d'art équestre** créée en 1973 par Álvaro Domecq Romero, se consacre à la formation de cavaliers pour la monte, le dressage et la sélection des chevaux de race cartujana.

On peut visiter les bâtiments, assister aux entraînements et reprises, mais il faut surtout voir le remarquable **spectacle**★★ s'intitulant « Comment dansent les chevaux andalous », véritable ballet équestre exécuté par chevaux et cavaliers, en costume brodé du 17e s.

Colegiata ◷ **(AZ)** – Monumentale, mise en valeur par de larges escaliers baroques, la **collégiale** (16e et 17e s.) présente d'amples volumes (cinq nefs) et une décoration Renaissance et baroque bien équilibrée. Remarquer la coupole du transept.

Casa del Cabildo (AY M) – Sa façade Renaissance est le principal ornement de la jolie plaza de la Asunción. Petit **musée archéologique** ◷, qui abrite un casque grec du 7e s. avant J.-C.

Alcázar ◷ **(AZ)** – D'agréables jardins entourent ses murailles.

Église San Miguel ◷ **(BZ)** – Beaux portails latéraux de style isabélin. Retable du maître-autel de Martínez Montañés et José de Arce.

Maisons seigneuriales – On s'attardera devant la façade baroque du **palais du marquis de Bertemati (AZ S)**, le **palais des Pérez Luna (BY N)**, plus simple, la **maison des Ponce de León (AY P)**, avec sa fenêtre d'angle platéresque, et la **maison Domecq (BY R)**.

ENVIRONS

La Cartuja – *5 km au Sud-Est.* La **chartreuse** fut fondée en 1477. Le portail inspiré du style gréco-romain est attribué à Andrés de Ribera. L'église de style gothique flamboyant présente une façade baroque très décorée.

Le xérès

Il semble que les Phéniciens aient été les premiers à introduire la vigne dans cette région qui, à l'époque romaine, exportait déjà de grandes quantités de vin. À la suite de la reconquête, en 1264, par les troupes d'Alphonse X et, plus tard, à la fin du 16e s., apparaissent les deux variétés de cépage qui aujourd'hui caractérisent son vignoble : le cépage Palomino et le Pedro Jiménez.

Le xérès est un vin généreux qui se décline sur cinq modes : le « **fino** » (15 à 17°), léger, pâle et sec ; l'« **amontillado** » (18 à 24°), un fino vieilli ; l'**oloroso** » (18 à 24°), plus doré et parfumé, tenant mieux en bouche ; le « **dulce** », un oloroso plus concentré en sucres ; le « **manzanilla** », de Sanlúcar de Barrameda, sec et léger. Leur qualité est le fruit de l'alliance entre un climat spécial et un élevage attentif. L'élevage consiste en un système de caves et de *soleras* de trois ou quatre rangées de tonneaux de chêne américain. Chaque année, on introduit dans le tonneau supérieur une quantité déterminée de vin nouveau, tandis qu'on en retire la même quantité pour la faire passer à la barrique immédiatement inférieure et ainsi de suite jusqu'à atteindre le dernier tonneau qui contient le vin souhaité. La visite des **caves**★ (bodegas) **Sandeman (AY B)**, **Williams (BY C)**, **Harvey (BZ F)** et **González Byass (AZ A)** ne manque pas d'intérêt.

LEÓN★★

LÉON – Castille et Léon
147 625 habitants
Carte Michelin n° 441 E 13 – Atlas España Portugal p. 10

L'ancienne capitale du royaume de Léon s'étale en plein cœur de la Meseta, sur le bords du Bernesga. Étape importante du chemin de Compostelle, Léon conserve d son riche passé des monuments prestigieux, chefs-d'œuvre d'architecture roman (San Isidoro), gothique (la cathédrale) et Renaissance (San Marcos).

La ville médiévale – Au 10e s., avec l'expansion de leurs territoires, les rois asturien transportèrent leur capitale d'Oviedo à Léon et bâtirent les murailles sur les ruine de fortifications romaines. Pour la peupler ils firent appel à des mozarabes, chrétien réfugiés de Cordoue et de Tolède ; aux 11e et 12e s. Léon s'affirma ainsi comme l ville la plus importante de l'Espagne chrétienne.

La partie Est de la ville témoigne de ce passé médiéval avec ses vestiges de muraille et ses ruelles où de belles façades de brique se révèlent parfois sous le crépi. L quartier le plus évocateur, connu sous le nom de « quartier humide » à cause de se nombreux bars et petits restaurants, se situe entre la **plaza Mayor** à arcades et la plaz **de Santa María del Camino (B)**, très attachante pour ses portiques de bois, sa fontaine e le clocher de son église.

La cité moderne – Aujourd'hui en plein essor grâce à son industrie, la ville s'éten vers l'Ouest le long du fleuve. Une part de ses revenus vient en outre de l'élevage La tradition artistique de Léon ne s'est pas démenti à l'époque contemporaine Gaudí a choisi l'anachronisme avec son palais néogothique, la **casa de Botines (B)**.

CURIOSITÉS

★★ **Cathédrale** ⊘ (**B**) – Édifiée pour le gros œuvre entre le milieu du 13ᵉ s. et la fin du 14ᵉ s., cet édifice gothique très homogène est la seule cathédrale d'Espagne à avoir adopté le goût français pour les hautes nefs élancées largement éclairées.

Façade principale – Entre trois portails d'une grande profondeur et d'une grande richesse statuaire s'intercalent deux arcades très aiguës. Au portail central trône sainte Marie la Blanche au doux sourire (c'est une copie : l'original se trouve dans la chapelle absidale) ; le linteau, sur le thème du Jugement dernier, oppose de façon très expressive le sort des bienheureux et celui des réprouvés. Le tympan du portail gauche retrace divers épisodes de la vie du Christ. À droite, le portail de St-François présente la Dormition et le Couronnement de la Vierge.

Façade Sud – Les statues des jambages du portail central sont d'une élégance raffinée.

Intérieur – L'exceptionnelle parure de **vitraux**★★★ qui éclaire le vaisseau – 1 200 m² de surface en 125 panneaux et 57 médaillons – est unique en Espagne et a fortement compromis la solidité de l'ensemble (la dernière restauration date de la fin du 19ᵉ s.). Les plus anciens vitraux (du 13ᵉ au 15ᵉ s.) habillent la rose de la façade principale et les trois chapelles centrales de l'abside ; ceux de la chapelle St-Jacques ont déjà une allure Renaissance ; ceux de la nef, plus tardifs voire contemporains, illustrent trois grands thèmes : en bas, le règne végétal et minéral ; derrière le triforium, des personnages civils et des blasons ; sur les fenêtres hautes, la théorie des Bienheureux. Le **trascoro**★ Renaissance a été réalisé d'après les plans de Juan de Badajoz ; l'arc triomphal, encadré de magnifiques bas-reliefs en albâtre, œuvre d'Esteban Jordán, libère la perspective sur la nef. Le **retable** du maître-autel, par Nicolás Francés, est un exemple du style international du 15ᵉ s. À sa gauche une remarquable *Mise au tombeau*★ d'influence flamande est attribuée au maître de Palanquinos. Au pied de l'autel une châsse d'argent abrite les reliques de saint Froilán patron de Léon.

LEÓN

Dans le déambulatoire et le transept, nombreux tombeaux gothiques ; remarquer celui de l'évêque don Rodrigo, surmonté d'un arc à lobes, dans la chapelle de la Vierge del Carmen *(à droite du maître-autel)*.

★ **Cloître** – Avant d'y pénétrer on voit le portail Nord du transept, abrité des intempéries, qui a conservé sa polychromie et qui est dédié à la Vierge de l'Offrande.

Les arcades datent de la construction de la nef, mais les voûtes avec leurs clés très ouvragées ont été ajoutées au début du 16e s. Les murs des galeries s'ornent de fresques murales de Nicolás Francés, de tombeaux romans et gothiques.

Musée ⊘ – On remarquera une statue de sainte Catherine (15e s.), d'influence française, l'escalier plateresque qui donne accès à la salle capitulaire du premier étage, un Christ de Juan de Juni (1576), disproportionné car il a été réalisé pour être vu d'en bas, une bible mozarabe (920) avec des miniatures, un antiphonaire de la même époque ainsi que le *Livre des Estampes* du 13e s.

★ **San Isidoro** (B) – Encastrée dans l'enceinte romane que domine son beau clocher, cette basilique a été dédiée en 1063 à Isidore, l'archevêque de Séville : ses cendres venaient d'être rapatriées avec l'accord du prince musulman de Séville pour que le plus illustre docteur de l'Église wisigothique reposât en terre chrétienne. De l'église du 11e s. ne subsiste que le panthéon. La construction de la basilique commença à la fin du 11e s. et s'agrandit plus tard. C'est ainsi que l'abside et le transept furent transformés à l'époque gothique et qu'à la Renaissance furent ajoutés la balustrade et le fronton de la façade Sud. Les portails romans montrent des sculptures contemporaines à celles de Frómista et celles de la première époque de Compostelle, représentant le sacrifice d'Abraham et la Descente de croix.

★★ **Panthéon royal** ⊘ – C'est l'une des premières manifestations de l'art roman en Castille. Les colonnes, trapues, sont couronnées de **chapiteaux**★ qui montrent encore quelques réminiscences wisigothiques, mais représentent une grande nouveauté dans le domaine de la sculpture romane. Les uns s'inspirent du style « asturien » dans le décor floral tandis que d'autres montrent de véritables scènes historiées.

Les **peintures murales**★★ (12e s.), magnifiquement conservées, composent un ensemble exceptionnel et sont d'un intérêt particulier pour la représentation des thèmes classiques du Nouveau Testament mais aussi pour les scènes de la vie rurale ; remarquer à l'intérieur d'un arc un calendrier montrant les travaux saisonniers.

Ici reposent vingt-trois rois et reines du Léon ainsi que de nombreux infants.

★★ **Trésor** – Il réunit des œuvres d'art de grande valeur. Une châsse (11e s.) en bois recouvert d'argent repoussé et d'une broderie mozarabe qui contient les restes de saint Isidore, le célèbre **calice de Doña Urraca**★ fait de deux coupes romaines en agathe réunies au 11e s. dans une monture en or ou sertie de pierres précieuses, la **châsse des ivoires**★ *(arqueta de los marfiles)* (11e s.), où chaque plaque finement sculptée représente un apôtre, et une autre châsse décorée d'émaux de Limoge (13e s.). La bibliothèque conserve plus de 300 incunables et de nombreux manuscrits ornés de miniatures dont une bible mozarabe de 960.

Le panthéon royal de San Isidoro

★ **Ancien couvent San Marcos (A)** – Le parador en occupe une partie. Au 12ᵉ s. s'élevait ici la maison mère des chevaliers de l'ordre de St-Jacques, moines-soldats protecteurs des pèlerins sur la route de Compostelle. Trois siècles plus tard, quand les Rois catholiques supprimment les prérogatives des ordres militaires et en deviennent les grands maîtres, Ferdinand ordonne de rééditifier un monastère digne de la puissance et de la richesse acquises par les chevaliers lors de la Reconquête. Le somptueux monument fut construit en pleine Renaissance. L'église fut terminée en 1541, mais les travaux continuèrent jusqu'au 18ᵉ s.

La **façade**★★ déploie sur une centaine de mètres, avec une remarquable unité de style malgré l'ajout d'un fronton baroque au 18ᵉ s., deux étages de niches et de fenêtres disposées dans un quadrillage de frises et de corniches, de colonnes engagées et de pilastres. Les médaillons en haut relief reproduisent les traits de quelques grands personnages de la Bible, de Rome ou d'Espagne : Lucrèce et Judith encadrent Isabelle la Catholique, Trajan et Auguste tiennent compagnie à Charles Quint. Au-dessus du portail central, saint Jacques terrasse les Maures et, juchée au sommet du fronton, se trouve la Renommée.

À l'extrémité droite, la façade de l'**église** parsemée de coquilles, symboles du pèlerinage, est restée inachevée. On retrouve les mêmes coquilles à l'intérieur sur le mur derrière le maître-autel.

★ **Musée** ⊙ – La première salle, aux voûtes en étoile, expose parmi des œuvres d'art d'excellente qualité (de l'époque mozarabe au gothique tardif) la croix votive de Santiago de Peñalba (10ᵉ s.) et l'extraordinaire **Christ de Carrizo**★★★ (11ᵉ s.), statuette en ivoire dont le regard pénétrant, les cheveux finement nattés et le drapé de la tunique trahissent l'influence byzantine. Une grande baie vitrée laisse voir le bel *artesonado* Renaissance de l'ancienne salle capitulaire, aujourd'hui un salon du parador. Les galeries du **cloître** construit entre le 16ᵉ s. et le 18ᵉ s. servent de musée lapidaire (beaux médaillons aux clefs de voûte). Remarquer dans le coin Nord-Est un bas-relief représentant la Nativité, œuvre de Juan de Juni (intéressante perspective).

La **sacristie**★, conçue par Juan de Badajoz (1549), est somptueuse : voûte à nervures rehaussée de coquilles, rubans et angelots, culs-de-lampe sculptés de têtes expressives. Plusieurs œuvres de Juan de Juni y sont exposées.

EXCURSIONS

★ **San Miguel de Escalada** – *28 km par* ② *du plan.* Au 11ᵉ s., Alphonse III fit don d'un monastère détruit à une communauté de moines expulsés de Cordoue avec mission de le reconstruire. De leur œuvre subsiste l'église isolée sur une terrasse : c'est l'un des rares monuments mozarabes et le mieux conservé. La **galerie extérieure**★, datée de 1050, vaut par le dessin des arcs outrepassés, le poli des colonnes et la sculpture des chapiteaux. L'**église** ⊙, plus ancienne (913), comprend trois nefs couvertes d'une charpente de bois séparées des absides voûtées par un portique de trois arcades et une balustrade faite de plaques sculptées en méplat, de motifs wisigothiques (oiseau picorant et grappe de raisin) et mauresques (feuillages stylisés).

★ **Cuevas de Valporquero** ⊙ – *47 km au Nord* (**B**) *par la route LE 311.* Les eaux souterraines continuent de forer la cavité. La température y reste de l'ordre de 7 (*attention sol glissant*). Un éclairage neutre met en valeur la variété des concrétions (un bouquet de stalactites excentriques forme une vaste étoile au plafond de la grande galerie) et de leurs couleurs : on a compté 35 nuances de rouge, de gris et de noir dues aux oxydes minéraux. La visite s'achève par un étroit couloir, long de 1 500 m, taillé en oblique sur une hauteur de 40 m et correspondant à une couche de roche tendre déblayée par un fort courant d'eau.

Les pages consacrées à l'art en Espagne
offrent une vision générale
des créations artistiques de la région
et permettent de replacer dans son contexte
un monument ou une oeuvre au moment de sa découverte.

Ce chapitre peut en outre donner des idées d'itinéraires de visite.

Un conseil : parcourez-le avant de partir !

LÉRIDA★

Voir LLEIDA

Monasterio de LEYRE★

Navarre

Cartes Michelin nᵒˢ 442 et 443 E 26 – Atlas España Portugal p. 15

Au terme de la route d'accès, sinueuse et en forte montée, le **panorama**★★ est splendide sur le lac de Yesa et son environnement de collines marneuses. Les crêtes calcaires de la sierra font un majestueux rempart. De grands murs ocre confondus avec les rochers d'alentour s'accrochent à mi-pente sur le versant de la sierra de Leyre.

L'abbaye San Salvador de Leyre s'affirme au début du 11ᵉ s. comme le grand centre spirituel de la Navarre. Le roi Sanche III le Grand et ses successeurs en font leur panthéon et permettent l'édification d'une église qui compte, avec sa crypte, parmi les tout premiers témoignages de l'art roman en Espagne (elle fut consacrée en 1057). Les évêques de Pampelune étaient alors traditionnellement choisis parmi les abbés de Leyre dont le pouvoir s'étendait sur près de 60 villages et 70 églises ou monastères.

Au 12ᵉ s., cependant, la Navarre ayant été réunie à l'Aragon, la royauté délaisse Leyre pour San Juan de la Peña. D'autre part, l'évêché de Pampelune cherche à accroître son autorité sur les puissants moines. Un long procès s'engage, qui entame les finances et le prestige du monastère. Au 13ᵉ s., la réforme cistercienne est adoptée. Abandonné au 19ᵉ s., le couvent a été réoccupé en 1954 par les bénédictins venus de Silos. Ils ont restauré les bâtiments des 17ᵉ et 18ᵉ s. et installé une hostellerie.

Le défilé de Lumbier

★★ ÉGLISE ⊘ *une demi-heure*

Chevet – 11e s. Trois absides de même hauteur composent, avec le mur de la nef surmonté d'un clocheton et la tour carrée à triples fenêtres, un très charmant ensemble. Les murs parfaitement lisses et l'absence de décoration, à part quelques modillons, dénotent l'ancienneté de la construction.

★★ **Crypte** – Elle fut construite au 11e s. pour soutenir l'église romane supérieure dont elle épouse le plan, mais on la dirait plus ancienne encore tant il s'en dégage une impression de rudesse et d'archaïsme. Les voûtes sont assez hautes, mais coupées d'arcs aux claveaux énormes et parfois à double rouleau, qui retombent sur des chapiteaux massifs, incisés de lignes très simples. Curieusement, ces chapiteaux sont posés sur des fûts de hauteur inégale, presque au ras du sol.

★ **Intérieur** – Lorsque les cisterciens réédifièrent au 13e s. une nef unique à la voûte gothique audacieuse, ils gardèrent de l'église romane les deux premières travées et le chœur avec ses absides semi-circulaires. Les trois nefs nous sont parvenues intactes avec leurs voûtes en berceau dont le départ est situé à la même hauteur, leurs arcs à double rouleau, l'élégance décorative des colonnes engagées et du dessin des chapiteaux, et l'assemblage minutieux des grandes pierres de taille. Dans la nef gauche, un coffre en bois abrite les dépouilles mortelles des premiers rois de Navarre.

★ **Portail Ouest** – 12e s. La richesse de son décor lui a fait donner le nom de « Porta Speciosa ». Les sculptures occupent toute la surface disponible. Sur le tympan, des statues archaïques représentent : au centre, le Christ ; à sa droite, la Vierge et saint Pierre ; à sa gauche, saint Jean. Les voussures fourmillent de monstres et d'animaux fantastiques. Au-dessus, dans les écoinçons, on reconnaît à droite l'Annonciation et la Visitation.

ENVIRONS

★ **Défilé de Lumbier** – *14 km à l'Ouest.* Creusé par l'Irati dans les contreforts de la sierra de Leyre, le défilé, long de 5 km, situé entre Lumbier et Liédena, offre à ses extrémités l'aspect d'une mince coupure dans la falaise. Une belle vue sur cette gorge s'offre du belvédère aménagé sur la N 240.

★ **Défilé de Arbayún** – *31 km par N 240 et NA 211.* Le Salazar est fortement encaissé dans les calcaires de la sierra de Navascués, mais la route s'éloigne du fleuve et il faut atteindre le belvédère aménagé au Nord d'Iso pour avoir une splendide **vue**★★ sur la sortie du canyon. Les falaises font place vers le bas à une végétation dense au milieu de laquelle scintille l'eau du torrent.

LIZARRA/ESTELLA★★

Navarre
13 569 habitants
Carte Michelin n° 442 D 23
Atlas España Portugal p. 14

ispersée sur un terrain accidenté de part et d'autre de l'Ega, Estella est morcelée
1 « paroisses » qui ont grandi sans perdre leur personnalité. La noblesse des façades
e brique ou de pierre de taille rappelle l'illustre destin de cette cité choisie comme
ésidence par les rois de Navarre au 12e s. puis par les prétendants carlistes au 19e s.
haque année y a lieu le 1er dimanche de mai, en souvenir, le rassemblement des
arlistes.

Estella la bella » – Ainsi l'appelaient au Moyen Âge les pèlerins de
t-Jacques-de-Compostelle. Estella était une étape importante du « chemin » et, de
e fait, possède plusieurs monuments de grande valeur artistique datant pour la
upart de l'époque romane. En outre, en 1076, le roi Sanche Ramirez lui avait
tribué certains privilèges qui attirèrent des commerçants et des aubergistes,
ssentiellement des francs-bourgeois. La plupart s'établirent sur la rive droite de
Ega.

s pèlerins venaient vénérer la Vierge du Puy, dont le sanctuaire, reconstruit dans
style moderne, se dresse à l'emplacement où, le 25 mai 1085 dit la légende, des
rgers, alertés par une pluie d'étoiles, découvrirent une statue de la Vierge. Des
ospices qu'on y avait construits, celui de St-Lazare réservé aux lépreux était le plus
lèbre.

CURIOSITÉS

Plaza de San Martín – À l'origine, c'était le centre du quartier des Francs-Bourgeois tout bouillant de l'animation de ses échoppes et de ses auberges. Aujourd'hui rien ne trouble le calme de cette harmonieuse petite place si ce n'est le clapotis de sa fontaine. Sur un des côtés, l'**ancien hôtel de ville** arbore une façade blasonnée du 16e s.

★ **Palacio de los Reyes de Navarra** – Le **palais des rois de Navarre** est un exemple exceptionnel d'architecture civile romane du 12e s. Sa longue façade est percée d'arcades et de baies géminées remarquables par leurs chapiteaux.

San Pedro de la Rúa ⊙ – Sur les contreforts de la falaise où se trouvait le château, l'église se dresse face au palais des rois de Navarre. Le bâtiment garde des parties remarquables des 12e et 13e s.
Le **portail**★, au sommet d'un escalier monumental, ouvre sur le mur Nord ; les chapiteaux et les voussures sont richement sculptés, mais son originalité réside dans l'arc d'entrée en tiers-point, bordé de petits lobes, qui témoigne de l'influence de l'art califal. On peut voir des portails de même type dans la région, à Puente la Reina et à Cirauqui, d'autres en Saintonge et dans le Poitou. À l'intérieur, remarquer les trois absides romanes : dans celle du centre, une colonne est faite de trois serpents entrelacés.
Le **cloître**★ roman a perdu deux galeries au 16e s. lorsqu'on fit sauter le château voisin. La virtuosité technique et l'esprit inventif du sculpteur des chapiteaux font regretter les parties manquantes. La galerie Nord représente des scènes de la vie du Christ et des saints Laurent, André et Pierre. Les thèmes végétaux et animaliers occupent la galerie Ouest où l'architecte facétieux a glissé un groupe de quatre colonnes obliques.

Calle de la Rúa – C'était le chemin qu'empruntaient les pèlerins. Au n° 7, le **palais de frère Diego de Estella** présente une façade plateresque décorée d'un blason.

Église du St-Sépulcre – Elle vaut surtout pour son portail nettement gothique. On reconnaît sur trois registres : la Cène, les trois Maries au Sépulcre et l'Enfer, le Calvaire. Les niches qui encadrent le portail abritent des saintes et des saints traités avec un certain maniérisme.
Par le pont de la Cárcel (reconstruit en 1973) on passe sur l'autre rive.

Église San Miguel – Elle se trouve dans un quartier qui était peuplé de Navarrais à la fin du 12e s., et dont les rues étroites ont gardé un cachet médiéval. Son **portail Nord**★ semble avoir été conçu comme un défi lancé aux habitants de l'autre rive. Au tympan, le Christ est entouré des évangélistes et de personnages énigmatiques. Sur les voussures, on distingue des anges portant des encensoirs, les vieillards de l'Apocalypse, les prophètes et patriarches, des scènes évangéliques et les martyres des saints. Sur les chapiteaux : enfance du Christ et scènes de chasse. Sur les murs au registre du haut, huit statues colonnes représentent des apôtres. Au registre du bas deux **hauts-reliefs**★★, les plus achevés et expressifs du portail, montrent à gauche saint Michel terrassant le dragon, à droite les trois Maries arrivant du Sépulcre. Par la noblesse des attitudes, l'élégance des drapés, l'expression des visages, cette dernière scène est un chef-d'œuvre de la sculpture romane.

ENVIRONS

★ **Monastère d'Irache** ⊙ – *3 km au Sud-Ouest.* Dès le 10e s. une abbaye bénédictine existait ici. Étape importante sur le chemin de St-Jacques, Irache adopte la règle cistercienne puis devient au 16e s. un centre universitaire dirigé par les bénédictins : il a fermé ses portes en 1833.

★ **Église** – L'abside d'un roman très pur fait face à une nef où la croisée d'ogives reste primitive. À la Renaissance, la coupole sur trompes a été refaite et le *coro alto* ajouté. La façade comme la plupart des bâtiments conventuels a été reconstruite au 17e s.

Cloître – D'architecture Renaissance, il est décoré de culs-de-lampe et de chapiteaux qui relatent la vie du Christ et de saint Benoît.

★ **Sierras d'Andía et d'Urbasa** – *Circuit de 94 km, environ 3 h.* De belles forêts de hêtres et des vues étendues à la montée des cols agrémentent ce parcours.
Sortir de Lizarra par la NA 120 et prendre la direction du col de Lizarraga.
Monastère d'Iranzu ⊙ – *À 9 km de Lizarra,* accès signalé de la NA 120. Isolé dans une **gorge**★ sauvage, cet ancien monastère cistercien construit à la fin du 12e s. fut transformé en collège. C'est un bon témoin de l'architecture cistercienne à la transition du roman et du gothique. Les fenêtres du cloître – celles qui n'ont pas été décorées par la suite d'un remplage gothique très fleuri – sont caractéristiques du style : arcatures romanes, oculus et grand arc de décharge. L'église, dont le chevet plat est décoré d'un « triplet » (trois fenêtres symbolisant la Trinité), ce qui est fréquent chez les cisterciens, est voûtée d'ogives assez frustes.

★★ Route du col de Lizarraga – Juste à la sortie du tunnel (alt. 1 090 m) et avant d'amorcer la descente rapide au milieu des prairies et des bois, s'arrêter au **belvédère★** qui domine la verdoyante vallée d'Ergoyena.

Continuer jusqu'à Etxarri-Aranatz pour prendre la N 240ᴬ vers l'Ouest jusqu'à Olatzi et là tourner à gauche vers Lizarra.

★★ Route du col d'Urbasa – La montée assez raide entre de grands rochers isolant des bouquets d'arbres est d'une beauté sauvage. Par contraste le grand vallon boisé que l'on traverse ensuite apparaît d'une aimable fraîcheur. À la descente, après le col (927 m), les vues sont embellies par de hauts escarpements calcaires, puis c'est le cheminement dans les gorges du río Urenderra aux eaux limpides.

Chaque année,
le guide Rouge Michelin España & Portugal
rassemble, sous un format maniable, une multitude
de renseignements à jour.

Emportez-le dans vos déplacements d'affaires,
lors de vos sorties de week-end, en vacances.

Tout compte fait, le guide de l'année, c'est une économie.

LLEIDA/LÉRIDA

Catalogne
119 380 habitants
Carte Michelin n° 443 H 31
Atlas España Portugal p. 31
Plan dans le guide Rouge Michelin España & Portugal

Lérida fut d'abord une citadelle érigée sur une butte, au carrefour d'importantes voies de communication. Les troupes de César et de Pompée s'y affrontèrent ; les Maures l'occupèrent du 8ᵉ au 12ᵉ s.

L'antique forteresse, la Azuda (ou Zuda), où les comtes de Catalogne s'étaient établis au 13ᵉ s. sur un site d'acropole, fut détruite par les explosions de 1812 et 1936. Les fortifications qui l'entourent s'avancent toujours sur plusieurs lignes ; les glacis ont été aménagés en jardins. De ces terrasses le regard découvre la ville, la verdoyante plaine du Segre et les hauteurs de la sierra la Llena, au Sud-Est.

★ Seu Vella ⊘ – Le **site★** de la **vieille cathédrale** est remarquable : à l'intérieur de l'enceinte, elle domine la ville. Elle fut élevée de 1203 à 1278 à l'emplacement d'une mosquée. Le campanile, belle tour octogonale, fut ajouté au 14ᵉ s. La cathédrale souffrit du temps et des hommes : Philippe V la transforma en fort en 1707. Récemment restaurée, elle a retrouvé son aspect primitif.

★ Église – De style de transition, elle a pour plus bel ornement des **chapiteaux★** remarquables par leur variété ; beaucoup sont historiés. Dans le transept et les absides ils sont décorés de motifs appartenant à l'Ancien Testament, alors que le Nouveau Testament est représenté dans les nefs et les collatéraux. À l'extérieur des influences mauresques se sont glissées dans la décoration des portes, en particulier dans celle des Filleuls *(bas-côté Sud)* et celle de l'Annonciation *(transept Sud)*. Au-dessus s'ouvre une très fine rosace. Les chapiteaux de ces portails, extrêmement fins, évoquent les stucs arabes. Ce style, que l'on retrouve à plusieurs endroits dans la région, entre autres dans le superbe portail de l'église d'**Agramunt** *(52 km au Nord-Est)*, a reçu le nom d'« École romane de Lérida ».

★ Cloître – Il frappe d'abord par la taille des baies et la beauté des remplages tous différents. La galerie Sud présente des claires-voies sur le côté extérieur qui forment un remarquable belvédère sur la ville et les environs. Son emplacement très rare, devant la façade de l'église, rappelle la disposition des mosquées précédées d'une cour ou le narthex des églises romanes. Il fut achevé au 14ᵉ s. Dans la décoration des **chapiteaux★** et des frises, on retrouve l'influence islamique dans la finesse de l'exécution et les thèmes végétaux.

Dans l'angle Sud-Ouest se dresse le **clocher★★**, intéressante tour gothique haute de 60 m.

★ Église Sant Llorenç ⊘ – Cet édifice de style roman tardif (13ᵉ s.) présente d'importants ajouts gothiques, telles la tour-clocher et les ogives séparant la nef centrale des latérales. D'intéressants retables gothiques l'ornent.

LORCA

Murcie

67 024 habitants

Carte Michelin n° 445 S 24 – Atlas España Portugal p. 78

Au pied d'une petite sierra dont le sommet supporte les murailles du **château**, Lorca est installée dans la fertile vallée du Guadalentín. Elle joue le rôle de capitale agricole et de centre d'attraction pour le Sud-Ouest de la province, région particulièrement aride.

« Blancos » et « Azules » – Les fêtes de la Semaine sainte à Lorca sont parmi les plus traditionnelles d'Espagne. De somptueuses broderies, orgueil d'un artisanat très ancien et très réputé, ornent les chars. Les costumes des grands personnages de la Bible ou de l'époque romaine représentés dans les processions ajoutent une note chatoyante à la sévère robe des Pénitents. Enfin, une lutte de prestige pousse chaque année les confréries du char blanc et du char bleu à se surpasser en faste et en solennité.

Plaza de España – Elle est encadrée par les belles façades baroques de l'**hôtel de ville**, du palais occupé par le **tribunal** (*juzgado*), orné d'une sculpture d'angle, et de la **collégiale San Patricio**.

Casa de los Guevara – Le portail, malheureusement détérioré, est un chef-d'œuvre de sculpture baroque (1694).

LUGO★

Galice

87 605 habitants

Carte Michelin n° 441 C 7 – Atlas España Portugal p. 3

Située à 485 m d'altitude sur la rive gauche du Miño, Lugo apparaît dans sa ceinture de murailles. Elle fut sous la domination romaine la capitale de la Gallaecia ainsi qu'un nœud de communication important. Actuellement centre d'une région agricole et d'élevage (spécialité de fromages), c'est une ville très animée qui a su percer de larges avenues commerçantes (**calle de la Reina** et **plaza de Santo Domingo**) tout en préservant le vieux quartier aristocratique autour de la cathédrale.

CURIOSITÉS

★★ **Murailles** – Édifiées par les Romains au 3e s., elles furent modifiées au Moyen Âge. Faites de dalles de schiste, elles entourent la ville sur plus de 2 km et s'ouvrent par dix portes sur le quartier ancien.

★ **Cathédrale (Z A)** – La construction de l'édifice roman commença en 1129. De nombreux ajouts gothiques et baroques le modifièrent. Ainsi, au chevet, la chapelle de la Vierge aux Grands Yeux, œuvre de F. Casas y Novoa, auteur de la façade de l'Obradoiro à St-Jacques-de-Compostelle, présente une heureuse rotonde baroque soulignée par une balustrade de pierre. Le portail Nord, abrité sous un porche construit au 15e s., se signale par un très beau **Christ en majesté**★ roman au-dessus de la Cène sculptée sur un curieux chapiteau suspendu dans le vide.

> **N'oubliez pas...**
>
> ... de monter sur le chemin de ronde de la muraille. Vous pouvez le faire à partir de l'un ou l'autre des escaliers placés aux portes ou de la rampe située à la **porte de Santiago**, face à la cathédrale. De ces hauteurs, vous obtiendrez de belles vues de la ville et des environs de Lugo.

À l'intérieur, la nef romane voûtée en berceau est bordée de tribunes. Au fond des bras du transept, on remarque deux immenses retables Renaissance en bois sculpté. Celui de droite (1531) est signé Cornélius de Hollande. Une porte dans le mur occidental du croisillon Sud donne accès au **cloître**, petit mais élégant.

Places – Sur la plaza de Santa María **(Z 74)**, s'élève le **palais épiscopal (Z B)** (18e s.), qui est un *pazo* typique avec ses murs lisses en pierre, son étage unique, ses deux ailes cubiques en avancée et un décor réduit au blason des Gil Taboada sur le portail. En été, cette place sert de cadre à des spectacles en plein air. Derrière le palais épiscopal se trouve la **plaza del Campo (Z 8)** ornée d'une fontaine et entourée de maisons anciennes. La rue de la Cruz avec ses nombreux bars et restaurants et la **plaza Mayor** ou **plaza de España (Z 45)** avec ses jardins et son esplanade sont les lieux de rencontre et de promenade des habitants de Lugo.

LUGO

A	Catedral
B	Palacio episcopal
H	Ayuntamiento
M	Museo Provincial

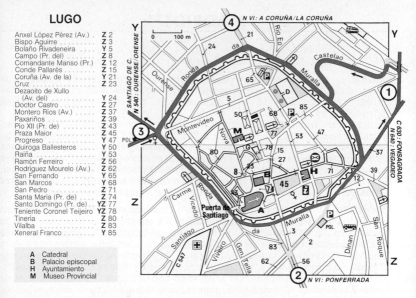

Musée provincial ⊙ (**Y M**) – L'ancienne cuisine (18ᵉ s.) du monastère San Francisco abrite une reconstitution d'une cuisine paysanne, semblable à celles que l'on trouve dans certains villages retirés. Le musée, installé sur deux étages, est consacré à divers aspects de l'art régional. On remarquera la salle consacrée à la céramique de Sagardelos. Dans l'ancien cloître, collection intéressante de cadrans solaires. Plusieurs issues donnent sur le **musée Nelson Zúmel**, consacré à la peinture espagnole des 19ᵉ et 20ᵉ s.

ENVIRONS

Santa Eulalia de Bóveda – *15 km. Suivre la route d'Orense pendant 4 km puis prendre à droite vers Friol ; 2 km plus loin, tourner à gauche, et 7 km plus loin à droite.* Ce beau village galicien a conservé ses fermes en granit à toit de lauzes et ses hórreos. Au début du siècle y a été découvert un **monument paléochrétien** ⊙ qui fut dégagé en 1924. Il se compose d'un vestibule aujourd'hui à ciel ouvert et d'une salle rectangulaire comportant un bassin, une niche en plein cintre et des fresques peuplées d'oiseaux et de feuillages, sans doute de symbolisme chrétien.

MADRID ★★★

3 084 673 habitants
Plan Michelin au 1/12 000 avec index de rues n° 42
Cartes Michelin n°s 442 et 444 K 18-19 – Atlas España Portugal p. 53

Située au centre de la péninsule et de la Meseta, dans les contreforts de la sierra de Guadarrama, Madrid, la capitale la plus haute d'Europe (646 m), est une ville lumineuse et hospitalière, au climat continental sec, très chaud en été, et froid, bien qu'ensoleillé, en hiver.

Elle devint capitale au 16e s. au moment où l'Espagne régnait sur un vaste empire. Ses principaux monuments furent élevés aux 17e, 18e et 19e s. dans le style classique ou baroque. Grâce aux collections léguées par les Habsbourg et les Bourbons, Madrid est d'une richesse exceptionnelle dans le domaine de la peinture (musée du Prado, académie de San Fernando, musée Lázaro Galdiano et le musée Thyssen-Bornemisza). Aujourd'hui, cette ville cosmopolite, qui a connu un développement extraordinaire lors des dernières décennies, frappe par son animation et le trafic intense sur ses larges artères.

Madrid hier – Village sans importance jusqu'à l'invasion arabe, Madrid doit son nom à l'alcázar de « Majerit » que Mohammed Ier fit construire au 9e s., au bord du Manzanares. En 1083, Alphonse VI s'en empare. On raconte qu'il découvrit à l'entrée de la ville une statue de la Vierge près d'un dépôt à grain *(almudín)*. Il transforma alors la mosquée en église et la dédia à la Vierge de la Almudena, qui devint la patronne de la ville. À partir du 14e s. les séjours des rois de Castille se font plus fréquents. Charles Quint reconstruit l'alcázar arabe et en 1561 Philippe II transfère la cour de Tolède à Madrid. La ville médiévale, dont subsiste le tracé tortueux des rues autour de la plaza Mayor, s'agrandit soudain et la population triple.

La ville commence réellement à se développer avec les derniers des Habsbourg, en plein Siècle d'Or. Sous le règne de Philippe III, Juan Gómez de Mora entreprend une série de réformes. La plaza Mayor sera désormais le cœur de la ville. Le plan de Pedro Texeira (1656) donne une bonne impression du Madrid de Philippe IV, caractérisé par le nombre important de couvents et d'églises. Ce roi amoureux des arts protégea de nombreux artistes : Vélasquez, Murillo, et des hommes de lettres : Lope de Vega, Quevedo, Calderón, Tirso de Molina.

Mais c'est au 18e s., sous les Bourbons, que la ville connaît ses plus grandes transformations : construction du palais royal, du Prado et de la porte de l'Alcalá, magnifique exemple de l'urbanisme néoclassique. À son tour, la noblesse se met à construire des **palais** entourés de jardins, comme ceux de Liria (**KV**) et de **Buenavista** (**MX**). Le 19e s. commence avec l'occupation française et les tristes événements du 2 ma 1808. Dans la seconde partie du 19e s. Madrid voit disparaître les restes des remparts lors d'un vaste plan d'agrandissement : naissent alors les quartiers de Chamberí (**DU**) de Salamanca (**HV**) et de Argüelles (**DV**) et, à la fin du siècle, la Ciudad Lineal (**JT** d'**Arturo Soria**, projet révolutionnaire prévoyant un quartier résidentiel pour 30 000 habitants autour de l'actuelle avenue Arturo Soria.

Le début du 20e s. est marqué par le goût français : hôtels Ritz (**NY**) et Palace (**MY**) le style néomudéjar a du succès et les façades de brique telle la **Plaza de Toros de las Ventas**, si caractéristiques de Madrid, s'élèvent dans tous les quartiers. En 1910 on inaugure la **Gran Vía**, artère rapide traversant le centre, destinée à relier entre eux les nouveaux quartiers. Cette Gran Vía a été popularisée par une opérette *(zarzuela)*.

Madrid aujourd'hui – Au premier rang pour l'Espagne dans le domaine des banques des assurances, des universités, de l'administration et des institutions politiques du fait de son rôle de capitale, c'est aussi une ville avec d'importantes activité industrielles dans les banlieues. Les centres d'affaires, dans les quartiers de la puerta de Alcalá et du paseo de la Castellana, ont connu d'importantes transformations dans les années cinquante-soixante. Dans la zone **AZCA** (**FT**), un des projets les plu révolutionnaires du Madrid moderne, on trouve les bâtiments les plus modernes ; la banque de Bilbao-Vizcaya et la tour Picasso.

LES QUARTIERS

Madrid n'est pas aussi riche en monuments que Paris, ni aussi romanesque qu Venise, ni même aussi décadent que Lisbonne, mais il est plein de charme e de mystère, d'édifices splendides et de parcs romantiques. Madrid est une vill à découvrir pas à pas, en flânant dans ses rues et ses places, en se mêlant ses habitants et en savourant ses quartiers.

Le centre – Il comprend plusieurs zones bien différenciées. En général anim et chaotique, fourmillant de monde, il surprend avec ses soudaines ruelle tranquilles et ses petites places.

Sol-Callao (**LXY**) – Zone commerciale par excellence, où se trouvent aussi d nombreuses salles de cinéma (calle Gran Vía). Ses rues regorgent de passant qui viennent faire leurs achats (zone Preciados), dîner ou simplement s promener. À partir de certaines heures, il convient de circuler avec précautio dans certaines rues, comme Valverde et Barco.

J. Hidalgo-C. Lopesino/MARCO POLO

Le Rastro

Barrio de los Austrias (**YZK**) – Les rues Mayor, Bailén, Las Cavas et la plaza de la Cebada entourent la plus ancienne zone de Madrid, d'origine médiévale, avec ses petites rues aux noms évocateurs et ses tours mudéjars. Zone riche en établissements de tapas, en restaurants et en bars. Tout près s'installe chaque dimanche le marché aux puces madrilène par excellence, le **Rastro** (*voir p. 228*).

Lavapiés (**ZL**) – Autour de la place du même nom. Beaucoup de ses maisons existaient déjà au 17e s. Ce quartier, le plus multicolore de Madrid, abrite des Madrilènes de souche, de jeunes étudiants et de nombreux immigrants.

Huertas (**YLM**) – Quartier des littérateurs du 17e s. et de la *movida* des années quatre-vingts. Aujourd'hui, la zone, très animée la nuit, regorge de bars et de restaurants dont la clientèle va de la jeunesse mélancolique aux *progres* (anciens gauchistes) passés de mode.

Malasaña (**LV**) – C'est l'ancien quartier de Maravillas, situé entre les Glorietas de Bilbao et Ruiz Jiménez et autour de la place du Dos de Mayo. Le matin, ce quartier aux édifices 18e, jouit d'une atmosphère paisible et presque villageoise, mais dès que la nuit tombe, il est envahi par des légions de jeunes qu'attirent les nombreux bars. Les promeneurs plus tranquilles ont à leur disposition une grande variété de cafés.

Alonso Martínez (**MV**) – L'âge et la situation financière des assidus de cette zone sont plus élevés que dans les quartiers voisins de Bilbao ou Malasaña. Nombreux bars, restaurants à la mode et faune BCBG.

Chueca (**MVX**) – Autour de la place de Chueca. Ses limites sont plus ou moins le Paseo de Recoletos, la rue Hortaleza, la Gran Vía et Fernando VI. C'était un des plus élégants quartiers de la ville à la fin du 19e s. Aujourd'hui, c'est le quartier gay de Madrid et ses rues sont ornées de petites boutiques pleines de charme et d'imagination.

Salamanca (**GHUV**) – C'est le grand quartier bourgeois du 19e s., conçu par le marquis de Salamanca en forme de damier, avec de grandes artères perpendiculaires. Cette zone, l'une des plus chères de Madrid, regroupe la plupart des grandes firmes de la mode (rues Serrano et Ortega y Gasset) ainsi que des magasins de luxe.

OÙ SE LOGER...

Le Guide Rouge Michelin España & Portugal offre un vaste choix d'hôtels classés par zones. Nous vous signalons ci-dessous une série d'établissements retenus en raison de leur emplacement, de leur caractère ou de leur rapport qualité-prix (*pour les tranches de prix, se reporter à la page 85*).
Les coordonnées figurant à la suite du nom de l'établissement permettent de le localiser sur les plans de Madrid de ce guide.

217

« PETITS BUDGETS »

Centro Sol (LY e) – *Carrera de San Jerónimo, 5 2º- 4º – ☎ 915 22 15 82 – fax 915 22 57 78 – 35 chambres.*
Très proche de la Puerta del Sol, cet hôtel qui occupe les 2e et 4e étages d'un édifice sans aucun charme propose toutefois des chambres récemment rénovées à un prix très raisonnable.

Mora (MZ o) – *Paseo del Prado, 32 – ☎ 914 20 15 69 – fax 914 20 05 64 – 61 chambres.*
Le Mora se trouve juste en face du jardin botanique, à deux pas du musée du Prado. Sa situation magnifique fait de cet hôtel récemment rénové un bon choix.

París (LY x) – *Alcalá, 2 – ☎ 915 21 64 96 – fax 915 31 01 88 – 120 chambres. Toutes ne sont pas climatisées.*
L'hôtel París, l'un des plus anciens de Madrid, a été construit en 1863. Les zones communes conservent le charme décadent de son ancienne splendeur. Chambres spacieuses, un peu vieillottes mais correctes.

« NOTRE SÉLECTION »

Galiano (NV s) – *Alcalá Galiano, 6 – ☎ 913 19 20 00 – fax 913 19 99 14 – 29 chambres.*
Derrière la sobre façade d'inspiration néoclassique de ce petit palais du 19e s., nous trouvons un hôtel plein de charme, décoré avec un mobilier ancien dans un certain style anglais. Les chambres sont spacieuses. Sa situation privilégiée et ses prix modérés font de lui une adresse très recommandable.

Casón del Tormes (KV v) – *Río, 7 – ☎ 915 41 97 46 – fax 915 41 18 52 – 63 chambres.*
Situé dans une petite rue tranquille du centre de Madrid, juste derrière le Sénat, cet hôtel construit au milieu des années soixante offre des chambres spacieuses et confortables, récemment rénovées.

Carlos V (LX u) – *Maestro Victoria, 5 – ☎ 915 31 41 00 – fax 915 31 37 61 – 67 chambres.*
Option centrale, dans une rue piétonne et silencieuse. Les chambres, de style anglais, sont petites mais correctes. Une caféteria au style quelque peu mélangé se trouve au premier étage.

NH Sur (NZ a) – *Infanta Isabel, 9 – ☎ 915 39 94 00 – fax 914 67 09 96 – 68 chambres. Intéressants tarifs de week-end.*
Cet édifice 19e s. situé face à la gare de Atocha, près du musée du Prado et du parc du Retiro, abrite un hôtel que la chaîne NH a décoré avec goût, dans un style moderne et fonctionnel, en le dotant de toutes les commodités nécessaires. Chambres peu spacieuses.

NH Embajada (MV r) – *Santa Engracia, 5 – ☎ 915 94 02 13 – fax 914 47 33 12 – 101 chambres. Intéressants forfaits week-end.*
Le joli édifice du début du 20e s. qui abrite cet hôtel se trouve situé dans un quartier chic. Chambres décorées avec goût, très confortables et fonctionnelles, avec salles de bain spacieuses et modernes.

« OPTION PRESTIGE »

Santo Mauro (FV e) – *Zurbano, 36 – ☎ 913 19 69 00 – fax 91308 54 77 – 33 chambres.*
Hôtel de luxe, installé dans le beau palais que le duc et la duchesse de Santo Mauro firent construire en 1894 pour y établir leur résidence privée. Le hall, le grand salon et l'ancienne bibliothèque, transformée en restaurant, conservent tout le glamour d'un palais du 19e s. Les chambres, luxueuses, offrent une décoration qui surprend par un mobilier et des coloris d'avant-garde.

Ritz (NY c) – *Pl. de la Lealtad, 5 – ☎ 915 21 28 57 – fax 915 32 87 76 – 164 chambres.*
Hôtel alliant tradition et grand luxe, construit au début du siècle par le même architecte français qui conçut les Ritz de Paris et Londres. Décoration classique d'une grande élégance, vastes salons et zones communes. Terrasse-jardin magnifique.

Palace (MY n) – *Pl. de las Cortes, 7 – ☎ 913 60 80 00 – fax 913 60 81 00 – 440 chambres.*
De la même époque que le précédent, inauguré par Alphonse XIII, c'est l'autre hôtel traditionnel de luxe de la capitale. À remarquer sa ravissante rotonde couronnée par une belle coupole vitrée. Récemment rénové, il conserve sa décoration classique et élégante d'antan.

RESTAURANTS

Les restaurants que nous suggérons ont été sélectionnés pour leur décoration singulière ou leur ambiance ; pour un choix fondé sur des critères gastronomiques plus rigoureux, veuillez consulter le Guide Rouge Michelin España & Portugal *(pour les tranches de prix, se reporter à la page 87).*

Centre

« PETITS BUDGETS »

Casa Marta – *Santa Clara, 10 –* ☎ *915 48 28 25.*
Table d'hôtes accueillante et traditionnelle, décorée avec une frise d'azulejos. Cuisine familiale.

El Ingenio – *Leganitos, 10 –* ☎ *915 41 91 33.*
Le restaurant, consacré à Don Quichotte, est décoré de motifs qui font allusion à ce célèbre personnage et à son auteur. Accueil convivial.

« NOTRE SÉLECTION »

La Bola – *Bola, 5 –* ☎ *915 47 69 30.*
Joli établissement traditionnel célèbre pour sa potée. Très fréquenté par les étrangers et les personnalités.

Casa Lucio – *Cava Baja, 35 –* ☎ *913 65 32 52.*
Un des restaurants les plus connus de la capitale. Décoration de type castillan. Ses *huevos estrellados* sont réputés. Sa clientèle compte des hommes politiques, des artistes et des personnalités de passage à Madrid.

J.-D. Sudres/DIAF

Le pot-au-feu de *La Bola*

Botín – *Cuchilleros, 17 –* ☎ *913 66 42 17.*
Restaurant historique, le plus ancien de Madrid, décoré comme une auberge traditionnelle. Clientèle très touristique. Grillades castillanes.

Huertas

« PETITS BUDGETS »

Champagnería Gala – *Moratín, 22 –* ☎ *914 29 25 62.*
Spécialiste du riz, il possède un ample et agréable patio couvert, décoré avec des tables et un mobilier métallique de jardin.

La Vaca Verónica – *Moratín, 38 –* ☎ *914 29 78 27.*
Baroquisme et exhubérance s'allient dans ce petit restaurant à la décoration surprenante. Jaune canari et rose chewing-gum pour les murs, lustres, armoires rustiques, chaises en bois (toutes différentes) et canapés. Menu à prix acceptable.

NOTRE SÉLECTION »

Zeraín – *Quevedo, 3 –* ☎ *914 29 79 09.*
Cidrerie basque décorée avec les barriques d'où jaillit le cidre que les clients viennent se servir directement. Excellente côte de boeuf.

Salamanca

PETITS BUDGETS »

Gomarzo – *Jorge Juan, 16 –* ☎ *914 31 58 40.*
Restaurant à la mode qui se détache par sa décoration baroque attentive à tous les détails. Ambiance intime et accueillante. Menu fixe.

Beatriz – *Hermosilla, 15 –* ☎ *915 77 53 79.*
Décoration d'avant-garde et design pour cet établissement situé dans un ancien théâtre et spécialisé dans la cuisine italienne et internationale.

« NOTRE SÉLECTION »

La Giralda IV – *Claudio Coello, 24* – ☎ *915 76 40 69.*
Dans une ambiance nettement andalouse, il offre des spécialités à base de poissons de cette région. Comptoir de tapas très fréquenté.

« OPTION PRESTIGE »

La Trainera – *Lagasca, 60* – ☎ *915 76 05 75.*
Un des meilleurs restaurants spécialisés dans les poissons et les fruits de mer de la capitale. Ambiance de taverne de port. Clientèle choisie.

El Amparo – *Puigcerdà, 8* – ☎ *914 31 64 56.*
Restaurant de luxe décoré de façon originale - salles sur plusieurs niveaux, plafond mansardé à lucarnes - et au service attentif. Ambiance très agréable. Cuisine recherchée et prix en rapport.

Axe Recoletos – Castellana

« NOTRE SÉLECTION »

Paradis Casa América – *Paseo de Recoletos, 2* – ☎ *915 75 45 40.*
Le splendide palais de Linares abrite cet élégant restaurant de cuisine catalane. En été, dîner sur sa ravissante terrasse est un délice.

« OPTION PRESTIGE »

Zalacaín – *Alvárez de Baena, 4* – ☎ *915 61 48 40.*
Ce restaurant de luxe, le plus célèbre de Madrid, offre dans un cadre élégant la cuisine et le service les plus soignés. Clientèle chic et repas d'affaires.

Zone Alonso Martínez

« PETITS BUDGETS »

Ciao Madrid – *Apodaca, 20* – ☎ *913 08 25 19.*
Un des meilleurs italiens de la ville. Ambiance jeune et informelle.

« NOTRE SÉLECTION »

Assai – *Génova* – ☎ *913 19 40 29.*
Restaurant à la mode, fréquenté par la jeunesse dorée et des personnalités. Cadre élégant dans un charmant édifice noble, détails modernes.

Cuisine exotique

Thai Gardens – *Jorge Juan, 5 (Salamanca)* – ☎ *915 77 88 84. (Prix élevés)*
Le restaurant thaïlandais à la mode. Décoration magnifique.

Al Mounia – *Recoletos, 5 (Salamanca)* – ☎ *914 35 08 28. (Prix élevés)*
Depuis trente ans, ce restaurant nous fait déguster la cuisine marocaine dans un joli cadre représentatif du plus pur style arabe.

Zara – *Infantas, 5 (Centro)* – ☎ *915 32 20 74. (Prix économiques)*
Petit restaurant cubain toujours rempli d'une clientèle jeune. Pas de réservations.

Robata – *Reina, 31 (Centro)* – ☎ *915 21 85 28. (Prix élevés)*
Bon restaurant japonais, avec sa disposition typique autour des comptoirs à sushis. Nombreux japonais parmi sa clientèle.

Annapurna – *Zurbano, 5 (Chamberí)* – ☎ *913 08 32 49. (Prix moyens)*
Agréable décor où savourer les nombreux plats de la cuisine índienne.

TAPAS

Centre

Casa Labra – *Tetuán, 12.* Cette taverne historique dont l'origine remonte au milieu du 19e s. constitue toute une institution à Madrid. C'est entre ses murs que Pablo Iglesias a fondé le Parti socialiste espagnol (1879). Sa tapa la plus fameuse est le *bacalao frito* (morue frite).

El Almendro – *Almendro, 13.* Taverne récente mais au style ancien qui est toujours pleine. Ses spécialités sont les *roscas de embutidos* (pains ronds briochés farcis), les *huevos estrellados* (œufs et pommes de terre sautés) et les *patatas emporradas* (dés de pommes de terre froids ou chauds avec sauce tomate et ail).

Taberna de los cien vinos – *Nuncio, 17.* Vaste taverne à poutres apparentes et nombreuses tables. Bonne sélection de vins, que l'on peut pour beaucoup consommer au verre. Grande variété de tapas et de *raciones* (portions).

Matritum – *Cava Alta, 17.* Petit établissement décoré avec goût. Accueil sympathique et bonnes tapas chaudes : croquettes, pommes de terre aux quatre fromages et aubergines farcies, le tout accompagné d'une sélection de vins scrupuleuse.

Casa Antonio – *Latoneros, 10.* Petite auberge typiquement madrilène, décorée de motifs se rapportant à la tauromachie et au football. Vermouth tiré au tonneau pour accompagner pâtés, tripes, œufs brouillés, etc.

Huertas

La Venencia – *Echegaray, 7.* Si vous avez envie d'un verre de xérès, vous êtes au bon endroit. La Venencia est un établissement petit et étroit, plein de caractère et de saveur. Vous ne serez pas déçu.

Los Gabrieles – *Echegaray, 17.* Tapas à midi et cocktails le soir. Très fréquenté par les étudiants étrangers, sans doute attirés par la décoration singulière de ses panneaux d'azulejos historiés.

La Dolores – *Plaza de Jesús, 4.* Azulejos en façade, long comptoir à l'intérieur, fréquentation intense sont les marques distinctives de ce bar typique. Bonne bière pression, anchois *(boquerones)* au vinaigre, canapés....

Cervecería Cervantes – *Plaza de Jesús, 7.* Autre établissement recommandable de la zone, très animé la nuit. Bonnes charcuteries et tapas chaudes et froides.

La Platería – *Moratín, 49.* Petit établissement très agréable, avec une bonne sélection de vins que l'on peut prendre au verre. Charcuteries et pâtés de poissons en croûte *(empanadas)* notables.

Salamanca

Taberna La Daniela – *General Pardiñas, 21.* Taverne récente mais décorée dans le style traditionnel avec des azulejos en façade. Vermouth tiré au tonneau et grande variété de canapés et de *raciones.*

Hevia – *Serrano, 118.* Depuis des années, cet établissement propose une grande variété de *pinchos* (petits canapés) et de *raciones* à des prix élevés. Spécialité, entre autres, de produits fumés. En été, terrasse sur le trottoir.

José Luis – *Serrano, 89.* Un classique du quartier. Deux salles, au style différent, réunies par le comptoir. Grande variété de tapas ; sa *tortilla de patata* (omelette aux pommes de terre) est l'une des plus fameuses de Madrid. En été, tables dans la rue.

El Cantábrico – *Padilla, 39.* L'un des meilleurs pour déguster des fruits de mer avec de la bière à la pression. Très couru le week-end à l'heure de l'apéritif.

CAFÉS

Les cafés agréables sont nombreux à Madrid ; beaucoup jouissent d'une grande tradition car leurs murs accueillent depuis longtemps tous les types de Madrilènes, venus discuter avec animation. Les plus réputés :

Café Gijón – *Paseo de Recoletos, 31.* Ce café emblématique, célèbre pour ses réunions, reste le lieu où se rencontrent écrivains, artistes mais aussi anonymes de toutes les classes. En été, terrasse.

El Espejo – *Paseo de Recoletos, 21.* Très proche du précédent. Joli café de style moderniste, avec un pavillon magnifique en verre et fer forgé sur le trottoir.

Café de Oriente – *Plaza de Oriente, 2.* Tous les moments sont bons pour prendre quelque chose dans ce café classique, une institution située face au palais royal. Terrasse très agréable.

Café del Nuncio – *Plaza Comendadores, 1.* Café typique, d'un style pur 19e s., avec ses banquettes en velours rouge et ses tables de marbre. Terrasse en été.

Montero/STOCK PHOTOS

Le Café Gijón

Café del Círculo de Bellas Artes – *Marqués de Riera, 2 (droit d'entrée de 100 ptas si l'on n'est pas membre du cercle).* L'ambiance Belle Époque de ce grand café aux colonnes et aux verrières énormes contraste avec sa clientèle, jeune et intellectuelle, et fait de cet établissement un local hautement recommandable. Terrasse en été.

Salón del Prado – *Prado, 4.* Au coeur du quartier de Santa Ana. Son ambiance est à la fois rétro et moderne ; il offre parfois des concerts de musique classique et des expositions.

Café Central – *Plaza del Angel, 10.* Un classique pour les amateurs de jazz depuis les glorieuses années quatre-vingts de la *movida*.

Café Comercial – *Glorieta de Bilbao, 7.* Café historique plus que centenaire. Sa porte tournante voit passer aussi bien gens du quartier et intellectuels que les nombreux jeunes qui s'y donnent rendez-vous.

Café Ruiz – *Ruiz, 11.* Un classique du quartier de Malasaña. Tranquille et typique, sa décoration de base est faite de boiseries, miroirs, photos et velours rouge. Style à la fois 19e s. et moderne.

POUR LES NOCTAMBULES

Madrid est une ville qui jouit d'une vie nocturne intense. Chaque week-end, elle vibre d'animation jusqu'au petit matin. Il existe des établissements pour tous les goûts et dans tous les styles.

Musique et concerts

Moby Dick – *Av. de Brasil, 5.* Ce local attire les nombreux anglophones de la capitale. Concerts en direct.

Irish Rover – *Av. de Brasil, 7.* Établissement de style irlandais avec de bons spectacles. Son meilleur atout : les diverses ambiances qui y ont été reconstituées.

Berlin Cabaret – *Costanilla de San Pedro, 11.* Établissement qui présente tous les types de spectacles, à commencer par le cabaret.

Libertad, 8 – *Libertad, 8.* Édifice plus que centenaire abritant un café plein d'ambiance connu pour ses chanteurs et ses narrateurs de contes.

El Sol – *Jardines, 3.* Style totalement différent du précédent. Ce local, mythique à l'époque de la *movida*, propose une excellente programmation de concerts.

La Coquette – *Hileras, 14.* Petit, enfumé et sombre. Un *blues-bar* authentique en plein Madrid.

Galileo Galilei – *Galileo, 100.* Ce local a su trouver sa place dans le monde du pop-rock.

Boîtes de nuit

Rastatoo – *Lagasca, 120.* C'est, avec le déjà classique **Big Bam Boo** (*Barquillo, 42*), la référence pour les inconditionnels du reggae. Décoration et style en harmonie.

Garamond – *Claudio Coello, 10.* Y entrer, c'est déjà revenir dans la Salamanque du 16e s., pierre de Villamayor et inscriptions sanguinolentes comprises... Soirées à thème les mercredis et jeudis.

Villa Rosa – *Plaza de Santa Ana, 15.* Une jolie façade d'azulejos cache l'une des boîtes les plus fréquentées de la ville.

Sala Maravillas – *San Vicente Ferrer, 33.* Musique indie et grunge dans le quartier de Malasaña.

El Cock – *La Reina, 16.* Boîte historique de Madrid. Une vaste salle et un cadre décadent pour une clientèle au-dessus de trente ans. Paisible.

Del Diego – *La Reina, 12.* Un établissement agréable où déguster quelques-uns des meilleurs cocktails de la ville.

Barnon – *Santa Engracia, 17.* Fréquenté par des joueurs de basket-ball. Boîte animée, ambiance jeune.

Fortuny – *Fortuny, 34.* Établissement très animé, fréquenté par un public aisé autour de la trentaine. En été, sa magnifique terrasse vaut d'y prendre place. Il compte aussi un restaurant.

Discothèques

Joy Eslava – *Arenal, 11.* Elle occupe un ancien théâtre du 19e s. Un public contrasté, où ne manquent pas les têtes connues, remplit depuis des décennies cette discothèque historique. À la sortie on peut se rendre dans la toute proche **chocolatería de San Ginés** dans la ruelle du même nom.

Palacio de Gaviria – *Arenal, 9.* Lieu intéressant, ne serait-ce que par son cadre d'ancien palais. Établissement fameux pour la danse de salon. Chaque jeudi soir, une « fête internationale » s'y déroule, très courue par les étrangers.

Gabana 1800 – *Velázquez, 6.* Une des discothèques les plus BCBG de Madrid ; entrée limitée.

Kapital – *Atocha, 125.* Macrodiscothèque de sept étages au centre de Madrid. Adaptée à tous les âges et tous les goûts en raison de la diversité de ses installations (discothèque, cafétéria, restaurant).

Flamenco

Madrid est devenue l'une des villes les plus importantes pour le flamenco. De nombreuses salles permettent de mieux connaître et de prendre plaisir à cet art.

Café de Chinitas – *Torrija, 7* – ☎ 915 47 15 02. Très fréquenté par les touristes. On peut dîner tout en contemplant le spectacle.

Casa Patas – *Cañizares, 10* – ☎ 913 69 04 96. Quand il n'est pas « occupé » par un cercle *flamenca*, cet établissement est l'un des meilleurs pour se régaler d'une nuit de flamenco.

Suristán - *Cruz, 7.* - ☎ 915 32 39 09. Sa programmation offre plusieurs sortes de musiques, mais le flamenco y est présent au moins un jour par semaine. Bonne musique africaine et cubaine.

PARCS

Madrid compte un grand nombre de parcs. Le **Retiro** (**GHXY**), dont l'origine remonte à l'époque de Philippe IV, est aujourd'hui le parc le plus populaire de la ville. Il est particulièrement fréquenté le dimanche matin. Dans l'allée longeant le lac se déroulent toutes sortes de spectacles (musique, acrobaties, marionnettes et autres). Le lac est toujours couvert de rameurs improvisés et, chaque dimanche en été, la fanfare municipale donne un concert dans le kiosque à musique.

Le **Parque del Oeste** (**DV**) est un parc paisible de style anglais, tracé à la fin du 19e s. Sa roseraie est un de ses recoins les plus attirants.

La **Casa de Campo** (**DX**), qui était à l'origine une réserve de chasse créée par Philippe II, est le plus grand parc de Madrid ; son charme est à la fois rustique et forestier. On y trouve le zoo-aquarium et le parc d'attractions. Le **Campo del Moro** (**DX**), à côté du palais royal, doit son nom aux troupes maures qui s'y installèrent au cours de l'un des sièges de la ville. Le **Jardin botanique** (**NZ**) est sans aucun doute l'un des plus beaux et des plus intimes de Madrid. Créé à la demande de Charles III et dessiné par Juan de Villanueva, c'est une oasis de calme au milieu de la ville. Quant au **Parque de la Fuente del Berro** (la Fontaine au cresson – **JVX**), sa romantique tranquillité côtoie la frénétique autoroute M 30.

Parc du Retiro – Le lac

SPECTACLES

Madrid compte plus de cent salles de cinéma, une vingtaine de théâtres, de nombreuses salles de spectacles et un casino. L'**auditorium national** (**HT**), inauguré en 1988, propose différents programmes de musique classique, le **Théâtre de la Zarzuela** (**MY**) une grande variété de spectacles, parmi lesquels des zarzuelas (opérette espagnole) et du ballet, tandis que le **Théâtre Royal** (**KX**) accueille la saison d'opéra. Quant à la programmation des **Étés de la Ville** et du **Festival d'automne**, elle est aussi intéressante que variée. Un **Festival international de jazz** se déroule en novembre.

Galeries d'art – Un grand nombre d'entre elles se regroupe dans la zone d'Atocha, autour du Centre d'art Reina Sofía. Le quartier de Salamanca (près de la Puerta de Alcalá) et le côté gauche de la Castellana, autour de la rue Génova, en comptent aussi de nombreuses.

RENSEIGNEMENTS PRATIQUES

Offices de tourisme – Aéroport de Barajas (☎ 913 05 86 56), ouvert du lundi au vendredi de 8 h à 20 h, le samedi de 9 h à 13 h ; Duque de Medinaceli, 2 (☎ 914 29 49 51), ouvert du lundi au vendredi de 9 h à 19 h, le samedi de 9 h à 13 h ; Plaza Mayor, 3 (☎ 915 88 16 36 ou 913 66 54 77), ouvert du lundi au vendredi de 10 h à 20 h, le samedi de 10 h à 14 h. **Internet** : http://www.munimadrid.es

Publications – La *Guía del Ocio*, en vente dans les kiosques, est une publication hebdomadaire qui présente l'agenda des activités culturelles et des spectacles de la ville. *En Madrid* est une publication gratuite, éditée par la municipalité de Madrid, avec les événements culturels du mois.

Numéros utiles

Urgences – ☎ 112

Police nationale – ☎ 091

SAMUR et police municipale – ☎ 092

Pharmacies de garde – ☎ 010

Information touristique – ☎ 901 300 600

Information consommateurs – ☎ 010

Objets perdus – ☎ 915 88 43 46

Vente anticipée d'entrées : **Caja Madrid** ☎ 902 48 84 88 ; **Caja de Cataluña** ☎ 915 38 33 33 ou 902 38 33 33 ; **Servi-Caixa** ☎ 902 33 22 11.

Perte de cartes de crédit : **Servired** et **Visa** ☎ 915 19 21 00 ; **American Express** ☎ 915 72 03 03 ; **Mastercard** ☎ 914 02 26 00.

Transports

Aéroport – L'aéroport de Madrid-Barajas se trouve à 13 km. Un service d'autobus fonctionne de 4 h 45 à 1 h 30 du matin entre la Plaza de Colón et l'aéroport avec six arrêts et des rotations toutes les 10 minutes entre 7 h et 22 h. Renseignements au ☎ 914 31 61 92.
En 1999 il est prévu d'inaugurer une ligne de métro entre l'aéroport et la ville. Renseignements aéroport ☎ 913 93 60 00, 913 05 83 43/44/45/46.
Info-Iberia ☎ 902 40 05 00.

RENFE – Compagnie de chemins de fer espagnols. Les principales gares sont celles de Atocha et de Chamartín. Renseignements et réservations au ☎ 913 28 90 20. Le train à grande vitesse (AVE) relie la gare d'Atocha à Séville en 2 h 30, en passant par Cordoue. Renseignements au ☎ 915 34 05 05. Madrid dispose aussi d'un vaste réseau de trains de proximité permettant de se rendre à l'Escurial, à la Sierra de Guadarrama, à Alcalá de Henares ou à Aranjuez.

Autobus – La plupart des autobus à destination de la province partent de la Estación Sur, c/ Méndez Álvaro, s/n, ☎ 914 68 42 00.

Taxis – Ils sont nombreux. Couleur blanche avec une frange rouge en diagonale sur les portières avant. La nuit, la lumière verte indique qu'ils sont libres.

Autobus métropolitains – Renseignements au ☎ 914 06 88 00. Il s'agit d'un moyen de transport commode pour se déplacer dans la ville tout en profitant du paysage urbain, mais ils sont soumis au dense trafic madrilène. L'horaire du service varie en fonction de la ligne, mais il s'étend normalement de 6 h à 23 h 30. Au-delà de cette heure, il existe des services de nuit qui partent pour la plupart de la Plaza de Cibeles. Outre les tickets simples, il existe le Métro-bus, un bon de transport valable pour 10 voyages en autobus et en métro, ainsi qu'une carte de transport mensuelle, à une ou plusieurs zones et valable pour un nombre illimité de voyages d'autobus et de métro pendant le mois.

Métro – *Les stations de métro sont identifiées et situées sur les plans de Madrid figurant dans ce guide, ainsi que sur le plan Michelin n° 42.* Renseignements au ☎ 915 52 59 09. Le métro est le moyen de transport le plus rapide. Le réseau actuel compte onze lignes fonctionnant de 6 h à 1 h 30 du matin.

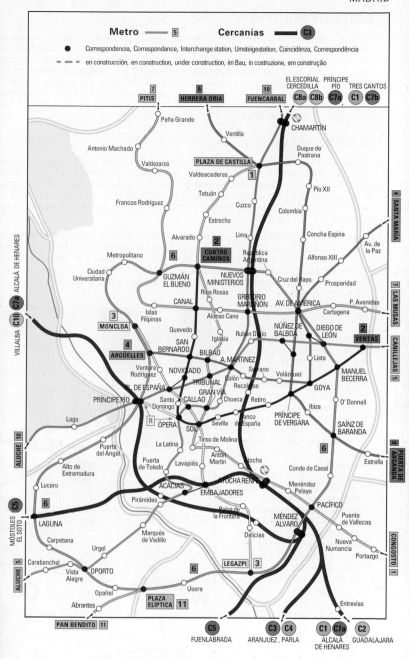

Metro ▬▬ 5   Cercanías ▬▬ C3

● Correspondencia, Correspondance, Interchange station, Umsteigestation, Coincidènza, Correspondência

– – – en construcción, en construction, under construction, im Bau, in costruzione, em construção

EL ESCORIAL PRÍNCIPE
CERCEDILLA   PÍO   TRES CANTOS
C8a C8b C7a C1 C7b

PITIS 7
HERRERA ORIA 9
FUENCARRAL 10

Peña Grande
Ventilla
CHAMARTÍN

Antonio Machado
Valdezarza
Duque de Pastrana

PLAZA DE CASTILLA 1

Valdeacederas
Pío XII

Francos Rodríguez
Tetuán
Cuzco
Colombia

Estrecho
Concha Espina

Alvarado
Lima
Alfonso XIII

Metropolitano
República Argentina
Av. de la Paz

CUATRO CAMINOS 2

6
Cruz del Rayo
Prosperidad

Ciudad Universitaria
NUEVOS MINISTERIOS

GUZMÁN EL BUENO
Ríos Rosas
GREGORIO MARAÑÓN
AV. DE AMÉRICA

CANAL
Cartagena
P. Avenidas

Islas Filipinas
Alonso Cano

MONCLOA 3
Quevedo
NÚÑEZ DE BALBOA
DIEGO DE LEÓN

4 ARGÜELLES
SAN BERNARDO
Iglesia
Rubén Darío
VENTAS 2

BILBAO
A. Martínez
Lista

Ventura Rodríguez
NOVICIADO
Serrano
MANUEL BECERRA

PL. DE ESPAÑA
TRIBUNAL
Velázquez
GOYA

PRÍNCIPE PÍO
GRAN VÍA
Colón
Recoletos

Santo Domingo
CALLAO
Chueca
O'Donnell

Lago
ÓPERA
Sevilla
Retiro
Ibiza

R
SOL
Franco de España
PRÍNCIPE DE VERGARA
SAINZ DE BARANDA

Puerta del Ángel
La Latina
Tirso de Molina

Alto de Extremadura
Puerta de Toledo
Lavapiés
Antón Martín
Atocha
6
Estrella

Lucero
ACACIAS
Conde de Casal

6
Pirámides
EMBAJADORES
ATOCHA RENFE
Menéndez Pelayo

LAGUNA
Palos de la Frontera
MÉNDEZ ÁLVARO
PACÍFICO
Puente de Vallecas

Carpetana
Marqués de Vadillo
Delicias
Nueva Numancia

Urgel
Portazgo

Carabanchel
Vista Alegre
OPORTO
Usera

Opañel
LEGAZPI 3

Abrantes
PLAZA ELÍPTICA 11

PAN BENDITO 11

C5
C3 C4
C1 C7a
C2
FUENLABRADA
ARANJUEZ, PARLA
ALCALÁ DE HENARES
GUADALAJARA

4 SANTA MARÍA
7 LAS MUSAS
5 CANILLEJAS
9 PUERTA DE ARGANDA
1 CONGOSTO
5 ALUCHE
10 ALUCHE
5 MÓSTOLES EL SOTO
C5
VILLALBA C10 C7a
ALCALÁ DE HENARES

Pour vos déplacements dans la capitale espagnole,
utilisez le plan Michelin nº 42 Madrid à 1/12 000.

Vous y trouverez un répertoire alphabétique des rues, les sens uniques, les
bâtiments publics et les points d'intérêt touristique.

Un agrandissement du centre à 1/8 500 vous permettra de mieux profiter de la
visite du Vieux Madrid, du Barrio de Oriente, et du quartier aménagé par le roi
Charles III autour du Prado.

VISITE DE MADRID

Elle est organisée ici dans l'ordre chronologique, à partir du noyau d'origine, le **Vieux Madrid**, qui englobe les alentours de la Plaza Mayor, avec son labyrinthe de rues pittoresques, ses boutiques « galdosiennes », ses vieux ateliers d'artisans et son animation. Nous découvrirons ensuite le quartier Est, le **Barrio de Oriente**, édifié autour du palais royal et des couvents (Descalzas Reales et Encarnación). Enfin, le **Madrid des Bourbons**, avec ses élégantes avenues, nous conduira à deux des grands joyaux madrilènes : le **musée du Prado**, l'une des plus célèbres galeries de peinture au monde, et le **parc du Retiro**.

★ LE VIEUX MADRID *2 h 1/2*

Ruelles étroites qui rattrapent les différences de niveau, petites places, palais et demeures nobles du 17e s., maisons aux balcons de fer forgé du 19e s. et du début du 20e s. saupoudrent cette promenade dans le vieux Madrid, noyau de la capitale qui s'est développé autour de la Plaza Mayor et de la Plaza de la Villa. À découvrir tôt le matin ou en fin d'après-midi quand les églises sont ouvertes.

★★ Plaza Mayor – Édifiée par Juan Gómez de Mora sous le règne de Philippe III (1619), c'est le centre architectural du **Madrid des Autrichiens**. Sur le côté Nord, entre deux tours aux clochetons pointus, se trouve la **Casa de la Panadería**, reconstruite par Donoso en 1672. La décoration murale est la troisième depuis sa construction ; elle est l'œuvre du peintre Carlos Franco. Au centre s'élève la statue équestre de Philippe III, œuvre de Jean de Bologne et de Pietro Tacca (17e s. – *illustration p. 12*). Dans cette enceinte se déroulèrent des autodafés et des corridas à cheval, et furent proclamés rois Philippe V, Ferdinand VI et Charles IV. C'est Juan de Villanueva qui, à la fin du 18e s., lui conféra son aspect actuel. Le dimanche matin se tient sous ses arcades le marché aux timbres et aux monnaies et à Noël s'installent les kiosques où l'on vend les décorations des fêtes de Noël. Autour, les magasins (nombreux chapeliers) ont conservé leur allure d'antan. Passer sous l'**arc de Cuchilleros** pour gagner la rue du même nom, bordée de hautes et anciennes façades. La **cava de San Miguel** (**45**) permet de voir l'arrière des maisons encadrant la place et de se faire une idée de la dénivellation du terrain. Ce nom de « cave » était donné aux fossés qui entouraient les murailles médiévales et se trouvaient autrefois à cet emplacement. Le secteur abonde en petits restaurants et bistrots. Le **marché San Miguel**, construit au début du 20e s., présente toujours son aérienne structure métallique.

Descendre la calle Conde de Miranda, traverser la charmante plaza del Conde de Barajas, et, par la calle de Gómez de Mora, rejoindre la plaza de San Justo, ou Puerta Cerrada, qui était l'une des entrées de la ville. Continuer à droite par la calle de San Justo.

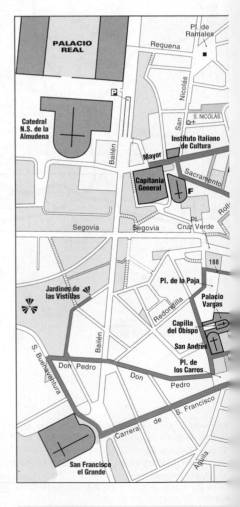

D Casa de Pedro Calderón de la Barca	**F** Iglesia Arzobispal Castrense
H Ayuntamiento	

★ Basilique San Miguel ⊙ – Réalisée par Bonavia, c'est une des rares églises espagnoles inspirées par le baroque italien du 18e s. Conçue comme un jeu de courbes et de contre-courbes, sa façade convexe est garnie de belles statues ; au-dessus de la porte, un bas-relief représente les saints Juste et Pastor auxquels elle était jadis dédiée. À l'intérieur, une coupole ovale, des voûtes à arcs entrecroisés, des corniches aux lignes souples et de nombreux décors de stuc lui confèrent grâce et élégance.

Par la calle Puñonrostro, sur le flanc gauche de l'église, et la calle del Codo, jadis l'une des plus dangereuses de la ville du fait de la forme coudée à laquelle elle doit son nom, on atteint la plaza de la Villa.

★ Plaza de la Villa – Cette tranquille place piétonne est présidée par la statue d'Álvaro de Bazán, héros de la bataille de Lépante en 1571, œuvre de Benlliure (1888). Autour s'ordonnent plusieurs édifices intéressants : l'**hôtel de ville** (Ayuntamiento – **H**), construit par Gómez de Mora en 1617 ; un des rares exemples d'architecture civile du 15e s. conservé à Madrid, la **tour des Lujan** (Torre de los Lujanes), qui garda prisonnier François Ier après Pavie ; la **casa de Cisneros**, construite plusieurs années après la mort du cardinal de ce nom, qui communique avec l'hôtel de ville par un arc. De l'édifice d'origine (16e s.) ne subsiste qu'une belle fenêtre donnant sur la plazuela del Cordón.

Calle Mayor – Son nom rappelle l'importance de cette rue, qui conserve par ailleurs quelques bâtiments intéressants. **Pedro Calderón de la Barca** (**D**) vécut dans l'étroite maison située au no 61 ; à côté, l'ancienne pharmacie de la reine-mère conserve une collection de vieux pots à onguents. L'**Institut italien de culture** (no 86)

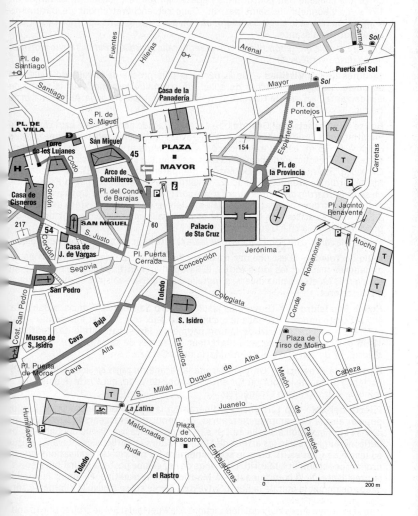

occupe un ancien palais du 17e s., remodelé par la suite. En face s'élève l'ancien palais Uceda, de la même époque, siège actuel de l'état-major de la région militaire (**Capitanía General**). Ce palais de briques et de granit est un exemple typique des constructions civiles de cette période. Devant l'**église Arzobispal Castrense (F)** (17e-18e s.) se dresse le monument érigé en souvenir de l'attentat perpétré le jour de leurs noces, en 1906, contre Alphonse XIII et la reine Victoria Eugenia. Dans la calle San Nicolás voisine s'élève la tour mudéjar de San Nicolás de los Servitas.

Parcourir la calle del Sacramento qui passe derrière la Plaza de la Villa jusqu'à la Plazuela del Cordón.

Plazuela del Cordón (54) – Juste avant d'entrer sur cette petite place, on peut admirer la façade arrière de la maison de Cisneros. Du centre de la place, on profite d'une perspective singulière sur la façade de l'église San Miguel. La **Casa de Juan de Vargas** est la maison où servit **saint Isidore le Laboureur**, patron de Madrid.

Par la calle del Cordón, descendre vers la calle de Segovia.

De l'autre côté s'élève la **tour mudéjar** (14e s.) de l'**église San Pedro**, unique témoignage madrilène de cet art avec la tour de San Nicolás.

Prendre la calle del Príncipe Anglona pour rejoindre la plaza de la Paja.

Plaza de la Paja – La paisible « place de la Paille », au tracé irrégulier, où jouent les écoliers du quartier, fut, avec la plaza de los Carros (des Chariots), le centre commercial du Madrid médiéval. Dans l'un de ses angles se dresse le palais Vargas, qui recèle la **chapelle de l'Évêque** (capilla del Obispo), de style gothique, construite au 16e s. par l'évêque de Palencia, Gutiérrez Carvajal. À la jouxte, sur la plaza de los Carros, la chapelle San Isidro, dans l'église San Andrés, construite au milieu du 17e s. en l'honneur du saint patron. Dans cet enchevêtrement de bâtiments religieux se trouve le **musée San Isidro**, où l'on peut voir le puits aux miracles et une belle cour Renaissance.

Prendre la calle de Redondilla et traverser la calle de Bailén. Par la 1re rue à droite, on se dirige vers les jardins.

Jardines de las Vistillas – De la partie la plus proche de la calle de Bailén se découvre, surtout au coucher du soleil, un splendide **panorama**★ sur la sierra de Guadarrama, la Casa de Campo, le profil de la cathédrale de la Almudena et le viaduc.

Église San Francisco el Grande ⊙ – La vaste façade néoclassique est l'œuvre de Sabatini, mais l'édifice, de plan circulaire avec six chapelles radiales et une grande coupole de 33 m, est dû à Francisco Cabezas. Murs et plafonds de l'église sont décorés de fresques et de peintures exécutées au 19e s., à l'exception de celles des chapelles St-Antoine et St-Bernardin qui datent du 18e s. Dans la chapelle St-Bernardin, la première à gauche, on remarque au centre du mur la *Prédication de saint Bernardin de Sienne au roi d'Aragon* (1781), peinte par Goya jeune. Dans le chœur se trouve une partie des **stalles**★ plateresques du monastère de El Parral à Ségovie. Les **stalles**★ de la sacristie et de la salle capitulaire, datant du 16e s., proviennent de la chartreuse de El Paular.

Prendre la carrera de San Francisco et la Cava Alta pour rejoindre la calle de Toledo.

Calle de Toledo – C'est une des rues les plus animées du vieux Madrid. Tous les dimanches matin et les jours fériés, le **Rastro**, marché très populaire où l'on peut trouver les objets les plus divers, s'installe dans les rues voisines et dans la Ribera de Curtidores.

Église San Isidro ⊙ – Œuvre des jésuites Pedro Sánchez et Francisco Bautista, elle présente une austère façade encadrée de deux tours. C'est l'ancienne église (1622) du collège impérial de la Compagnie de Jésus, cathédrale de Madrid de 1885 à 1993. Elle conserve à l'intérieur les restes de saint Isidore, patron de Madrid, et de son épouse, sainte María de la Cabeza.

Plaza de la Provincia – On y remarque la façade du **palais de Santa Cruz** (17e s.) ancienne prison de la cour où fut enfermé Lope de Vega, qui abrite aujourd'hui le ministère des Affaires étrangères.

Puerta del Sol – On termine cet itinéraire à la Puerta del Sol, la place la plus populaire et la plus animée de Madrid, carrefour d'événements historiques, qui doit sa configuration actuelle au 19e s. À la confluence avec la rue del Carmen, un petit monument porte les armes de Madrid : l'ours et l'arbousier ; devant, statue équestre de Charles III, dont le socle énumère les principales réalisations que ce monarque accomplit à Madrid. L'horloge de l'ancienne poste, aujourd'hui siège de la présidence de la communauté de Madrid, sonne traditionnellement les douze coups de minuit la nuit de la Saint-Sylvestre. Sur le sol se trouve le kilomètre zéro des routes nationales.

Dans les nombreuses rues qui débouchent à la Puerta del Sol se trouve une grande concentration de petits commerces traditionnels, pittoresques avec leurs devantures en bois, proposant aux chalands aussi bien des éventails et des mantilles que de la charcuterie.

★★ BARRIO DE ORIENTE *une journée*

Cette promenade offre le contraste de constructions monumentales et de perspectives sur de vastes horizons.

★★ **Palacio Real** ⊙ (**KXY**) – C'est des jardins du **Campo del Moro**★ (**DX**) ou, de l'autre côté du Manzanares, depuis le paseo de Extremadura (**AU**), que l'on la meilleure vue d'ensemble sur le palais royal. L'imposant édifice construit par les Bourbons fut la résidence officielle de la famille royale jusqu'en 1931. Aujourd'hui, il appartient au patrimoine national et n'est utilisé que lors de réceptions officielles.

La nuit de Noël 1734, pendant un séjour de la famille royale au palais du Buen Retiro, un incendie détruisit totalement le vieil Alcázar des Autrichiens. Philippe V chargea l'architecte italien Felipe Juvara d'élever un nouveau palais. Entrepris en 1738, les travaux furent poursuivis après la mort de Juvara par l'architecte Sachetti, qui modifia les plans, puis par Ventura Rodríguez, et ne s'achevèrent que sous le rène de Charles III, qui prit possession des lieux en 1764.

C'est un quadrilatère de granit de Guadarrama et de pierre blanche, de quelque 140 m de côté, élevé sur un socle en bossage. Dans le corps supérieur alternent des colonnes ioniques aux pilastres doriques, couronnées d'une balustrade de calcaire blanc. Au-dessus de celle-ci devaient être dressées des statues colossales des rois d'Espagne, depuis Ataúlfo à Ferdinand VI, mais le changement de goût sous Charles III fit qu'on les installa sur la place d'Orient et dans les jardins du Retiro.

Pour cacher les dénivelés entre les façades Nord et Ouest, on dessina les **jardins de Sabatini** et du **Campo del Moro** ; devant la façade Sud fut aménagée la **plaza de la Armería** et devant la façade Est la **plaza de Oriente**.

Plaza de la Armería – C'est un vaste espace à arcades encadré par la façade Sud du palais et la façade de la **cathédrale de la Almudena**. Nuestra Señora de la Almudena, dont la construction a duré plus d'un siècle (le projet initial date de 1879), possède

Palais royal

D. Ball/DIAF

une façade néo-baroque en harmonie avec le palais et un intérieur néogothique. Elle a été consacrée par le pape Jean-Paul II en 1993. Depuis le côté Ouest de la place, vues sur la Casa de Campo et les jardins du Campo del Moro, qui descendent en pente jusqu'au Manzanares.

★ **Palais** – Par l'escalier monumental (voûte de Giaquinto), on monte vers le salon des Hallebardiers (plafond de Tiépolo), qui donne accès au **salon des Colonnes**, où se déroulaient les fêtes et les banquets royaux et où, le 12 juin 1985, a été signé le traité d'adhésion de l'Espagne à la CEE. On passe ensuite dans la **salle du Trône★**, appelé au 18e s. salon des Royaumes, qui conserve dans son intégralité sa décoration de l'époque de Charles III. Elle est tapissée de velours de soie rouge, et son splendide plafond est une œuvre de Tiépolo (1764), symbolisant *La Grandeur de la monarchie espagnole*. Les consoles, les miroirs et les lions en bronze ont été conçus par des artistes italiens. Les trois salles suivantes constituaient l'appartement roi et, de sa décoration originale, il ne reste que le plafond de Mengs. Dans l'antichambre Gasparini, dont le plafond a également été peint par Mengs, on peut admirer les portraits de Charles IV et de Marie-Louise de Parme, par Goya. La troisième pièce est l'exceptionnelle **chambre Gasparini**, décorée dans un style rococo raffiné et somptueux.

Le salon de Charles III était en fait sa chambre, où il mourut en 1788. La décoration est de l'époque de Ferdinand VII. Le **salon de Porcelaine** est, comme celui du palais d'Aranjuez, un chef d'œuvre de la Manufacture royale de porcelaine du Buen Retiro. Les dîners officiels ont lieu dans la **salle à manger de gala** d'Alphonse XII (capable d'accueillir 145 convives), décorée avec des tapisseries de Bruxelles du 16e s.

Les salles suivantes montrent divers objets en argent, de la vaisselle et des services de verres utilisés par les monarques. Une collection d'instruments musicaux – qui compte plusieurs **Stradivarius★** – est exposée dans les deux salles contiguës. Nous admirerons dans la chapelle les fresques de Corrado Giaquinto, l'*Annonciation* de Mengs et l'*Archange Saint Michel* de Bayeu.

Les cabinets de la reine Marie-Christine offrent un curieux mélange des genres, qui va du style pompéien du salon des Stucs au style néogothique de la salle de billard.

Pharmacie royale – Plusieurs salles ont été aménagées pour recevoir toute une collection de pots à onguents des 18e et 19e s., parmi lesquels nous admirerons une faïence de Talavera du 18e s. On a également reconstitué une salle de distillation avec ses cornues et ses ballons, ses balances et ses alambics.

★★ **Armurerie royale** – Réunie par les Rois catholiques, Charles Quint et Philippe II, cette collection d'armes et armures est exceptionnelle. Le noyau de la collection est constitué par les armures personnelles de Charles Quint ainsi que des armes et armures de Philippe II et Philippe III. La grande salle voûtée du sous-sol expose une excellente collection de fusils de chasse ayant appartenu aux Bourbons, depuis ceux réalisés par l'armurier de Philippe V à la Winchester offerte par le président des États-Unis au roi Alphonse XII.

★ **Museo de Carruajes Reales** ⊙ (**DX M¹**) – Au cœur du jardin d'hiver du **Campo del Moro★**, qui offre une belle perspective sur le palais, un pavillon édifié en 1967 rassemble les **carrosses royaux**, datant pour la plupart de l'époque de Charles IV (fin 18e s.). On peut voir le carrosse noir réalisé dans la seconde moitié du 17e s. en hêtre et frêne et teint en noir, et les berlines du 18e s. dont celle provenant de la Maison des marquis d'Alcántara. Enfin la berline de la Couronne royale, tirée par 8 chevaux accompagnés de laquais, fut exécutée pour Ferdinand VII (19e s.) et garde les traces de l'attentat dont furent victimes Alphonse XIII et son épouse le jour de leurs noces.

Plaza de Oriente (**KX**) – Cette belle place qui étend ses massifs entre la façade Est du palais royal et la façade principale du théâtre royal a été récemment remodelée et interdite au trafic pour se transformer en une agréable zone de promenade. Au centre de ses jardins, ornés de statues des rois wisigoths, se dresse la magnifique statue équestre de Philippe IV, oeuvre de Pietro Tacca (17e s.).

Teatro Real – Inauguré comme opéra en 1850 par Isabelle II, il s'agit d'un édifice néoclassique hexagonal de l'architecte López de Aguado. Ses deux façades s'ouvrent sur deux places : celle d'Orient et celle d'Isabelle II. Ayant recouvré son ancienne splendeur après près de dix ans de travaux de rénovation, il a réouvert ses portes en 1997 pour être le cadre de la saison d'opéra.

★★ **Monasterio de las Descalzas Reales** ⊙ (**KLX**) – Bien que ce couvent soit situé dans l'un des quartiers les plus animés de Madrid, dès que l'on pénètre à l'intérieur, on est transporté en plein 16e s. Dans le palais où elle était née, Jeanne d'Autriche, fille de Charles Quint, fit aménager un couvent de clarisses. Il servit de retraite pendant deux siècles aux personnes de la haute noblesse qui voulaient vivre retirées du monde. Les dons que faisaient au couvent les familles en visite ont enrichi cette maison, dont l'enceinte même de la clôture conventuelle constitue maintenant un important musée d'art religieux.

Dès l'entrée, l'**escalier★** principal, décoré de fresques, frappe par sa magnificence Dans la galerie supérieure du cloître dont les **chapelles** rivalisent de somptuosité on remarque un *Christ gisant* de Gaspar Becerra (16e s.).

Dans l'ancien dortoir de la communauté sont exposées **10 tapisseries**★★ du 17e s. exécutées d'après des cartons de Rubens. Dans l'inventaire artistique du couvent on remarque, à l'entresol, différents portraits royaux et un *Saint François* de Zurbarán ; dans la salle capitulaire des statues de Pedro de Mena *(Dolorosa, Ecce Homo)* et de Gregorio Hernández *(Madeleine)* ; dans la **salle des reliquaires**, un grand nombre de châsses et coffres précieux délicatement ciselés et dans les salles de peintures des œuvres de Titien, de Brueghel l'Ancien et de Rubens.

★ **Real Monasterio de la Encarnación** ◷ **(KX)** – Ce couvent se trouve sur la jolie place du même nom à proximité de l'ancien alcázar auquel il était relié par un passage.

Fondé en 1611 par Marguerite d'Autriche, femme de Philippe III, et occupé par les augustines, il bénéficia depuis sa création des libéralités et des largesses de tous les rois d'Espagne, ce qui lui permet aujourd'hui de posséder une importante collection artistique.

La collection de tableaux de l'école madrilène du 17e s. est particulièrement riche. On y remarque une toile de Van der Meulen représentant l'échange des princesses qui eut lieu en 1615 sur l'île des Faisans, et un *Saint Jean-Baptiste* de Ribera. Noter également au premier étage, le *Christ à la colonne*, sculpture polychrome de Gregorio Hernández.

Dans la **salle des Reliques**★, au plafond peint par Vicencio Carducci, sont exposées quelque 1 500 reliques. Les plus remarquables sont le Lignum Crucis et l'ampoule contenant le sang de saint Pantaléon qui, dit-on, se liquéfie chaque année le 27 juillet. L'église, au sobre portail quasi herrérien, est une œuvre de Gómez de Mora (1611). Après l'incendie de l'alcázar, elle fut reconstruite par Ventura Rodríguez (18e s.).

Plaza de España (KV) – C'est une grande esplanade très fréquentée par les touristes dans leur tour du centre de Madrid. Au centre, le monument dédié à Cervantès et à ses héros se perd sous les grandes réalisations des années cinquante qui dominent la place : la Torre de Madrid et l'Edificio España. D'ici part la Gran Vía, une large artère commerçante bordée de cinémas, de magasins et d'hôtels, et la rue Princesa, zone très fréquentée par les jeunes et les étudiants du fait de sa proximité avec la **cité universitaire**★.

Faro de la Moncloa ◷ **(DU)** – Construit en 1992, sa plate-forme constitue un excellent **belvédère**★★ à 76 m de hauteur, d'où l'on domine tout Madrid et les alentours. Au loin, on aperçoit la sierra madrilène.

★ **Parque del Oeste (DV)** – Ce charmant parc de style anglais, dessiné au début du siècle, s'étend sur les pentes qui dominent le Manzanares. Dans la zone Sud, sur la colline du Príncipe Pío, s'élève le **temple égyptien de Debod (DX** – 4e s. avant J.-C.). Situé au bord du Nil en Nubie, il a été sauvé des eaux au moment de la construction du barrage d'Assouan (remarquer les hiéroglyphes gravés sur les parois intérieures). De là part le paseo del Pintor Rosales, formant balcon sur le parc. Ses trottoirs sont occupés par des kiosques et des terrasses de cafés d'où l'on peut jouir des splendides couchers de soleil à la Vélasquez. Dans la **roseraie** ont lieu en juin des concours de roses.

Un **téléphérique** ◷ offrant d'insolites perspectives relie le parc et la **Casa de Campo**★ **(DX)**, vaste parc naturel situé sur l'autre rive du Manzanares. Reboisé sur l'ordre de Philippe II en 1559, il est très fréquenté des Madrilènes. Outre ses frondaisons, le parc offre l'agrément de son lac, de ses piscines, d'un **parc d'attractions** ◷ et du **Zoo-Aquarium**★★ ◷. Celui-ci, l'un des plus intéressants d'Europe, comprend un aquarium proprement dit, un delphinarium et sert de cadre à des exhibitions de rapaces en vol.

★★ MUSÉE DU PRADO ◷ (NY) *3 h*

Il est situé au cœur du Madrid des Bourbons que l'on pourra visiter ensuite.

C'est probablement la pinacothèque classique la plus importante du monde. L'édifice néoclassique fut dessiné par Juan de Villanueva durant le règne de Charles III pour abriter l'académie des Sciences naturelles. Après la guerre d'Indépendance, Ferdinand VII, reprenant à son compte le projet de Joseph Bonaparte de création d'un musée, fit restaurer l'édifice pour y installer les collections de peinture espagnole, réunies par les rois de la maison d'Autriche et les Bourbons, collections qui reflètent l'évolution du goût artistique des monarques espagnols. Il possède aussi de précieuses collections des peintres flamands, rassemblées par les Rois catholiques, et de nombreuses œuvres de l'école italienne, dont étaient amateurs Charles Quint et Philippe II.

L'école espagnole tient une place privilégiée pour la quantité et la qualité de ses œuvres.

Les travaux de modernisation des installations peuvent occasionner la fermeture de certaines salles et le déplacement des œuvres. Étant donné le nombre important d'œuvres qui se trouvent en dépôt, certains tableaux ne sont présentés que lors d'expositions temporaires.

Œuvres maîtresses du musée

ÉCOLE	AUTEUR	ŒUVRE
Espagnole 16e-18e s.	Juan de Juanes le Greco	*Ecce Homo* *Le Chevalier à la main sur la poitrine* *L'Adoration des bergers*
	Zurbarán	*Nature morte* *Sainte Isabelle du Portugal*
	Vélasquez	*La Reddition de Bréda* *Les Fileuses* *Les Ménines* *Le Prince Balthazar à cheval* *L'Infante Marguerite* *La Forge de Vulcain* *Le Christ en croix*
	Murillo	*La Sainte Famille au petit oiseau* *L'Immaculée Conception de Soult* *Le Bon Pasteur*
	Goya	*La Famille de Charles IV* *Les Majas* *Les Fusillés de la Moncloa* *Le 2 mai 1808* *Aquelarre*
Flamande 15e-17e s.	Robert Campin Van der Weyden Hans Memling Breughel l'Ancien Jérôme Bosch Rubens	*Sainte Barbe* *La Descente de croix* *Adoration des Mages* *Le Triomphe de la mort* *Le Jardin des délices* *Les Trois Grâces*
Italienne 15e-17e s.	Fra Angelico Andrea Mantegna Botticelli Le Titien Le Tintoret Véronèse	*Annonciation* *La Dormition de la Vierge* *Histoire de Nastaglio degli Onesti* *Vénus et la musique* *Le Lavement des pieds* *Vénus et Adonis*
Allemande et **Hollandaise** 16e-17e s.	Alberto Dürer Rembrandt	*Autoportrait* *Artémise*

*** École espagnole (15e-18e s.) – Parmi ceux qui s'inspirèrent des influences étrangères ressortent **Bartolomé Bermejo** (*Saint Dominique de Silos*, avec son manteau chargé de dorures) et **Yañez de la Almedina**, qui étudie le style et la technique de Léonard de Vinci (*Sainte Catherine*). Macip et son fils **Juan de Juanes** (*La Cène*) s'alignent sur le style de Raphaël. De **Morales**, on remarque une *Vierge à l'Enfant* son thème favori.

Au 1er étage, les salles consacrées au **Siècle d'Or** sont inaugurées par deux peintres royaux : **Sánchez Coello**, disciple du portraitiste flamand Antonio Moro, et son élève **Pantoja de la Cruz**, aussi portraitiste à la cour de Philippe II. **Le Greco**, formé à Venise mais avec une forte tradition byzantine, occupe par sa personnalité une place à part dans l'école espagnole. Ici sont exposées des œuvres depuis sa première époque espagnole (*Trinité*) jusqu'à la maturité (*Adoration des bergers*), ce qui permet d'étudier l'évolution de son style ; on remarquera son célèbre *Chevalier à la main sur la poitrine*. **Ribalta** est le peintre qui introduisit le ténébrisme avec sa technique du clair-obscur, inspiré du Caravage et jusqu'alors inédit dans la peinture espagnole. **José de Ribera** est représenté par son œuvre maîtresse, le *Martyre de saint Philippe* – autrefois identifié comme celui de saint Barthélemy –, dans lequel les clairs-obscurs font ressortir l'atmosphère dramatique de la scène.

Les œuvres de **Zurbarán** sont des compositions calmes où triomphent le clair-obscur et le naturalisme, aussi bien dans ses portraits que dans ses natures mortes ; ce peintre de moines nous révèle au Prado sa facette la moins connue avec la série des Travaux d'Hercule qu'il peignit pour le Casón (pavillon) du Buen Retiro et le portrait de sainte Isabelle du Portugal. **Murillo**, peintre de thème religieux d'une grande sensibilité, cultive aussi les sujets populaires avec un délicieux réalisme, surtout dans ses portraits d'enfants : *Le Bon Pasteur*, *Saint Jean-Baptiste enfant*.

Vélasquez (1599-1660) – Le Prado possède les œuvres maîtresses de Vélasquez. Ce peintre de génie, né à Séville, est formé dans l'atelier de Herrera le Vieux, puis dans celui de Francisco Pacheco, dont il épouse la fille en 1618. Il part ensuite à Madrid et est appelé à la cour de Philippe IV en 1623 où il peint de nombreux portraits. Sur les conseils de Rubens, il fait un séjour en Italie (1629-1631). Il peint alors **La Forge de Vulcain**. Sous l'influence de Titien et du Tintoret sa palette s'enrichit et se nuance, ses formes s'intègrent dans l'espace comme dans son magnifique **Christ en croix**. C'est à la suite de ce séjour qu'il exécute **La Reddition de Bréda**, où ressort son originalité (composition et accent mis sur les rapports psychologiques). Il découvre que la lumière non seulement éclaire mais permet de voir l'air entre les personnages et les objets ; il met alors au point sa fameuse « perspective aérienne » qui laisse certaines parties du tableau dans le flou pour rendre plus nets les principaux sujets. Sa recherche du naturel se réalise dans sa série de portraits de membres de la cour en chasseurs (*Philippe IV, le Prince Balthazar Carlos en chasseur* (1635), ravissant portrait d'enfant) ou dans des portraits équestres : *Le Prince Balthazar Carlos à cheval*, représenté sur fond de sierra. Il exécute aussi des portraits réalistes comme *Ésope* ou ceux de ses modèles de prédilection les bouffons et les nains. En 1650, il se rend de nouveau en Italie et peint alors deux petits paysages d'une touche légère très moderne : **Les Jardins de la villa Médicis**. Dans la dernière partie de sa vie, alors qu'il est comblé d'honneurs et de fonctions officielles, il représente avec une grande liberté les jeunes princes et les princesses comme l'*Infante Marguerite d'Autriche* (1659) dont le portrait est réalisé dans un camaïeu de gris et rose. Son art culmine avec **Les Ménines** (1656), qui montre le peintre dans son atelier où entrent l'infante Marguerite accompagnée de ses ménines et de ses nains. Derrière dans le miroir se voit le portrait du roi et de la reine. Il y fait une merveilleuse utilisation de la lumière et des couleurs. Dans **Les Fileuses** (1657), autre œuvre majeure, il fait coïncider la réalité et le mythe dans une magnifique composition faite de courbes et d'obliques. Vélasquez a fait école et l'on peut admirer dans sa lignée les œuvres de **Carreño de Miranda** (Monstrua habillée et nue), portraitiste royal, et celles d'**Alonso Cano**, peintre des Immaculées.

Les Ménines, par Vélasquez

Goya – Avec ce peintre, né à Fuendetodos en 1746, la peinture espagnole garde son prestige aux 18e et 19e s. Il est magnifiquement représenté dans plusieurs salles. Ses nombreux portraits de cour et de personnages célèbres, ses scènes de guerre et les thèmes populaires, qui ont servi de modèle pour la réalisation de tapisseries, ses **Majas**, enfin, illustrent largement son extraordinaire réalisme et son enthousiasme pour la couleur. Il y a ici quelque 40 cartons de tapisseries exécutés à l'huile entre 1775 et 1791 pour la Manufacture royale. Le charme des couleurs et le naturel des attitudes en font d'exquis témoignages sur la vie populaire de Madrid au 18e s. Plus loin on peut contempler les toiles peintes en 1814, *Le 2 mai* et *Les Fusillés de la Moncloa*, évoquant les événements des 2 et 3 mai 1808 : à Madrid le peuple s'était soulevé contre les occupants français, voulant empêcher le départ de la reine et des princes pour Bayonne *(voir Aranjuez)* et la répression de Murat avait été terrible. Goya a stigmatisé l'atroce nuit et la fusillade qui eut lieu sur la colline du Príncipe Pío dans ces deux toiles qui mettent en relief la violence et la cruauté des guerres comme il l'avait fait dans ses terribles eaux-fortes des Désastres de la guerre (1808) et de la Tauromachie. Au rez-de-chaussée, les peintures noires (1820-1822) réalisées pour sa maison, la Quinta del Sordo, sont les cris d'angoisse d'un visionnaire sur la réalité espagnole de son époque *(Aquelarre, Saturne mangeant son fils)*.

★★★ **École flamande (15e-17e s.)** – Le Prado possède une collection exceptionnelle de peinture flamande, due aux relations intenses de l'Espagne avec les Pays-Bas. La nouvelle présentation s'articule autour des thèmes traités.

On remarque chez les primitifs le soin apporté à la description des intérieurs *(Sainte Barbe* par Robert Campin appelé le maître de Flemalle) ; on admire chez **Van der Weyden** tant la richesse des coloris, la recherche de la composition que le sens du pathétique *(Descente de croix, Pietá)*. Ce côté dramatique se traduit par la mélancolie dans les œuvres de son successeur, **Memling** *(Adoration des Mages)*.

Viennent ensuite les étranges compositions de **Bosch** dit El Bosco *(Le Jardin des Délices)*, qui influencèrent son disciple **Patinir** *(Le Passage du Styx)*, et le *Triomphe de la Mort* par **Breughel l'Ancien**, peintre naturaliste de scènes populaires.

Dans la peinture flamande des 16e et 17e s. se détachent les peintures religieuses d'**Ambrosius Benson**, les portraits de la cour de Philippe II par le Hollandais **Antonio Moro** (16e s.) et la série des cinq sens par Breughel le Jeune (17e s.). Celui-ci, comme **David Teniers** le Jeune, imite son père Breughel l'Ancien dans les pittoresques scènes populaires.

Bien que né en Allemagne, **Rubens**, le meilleur représentant du baroque, donne une vigueur nouvelle à la peinture flamande *(Les Trois Grâces)*. Dans le musée existe une riche collection de ce peintre, complétée par les œuvres de ses disciples **Van Dyck**, excellent portraitiste, et **Jordaens**, spécialiste de scènes populaires. À la même époque Snyders et Paul de Vos se vouent non sans talent à la peinture d'animaux.

École hollandaise (17e s.) – On retiendra surtout deux intéressantes toiles de **Rembrandt** : un *Autoportrait* et *Artémise*.

★★ **École italienne (15e-17e s.)** – La peinture italienne est dignement représentée au Prado ; elle est surtout riche en œuvres de peintres vénitiens.

La Renaissance italienne offre l'élégance et la beauté idéale des tableaux de **Raphaël** *(Saintes Familles, Le Cardinal)* ; la monumentalité romaine de **Mantegna** *(La Dormition de la Vierge)* et le rêve mélancolique de **Botticelli** avec l'*Histoire de Nastaglio degli Onesti*. Par contre, l'*Annonciation* de **Fra Angelico** exprime une spiritualité encore gothique. On peut aussi apprécier les doux coloris d'Andrea del Sarto et le clair-obscur des œuvres du Corrège, peintre de Parme.

Puis c'est le triomphe de la couleur et du luxe avec l'école vénitienne : **Titien** qui peint de façon inimitable les thèmes mythologiques *(Danaé recevant la pluie d'or Vénus et la musique)* et a aussi réalisé un admirable *Portrait de Charles Quint* **Véronèse**, aux belles compositions rehaussées de tons argentés ; le **Tintoret** qui fait surgir de l'ombre des personnages aux chairs dorées *(Le Lavement de pieds)* **Tiépolo**, enfin, qui travailla pour le palais de Charles III.

École française (17e-18e s.) – De la peinture française, on admirera ici l'équilibre de paysages de **Poussin**, les jeux de lumière chez **le Lorrain** (17e s.).

École allemande – Elle est représentée par différents portraits de **Dürer** *(Adan et Ève* et *autoportrait)* et deux scènes de chasses et une toile sur un sujet religieux de Cranach.

★ **Casón del Buen Retiro** ⊙ **(NY)** – *Accès par la calle Alfonso XII, n° 28.* Annexe du musée du Prado. Les différents mouvements du 19e s. en Espagne y sont magnifiquement représentés (néoclassicisme, romantisme, réalisme, impressionnisme etc.). Au rez-de-chaussée se détache le **grand salon** central (autrefois salle de bal de l'ancien palais du Buen Retiro), dont le plafond est orné d'une belle fresque de Luca

Le Paseo del Prado

Le siècle était aux Lumières, les salons aux courtisans et aux intellectuels, et Madrid à Charles III, qui y régnait et voulait doter sa capitale d'un ensemble digne de sa condition. Pour mener à bien son projet, il fit appel aux meilleurs architectes du moment. Hermosilla, Ventura Rodríguez, Sabatini et Villanueva dessinèrent, assainirent, ornèrent... Hors les murs de la ville s'élabora une promenade en forme d'hippodrome, avec deux grandes fontaines, de Cybèle et de Neptune, à chaque extrémité, et une troisième, celle d'Apollon, au milieu. Pour compléter le projet, on ajouta le **Jardin botanique**, le **cabinet d'Histoire naturelle** (musée du Prado) et l'**Observatoire astronomique** *(illustration p. 44)*, en obtenant ainsi une combinaison parfaite entre fonctionnalité et ornementation, science et plaisir. Le Paseo, qui depuis le 16e s. constituait pour les Madrilènes un lieu de rencontre, devint alors l'endroit à la mode, celui où l'on se rendait pour exercer sa séduction, pour voir et être vu, mais aussi celui où l'on jaugeait la puissance et la qualité du nouvel État, tel que le faisaient évoluer les nouveaux idéaux bourbonniens.

Giordano et dont les murs sont garnis de tableaux aux sujets historiques : *Le Testament d'Isabelle la Catholique* de Rosales, *Jeanne la Folle* de Pradilla, *Fusillés de Torrijos et leurs compagnons sur la plage de Malaga* de Gisbert. Dans les autres salles sont exposées des œuvres de José de Madrazo *(La Mort de Viriato)*, Vicente López *(Portrait de Goya)*, Eugenio Lucas, Alenza, Esquivel *(Les Poètes contemporains)*, Federico de Madrazo, Fortuny *(Enfants du peintre dans le salon japonais)*, Rosales, Pinazo *(Autoportrait)*, Sorolla *(Enfants sur la plage)*, Rogoyos, Rusiñol, Chicharro *(La Douleur)*, Zuloaga, etc.

★★ LE MADRID DES BOURBONS *3 h*

Quartier élégant et résidentiel de Madrid, ses rues et avenues verdoyantes sont bordées d'immeubles cossus, de palaces luxueux, d'anciens hôtels particuliers ou palais abritant aujourd'hui des musées. Touristes et habitants trouvent plaisir à y flâner entre une visite du Prado et une promenade dans le parc du Retiro.

★ **Plaza de Cibeles (MNX)** – C'est l'un des points névralgiques du Madrid touristique. Au centre se trouve la fontaine (18e s.) la plus célèbre de Madrid, l'un des symboles de la ville, représentant la déesse Cybèle montée sur un char tiré par des lions. Ici convergent la calle de Alcalá, la Gran Vía et les paseos del Prado et de Recoletos, prolongés par celui de la Castellana. Les bâtiments imposants qui entourent la place – la Banque d'Espagne (1891), les jardins du **palais de Buenavista** (18e s.), actuel ministère de la Défense, le **palais de Linares** (fin 19e s.) et le bureau central des Postes (1919) –, ainsi que les belles perspectives sur lesquelles elle ouvre, ont inspiré de nombreux artistes.

★★ **Museo Thyssen-Bornemisza** ⊘ **(MY M⁶)** – Le palais de Villahermosa, bel exemple d'architecture néoclassique de la fin du 18e-début 19e s., a été aménagé par l'architecte Rafael Moneo pour accueillir la remarquable collection achetée par l'État espagnol au **baron Hans Thyssen-Bornemisza**. Cette collection fut commencée dans les années vingt par son père, le baron Heinrich. Le musée abrite quelque 800 œuvres illustrant les grandes écoles de peinture de la fin du 12e s. à nos jours. Les œuvres sont présentées chronologiquement sur trois niveaux, les peintures les plus anciennes se trouvant à l'étage le plus élevé.

Deuxième étage – La visite commence avec les primitifs italiens *(salle 1)* : parmi les œuvres exposées il faut distinguer le *Christ et la*

Henri VIII d'Angleterre
par Holbein le Jeune

Bridgeman/GIRAUDON

Samaritaine, dans lequel **Duccio di Buoninsegna** manifeste un réalisme qui annonce la Renaissance. Dans la **salle 3** est exposée la peinture religieuse du 15e s. des Pays-Bas avec des œuvres d'une grandequalité parmi lesquelles le *Diptyque de l'Annonciation* **de Van Eyck**, où l'artiste démontre une prodigieuse maîtrise dans la peinture de l'ange et de la Vierge ; à côté de ce tableau se trouve la petite *Vierge de l'arbre sec*, de **Petrus Christus** : cette Vierge à l'Enfant symbolise la floraison de l'arbre sec.

La **salle 5** rassemble de magnifiques **portraits** de la première Renaissance. À côté du célèbre portrait de *Giovanna de Tornuaoni* de l'Italien **Ghirlandajo**, sont présentées douze œuvres majeures d'écoles différentes, parmi lesquelles on remarque : *Portrait orant d'un homme jeune* de **Hans Memling**, *Portrait d'un homme robuste* de **Robert Campin**, *Henri VIII d'Angleterre* de **Hans Holbein le Jeune** et le très délicat *Portrait*

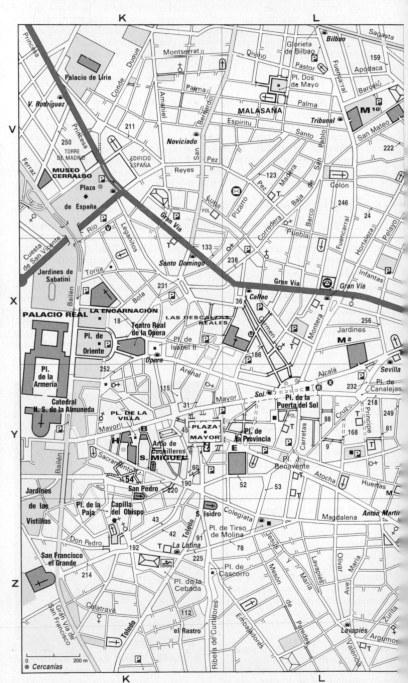

d'une Infante (supposée être Catherine d'Aragon) de **Jean de Flandre**. Dans la galerie *(salle 6)* se trouve le *Portrait d'un adolescent*, de Raphaël. La **salle 7** illustre la peinture italienne du 16e s., notamment avec le *Jeune Chevalier dans un paysage* de **Carpaccio** : l'élégance du personnage se détache sur un fond plein de symbolisme. Remarquer aussi le *Portrait du doge Francesco Vernier* de **Titien**, aux couleurs sombres mais pleines de nuances. Dans la **salle 8**, l'œuvre de **Durero**, *Jésus parmi les docteurs*, témoigne d'une composition et d'un traitement des personnages surprenants pour l'époque (1506). Dans la **salle 9**, on peut voir un remarquable ensemble de portraits de l'école allemande du 16e s., parmi lesquels la *Nymphe de la source* de **Lucas Cranach l'Ancien**. Le *Portrait d'une dame* de **Hans Baldung Grien** attire l'attention par son expression originale et la délicatesse de ses contrastes.

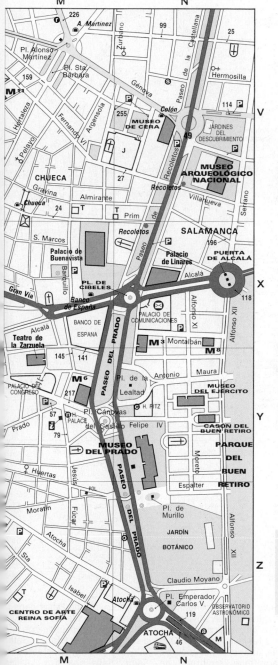

MADRID

B Torre de los Lujanes
E Palacio de Sta-Cruz
H Ayuntamiento
M² Real Academia de Bellas
    Artes de San Fernando
M³ Museo Naval
M⁶ Museo Thyssen-Bornemisza
M⁸ Museo Nacional de
    Artes Decorativas
M¹⁰ Museo Municipal
M¹¹ Museo Romántico

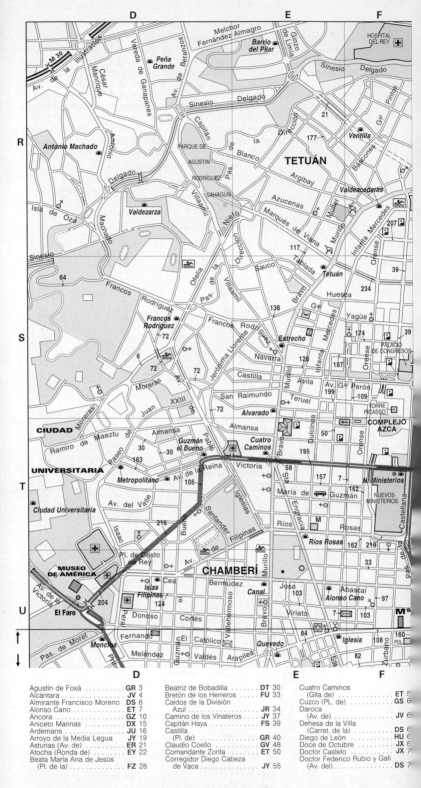

Dans la **salle 10** se trouve le *Repos pendant la fuite en Égypte* de **Patinir** dans u
ravissant paysage, et dans la salle suivante *Saint Jérôme dans le désert* (157
de **Titien** aux traits flous, qui appartient à la dernière époque du peintre ; on pe
également y voir divers tableaux du **Greco**. Dans la **salle 12** on peut admirer *Sain
Catherine d'Alexandrie*, une splendide œuvre de jeunesse du **Caravage**, créateur d
ténébrisme. La magnifique sculpture de *Saint Sébastien* fut réalis

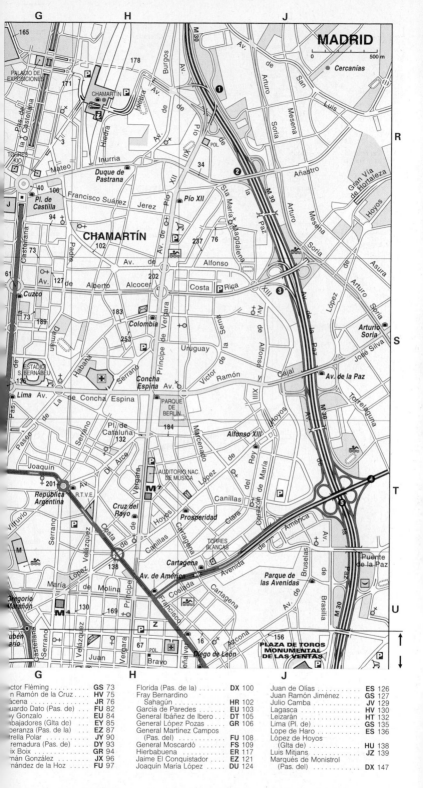

MADRID

0   500 m

● Cercanías

par le grand artiste baroque **le Bernin** à l'âge de dix-sept ans seulement. *La Piété* (1633) de **Ribera**, disciple du Caravage, traduit avec une grande délicatesse la douleur de la Vierge. Après avoir parcouru plusieurs salles consacrées au 17e s. (remarquer *La Fuite en Égypte* du Lorrain et la très belle *Sainte Casilde* de **Zurbarán**), on arrive aux salles *(16 à 18)* dédiées à la peinture italienne du 18e s., qui présentent les vues de Venise par **Canaletto** et **Guardi**. Dans les dernières salles

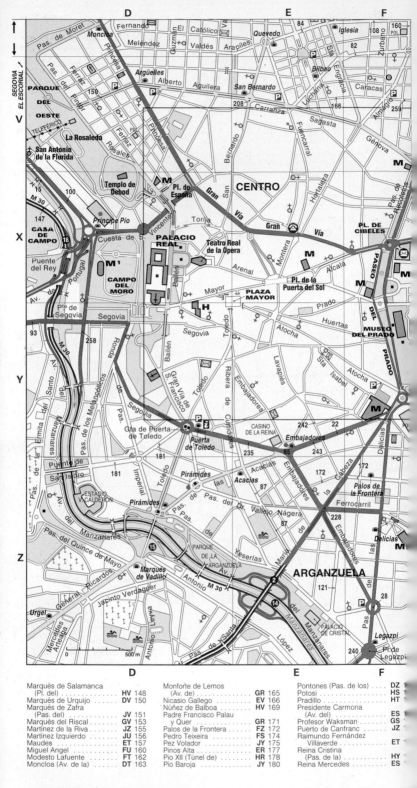

(19 et 21) sont exposées des œuvres flamandes et hollandaises du 17ᵉ s. Dans la **salle 19** se trouvent le magnifique portrait de *Jacques Le Roy* de **Van Dyck**, celui *Antonia Canis* de **De Vos** et deux très beaux portraits de **Rubens** : *Vénus et Cupid* et *Portrait d'une jeune dame au chapelet*. Dans la **salle 21**, on peut admirer de **Ger Ter Borch** le beau *Jeune Homme lisant un document*, bel exemple de portrait repla dans un cadre quotidien.

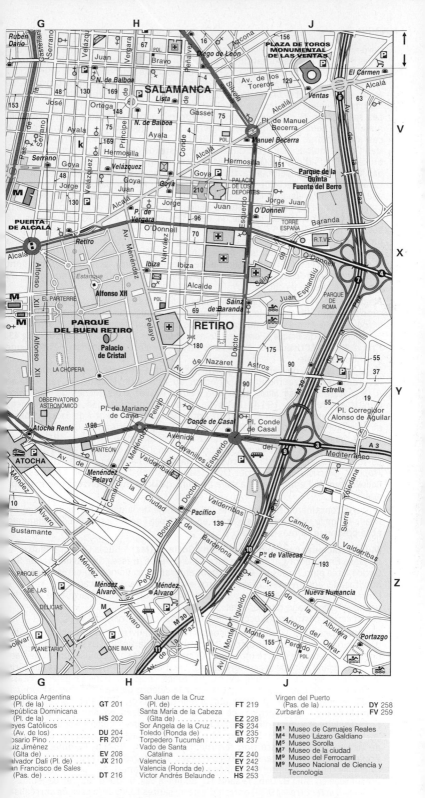

Premier étage – Les premières salles *(22 à 26)*, occupées par la peinture hollandaise du 17ᵉ s., présentent des scènes de la vie quotidienne et des paysages. *Famille devant un paysage* de **Frans Hals** est un excellent exemple de portrait collectif. Les dernières œuvres, des natures mortes, sont exposées dans la *salle 27*. Les peintures anglaise et française du 18ᵉ s. *(salle 28)* sont illustrées par quelques intéressants portraits comme celui de *Sara Buxton* de **Gainsborough**. La peinture nord-américaine du 19ᵉ s., méconnue en Europe, occupe, avec notamment des toiles des paysagistes romantiques Cole, Church et Bierstadt et du réaliste Homer, les deux salles suivantes *(29 et 30)*. La peinture européenne du 19ᵉ s., du romantisme au réalisme, inclut trois œuvres maîtresses : *L'Écluse* de **Constable**, *Le Ruisseau* de **Courbet** et *Matin de Pâques* de **Friedrich**. Dans la même salle, se trouvent les trois tableaux de Goya de la collection.

Les **salles 32** et **33** sont consacrées à l'impressionnisme et au post-impressionnisme. On peut y admirer des œuvres magnifiques des grands maîtres de ces mouvements : Monet, Manet, Renoir, Sisley, Degas, Pissarro, Gauguin, Van Gogh, Toulouse-Lautrec, Cézanne. Le pastel de **Degas**, *Chez la couturière*, est un de ses chefs-d'œuvre. On s'attardera également sur *Les Vessenots à Auvers* de **Van Gogh**, paysage peint à la fin de sa vie avec cette explosion chromatique caractéristique de certaines de ces œuvres ; *Mata Mua* de **Gauguin**, qui appartient à la période polynésienne de l'artiste et le *Portrait d'un paysan* de **Cézanne** qui par son utilisation très particulière de la couleur pour construire des volumes ouvre la voie au cubisme. Après la **salle 34** dans laquelle sont exposés des fauves, se succèdent des salles *(35 à 40)* dédiées à l'expressionnisme. Ce mouvement, le plus amplement représenté, suppose la primauté de la vie intérieure de l'artiste et la domination de la couleur sur le dessin. Les œuvres présentées illustrent les différents foyers de l'expressionnisme allemand. Deux œuvres de **Grosz** sont exposées : *Metropolis*, au caractère apocalyptique évident, et *Scène de rue* où réalisme et satire se côtoient.

Rez-de-chaussée – Dans les premières salles *(41 à 44)* se trouvent des œuvres d'une grande qualité illustrant les mouvements d'avant-garde européens de 1907 à 1924. La **salle 41** présente notamment des toiles cubistes de **Picasso** (*L'Homme à la clarinette*), de **Braque** (*Femme à la mandoline*) et de **Juan Gris**. Dans la **salle 43**, *Proun 1 C* de **El Lissitzky** et *New York City*, New York de **Mondrian** méritent une attention spéciale.

Dans la **salle 45**, on remarque parmi les œuvres européennes postérieures à la Première Guerre mondiale, *Arlequin au miroir* de **Picasso**, *Paysan catalan à la guitare* de **Joan Miró**, ainsi que *Peinture avec trois taches* de **Kandinsky**, œuvre abstraite de 1914. Dans la salle suivante occupée essentiellement par la peinture américaine, on peut noter *Marron et Argent I* de **Jackson Pollock** et *Vert sur mauve* de **Mark Rothko**, deux exemples différents de l'expressionnisme abstrait américain. Les deux dernières salles *(47 et 48)* rassemblent des œuvres surréalistes, figuratives ainsi que des œuvres du pop art. La *Clef des champs* du surréaliste **Magritte**, *Chambre d'hôtel* du réaliste Hopper, *Portrait de George Dyer dans un miroir* de **Bacon**, *Express* de **Rauschenberg** et *Femme dans la salle de bains* de **Lichtenstein** méritent une mention spéciale.

Entre la fontaine de Neptune et le bel ensemble de la gare Atocha, le paseo del Prado longe le **jardin botanique** ⊘ créé en 1781 par l'architecte Juan de Villanueva et le botaniste Gómez Ortega.

Museo Nacional Centro de Arte Reina Sofía ⊘ **(MZ)** – Sur la Glorieta de Atocha ou place Emperador Carlos V, en face de la gare, se dresse l'ancien hôpital de San Carlos, créé par Charles III. Ce bâtiment en granit, grandiose et austère, présente une façade agrémentée d'ascenseurs extérieurs dans des cages en verre. À l'intérieur, les immenses salles voûtées forment un cadre remarquable pour les grandes expositions temporaires.

La collection permanente occupe les deuxième et quatrième étages.

Deuxième étage – Les 17 salles sont consacrées aux œuvres espagnoles marquantes d'avant-garde et à leur contexte international, de la fin du 19ᵉ s. aux années qui ont suivi la Seconde Guerre mondiale. Certaines salles sont exclusivement dédiées à un seul grand nom de la peinture espagnole. Dans la salle 4, consacrée à **Juan Gris**, le *Portrait de Josette* trône parmi les toiles cubistes. Dans la galerie **Picasso** *(salle 6)*, toute l'attention est attirée par le célèbre *Guernica*★★★, réalisé pour le pavillon espagnol de l'Exposition universelle de Paris de 1937. Peint après l'atroce bombardement de Guernica, ce monumental tableau en noir et blanc, dont l'expressivité et le symbolisme ont fait couler des fleuves d'encre, est un cri contre les horreurs de la guerre. Dans la salle 7, d'une véritable rétrospective de l'œuvre de **Miró** se détachent *Escargot, femme, fleur, étoile* (1934) et *Femme, oiseau, étoile (Hommage à Picasso)*, de 1970 (ses sculptures sont exposées salle 16). Quelques belles sculptures (années vingt à quarante) de **Julio González** sont présentées en salle B. Dans la salle 10, dédiée à **Dalí**, à côté d'œuvres de jeunesse (*Fillette à la fenêtre* – 1925) on voit d'intéressantes toiles de la période surréaliste (*Le Grand Masturbateur*).

Quatrième étage – Salles 18 à 45. L'étage accueille les productions des mouvements artistiques des années quarante à quatre-vingts. La salle 19 reçoit les œuvres des mouvements **Dau al Set** et **Pórtico**, premiers groupes novateurs de l'après-guerre civil. L'abstraction des années cinquante à soixante, avec Guerrero, Ràfols Casamada, Hernández Mompó, Oteiza, Sempere, Palazuelo, et les membres du

Équipo Crónica, occupe les salles 20 à 23. L'informalisme, très bien représenté, colonise les salles 27 à 29 avec des œuvres de qualité produites par les membres du groupe **El Paso** (Millares, Saura, Rivera, Canogar, Feito et Viola) et du groupe de Cuenca (Zóbel et Torner). Une belle sélection de toiles de **Tàpies** est visible dans les salles 34 et 35. L'art figuratif est représenté salle 31 par des œuvres d'Antonio López García, Julio López Hernández et Xavier valls. Dans la salle suivante, des collages de la série Gravitations d'**Eduardo Chillida** accompagnent sa sculpture *Table d'Omar Khayyan II* (1983). Les œuvres de Alfaro, Équipo Crónica, Arroyo et Luis Gordillo *(salles 36 à 39)* mettent en lumière les liens et les différences entre Art Pop et narration figurative.

Dans les salles 24 à 26, 30, 33, 40 et 41, différents mouvements étrangers sont représentés par des œuvres de Bacon, Moore, Alechinsky, Fontana, Dubuffet Tobey, Kounellis, Pistoleto, Flavin, Newman, Judd, Naumann, etc., en enrichissant contrepoint à cette rétrospective de l'art espagnol.

Revenir vers le jardin botanique et prendre la **Cuesta de Claudio Moyano** célèbre pour ses bouquinistes. Suivre ensuite la calle de Alfonso XII.

★ **Museo del Ejército** ⊙ (**NY**) – Dans les vastes salles qui subsistent du palais du Buen Retiro (17ᵉ s.) est installé l'imposant **musée de l'Armée** qui rassemble 27 000 pièces : armes, armures du 16ᵉ s., drapeaux, trophées, peintures et sculptures, qui témoignent de l'histoire militaire de l'Espagne.

Museo Nacional de Artes Decorativas ⊙ (**NX M⁸**) – Installé dans un palais du 19ᵉ s., il possède une collection splendide d'objets, allant des tapisseries mudéjars (15ᵉ s.) et des *bargueños* (secrétaires) castillans jusqu'au mobilier moderniste. Plusieurs cadres de vie ont également été reconstitués, tels qu'une chapelle au plafond mudéjar et aux murs tendus de « **guadamecíes** »★ (cuir peint), ou une cuisine valencienne du 17ᵉ s.

Museo Naval ⊙ (**NXY M³**) – On peut y voir de nombreuses **maquettes**★, des livres et des instruments de navigation, des armes, des portraits et des tableaux de batailles navales, des portulans, etc. Remarquer en particulier la précieuse **carte**★★ de Juan de la Cosa (vers 1500), d'une valeur inestimable, où l'Amérique est représentée pour la première fois.

★ **Puerta de Alcalá** (**NX**) – Elle fut élevée entre 1769 et 1778 par Sabatini pour commémorer l'entrée triomphale de Charles III à Madrid.

La porte d'Alcalá, la nuit

★ **Parque del Buen Retiro** (**NXYZ** et **GHY**) – Le Retiro est aujourd'hui un lieu de promenade et de rencontre pour les Madrilènes. Près du monastère des hiéronymites édifié par les Rois catholiques au 15ᵉ s. (le seul vestige actuel est l'église), Philippe IV fit construire un palais, dont il ne reste que le bâtiment du musée de l'Armée et le Casón del Buen Retiro. Il fut entouré d'un beau parc par le duc d'Olivares.

Le Retiro avec ses 130 ha constitue un magnifique îlot de verdure au centre de la ville avec d'épais massifs d'arbres (la Chopera, au Sud) et d'élégants jardins (El Parterre, au Nord, et la roseraie), parsemés d'ensembles architecturaux (fontaines, temples, colonnades) et de nombreuses statues.

Au bord du lac (Estanque), où l'on peut louer des barques, se trouve l'imposant **monument à Alphonse XII**. Près du gracieux **palais de Cristal** *(illustration p. 484)*, qui sert de cadre à des expositions, une grotte et une pièce d'eau composent un paysage romantique.

AUTRES CURIOSITÉS

★★ **Museo arqueológico nacional** ⊙ **(NV)** – *Entrée par la calle de Serrano.* Fondé en 1867 par la reine Isabelle II, il occupe depuis 1895 le même bâtiment que la **Bibliothèque nationale**. C'est l'un des musées les plus riches de Madrid et, sans aucun doute, le plus important de sa catégorie en Espagne.

★ **Art préhistorique et archéologie** – *Salles 1 à 18.* L'art du paléolithique supérieur est représenté par la reproduction de la **grotte d'Altamira** et de ses peintures de bisons *(voir index)* qui a été creusée dans le jardin. L'arrivée du métal dans la péninsule (moitié du 3e millénaire) coïncide avec le développement de la culture de los Millares. Les salles suivantes sont dédiées à l'âge du bronze dans la péninsule : culture dite du Vase campaniforme et d'El Argar ; de la culture mégalithique (Talayots) des îles Baléares, il faut noter les splendides **taureaux**★ en bronze de Costix. Il existe également plusieurs salles où sont exposées de nombreuses pièces trouvées hors d'Espagne. La salle 13, consacrée à l'Égypte ancienne, expose des objets divers, surtout de type funéraire, parmi lesquels se trouve le sarcophage d'Amenemhat (XXIe dynastie thébaine). Athènes et sa période classique *(salle 15)* sont représentées dans le musée par la splendide collection de **vases grecs**★, provenant pour la plupart des fonds acquis en Italie par le marquis de Salamanca.

★★ **Antiquités ibériques et classiques** – *Salles 19 à 26.* On s'attardera dans les deux salles ibériques, témoins d'un art où se fondent les techniques locales et les apports phéniciens, grecs, puis carthaginois. Les œuvres du début sont marquées par une nette tendance orientalisante : voir la *Dame de Galera* (figurine en albâtre encadrée par deux sphynx – 7e s. avant J.-C.) et les terres cuites d'Ibiza, parmi lesquelles on remarquera la dame d'Ibiza, probable représentation de la déesse Tanit. La seconde salle nous montre un art à son apogée, très influencé par l'art carthaginois. Ici trônent les plus belles sculptures de l'Espagne ibérique : le buste de la mystérieuse **dame d'Elche**★★★ au visage stylisé entouré d'une luxueuse parure *(illustration p. 29)*, la **dame de Baza**★★, qui incarne avec réalisme une déesse du 4e s. avant J.-C. et qui porte encore des traces de sa polychromie d'origine, la *Grande Porteuse d'offrande* du Cerro de los Santos. Les salles suivantes nous montrent comment l'Espagne, sous la domination romaine, s'adapte à la technique des envahisseurs : tables de lois en bronze, sculptures, mosaïques (*Les Travaux d'Hercule* – 3e s.), sarcophages, céramiques. Remarquer la pompe hydraulique en bronze. Enfin, c'est l'art hispanique paléochrétien, encore romanisé, mais influencé par Byzance.

★ **Arts décoratifs du Moyen Âge et de la Renaissance** – *Salles 27 à 35.* De l'époque wisigothique on admire ici les magnifiques **couronnes votives de Guarrazar**★★ offertes par Recesvinto (7e s.) et réalisées avec des plaques d'or repoussées et décorées de perles, mélangeant les techniques germaniques et byzantines.
L'Espagne musulmane développe un art particulier, incomparable (coffrets en ivoire). La salle 31 expose le portail roman du monastère San Pedro de Arlanza (12e s.), plusieurs pièces du Trésor de San Isidoro de León *(voir León)*, dont la plus remarquable est la **croix processionnaire**★★ en ivoire (11e s.). Dans les salles 32 et 34 sont exposés divers éléments d'art roman et gothique, tels que sculptures, grilles et chapiteaux. À noter l'ensemble de stalles en bois polychrome du 14e s. provenant du monastère des clarisses d'Astudillo (province de Palencia). Les chapiteaux et les sépulcres romans, ainsi que la sculpture gothique, témoignent d'une forte influence de l'art musulman. La salle 35 propose une reconstitution d'un intérieur mudéjar, avec son mobilier à base de *bargueños* et de *jamugas* (secrétaires et cacolets) et son magnifique **plafond à caissons**★★. Enfin, la Renaissance puise son inspiration en Italie (meubles, bronzes).

Art des 16e et 19e s. – *Salles 36 à 40 (fermées temporairement).* Au 17e s. et surtout aux 18e et 19e s. sous les Bourbons, l'aménagement de nombreux palais royaux a développé les arts décoratifs, en particulier la porcelaine du Buen Retiro, les faïences où s'illustre Talavera et la cristallerie (fabrique de la Granja).

À côté du musée, la **plaza de Colón** est prolongée par les jardins del Descubrimiento (de la Découverte) et leurs grands blocs sculptés. Au-dessous se trouve le Centre culturel de Madrid.

Museo de Cera ⊙ **(NV)** – On peut y voir de nombreuses statues de cire à l'effigie de personnages historiques et de célébrités contemporaines, excellemment restituées et placées dans un cadre évocateur.

★★ **Museo Lázaro Galdiano** ⊘ (**GU M⁴**) – Grand amateur d'art, José Lázaro Galdiano réunit dans ce palais néoclassique un trésor extraordinaire qu'il légua à l'État. La collection d'**émaux et ivoires**★★★ au rez-de-chaussée permet de suivre l'évolution de l'art de l'émaillerie depuis Byzance jusqu'aux ateliers limousins du 19ᵉ s. : de grande valeur également sont les pièces d'orfèvrerie médiévale, les bijoux et les œuvres de la Renaissance italienne.

Au premier étage, dans les salles envahies de meubles précieux, on verra des œuvres de primitifs flamands et de grands peintres espagnols (Morales, Murillo, Carreño et Sánchez Coello).

Le deuxième étage est consacré à la peinture : primitifs espagnols (Pedro Berruguete, maître d'Astorga), et flamands (Jérôme Bosch, beau Christ de Quentin Metsys), grands maîtres du Siècle d'Or (le Greco, Zurbarán, Murillo, Carreño) ; quelques toiles donnent un aperçu de la peinture anglaise du 19ᵉ s. et italienne du 18ᵉ s. : œuvres de Francesco Guardi, de Tiepolo ; enfin, portraits et scènes de la période noire de Goya.

Au troisième étage : broderies, tissus, éventails, armes.

★ **Real Academia de Bellas Artes de San Fernando** ⊘ (**LX M²**) – Fondée en 1752, sous le règne de Ferdinand VI, l'Académie royale possède une riche collection de peinture européenne allant du 16ᵉ au 20ᵉ s. La peinture espagnole du Siècle d'Or y est abondamment représentée avec des œuvres de José de Ribera, Murillo, Alonso Cano (*Christ crucifié*) et Vélasquez. Le 18ᵉ s. est présent avec des peintres liés aux Bourbons (Van Loo, Mengs, Giaquinto, Tiepolo et Bayeu) et, surtout, dans la plus grande salle du musée, consacrée à Goya, où nous pourrons admirer l'*Autoportrait devant le chevalet* et la série de tableaux de chambre (*Maison des fous, Scène de l'Inquisition...*). Parmi la collection de peinture européenne, à remarquer l'énigmatique *Printemps* d'Arcimboldo et la *Descente de croix* de Martin de Vos. Une petite salle consacrée à Picasso présente des eaux-fortes.

★ **Museo de América** ⊘ (**DU**) – Cet intéressant musée archéologique et ethnographique est consacré à l'histoire, à la géographie et à la culture de l'Amérique latine. Plus de 2 500 objets sont exposés sur deux étages complétés par des panneaux explicatifs, des cartes, des maquettes, des reconstitutions d'habitats, etc. La pièce maîtresse du musée est un codex **maya**★★★ (13ᵉ-16ᵉ s). Trois manuscrits semblables sont encore conservés dans le monde. On remarque également les curieux *enconchados* (sortes de tableaux peints et décorés de nacre, 17ᵉ s.) représentant *La Conquête du Mexique* et *La Stèle de Madrid* (maya), le précieux **trésor des Quimbayas**★ (Colombie) et le codex de Tudela (1553).

San Antonio de la Florida ⊘ (**DV**) – La chapelle, édifiée en 1798 par Charles IV et peinte par Goya, abrite les restes du célèbre artiste. La coupole est décorée de **fresques**★★ qui illustrent un thème religieux (un miracle de saint Antoine de Padoue), mais la façon de représenter la foule, les jolies *majas* et les élégantes madrilènes du 18ᵉ s., en fait un riche document sur la vie de Madrid à cette époque.

★ **Museo Cerralbo** ⊘ (**KV**) – Installé dans un petit palais de la fin du 19ᵉ s., le musée présente les collections très variées que le marquis de Cerralbo, homme de lettres et grand amateur d'art, légua à sa mort (1922) à l'État espagnol. Les salles et galeries abritent de nombreux tableaux – surtout espagnols –, des meubles, des éventails, des horloges, des armures et des armes, des porcelaines, des collections archéologiques, des photogaphies et des souvenirs personnels de cet aristocrate.

★ **Museo Sorolla** ⊘ (**FU M³**) – Ce musée bigarré du 19ᵉ s. est installé dans la résidence madrilène de Joaquín Sorolla (1863-1923) ; il en expose de nombreuses œuvres, telles que les ébauches peintes pour la Hispanic Society de New York (1911) et *Le Bain du cheval* (1909), tout en étant aussi un musée de la vie de ce peintre de la lumière, né à Valence.

★ **Plaza Monumental de las Ventas** (**JU**) – Appelées la cathédrale de la tauromachie, ces **arènes** (1931), les plus grandes d'Espagne, ont une capacité de 22 300 spectateurs. À l'intérieur, le **Musée taurin** ⊘ rend hommage aux plus grands toreros.

Museo de la Ciudad ⊘ (**HT M⁷**) – En visitant ses salles (*3ᵉ et 4ᵉ étages*) on découvre l'histoire de Madrid, de la préhistoire jusqu'à nos jours. Les splendides **maquettes**★ de plusieurs quartiers de la ville et de certains immeubles remarquables méritent une attention particulière.

Museo Municipal (**LV M¹⁰**) – Ce musée intéressant est installé dans l'ancien hospice de Madrid, un édifice du 18ᵉ s. qui présente un magnifique **portail**★★ construit par Pedro de Ribera dans le style churrigueresque (*illustration p. 44*). Les différentes sections du musée retracent l'histoire de la ville, de ses origines à nos jours, en insistant sur les périodes habsbourgeoise et bourbonienne. Parmi ses riches collections (peinture, céramique, meubles, monnaies, etc.), on admirera celle consacrée aux porcelaines de la Manufacture royale du Buen Retiro et la **maquette de Madrid en 1830★**, de Gil de Palacio.

Museo Romántico (LV M¹¹) – Ce musée semble un exemple vivant de ce que fut le 19ᵉ s. espagnol. Tableaux, meubles et objets variés y sont déposés de façon assez désordonnée.

Museo del Ferrocarril (FZ M⁹) – Il est installé dans la gare de Delicias, la plus ancienne de Madrid, construite en 1880. Ce bâtiment de fer et de verre présente des machines à vapeur, un wagon-restaurant (où l'on peut consommer quelque chose), des locomotives électriques, etc. Il s'agit d'un musée spécialement indiqué pour les enfants, qui peuvent monter à bord de certaines machines.

Museo Nacional de Ciencia y Tecnología (FZ M⁹) – Il n'expose qu'un faible échantillon de son extraordinaire collection d'instruments scientifiques. Dans une sorte de planétarium, on a installé les instruments utilisés en navigation ou en astronomie, dont une **arbalestrille★★** (instrument qui servait à mesurer la hauteur du soleil et des astres) et un astrolabe du 16ᵉ s. du Flamand Arsenius.

MÁLAGA★

Andalousie
534 683 habitants
Carte Michelin nᵒ 446 V 16 – Atlas España Portugal p. 85
Plan d'agglomération dans guide Rouge Michelin España & Portugal

Située à l'embouchure du Guadalmedina, cette vaste agglomération toute blanche est dominée par le **Gibralfaro (DY)**, la « colline du phare », couronné de murailles du 14ᵉ s., d'où la **vue★★** embrasse la ville, le port et son site.

Malaga, fondation phénicienne, fut une colonie romaine importante et, sous les Arabes, le port du royaume de Grenade.

Aujourd'hui, c'est une ville gaie et animée, capitale de la « Costa del Sol », pourvue d'un climat particulièrement agréable. Son port est en relation avec l'Afrique (Melilla). Quelques quartiers ont conservé un style particulier : **Caleta**, à l'Est, ensemble de maisons anciennes entourées de jardins et **El Palo** (7 km à l'Est), un ancien quartier de pêcheurs réputé pour ses restaurants de poissons.

Le malaga – C'est un vin d'apéritif et de dessert, liquoreux et corsé, produit par les vignobles plantés sur les collines qui entourent la ville. La vente du malaga ayant connu des moments difficiles, les vignerons ont trouvé une nouvelle ressource dans le raisin sec.

CURIOSITÉS

★ **Alcazaba** ⊙ **(DY)** – La rampe d'accès est jalonnée de portes fortifiées, ornées de colonnes et de chapiteaux provenant des ruines du théâtre romain, mises au jour au pied de la forteresse. Après une dernière chicane à la porte du Christ (Puerta del Cristo) **(DY C)** où fut célébrée la première messe après la reconquête de la ville, on accède aux jardins arabes. Du haut des murailles : vues sur le port.

Dans la seconde enceinte, l'ancien palais accueille le **Musée archéologique★** qui expose des pièces de la préhistoire au Moyen Âge. Les salles consacrées à l'art roman et surtout celles dédiées à l'art arabe (œuvres du 10ᵉ au 15ᵉ s.) sont remarquables. Des maquettes de l'Alcazaba et de la cathédrale sont visibles dans une salle au magnifique plafond à caissons (entrée par les jardins).

★ **Cathédrale** ⊙ **(CZ)** – Commencé au 16ᵉ s., l'édifice n'était pas encore terminé au 18ᵉ s. et la tour de droite n'a jamais reçu son couronnement. Les trois nefs de cette vaste église-halle sont couvertes de coupoles sculptées de palmes, de coquilles et de motifs divers tandis que l'ordonnance classique des colonnes corinthiennes des entablements et des corniches souligne leur majesté. Les stalles du chœur du 17ᵉ s. abritent des statues de Pedro de Mena. Remarquer aussi les chaires de pierre rose et les orgues du 18ᵉ s.

Sur la place de la cathédrale, le **palais épiscopal (CYZ A)** de style baroque (18ᵉ s.) cache de beaux patios derrière sa façade.

Sagrario ⊙ **(CY B)** – Cette curieuse église rectangulaire du 16ᵉ s. présente sur le côté Nord un portail gothique isabélin. À l'intérieur baroque (18ᵉ s.) le splendide **retable maniériste★** est couronné par un calvaire.

Museo de Bellas Artes ⊙ **(CDY M¹)** – Un ancien palais arabe sert de cadre à des collections d'artistes locaux. Une salle est réservée à Picasso, né à Málaga en 1881, et une autre à son premier maître, Muñoz Degrain. Dans un second patio, toiles de Murillo, Morales et nombreuses œuvres du 19ᵉ s.

MÁLAGA

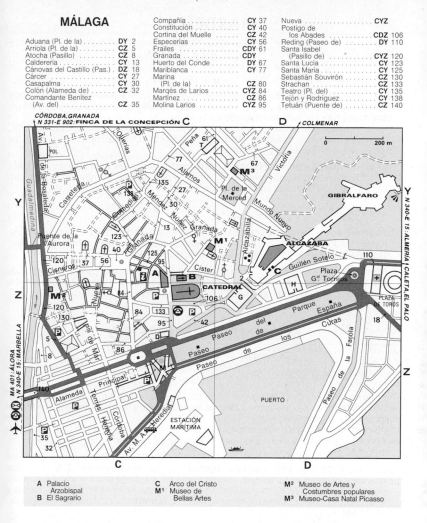

A Palacio Arzobispal	**C** Arco del Cristo	**M²** Museo de Artes y Costumbres populares
B El Sagrario	**M¹** Museo de Bellas Artes	**M³** Museo-Casa Natal Picasso

Museo-Casa Natal Picasso ⊘ (**DY M³**) – La maison natale de Picasso se trouve sur la plaza de la Merced. Le premier étage, converti en musée, expose des œuvres du peintre et d'autres artistes actuels. Le reste du bâtiment abrite les bureaux de la fondation Pablo Ruiz Picasso et une salle consacrée à des expositions temporaires.

Museo de Artes y Costumbres populares ⊘ (**CZ M²**) – Installé dans une auberge du 17ᵉ s. restaurée (Mesón de la Victoria), ce musée présente au rez-de-chaussée divers objets évoquant la vie d'autrefois : instruments aratoires, embarcation pour la pêche à la sardine, outils pour la fabrication du vin.
Au premier étage : collection de figurines en costumes des 18ᵉ et 19ᵉ s.

ENVIRONS

★ **Jardín Botánico-Histórico de la Concepción** ⊘ – *7 km au Nord*. Ce splendide jardin fut créé à l'occasion d'un mariage dans la haute bourgeoisie de Malaga au milieu du 19ᵉ s. Passer par cette « jungle » (plus de 300 espèces tropicales et subtropicales), sillonnée de ruisseaux et embellie d'étangs, de cascades et de vestiges romains, est un réel enchantement.

Actualisée en permanence,
la carte Michelin au 1/400 000 souligne
les localités citées au guide Rouge Michelin España Portugal
(hôtels et restaurants)
et montre l'extension de ses plans de villes.

Au moment de choisir une étape ou de pénétrer dans
une ville, quelle facilité !

Équipez votre voiture de cartes Michelin à jour.

MARBELLA ★

Andalousie (Malaga)

84 410 habitants

Carte Michelin n° 446 W 15 – Atlas España Portugal p. 89

Plan dans le guide Rouge Michelin España & Portugal

Ville pionnière de la Costa del Sol *(voir ce nom)*, Marbella est située au fond d'une baie abritée par la sierra Blanca. C'est l'une des stations balnéaires les plus fameuses de la côte andalouse, lieu de prédilection du jet-set.

Sur le territoire de Marbella ont été construits, parmi les pinèdes et les jardins fleuris, de luxueux hôtels, des quartiers résidentiels élégants et des terrains de golf, où se retrouvent des célébrités du monde entier.

Le vieux village – Il conserve un joli **quartier ancien**, réseau de rues étroites, bordées de maisons blanches, qui convergent vers une petite place animée, ombragée par les orangers. Il possède aussi plusieurs plages et un port de plaisance.

ENVIRONS

★ **Puerto Banús** – Situé dans le quartier de la Nueva Andalucía, c'est un ensemble harmonieux d'immeubles blancs comprenant des cafés, des restaurants et des boutiques de mode ; à ses quais sont amarrés de superbes voiliers et yachts.

Monda – *18 km au Nord par la route de Coín.* La route passe par **Ojén**, un pittoresque village de montagne enserré dans la sierra Blanca. Monda est un village blanc typique de ceux que l'on trouve à l'intérieur de l'Andalousie.

MEDINA DE RIOSECO

Castille et Léon (Valladolid)

5 037 habitants

Carte Michelin n° 441 G 14 – Atlas España Portugal p. 24

Capitale de la Tierra de Campos, grenier à céréales de la Castille, Medina de Rioseco vit de l'agriculture. Sa grand-rue **(calle de la Rúa)**, étroite et pittoresque, est bordée de portiques sur colonnes de bois.

La ville a profité du grand rayonnement de la sculpture castillane au 16e s. Des maîtres de l'école de Valladolid (Juni, del Corral, Jordán) travaillèrent dans ses églises.

Église Santa María ⊙ – 15e s.-16e s. Outre le retable central sculpté par Esteban Jordán, voir, à gauche du maître-autel, la **chapelle des Benavente** ★ (16e s.) dans laquelle se trouve un retable de Juan de Juni (16e s.). Dans la décoration des murs et de la coupole de Jerónimo del Corral, thèmes du Jugement dernier et du Paradis terrestre. Le trésor possède ivoires et orfèvrerie dont une custode de Antonio de Arfe (16e s.).

Église Santiago ⊙ – 16e-17e s. Les retables de ses trois absides forment un spectaculaire ensemble churrigueresque.

MELILLA

Enclave espagnole au Maroc

63 670 habitants

Carte Michelin n° 959 plis 6 à 11

Plan dans le guide Vert Michelin Maroc

En 1497, sous le règne des Rois catholiques, les troupes du duc de Medina Sidonia s'emparèrent de cette ville qui fait depuis partie du territoire espagnol. Auparavant comme la plupart des villes de la côte Nord de l'Afrique, elle fut la proie des peuples navigateurs et conquérants (Carthaginois, Phéniciens, Romains).

Melilla est située à la racine d'une presqu'île dont les reliefs tourmentés forment dans la Méditerranée une saillie longue de 20 km à l'extrémité de laquelle se dresse le cap des Trois Fourches. C'est une cité vivante, mais calme, presque exclusivement européenne, dont le centre, percé de larges artères que bordent de grands immeubles, présente un aspect cossu. La zone maraîchère et les vergers qui au Sud et à l'Ouest entourent l'agglomération, les deux parcs au cœur de celle-ci, les voiliers et les barques de pêche font un peu oublier les installations portuaires.

Comment y parvenir ?

Bateau – La compagnie Transmediterránea relie Almería (7 heures) et Malaga (8 heures) à Melilla. Renseignements et réservations au ☎ 902 45 46 45.

Avion – Iberia propose des vols quotidiens entre Malaga et Melilla. Renseignements et réservations au ☎ 902 40 05 00.

★ LA VIEILLE VILLE

À l'extrémité de l'avenida del General Macías, emprunter les escaliers creusés dans la muraille.

Bâtie sur une presqu'île rocheuse ceinte de fortifications construites aux 16e et 17e s., la vieille ville domine le port. Reconnaissable à sa voûte gothique, on remarque la minuscule **chapelle Santiago** *(au fond d'un passage en tunnel)*.

Musée municipal ⊙ – *Dans le Baluarte de la Concepción (Bastion de la Conception)*. Il présente des poteries, des vases, des monnaies, des bijoux évoquant les civilisations phénicienne, carthaginoise et romaine. Des armes espagnoles du 17e au 19e s. sont exposées aux murs.

Points de vue – De la terrasse du musée, on découvre un **panorama**★ sur la vieille ville, le port, la ville nouvelle et, au Nord, sur le cap des Trois Fourches.

MÉRIDA★

Estrémadure (Badajoz)
51 135 habitants
Carte Michelin n° 444 P 10 – Atlas España Portugal p. 61
Plan dans le guide Rouge Michelin España & Portugal

En 25 avant J.-C., le légat d'Auguste fonde dans cette région peu romanisée la colonie d'Emerita Augusta. Bien située le long du Guadiana et au carrefour de voies romaines importantes – Salamanque-Séville et Tolède-Lisbonne –, la cité sera bientôt promue capitale de la Lusitanie. Les Romains dotent leur colonie de temples, d'un théâtre, d'un amphithéâtre et même d'un cirque long de 400 m, maintenant enfoui sous la verdure. Deux ponts romains franchissent encore l'un l'Albarregas, l'autre le Guadiana, où un port était aménagé. L'approvisionnement en eau était assuré grâce à deux lacs artificiels (Cornalvo, Proserpina) établis au Nord de la ville et desservis par deux aqueducs, San Lázaro et Los Milagros, dont quelques arcades à l'élégante polychromie de briques et de pierres s'aperçoivent encore.

★★ LES MONUMENTS ROMAINS *3 h*

★★ **Museo Nacional de Arte Romano** ⊙ – Il est situé dans un impressionnant **édifice**★ moderne spécialement conçu par l'architecte Rafael Moneo pour présenter les riches collections d'archéologie romaine de Mérida. Dès l'entrée, ce sont la sobriété et la majesté de ses lignes, évoquant l'architecture de l'empire romain, qui s'imposent à nous. Ses murs, en brique apparente, mettent en valeur le marbre des statues.

J. Hidalgo-C. Lopesino/MARCO POLO

Musée d'Art romain

Une rampe permet l'accès à la nef principale, dont les segments sont délimités par neuf arcs en plein cintre. Sa structure est similaire à l'entrée principale de l'amphithéâtre. Sur cette nef s'élève une mezzanine où s'entrecroisent salles et passages. L'organisation du musée, claire et pédagogique, s'ordonne thématiquement.

Parmi les sculptures présentées on remarquera, dans le hall, les statues qui ornaient le mur de scène du théâtre, la tête d'Auguste aux traits fermes (au fond de la 2e travée) et dans la dernière travée, les éléments provenant du portique du forum de Mérida : statues de personnages importants, cariatides et médaillons géants (Méduse, Jupiter...) qui composaient la frise. Depuis les passerelles, aux niveaux supérieurs, où sont exposés bijoux, pièces de monnaie, poteries, on peut admirer de près d'admirables **mosaïques**★.

Au sous-sol se visite le champ de fouilles (vestiges de maisons romaines, de tombes), au-dessus duquel a été élevé le bâtiment.

★★ **Théâtre** ⊙ – Édifié par Agrippa, gendre d'Auguste, en 24 avant J.-C., il présente l'ordonnance classique des grands théâtres impériaux : des gradins disposés en hémicycle et pouvant accueillir 6 000 personnes ; un orchestre réservé aux chœurs et à la figuration et autour duquel prenaient place les hauts dignitaires ; un très beau mur de scène décoré à l'époque d'Hadrien (2e s. après J.-C.) de colonnades et de statues ; enfin, donnant sur des jardins, un portique où se promenait la foule pendant les entractes. Les voûtes des couloirs d'accès aux gradins sont faites de grands blocs de granit ajustés sans mortier.

★ **Amphithéâtre** ⊙ – Ce cirque, qui date lui aussi du 1er siècle avant notre ère, pouvait, estime-t-on, contenir 14 000 spectateurs. On y présentait surtout des courses de chars et, après avoir transformé la piste en bassin, des combats navals (naumachies). L'étagement des accès et les vomitoriums, grands couloirs voûtés par où s'écoulait la foule, se distinguent nettement, mais les gradins ont été effacés. Certains d'entre eux sont reconstitués de part et d'autre du vomitorium Est (à droite en venant du théâtre). On verra là, en bordure de la piste, le mur surmonté d'une corniche qui protégeait le premier rang des spectateurs – en général des personnages de marque – lors des combats de fauves.

La fosse dégagée au centre abritait sans doute les mécanismes nécessaires à l'aménagement de la piste et les magasins d'accessoires.

Casa Romana del Anfiteatro – Ensemble de vestiges de constructions diverses – conduites d'eau, pavements, restes de muraille – d'où se détache une maison noble, organisée autour d'un péristyle, et ses dépendances. Les mosaïques du sol ont été extraordinairement bien conservées. Les unes montrent une intéressante décoration géométrique, d'autres des scènes de la vie quotidienne, comme celle de l'Automne, symbolisé par le foulage des raisins.

Casa del Mitreo – Près des arènes. Cette maison noble fut construite en dehors des murs de la cité à la fin du 1er s. Elle est organisée autour de trois atriums ouverts qui remplissaient la double fonction de distribuer la lumière aux pièces intérieures et de recueillir l'eau de pluie. Quelques-unes des pièces ont conservé des vestiges de peintures et des mosaïques, dont la plus importante est la **mosaïque cosmologique**★.

Templo de Diana – Calle Romero Leal. Restes d'un ancien temple consacré au culte impérial et construit à l'époque d'Auguste, qui conserve une grande partie de la colonnade à chapiteaux corinthiens et à fûts cannelés. Au 16e s., ses matériaux ont été réutilisés pour construire le palais du comte de Corbos.

AUTRES CURIOSITÉS

Alcazaba ⊙ – Pour défendre le **pont romain**★ qui franchit de ses 792 m le lit du Guadiana encombré d'îlots, les Maures ont élevé cette forteresse dès le 9e s. À l'intérieur de l'enceinte, on verra une **citerne** creusée au niveau des eaux du fleuve. Pour sa décoration, les Maures ont réutilisé des chapiteaux corinthiens et des frises wisigothiques en marbre.

★ **Église Santa Eulalia** ⊙ – Les fouilles effectuées dans le sous-sol de cette église ont révélé la riche histoire de ce lieu, occupé successivement par des maisons romaines, une nécropole paléochrétienne, une basilique du 5e s. et, à partir du 13e s., par l'actuelle église romane.

Dans ce guide,
les plans de villes indiquent essentiellement
les rues principales et les accès aux curiosités.
Les schémas mettent en évidence les grandes routes et l'itinéraire de visite.

MONDOÑEDO

Galice (Lugo)

5 774 habitants

Carte Michelin n° 441 B 7 – Atlas España Portugal p. 3

En venant de Villalba, on découvre, au creux d'une vallée verdoyante et cultivée avec soin, les maisons basses aux toits d'ardoise et la large façade de pierre dorée de la cathédrale de Mondoñedo.

Les rues de la vieille ville sont bordées de coquettes maisons blanches ornées de blasons et de balcons en fer forgé. La place de la cathédrale, avec ses arcades et ses galeries vitrées *(solanas)* possède un charme particulier.

★ Cathédrale ⊙ – Son immense façade unit le grandiose du baroque des tours ajoutées au 18ᵉ s. à la grâce gothique des trois grands arcs du portail et de la rosace construits au 13ᵉ s.

L'**intérieur** dans le style roman de transition est illuminé par la belle rosace. Les murs nus mettent en valeur les œuvres d'art : sous un beau buffet d'orgues muni de trompettes (1710), subsistent des fresques de la fin du 14ᵉ s. disposées en registres superposés qui racontent naïvement le Massacre des innocents et la vie de saint Pierre ; le retable du maître-autel est rococo. Sur le côté droit du déambulatoire se trouve la « Vierge anglaise » en bois polychrome qui fut apportée de Londres au 16ᵉ s. pour la mettre à l'abri des persécutions royales ; enfin, dans le bas-côté droit, on remarquera l'enfeu de l'évêque Jean Muñoz, qui orna son église de la façade que nous lui connaissons.

Le **cloître** classique a été ajouté au 17ᵉ s.

MONTBLANC★★

Catalogne (Tarragone)

5 612 habitants

Carte Michelin n° 443 H 33 – Atlas España-Portugal p. 31

Montblanc occupe un **site**★★ privilégié sur une petite colline où l'on bénéficie d'un vaste panorama sur la *comarca*, dont les terres fertiles couvertes de vignes et d'amandiers sont ourlées de pinèdes.

Au Moyen Âge, c'était une cité prospère animée par une communauté juive florissante. Elle connut son âge d'or au 14ᵉ s., où son importance économique se vit confirmée sur le plan politique par la tenue de plusieurs États généraux convoqués par les rois. Cadre inégalable pour la **Semaine médiévale** au cours de laquelle est donnée la légende de saint Georges *(23 avril)*, son enceinte fortifiée autour de la vieille ville témoigne de cette splendeur.

★ L'ENCEINTE FORTIFIÉE

Les murailles de Montblanc enserrent un labyrinthe de pierre où s'enchevêtrent tortueuses ruelles, raides escaliers, pittoresques recoins et beaux édifices.

Construites au 14ᵉ s. sur ordre de Pierre le Cérémonieux, il en subsiste les deux tiers (1 500 m de longueur totale), avec trente-deux tours carrées et deux des quatre portes primitives, la porte Sant Jordi au Sud et la porte de Bover au Nord-Ouest.

Les murailles

J. Balanyà/GC (DICT)

MONTBLANC

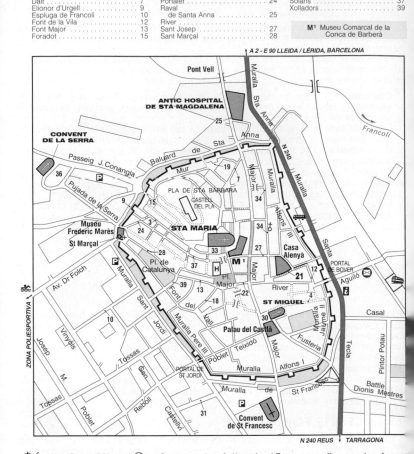

★ **Église Sant Miquel** ⊘ - Cette petite église du 13e s., aux lignes simples et épurées, de style gothique mais à façade romane, fut le théâtre en 1307, 1333, 1370 et 1414 des États généraux de la couronne d'Aragon.
Sur la même place que l'église s'élève le **Palau del Castlà** (15e s.), ancienne résidence du représentant royal, dont le rez-de-chaussée servait de prison. À proximité, la **casa Alenyà** (14e s.), de style gothique, se distingue par la sveltesse de ses lignes.

★★ **Église Santa Maria** - Juchée sur une butte dominant la ville, cette belle église gothique à nef unique dont les chapelles latérales s'encastrent entre les contreforts présente une façade baroque inachevée. Ses principaux ornements intérieurs sont un somptueux **orgue**★★ du 17e s., un retable gothique de pierre polychrome (14e s.) et un élégant ostensoir d'argent.

★ **Museu comarcal de la Conca de Barberà** ⊘ (**M¹**) - Installé dans une maison du 17e s., il expose des pièces d'intérêt archéologique ou ethnographique trouvées dans le district ainsi qu'une belle collection de flacons de céramique (18e s.) provenant d'une pharmacie.

Museu Frederic Marès ⊘ - À côté de l'église Sant Marçal (14e s.), il compte d'intéressantes peintures et sculptures religieuses des 13e au 19e s., notamment de belles statues de bois du 14e s.

AUTRES CURIOSITÉS

★ **Couvent de la Serra** ⊘ - Cet ancien établissement de clarisses, édifié sur un tertre dominant un beau panorama, fut l'objet de la protection de plusieurs papes et rois. Il abrite *la Mare de Déu de la Serra*, statue d'albâtre (15e s.) très vénérée.

★ **Hôpital Santa Magdalena** - Son beau cloître (15e s.) de transition gothique-Renaissance, malgré ses dimensions réduites, est remarquable. La verticalité de son rez-de-chaussée à colonnes striées et arcs en ogive se brise à l'étage supérieur.

Sierra de MONTSENY★

Au cœur de la Catalogne centrale, la sierra de Montseny, vaste dôme granitique, un des premiers contreforts pyrénéens, offre de beaux paysages de chênes-lièges et de hêtres. L'humidité du climat, l'imperméabilité des roches sont propices à la formation de sources. Au Sud-Ouest, les 17 372 ha du **parc naturel du Montseny** englobent les points culminants de la chaîne, le Matagalls (1 695 m) et le Turó de l'Home (1 707 m).

★★ **De Sant Celoni à Santa Fe del Montseny** - *22 km – environ 3/4 h.* C'est le parcours le plus intéressant. Après Campins, la route s'élève en lacet et ses **vues** se dégagent sur la plaine côtière. Le magnifique parcours en **corniche** des deux derniers kilomètres mène au lac de Santa Fe (altitude 1 130 m) où se mirent les sommets voisins. On peut continuer *(7 km)* jusqu'à l'ermitage Sant Marçal (1 260 m) adossé à la haute barrière du Matagalls.

★ **De Sant Celoni à Tona par Montseny** - *43 km – environ 1 h.* Cet **itinéraire** donne un bon aperçu de la sierra. Au-delà de la plaine cultivée qu'irrigue le Tordera, la route s'élève, après Montseny, et atteint bientôt des paysages plus sauvages, puis descend vers Tona, frôlant au passage l'église romane de **El Brull** et la jolie tour de **Santa Maria de Seva**.

De Tona à Sant Celoni par le Nord - *60 km – environ 1 h 1/2.* Après des bois de pins et de hêtres, la route traverse le charmant village de **Viladrau**, puis, dans la descente, réserve des vues à droite sur l'horizon montagneux. Plus loin la descente en corniche offre des vues très dégagées sur les versants abrupts du Montseny. Après **Arbúcies**, dans un site charmant, la route longe le lit caillouteux de la rivière et par **Breda**, que domine une belle tour romane, atteint Sant Celoni.

Sierra de MONTSERRAT★★

Le massif de Montserrat fait de conglomérats éocènes très durs, mis en relief par l'érosion des roches avoisinantes et modelé par l'action des vents et de l'eau, compose un **site**★★★ impressionnant, qui inspira à Wagner le décor de son opéra *Parsifal*. L'entassement des blocs sur des falaises abruptes, couronné de dents étranges, lui vaut son nom de « mont scié ». Principal centre religieux et culturel de la Catalogne, la montagne sacrée est un lieu de dévotion mariale qui attire en foule les pèlerins.

Accès – Nous conseillons d'aborder le massif par l'Ouest. La route du monastère offre de très belles **vues**★★ sur les rochers. Pour accéder directement par le téléphérique de Montserrat, il faut emprunter la route reliant Barcelone à Manresa et le prendre près de Monistrol de Montserrat.

Monastère ⊘ – Au 9ᵉ s., l'un des cinq ermitages établis sur la montagne est offert aux bénédictins de Ripoll. En 1025, l'abbé Oliva fonde un monastère qui, rapidement, prend de l'importance. L'édifice roman est agrandi au 13ᵉ s. Très florissante, l'abbaye devient indépendante de Ripoll en 1409. L'érudition des

Monastère de Montserrat

moines, la richesse de la communauté, l'afflux et la ferveur des pèlerins attestent de la puissance de Montserrat. Giuliano della Rovere, le futur pape Jules II, savant et artiste, protecteur des grands maîtres de la Renaissance italienne, fut un de ses abbés. Chaque siècle ajoute un édifice au monastère où sont ainsi rassemblés des chefs-d'œuvre de tous les styles.

En 1812, l'abbaye est ravagée par les armées françaises. Les vastes bâtiments actuels, qui datent du 19e s. et du 20e s. (la façade de l'église a été terminée en 1968), ne présentent pas d'intérêt artistique. Au fond de l'église sombre (16e s.), décorée avec surcharge, se trouve la Vierge noire.

** **La Moreneta** – C'est ainsi que les Catalans ont baptisé leur Vierge noire. C'est une statue de bois polychrome que l'on date du 12e s. ; l'Enfant assis sur ses genoux a été restauré au 19e s. La légende veut qu'elle ait été trouvée par des bergers dans une grotte de la montagne. Elle est exposée au-dessus du maître-autel.

Pour la voir de près, il faut accéder au camarin par les chapelles du bas-côté droit. Là, un défilé ininterrompu de pèlerins vient vénérer la patronne de la Catalogne et allumer des cierges en sortant. Les offices célébrés par les moines (la communauté de Montserrat comprend 80 moines) sont d'une remarquable beauté : la messe concélébrée a lieu à 11 h et les vêpres à 18 h 45. La fête de Noël et celles de la Semaine sainte sont particulièrement solennelles.

La **Escolania**, une des plus anciennes chorales d'enfants du monde – ses origines remontent au 13e s. – chante au monastère tous les jours le Virelai à 13 h et le Salve Regina à 19 h 10.

Ermitages et belvédères – Accès par les chemins de montagne ou par les différents téléphériques et **funiculaires** ⊘.

Avant l'occupation par les troupes de Napoléon, il y avait treize ermitages, tous habités par des ermites. Aujourd'hui, tous sont abandonnés, mais certains constituent un agréable but de promenade.

Ermitage de la Trinité – *45 mn à pied*. Il est situé au centre d'une petite plaine bucolique, abritée par quelques monts aux noms surprenants.

* **Sant Jeroni** – *Accès à pied (1 h 1/2) ou par une piste forestière*. Établi sur le point culminant du massif (1 238 m), un belvédère offre un **panorama** qui s'étend, par temps clair, des Pyrénées aux Baléares.

Ermitage Santa Cecília – Ce fut jusqu'au 16e s. un monastère bénédictin, mais il n'eut pas le rayonnement de Santa Maria. L'**église**★ romane date du 11e s. ; le chevet parcouru de bandes lombardes, le toit qui coiffe les nefs et le campanile asymétrique composent une silhouette charmante.

Santa Cova – *1 h à pied*. Selon la légende, dans cette grotte fut trouvée la statue de la Vierge. Vues sur la vallée de Llobregat.

* **Sant Miquel** – *1/2 h à pied depuis le monastère ; 1 h depuis la gare supérieure du funiculaire de Sant Miquel*. Vue d'ensemble sur le monastère.

Sant Joan – *1/2 h depuis la gare supérieure du funiculaire de Sant Joan*. Beau panorama ; on voit suspendu à un rocher l'ermitage de Saint-Onofre.

MORELLA

Communauté valencienne (Castellón)

2 717 habitants

Carte Michelin n° 445 K 29 – Atlas España Portugal p. 44

Le **site**★ de Morella est surprenant : plus de 2 km de remparts du 14e s., jalonnés de tours, encerclent la ville étagée sur une colline à 1 004 m d'altitude ; juchés sur un socle rocheux, se dressent les murs de l'ancien château médiéval.

Le « Maestrazgo » – Morella est située au cœur de cette région qui fut le fief (maestrazgo) des chevaliers de Montesa. Fondé par Jacques II d'Aragon, cet ordre militaire, qui siégea à San Mateo (*40 km à l'Est de Morella*) à partir de 1317, fit fortifier les villages de la région pour lutter contre les Maures. Au pied de leur château, la plupart occupent un site pittoresque. Avec leurs places à portiques, leurs rues étroites bordées de demeures à balcons, ils ont gardé, en raison de leur isolement, un cachet d'authenticité.

* **Basilique Santa María la Mayor** ⊘ – C'est l'une des plus intéressantes églises gothiques du Levant. Elle s'ouvre par deux belles portes surmontées de gables : celle des Apôtres (14e s.) et celle des Vierges, plus tardive, ornée d'un tympan ajouré. Le coro Renaissance, curieusement surélevé au centre de la nef, possède un escalier tournant magnifiquement sculpté par un artiste local (scènes bibliques et une fine balustrade dont la frise illustre le Jugement dernier. Le sanctuaire

reçu au 17ᵉ s. une somptueuse décoration baroque et la nef s'est parée au 18ᵉ s. d'un élégant buffet d'orgues. On visite également un petit musée (belle *Descente de croix* de l'école vénitienne, *Madone de Sassoferrato*, 14ᵉ s.).

Château – *Accès par le couvent San Francisco, montée 1/4 h.* En montant, on jouit de belles **vues**★ sur la ville, les ruines du couvent (13ᵉ-14ᵉ s.), l'aqueduc (14ᵉ-15ᵉ s.) et, alentour, l'enchevêtrement des cimes rousses des sierras.

ENVIRONS

Mirambel – *30 km à l'Ouest. Prendre la CV 14 et parcourir 11 km avant de prendre la CV 120 à gauche.* Ce petit village du Maestrazgo, aux maisons ornées de blasons, a conservé son aspect médiéval.

MURCIA★

MURCIE – Murcie
338 250 habitants
Carte Michelin nº 445 S 26 – Atlas España Portugal p. 79
Plan d'agglomération dans le guide Rouge Michelin España & Portugal

Murcie s'étale de part et d'autre du Segura, au centre d'une riche huerta. Fondée sous le règne d'Abd-er-Rahman II, en 831, Mursiya fut reconquise définitivement en 1266. C'est par mesure de sécurité que le pape y transféra, peu après, le siège épiscopal, qui se trouvait jusqu'alors à Carthagène. L'agriculture et le tissage de la soie firent la prospérité de la cité jusqu'au 18ᵉ s.
Ville universitaire, Murcie est à l'heure actuelle un centre commercial et industriel (conserves de fruits, etc.). Elle s'est considérablement agrandie et de larges avenues, de belles promenades (Paseo del Malecón) encerclent maintenant le vieux quartier.

Deux enfants célèbres du 18ᵉ s. – Né d'un père italien, sculpteur, et d'une mère espagnole, **Francisco Salzillo** (1707-1783) représente le dernier grand nom de la sculpture polychrome espagnole. Il a surtout exercé son talent dans la réalisation de pasos (statues de chars processionnels). On lui attribue plus de 1 800 sculptures. Autre gloire de Murcie, don José Moñino, **comte de Floridablanca** (1728-1808) né à Murcie, fut ministre de Charles III puis de Charles IV. Si Murcie lui doit beaucoup, l'Espagne plus encore : par ses conseils avisés, il développa l'économie du pays.

Les fêtes murciennes – Au cours de la Semaine sainte ont lieu des processions d'une particulière solennité. Le matin du Vendredi saint, des pénitents vêtus de mauve transportent à travers la ville les huit pasos de Salzillo. La semaine qui suit les fêtes du Printemps est l'occasion de multiples réjouissances (défilé de chars). Tout se termine par l'« enterrement de la sardine », dont l'incendie symbolise la fin du Carême.

Les Pénitents

J.-P. Garcin/DIAF

CURIOSITÉS

★ **Cathédrale** ○ (**DY**) – L'édifice (14e s.) est dissimulé à l'extérieur par des adjonctions Renaissance et baroques.

La **façade★**, harmonieux agencement de colonnes et de lignes courbes, aussi brillante dans son architecture que dans sa décoration, est un spécimen accompl de style baroque. L'imposant clocher a été terminé au 18e s.

À l'intérieur, par contre, si l'entrée surmontée d'une coupole baroque va de pair avec la façade, la dominante est gothique. Cependant, la **capilla de los Junterones** (4e à droite), du 16e s., montre une riche décoration Renaissance. La **capilla de los Vélez★** (déambulatoire) est une somptueuse réalisation, d'un gothique tardif ; sous une splendide voûte étoilée, la décoration, où s'immiscent des motifs Renaissance e mudéjars, envahit les murs.

La sacristie à laquelle on accède par deux belles portes plateresques (remarque les vantaux de la première) est surmontée d'une originale coupole rayonnante. Ses murs sont revêtus de riches boiseries, plateresques dans la partie inférieure baroques au-dessus.

Dans le coro, on a placé d'intéressantes **stalles** sculptées (1567) provenant d'un monastère castillan.

Musée – Il faut remarquer, à l'entrée, une partie d'un sarcophage romain représentant Apollon et ses muses, et, dans les salles latérales, le *Saint Jérôme★* de Salzillo ainsi qu'un retable de Barnabé de Modène du 14e s. (sainte Lucie et l Vierge). Dans la salle capitulaire, le **trésor** rassemble ostensoirs et calices ainsi qu couronnes et bijoux de la Vierge de Fuensanta vénérée à Murcie. La custode, l'entrée du musée (1678), toute d'argent, est la troisième d'Espagne par sa taille

Montée au clocher – Par des rampes on accède à la salle des cloches d'où s'offre u intéressant **panorama★** sur Murcie et sa huerta.

Sur la place de la Cathédrale se dresse le **palais épiscopal** (**DYZ**), de style italianisant à l'intérieur, élégant cloître.

★ **Calle de la Trapería** (**DY**) – Dans cette rue piétonne, artère principale du vieu quartier, se dresse le **Casino**. Construit à la fin du 19e s. c'est l'un des plu somptueux d'Espagne. On peut admirer à l'intérieur le patio mauresque et s décoration recherchée.

★ **Musée Salzillo** ⊘ **(CY)** – Il réunit des chefs-d'œuvre du sculpteur. C'est d'abord la **crèche** aux innombrables figurines de terre cuite : ici, en même temps que divers épisodes de l'Évangile, l'artiste illustre avec un remarquable sens anecdotique la vie de paysans de son époque. Puis, disposés dans les chapelles entourant la nef ronde de l'église de Jésus, ce sont les huit **pasos** destinés aux processions du Vendredi saint. On admire l'émotion contenue des visages (Cène, Arrestation du Christ) ainsi que la majesté des silhouettes (saint Jean, l'ange du jardin des Oliviers).

ENVIRONS

Alcantarilla – *9 km à l'Ouest par N 340*. En bordure de la route venant de Murcie, a été aménagé le **musée de la Huerta** ⊘. La vie de la huerta est évoquée par un pavillon consacré à l'ethnographie, les blanches *barracas*, témoins d'un habitat disparu, dispersées parmi les orangers, et surtout la **noria**, roue géante conçue par les Maures pour élever l'eau du canal d'irrigation.

Sanctuaire de la Fuensanta – *7 km, suivre la signalisation à partir du Puente Viejo* **(DZ)**. Du sanctuaire de la Virgen de Fuensanta, patronne de Murcie, belles **vues** sur la ville et sa huerta.

Orihuela – *24 km au Nord-Est par N 340*. Au pied d'une colline ravinée, Orihuela vit tranquille parmi ses églises sur les rives du Segura. Ce fleuve arrose une riche huerta ainsi qu'une **palmeraie**. Elle fut siège épiscopal au 16e s. et ville universitaire pendant deux siècles. L'écrivain Miguel Hernández y naquit en 1910.
Au Nord de la ville, le **collège Santo Domingo** ⊘, ancienne université, cache derrière une façade Renaissance deux cloîtres : l'un de style Renaissance, l'autre de style herrérien. L'église (18e s.) conserve des fresques colorées et de riches moulages de stuc rococo.
La **cathédrale** ⊘ gothique (14e-15e s.) montre au Nord un portail Renaissance sur le thème de l'Annonciation. À l'intérieur certaines voûtes portent de curieuses nervures hélicoïdales. Son **musée** ⊘ possède une œuvre de Vélasquez, *La Tentation de saint Thomas d'Aquin*, un Christ de Morales et une Marie-Madeleine de Ribera.
L'**église Santiago** ⊘, près de l'hôtel de ville, porte sur son portail gothique les emblèmes des Rois catholiques qui furent ses fondateurs, ainsi que la statue de saint Jacques. À l'intérieur, les chapelles latérales abritent plusieurs statues attribuées à Salzillo.

Valle del NAVIA

Vallée du NAVIA – Asturies

Carte Michelin n° 441 B 9 et C 9 – Atlas España Portugal p. 4

Le Navia, qui naît en Galice dans la sierra de Cebreros, traverse de hautes barrières volcaniques avant d'atteindre la mer Cantabrique. Sa vallée, encaissée et très sauvage, est entrecoupée de trois barrages dont les retenues composent au pied des hautes cimes d'admirables paysages.

DE NAVIA À GRANDAS DE SALIME

82 km - compter 2 h 1/2

Navia – Village moderne avec un petit port de pêche, situé sur la rive droite de la ria. Du **belvédère dédié aux navigateurs des Grandes Découvertes**, belle vue sur l'estuaire du Navia.

Prendre la route de Grandas de Salime qui suit la ria.

Coaña – Sur une butte se trouvent les vestiges d'un village celte avec ses rues pavées et les fondations circulaires de ses maisons.
Un belvédère permet d'admirer un saisissant **panorama**★★ sur le **barrage d'Arbón** situé en amont d'un gigantesque méandre du fleuve.
Peu après Vivedro, **vue panoramique**★★ jusqu'à l'estuaire du Navia, tandis que la boucle du fleuve se profile en contrebas.
Le **confluent**★★ du Navia et du río Frío forme un spectacle grandiose, que l'on domine de hauteurs vertigineuses. Après le pont sur le río Frío, la route retrouve bientôt le Navia pour le suivre jusqu'à Miñagón. Remarquer au passage la forme des hórreos de ces régions : rectangulaires, ils s'apparentent à ceux de la Galice toute proche.
La descente qui s'amorce au départ de Boal ramène au niveau du Navia. À 3 km de Boal, on arrive en vue de la **retenue de Doiras**. Le barrage, qui bloque une vallée très encaissée, est élevé.

À la hauteur de San Esteban, le petit village de **Sarzol** est perché en corniche sur la rive opposée. Tout autour, les pentes raides sont couvertes de cultures.

Grandas de Salime – Dans ce gros bourg agricole, un **Musée ethnographique** ⊙, installé dans l'ancien presbytère, évoque la vie traditionnelle dans les Asturies (reconstitutions de pièces, objets qui se trouvaient dans une *casería*, outils des différents artisans). L'une des missions de ce « musée vivant » est de préserver certains artisanats (démonstrations) ainsi que les méthodes d'agriculture ancestrales.

À 4 km se trouve le **barrage de Salime**. Des belvédères surplombent la crête du barrage et sa centrale.

Dans la collection des guides Verts Michelin,
utilisez les guides des grandes métropoles :
Amsterdam, Berlin, Bruxelles, Londres, New York
Paris, Rome, San Francisco, Vienne.

OLITE*

Navarre

3 049 habitants

Carte Michelin n° 442 E 25 – Atlas España Portugal p. 15

Résidence de prédilection des rois de Navarre au 15e s., Olite, la « ville gothique », vit dans l'ombre d'un château si démesuré qu'il a l'allure et les dimensions d'une cité médiévale. On en a une très belle vue d'ensemble de la route de San Martín de Unx.

CURIOSITÉS

* **Château des rois de Navarre** ⊙ – Charles III le Noble ordonna la construction du château en 1406. Les origines françaises de ce prince – il était comte d'Évreux et natif de Mantes – expliquent le caractère élégant des fortifications, transition entre les lourdes maçonneries du 13e s. et les palais-résidences gothiques de la fin du 15e s., comprenant galeries et petites cours. Architectes venus du Nord et artisans maures y ont collaboré. Derrière la quinzaine de tours qui renforcent l'enceinte s'étendaient des jardins suspendus. Un décor d'azulejos, de stucs peints et de plafonds à marqueterie polychrome, illuminait les salles. Maintes fois remaniée puis dévastée, la forteresse présente un plan assez confus. Un parador occupe maintenant une partie des bâtiments.

Église Santa María la Real ⊙ – C'est l'ancienne chapelle royale. Un atrium aux fines arcades polylobées précède la **façade**★ du 14e s., excellent témoin de la sculpture gothique navarraise. Sur le portail, seul le tympan est historié (vie de la Vierge et du Christ). Au-dessus du maître-autel un retable peint au 16e s. encadre une Vierge gothique.

Église San Pedro – Dotée d'un clocher effilé octogonal, la façade de l'église offre un aspect assez disparate. Les voussures du portail sont soulignées de boudins. De part et d'autre, deux aigles symbolisent, l'un la Violence (à gauche tuant un lièvre), l'autre la Douceur. À l'entrée, dans le bas-côté à gauche, une pierre sculptée au 15e s. représente la Sainte Trinité.

ENVIRONS

* **Monastère de la Oliva** ⊙ – *28 km par NA 533 et NA 124.*
La Oliva est un des premiers monastères cisterciens édifiés par des moines venus de France du vivant même de saint Bernard de Clairvaux. Son rayonnement intellectuel fut grand au Moyen Âge. Vidé de ses trésors, le monastère offre encore la remarquable pureté de son architecture cistercienne.

★★ **Église** – Fin 12e s. La façade, extrêmement dépouillée malgré le couronnement triangulaire et la tourelle dont on l'a affublée au 17e s., joue avec une rare élégance de la perfection des lignes de son portail et des deux roses. Le vaisseau surprend par sa grande profondeur : ses piliers et ses ogives aux épaisses nervures polygonales ont la rigueur du style cistercien.

* **Cloître** – Fin 15e s. Les baies apparaissent d'une exceptionnelle légèreté. Cette architecture gothique fut plaquée sur la construction d'origine comme en témoignent les retombées d'arcs qui masquent en partie l'entrée de la salle **capitulaire** du 13e s.

OLIVENZA

Estrémadure (Badajoz)
10 004 habitants
Carte Michelin nº 444 P 8 – Atlas España Portugal p. 60

Cinq siècles d'histoire portugaise ont marqué la physionomie et l'architecture des monuments de cette tranquille ville blanche entourée d'oliveraies. C'est un des rares endroits en Espagne où l'on peut voir des exemples du style manuélin : art spécifiquement portugais contemporain du roi Manuel (début 16e s.) et qui introduit dans l'architecture du gothique finissant des éléments de décoration à la fois Renaissance, mauresque et d'inspiration maritime (nœuds, cordages, sphères).

La guerre des Oranges

À la fin du 13e s., Olivenza est remise en dot au roi Denis du Portugal. En 1801, elle est cédée à l'Espagne pour éviter que l'invasion de l'Alentejo, amorcée par les troupes de Godoy, ne dégénère en grave conflit entre les deux pays. Cette escarmouche n'aura laissé à l'époque comme autre souvenir que le geste futile de Godoy cueillant pour les adresser à la reine Marie-Louise quelques oranges au pied des remparts d'Elvas.

---

* Église Santa María Magdalena – Les frères Diego et Francisco de Arruda, architectes du monastère des hiéronymites et de la tour de Belém à Lisbonne, seraient les auteurs de cette nef manuéline. La voûte à liernes et tiercerons s'appuyant sur des colonnes torsadées tranche par son élégante sobriété avec le sanctuaire baroque décoré d'azulejos et de retables luxuriants.

Museo etnográfico González Santana ⊙ – Le musée est installé dans un édifice du 18e s. connu sous le nom de boulangerie du roi (Panadería del Rey), compris dans l'enceinte d'un château médiéval dont l'imposant donjon, construit par Jean III de Portugal en 1488, offre un joli panorama sur la ville. Le musée présente des reconstitutions de divers ateliers, comme une échoppe de tailleur, une forge, un moulin à huile et l'intérieur d'une demeure du 19e s.

Hôtel de ville – La porte d'entrée, autre gracieux témoin de l'époque manuéline, est ornée des deux sphères armillaires qui symbolisent les découvertes maritimes portugaises.

OÑATI/OÑATE

Pays Basque (Guipúzcoa)
10 004 habitants
Carte Michelin nº 442 C 22 – Atlas España Portugal p. 14

Au creux d'une agreste vallée, Oñati s'est assoupie entre ses palais, ses couvents et son ancienne Université. Elle fut à deux reprises, pendant la première guerre carliste, le quartier général de don Carlos. La prise de la ville par le général Espartero obligea les carlistes à signer la convention de Vergara (voir p. 27) qui mit fin à la guerre. À 6 km à l'Est s'offre un beau **panorama** sur la vallée où se tapit Oñati, au pied de l'Aloña (1 321 m), et au loin sur les pics d'Udala et d'Amboto.

Ancienne Université ⊙ – Elle fut créée en 1545 par un prélat natif d'Oñati et supprimée au début du 20e s. Elle est actuellement occupée par les services administratifs de la province de Guipúzcoa. Unique université du Pays Basque, elle eut un grand prestige culturel. Surmonté de pinacles, son portail, œuvre du Français Pierre Picart, est chargé de statues, parmi lesquelles on reconnaît, en haut, celle de l'évêque fondateur, à droite, saint Grégoire et, à gauche, saint Jérôme. La même décoration exubérante se retrouve aux angles des tours. Dans le même style, le patio est d'une grande élégance.

Hôtel de ville – Bel édifice baroque construit au 18e s. par l'architecte Martín de Carrera. Sur la place ont lieu, le jour du Corpus Christi, d'étranges danses et des processions dont la tradition remonte au 15e s.

Église San Miguel ⊙ – Face à l'université, cette église gothique a été transformée à l'époque baroque. Dans le collatéral gauche, une chapelle Renaissance, gardée par de belles grilles, renferme un intéressant retable de bois doré et le tombeau en marbre du fondateur de l'université. Avec sa galerie ajourée, ses arcs en accolade, ses niches à statues et la couleur dorée de ses pierres, l'extérieur du cloître se rattache au style plateresque isabélin.

ENVIRONS

★ **Arantzazu** – *9 km au Sud.* Le **parcours**★ suit en corniche les gorges du río Arantzazu. Le **sanctuaire** ⊙ est perché à 800 m d'altitude dans un **site**★ montagneux au-delà du mont Aitzgorri, point culminant de la province (1 549 m). Des bâtiments se dégage l'immense campanile (40 m), revêtu, comme les tours de la façade, de pierres en pointe de diamant, symbole de l'aubépine (*arantzazu* en basque), où la Vierge, en 1469, apparut à un berger. On construisit alors un ermitage où, au 16e s., les franciscains vinrent s'installer. L'édifice actuel date de 1955. À l'intérieur, statue de la Vierge, patronne de la province, au centre d'un gigantesque retable peint sur bois par Lucio Muñoz.

Elorrio – *18 km au Nord-Ouest vers Durango.* Cette petite ville ancienne a de nombreuses maisons armoriées et possède un ensemble de calvaires des 15e-16e s., unique au Pays Basque : on remarque en particulier celui qui se trouve à l'entrée Ouest de la cité, décoré d'une frise de personnages, et la colonne torsadée qui orne le calvaire situé à l'autre extrémité de la ville. L'**église de la Concepción**, typiquement basque avec ses épais piliers cylindriques et sa voûte en étoile, abrite un exubérant retable churrigueresque.

Parque Nacional de ORDESA y MONTE PERDIDO★★★

Aragon (Huesca)
Carte Michelin n° 443 E 29-30
Atlas España Portugal p. 16

Dès 1918, la vallée d'Ordesa était déclarée parc national sur un territoire de 2 066 ha. En 1982 la superficie du parc a été multipliée par 7 (15 608 ha), englobant tout le massif du mont Perdu et les vallées d'Ordesa, d'Añisclo, d'Escuain et de la Pineta. Le principal objectif du parc est de préserver la beauté naturelle du massif, remarquable par ses reliefs calcaires : canyons, hautes falaises, gouffres, ainsi que par la variété de la flore et la richesse de la faune (bouquetin des Pyrénées, aigle royal, isard).

Le parc se visite entre mai et septembre, l'enneigement rendant impossible l'accès en voiture en dehors de cette période.

★★★ VALLÉE D'ORDESA

C'est un grandiose canyon creusé dans d'énormes plis calcaires couchés. Les versants, qui s'élèvent à près de 1 000 m au-dessus de la vallée, sont découpés en strates horizontales couleur gris acier ou ocre-rouge. Par endroits la falaise s'effrite en reliefs ruiniformes. Au printemps, les cascades strient les parois vertigineuses. Au fond de la vallée coule l'Arazas, torrent poissonneux (truites) enfoui sous une végétation exubérante de hêtres et d'érables.
Tout autour pins, mélèzes et sapins – quelques-uns hauts de 25 m – couvrent les basses pentes, protégeant un tapis parfumé de buis, aubépines et sorbiers.

Les parcs nationaux

Ils ont été créés en vue de protéger des espaces naturels particulièrement riches, originaux, grandioses, tout en y développant le tourisme et l'initiation à la nature.

L'Espagne compte onze parcs nationaux :

– six dans la péninsule : **los Picos de Europa** créé en 1995 et couvrant 64 600 ha (il englobe l'ancien parc national de **la Montaña de Covadonga**, partie occidentale des pics d'Europe, créé en 1918 et couvrant 16 925 ha) ; **Ordesa y Monte Perdido** (Pyrénées aragonaises) créé en 1918 et couvrant 15 608 ha ; **Aigüestortes y Lago Sant Maurici** (Pyrénées catalanes) couvrant 9 851 ha ; **Tablas de Daimiel** (Manche) couvrant 1 928 ha, **Doñana** (Andalousie) couvrant 50 720 ha et **Cabañeros** (Castille) couvrant 40 000 ha ;

– quatre situés aux îles Canaries : **Teide** (Tenerife), **Caldera de Taburiente** (la Palma), **Timanfaya** (Lanzarote), **Garajonay** (Gomera),

– un situé aux îles Baléares : **Cabrera** (petite île au Sud de Majorque).

B. Brillion/MICHELIN

Visite

Dès la route d'accès, deux belvédères permettent d'avoir une vue générale sur le canyon d'Ordesa et d'admirer la **cascade de Tamborrotera** (60 m) ①. Mais il faut découvrir le parc à pied.

Pour les marcheurs débutants ou les familles avec des petits enfants, suivre le sentier au fond du canyon qui longe l'Arazas. C'est une promenade très agréable et ombragée. *Compter la journée pour parcourir tout le canyon et revenir au parking.*

Les trois promenades décrites ci-dessous sont accessibles aux bons marcheurs bien équipés :

Circuit du Cirque de Soaso – *Durée 7 h. Départ du refuge de la Cadiera, après le parking. La première partie du chemin, jusqu'au fond de la vallée, est la plus facile et la plus accessible à tous. Au contraire, la seconde partie, après la cascade de la Cola de Caballo, est plus difficile et n'est conseillée qu'aux promeneurs entraînés et bien équipés : les dénivelés sont très importants.* Ce parcours offre la meilleure vue sur l'ensemble de la vallée d'Ordesa. Du chemin du cirque de Soaso, on découvre plusieurs cascades. La plus spectaculaire est celle de la **Cola del Caballo** (la queue de cheval) ②, de 70 m de hauteur, qui se trouve après les **Gradas de Soaso** ③ dont la forme évoque les marches d'un escalier. Le sentier continue par **la faja de Pelay**, qui domine le canyon à 2 000 m d'altitude au pied de la **sierra de las Cutas**. On continue par la **senda de los Cazadores** (le sentier des Chasseurs) ⑤, qui offre un beau panorama du canyon. Du **belvédère de Calcilarruego** ④, la vue est la meilleure. Le chemin de retour vers le refuge descend brusquement avec un dénivelé de presque 1 000 m.

Cirque de Cotatuero – *Départ du restaurant ; durée 4 h.* À la limite Nord du parc, les **cascades de Cotatuero** ⑥ et de los **Copos de Lana** ⑦ (flocons de laine) dévalent de 250 m.

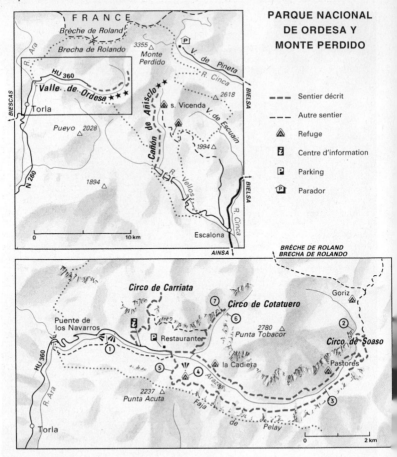

Cirque de Carriata – *Départ du centre d'information ; durée 4 h.* L'excursion est intéressante mais le passage de *clavijas* (pitons) la rend assez difficile et peu recommandée à ceux qui ont le vertige.

Enfin pour les amateurs de grande randonnée, citons le mont Perdu en s'arrêtant au refuge de Goriz et les sentiers permettant d'atteindre le cirque de Gavarnie en France à travers la Brèche de Roland *(se renseigner auprès du centre d'information).*

★★ CANYON D'AÑISCLO

Accès par la route très étroite et sinueuse, et de ce fait impressionnante, entre Bielsa et Ainsa depuis le village d'Escalona - 13 km en voiture.

Cet autre canyon, plus étroit que celui de la vallée d'Ordesa, séduit par sa fraîcheur sa végétation de pins à crochets s'agrippant aux parois calcaires.

Promenade jusqu'à Ripareta – *Départ du pont de San Urbez. 5 h AR.* Le sentier large et bien tracé suit le cours encaissé du río Vellos, qui dévale la vallée en cascades jusqu'à la confluence avec le canyon de la Pardina.

ORENSE

Voir OURENSE

Treize nouveaux guides Verts Michelin :
Amsterdam – Berlin – Bruxelles – Californie – Danemark, Norvège, Suède, Finlande
Florence et la Toscane – Floride – Guadeloupe, Martinique
Mexique, Guatemala, Belize – San Francisco – Sicile – Venise – Vienne

ORREAGA/RONCESVALLES

RONCEVAUX – Navarre

Carte Michelin n° 442 C 26 – Atlas España Portugal p. 15

Passage frontalier très fréquenté au Moyen Âge par les pèlerins de St-Jacques-de-Compostelle, Roncevaux est célèbre dans l'histoire pour la déroute qu'en 778 les Basques de Navarre y infligèrent à l'arrière-garde de l'armée de Charlemagne qui rentrait en France sous les ordres de Roland. De chaque côté des Pyrénées, la légende a idéalisé cet événement à sa façon : le **poème de Bernardo del Carpio** (fin 12ᵉ-début 13ᵉ s.) parle de ce jeune homme comme d'un héros national qui, à la tête de compagnons basques, navarrais et asturiens, aurait vengé la violation du territoire espagnol par l'armée franque. Pour sa part, la **Chanson de Roland**, première chanson de geste française (début du 12ᵉ s.), glorifie la résistance héroïque et désespérée de quelques preux chevaliers chrétiens – Roland et les douze pairs de l'Empire – face à des milliers de Sarrasins fanatiques attirés en ces lieux par le traître Ganelon.

Ensemble monumental – De vastes bâtiments aux murs gris et aux toits de zinc bleuté apparaissent, entourés d'épaisses frondaisons ; leur fondation remonte au 12ᵉ s. L'ensemble comprenait alors une importante hostellerie qui accueillait et réconfortait les pèlerins, une chapelle funéraire, de plan carré, actuellement chapelle du Saint-Esprit, et une collégiale riche en reliques.

Église de la collégiale royale ⊙ – La consécration de cet édifice gothique très inspiré des églises d'Ile-de-France eut lieu en 1219. Sous le dais du maître-autel, le symbole actuel du pèlerinage est une **Vierge à l'Enfant** en bois recouverte de plaques d'argent, œuvre d'un atelier français du 13ᵉ ou 14ᵉ s.

Salle capitulaire – Cette belle salle gothique abrite le tombeau du fondateur de l'église, le roi de Navarre Sanche VII le Fort (1154-1234), et de sa femme.

★ **Musée** ⊙ – Installé dans les anciennes écuries, il possède de très belles pièces d'orfèvrerie ancienne : coffret mudéjar, évangéliaire roman, reliquaire émaillé du 14ᵉ s. qui, sans doute à cause de sa disposition en petits compartiments géométriques, a été surnommé « l'échiquier de Charlemagne ». À signaler aussi un triptyque flamand du 16ᵉ s., une émeraude qui aurait orné le turban du sultan Miramamolín le jour de la bataille de las Navas de Tolosa, et une très belle *Sainte Famille* de Morales.

Monasterio Santa María la Real de OSEIRA★

Galice (Orense)

Carte Michelin n° 441 E 6 – Atlas España Portugal p. 7

Isolé dans la vallée du Arenteiro, ce grandiose monastère cistercien, fondé au milieu du 12ᵉ s. par Alphonse VII, évoque par son nom la présence des ours *(osos)* qui abondaient dans cette région. Il est souvent appelé « l'Escurial de Galice ».

Monastère ⊙ – La **façade** du monastère (1708) se divise en trois corps. Sous la statue de l'Espérance qui couronne le portail, apparaissent dans une niche la Vierge de la lactance et saint Bernard à ses pieds. À l'intérieur on remarquera le grand **escalier d'honneur** et le **cloître des Médaillons** décoré de quarante bustes de personnages historiques célèbres.

Église – Des 12ᵉ et 13ᵉ s. elle conserve derrière sa façade baroque de 1637 la simplicité cistercienne habituelle, seulement altérée par les fresques du transept (1694).

★ **Salle capitulaire** – De la fin du 15ᵉ et du début du 16ᵉ s., elle étonne par ses très belles voûtes dont les nervures entrecroisées retombent en palmiers sur quatre piliers spiralés.

OSUNA★

Andalousie (Séville)

16 240 habitants

Carte Michelin n° 446 U 14 – Atlas España Portugal p. 84

Cette ville andalouse élégante possède un bel **ensemble monumental**★ *(suivre les indications « Zona Monumental »)* que lui a légué son passé de ville ducale. Le duché, un des plus puissants d'Espagne, a été érigé en 1562.

Collégiale ⊙ – Construite dans le style Renaissance (16ᵉ s.) elle abrite cinq **tableaux**★ de José de Ribera « El Españoleto » (1591-1652) : *L'agonie du Christ* se trouve dans une chapelle latérale, les autres dans la sacristie.

★ **Sépulcre ducal** – Par un charmant patio aux arcades de marbre décorées dans le style plateresque, on accède à la première crypte. C'est une église en miniature ; les rosaces de son plafond, dorées à l'origine, ont été noircies par la fumée des cierges. Au-dessous, une seconde crypte construite en 1901 abrite les cercueils des principaux ducs d'Osuna.

Promenade dans la ville – *Principalement aux alentours des plazas del Duque et de España.* Au hasard de rues rectilignes se détachent de nobles façades baroques. Les lourdes portes en bois vernissé et clouté de cuivre s'entrouvrent parfois sur une grille ouvragée et une cour intérieure tapissée de plantes vertes. Remarquer la **calle San Pedro**★ (Cilla del Cabildo, palais des marquis de la Gomera), l'ancien tribunal, le palais des Cepeda, l'ancien palais de Puente Hermoso, de riches églises (Santo Domingo, San Agustín) et, près de la collégiale, le monastère de la Encarnación (16e s.) et l'ancienne université (16e s.).

OURENSE/ORENSE

Galice (Orense)

108 382 habitants

Carte Michelin n° 441 E, F 6 – Atlas España Portugal p. 7

Plan d'agglomération dans le guide Rouge Michelin España Portugal

Dès l'Antiquité, Orense – son nom viendrait des sables aurifères du Miño dont parlent les auteurs anciens – était célèbre pour ses eaux thermales qui jaillissent à une température de 65° en trois abondantes sources, **Las Burgas**. De cette époque la ville conserve encore un vieux **pont romain** reconstruit au 13e s. pour faciliter le passage des pèlerins de St-Jacques.

Aujourd'hui, Orense est un centre commercial important aux nombreux édifices modernes qui a cependant conservé un quartier ancien autour de la cathédrale.

CURIOSITÉS

★ **Cathédrale** ⊘ – Commencée au 12e s., poursuivie au 13e s., elle fut sans cesse remaniée. Le **portail Sud**, sans tympan, à la manière compostellane, est sculpté sur les voussures et les chapiteaux, avec profusion. Le **portail Nord** possède en outre deux statues-colonnes. Sous le grand arc ornemental où il s'inscrit fut ajoutée au 15e s. une Pietà sous la Croix, entourée de la Fuite en Égypte et des saintes femmes. L'**intérieur** présente des lignes très pures. Au-dessus du transept fut construite à la fin du 15e s. une **tour-lanterne** de transition gothico-Renaissance. Le retable du maître-autel, de style gothique fleuri, est l'œuvre de Cornelius de Hollande.

Dans le bras gauche du transept s'ouvre la **chapelle del Santísimo Cristo**, des 16e s. et 17e s., représentative du style baroque galicien par l'exubérance des sculptures qui la décorent. À l'extrémité Ouest le **Pórtico del Paraíso**★★ reprend le schéma du portail de la Gloire à Compostelle avec ses trois arcs merveilleusement sculptés et sa polychromie primitive. L'arc central porte les 24 vieillards de l'Apocalypse ; à droite le Jugement dernier. Le tympan ajouré et les voûtes du narthex furent réalisés au 16e s.

Dans la nef latérale droite s'ouvre la porte du **musée**. L'ancienne salle capitulaire (13e s.) abrite divers objets de valeur : pièces d'orfèvrerie, statues, chasubles et un autel portatif du 12e s.

Museo Arqueológico y de Bellas Artes ⊘ (**M¹**) – L'ancien palais épiscopal présente sur la plaza Mayor une belle façade blasonnée. Le musée expose des collections préhistoriques, de la culture des *castros* (statues de guerriers) et une section de Beaux-Arts où l'on remarquera un **chemin de Croix**★ en bois du début du 18e s.

OURENSE/ORENSE

M¹ Museo Arqueológico y de Bellas Artes

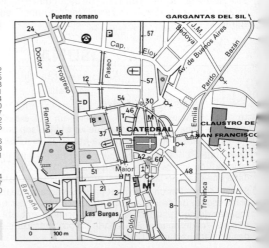

★ **Cloître San Francisco** ⊙ – Gracieux et élégant, ce cloître du 14ᵉ s. se compose d'arcades gothiques, légèrement outrepassées, reposant sur de fines colonnes jumelées ; le décor de pointes de diamant et de feuillages est simple et raffiné. Certains chapiteaux s'ornent de scènes de chasse ou de personnages.

EXCURSION

★ **Circuit de 65 km** – *2 h 1/2 et 1/2 h pour la visite du monastère. Sortir par la C 536 à l'Est, après 6 km prendre à gauche vers Luintra une route sur 18 km.*

Monastère San Estevo de Ribas de Sil – On le découvre soudain, étalé sur un vaste éperon avec au second plan les monts granitiques que le Sil a profondément entaillés. Le **site**★ est très majestueux. Outre le chevet roman de l'église, on verra les trois cloîtres aux proportions grandioses, bâtis presque entièrement au 16ᵉ s. L'un d'eux conserve ses galeries romanes, surmontées d'élégantes arcades surbaissées.

★ **Gargantas del Sil** – *Reprendre la route qui descend sur la gauche vers le Sil (ne pas s'engager dans le chemin signalé « embalse de San Esteban »).* Deux barrages, l'un de type voûte, l'autre à contreforts, retiennent les eaux du Sil engagées ici dans les gorges profondes.

Au second barrage emprunter, sans quitter la rive gauche, le chemin signalé « embalse de San Pedro » qui rejoindra la N 120 ou tourner à gauche vers Orense.

Michelin sur Internet
Accès : www.michelin-travel.com.
Produits tourisme Michelin, déclinés selon 4 rubriques :
    - le calcul d'itinéraires
    - les ressources touristiques (avec hôtels et restaurants)
    - le catalogue des produits Michelin
    - la messagerie Michelin

OVIEDO★

Asturies

204 276 habitants

Carte Michelin nº 441 B 12 – Atlas España Portugal p. 5

Voir plan général dans le guide Rouge Michelin España Portugal

Établie sur une butte, au cœur d'un bassin verdoyant, Oviedo, métropole économique et culturelle des Asturies, est une ville moderne, dont le centre est occupé par un grand parc. Elle s'est développée, à la suite de l'installation d'une fabrique d'armes au 18ᵉ s., et surtout de l'exploitation du bassin houiller au 19ᵉ s. Oviedo est une ville universitaire, dotée d'une école d'ingénieurs des Mines.

Contrastant avec la cité moderne, la vieille ville autour de la cathédrale arbore encore les larges façades de ses anciennes maisons seigneuriales.

La capitale du royaume des Asturies (9ᵉ-10ᵉ s.) – Les musulmans n'avaient laissé que ruines de la petite cité édifiée par Froïla Iᵉʳ (722-768) sur une colline nommée Ovetum, autour d'un monastère bénédictin. Son fils Alphonse II le Chaste (791-842) transporte à Oviedo la cour qui, jusque-là, avait résidé à Cangas de Onís puis à Pravia. Il fait rééditer la ville, l'entoure de remparts et l'embellit de nombreux édifices religieux dont il ne nous est guère parvenu que des vestiges : la Cámara Santa, le chevet de l'église San Tirso et Santullano. Son successeur Ramire Iᵉʳ (842-850) fait lever un splendide palais d'été en partie conservé de nos jours, sur le flanc du mont Naranco.

Mais les limites du royaume ne cessant de se déplacer vers le Sud, García Iᵉʳ transporte la cour à Léon en 914. Le royaume d'Asturies-Léon n'aura qu'une brève existence de 1037 à 1157, puis, en 1230, il est réuni définitivement à la Castille. Cependant, à partir de 1388, le dauphin de Castille portera en hommage le titre de prince des Asturies.

Les batailles d'Oviedo – En 1934, à la suite de l'insurrection du bassin minier asturien, la ville a été fortement endommagée pendant les combats entre insurgés et troupes régulières : la Cámara Santa est détruite, l'université incendiée et la cathédrale endommagée. Pendant la guerre civile, en 1937, elle fut encore le théâtre de nombreux combats.

LA VIEILLE VILLE *1 h 1/2*

★ **Cathédrale** 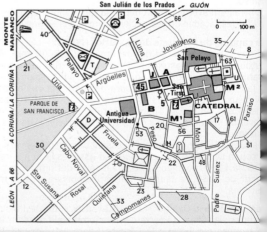 – Édifice caractéristique du gothique flamboyant, la cathédrale fut commencée au 14e s. par le cloître et achevée dans le courant du 16e s. par le porche et la tour Sud. Cette dernière, restaurée après la guerre civile et haute de 80 m, affine sa silhouette d'une courte flèche ajourée. La façade irrégulière présente trois portails gothiques. Les vantaux en noyer sculpté sont du 18e s. : ceux du portail central représentent à gauche le Christ, à droite sainte Eulalie dans un champ de maïs.

Intérieur – Le triforium, que surmontent les hautes verrières et les trois rosaces de la façade et des bras du transept, présente les formes ondoyantes typiques du flamboyant. La perspective bien dégagée de la nef met en valeur les dimensions respectables du **retable**★ du maître-autel du 16e s. en bois sculpté, qui relate divers épisodes de la vie du Christ.

Les chapelles latérales furent abondamment décorées à l'époque baroque. À gauche en entrant, la chapelle Ste-Eulalie (17e s.), d'une grande surcharge décorative, abrite, dans une énorme châsse baroque, les restes de la sainte, patronne des Asturies.

Dans le bras Nord du transept, la **chapelle del Rey Casto** (roi chaste) a été aménagée à l'emplacement de l'église primitive. On y accède par un portail dont la décoration, à l'intérieur de la salle, est d'un gothique tardif ; aux ébrasements on reconnaît Jacques le Pèlerin, Pierre et Paul, saint André et, aux voussures, 12 vieillards musiciens. La chapelle abrite le panthéon des rois asturiens.

Cámara Santa – Édifiée au début du 9e s. par Alphonse II pour abriter un coffre contenant d'insignes reliques rapportées de Tolède après la chute du royaume wisigoth, la Cámara Santa a été transformée à l'époque romane, puis détruite par une explosion en 1934. Reconstituée, elle a retrouvé maintes œuvres d'art.

Dans le vestibule, six groupes d'apôtres forment un ensemble de **statues-colonnes**★★ stylisées, œuvres magistrales de la sculpture espagnole du 12e s. Remarquer également la tête du Christ au-dessus de l'entrée. L'artiste a été influencé par le portique de la Gloire de St-Jacques-de-Compostelle, ce qui n'est pas surprenant car la Cámara Santa fait l'objet d'un détour très fréquenté sur le chemin des pèlerins. Les chapiteaux qui surmontent les colonnes présentent le mariage de Joseph et Marie, les saintes Femmes au tombeau, des scènes de chasse au lion et au sanglier.

L'abside abrite un **trésor**★★ composé de pièces d'orfèvrerie ancienne tout à fait remarquables : la **croix des Anges**, don d'Alphonse II en 808, réalisée en bois de cèdre et décorée de pierreries comprenant des cabochons et camées romains, la **croix de la Victoire** (908) recouverte d'or ciselé et de pierreries qui fut portée par Pélage lors de la victoire de Covadonga *(voir ce nom)*, la **châsse des agates**, don de Froïla II (910) et le **saint coffre** (12e s.), reliquaire recouvert de plaques d'argent.

Cloître – Admirer les belles croisées d'ogives et la grande finesse des fenestrages. La **chapelle Sta Leocadia** est en fait la crypte de la Cámara Santa. Ornée extérieurement *(côté jardin)* d'arcatures aveugles, elle est voûtée en berceau à

OVIEDO

A Palacio de Valdecarzana
B Palacio de Toreno
J Palacio de Camposagrado

M¹ Museo de Bellas Artes de Asturias
M² Museo Arqueológico

l'intérieur et abrite un autel et des tombes de l'époque d'Alphonse II, ainsi qu'un étrange petit édicule en pierre. La **salle capitulaire** abrite de belles stalles de la fin du 15ᵉ s.

Place de la cathédrale (Plaza de Alfonso II – **5**) – À gauche de la cathédrale, les bas-reliefs et les bustes du jardin rendent hommage aux rois asturiens. Sur la place, à droite, en sortant de la cathédrale, se trouve le **palais de Valdecarzana** (**A**) du 17ᵉ s.
Contourner la cathédrale par le flanc droit. On voit en passant la fenêtre du chevet de l'**église San Tirso**, seul vestige du temple du 9ᵉ s. La présence de l'*alfiz* dans un édifice de cette époque intrigue les archéologues.

Museo de Bellas Artes de Asturias ⊘ (**M¹**) – L'élégant palais Velarde (18ᵉ s.) sert de cadre à une importante collection de peintures où les artistes asturiens sont particulièrement représentés. Remarquer le triptyque flamand de l'*Adoration des Mages*, réalisé sous le règne de Charles Quint, par le maître de la Légende de Madeleine et le portrait de *Charles II* par Carreño de Miranda.

Museo Arqueológico ⊘ (**M²**) – Il est installé dans un ancien couvent.
Dans la galerie inférieure du cloître plateresque du 15ᵉ s. s'ouvrent les deux salles préromanes. Les humbles fragments ou reproductions sont de précieux témoins du grand raffinement qui présidait à la décoration des monuments de l'époque asturienne : autels comme celui de Naranco surmonté de la pierre d'origine, reconstitutions de clôtures de chœurs, ou *canceles*, bas-relief où l'on décèle souvent une influence orientale, bases de colonnes de San Miguel de Lillo, baies ajourées incorporées dans le mur.
Dans la galerie supérieure du cloître : collections préhistoriques trouvées dans la province, numismatique et objets de bois sculptés (instruments de musique).
À côté du musée se dresse la façade du **monastère San Pelayo** (17ᵉ-18ᵉ s.).

Plaza de Porlier (**45**) – Quelques beaux palais l'encadrent : celui de **Toreno** (1673) (**B**), bibliothèque, et celui de **Camposagrado** (**J**), harmonieuse construction du 18ᵉ s., qui abrite le tribunal (remarquer l'avant-toit considérable).

Ancienne université – L'édifice à la façade austère fut terminé au 17ᵉ s. Sa cour classique, bien que restaurée après la guerre, a gardé le cachet de jadis.

AUTRES CURIOSITÉS

Ancien hôpital de la Principauté – *Sortir du plan par la calle Conde de Toreno.* Transformé en hôtel. Bel **écusson**★ baroque.

Église Santullano ou San Julián de los Prados ⊘ – Témoin de l'art asturien dans la première moitié du 9ᵉ s., sa composition est bien caractéristique : porche, trois nefs, immense nef transversale et, au chevet, trois chapelles voûtées de brique. Les murs sont couverts de fresques dont la composition supposerait un modèle romain. À remarquer dans l'abside centrale un beau Christ roman. À l'extérieur, le chevet présente la fenêtre à triple arcade et les *claustra* typiques de l'art asturien.

ENVIRONS

★ **Sanctuaires du mont Naranco** – *4 km au Nord-Ouest*. Sur le versant Sud du mont Naranco, Ramire Iᵉʳ avait édifié au 9ᵉ s. une résidence d'été dont subsistent l'ancien salon de réception transformé en sanctuaire (Santa María) et la chapelle royale (San Miguel). De ce site s'offre un agréable **panorama** sur Oviedo et, au loin, sur les pics d'Europe.

★ **Santa María del Naranco** ⊘ – Cet édifice quadrangulaire à étage, renforcé par des contreforts à cannelures et éclairé de grandes baies, séduit par ses lignes harmonieuses. À l'étage, le grand salon, voûté en berceau, ouvre sur deux loggias. La décoration a su s'adapter aux nécessités de l'architecture : un faisceau de colonnettes torsadées habille les piliers ; les chapiteaux des loggias sont corinthiens et ceux qui s'adossent aux murs, prismatiques ; les arcs doubleaux se prolongent jusqu'aux écoinçons des arcs par un pilastre cannelé et un disque décoré aussi minutieusement qu'un tissu oriental. Le même décor se retrouve à l'extérieur, avec la même symétrie.

★ **San Miguel de Lillo** ⊘ – Ce temple nous est parvenu tronqué : le chevet fut modifié au 17ᵉ s. L'élévation des murs est accusée par l'étroitesse des nefs. Plusieurs fenêtres de type claustra ont été conservées. À l'intérieur on admire la délicatesse de la décoration sculptée : sur les **jambages**★★ de la porte, deux scènes identiques exécutées en méplat représentent un consul entouré de dignitaires, présidant les jeux du cirque. Le motif de la corde se retrouve sur les chapiteaux, les arcs et la nef et la tribune.

La pierre dorée de San Miguel de Lillo

EXCURSIONS

★ **Église Santa Cristina de Lena** ⊘, à **Vega del Rey** – *34 km au Sud par la voie rapide A 66 que l'on quitte à la sortie 92. À Pola de Lena, prendre la direction de Vega del Rey, puis la route signalée. Se garer avant le viaduc, de là 1/4 h de montée dans un chemin.*

Perchée sur un piton offrant une **vue panoramique**★ sur la verdoyante vallée du Caudal, l'église Santa Cristina de Lena laisse admirer de belles proportions et la chaude couleur de ses pierres.

Postérieur aux sanctuaires du mont Naranco, ce petit édifice, au plan de croix grecque, inhabituel dans l'architecture asturienne, reste fidèle à la tradition : voûte en pierre, arcatures aveugles, chapiteaux pyramidaux soulignés de cordes, médaillons sculptés prolongeant les arcs doubleaux et, dans le chœur, colonnettes torsadées. La nef est isolée du chœur nettement surélevé par une iconostase dont les arcades superposées accroissent l'impression d'équilibre. Les bas-reliefs du chancel (sorte d'autel) sont des sculptures d'origine wisigothique, reconnaissables aux motifs (figures géométriques, feuilles...), opportunément réemployées.

Teverga – *43 km au Sud-Ouest par N 634 puis AS 228.*

La route suit le Trubia qui, après Proaza, s'enfonce dans un étroit défilé. À la sortie, en arrière, jolie **vue**★ sur les Peñas Juntas, falaises qui marquent la fin du défilé. Après la bifurcation vers Teverga, on emprunte le **défilé de Teverga**★, très encaissé. La **collégiale San Pedro de Teverga** ⊘ se trouve à la sortie de la Plaza. L'église date de la fin du 12ᵉ s. et s'est vu adjoindre un porche et une tour. On retrouve dans son architecture d'évidentes séquelles de l'art préroman asturien : présence d'un narthex, nef centrale étroite et élevée, chevet plat formé à l'origine de trois chapelles. Les chapiteaux du narthex montrent animaux et feuilles stylisées.

Puerto de PAJARES★★

Col de PAJARES – Castille et Léon, Asturies

Carte Michelin n° 441 D 12
Atlas España Portugal p. 10

Le col de Pajares fut longtemps le seul point de passage aisé de la cordillère Cantabrique dans sa partie Ouest, reliant les provinces de Léon et des Asturies. Sur le versant Sud, la **route**★★ (N 630) suit le cours du Bernesga et, au Nord de la Robla, se fraie un passage à travers plusieurs goulets. La montagne est constituée à cet endroit de roches disposées en couches si fortement plissées qu'elles sont par endroits redressées presque à la verticale.

1 km au Sud du col, le village d'**Arbás** conserve la **collégiale** romane de Santa María. Bien que remaniée à la Renaissance, elle a conservé d'intéressants chapiteaux dont les motifs végétaux montrent une influence orientale.

★★ **Le col** – 1 379 m. C'est un magnifique belvédère sur les cimes aiguës de la cordillère Cantabrique occidentale. Plusieurs remontées mécaniques permettent la pratique du ski. Sur le versant Nord, la route en corniche comporte de fortes déclivités (15 %). Côté montagne, on remarque de nombreux affleurements houillers tandis qu'au-dessus du ravin se profilent de puissants escarpements rocheux.

PALENCIA

Castille et Léon

81 988 habitants
Carte Michelin n° 441 F 16
Atlas España Portugal p. 10
Plan dans le guide Rouge Michelin España & Portugal

La ville s'étire du Nord au Sud, insérée dans les limites étroites que lui imposent le río Carrión à l'Ouest et la voie ferrée à l'Est, dans la riche terre de Campos. Autour de la ville, des terres irriguées par le canal de Castille et les canaux afférents alimentent une horticulture prometteuse.

Au début du 13e s., Alphonse VIII y fonda la première université d'Espagne.

★★ **Cathédrale** ⊘ – La « belle méconnue » – les habitants de Palencia considèrent en effet qu'il n'est pas rendu justice à leur cathédrale – est un bâtiment gothique, édifié entre les 14e et 16e s. avec de nombreux éléments Renaissance.

Dès le 7e s. s'élevait à cet endroit une chapelle abritant les reliques du saint wisigoth Antolín. Oubliée après la destruction de la ville par les Maures, elle fut, d'après la tradition, miraculeusement redécouverte par le roi de Navarre, Sanche le Grand, lors d'une chasse au sanglier. Aussitôt, en 1034, le souverain éleva une chapelle romane qui sert de crypte à la cathédrale actuelle.

★★ **Intérieur** – Le centre de l'édifice est occupé par une concentration inouïe d'œuvres d'art représentant toutes les nuances stylistiques du début du 16e s. : gothique flamboyant, isabélin, plateresque et Renaissance. Cette richesse est due à l'évêque Fonseca qui sut s'entourer d'artistes de valeur dans les premières années du 16e s.

Le monumental **retable** du maître-autel (début du 16e s.), composé d'une infinité de compartiments, fut sculpté par Felipe Bigarny, peint par Juan de Flandes ; il est surmonté d'un calvaire de Juan de Valmaseda. Sur les côtés se trouvent des tapisseries du 16e s. commandées par l'évêque de Fonseca. La grille du coro, au couronnement délicatement ouvragé, est de Gaspar Rodríguez (1563) ; au-dessus des stalles gothiques on remarque la tribune d'orgues, de 1716. Derrière le maître-autel, fermée par une jolie grille romane, se trouve la **chapelle del Sagrario**, d'un gothique exubérant qui conserve un riche retable de Valmaseda (1529) et à gauche en hauteur le sarcophage de Doña Urraca de Navarre, morte en 1189. Les sculptures du trascoro sont l'œuvre de Gil de Siloé et de Simon de Cologne ; le **triptyque**★ central est un pur chef-d'œuvre peint par Jan Joest de Calcar en Flandres en 1505 – au centre est peint le donateur, l'évêque de Fonseca.

À côté du trascoro un escalier plateresque mène à la **crypte**, construction romane conservant quelques vestiges (arcs, chapiteaux) de la chapelle wisigothique du 7e s.

★ **Musée** ⊘ – *Installé à droite de l'entrée principale.* Parmi les œuvres exposées on remarque un saint Sébastien du Greco et quatre **tapisseries**★ flamandes du 15e s., représentant l'Adoration, l'Ascension, le péché originel et la Résurrection de Lazare. L'évêque de Fonseca après les avoir achetées fit tisser son blason dans les coins.

ENVIRONS

Baños de Cerrato – *14 km au Sud-Est. À Venta de Baños traverser la voie ferrée et tourner à droite vers Cevico de la Torre et tourner à gauche au premier croisement.* La **basilique San Juan Bautista**★ ⊘, la plus ancienne église d'Espagne qui nous soit parvenue en bon état de conservation, est un exemple d'architecture wisigothique. Elle fut édifiée par le roi wisigoth Recesvinthe en 661 (date sous l'arc de l'abside). Elle comprend trois nefs couvertes d'une charpente de bois, le transept et trois absides. Les arcs en fer à cheval séparant les nefs reposent sur des colonnes au fût de marbre et des chapiteaux sculptés de motifs floraux stylisés, où apparaît déjà la longue feuille à nervures, très répandue plus tard dans l'art asturien. Une élégante frise court le long de l'abside centrale.

PAMPLONA★

Voir IRUÑEA

El PARDO

Madrid

Carte Michelin n° 444 ou 442 K 18 – Atlas España Portugal p. 39

Situé aujourd'hui dans la grande banlieue de Madrid, ce bourg s'est développé autour d'une des résidences de la couronne espagnole. Il est entouré de forêts de chênes verts qui étaient l'une des réserves de chasse des monarques espagnols.
5 km au Sud-Ouest se trouve le **palais de la Zarzuela**, résidence du roi Juan Carlos.

★ **Palais royal** ⊘ – À l'emplacement du palais de Philippe II incendié en 1604, Philippe III a fait ériger cette vaste demeure modifiée en 1772 par Sabatini. Longtemps résidence officielle des souverains espagnols, son dernier hôte a été le général Franco durant 35 ans. Aujourd'hui, on y accueille les chefs d'État étrangers en visite. La partie du palais visitée - salons officiels et appartements privés - renferme de beaux ensembles de meubles, lustres et pendules provenant de la collection de Charles IV. Plus de 200 **tapisseries**★ décorent les murs ; la majeure partie proviennent de la Manufacture royale de Madrid ; elles ont été réalisées au 18ᵉ s. d'après les cartons de Goya, Bayeu, González Ruiz et Van Loo et représentent des scènes champêtres ou de chasse.

Casita del Príncipe ⊘ - Édifié en 1772 pour les enfants de Charles IV et Marie-Louise, le **pavillon du Prince** a été totalement réaménagé en 1784 par Juan de Villanueva. C'est un pavillon de pierre et brique d'un étage, décoré dans le goût de la fin du 18ᵉ s. extrêmement riche et raffiné : murs tapissés de soie et plafonds de style pompéien.

La Quinta ⊘ - Cette ancienne résidence du duc d'Arco devenue bien royal en 1745 retient surtout l'attention par l'élégante collection de papiers peints (début 19ᵉ s.) décorant les murs.

Couvent des Capucins ⊘ - Une chapelle abrite un **Christ gisant**★ de Gregorio Fernández, une œuvre majeure de la sculpture espagnole réalisée en bois polychrome en 1605 d'après une commande de Philippe III.

PEDRAZA DE LA SIERRA★★

Castille et Léon (Ségovie)

448 habitants

Carte Michelin n° 442 ou 444 I 18 – Atlas España Portugal p. 39

Perchée sur une éminence et encore ceinte de ses remparts, Pedraza a conservé son caractère de vieille cité seigneuriale. C'est dans le château situé à l'extrémité du promontoire que les enfants de François Iᵉʳ furent emprisonnés pendant 4 ans en échange de la liberté de leur père, tombé aux mains des Espagnols à Pavie en 1525.

Le village - Par une porte fortifiée, on pénètre dans un dédale de rues étroites et déclives bordées de demeures rustiques souvent blasonnées. La **Plaza Mayor**, avec ses portiques vétustes soutenant de profondes loggias et le svelte clocher roman qui pointe vers le ciel, est une des plus attachantes de Castille.

La Plaza Mayor

F. Gouverneur/MICHELIN

EXCURSIONS

Sepúlveda - *25 km au Nord.* En arrivant de Pedraza, on apprécie au mieux son **site**★ en terrasses sur le versant d'une gorge profonde. Laisser la voiture sur la place de l'hôtel de ville dominée par les ruines de l'ancien château, et monter jusqu'à l'**église del Salvador**. Son architecture est caractéristique des églises romanes de la province de Ségovie : clocher à plusieurs étages de baies géminées, chevet décoré d'une corniche sculptée et portique latéral, l'un des plus anciens d'Espagne (1093). De l'église on a une vue très agréable sur le bourg.
Ses restaurants sont célèbres pour leur agneau rôti.

Défilé du Duratón - *16 km à l'Ouest de Sepúlveda. Par Villar de Sobrepeña, à l'Ouest de Sepúlveda, se rendre à Villaseca, où l'on prend une piste conduisant à la chapelle.* La **chapelle** romane toute simple de **San Frutos** se dresse au-dessus du canyon du río Duratón et offre une vue tout à fait impressionnante.

PEÑAFIEL★

Castille et Léon (Valladolid)

5 003 habitants

Carte Michelin n° 442 H 17 – Atlas España Portugal p. 25

Peñafiel faisait partie de la ligne de défense du Duero édifiée par les Castillans lors de la Reconquête.

★ **Château** – Il domine le village de sa redoutable silhouette (14e s.) dont la position stratégique au carrefour de trois vallées explique l'importance des fortifications. Deux enceintes successives suivent la crête en un rectangle allongé. Au milieu de la seconde, assez bien conservée, se dresse un donjon quadrangulaire, renforcé dans sa partie supérieure de tourelles qui lui donnent la silhouette caractéristique des châteaux forts de Castille.

Église San Pablo – (1324). On remarquera son chevet mudéjar et, à l'intérieur, la voûte Rennaissance de la chapelle de l'Infant (1536).

Plaza del Coso – Typiquement castillane, cette vaste place carrée, presque entièrement fermée, est entourée de maisons ouvertes en loggias pour mieux jouir des courses de taureaux.

PEÑARANDA DE DUERO★

Castille et Léon (Burgos)

609 habitants

Carte Michelin n° 442 G 19 – Atlas España Portugal p. 26

Ce petit bourg castillan est dominé par les ruines de son **château**.

★ **Plaza Mayor** – Elle forme un ensemble intéressant de façades à colombage, reposant sur de gros piliers de pierre autour d'un très beau pilori du 15e s.

★ **Palacio de Avellaneda** ⊘ – Sur un côté de la Plaza Mayor se dresse la noble façade dont le portail déploie tous les ornements de la Renaissance. L'intérieur recèle un patio à double galerie ; l'arc d'entrée du patio, le grand escalier d'honneur, les salons à **plafond artesonado**★ en font, grâce au talent de François de Cologne, l'une des plus belles demeures Renaissance d'Espagne.

PENÍSCOLA★★

Communauté valencienne (Castellón)

3 667 habitants

Carte Michelin n° 443 ou 445 K 31 – Atlas España Portugal p. 57

Cette presqu'île rocheuse (son nom vient du mot *peninsula* en latin) est ancrée dans la mer et forme un amalgame de blanches maisons, serrées à l'intérieur des murailles. Au sommet, la forteresse fut le dernier refuge de l'antipape **Benoît XIII**.

De part et d'autre se développe, le long des vastes plages, une station balnéaire moderne aux nombreux immeubles. En fin d'après-midi l'animation se concentre sur le port de pêche, au pied de la vieille ville, quand les bateaux rentrent.

Benoît XIII et le schisme d'Occident – Depuis 1309, la papauté, contrainte et forcée, s'était installée à Avignon, et, en 1378, le peuple romain imposa l'élection du pape Urbain VI afin de ramener la papauté à Rome. Les cardinaux non italiens lui opposèrent un pape d'origine française, Clément VII, qui s'établit à Avignon. La chrétienté fut alors partagée, et le schisme d'Occident commençait. En 1394, à la mort de Clément VII, les cardinaux avignonnais choisirent pour lui succéder un Aragonais, **Pedro de Luna**, qui avait promis de mettre fin au schisme en déposant la tiare s'il était élu, engagement qui lui avait valu le soutien du roi de France Charles VI. Mais dès qu'il eut coiffé la tiare sous le nom de Benoît XIII, il s'empressa d'oublier sa promesse. Abandonné par Charles VI qui le fit assiéger dans Avignon, déchu en 1409 par le concile de Pise puis en 1414 par celui de Constance, il se retira en pays valencien, à Peníscola, en compagnie des deux seuls cardinaux qui lui étaient fidèles. Refusant obstinément de se plier aux décisions des conciles, il fit nommer pape par ses deux compagnons, avant sa mort en 1423, un chanoine barcelonais, Gil Muñoz, qui prit le nom de Clément VIII.

Vue nocturne de Peníscola

* **Vieille ville** – *Circulation interdite.* À l'étroit dans ses remparts qui datent de Philippe II, le village aux rues tortueuses est agréable à parcourir.

Château ⊙ – Construit par les Templiers au 14ᵉ s., il fut modifié par Benoît XIII dont le blason (où figure un croissant de lune) orne l'une des portes de la ville. Autour de la place d'armes s'ordonnent l'église et une vaste salle, aux voûtes ogivales ; une tour isolée qui renferme le salon du conclave et le cabinet d'études de ce pape amateur de culture, fondateur d'une université en Écosse et rédacteur des statuts de celle de Salamanque. De la terrasse, **panorama**★ sur le village et la côte.

PICOS DE EUROPA★★★

Castille et Léon, Asturies, Cantabrie

Carte Michelin nº 441 C 15 – Atlas España Portugal p. 11

Les pics d'Europe, massif le plus élevé de la cordillère Cantabrique (Torre Cerredo, 2 648 m), sont situés entre Oviedo et Santander, à une trentaine de kilomètres de la mer.

Des gorges creusées par des torrents aux eaux poissonneuses circonscrivent ce bloc de calcaires primitifs et l'entaillent, le découpant en trois massifs, Occidental ou de Covadonga, Central ou de Naranjo de Bulnes et Oriental ou de Andara. Des défilés impressionnants cohabitent ainsi avec les hauts sommets dentelés par l'érosion et coiffés de neige qui constituent un magnifique fond de décor. Le versant Sud au profil adouci s'ouvre sur des paysages moins escarpés mais plus sévères.

En 1995 fut créé le **parc national des Pics d'Europe**, qui englobe l'ancien parc de la montagne de Covadonga, afin de protéger sur ses 64 660 ha une flore et une faune privilégiées. Outre les activités traditionnelles : élevage, fabrication du *cabrales* (fromage au lait de brebis ensemencé de moisissure et fermenté à la manière du roquefort), le massif a quelques ressources minières. La Liébana – région de Potes – bénéficie d'un climat privilégié à l'abri des vents du Nord-Ouest : on y rencontre des plantations d'arbres fruitiers (noisetiers, cerisiers, néfliers) tandis que la vigne s'est installée à mi-pente des terrasses.

★★ DESFILADERO DE LA HERMIDA

1 **De Panes à Potes** *27 km – environ 1 h*

La grande curiosité de ce parcours est le **défilé**★★ qui s'étend sur 20 km de part et d'autre du bassin où se loge le hameau de la Hermida. L'étroitesse et l'obscurité des gorges en ont banni la végétation. Le fleuve Deva a exploité ici tous les points de moindre résistance de la paroi, ce qui donne un tracé en dents de scie.

Nuestra Señora de Lebeña ⊙ – Petite église mozarabe du 10ᵉ s. entourée de peupliers et dominée de hautes falaises. Le clocher et le porche sont postérieurs. Les trois nefs voûtées en plein cintre reposent sur des arcs en fer à cheval. Remarquer la belle facture des chapiteaux de style corinthien.

Potes – Cette charmante petite ville bénéficie d'un **site**★ des plus agréables dans le creux du bassin verdoyant avec comme toile de fond les crêtes aiguës de la chaîne centrale. Du pont, une vue s'offre sur les vieilles maisons en pierre qui se mirent dans l'eau du Deva et sur la sévère **tour de l'Infantado** (15ᵉ s.), restaurée et transformée en hôtel de ville.

★ MONTÉE À FUENTE DÉ

2 *30 km – environ 3 h*

En remontant le cours du Deva dans les paysages de bois et de prairies au milieu desquels font tache les toits de tuiles roses des villages, on atteint le sauvage cirque rocheux de Fuente Dé où le fleuve prend sa source.

Monastère Santo Toribio de Liébana ⊙ – *Accès par une route à gauche signalée.*

Occupé par des franciscains, il fut fondé au 7ᵉ s. Grand fut son rôle dès le siècle suivant : là fut mis en sûreté un fragment de la Croix rapporté de Jérusalem par l'évêque d'Astorga, Toribio ; là, enfin, vécut le moine **Beato**, célèbre pour son **commentaire sur l'Apocalypse** (8ᵉ s.). Cette œuvre capitale pour son caractère polémique contre la théorie adoptianiste (qui faisait du Christ le fils adoptif du Père) fut condamnée au concile de Francfort (794). Copiée sous forme de manuscrits enluminés, les Beatus *(illustration p. 47)*, elle eut durant plusieurs siècles un rayonnement considérable dans la chrétienté.

L'église, romane de transition, a retrouvé son harmonie originelle. Du collatéral gauche on peut voir le camarín qui abrite le reliquaire du *lignum crucis* ; le crucifix en argent doré contient le plus grand morceau connu de la vraie Croix.

Du belvédère à l'extrémité de la route, **vue**★ sur Potes et la chaîne centrale.

★★ **Fuente Dé** – À côté du parador, installé à 1 000 m d'altitude, se trouve la station de départ du téléphérique. La station supérieure s'aperçoit au-dessus d'un à-pic de 800 m. Pendant la **montée en téléphérique** ⊙, on peut entrevoir un de ces chamois qui peuplent le massif. De la plate-forme d'arrivée, au **belvédère del Cable**★★ : beau panorama sur la haute vallée du Deva avec Potes et les sommets de la chaîne centrale.

Un sentier permet d'atteindre le refuge d'Aliva. Sur ces hautes pentes, les effets de l'érosion karstique (calcaire) se manifestent de façon grandiose : longs plateaux pierreux, vastes entonnoirs appelés « **hoyos** ».

★ PUERTO DE SAN GLORIO

③ De Potes à Oseja de Sajambre *83 km - environ 3 h*

Après avoir traversé la fraîche vallée du río Quiviesa plantée de peupliers, la route s'élève entre les pâturages. 10 km après Bores, dans une série de lacets, beau panorama sur la gauche. La montée au col de San Glorio fait découvrir de grandes solitudes.

★ **Puerto de San Glorio** – 1 609 m. Un chemin de terre partant au Nord conduit *(1 h AR)* à proximité de la Peña de Llesba. Le **mirador de Llesba** forme un magnifique **belvédère**★★ naturel sur les plus hautes cimes : à droite le massif Oriental, à gauche le massif Central et son abrupt versant Sud qui domine Fuente Dé. Au premier plan, sur la gauche, le pic Coriscao (2 234 m).

Le spectacle reste sévère jusqu'à **Llánaves de la Reina**, village blotti à l'entrée des **gorges du Yuso** rendues spectaculaires par la coloration de la roche.

À Portilla de la Reina prendre la LE 243 à droite.

★★ **Puerto de Pandetrave** – Montée dans un paysage de haute montagne. Le col (1 562 m) révèle un **panorama** sur les trois massifs avec, au premier plan à droite, deux pics du massif Central : le Cabén de Remoña et la Torre de Salinas. Au fond Santa Marina de Valdeón se blottit dans une cuvette.

Entre Santa Marina de Valdeón et Posada de Valdeón, la route est étroite mais très praticable.

★ **Puerto de Panderruedas** – À 1 450 m d'altitude on arrive dans un ample paysage de prairies. Suivre à gauche le sentier *(1/4 h à pied AR)* qui monte au **belvédère de Piedrafitas**★★ *(table d'orientation) :* vue impressionnante sur l'immense cirque qui ferme la vallée de Valdeón. À droite le Torre Cerredo, point culminant du massif.

★ **Puerto del Pontón** – 1 290 m. **Vue**★★ très pittoresque sur la vallée de Sajambre.

La descente sur Oseja de Sajambre *(voir ci-dessous)* s'amorce en lacets serrés et vue des contreforts de la chaîne Occidentale. Le tracé en corniche devient spectaculaire (tunnels) : on aperçoit la formidable muraille dans laquelle le Sella a creusé son lit.

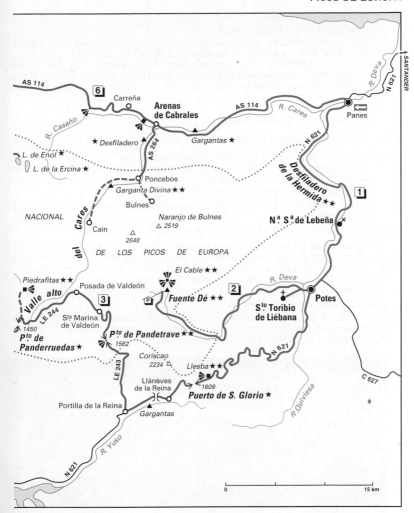

★★ DESFILADERO DE LOS BEYOS

4 **De Oseja de Sajambre à Cangas de Onís** *38 km - environ 1 h*

★★ **Belvédère de Oseja de Sajambre** – **Vue grandiose**★★ sur le bassin d'Oseja de Sajambre et l'entrée du défilé de los Beyos, aux plis tourmentés.

★★ **Desfiladero de los Beyos** – Taillé par le Sella sur 10 km dans une couche calcaire d'une exceptionnelle épaisseur, ce défilé ne laisse la place qu'à de minuscules talus où s'accrochent quelques arbres. Très encaissé mais suffisamment ample pour que le soleil y pénètre, c'est l'un des plus beaux défilés d'Europe.

Cangas de Onís – À l'entrée Ouest de la ville, un élégant **pont romain** en dos d'âne est jeté sur le Sella.

À l'Ouest de l'agglomération, à Contranquil, la chapelle de Santa Cruz, érigée en souvenir de la bataille de Covadonga, a été reconstruite après la guerre civile. Elle abrite l'unique dolmen de la région, dont une pierre est ornée de dessins gravés.

Villanueva – À l'extrémité du village se trouve l'ancien **monastère bénédictin San Pedro** dont la construction au 17e s. a englobé une église romane. De celle-ci, il nous reste l'abside et le portail latéral qui porte une élégante décoration ; à gauche les chapiteaux reproduisent les adieux du roi Favila et sa triste fin – il fut, dit-on, dévoré par un ours. Des modillons fantaisistes ornent l'extérieur de l'abside.

★ ROUTE DE COVADONGA ET DES LACS

5 **De Cangas de Onís à Covadonga** *35 km - environ 3 h*

Cueva del Buxu ⊘ – La **grotte**, au flanc d'une falaise, renferme dessins au charbon de bois et gravures préhistoriques de l'époque magdalénienne, représentant un cerf, un cheval, un bison à peine plus grands que la main.

Covadonga – *Voir ce nom.*

Poursuivre par la CO 4 vers les lacs.

La route, en forte montée, découvre en arrière un panorama toujours plus dégagé. Au bout de 8 km, on atteint le **belvédère de la Reina**★★ : vue pittoresque sur la succession de pyramides rocheuses de la sierra de Covalierda. Plus loin, au-delà d'un col, la route arrive aux **lacs**★ **de Enol et de la Ercina** (alt. 1 232 m). Chaque année, le 25 juillet, la fête du Berger au lac d'Enol attire une foule nombreuse (danses des bergers, courses de kayak...).

★★ GARGANTAS DEL CARES

⑥ De Covadonga à Panes *90 km – environ une journée*

À la sortie du village de Las Estazadas, splendide **panorama**★★, à la fois très étendu et très rapproché, sur les murailles qui ferment la vallée du río Casaño. D'un belvédère aménagé, à droite, peu après Carreña de Cabrales, on entrevoit la cime en forme de croc du **Naranjo de Bulnes** (2 519 m).

Arenas de Cabrales – Principal centre de production du cabrales. On y rejoint le cours du Cares.

Prendre à droite la AS 264 qui remonte la haute vallée du Cares.

Haute vallée du Cares – La route de Poncebos mène vers le Sud à travers un joli **défilé**★. Après la retenue de Poncebos, un chemin *(3 h à pied AR)* mène vers le village de Bulnes. De Poncebos à Caín *(3 h 1/2 à pied dans un sens)* un sentier longe le Cares, s'enfonce entre les parois du **défilé**★★ et atteint le pied du massif Central *(possibilité de location de voiture avec chauffeur pour revenir à Poncebos).*

Revenir à Arenas de Cabrales.

Après Arenas, les **gorges**★ verdoyantes ont des parois tantôt moussues, tantôt piquetées d'arbres. D'étroits ponts en dos d'âne et de fragiles passerelles franchissent le torrent aux eaux vert émeraude.

Depuis Santo Toribio de Liébana

Monasterio de PIEDRA

Aragon (Saragosse)
Carte Michelin nº 442 ou 443 I 24
Atlas España Portugal p. 16 et 17

En arrivant par Ateca ou la station thermale de Alhama de Aragón, on traverse, au-dessus de la retenue de la Tranquera, des terres rouges très arides avant d'apercevoir le site de **Nuévalos**, village agrippé à un haut talus argileux.

Le site - Par un caprice de la nature, le plateau desséché couvert d'une végétation parcimonieuse cache dans un de ses replis une véritable oasis entretenue par le río Piedra. Cet endroit avait de quoi séduire les moines, gens fort experts à dénicher d'aimables thébaïdes. Des cisterciens venus de Poblet s'y installent dès 1194. Leur monastère maintes fois remanié a été endommagé au 19ᵉ s. Les bâtiments conventuels sont aménagés en hôtellerie.

★★ **Le parc et ses cascades** ⊙ - Au cœur de cette forêt jaillissent cascades et cascatelles. Le visiteur est guidé le long de sentiers, d'escaliers ou de tunnels *(suivre l'itinéraire fléché de rouge à l'aller - et celui fléché de bleu au retour)*, aménagés au siècle dernier par **Juan Federico Muntadas** qui a ainsi transformé une forêt difficilement pénétrable en un parc très visité. La **Cola de Caballo** (Queue de cheval), saut de 53 m que l'on découvre du haut d'un belvédère, cause la première surprise (on pourra en fin de parcours parvenir derrière cette cascade en descendant, par un escalier très raide et glissant, jusque dans la très belle grotte de l'Iris, au milieu des embruns et du bruit fracassant de la chute). Le **Baño de Diana** (Bain de Diane) justifie une autre halte de même que le romantique **Lago del Espejo** (lac du miroir), enserré entre de hautes falaises.
Après être sorti du parc, le circuit fléché se termine par la visite des ruines gothiques du monastère dont subsistent la cuisine, le réfectoire et le cloître.

PIRINEOS ARAGONESES★★

PYRÉNÉES ARAGONAISES - Aragon (Huesca)
Carte Michelin nº 443 D 28-32, E 29-32, F 30-31
Atlas España Portugal p. 16 et 17

Les Pyrénées centrales espagnoles qui couvrent le Nord de la province de Huesca possèdent les sommets les plus élevés de toute la chaîne : pics d'Aneto (3 404 m), Posets (3 371 m) et du mont Perdu (Monte Perdido, 3 355 m). Les abords ont souvent l'aspect de collines aux versants ravinés et à la végétation clairsemée. Au contraire, quand on pénètre au cœur des hauts massifs, en remontant le cours des rivières, le paysage prend une ampleur exceptionnelle. Les vallées profondes sont tantôt évasées et verdoyantes, tantôt resserrées en étroites gorges. Elles se terminent dans des cirques majestueux propices aux excursions.

Structure et relief - Le découpage géologique des Pyrénées en grandes zones longitudinales s'observe ici nettement. La **zone axiale** faite de terrains primaires et de roches granitiques correspond aux massifs de la Maladeta, du Posets, de Vignemale et de Balaïtous où subsistent quelques résidus des glaciers quaternaires. Vient ensuite la zone des Prépyrénées dite aussi « du Mont Perdu » où des **calcaires** secondaires épais donnent un relief très escarpé : ce sont les canyons, gorges et cirques des vallées supérieures. Cette zone calcaire, qui se poursuit en chaînons discontinus jusqu'au bassin de l'Èbre (sierras de la Peña et de Guara), est interrompue à hauteur de Jaca par une longue dépression où coule l'Aragón. Les sédiments tertiaires s'y accumulent en collines parfois dépourvues de végétation, tel l'étrange paysage de marnes bleues qui environne le lac artificiel de Yesa.

La vie dans les vallées - Les hautes vallées aragonaises se sont constituées très tôt en unités politiques et pastorales indépendantes où régnaient les pratiques communautaires. Malgré l'amélioration des relations routières, le particularisme s'est maintenu, dans le folklore et le costume, au fond de certaines vallées retirées, celle de **Ansó** notamment. Ici la ferme isolée n'existe pas ; hameaux et villages sont nombreux, mais les habitants quittent leurs maisons aux toits d'ardoise pour aller travailler à Saragosse, Pampelune ou Barcelone. L'élevage des ovins transhumants diminue tandis que celui des bovins progresse. L'industrie est représentée par les usines chimiques et les fabriques d'aluminium de **Sabiñánigo**. D'importants travaux hydro-électriques animent certaines sections de vallées ; des lacs artificiels envahissent peu à peu un paysage dénudé : **Yesa** sur l'Aragón, **La Peña** sur le Gállego, **El Grado** sur le Cinca, **Canelles** et l'**Escales** sur le Noguera Ribagorçana. Le tourisme devient une des principales activités économiques avec le développement des stations de sports d'hiver : Candanchú, Astún, Canfranc, Panticosa, El Formigal, Benasque.

① DE VIELHA À BENASQUE *122 km - environ 3 h*

Vielha – *Voir Pirineos Catalanes.*

La route traverse le massif de la Maladeta en empruntant le tunnel de Vielha et débouche dans la haute vallée solitaire de Nogueras Ribagorçana où le hameau de **Vilaller** est joliment groupé sur une butte. Un peu plus loin la vallée est occupée par le lac de barrage d'**Escales**★.

★ **Valle de Benasque** – Dans cet ample fond de vallée frais et verdoyant malgré la hauteur des versants, la ville de **Benasque** (alt. 1 138 m), au pied du massif de la Maladeta, est fréquentée par les amateurs de courses en montagne (ascension du pic d'Aneto) et de ski (Cerler, à 5 km). Ses rues étroites sont bordées d'anciennes maisons seigneuriales.

② DE BENASQUE À AINSA *180 km - environ une demi-journée*

En redescendant la vallée du río Esera, la route passe par le **Congosto de Ventamillo**★, défilé long de 3 km qui surprend par la verticalité de ses parois calcaires.

Graus – Le vieux village reste serré autour de l'irrégulière Plaza de España, bordée de maisons anciennes décorées de fresques, de solives sculptées et d'arcades de brique. À 25 km (par la A 1605) se trouve le pittoresque village de **Roda de Isábena** dans un beau **site**★ de montagne. Sa **cathédrale** ⊙ présente un chevet à bandes lombardes (11ᵉ s.) et abrite dans la crypte le **tombeau de saint Raymond**★ aux intéressants bas-reliefs polychromes. Dans une chapelle du cloître : fresques du 13ᵉ s. Sur la place de la cathédrale : façades anciennes.

Après Graus, la route passe à proximité de **Torreciudad** *(voir Barbastro : environs)* longe les retenues de El Grado et Mediano, dont les eaux turquoise épousent les formes étranges de ces paysages de marnes noires.

★ **Ainsa** – Sur un promontoire, encore ceint de murailles, Ainsa domine le confluent du Cinca et de l'Ara. La cité fut au 11ᵉ s. capitale d'un petit royaume. Dans la ville haute, la **grand-place**★ à arcades, dominée par le clocher de l'église romane, est un des joyaux de l'architecture aragonaise.

③ DE AINSA À BIESCAS *81 km - environ 3 h*

De Boltaña à Fiscal, la rivière a dégagé des plis redressés en épine dorsale. À partir de Broto, la haute falaise de Mondarruego (2 840 m) qui ferme au Nord la vallée d'Ordesa retient le regard. Elle sert de toile de fond dans le **paysage**★★ grandiose où prend place **Torla**, petit village massé sur le versant Ouest de l'Ara.

★★★ **Parque nacional de Ordesa y Monte Perdido** – *Voir ce nom.*

De Torla, pendant la montée en corniche vers le joli village de Linás de Broto, la **vue**★ prend d'enfilade toute la vallée de l'Ara.

④ ROUTE DU POURTALET *52 km - environ 2 h*

Après Biescas, la **vallée de la Tena**, d'abord resserrée et rocheuse, s'épanouit et devient majestueuse ; elle est occupée par le lac de Búbal.

Avant Escarilla, prendre la HU 610 vers Panticosa.

★★ Garganta del Escalar – La **gorge** est si étroite et profonde que le soleil y pénètre à peine ; elle se creuse d'abord dans les calcaires, puis dans les schistes feuilletés et les granits. La route, qui escalade le versant occidental par de longues rampes et épingles à cheveux très fermées, débouche sur un cirque montagneux austère.

★ Balneario de Panticosa – Dominée par le pic du Vignemale, cette station thermale (1 639 m) est réputée pour les vertus curatives de ses six sources sulfurées ou radioactives.

Revenir jusqu'à Escarilla et continuer vers le Pourtalet.

Un peu à l'écart de la A 136, se trouvent le bourg montagnard de **Sallent de Gállego** (1 305 m), centre de pêche à la truite et de courses en montagne, et **El Formigal** (1 480 m), une station de ski bien aménagée.

Puerto del Portalet (Col du Pourtalet) – 1 794 m. Il s'ouvre entre le pic du Portalet et celui d'Anéou dont la cime aiguë se détache à l'Ouest. Vue étendue vers le Nord-Ouest sur le cirque d'Anéou et le pic du Midi d'Ossau (2 884 m).

PIRINEOS CATALANES★★★

PYRÉNÉES CATALANES – Catalogne (Gérone, Lérida)
Carte Michelin n° 443 plis 6 à 10 – Atlas España-Portugal p. 17, 18 et 19

Les Pyrénées catalanes forment une frange ininterrompue s'allongeant sur 230 km entre le Val d'Aran et la Méditerranée, avec des sommets dépassant 2 500 m, tels le Pica d'Estats (3 145 m) et le Puigmal (2 910 m). Le massif des Albères, dernier maillon de la chaîne, atteint le cap Creus, qui plonge dans la mer de près de 700 m. À la périphérie Sud de cet axe granitique s'élèvent les sierras del Cadí, de Boumort et de Montsec qui constituent les Prépyrénées calcaires.
La cordillère est fractionnée par de profondes vallées transversales (Val d'Aran, Ripagorce, Pallars, Haut Urgel, Ripollès, Garrotxa et Ampurdan) communiquant difficilement entre elles et formant autant de régions isolées très différenciées où s'est développé un art régional propre, notamment à l'époque romane. Avec une gastronomie locale particulièrement riche, elles offrent de grandes possibilités sportives : ski, escalade, pêche, chasse et sports d'aventure.

★ HAUTE VALLÉE DU TER

① **Du col d'Ares au val de Núria** *106 km - prévoir une journée*

Dans le pays du Ripollès se dresse à une altitude avoisinant les 3 000 m un important ensemble montagneux dominé par le Puigmal. Abritée par cet amphithéâtre montagneux, la haute vallée du Ter se divise en deux vallées, celle de Camprodon et celle de Ribes. Près du col d'Ares (1 610 m), la montagne couverte d'abondants pâturages offre des pentes douces.

Vall de Camprodon

Molló – Église romane (12e s.) avec un beau clocher.

Prendre à gauche une route étroite et sinueuse qui, par Rocabruna, atteint Beget.

★ Beget – Ce beau petit village de montagne aux maisons de pierre et balcons de bois est édifié das un site unique, au fond d'un silencieux vallon où se précipitent les eaux d'un torrent. L'**église romane**★★ ⊘ (10e-12e s.), qui présente une belle tour-lanterne et une abside décorée d'arcatures lombardes, abrite un magnifique **Christ en majesté**★ du 12e s.

Revenir vers la C 151 et tourner en direction de Camprodon.

★ Camprodon – Ce village est situé au confluent des ríos Ritort et Ter, qu'enjambe un beau pont en dos d'âne du 12e s. modifié au 14e, le **Pont Nou**★. La localité s'est développée autour du **monastère Sant Pere** ⊘, dont ne subsiste que l'**église romane**★ (12e s.) avec ses cinq absides et sa gracieuse tour-lanterne.

★ Sant Joan de les Abadesses – *Voir ce nom.*

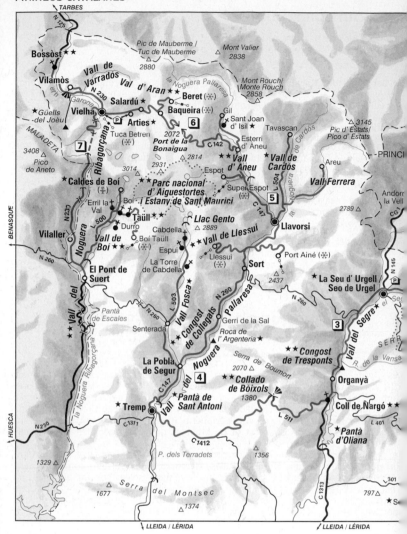

Vall de Ribes

* **Ripoll** – *Voir ce nom.*

Emprunter la N 152 vers le Nord.

Ribes de Freser – C'est une station thermale, célèbre pour ses eaux abondantes fournies par les trois rivières qui y confluent : le Freser, le Rigard et le Segadel. C'est de Ribes que part le train à crémaillère gagnant le Vall de Núria.

* **Vall de Núria** – Le val, cerné par un cirque rocheux s'étendant du Puigmal à la sierra de Torreneules, n'est accessible que par le **train à crémaillère** ⊙ inauguré en 1931. Sur une dénivelée de 1 000 m, ses 12 km présentent de merveilleuses **vues**★ sur la chaîne, les torrents et les précipices. La Vierge de Núria, patronne des bergers pyrénéens, est vénérée dans un sanctuaire édifié sur la partie haute de la vallée.

★★ LA CERDAGNE

② **Du Val de Núria à La Seu d'Urgell** *72 km – compter 2 h 1/2*

Drainée par le Segre, la Cerdagne est un bassin d'effondrement allant du massif d'Andorre à la sierra del Cadí, coupé par la frontière depuis la cession à la France de sa partie Nord lors du traité des Pyrénées (1659). L'ouverture en 1984 du **Túnel del Cadí** qui franchit la barrière formée par les sierras del Cadí et de Moixeró en facilité l'accès depuis Manresa.

De Ribes de Freser à Puigcerdà, la route s'enfonce presque continuellement en corniche jusqu'au col de Toses, offrant des **vues**★ spectaculaires sur les versants boisés de la vallée du Segre.

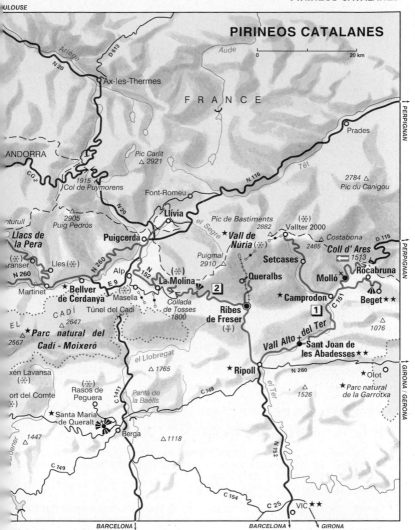

PIRINEOS CATALANES

La Molina – C'est l'une des plus importantes stations de sports d'hiver de Catalogne. Le petit village voisin d'**Apt** est aussi fréquenté l'hiver que l'été.

Après La Molina, la N 152 se soude à la E 09 qui s'élève en donnant une vue générale sur l'axe de la vaste plaine.

Puigcerdà – Situé sur une terrasse, le chef-lieu de la Cerdagne est l'un des principaux centres touristiques pyrénéens. Ses rues, aux vieux édifices ornés de balcons, et ses commerces traditionnels ont gardé toute leur typicité. Aux abords du parc, près du lac, on trouve de grands immeubles bourgeois du début du siècle. La **tour-lanterne**★, seul vestige de l'église gothique Santa Maria, est le symbole de la ville.

Llivia – À 6 km de Puigcerdà, l'existence de cette enclave (12 km²) espagnole en territoire français est le fruit d'une fantaisie du langage administratif. Le traité des Pyrénées stipulait en effet que 35 villages roussillonnais devaient être cédés à la France. Ayant rang de ville, Llivia ne fut donc pas comprise dans la cession.

Elle possède de pittoresques ruelles, les restes d'un château médiéval et quelques tours anciennes. Le **Musée municipal** ⊙ accueille notamment la **pharmacie de Llivia**★, l'une des plus anciennes d'Europe, dont les pièces les plus intéressantes sont des pots en céramique et des ustensiles d'apothicaire.

Revenir à Puigcerdà et prendre la N 260 vers La Seu d'Urgell.

★ **Bellver de Cerdanya** – Accroché à un piton rocheux, ce bourg dominant la vallée du Segre présente sur sa grand-place de beaux édifices de pierre avec balcons et porches de bois.

★ **La Seu d'Urgell** – *Voir ce nom.*

Ski dans les Pyrénées

*VALL DEL SEGRE

③ De La Seu d'Urgell à Tremp *73 km - environ 3 h*

Au confluent du Valira, le Segre forme une vaste dépression encadrée de montagnes. De nombreuses vallées adjacentes bien différenciées les unes des autres pénètrent au cœur de la chaîne.

Prendre la N 260 en direction d'Organyà.

★★ Congost de Tresponts – Sur son passage, le Segre s'enfonce entre des roches noires (pouzzolane) et de verts pâturages avant de disparaître dans une **gorge** entre les roches calcaires d'Ares et de Montsec de Tost jusqu'à sa sortie dans un petit bassin cultivé.

★ Pantà d'Oliana – La **retenue**, qui semble n'être guère plus qu'une étroite rivière, est cernée de roches grises d'où s'élancent au printemps de nombreuses cascades.

Coll de Nargó – Typique village pyrénéen, il possède l'une des plus belles églises romanes de Catalogne, l'**église Sant Climent**★★ (11ᵉ s.), à nef unique et abside décorée de bandes lombardes, à laquelle s'adosse un sobre clocher préroman.

★★ Route du collado de Bòixols – Entre Coll de Nargó et Tremp, la L 511 emprunte d'abord une série de canyons dominés tantôt par un versant couvert de pins et de chênes verts, tantôt un versant dénudé. Elle court à mi-pente entre la rivière et les crêtes jaunes ou roses, ménageant des vues sur un **paysage** fantastique, notamment à partir du col de Bòixols.

On débouche ensuite sur une large vallée en auge dont le fond, aménagé en terrasses cultivées, s'étale au pied de Bòixols, dont les maisons se groupent autour de l'église sur une moraine glaciaire. La route descend enfin dans la vallée qui s'élargit jusqu'à se perdre dans la Conca de Tremp.

VALL DEL NOGUERA PALLARESA

④ De Tremp à Llavorsi *143 km - prévoir une demi-journée*

Le Pallars s'étend sur la partie la plus élevée des Pyrénées catalanes, qui culmine au Pica d'Estats (3 145 m). Il est partagé entre deux pays bien distincts : le Pallars Sobirà, ou Pallars supérieur, au Nord, en pleine zone pyrénéenne, et le Pallars Jussà, ou Pallars inférieur, au Sud, qui comprend le vaste secteur pré-pyrénéen de la Conca de Tremp.

La route remonte le Noguera Pallaresa et traverse, à partir de La Pobla de Segur, un paysage calcaire uniforme.

★Tremp – Au centre de la Conca de Tremp, vaste dépression où abondent les cultures et la végétation méditerranéennes, Tremp garde un intéressant noyau ancien. L'église Santa Maria ⊙ abrite l'impressionnante statue gothique (14e s.) en bois polychrome de **Santa Maria de Valldeflors★**, haute de deux mètres. Sur le territoire communal se trouve la **retenue de Sant Antoni★**.

La C 147 longe la rivière et traverse la retenue.

La Pobla de Segur – Point de passage obligé vers le Val d'Arán, le Haut Ripagorce et le Pallars inférieur, la localité est appelée « la porte des Pyrénées ».

À La Pobla, prendre la N 260 jusqu'à Senterada puis la L 503 vers Cabdella.

★Vall Fosca – Entourée de hauts sommets, la vallée est jalonnée de charmants hameaux pourvus de petites églises romanes, tels **La Torre de Cabdella**, **Espui** et **Cabdella**. Dans la partie supérieure on découvre un ensemble lacustre dont l'élément le plus important est le **lac Gento**.

Revenir à La Pobla de Segur et remonter par la N 260.

★★Congost de Collegats – Dans ce **défilé**, les roches calcaires érodées par la rivière forment de spectaculaires falaises rouges, ocre et grisâtres, telle la **Roca de l'Argenteria★**, dont on peut voir l'aspect de stalactite à proximité de Gerri de la Sal.

Sort – Devenues l'un des événements les plus connus d'Europe, les épreuves de canoë-kayak sur le Noguera Pallaresa ont rendu célèbre le nom de Sort.

À Rialp, tourner à gauche vers Llesui.

★★Vall de Llesui – La route remonte vers le Nord-Est à travers un paysage granitique escarpé où foisonnent les précipices.

★LA HAUTE VALLÉE DU NOGUERA PALLARESA

⑤ **De Llavorsí au port de la Bonaigua** *105 km - une demi-journée*

Les sommets dominent un paysage inculte et solitaire.

Llavorsí – Le village est situé à la confluence des trois grandes vals de la haute vallée de Noguera Pallaresa : Àneu, Cardós et Ferrera.

Prendre la L 504 vers le Nord.

★Vall de Cardós – Le Noguera de Cardós en constitue l'axe central. À Ribera de Cardós, le chef-lieu, le clocher de l'église romane (12e s.) n'est pas sans rappeler ceux du Val de Boí.

Revenir à Llavorsi et prendre la C 147 vers Baqueira.

★★Vall d'Àneu – Le Noguera Pallaresa descend la vallée, sur laquelle se greffe à gauche le Val d'Espot, où le pittoresque village du même nom sert de porte d'entrée au secteur pallarais du **parc national d'Aigüestortes i Estany de Sant Maurici★★** *(voir ce nom)*. Après Esterri d'Àneu, dans un imposant paysage où l'on aperçoit, cachées entre les hauts sommets, quelques églises romanes telle celle de **Sant Joan d'Isil★**, la route s'élève en corniche jusqu'au **Port de la Bonaigua** (2 072 m), environné de nombreux pics. À gauche, on distingue un splendide cirque glaciaire.

★VALL D'ARÁN

⑥ **Du port de la Bonaigua à Bòssost** *45 km - environ 2 h*

Le val d'Aran, à l'extrémité Nord-Ouest des Pyrénées, occupe la haute vallée de la Garonne. Vallée atlantique au climat humide, elle est moins ensoleillée que les vallées pyrénéennes orientées vers le Sud.
Bien que sous administration espagnole depuis le 13e s., son isolement a permis de préserver sa langue (l'aranais, variante de l'occitan) et ses coutumes. Entouré de montagnes de près de 3 000 m, il n'est de relations avec les pays voisins que par les difficiles passages que sont le Port de la Bonaigua et le col du Portillon. L'ouverture du tunnel de Vielha en 1948 mit fin à cette situation.
Aujourd'hui, les cultures ont remplacé les pâturages et on accorde un grand intérêt à l'exploitation de la forêt, des mines et des rivières. Mais rien n'altère la beauté naturelle des paysages, où le vert des prairies est moucheté par le gris des toits d'ardoise des 39 villages groupés autour d'une église romane. Ces dernières années, plusieurs stations de sports d'hiver ont été créées.

Baqueira Beret – Cette station offre d'excellentes infrastructures, avec des pistes comprises entre 1 500 m et 2 510 m.

★Salardù – Ce beau petit village aux maisons de granit et de schiste se blottit autour de son **église Sant Andreu** ⊙ (12e-13e s.) où l'on vénère un remarquable **Christ en majesté** en bois (12e s.), haut de 65 cm, très stylisé et d'un grand réalisme anatomique, et qui s'orne d'un svelte clocher de plan octogonal du 16e s.

★Arties – Au confluent de la Garonne et du Valarties, l'église romane possède une abside décorée de peintures traitant du Jugement dernier, du Ciel et de l'Enfer.

Vielha – Le chef-lieu du val est un important centre touristique qui a gardé un beau noyau ancien avec des maisons des 16e et 18e s. L'**église Sant Miquéu**, avec son portail du 13e s. et son beau clocher octogonal, abrite le célèbre **Christ de Mijaran★**, unique fragment subsistant d'une Descente de croix du 12e s., dont on remarque le beau visage minutieusement travaillé.

Au-dessus de Vielha, le parador du Val d'Arán bénéficie d'une **vue** privilégiée : à l'arrière-plan se profile le cirque fermant la vallée au Sud, et, à droite, se dresse la puissante barrière de la Maladeta.

Bòssost – L'**église de l'Assomption de Marie★★** (12e s.) est le plus remarquable sanctuaire roman de toute la vallée. Ses trois nefs sont séparées par de massives colonnes soutenant une voûte en berceau. Les trois absides sont décorées de bandes lombardes et le très beau **portail** Nord est orné d'un tympan aux sculptures archaïques représentant le Créateur entouré du soleil, de la lune et des symboles des évangélistes.

★★VALL DEL NOGUERA RIBAGORÇANA

7 De El Pont de Suert à Caldes de Boí 54 km - 3 h

Le pays du Haut Ripagorce présente un relief très accidenté, avec des sommets supérieurs à 3 000 m, de grandes dépressions glaciaires, de belles zones lacustres et des vallées encaissées où s'élèvent les villages.

El Pont de Suert – Sur le territoire communal sont disséminés des hameaux pleins de charme – **Castelló de Tor, Casòs, Malpàs** – qui, environnés d'un paysage solitaire et boisé, ont gardé leur aspect rural.

Vilaller – Juché sur un éperon rocheux, le village est dominé par le clocher octogonal de l'église Sant Climent (18e s.), de style baroque.

Prendre la route montant à Caldes de Boí.

★★ **Vall de Boí** – Drainé par le Noguera de Tor et le Sant Nicolau, le val est connu pour receler le plus bel ensemble d'**églises romanes** lombardes (11e et 12e s.) des Pyrénées. Construites en petit appareil irrégulier, elles se signalent par la pureté de leurs lignes et par les fresques qui les décoraient *(certaines ont été reproduites)*, aujourd'hui conservées au musée d'Art de Catalogne à Barcelone *(voir p. 98)*. La silhouette de leurs clochers décorés de bandes lombardes et adossés à la nef est unique. Les plus remarquables sont Santa Eulàlia à Erill la Vall, la Nativitat à Durro et Sant Joan à Boí.

Après Erill la Vall, prendre à droite une route étroite en direction de Boí.

★ **Taüll** – Ce village montagnard typique est célèbre pour les fresques de ses deux églises, véritables joyaux romans, exposées au musée d'Art de Catalogne à Barcelone. L'**église Sant Climent★★** ⊘, à la sortie du village, fut consacrée le

Église Sant Climent à Taüll

10 décembre 1123, la veille de la consécration de l'église Santa Maria. À l'angle Sud-Est de l'édifice se dresse la svelte tour à six corps de style roman lombard. Les fresques intérieures dataient de la même époque ; une copie du fameux Pantocrator de Taüll a été exécutée dans l'abside.

Dans le village même, l'**église Santa Maria**★, à trois nefs séparées par des piliers cylindriques, veille sur l'empilement de maisons de pierre et de lacis de ruelles.

Prendre la route en direction de Caldes de Boí.

★★ **Parc nacional d'Aigüestortes i Estany de Sant Maurici** – *Accessible de la route reliant Boí et Caldes ; voir Aigüestortes.*

★ **Caldes de Boí** – À 1 550 m d'altitude, cette station thermale dont les 37 sources voient jaillir une eau à haute température (de 24° à 56°) est maintenant dotée d'une station satellite pour les sports d'hiver, **Boí-Taüll**.

PLASENCIA★

Estrémadure (Cacérès)

36 826 habitants

Carte Michelin n° 444 L 11 – Atlas España Portugal p. 49

À la jonction des sierras centrales calcaires et du plateau ancien d'Estrémadure, Plasencia fait figure de métropole régionale. La ville est bâtie sur une éminence que contourne la Jerte au pied de montagnes hérissées de blocs de granit. De février à juillet, les cigognes viennent ici très nombreuses.

★ **Cathédrale** – Elle se compose de deux bâtiments d'époques différentes. La cathédrale romano-gothique fut édifiée aux 13e et 14e s. À la fin du 15e s. son chevet fut démoli pour construire une nouvelle cathédrale plus audacieuse dont seuls le chœur et le transept furent réalisés.

On pénètre dans la cathédrale par le portail Nord à la riche décoration plateresque. Une porte à gauche du coro donne accès à l'ancienne cathédrale (paroisse Santa María) où se visitent le cloître avec ses ogives gothiques et ses chapiteaux romans, la salle capitulaire couverte d'une belle coupole sur trompes, dissimulée à l'extérieur par un clocher pyramidal à écailles et les quelques travées subsistant de la nef qui abritent un musée d'art sacré.

À l'intérieur de la **nouvelle cathédrale**, les piliers élancés, les fines nervures qui s'épanouissent en réseaux sur les voûtes témoignent de la maîtrise d'architectes aux noms célèbres : Juan de Álava, Diego de Siloé, Alonso de Covarrubias.

Il faut remarquer le **retable**★ décoré de statues de Gregorio Fernández (17e s.) et les **stalles**★ sculptées par Rodrigo Alemán en 1520. Sur les dossiers et les miséricordes de la rangée inférieure ont été représentées, à droite, des scènes de l'Ancien Testament et, à gauche, des scènes de genre.

Vieux quartier – Bordées de nobles façades ou décorées de balcons en fer forgé, les rues qui entourent la cathédrale et la Plaza Mayor présentent beaucoup d'intérêt et sont un agréable but de promenade.

Partir de la place de la Cathédrale et, laissant sur sa droite la **Casa del Deán** avec sa curieuse fenêtre d'angle et la **maison del Doctor Trujillo**, actuel palais de justice, descendre et remonter jusqu'à l'église gothique **San Nicolás** ; en regard de celle-ci, belle façade de la **casa de las Dos Torres**.

Continuer tout droit jusqu'au **palais Mirabel** que flanque une tour massive. Dans ce palais, beau patio à deux étages et musée de la Chasse. Le passage aménagé sous le palais (*porte de droite*) conduit à un quartier plus populaire à proximité des anciens remparts. Ruelles en escalier, maisons blanches, linge séchant aux fenêtres annoncent déjà tout le pittoresque des villes du Sud. La rue **Sancho Polo** est à cet égard caractéristique. Tourner ensuite à droite pour rejoindre la **Plaza Mayor** irrégulière et bordée de portiques, centre animé de la ville.

VALLÉE DE LA VERA

Parc naturel de Monfragüe – *25 km au Sud par la C 524. Centre d'information à Villareal de San Carlos (divers itinéraires à pied et en voiture).* Le parc (17 842 ha) comprend plusieurs montagnes bordant la rivière Tajo à son point de rencontre avec la rivière Tiétar. L'importance écologique de cet endroit provient de sa flore, typiquement méditerranéenne (cistes, chênes-lièges, rouvres, lavande rouge, arbousiers, etc.) et de sa faune, très riche et variée, qui compte un grand nombre d'espèces protégées (vautours noirs, aigles impériaux, lynx ibériques, mangoustes, etc.).

La Vera – *Prendre la C 501 à l'Est de Plasencia.* Cette verdoyante vallée, à l'Est de Plasencia, est dédiée à la culture du tabac et à de riches vergers. Les villages comme **Cuacos de Yuste**, où grandit don Juan d'Autriche, ont conservé tout leur pittoresque. À **Jarandilla de la Vera**, le château du 15ᵉ s. a été aménagé en parador.

Monastère de Yuste ⊘ – *À 1,8 km de Cuacos de Yuste.* L'empereur **Charles Quint**, fatigué du pouvoir, se retira après son abdication en 1556 dans ce modeste monastère de hiéronymites qui séduit par l'atmosphère de beauté et de sérénité de la campagne environnante. Il y mourut le 21 septembre 1558.

Dévasté pendant la guerre d'Indépendance, le monastère a été en partie restauré. On visite le petit palais où demeurait Charles Quint : salle à manger, chambre accolée à l'église de telle sorte que l'empereur pouvait assister aux offices sans sortir de son lit, l'église gothique, et enfin les deux cloîtres, l'un gothique, l'autre plateresque.

Pour organiser vous-mêmes vos itinéraires,
consultez tout d'abord les cartes au début de ce guide ;
elles indiquent les parcours décrits, les régions touristiques
les principales villes et curiosités.
Reportez-vous ensuite aux descriptions dans la partie descriptive.
Au départ des principaux centres, des buts de promenades sont proposés.

Monasterio de POBLET★★★

Catalogne (Tarragone)

Carte Michelin nº 443 H 33 – Atlas España Portugal p. 31

Situé dans un **site**★ slendide protégé par les montagnes de Prades, le monastère de Poblet est l'un des plus importants et des mieux conservés du monde cistercien. Le long d'un petit ruisseau se dressent, blancs et élancés, les fameux peupliers (*populetum* en latin) qui ont donné son nom au monastère. C'est à la Reconquête que l'on doit ce monastère. Après avoir repris la Catalogne aux Maures, Raymond Bérenger IV, pour remercier Dieu par une fondation monastique, fit venir en 1150 de l'abbaye de Fontfroide, près de Narbonne, douze cisterciens qui élevèrent les bâtiments, défrichèrent et mirent en valeur les terres de la communauté.

Les rois d'Aragon ne cessèrent de témoigner leur protection au monastère. C'était, avec Santes Creus, leur étape favorite entre les deux capitales de Saragosse et Barcelone, et leur lieu de retraite auprès de l'abbé, qui avait la charge d'aumônier royal. Suprême marque d'estime, ils le choisirent comme panthéon. Il perdit de son importance après le 16ᵉ s. À la suite de la guerre napoléonienne, puis de l'époque constitutionnelle (1820-1823) qui supprima les ordres religieux, enfin de la loi de 1835 qui vendit tous leurs biens, le monastère fut abandonné à la ruine et au pillage. Un siècle plus tard, on entreprit la restauration des bâtiments et, en 1940, les moines revinrent à Poblet. Malgré ces vicissitudes, le monastère forme un ensemble rare d'architecture monastique médiévale.

VISITE ⊘ 2 h

Une première enceinte longue de 2 km protégeait les potagers et les terrains du monastère.

★★ **Chapelle Sant Jordi** – À droite de quelques granges et ateliers, la précieuse chapelle (15ᵉ s.) dédiée à saint Georges, de taille réduite, présente une voûte en berceau brisé de style gothique tardif.

Une deuxième muraille renforcée de tours polygonales entourait les bâtiments utilisés pour recevoir les visiteurs extérieurs. Elle est percée par la **Porta Daurada** (15ᵉ s.), qui doit son nom aux plaques de bronze doré dont Philippe II la fit couvrir lors d'une visite en 1564.

★ **Plaça Major** – Sur cette place de plan irrégulier se trouve la **chapelle Santa Caterina** (12ᵉ s.), à côté de la menuiserie, de l'hospice et des magasins. À droite apparaissent les vestiges du palais abbatial (16ᵉ s.) et la grande **croix de pierre** que fit élever l'abbé Guimerà à la même époque.

La troisième enceinte, construite par Pierre le Cérémonieux, enserre le monastère même. La muraille crénelée et jalonnée de treize tours impose par ses dimensions : 608 m de longueur pour une hauteur de 11 m et une épaisseur de 2 m. Intégrée à la muraille, la **façade baroque de l'église**, à droite, fut édifiée vers 1670 et percée 50 ans plus tard de deux oculi latéraux abondamment décorés. Quoique bien structuré, cet ensemble détonne avec l'aspect austère du monastère.

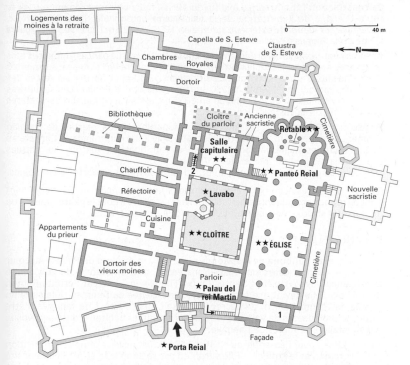

SANTA MARIA DE POBLET: TROISIÈME ENCEINTE

Étapes de construction ■ 12e -13e S. □ 14e S. ■ 16e S. □ 17e -18e S.

★ **Porte royale** – Elle marque l'accès aux bâtiments monastiques. Les deux tours qui l'encadrent et son allure sévère évoquent l'entrée d'un château fort plus que celle d'un monastère.

★ **Palais du roi Martin** – Après la porte, un escalier à droite mène à ce palais gothique (14e s.), élevé sur l'aile Ouest du cloître. Ses pièces somptueuses sont éclairées par de grandes baies à ogives.

Parloir – D'abord utilisé comme dortoir des frères convers puis comme pressoir, il possède des voûtes (14e s.) qui se fondent directement dans les murs sans aucun support.

★ **Cloître** – Son ampleur (40 m × 35 m) et son caractère solennel prouvent l'importance du monastère. La galerie adossée à l'église fut réalisée vers 1200 dans le style romain, mais les voûtes sont de style ogival gothique comme l'ensemble des trois autres galeries, réalisées un siècle plus tard, remarquables par leurs arcs trilobés et polylobés et la richesse de l'ornementation florale des chapiteaux★. Le lavabo, ou « templete »★, avec sa fontaine de marbre à 30 jets, est également roman.

Cuisine et réfectoire des moines – Ils datent du 12e s. Les moines prennent toujours leurs repas dans le vaste réfectoire où la chaire du lecteur domine l'alignement des tables.

Bibliothèque – Au centre de la pièce (13e s.), une file de colonnes reçoit les voûtes en « palmiers » dont les arêtes nettes et les lignes sévères ne manquent pas de grandeur.

★ **Salle capitulaire** – On y pénètre par une porte romane. La pièce du 13e s. est fascinante d'harmonie et de simplicité. Quatre belles colonnes octogonales soutiennent les neuf voûtes en palmiers. Dans le sol sont encastrées onze pierres tombales d'abbés de Poblet.

★ **Église** – Sobre, claire, spacieuse, elle donne une impression d'équilibre et de sérénité. Elle a les lignes pures, la nef en berceau brisé, à deux étages, et les chapiteaux lisses des églises cisterciennes. Seule fantaisie, fenêtres et grandes arcades sont réunies sous un arc qui se confond avec le dosseret des colonnes engagées. En revanche, l'importance de la communauté nécessitant un grand nombre d'autels, l'abside est ceinte d'un déambulatoire à chapelles rayonnantes, plus habituel dans les églises bénédictines.

Sa construction fut entreprise à la fin du 12e s., mais un remaniement au 14e s. fut à l'origine de l'édification de la **tour-lanterne** octogonale. Dans le narthex, ouverture sur le monde extérieur ajoutée en 1275, subsiste l'**autel du Saint-Sépulcre** (**1**) de style Renaissance.

★★ **Panthéon royal** – Le plus bel ornement de l'église est constitué par ces immenses arcs surbaissés qui franchissent le transept de part et d'autre de la croisée, surmontés des tombeaux d'albâtre. Ils furent édifiés vers 1350 pour abriter les restes des rois d'Aragon qui, de 1196 à 1479, se firent enterrer à Poblet. Les sépultures souffrirent beaucoup du vandalisme en 1835 ; c'est au sculpteur Frederic Marès que l'on en doit la restauration.

★★ **Retable du maître-autel** – C'est une œuvre monumentale en marbre de Damián Forment, sculptée dans le style Renaissance ; elle a été commandée à l'artiste en 1527. Dans les niches à coquille, alignées sur quatre registres, les statues chantent la gloire du Christ et de la Vierge.
Dans le bras gauche du transept un grand escalier mène au dortoir des moines.

Dortoir (**2**) – C'est une pièce aux dimensions impressionnantes (87 m de long) dont de grands arcs diaphragmes soutiennent la toiture à double pente. Une partie du dortoir est occupée aujourd'hui par les cellules des moines.

ENVIRONS

★★ **Monastère de Vallbona de les Monges** ⊙ – *27 km au Nord de Poblet.* Au cœur du village, l'**abbaye cistercienne Santa Maria** est la troisième sœur de la « trinité cistercienne » avec Poblet et Santes Creus. Fondée en 1157 par l'ermite Ramón de Vallbona, elle devint une communauté cistercienne de femmes. À la suite du concile de Trente (1563), un décret interdisait aux couvents de femmes d'être isolés. Les religieuses de Valbonna firent alors venir les habitants du village voisin qui s'installèrent autour de l'abbaye.

★★ **Église** – Élevée pour l'essentiel aux 13e et 14e s., c'est un bel exemple de transition entre le roman et le gothique. Elle surprend par sa simplicité et par la luminosité que dispensent les deux belles lanternes octogonales situées l'une (13e s.) à la croisée du transept, l'autre (14e s.) au centre de la nef. Elle abrite les beaux tombeaux de la reine Yolande de Hongrie, épouse de Jacques Ier, et de sa fille, ainsi que les dalles funéraires des abbesses. Une monumentale Vierge de pierre polychrome (15e s.) préside dans le coro.

★ **Cloître** – Aux galeries Est et Ouest romanes (12e-13e s.) répondent la galerie Nord gothique (14e s.) aux beaux chapiteaux à ornementation végétale et la galerie Sud (15e s. mais réalisée sur le modèle roman) où se trouve la statue de Notre-Dame du Cloître (12e s. remaniée au 14e s.).

Cet ouvrage tient compte des conditions du tourisme
connues au moment de sa rédaction.
Certains renseignements perdent de leur actualité en raison de
l'évolution incessante des aménagements et des variations du coût de la vie.

Nos lecteurs sauront le comprendre.

PONFERRADA

Castille et Léon (Léon)
59 702 habitants
Carte Michelin n° 441 E 10 – Atlas España Portugal p. 9

Centre d'une région minière importante et capitale du **Bierzo**, bassin d'effondrement très fertile, Ponferrada doit son nom à un pont de fer lancé à la fin du 11e s. sur le Sil pour faciliter le passage des pèlerins vers St-Jacques. Elle est dominée par les ruines d'un **château des Templiers**.

ENVIRONS

★ **Peñalba de Santiago** – *21 km au Sud-Est.* Isolée au cœur de la vallée du Silence, Peñalba a conservé intacte son architecture. Ses maisons, aux murs de schiste et balcons de bois, sont couvertes de lauzes d'ardoise. Le village s'est développé autour de l'**église mozarabe de Santiago**, seul vestige d'un monastère fondé au 10e s. Remarquer le portail avec son double arc en fer à cheval souligné par un alfiz. Du haut du clocher belles vues sur l'ensemble du village et le vallon de silence.

* **Las Médulas** – *22 km au Sud-Ouest.* Sur le versant Nord-Ouest des monts Aquilianos, sur la rive gauche du Sil, apparaît un paysage magique de pitons et de collines ocre et rose aux formes capricieuses. Ce sont des accumulations de déblais d'une mine d'or exploitée par les Romains. Avec le temps ces reliefs se sont couverts d'une végétation de vieux châtaigniers aux silhouettes torturées. Ce surprenant paysage est inscrit depuis 1997 sur la liste du Patrimoine mondial de l'UNESCO.

Les Médulas

PONTEVEDRA*

Galice
75 148 habitants
Carte Michelin n° 441 E 4
Atlas España Portugal p. 6 – Schéma : RÍAS BAJAS

ontevedra fut un port actif, bien abrité au fond de sa ria, peuplé de pêcheurs et de ommerçants qui allaient vendre à l'étranger le produit des conserveries. Elle est la lle natale de grands marins comme **Pedro Sarmiento**, savant cosmographe du 16e s., iteur d'un précieux *Voyage au détroit de Magellan.* Mais l'ensablement de embouchure du Lérez provoqua à partir du 18e s. le déclin de la ville et le éveloppement d'un nouveau port à Marín.

* **QUARTIER ANCIEN** *1 h 30*

Malgré le développement important de la ville nouvelle, le noyau ancien a été respecté, compris entre le fleuve et les calles Michelena, del Arzobispo Malvar et Cobián. La vie s'écoule paisible à l'abri des façades vitrées, sur les places ornées parfois d'un calvaire (**plazas de la Leña Z, del Teucro Z, de Mugártegui Y 45**) et les rues proches du Lérez (**Pedreira Y 55, Real Y, San Nicolás Y 75**), et devient animée les jours de marché dans la **calle Sarmiento** (**Z**).

Plaza de la Leña (**Z**) – Elle est fort pittoresque avec sa forme irrégulière, son calvaire et les belles façades des maisons qui l'entourent, dont les deux demeures du 18e s. abritant le musée.

Museo provincial ⊙ (**Z**) – Au rez-de-chaussée, on peut admirer les **trésors*** celtiques de A Golada, Caldas de Reis et Foxados (2e s. avant J.-C.-1er s. après J.-C.) et la collection d'argenterie de Fernández de Mora y Mon, qui comporte plus de 600 pièces ouvrées à la main, antérieures à 1900 et provenant de différents pays. Au premier étage, consacré à la peinture, remarquer les œuvres des primitifs aragonais (15e s.).

La seconde maison est consacrée à la vie maritime. On a reconstitué une cabine de la frégate *Numancia* qui était commandée par l'amiral Méndez Núñez lors de la bataille désastreuse de Callao (port de Lima) en 1866. Comme on lui disait que c'était folie d'attaquer un port aussi bien défendu, Méndez Núñez répliqua : « L'Espagne préfère l'honneur sans bateaux à des bateaux sans honneur. » Au deuxième étage, on verra une cuisine ancienne et des céramiques de Sargadelos (19e s.).

★ **Église Santa María la Mayor** ⊙ (**Y**) – C'est une charmante église plateresque encadrée de ruelles anciennes et de jardins. Elle fut bâtie par la puissante confrérie des mariniers de la fin du 15e s. à 1570 environ, près de l'ancien quartier des pêcheurs. Sa **façade occidentale**★, sculptée comme un retable, se divise en registres où prennent place la Dormition et l'Assomption de la Vierge, la Trinité et, au sommet, la Crucifixion, au milieu du fin couronnement sculpté à claire-voie de rameurs ou de pêcheurs ramenant leurs filets. Remarquer sur un côté saint Jérôme et ses lunettes. L'**intérieur** présente un mélange assez réussi de style gothique (arcs dentelés), isabélin (colonnettes torsadées) et Renaissance (voûtes à nervures). Le revers de la façade occidentale est couvert de bas-reliefs naïvement sculptés où l'on reconnaît des scènes de la Genèse (Adam et Ève, l'Arche de Noé) et du Nouveau Testament.

San Francisco (**Z**) – Sur les agréables jardins de la plaza de la Herrería donne sa façade gothique, très simple, selon la coutume des ordres mendiants. L'intérieur est couvert en charpente.

Capilla de la Peregrina ⊙ (**Z**) – Il s'agit d'une petite église de la fin du 18e s., au plan en forme de coquille Saint-Jacques et à façade convexe, dont l'intérieur accueille l'image de la patronne de Pontevedra.

> N'omettez pas de prendre quelque chose à la **cafetería Carabela**, sur la vivante praza da Ferreria. De là, vous pourrez contempler l'église St-François et la chapelle de la Pèlerine.

Ruines de Santo Domingo ⊙ (**Z**) – Il ne subsiste de l'église que le chevet gothique aux baies élancées envahies par le lierre. L'intérieur renferme un musée lapidaire : stèles romaines, blasons galiciens et surtout tombeaux d'artisans, dont les outils sont représentés, et de nobles, tel Payo Gómez de Sotomayor qui fut l'ambassadeur du roi de Castille Henri III à la cour de Perse.

ENVIRONS

★★ **Mirador de Coto Redondo** – *14 km au Sud par N 550*. La montée sur la colline est très agréable, parmi les bois de pins et d'eucalyptus à travers lesquels s'offrent de belles vues. Du mirador, le **panorama**★★ s'étend sur les rias de Pontevedra et de Vigo.

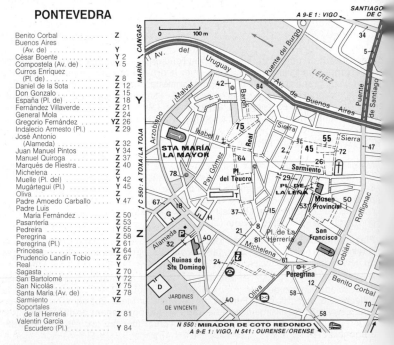

PONTEVEDRA

PORT AVENTURA★★★

Catalogne (Tarragone)
Carte Michelin n° 443 I 33
ou Atlas España-Portugal – p. 45

Les 115 ha du parc à thèmes de Port Aventura s'étendent sur les communes de Salou et de Vilaseca, en plein cœur de la Costa Daurada. Ce parc est un lieu d'évasion qui permet un amusant voyage dans le monde des aventures. Il comprend cinq « pays » qui sont autant de thèmes : la Méditerranée, la Polynésie, la Chine, le Mexique et le Far West.

Outre les animations et les spectacles, chaque pays compte plusieurs établissements où l'on peut goûter aux cuisines typiques et acheter des souvenirs.

INFORMATIONS PRATIQUES

Le parc est ouvert du 17 mars au 1er novembre
Du 17 mars au 19 juin et du 14 septembre au 1er novembre : de 10 h à 22 h.
Du 20 juin au 13 septembre : de 10 h à minuit.

Comment s'y rendre
Situé à 10 km de Tarragone et à 113 km de Barcelone, Port Aventura est accessible, en voiture, par l'autoroute A 7 (sortie 35) et par la route N 340.
Par le train, les gares les plus proches sont celle du parc même et celles de Salou, Reus et Tarragone, d'où partent des lignes spéciales vers Port Aventura. Aéroports les plus proches : Reus (15 km) et Barcelone (120 km).

Billets d'entrée
Adultes (de 12 à 60 ans) : 4 100 ptas (2 jours consécutifs : 6 250 ptas).
Enfants entre 5 et 12 ans et adultes de plus de 60 ans : 3 100 ptas (2 jours consécutifs : 4 850 ptas).
Enfants de moins de 5 ans : entrée gratuite.
Les billets d'entrée peuvent être achetés par l'intermédiaire de Servi-Caixa et aux guichets du parc.

Parking
6 000 places pour voitures de tourisme et 250 places pour autocars.
Tarifs : voitures : 500 ptas ; motos : 200 ptas ; caravanes : 800 ptas.

Services
Change et caisses automatiques.
Toilettes et installations change-bébés.
Location de fauteuils roulants : manuels 1 000 ptas ; électriques 2 000 ptas.
Location de poussettes : 500 ptas.
Consigne : 300 ptas.
Garde de chiens et chats vaccinés : 500 ptas.

VISITE

Le parc compte de nombreuses attractions dont nous ne citerons que les plus intéressantes.

Mediterrània – *C'est la porte d'entrée du parc et l'endroit où se trouvent les services proposés à la clientèle (change, location de fauteuils roulants et caméras vidéo, boutiques de souvenirs, etc.).*
Toute la culture et les saveurs de la Méditerranée sont concentrées dans un petit village côtier. Des rues blanches, des maisons éclairées... et l'agitation des barques qui imprègne l'air d'une irrésistible odeur de poisson fraîchement pêché. On découvre ici de fascinants secrets : comment faire un nœud marin, quand se produit la marée haute, et beaucoup d'autres choses.
Sur le port de cette petite baie, les boutiques proposent plus de 40 produits différents aux motifs de Port Aventura (T-shirts, crayons, maillots de bain, cravates).

★ **Polynesia** – Depuis la gare du Nord (Estació del Nord), un sentier s'enfonce entre les plantes exubérantes, les oiseaux aux mille couleurs et les petites îles de rêve. Musiciens et danseurs, légèrement vêtus, animent ce chaleureux voyage de leurs mélodies exotiques. Sur une scène en plein air, on donne le singulier spectacle du **Makamanu Bird Show**, où loris, perroquets et cacatoès réalisent des acrobaties invraisemblables en criant de sympathiques phrases.

★ **Tutuki Splash** – La barcasse polynésienne pénètre dans les entrailles d'un volcan, puis... se précipite dans une cataracte impressionnante à plus de 55 km à l'heure... Le « splashhh... » final éclabousse les intrépides marins, qui après de violentes émotions vont se rafraîchir avec les agréables saveurs de jus tropicaux.

★ **China** – Cœur du parc thématique, on découvre ici toute la magie, le mystère et la fantaisie d'une culture millénaire. Dans le village chinois de **Ximpang** se trouve le temple de **Jing Chou**, où a lieu le spectacle de la **Fantaisie magique de la Chine**. Les apparitions se succèdent : papillons, poissons aux couleurs chatoyantes, ombres se transformant en objets les plus divers... Le **Cobra impérial**, un dragon-tourbillon qui fait la joie des plus petits, et le **carrousel des tasses à thé** (Tea Cups) comptent parmi les autres attractions du secteur que la grande muraille isole de la plus impressionnante des attractions de Port Aventura.

★★★ **Dragon Khan** – C'est la star du parc. Sa silhouette dessine un crochet de fantaisie dans l'air. Il n'y a que les plus audacieux pour oser se lancer sur la montagne russe la plus spectaculaire du monde, avec ses huit loopings. Grimper à l'endroit, descendre à l'envers, aller en avant ou en arrière à 110 km/h... est une expérience inoubliable, mais seulement à la portée des plus intrépides.

★★ **México** – Des mythiques ruines mayas au Mexique colonial, du rythme entraînant des *mariachis* au goût relevé de la cuisine mexicaine... un voyage à travers le temps. La spectaculaire reproduction de la **pyramide de Chichen-Itzá** cache le **Grand Théâtre maya**, où l'on peut apprécier des danses précolombiennes.

★ **Le train du diable** – Les rires se mêlent aux grincements des wagonnets qui passent entre précipices, par ponts et tunnels.

★★ **Far West** – À **Penitence**, un vieux village décoloré, les plus incroyables fantaisies de l'Ouest américain deviennent réalité. Tourner dans un western, devenir un cow-boy accompli, et, entouré de jolies filles et de durs à cuire, danser dans un *saloon*... Tout cela est possible dans cette aventure, où l'on peut aussi se laisser emporter par la vieille **locomotive de l'Union Pacific**, qui emmène les visiteurs dans le parc jusqu'à Mediterrània.

★ **Stampida** – Deux wagonnets font la course entre eux sur une montagne russe en bois ; la sensation de vitesse est fantastique et le croisement serre la gorge.

★★ **Grand Canyon Rapids** – Des bacs, ronds comme des autocuiseurs, participent à un rafting d'enfer, mais les rapides du Colorado font tanguer les petites embarcations. Il ne faut pas avoir peur de l'eau et bien s'accrocher pour goûter pleinement ces intenses émotions.

« La plus grande scène de Port Aventura est la rue »

Des groupes d'acteurs représentent de courtes saynètes dans les allées du parc. Mais chaque zone dispose de locaux où sont donnés des spectacles durant 20 minutes au plus. Ce sont plus de 70 représentations qui ont ainsi lieu chaque jour.

PRIEGO DE CÓRDOBA★

Andalousie (Cordoue)

20 823 habitants

Carte Michelin n° 446 T 17 – Atlas España Portugal p. 85

Cette belle petite ville est située dans une plaine au cœur des montagnes de la sierra Subbética. Priego de Córdoba a connu un grand développement économique au 18ᵉ s. grâce à l'industrie de la soie, qui fit naître une production artistique d'une rare splendeur.

CURIOSITÉS

★ **Fontaines del Rey et de la Salud** – *Au bout de la calle del Río.* Ces deux fontaines forment un ensemble étonnant. La plus ancienne, la **fontaine de la Salud** (de la Santé) du 16ᵉ s., présente un frontispice maniériste. À côté, l'exubérante **fontaine del Rey**, achevée au début du 19ᵉ s., évoque le style baroque par ses dimensions et l'exubérance de sa décoration. Elle compte 139 jets qui sortent des bouches de grotesques. Le groupe central représente le char de Neptune et d'Amphytrite, son épouse.

Parroquia de la Asunción ⊙ – *À l'extrémité du Paseo del Abad Palomino.* L'église primitive du 16ᵉ s. fut remodelée en style baroque au 18ᵉ s.

★★ **El sagrario** – La chapelle, qui s'ouvre sur la nef, est une œuvre maîtresse du baroque andalou. Elle se compose d'un vestibule débouchant sur un espace octogonal bordé d'un déambulatoire. La lumière joue un rôle important dans l'atmosphère du lieu, rehaussée par la blancheur des murs et des toits, elle glisse sur la décoration exubérante des « **yeserías** », créant un effet magique. Malgré la profusion des éléments décoratifs, l'ensemble se signale par son élégance.

★ **Quartier de la Villa** – Charmant quartier médiéval, marqué par la présence arabe, aux rues sinueuses et aux maisons blanchies à la chaux abondamment fleuries de pots de fleurs.

El Adarve – Il entoure le quartier de la Villa au Nord et se présente comme un magnifique balcon dominant la plaine plantée d'oliviers en résille.

PUEBLA DE SANABRIA

Castille et León (Zamora)

1 969 habitants

Carte Michelin nº 441 F 10 – Atlas España Portugal p. 22

Situé entre le Léon, la Galice et le Portugal, sur une hauteur dominée par le château du comte de Benavente (15ᵉ s.), Puebla de Sanabria est un joli village montagnard aux maisons blanches à toit de lauzes parfois décorées de blasons. L'**église** (fin 12ᵉ s.) de granit roux s'orne d'un portail simplement souligné de boules.

De l'esplanade qui précède le château, la vue porte sur le río Tera et une partie du lac situé au Nord-Ouest de la ville.

ENVIRONS

Valle de Sanabria – *19 km au Nord-Ouest.* Devenue parc naturel, cette vallée creusée par l'érosion glaciaire au pied des sierras de Cabrera Baja et Segundera, au Nord-Ouest de Puebla, doit son charme aux multiples cours d'eau qui la parcourent, parmi une végétation de buissons. La région est renommée pour la chasse et la pêche.

Lac de Sanabria – Situé à 1 028 m d'altitude, c'est le plus grand lac d'Espagne d'origine glaciaire. Il se prête à la pratique de tous les sports nautiques et à la pêche (truites saumonées).

San Martín de Castañeda – Le long du parcours, les **vues**★ se succèdent sur le Tera aux eaux torrentueuses et le lac entouré de montagnes. En approchant de ce village très « galicien » se détache le chevet de l'**église** romane (11ᵉ s.) aux lignes pures.

Circuito de PUEBLOS BLANCOS DE ANDALUCÍA★

Circuit des VILLAGES BLANCS d'ANDALOUSIE

Carte Michelin nº 446 V 12-13-14 – Atlas España Portugal p. 83 et 84

Entre Ronda et Arcos de la Frontera s'étend une région montagneuse formée par les sierras de Grazalema, d'Ubrique et de Margarita. Dans ces montagnes aux formes souvent étranges, désolées par endroits, très vertes dans certaines vallées, demeurent des reliquats de la forêt de *pinsapos*, sapins qui datent du début de l'ère quaternaire.

Cette région est extrêmement arrosée du fait de la proximité de l'Atlantique. Certaines années elle reçoit plus de 3 mètres de précipitations. Les nombreux barrages et retenues (Bornos, Arcos, Guadalcacín) sont là pour témoigner de cette abondance en eau.

À la beauté des paysages s'ajoute le charme des villages blancs, perchés sur des pitons ou alignés sur des escarpements ; petits villages aux ruelles étroites dominés par les ruines d'un château ou la silhouette imposante de l'église. Les habitants de ces *pueblos* vivent de l'agriculture, de l'élevage et de l'artisanat.

DE RONDA À ARCOS DE LA FRONTERA

Par le Sud 104 km – environ 3 h

★ **Ronda** – *Voir ce nom.*

★ **Grazalema** – Situé dans un cirque de montagnes, ce village, l'un des plus beaux d'Andalousie avec ses rues bordées de façades classiques, est réputé pour ses couvertures en laine écrue fabriquées sur de longs métiers à tisser.

Entre Grazalema et Ubrique, la route solitaire se faufile dans un paysage gris et rose fortement sculpté par l'érosion qui y a dessiné des formes fantastiques.

Ubrique – Nichée au creux des montagne, c'est la cité du cuir où l'on produit industriellement sacs et chaussures.

La route remonte vers El Bosque, puis traverse les paysages cultivés (oliviers, arbres fruitiers) autour d'Arcos de la Frontera.

★ **Arcos de la Frontera** – *Voir ce nom.*

D'ARCOS DE LA FRONTERA À RONDA

Par le Nord 102 km – environ 3 h

La route longe par endroits la vaste retenue de Bornos sur laquelle se détache le village blanc du même nom. Avant Algodonales, une belle **vue**★ s'offre sur le site de **Zahara**, village construit sur un rocher dominé par les ruines du château.

Grazalema

Olvera – Les maisons s'alignent sur une crête dans un paysage rythmé par les rangées d'oliviers.

Au-delà de **Torre-Alháquime** se découvre à l'arrière une belle perspective sur ce village et en toile de fond Olvera.

Setenil – Le village est blotti dans une gorge creusée par le río Guadalporcún. De nombreuses maisons se nichent sous le surplomb du rocher.

PUENTE VIESGO ★

Cantabrie

2 464 habitants

Carte Michelin n° 442 C 18 – Atlas España Portugal p. 12

Nombreuses dans les montagnes calcaires qui entourent cette commune, les **grotte** (El Castillo, Las Chimeneas, Las Monedas, La Pasiega) ont livré de nombreu témoignages d'occupation humaine à l'époque préhistorique.

★ **Cueva del Castillo** ⊙ – À la fin de la période paléolithique (aurignacien magdalénien), les habitants de la grotte ont gravé et peint les parois. Le figurations, simples contours parfois inachevés, très nombreux – on en a recens 750 –, sont disséminées et souvent difficiles d'accès. Beaucoup d'entre elle restent encore des énigmes. Les mains enduites d'ocre et imprimées sur la paro ou bien cernées de rouge et ressortant en « négatif » semblent vouloir représente le symbole de la supériorité de l'homme et sans doute leur attribuait-on un rô magique. Il en a été dénombré près de cinquante dont trois seulement sont de mains droites. Les traits parallèles et les alignements de points restent d signification plus obscure : armes ou pièges pour animaux.

ENVIRONS

Castañeda – *6 km au Nord-Est.* Dans la petite vallée riante où coule le Pisueña l'église de Santa Cruz de Castañeda, **ancienne collégiale** ⊙, fut commencée à la fi du 12ᵉ s. Le portail très profond doit son élégance à l'alternance de voussure concaves et convexes. À l'intérieur, la partie centrale est conservée dans so ordonnance première (nef principale en plein cintre, coupole sur trompes).

PYRÉNÉES

voir Pirineos

REINOSA

Cantabrie

12 852 habitants

Carte Michelin n° 442 C 17 – Atlas España Portugal p. 12

Établie au pied du versant Sud des monts cantabriques, dans la vaste dépression que forme le bassin de l'Èbre, Reinosa, malgré l'abondance de ses belvédères, fait déjà partie de l'univers castillan, avec ses vastes horizons de plateau et ses champs de céréales. Au 18ᵉ s., la construction d'une route reliant la Castille au port de Santander a favorisé son développement commercial et industriel.

La proximité de la **retenue de l'Èbre**, navigable sur 20 km, et d'une station de sports d'hiver (Alto Campóo) favorise son développement touristique.

ENVIRONS

Retortillo – *5 km au Sud de la C 6318*. La petite **église** n'a gardé de l'époque romane que l'abside en cul-de-four et l'arc triomphal où l'on peut admirer deux chapiteaux d'une très grande finesse représentant des guerriers. À 50 m : vestiges d'une villa qui faisait partie de la cité romaine de **Julióbriga**.

★ **Cervatos** – *7 km au Sud par la N 611*. L'ancienne **collégiale**★ ⊘, d'une architecture romane très pure, est remarquable pour la richesse et la fantaisie de sa **décoration**★ sculptée. Le tympan du portail est traité à l'orientale comme une broderie à peine ajourée. Une frise de lions dos à dos s'y intercale. Les modillons de la corniche et les chapiteaux de la fenêtre Sud de l'abside s'ornent de figures variées et audacieuses. À l'intérieur, l'abside présente d'harmonieuses arcatures aveugles. La sculpture des chapiteaux et des consoles de l'arc doubleau, très étoffée, montre des motifs d'une rare élégance : lions enchevêtrés, aigles aux ailes déployées, entrelacs ou feuillages. La nef unique a été surélevée et voûtée sur croisée d'ogives au 14ᵉ s.

★★ **Pic de Tres Mares** – *26 km à l'Ouest par la C 628*. En chemin on peut s'arrêter à Fontibre. De là, des sentiers mènent à l'endroit où la **source de l'Èbre** – le plus puissant des fleuves ibériques –, forme un petit étang verdâtre.
Accès au pic par télésiège. Ce pic (2 175 m), l'une des crêtes de la sierra de Peña Labra, est ainsi nommé parce qu'il est à l'origine de trois grands fleuves qui débouchent dans trois mers différentes : le Híjar, affluent de l'Èbre (Méditerranée), le Pisuerga, affluent du Douro (Atlantique) et le Nansa qui se jette dans la mer Cantabrique. Du sommet splendide **panorama**★★★ circulaire : au Nord le Nansa et le barrage de la Cohilla, au pied du Cueto (1 517 m), puis, sur la droite, le barrage de l'Èbre, la sierra de Peña Labra, le barrage de Cervera de Pisuerga et, au-delà, les monts de Léon ; à l'Ouest la partie centrale des pics d'Europe (Peña Vieja, 2 618 m) et leur massif oriental (Peña Sagra, 2 042 m), reliés par une série de cols. Au premier plan se détache la masse très érodée de la Peña Labra (2 006 m).

RÍAS ALTAS★

Galice (Lugo, La Corogne)

Carte Michelin n° 441 A 5 à 7, B 4 à 8, C 2 à 5, D 2

Atlas España Portugal p. 2, 3 et 4 A 5 à 7, B 4 à 8, C 2 à 5, D 2

Bien que découpée par les **rias** – ces estuaires envahis par la mer tout comme les abers bretons – la côte Nord de la Galice, de Ribadeo au cap Finisterre (cabo Fisterra), est le plus souvent basse. Les roches nues, usées, les maisons de granit, au toit d'ardoises, donnent l'impression d'un climat rude, pourtant les estivants ne dédaignent pas les plages de sable fin qui tapissent les criques.

D'Est en Ouest se succèdent de nombreuses rias.

Ría de Ribadeo – *Pour la partie asturienne de la ria, voir Costa Verde*. C'est l'estuaire de l'Eo, dont les derniers kilomètres forment la frontière entre Galice et Asturies. Après un parcours tumultueux, le fleuve s'assagit et sinue dans sa basse vallée aux versants évasés et verdoyants. Une belle **vue**★ d'ensemble s'offre du pont qui enjambe la ria à son embouchure. **Ribadeo**, port de cabotage très actif au siècle dernier, est aujourd'hui un centre d'importance régionale très animé pendant l'été.

Ría de Foz – Foz, situé à l'embouchure de sa ria, est un petit port, tourné surtout vers la pêche côtière. Il est fréquenté l'été pour ses belles plages sur l'océan.

Église San Martín de Mondoñedo ⊘ – *5 km à l'Ouest, prendre la route de Mondoñedo puis tourner très vite à droite*. L'église apparaît, quasi solitaire sur une hauteur. Ce monastère de fondation très ancienne fut, jusqu'en 1112, le siège de l'épiscopat transporté ensuite à Mondoñedo. L'église est d'un type archaïque et, fait rarissime dans la région, totalement étrangère aux influences compostellanes. Le chevet, ourlé de bandes lombardes, est soutenu par de puissants contreforts ; à l'intérieur on remarquera les **chapiteaux**★ du transept, naïvement sculptés et riches en détails savoureux : dans celui illustrant la parabole du mauvais riche laissant mourir de faim Lazare, la table déborde de mets et dessous un chien lèche les pieds de Lazare étendu. Ces chapiteaux dateraient du 10e s. et l'on y note une influence wisigothique dans les motifs végétaux.

Ría de Viveiro – Mer, campagne et montagne se mêlent dans ses paysages qui furent chantés par **Nicomedes Pastor Díaz**. **Viveiro** conserve de ses murailles la porte de Charles Quint, marquée du blason de l'empereur. L'été transforme ce port en station balnéaire. Le 4e dimanche d'août, la typique romería del Naseiro attire des visiteurs de toute la Galice.

Ría de Santa María de Ortigueira – Profonde, cette ria est entourée de hauteurs verdoyantes. Sur le port d'**Ortigueira** les quais sont bordés de jardins soignés.

Ría de Cedeira – De dimensions modestes mais très encaissée dans les terres, cette ria possède de belles plages. De la route s'offrent de jolies **vues** sur ces paysages et la station balnéaire de **Cedeira**.

Ría de Ferrol – Elle forme une magnifique rade dans laquelle on pénètre par un étroit chenal long de 6 km gardé par deux forts. Ce site exceptionnel et sa situation qui en faisait un excellent point de départ pour les Amériques ont décidé les rois Ferdinand VI et Charles III à faire de **Ferrol** un port militaire au 18e s. C'est à cette époque que fut dessiné le plan logique et symétrique qui caractérise le quartier ancien.
Aujourd'hui, c'est l'un des ports militaires les plus importants d'Espagne, comprenant un arsenal et des chantiers navals.

Ría de Betanzos – *Voir Betanzos.*

Ría de La Coruña – *Voir A Coruña.*

Costa de la Muerte – Entre La Corogne et le cap Finisterre s'étend une côte sauvage aux paysages austères et grandioses. Nombreux sont les navires qui viennent s'échouer ou se fracasser sur cette côte battue par les tempêtes, d'où son surnom peu hospitalier de **côte de la Mort**.
Dans les endroits plus abrités se nichent des petits ports de pêche comme celui de **Malpica de Bergantiños**, bien protégé par le cap San Adrián face aux îles Sisargas (réserve d'oiseaux), ou celui de **Camariñas**, célèbre pour ses dentelles aux fuseaux.

★ **Cap Finisterre** (ou **cabo Fisterra**) – Près du cap Finisterre, **Corcubión**★ a gardé tout le charme d'un port ancien avec ses maisons à blasons et à baies vitrées. La **route**★ en corniche qui mène au cap offre des vues intéressantes sur la baie fermée par trois plans successifs de montagnes. Du phare, **panorama**★ sur l'océan et la baie

La côte de la Mort

RÍAS BAJAS★★

Galice (La Corogne)

Carte Michelin n° 441 D 2-3, E 2-3, F 3-4
Atlas España Portugal p. 6 D 2-3, E 2-3, F 3-4

Région privilégiée à laquelle la mer offre ses ressources (crustacés réputés) et où les profondes échancrures de la côte procurent aux navires maint abri sûr, les Rías Bajas présentent sur la Galice le visage le plus riant. En saison, les estivants, espagnols pour la plupart, affluent sur ses plages et dans ses stations typiques et luxueuses comme A Toxa.

★★ RÍA DE MUROS Y NOIA

1 De Muros à Ribeira 71 km - environ 1 h 1/4

Cette ria séduit surtout par la beauté sauvage de ses paysages. La côte parsemée de rochers est plus basse que celle des autres rias. La rive Nord couverte de forêts est la plus intéressante. **Muros** est un port aux maisons typiques et **Noia** conserve sur sa grand-place face à la mer l'église gothique de **San Martín**★ ornée d'un portail et d'une rosace magnifiquement sculptés.

RÍA DE AROUSA

2 De Ribeira à A Toxa 115 km - environ 3 h

À l'embouchure du río Ulla, elle est la plus grande et la plus découpée de toutes les rias.

Ribeira - Important port de pêche aux vastes entrepôts.

★★ **Mirador de la Curota** - 10 km au départ de Puebla del Caramiñal. Du sommet (accès en 1 h de marche) de la Curota (alt. 498 m), magnifique **panorama** sur les quatre Rías Bajas. Par temps clair la vue s'étend du cap Finisterre au río Miño.

Padrón - C'est là, dit-on, qu'aborda la barque de saint Jacques. Dans l'**église paroissiale** ⊘, on peut voir sous le maître-autel la pierre (pedrón) où elle fut amarrée. La ville doit sa célébrité autant à ses piments verts qu'à la poétesse **Rosalía de Castro** (1837-1885), dont la maison est maintenant aménagée en **musée**.

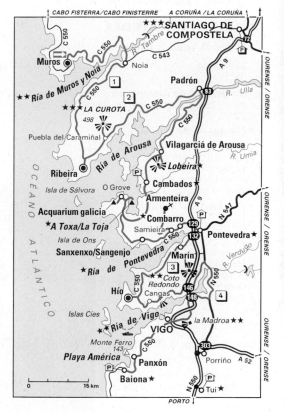

Vilagarcía de Arousa - Surplombant la mer, une promenade aux jardins soignés en fait une véritable station.
À la sortie de la ville vers Cambados, le couvent de Vista Alegre, fondé en 1648, est un ancien pazo, aux tours carrées, décorées de blasons et de merlons pointus.

★ **Mirador de Lobeira** - 4 km au Sud. À Cornazo, prendre un chemin forestier signalé. Du belvédère la vue embrasse toute la ria et les collines de l'intérieur.

★ **Cambados** - À l'entrée Nord de la ville, qui a conservé un quartier ancien aux ruelles bordées de belles maisons, la magnifique **place de Fefiñanes**★, carrée, est bordée sur deux côtés par le pazo de Fefiñanes, à la façade blasonnée, sur le troisième par une église du 17e s., et, sur le dernier, de maisons à arcades. À l'autre extrémité du village s'élèvent les ruines romantiques de **Santa Mariña de Dozo**, église paroissiale du 12ᵉ s qui ne sert plus que de sépulture. Cambados est le lieu où déguster l'albariño, vin blanc du pays au goût légèrement fruité.

★ **A Toxa** – Un âne malade, abandonné sur l'île par son propriétaire et retrouvé guéri, fut le premier curiste de A Toxa. La source bienfaisante est aujourd'hui tarie, mais l'île, couverte d'une belle pinède, dans un **site**★★ remarquable, reste un cadre idéal de repos. C'est la station la plus élégante de la côte galicienne qui sert de cadre à des villas luxueuses et à un palace du début du siècle. Une petite église est couverte de coquilles St-Jacques. De l'autre côté du pont, la station balnéaire de **O Grove** est aussi un port de pêche connu pour ses fruits de mer.

Aquariumgalicia, près de **Reboredo** ⊙ – *Sortir de O Grove en direction de San Vicente et bifurquer à la hauteur de Reboredo.* Le seul aquarium qui existe en Galice compte plus de 150 espèces et plus de 15 000 animaux répartis dans 18 bassins où sont reconstitués différents écosystèmes marins. Il dispose d'un vivier où sont élevées des espèces commercialement intéressantes, telles que le curieux turbot ou la dorade.

La **route**★ A Toxa-Canelas offre une succession de dunes sauvages et de plages (la Lanzada) encadrées de rochers.

★ RÍA DE PONTEVEDRA

③ De A Toxa à Hío *62 km – environ 3 h*

Sanxenxo – Très animée en été cette station jouit d'un des meilleurs climats de Galice.

Monasterio de Armenteira – De Samieira part une petite route qui conduit à ce monastère cistercien où l'on peut visiter l'église du 12ᵉ s. et le cloître classique du 17ᵉ s.

★ **Combarro** – Ce petit port de pêcheurs typique, aux ruelles irrégulières, conserve de nombreux calvaires et surtout des **hórreos**★ alignés le long de la mer.

★ **Pontevedra** – *Voir ce nom.*

Marín – C'est le siège de l'École navale militaire.

Hío – À la pointe de la presqu'île du Morrazo, ce village possède un célèbre **calvaire**★, généreusement sculpté.

Hórreo à Combarro

★★ RÍA DE VIGO

④ De Hío à Baiona
70 km – environ 3 h

Moins vaste que la ria d'Arousa, mais plus profonde et abritée, elle est remarquablement protégée et fermée par les îles Cíes. La ria est très belle surtout à hauteur de Domaio, là où les versants boisés, en pente raide, se rapprochent et où l'étroit chenal se couvre de moulières (mytiliculture). De Cangas et Moaña, Vig apparaît, ville blanche couvrant toute la colline, de l'autre côté du bras d mer.

Vigo – *Plan dans le guide Rouge Michelin España & Portugal.* Principal po transatlantique de l'Espagne, c'est le premier port de pêche et l'un de centres industriels et commerciaux les plus importants du pays. Selon un croyance populaire, au fond de sa ria gisent une multitude de trésors datar de l'époque de Philippe V. Son **site**★ est remarquable : entourée d'une cei ture de parcs et de pinèdes, la ville forme un amphithéâtre sur la rive Su de sa ria.

Depuis la colline de El Castro s'offrent de magnifiques **vues**★★ sur Vigo et sa baie. Le quartier du Berbés, la partie la plus ancienne de la ville où habitent pêcheurs et marins, est pittoresque. À côté se trouve A Pedra, un curieux marché où les poissonnières vendent les huîtres qui se dégustent dans les innombrables bars.

Islas Cíes – On peut s'y rendre en bateau depuis le port de Vigo *(environ 1 h)*. Ce bel archipel aux eaux cristallines et au sable d'une blancheur immaculée monte la garde à l'entrée de la ria de Vigo. Ces îles peuplées d'oiseaux ont été déclarées Parc naturel en 1980.

★★ **Mirador de la Madroa** – *6 km en suivant la signalisation pour l'aéroport puis pour le parc zoologique.* De l'esplanade très belle **vue**★★ sur Vigo et la ria.

Au Sud de Vigo s'étendent les plages de Alcabre, Samil et Canido.

Panxón – *14 km au Sud-Ouest par C 550.* Station balnéaire au pied du mont Ferro.

Playa América – Station élégante et très fréquentée au fond de la baie.

★ **Baiona** – *Voir ce nom.*

La RIOJA★

La Rioja, Navarre et Pays Basque (Alava)

Carte Michelin nº 442 E 20-23, F 20-24

Atlas España Portugal p. 11, 26 et 27

Cette section fertile de la vallée de l'Èbre, qui doit son nom à l'un de ses affluents le río Oja, couvre une superficie de 5 000 km² et comprend la province qui porte son nom et une partie de celles d'Alava et de Navarre. À l'Ouest, autour de Haro, la **Haute Rioja** vit essentiellement de la viticulture. La **Basse Rioja** se caractérise par des cultures extensives et les curieux paysages que forment les reliefs tabulaires de la vallée de l'Èbre. Ses principaux centres sont **Logroño** et Calahorra. La région a connu très tôt un épanouissement culturel et économique grâce au chemin de St-Jacques, puis plus tard grâce à la renommée de son vin.

Le **vignoble** constitue la principale culture de la Rioja, avec une superficie de 43 000 ha. Bien que cette culture soit très ancienne – un document de 1 102 cite déjà les vins de la Rioja, et, au 16e s., on les exportait en France, dans les Flandres et en Italie –, son véritable essor eut lieu au 19e s., quand des viticulteurs français ruinés par la crise du phylloxera vinrent tenter leur chance ici. Aujourd'hui, la Rioja est la première région espagnole pour la qualité de ses vins, spécialement les vins rouges (11º-12º), légers, délicats et ne manquant pas de corps, qui rappellent les Bordeaux.

La région délimitée d'appellation d'origine « Rioja » comprend les provinces de l'Álava, de la Rioja, mais aussi le vignoble producteur de vins plus forts de la Basse Rioja bien que cette partie se consacre plutôt à la culture de primeurs (asperges, artichauts, poivrons, tomates) qui sont à l'origine d'une importante industrie de conserverie.

SITES ET CURIOSITÉS

Logroño – La capitale de la Rioja est située sur les rives de l'Èbre, dans une vallée fertile qui a permis à cette région de se spécialiser dans les cultures maraîchères. Les pèlerins du chemin de Saint-Jacques entraient dans cette cité accueillante par le pont de pierre qui constitue aujourd'hui le meilleur balcon sur la vieille ville : aux tours baroques de la cathédrale font écho celles de **Santa María del Palacio**, pyramidale, et de **San Bartolomé**, mudéjar.

Santa María la Redonda ⊙ – Cathédrale depuis 1959, l'église Santa María date de 1435. Elle comporte trois vaisseaux, trois absides polygonales et des chapelles sur les collatéraux. Parmi ces dernières, remarquer la chapelle de Notre-Dame de la Paix, de style plateresque, fondée en 1541 par Diego Ponce de León. Observer aussi l'extraordinaire grille qui enserre le coro.

Museo de la Rioja ⊙ – Il occupe un beau palais du 18e s. où vécut le général Espartero. Ses fonds proviennent pour la plupart des ventes forcées de biens ecclésiastiques au 19e s. Les sculptures romanes et le retable gothique de Torremuña sont les pièces les plus notables. La période baroque est illustrée par une extraordinaire sculpture en ivoire hispano-philippine qui représente le Christ expirant.

Ezcaray – Ce village charmant, situé près de Logroño, au pied de la sierra de La Demanda et au bord du río Oja, dans un environnement exceptionnel, est devenu un lieu de villégiature où se retrouvent les amateurs de ski. Il conserve son ambiance de montagne, ses rues à arcades sur piliers de pierre et de bois, ses maisons seigneuriales, l'église **Santa María la Mayor** et les bâtiments d'une ancienne manufacture de tapisseries fondée par Charles III en 1752. Aujourd'hui, la tradition est toujours vivante et on y fabrique des toiles et des couvertures.

★ Santo Domingo de la Calzada – *Voir Nájera : environs.*

Haro – Prospère cité agricole et commerciale, capitale de la Haute Rioja et ville fameuse pour la qualité de ses vins. Dans le vieux quartier, riche en caves et tavernes, de nombreuses maisons nobles subsistent, avec leurs belles façades des 17e et 18e s., qui témoignent du prestige ancien de la ville. Sur la **Plaza de la Paz**, admirer la simplicité néoclassique de l'hôtel de ville conçu par Juan de Villanueva en 1769. Derrière, la tour baroque de l'**église Santo Tomás** s'élève, élégante, au-dessus du temple commandé en 1516 à Felipe Bigarny (Philippe de Bourgogne) qui conserve un beau portail Renaissance.

Museo del Vino de la Rioja ⊙ – L'art du vin est, sans aucun doute, l'un des principaux attraits de cette région qui a consacré un petit musée exclusivement à ce produit. Sur deux étages, on peut suivre tout le processus d'élaboration, depuis la culture des cépages jusqu'aux phases finales de la mise en bouteilles. Intéressant pour les amateurs de cette boisson.

★ Laguardia – Située sur une éminence, au pied de la cordillère Cantabrique, Laguardia est peut-être la plus belle ville de la Rioja Alavesa. L'aspect de bourg fortifié qu'elle présente depuis la route se précise à mesure que l'on s'approche des deux imposantes tours qui semblent veiller sur elle. Celle de San Juan, au Sud, fait partie de l'église St-Jean Baptiste ; la tour de l'abbatiale, au Nord, de la fin du 12e s., était autrefois reliée à l'église **Santa María de los Reyes** ⊙, beau temple qui présente un extraordinaire **portail** de la fin du 14e s., dont la polychromie du 17e s. n'a subi aucune altération. Au-dessus du meneau, une Vierge à l'Enfant est remarquable par la finesse des traits. Le tympan, divisé en trois segments, est illustré de scènes de la vie de la Vierge. Noter le Christ soutenant une petite fille, qui symbolise l'âme de la Vierge. L'intérieur est un mélange curieux de styles gothique et Renaissance, dont l'élément le plus notable est la voûte Renaissance de la nef centrale.

La promenade qui ceint le village offre des perspectives sur la mer de vignobles. À 12 km au Nord-Ouest, le **panorama** que l'on découvre depuis le **Balcón de la Rioja**★, près du col de Herrera (1 100 m), frappe par son étendue. On y domine la dépression de l'Èbre, plate et sèche, où le fleuve déroule ses méandres argentés.

Nájera – *Voir ce nom.*

San Millán de la Cogolla – *Voir Nájera : environs.*

★ Vallée de l'Iregua – *50 km au Sud de Logroño par la N 111.* Pendant 15 km, la route file à travers la plaine de l'Èbre entre vergers et terrains maraîchers avant d'être en vue, vers Islallana, des premières **falaises**★ de la sierra de Cameros qui dominent l'Iregua de plus de 500 m. Après deux tunnels, la vallée se resserre entre ces immenses rochers ruiniformes et rougeâtres. La région constitue un îlot de verdure. Le torrent s'encaisse ensuite en canyon et la route domine alors en corniche le site de Torrecilla de Cameros. **Villanueva de Cameros** réunit quelques toits de tuiles rondes sur des murs à colombage.

RIPOLL★

Catalogne (Gérone)
11 204 habitants
Carte Michelin n° 443 F 36 – Atlas España Portugal p. 18
Schéma : PIRINEOS CATALANES

Capitale d'une région essentiellement industrielle (forges, industries textiles et papetières), Ripoll reste cependant très visité pour son monastère bénédictin fondé au 9e s. par le comte de Barcelone **Wilfred le Poilu**. Ce fut d'ailleurs jusqu'au 12e s. le panthéon des comtes de Barcelone, de Besalú et de Cerdagne.

Un rayonnement exceptionnel – La bibliothèque de Ripoll était l'une des plus riches de la chrétienté. Outre les textes sacrés et des commentaires théologiques, elle possédait des œuvres d'auteurs païens (Plutarque, Virgile) et de nombreux traités scientifiques. L'Occident, à cette époque, avait perdu les connaissances antiques ; ce sont les Arabes qui, s'emparant d'Alexandrie et de sa riche bibliothèque, ont conservé et répandu dans tout leur empire les œuvres des savants grecs. Trait d'union entre les deux civilisations, Ripoll devient, sous l'abbé Oliva, le foyer d'une vie culturelle intense. On y vient de loin ; ainsi Gerbert, moine d'Aurillac, y étudie la musique et les mathématiques avant de devenir en 999 le pape Sylvestre II.

L'abbé Oliba – Fils du comte de Cerdagne et de Besalú, fin lettré et doué de qualités de chef, il dirige Ripoll, en même temps que St-Michel-de-Cuxa, en Roussillon (voir guide Vert Michelin Pyrénées Roussillon), de 1008 à sa mort (1046). En outre évêque de Vic à partir de 1018, il imprime sa marque à toute la région. Grand bâtisseur, il impose un type d'église à plan basilical, avec transept marqué et coupole à la croisée, telle la collégiale de Cardona.

A **Vision de l'Apocalypse**
1) L'Éternel sur un trône
2) Anges
3) Homme ailé, attribut de saint Matthieu
4) Aigle, attribut de saint Jean
5) Les 24 vieillards
6) Lion, attribut de saint Marc
7) Taureau, attribut de saint Luc

B **Exode**
1) Passage de la mer Rouge
2) La manne
3) Vol de cailles guidant le Peuple de Dieu
4) Moïse fait jaillir l'eau du rocher
5) Moïse doit garder les bras levés pour donner la victoire à son peuple
6) Combats de fantassins et cavaliers

C **Livre des Rois**
1) David et ses musiciens
2) Transfert de l'Arche d'Alliance
3) La peste de Sion
4) Gad (debout) parle à David (assis) devant la foule
5) David désigne Salomon comme son héritier
6) Salomon, sur la mule de David, acclamé par le peuple
5) Le jugement de Salomon
8) Le songe de Salomon
9) Elie monte au ciel dans un char de feu

D David et ses musiciens
E Combats de monstres
F Saint Pierre
G Saint Paul
H Vie et martyre de saint Pierre (à gauche) et de saint Paul (à droite)
I Histoire de Jonas (à gauche), histoire de Daniel (à droite)
J (à l'intrados de l'arc ; se lit simultanément à droite et à gauche – au centre : le Créateur – deux anges ; au-dessous : offrandes d'Abel et de Caïn ; en bas : meutre d'Abel – Caïn l'ensevelit
K (à l'intérieur des montants de la porte). Les mois de l'année

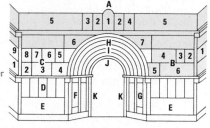

★ANCIEN MONASTÈRE SANTA MARIA

Du monastère d'origine ne subsistent que le portail de l'église et le cloître.

★ **Église** – La première église (9e s.) fut bientôt agrandie. Le célèbre abbé en consacra en 1032 une autre, plus majestueuse, joyau du premier art roman, que le séisme de 1428, diverses transformations au cours des siècles et l'incendie de 1835 détruisirent. On la reconstruisit à la fin du 19e s. en reprenant le plan d'origine : cinq nefs barrées d'un grand transept où s'alignent sept absides. Dans le bras droit du transept se trouve le tombeau de Berenger III le Grand (12e s.) et dans le bras gauche celui de Wilfred le Poilu.

★★ **Portail** – Bâti un siècle après l'église, au milieu du 12e s., il n'a pas échappé à l'usure du temps ; malgré l'auvent (fin 13e s.) qui l'abrite, l'état de la pierre rend difficile la lecture des sculptures. La composition en registres horizontaux forme une espèce d'arc de triomphe avec une grande frise au couronnement qui réunit les deux côtés. Ce rapprochement nous livre peut-être son sens profond : la glorification de Dieu et de son peuple, victorieux de ses ennemis (passage de la mer Rouge), prend une valeur nouvelle à l'époque de la Reconquête. Les bas-reliefs couvrant non seulement comme à l'ordinaire le portail lui-même, mais aussi tout le mur alentour, en font une page sculptée d'une exceptionnelle densité, où se lit la Bible à livre ouvert.

★ **Cloître** – Seule l'aile accolée à l'église date du 12e s. Elle resta unique jusqu'au 14e s., mais en construisant ses voisines on eut à cœur de maintenir l'unité du style : quelques chapiteaux trahissent la supercherie.

RONCESVALLES

Voir ORREAGA

RONDA★★

Andalousie (Málaga)
35 788 habitants
Carte Michelin n° 446 V 14
Atlas España Portugal p. 84

u bord de la Serranía de Ronda, la ville est bâtie dans un **site**★★ de plate-forme ntaillée par les célèbres gorges du Guadalevín, le **Tajo**. Elles divisent Ronda en deux uartiers : la **Ciudad**, vieille ville peu étendue, et le Mercadillo prolongé par la ville noderne. Du **Puente Nuevo**, la **vue**★ plongeante est impressionnante ; la route qui mène la centrale électrique (camino de los Molinos) descend au pied des falaises, d'où la e★ est surprenante sur le profil du Tajo, coupé par le Pont Neuf.

e berceau de la tauromachie – Né à Ronda en 1698, **Francisco Romero** a fixé les règles e la corrida, qui n'était auparavant qu'un jeu d'audace et d'adresse. Inventeur de la pe et de la muleta, il est considéré comme le fondateur de la tauromachie moderne. on fils, Juan, organisa la *cuadrilla*, l'équipe qui soutient le torero ; son petit-fils, **Pedro** 754-1839), fut le maître incontesté des arènes espagnoles pendant toute sa longue rrière. Il fonda l'« **école de Ronda** », qui prône le classicisme, l'observation stricte des gles et l'estocade *a recibir*.

CURIOSITÉS

* **Plaza de toros** (**Y**) – Construites en 1785, les **arènes** sont parmi les plus anciennes d'Espagne. Un élégant portail donne accès à l'intérieur de l'arène entourée de fines arcades. Chaque année s'y déroule la traditionnelle corrida goyesca (en costumes de l'époque de Goya). Ces arènes servirent de cadre au film *Carmen* de Rosi en 1984. Dans le **Musée taurin** (museo Taurino) ⊙ sont exposés des habits de lumière et de nombreux souvenirs et photos évoquant les dynasties de toreros de Ronda : les Romero, Ordóñez...

* **La Ciudad** (**YZ**) – Derrière ses murailles, ce quartier, vestige de l'occupation arabe, qui se maintint jusqu'en 1485, est très pittoresque avec ses ruelles, ses façades blanches et ses grilles de balcon.

Colegiata (**Z**) ⊙ – Elle fut construite aux 15e et 16e s. à l'emplacement de l'ancienne mosquée dont elle a conservé un arc en fer à cheval du 13e s. et l'ancien minaret mudéjar transformé au 16e s. en clocher.
À l'extérieur une double rangée de balcons servait de tribune aux autorités. À l'intérieur on remarque les différents styles : gothique pour les nefs, plateresque dans le chœur, baroque pour les stalles.

Palacio de Mandragón (**Z**) – Sa noble façade Renaissance est surmontée de deux tourelles mudéjars.
De la place voisine : **vue** sur le ravin et la plaine.

Palacio del Marqués de Salvatierra (**Y E**) – Grand voyageur de la Renaissance, le marquis de Salvatierra fit curieusement orner sa fenêtre de deux couples d'Indiens incas supportant un fronton triangulaire. Un balcon de fer forgé et de fins bas-reliefs rehaussent l'ensemble.

Baños árabes ⊙ (**Z**) – Leur importance rappelle que Ronda fut autrefois la capitale d'un royaume de taifa.

EXCURSIONS

★★ **Route de Ronda à San Pedro de Alcántara** – *49 km au Sud-Est par la C 339 – environ 1 h.*
Durant 20 km, la route parcourt un relief confus de montagnes dénudées ; elle est ensuite tracée en haute **corniche**★★ au-dessus de la vallée du Guadalmedina et de ses vallons affluents. Pas une âme qui vive, pas un village durant cette traversée.

* **Route de Ronda à Algésiras** – *118 km au Sud-Ouest par les C 341, 3331 et N 340 – environ 3 h.*
Cette route est intéressante entre Ronda et Gaucín, lorsqu'elle entaille un haut versant rocheux au-dessus de la vallée du Genal. Elle passe ensuite au pied de Jimena de la Frontera. 22 km plus loin une petite route à droite mène à **Castellar de la Frontera**, village aux jolies ruelles fleuries regroupées à l'intérieur de l'enceinte du château.

Le Tajo

RONDA

E Palacio del Marqués
de Salvatierra

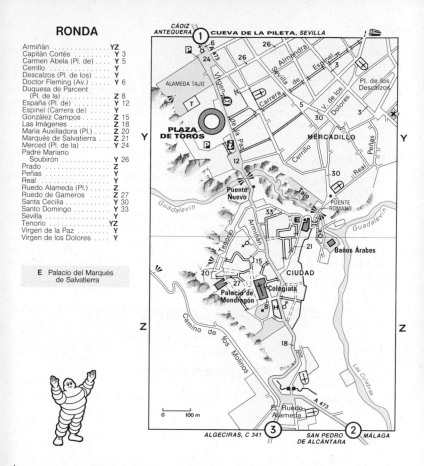

★ **Villages blancs d'Andalousie** - *Voir Pueblos blancos de Andalucía.*

★ **Cueva de la Pileta** ⊘ - *27 km - environ 1 h - plus 1 h 1/2 de visite. Prendre la C 339, puis à 14 km tourner à gauche.*
À hauteur du barrage de Montejaque, **vue**★★ saisissante.
La **grotte de la Pileta** vaut par son intérêt archéologique. À la lumière d'une lampe à pétrole, on découvre de belles concrétions naturelles : draperies et tentures, mais on remarquera surtout les peintures rupestres, antérieures à celles d'Altamira, qui dateraient de 25 000 ans au moins. Parmi les motifs représentés, on reconnaît des chèvres, des panthères, des dessins symboliques et un poisson géant de 1,25 m.

Pour un bon usage des plans de villes, consultez la légende p. 4.

SAGUNT/SAGUNTO

SAGONTE - Communauté valencienne (Valence)

55 957 habitants
Carte Michelin n° 445 M 29
Atlas España Portugal p. 57

u centre d'une huerta, Sagonte se blottit au pied d'une colline allongée que uronnent les ruines d'une citadelle. Le port, à 5 km, a une importante activité dustrielle.

n siège légendaire - Sagonte a sa place dans les pages héroïques de l'histoire spagnole. En 218 avant J.-C., **Hannibal**, jaloux de la puissance romaine, assiège agonte, qui était alors un petit port maritime (depuis les alluvions l'ont éloigné de mer) allié aux Romains. Abandonnés par Rome, les habitants de la cité, se voyant culés à la reddition, allument un brasier alimenté par leurs meubles et leurs tements. Invalides, femmes, vieillards et enfants se précipitent dans les flammes ndis que les soldats tentent une sortie désespérée. L'épisode marque le début de deuxième guerre punique. Cinq ans plus tard, Scipion l'Africain entreprend la construction de Sagonte qui deviendra une importante ville romaine.

Les ruines ⊙ – Pour y accéder on traverse la partie haute de la ville aux ruelles étroites qui était l'ancien quartier juif.

Le théâtre – Cet ancien théâtre romain a été construit à flanc de colline.

L'acropole – Tantôt surperposés, tantôt juxtaposés, les vestiges des remparts, temples, maisons sont ibériques, phéniciens, carthaginois, wisigothiques, arabes… En 1811 la ville fut assiégée par Suchet, aussi la guerre d'Indépendance a-t-elle laissé à l'Ouest d'importantes constructions. De toutes parts se déroule un vaste **panorama**★ sur Sagonte, la huerta, la vallée du Palancia et la mer.

ENVIRONS

Grutes de Sant Josep, à la sortie Est de **La Vall d'Uixo** ⊙ – *27 km au Nord par la N 340 puis par La Vall d'Uixo*. Ces grottes sont l'œuvre d'une rivière souterraine que l'on emprunte en barque sur 1 200 m environ.

Segorbe – *33 km au Nord-Ouest par la N 234*. La cathédrale vaut surtout par son **musée** qui possède une importante **collection de retables valenciens**★. Plusieurs tableaux sont de **Juan Vicente Macip** mort en 1550, artiste qui fut influencé par la Renaissance italienne. De son fils **Juan de Juanes** on peut voir un *Ecce Homo* empreint d'une douceur chère à Léonard de Vinci. Autres œuvres de Rodrigo de Osona, de Jacomart, et *Madone* de Donatello, bas-relief en marbre du 15e s.

ST-JACQUES-DE-COMPOSTELLE★★★

Voir SANTIAGO DE COMPOSTELA

ST-SÉBASTIEN★★

Voir DONOSTIA

SALAMANCA★★★

SALAMANQUE – Castille et León

186 322 habitants

Cartes Michelin nos 441 et 444 J 12-13 – Atlas España Portugal p. 37

Ses rues étroites, aux façades de belle pierre dorée, la splendeur de ses nombreux monuments et le prestige de sa vie intellectuelle font de Salamanque une ville à la fois vivante et évocatrice du passé.

Une histoire mouvementée – D'origine ibère, conquise par Hannibal au 3e s. avant J.-C., Salamanque est sous les Romains une cité florissante dont il subsiste un **pont romain (AZ)**. Détruite à plusieurs reprises par les Maures, elle est reconquise par Alphonse VI en 1085. La turbulence de sa noblesse cause de graves troubles aux 14e s. et 15e s. Des factions de jeunes chevaliers, dites « **bandos** », se déchirent comme en témoigne cette anecdote : à la suite d'un incident au cours d'une partie de paume, les deux frères Monroy, du bando de Santo Tomé, furent tués par les frères Manzano, de celui de San Benito : doña María, leur mère, revêtit une armure et s'en fut avec leurs compagnons à la poursuite des meurtriers, les tua et déposa leur tête sur la tombe de ses fils. Cet acte lui valut le surnom de **María la Brava** mais n'en mit pas pour autant un terme aux rivalités des bandos, qui sévirent jusqu'en 1476. La maison de doña María (15e s.) existe toujours : on peut la voir sur la plaza de los Bandos **(BY Q)**, encadrée d'édifices du 19e s.

Au cours de la guerre d'Indépendance, Salamanque fut occupée à plusieurs reprises par les armées françaises. C'est à 10 km au Sud de la ville, au **défilé d'Arapiles**, qu'en 1812 Wellington écrasa les troupes de Marmont. Ce désastre a joué un rôle déterminant dans l'évacuation de l'Espagne par les troupes de Napoléon.

L'université – Fondée en 1215, comme celle de Paris, elle se développe sous la protection des rois de Castille et de hauts personnages comme l'antipape Benoît XIII. La valeur de l'enseignement qui y est dispensé lui assure bientôt une réputation internationale ; au 16e s., elle comptera 70 chaires et jusqu'à 12 000 étudiants, et participera efficacement à la contre-Réforme catholique.

De grands personnages et bien des hommes célèbres suivirent son enseignement : le prince Juan, fils des Rois catholiques, y fit ses études ; saint Jean de la Croix y fut élève de **frère Luis de León (1527-1591)**, l'un des plus grands humanistes espagnols. **Miguel de Unamuno (1864-1936)**, professeur de grec, puis recteur de l'Université, exerça lui aussi une influence capitale sur le milieu intellectuel de son temps.

G. Simeone/DIAF

La Plaza Mayor

Un art brillant – Deux grands peintres ont déployé leur talent dans la ville à la fin du 15e s. et au début du 16e s. : **Fernando Gallego**, l'un des meilleurs peintres hispano-flamands, témoigne de l'influence de Thierry Bouts par la précision du trait et le souci de réalisme ; **Juan de Flandres**, né en Flandres vers 1465, s'établit à Salamanque en 1504 ; élégant, tout en douceur, son art joue sur une extrême délicatesse de tons. En architecture, le 15e s. a imaginé pour les patios salmantins un arc original, dont la courbe, cassée de contre-courbures et de droites (mixtilinéaire), est inspirée de l'art mudéjar. Au 16e s., l'art plateresque produisit à Salamanque ses plus purs chefs-d'œuvre.

OÙ SE LOGER...

Pour les tranches de prix, se reporter à la page 85.

« PETITS BUDGETS »

Hotel Emperatriz (**BY a**) – *Compañía, 44* – ☎ *923 21 92 00 / 01 / 02* – *fax 923 21 92 01* – *61 chambres.*
Le nom de la rue fait référence à la Compagnie de Jésus, dont un collège se trouve précisément à proximité de cet hôtel à la noble façade. L'intérieur est plutôt simple et l'accueil n'a rien de solennel.

Hostal Plaza Mayor (**BY c**) – *Plaza del Corrillo, 20* – ☎ *923 26 20 20* – *fax 923 21 75 48* – *19 chambres.*
Idéal pour se loger en plein centre de Salamanque, car il est situé derrière la Plaza Mayor et en face de l'église San Martín. Sa décoration a su mettre en valeur les éléments les plus caractéristiques de la maison comme les poutres apparentes.

« NOTRE SÉLECTION »

Hotel Residencia Rector (**BZ e**) – *Rector Esparbé, 10* – ☎ *923 21 84 82* – *fax 923 21 40 08* – *14 chambres.*
Petit hôtel de luxe, dont les vues sur la cathédrale sont spectaculaires. Les chambres sont classiques et élégantes.

Palacio Castellanos (**BZ n**) – *San Pablo, 58* – ☎ *923 26 18 19* – *fax 923 26 18 19* – *62 chambres.*
À la fonctionnalité de la chaîne NH s'ajoute le charme de ce palais du 15e s. Le patio hispano-flamand de la réception date de cette époque. La façade éclectique est du dernier tiers du 19e s. ; en contrepoint, la peinture contemporaine des murs et le design moderne des chambres. Très recommandable.

RESTAURANTS

Mesón Cervantes – *Plaza Mayor, 15* – ☎ *923 21 72 13.*
Auberge typique, à la décoration castillane, qui offre de belles vues de la Plaza Mayor. Le style contraste avec la cuisine, qui présente quelques détails novateurs. L'ambiance nocturne est juvénile.

Río de la Plata – *Plaza del Peso, 1* – ☎ *923 21 90 05.*
Ce petit restaurant a gagné peu à peu en renom à Salamanque. Si vous devez attendre, vous pouvez en profiter pour goûter les tapas des bars voisins ou du propre comptoir du restaurant.

Chez Víctor – *Espoz y Mina, 26* – ☎ *923 21 31 23.*
Haute cuisine française en pleine Castille. Cadre élégant.

Tapas

La Covachuela – *Portales de San Antonio, 24.*
Un des établissements les plus savoureux de Salamanque. Situé derrière la Plaza Mayor, il s'agit, comme son nom l'indique, d'une taverne minuscule pleine de souvenirs, où l'on peut déguster des plats typiques de la ville comme la *chanfaina* (abats d'agneau) ou les *huevos farinatos* (œufs au plat avec saucisson).

La Galería del Vino – *Plaza del Peso, 8-9.*
Établissement moderne où déguster un bon vin accompagné de quelques-unes de ses tapas variées.

Restaurante Río Tormes – *Plaza del Corrillo, 20* – ☎ *923 21 13 23.*
Bonnes tapas dans ce local de style castillan.

La Tostita – *Plaza de San Marcos* – ☎ *923 26 25 98.*
Bar de nouvelle génération, spécialisé dans les vins et les *tostas* (toasts garnis) avec la possibilité en été de prendre des tapas à son agréable terrasse.

Prada a Tope – *Arco, 12-14* – ☎ *923 26 17 98.*
Boutique-dégustation, sans excès de décoration mais riche d'une grande variété de produits de la région du Bierzo qui feront les délices des amateurs de tapas.

Cafés

Café Novelty - *Plaza Mayor, 2.*
Le classique de Salamanque, dont les réunions étaient assidûment suivies par Unamuno. La décoration, à base de chaises en bois et de tables de marbre, nous aide à imaginer le philosophe en pleine discussion. Sa terrasse sur la Plaza Mayor constitue tout un luxe.

Café Tío Vivo - *Clavel, 5.*
Le nom provient du manège qui se trouve sur le comptoir. La caméra de cinéma, les spots et les objets qui le décorent lui donnent un petit air américain.

Capitán Haddock - *Concejo, 13-15.*
On y accède par un passage étroit qui ne présume en rien de la qualité du local. Le Capitán Haddock est un café à la décoration soignée et à l'éclairage doux.

La Posada de las Almas - *Plaza de San Boal, 7.*
Un retour dans l'enfance de nos grands-parents : le café est une véritable exposition de maisons de poupées.

La Regenta - *Espoz y Mina, 19.*
Plus classique que les précédents. Café à l'atmosphère typiquement 19e s.

★★ CENTRE MONUMENTAL

Une journée ; suivre l'itinéraire indiqué sur le plan

★★ **Plaza Mayor** (**BY**) – Il s'agit sans aucun doute de l'endroit le plus vivant de Salamanque, du coeur et de l'âme de la ville. C'est vers elle que convergent les rues les plus importantes et c'est là que se donnent rendez-vous habitants et étrangers pour prendre un verre aux terrasses qui l'entourent ou, simplement, pour flâner et converser. Construite par Philippe V entre 1729 et 1755 pour récompenser la ville de sa fidélité pendant la guerre de Succession, c'est l'une des plus belles places monumentales d'Espagne : d'un style homogène, elle est due presque entièrement aux frères Churriguera. Sur le pourtour, les galeries à arcades en plein cintre sont décorées de médaillons représentant les rois, d'Alphonse XI à Ferdinand VI, ou des personnages illustres comme Cervantès, le Cid, Christophe Colomb, Cortés... Sur les côtés Nord et Est se remarquent les frontons de l'hôtel de ville et le pavillon royal qui porte le buste de Philippe V. Au-dessus des trois étages des édifices court une élégante balustrade.

Église San Martín (**BY**) – Cette église romane a conservé au Nord un portail à voussures dentelées dans le style de Zamora.

★ **Casa de las Conchas** (**BY**) – La maison aux Coquilles, du 15e s., voit la sévérité de ses murs adoucie par un semis de coquilles St-Jacques, environ 400, et par une rangée de fenêtres isabélines. En bas, les baies sont closes par de somptueuses grilles de fer forgé. Une bibliothèque publique l'occupe. Le **patio**, véritable joyau du gothique isabélin, possède une double galerie à arcade mixtilinéaire ornée de lions et de blasons, prenant appui sur des piliers – dans la partie inférieure – et sur des colonnes sculptées en Italie dans la partie supérieure. En montant l'escalier, on obtient une jolie vue du collège jésuite de la Clerecía.

Clerecía ⊙ (**BY**) – Majestueux et impressionnant par ses dimensions, ce collège de jésuites fut édifié à partir de 1617. Ses tours baroques furent achevées en 1755 par Andrés García de Quiñones. À côté de l'église, cloître baroque.

★ **Patio de las Escuelas** (**BZ**) – Cette petite place sur l'antique rue des Libraires est entourée des monuments les plus caractéristiques du plateresque salmantin *(illustration p. 33)*. Au centre se dresse la statue de bronze de frère Luis de León. L'ancien logis des recteurs accueille le musée Unamuno, consacré au philosophe.

Université ⊙ (**U**) – Son sompteux **portail**★★★ *(illustration p. 43)* de 1534 est magistralement composé. Pour compenser l'éloignement, le relief s'accentue à chacun des trois registres. Au centre du premier, au-dessus de la double porte en anse de panier, figurent dans un médaillon les Rois catholiques ; au-dessus apparaissent les écus couronnés des mêmes souverains, de Charles Quint et de l'Empire, des médaillons, chacun surmonté de *veneras* ; au sommet, de part et d'autre du pape encadré de prêtres, figurent dans des cadres carrés Vénus et Hercule, accompagnés de médaillons évoquant les Vertus. Le motif le plus célèbre est, à mi-hauteur du pilastre de droite, la tête de mort surmontée d'une grenouille symbolisant le péché de luxure puni après la mort.

SALAMANCA

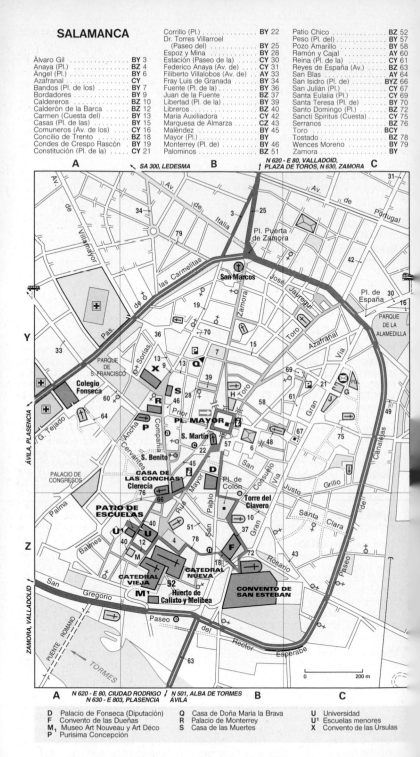

D Palacio de Fonseca (Diputación)
F Convento de las Dueñas
M1 Museo Art Nouveau y Art Déco
P' Purisima Concepción
Q Casa de Doña Maria la Brava
R Palacio de Monterrey
S Casa de las Muertes
U Universidad
U1 Escuelas menores
X Convento de las Úrsulas

Sur le **patio** donnent les salles de cours. Dans la **grande salle** (Paraninfo), tendue de
tapisseries de Bruxelles (17e s.), où avaient lieu les cérémonies officielles, on voi[t]
un portrait de Charles IV par Goya. La salle où frère Luis de León enseignait l[a]
théologie a gardé son mobilier du 16e s. : la chaire du professeur avec son abat-voi[x]
préside les bancs grossièrement équarris, un luxe à cette époque où les étudiant[s]
étaient habituellement assis par terre. La chapelle (1767) a recueilli les cendre[s]
de Fray Luis de León.

Sous la grande voûte en étoile de l'escalier d'honneur, la rampe est sculptée d[e]
rinceaux et de scènes fantaisistes ; la troisième volée représente une tauromachi[e]
à cheval.

À l'étage, une galerie a gardé son riche plafond à caissons garnis de stalactites, souligné sur le mur d'une frise en fin bas-relief. Une porte au décor encore gothique dotée d'une belle grille du 16e s. donne accès à la bibliothèque du 18e s. qui recèle 40 000 volumes du 16e s. au 18e s., des incunables et des manuscrits précieux dont certains du 11e s.

Hôspital del Estudio – Aujourd'hui siège du rectorat, l'hôpital pour les étudiants pauvres fut construit en 1533. Le portail, avec ses deux arcs en anse de panier, est encore gothique. La partie supérieure comporte, encadrés par un *alfiz*, deux blasons de l'Espagne réalisés avant 1492 (la grenade, symbole du royaume de Grenade n'y figure pas) et un arc trilobé.

Escuelas Menores ⊙ (**U¹**) – À droite de l'hôpital, surmonté du même couronnement Renaissance sculpté à jour, le portail plateresque des Écoles mineures s'orne de blasons, de médaillons et de rinceaux. Le **patio**★★ typiquement salmantin (1428) est d'une exquise pureté. À droite de l'entrée, une salle d'exposition présente un beau plafond mudéjar. En face, le musée de l'Université a recueilli ce qu'il subsiste du plafond peint par Fernando Gallego

> ### Une tradition séculaire
>
> Les inscriptions en rouge qui apparaissent sur la plupart des monuments de la ville, et surtout ceux de l'université, relèvent d'une tradition remontant au 15e s. : les étudiants, après avoir reçu leur diplôme, participaient à une corrida et, avec le sang du taureau qu'ils avaient tué, inscrivaient sur les murs « victor » et la date. Aujourd'hui exécutées avec de la peinture, c'est une façon élégante de remplacer enseignes et plaques.

pour l'ancienne bibliothèque. Cette partie du **Ciel de Salamanque**★, représentant des signes du Zodiaque et des éléments mythologiques, donne à imaginer la beauté de l'ensemble lors de sa réalisation au 15e s. Remarquer aussi quelques œuvres de Jean de Flandres et de Jean de Bourgogne.

★★ **Nouvelle cathédrale** ⊙ (**BZ**) – La construction débuta en 1513, le gros œuvre fut achevé en 1560, mais la cathédrale fit l'objet d'adjonctions jusqu'au 18e s., d'où la variété des styles : gothique, Renaissance et baroque.
La **façade occidentale**★★ est divisée, au-dessous des fenêtres, par quatre grands arcs qui correspondent au schéma intérieur de l'église ; soulignés d'une délicate dentelle de pierre comme les voûtes à clés pendantes qu'ils soutiennent, ils couronnent un décor gothique qui, au portail central, déborde les voussures et le tympan pour disposer diverses scènes (la crucifixion entre saint Pierre et saint Paul) comme sur un retable.
Le **portail Nord**, en face du collège de Anaya, s'orne d'un délicat bas-relief illustrant l'entrée de Jésus à Jérusalem, le jour des Rameaux. Dans la partie inférieure de la dernière archivolte droite apparaît, étrange détail, un petit astronaute...
L'**intérieur** frappe par la richesse des voûtes, la finesse des corniches, l'élancement des piliers. Les huit fenêtres de la tour-lanterne sont rehaussées d'un tambour dont les scènes polychromes décrivant la vie de la Vierge sont dues aux frères Churriguera (18e s.), comme les stalles du coro, le trascoro et l'orgue qui surmonte les stalles au Nord, d'un baroque chargé ; l'orgue du côté Sud est plateresque (1558).

★★ **Ancienne cathédrale** ⊙ (**BZ**) – *Accès par la première travée du collatéral droit de la nouvelle cathédrale.* Par bonheur, les constructeurs de la nouvelle cathédrale respectèrent l'ancienne, peu visible de l'extérieur, écrasée par sa grande voisine. Elle avait été élevée au 12e s. à l'initiative de Raymond de Bourgogne, époux de Doña Urraca de Castille, et de l'évêque Jérôme de Périgord. C'est un bon exemple de cathédrale romane, bien que ses puissants piliers aient reçu une voûte d'ogives, une nouveauté à cette époque ; sa **tour-lanterne** nervurée (tour du Coq, ou torre del Gallo), à deux étages de fenêtres, est l'une des plus belles de ce style ; très haut sous les voûtes, les chapiteaux ouvragés représentent scènes de tournois et animaux fantastiques.
Immédiatement à l'entrée, sous la tour, la chapelle San Martín est décorée de **fresques** du 13e s. brossées par Antón Sánchez, de Ségovie. Le **grand retable**★★ de l'abside centrale, peint en 1445, est attribué à Nicolas de Florence. Il se compose de 53 compartiments aux couleurs étonnamment fraîches et aux détails savoureux, témoignages de l'architecture et des costumes de cette époque, sous un Jugement dernier savamment composé, dont le fond foncé rehausse l'éclat du Christ ressuscité. Au centre du retable, la Vierge de la Vega est une statue du 12e s., en bois couvert de bronze doré émaillé.

Dans le transept droit, des enfeus sont dotés de gisants et de fresques du 13e s. d'influence française.

Cloître – Les arcades romanes furent détruites lors du séisme de Lisbonne en 1755 mais quelques chapiteaux subsistent, surprenants dans cette décoration plateresque. Dans la **chapelle de Talavera**, à coupole mudéjar sur nervures sculptées, se célébrait l'antique rite mozarabe ; son retable est de l'école de Pedro Berruguete. La chapelle Ste-Barbe était autrefois la salle où se déroulaient les examens. Un musée récemment aménagé occupe trois salles et la chapelle Ste-Catherine. Il rassemble quelques œuvres de Fernando Gallego, de son frère Francisco et de Jean de Flandres (retable de saint Michel).

Dans la **chapelle Anaya**, on admirera le remarquable **tombeau**★★ (15e s.) de Diego de Anaya, évêque de Salamanque puis de Séville. Exécuté en albâtre, il est décoré sur les côtés par les saints et les saintes avec leurs symboles et entouré d'une grille plateresque merveilleusement ouvragée. Autour du tombeau : **orgue**★ du 15e s. sur une tribune mudéjar et splendide tombeau de Gutierre de Monroy et Constancia de Anaya (16e s.).

Du **patio Chico** (**BZ 52**), on aperçoit l'abside de la vieille cathédrale et la toiture en écailles de la tour du Coq, qui rappelle celle de St-Front à Périgueux. En empruntant la calle Arcediano, on peut rejoindre l'adorable **jardin** (huerto) **de Calixto y Melibea** ⊙ (**AZ**).

Museo Art Nouveau y Art Déco ⊙ (**BZ M¹**) – Installé dans la maison Lis, édifice moderniste du début du siècle, ce musée est l'un des rares d'Espagne entièrement consacré à l'Art nouveau et à l'Art déco. À remarquer dans ses collections les créations de R. Lalique, les vases d'E. Gallé et les petites sculptures de Hagenauer. Depuis la rive du Tormes, le bâtiment vaut le coup d'œil.

★ **Couvent San Esteban** ⊙ (**BZ**) – La coexistence des deux styles, gothique et Renaissance, caractérise cet édifice des 16e et 17e s. Tandis que les pinacles des contreforts latéraux marquent une persistance du premier, l'imposante **façade**★★ est un exemple remarquable du plateresque.
Le bas-relief illustrant la lapidation de saint Étienne est l'œuvre de Juan Antonio Ceroni (1610).

★ **Cloître** – Remarquer les bustes de prophètes dans les **médaillons**★ et le grand escalier (1540).

Église – Elle se signale par son ampleur, la voûte étoilée de la tribune, et surtout le grand retable, œuvre de José Churriguera, qui frappe par la luxuriance de ses sculptures et de ses ors ; au sommet Martyre de saint Étienne, tableau de Claudio Coello.

Couvent de las Dueñas ⊙ (**BZ F**) – Le **cloître**★★ Renaissance présente sur les chapiteaux une profusion de sculptures d'une force étonnante malgré leur petite taille : animaux symboliques, corps aux formes torturées, médaillons présentant de majestueuses têtes de vieillards ou de charmants visages féminins.

Torre del Clavero (**BYZ**) – Seul reste d'un palais édifié vers 1450, cette tour forme une sorte de donjon couronné d'échauguettes décorées à leur base d'un treillis mudéjar.

Palacio de Fonseca (**BY D**) – La **cour**★ de ce palais Renaissance réunit des arcs mixtilinéaires salmantins au fond, une galerie en encorbellement soutenue par des atlantes aux corps dénudés et torturés à droite et, le long du mur gauche, une série d'arcades dont les chapiteaux rappellent ceux du couvent de las Dueñas.

AUTRES CURIOSITÉS

Plaza de San Benito (**BY**) – Charmante place sur laquelle se dressent les résidences de familles nobles autrefois rivales et l'**église San Benito**, panthéon des Maldonado, qui fut reconstruite en 1490.

Église de la Purísima Concepción ⊙ (**BY P**) – Tableaux de Ribera, dont l'un des plus célèbres, l'Immaculée Conception★, au-dessus du maître-autel.

Palacio de Monterrey (**BY R**) – Élevé en 1539, il est le type même du palais espagnol de la Renaissance ; sous le couronnement sculpté à jour, une galerie court le long du dernier étage entre les tours des angles.

Casa de las Muertes (**BY S**) – La façade (début 16e s.) est l'un des premiers exemples de plateresque attribué à Diego de Siloé. Médaillons, rinceaux, angelots la décorent.

Couvent de las Úrsulas ⊙ (**BY X**) – L'église (16e s.) abrite le **tombeau**★ d'Alonso de Fonseca, aux bas-reliefs traités avec la délicatesse d'un camée, attribué à Diego de Siloé. Le **musée** présente sous ses plafonds artesonado et à caissons de

Le cloître du couvent de las Dueñas

panneaux et des fragments d'un retable de Jean de Bourgogne dont l'un montre sainte Ursule et ses vierges. Du divin Morales : une encoignure représentant un Ecce Homo ainsi qu'une Pietà.

Colegio Fonseca ⊙ **(AY)** – Ce collège fut construit au 16e s., sur les plans de Diego de Siloé pour les étudiants irlandais. Par une porte plateresque finement sculptée, on pénètre dans la **chapelle★** gothique aux voûtes étoilées. Beau retable d'Alonso Berruguete. Élégant **patio★** de la Renaissance.

Église San Marcos (BY) – Sa forme cylindrique était sans doute à l'origine (fin du 12e s.) une sécurité contre les attaques des Maures. À l'intérieur, restes de fresques.

ENVIRONS

Alba de Tormes – *23 km au Sud-Est par N 501 et C 510.* Au bord du large río Tormes, cette petite ville, qui n'a conservé du château des ducs d'Albe qu'un massif donjon, s'enorgueillit de conserver le corps de sainte Thérèse d'Avila dans l'église du couvent des Carmélites.
Dans l'abside de l'**église San Juan**, au chevet de style roman mudéjar, un curieux **groupe sculpté★** du 12e s. représente le Christ entouré des douze apôtres assis en demi-cercle. Les visages et les attitudes sont empreints d'une même noblesse.

Castillo del Buen Amor ⊙ – *21 km au Nord par N 630 puis prendre à droite un chemin privé signalé.* Ce château fort servit de base aux Rois catholiques contre les partisans de la Beltraneja *(voir index)*. Alonso de Fonseca II, archevêque de Tolède, le transforma en palais, le dotant d'un agréable patio Renaissance pour en faire un cadre digne de la dame de ses pensées. À l'intérieur, cheminée mudéjar et plafonds artesonado.

Santuario de SAN IGNACIO DE LOYOLA

Pays Basque (Guipúzcoa)

Carte Michelin n° 442 C 23 – Atlas España Portugal p. 14

Près d'Azpeitia, à côté de l'ancien manoir de la famille de saint Ignace, les jésuites construisirent à la fin du 17e s., sur les plans de l'architecte romain Carlo Fontana, un **sanctuaire** ⊙ qui est devenu un important lieu de pèlerinage. De grandes solennités s'y déroulent le jour de la Saint-Ignace le 31 juillet.

Le soldat de Dieu – **Ignace de Loyola** naît dans la tour de Loyola en 1491, dans une famille d'ancienne mais petite noblesse. Officier, il est blessé au siège de Pampelune. Pour occuper ses huit mois de convalescence, il s'adonne à la lecture d'ouvrages pieux et c'est un « soldat de Dieu » qui quitte, en 1522, le manoir de Loyola : il part en pèlerinage pour Arantzazu, puis Montserrat et enfin se retire dans une grotte à Manresa en Catalogne où il écrit les *Exercices spirituels*. Il arrive à Paris en 1528. Au collège Ste-Barbe, il se lie avec le Savoyard Favre ainsi qu'avec deux compatriotes, Laínez et François-Xavier. Un jour, à Montmartre, tous jurent de se consacrer au prosélytisme et de rester unis. En 1537, ils sont ordonnés prêtres ; Ignace a 46 ans. À Rome, il est reçu par le pape qui approuve les statuts de la **Compagnie de Jésus** en 1540. Il mourra en 1556.

Saint Ignace a été canonisé en 1622 en même temps que saint François-Xavier, saint Philippe Neri, sainte Thérèse d'Avila et saint Isidore le Laboureur.

CURIOSITÉS

Santa Casa – Au premier niveau, on aperçoit les meurtrières de la tour du 15e s., vestige de la demeure où vécut le saint. La plupart des pièces ont été transformées en chapelles et surchargées de décorations. On voit ainsi la chambre où Ignace naquit, celle où il passa sa convalescence et où il se convertit.

Basilique – Elle est baroque, plus italienne qu'espagnole. Circulaire, elle est surmontée d'une vaste coupole (65 m de haut) construite par Churriguera.

Monasterio de SAN JUAN DE LA PEÑA★★

Aragon (Huesca)

Carte Michelin n° 443 E 27 – Atlas España Portugal p. 15 – Schéma : JACA

Après une longue montée dans la sauvage sierra de la Peña, le monastère apparaît minuscule sous le surplomb du rocher. Le **site**★★ est spectaculaire.

Symbole du maintien de la foi chrétienne dans les Pyrénées au temps de l'occupation musulmane, ce monastère a été choisi comme panthéon par les rois et les nobles d'Aragon-Navarre. Il avait été fondé au 9e s. dans ce site très reculé. Au 11e s., le couvent adopte la réforme clunisienne. Les généreuses donations royales attirent ici de nombreux moines, français souvent.

Au 17e s. un autre monastère fut construit plus haut.

VISITE ⊙ 3/4 h environ

En raison de son ancienneté et de son emplacement, le plan du monastère ne ressemble en rien au schéma classique.

Étage inférieur – En partie souterrain, il fut construit, croit-on, par le roi Sancho Garcés vers 922.

Salle des Conciles – Appelée aussi, à tort, dortoir, elle est d'une architecture robuste.

Église basse – Église primitive qui, par la suite, fit office de crypte, elle est l'une des rares constructions mozarabes subsistant dans la région. Elle est faite de deux nefs accolées, séparées par de grands arcs ; deux niches creusées dans le roc servent d'absides où l'on décèle, de même qu'à l'intérieur des arcs, des décorations murales.

Étage supérieur – On pénètre dans la cour du panthéon des nobles.

Panthéon des nobles aragonais – 11e-14e s. Alignées le long du mur gauche dans un décor de billettes et de perles, les niches funéraires sont frappées d'un écusson d'un chrisme ou de la croix aux quatre rosaces, emblème d'Iñigo Arista, un des fondateurs du royaume de Navarre. Sur une niche on voit un ange emportant l'âme du défunt. En face une porte donne accès au **musée** : produits des fouilles effectuées dans le monastère.

Église haute – Fin 11e s. Une partie de sa nef unique a le rocher pour voûte et les trois chapelles absidales décorées d'arcatures sont engagées dans la paroi.

Le Panthéon royal ouvre dans le mur de gauche. Pendant cinq siècles les souverains d'Aragon et de Navarre y ont été inhumés. Sa physionomie actuelle date du 18e

★ **Cloître** – 12ᵉ s. On y accède par une porte mozarabe. Coincé entre le précipice et la falaise qui lui fait une toiture insolite, le cloître n'a plus que deux galeries aux chapiteaux historiés et des fragments mal conservés d'une autre aile. La disposition originale des colonnes alternativement simples, doubles ou quadruples est reproduite en miniature entre le tailloir du chapiteau et les billettes de l'arcade. Le sculpteur des **chapiteaux**★★ montre un style très personnel et un symbolisme qui a influencé toute la sculpture locale. La disposition des sujets suit l'ordre chronologique de la création de l'homme aux évangélistes.

ENVIRONS

★ **Santa Cruz de la Serós** – *5 km au Nord*. Fondé à la fin du 10ᵉ s. ce célèbre couvent de religieuses fut richement doté par les princesses de sang royal. Les moniales quittèrent les lieux au 16ᵉ s.

Du monastère, seule subsiste l'**église romane** entourée de maisons typiquement aragonaises. Son robuste clocher coiffé d'un lanternon octogonal apparaît soudé à la tour-lanterne. Le portail avec son tympan décoré d'un chrisme rappelle celui de la cathédrale de Jaca.

À l'intérieur une colonne et plusieurs chapiteaux forment un bénitier.

À l'entrée du village, la petite **église San Caprasio** présente une nef ornée de bandes lombardes et une abside basse caractéristiques du 11ᵉ s. Clocher de la fin du 12ᵉ s.

SAN MARTÍN DE VALDEIGLESIAS

Madrid

5 428 habitants

Carte Michelin nº 442 ou 444 K 16 – Atlas España Portugal p. 52

Depuis ce vieux bourg dominé par les murailles de son château s'offrent plusieurs excursions.

Toros de Guisando – *6 km au Nord-Ouest.* Dans un enclos sont alignés quatre sangliers grossièrement sculptés dans le granit que l'on rencontre un peu partout dans la province d'Ávila. Ils sont sans doute très anciens mais leur signification reste obscure. On pense à des monuments commémoratifs, à quelque idole d'un culte celtibère local ; ils s'apparentent aux laies de pierre *(porcas)* que l'on voit dans certains villages du Trás-os-Montes, au Portugal.

Un « toro » de Guisando

J. Hidalgo-C. Lopesino/MARCO POLO

Embalse de Burguillo – *20 km au Nord-Ouest.* Alimenté par les eaux de l'Alberche et propice aux sports nautiques, ce lac artificiel s'inscrit dans un paysage de collines à la végétation éparse.

Pantano de San Juan – *8 km à l'Est.* Au cours de la descente, belles **vues**★ sur la partie étroite de cette retenue de l'Alberche. Très découpées et couvertes de pins, ses rives ont la faveur des Madrilènes qui y pratiquent en été différents sports nautiques.

Safari Madrid, à **Aldea del Fresno** ⊘ – *27 km au Sud-Est.* C'est l'une des principales réserves d'animaux sauvages, provenant des différents continents, en Espagne. La principale attraction est constituée par une intéressante démonstration de rapaces dressés.

SAN SEBASTIÁN★★

Voir DONOSTIA

SANGÜESA★

Navarre

4 477 habitants

Carte Michelin n° 442 E 26 – Atlas España Portugal p. 15

Au milieu des champs de céréales, Sangüesa se groupe sur la rive gauche de l'Aragón. Elle semble toujours veiller sur le pont qui, au Moyen Âge, lui apporta la prospérité.

Sangüesa et le chemin de St-Jacques – Au 11e s. ses habitants, jusque-là repliés sur la colline de **Rocaforte** à cause du péril maure, descendirent près du pont pour le défendre et faciliter le passage des pèlerins. Alphonse Ier le Batailleur, en 1122, octroie une charte à la cité dont la population augmente rapidement. À la fin du Moyen Âge Sangüesa connaît son apogée : d'élégantes demeures bourgeoises s'élèvent, contrastant avec l'austère **palais du prince de Viane**, résidence des rois de Navarre (aujourd'hui la mairie), dont on peut voir *(en passant sous le porche)* la façade flanquée de deux imposantes tours crénelées. Dans la rue principale, ancienne **rua mayor** que suivaient les pèlerins, les maisons de brique cossues sont dotées du classique auvent en bois sculpté et de fenêtres au riche encadrement gothique ou plateresque. Dans la deuxième rue à droite en venant du pont, le **palais de Vallesantoro** aligne sa façade baroque sous un auvent monumental sculpté d'animaux chimériques.

★ **Église Santa María la Real** – Elle a été édifiée au 12e s. et terminée au 13e s. par le splendide portail, la tour octogonale et sa flèche.

★★ **Portail Sud** – Fin 12e s.-13e s. C'est un tel foisonnement de sculptures qu'on reste étonné devant la variété des sujets et leur richesse d'expression. Deux artistes au moins y ont travaillé : le maître de San Juan de la Peña et un certain Leodegarius. Les **statues-colonnes**, déjà gothiques, s'inspirent de leur modèle de Chartres et d'Autun. Au **tympan**, Dieu le père encadré d'anges musiciens accueille à sa droite les élus, tandis que de son bras gauche abaissé, il accable les réprouvés. On distingue dans un coin saint Michel pesant les âmes.

Les **voussures** sont riches d'une multitude de motifs. Sur la deuxième en partant de l'intérieur, les humbles métiers sont illustrés : sabotier, luthier, boucher.

Œuvre plus ancienne et d'une austérité toute aragonaise, les **arcades supérieures** représentent Dieu entouré des symboles des évangélistes, de deux anges et des apôtres.

CASTILLO DE JAVIER *7 km au Nord-Est par NA 541*

Saint François-Xavier, patron de la Navarre, est né ici en 1506. À Paris, 22 ans plus tard, il rencontre Ignace de Loyola, jeune compatriote basque avec lequel il allait lancer les bases d'un nouvel ordre religieux, la Compagnie de Jésus. Envoyé comme missionnaire à Goa par les Portugais, il accompagne ensuite ces derniers au Japon. Mort en 1552, juste avant d'aborder en Chine, il fut canonisé en 1622.

Visite ⊙ – Cette forteresse, maison natale du saint, fut en partie démolie par le cardinal Cisneros en 1516. La restauration actuelle a pour but d'effacer les effets malheureux de celle du début du siècle.

Après avoir traversé la salle d'Armes, on visite l'oratoire qui abrite un christ en noyer du 13e s. et une Danse macabre, fresque du 15e s., puis la grande salle. Parmi les pièces dont les murs remontent aux 10e et 11e s. se trouve la chambre du saint.

Monasterio de SANT CUGAT DEL VALLÈS★★

Catalogne (Barcelone)

Carte Michelin n° 443 H 36

Atlas España Portugal p. 32

Au cœur de la petite ville se trouve le **monastère** ⊙ bénédictin qui lui a donné son nom. Là, à une quinzaine de kilomètres de Barcelone, se trouvait un camp romain où vers 304 saint Cucufat (Cugat) fut égorgé par les soldats de Dioclétien. Très tôt, ses reliques furent vénérées et une chapelle édifiée. Ne subsistent de l'ancienne enceinte monastique que l'église, maintenant paroissiale, le cloître et la salle capitulaire transformée en chapelle. La cure, ancienne maison abbatiale, est un édifice gothique modifié au 18e s.

★ **Église** – C'est un bel exemple de transition du roman au gothique. La partie la plus ancienne est le clocher du 11e s., décoré de bandes lombardes, qui se dressait à côté de l'église dans laquelle il fut englobé au 15e s., lorsque l'on éleva les chapelles latérales. Au 12e s. fut entrepris le chœur. Les trois absides, polygonales à l'extérieur, sont soulignées de colonnes engagées. Mais la voûte à rayons de l'abside centrale marque déjà un changement d'orientation dans la construction et annonce l'adoption du système ogival pour la tour-lanterne et les trois nefs. La façade fut achevée peu avant 1350. Son mur plat et crénelé, renforcé de contreforts vigoureux, s'égaie d'une grande rosace rayonnante, aussi vaste que le portail aux voussures lisses. Parmi les œuvres d'art, signalons le **retable de Tous les saints**[★] de Pere Serra (14e s.).

★ **Cloître** – C'est un des plus grands cloîtres romans (11e-12e s.) de Catalogne. Une double rangée de colonnes (144 en tout), construite au début du 13e s., entoure le jardin. La galerie supérieure fut ajoutée au 16e s., au-dessus d'une ligne d'arcatures à modillons sculptés. Les **chapiteaux**[★], d'un style plein de finesse, sont corinthiens (à feuilles d'acanthe), ornementaux (entrelacs), figuratifs (oiseaux) ou historiés (scènes bibliques), ces derniers surtout groupés dans l'aile Sud, le long de l'église. Le chapiteau le plus intéressant est celui du pilier d'angle Nord-Est où le sculpteur Arnaud Cadell s'est représenté au travail et a gravé son nom. La galerie supérieure fut ajoutée au 16e s.

SANT JOAN DE LES ABADESSES[★]

Catalogne (Gérone)
3 898 habitants
Carte Michelin n° 443 F 36 – Atlas España Portugal p. 18
Schéma : PIRINEOS CATALANES

En venant de Ripoll, on peut admirer à l'entrée de l'ancienne cité des Abbesses un gracieux **pont médiéval**[★] sur le Ter. Cet ouvrage du 15e s. fut construit sur un pont romain antérieur.
La ville doit son nom au monastère Sant Joan.

★★ **Monastère** ⊘ – Il fut fondé au 11e s. par le comte Wilfred le Poilu dont la fille, Emma, en fut la première abbesse. Après la rapide dissolution de la communauté de bénédictines, il fut occupé par des ordres masculins.

La descente de croix

★ Église – À l'extérieur, on admirera le chevet aux toits étagés. Ses arcatures et ses colonnes rehaussées de chapiteaux sculptés rappellent le style du Sud-Ouest de la France.

Intérieur – À l'origine, le chœur comportait un déambulatoire qui portait un dôme soutenant le clocher. L'ensemble s'effondra lors d'un tremblement de terre en 1428. Malheureusement, au lieu de relever à l'identique la partie détruite, on préféra prolonger la nef par des piliers et se priver ainsi d'un déambulatoire. La décoration des absides fait écho à celle du chevet. Les chapiteaux, richement sculptés, sont inspirés de tissus orientaux.

Dans l'abside centrale trône une remarquable **_Descente de Croix_★★**. Ce groupe de bois polychrome est daté de 1251. L'artiste a cherché à tempérer le hiératisme traditionnel par l'adjonction de personnages et le traitement plus réaliste des assistants ; saint Jean, au geste douloureux, et la Vierge qui reçoit son fils. En 1426, on découvrit une hostie intacte dans la tête du Christ. Le miracle fit de la statue un objet de vénération, vive encore de nos jours.

Parmi les autres richesses de cette église, citons le délicat retable gothique en albâtre de Santa Maria la Blanca (14ᵉ s.), le tombeau du bienheureux Miró de Tagamanent (14ᵉ s.) et le retable gothique de Saint Augustin.

★ Cloître – Il est simple et élégant : les arcatures élancées, les fines colonnettes aux chapiteaux décorés de motifs végétaux ont remplacé au 14ᵉ s. un cloître roman. On remarquera dans le **musée** la collection de tissus brodés.

Ancien palais abbatial – Cet édifice du 14ᵉ s. qui s'élève sur la place devant l'église présente un petit patio aux chapiteaux sculptés.

Monasterio de SANTA MARÍA DE HUERTA★★

Castille et Léon (Soria)

Carte Michelin nº 442 I 23 – Atlas España Portugal p. 41

Dès 1144, une communauté cistercienne était venue s'établir dans cette région, à la limite de la Castille et de l'Aragon, à la demande de l'empereur Alphonse VII. En 1162 les moines s'installent à Huerta et entreprennent peu après l'édification du monastère qui dura jusqu'à la fin du 13ᵉ s. Le père abbé Martín de Finojosa et Rodrigo Jímenez de Roda furent les principaux initiateurs de cette construction. Les innovations de la Renaissance ont quelque peu modifié le sobre monastère cistercien. Abandonnés en 1835, les bâtiments subirent des dégradations que les cisterciens, revenus en 1930, s'attachent à réparer par une belle restauration.

VISITE ⊘ _environ 1 h_

On franchit l'enceinte du monastère par un **arc triomphal** élevé au 16ᵉ s.

Claustro herreriano – 16ᵉ-17ᵉ s. Autour se trouvent les bâtiments où vivent les moines.

★ Claustro de los Caballeros – 13ᵉ-16ᵉ s. Appelé ainsi parce que de nombreux seigneurs y sont enterrés. Il se compose de deux étages très différents. La partie inférieure présente d'élégantes voûtes sur croisées d'ogives purement gothiques, alors que le premier étage, ajouté au 16ᵉ s., arbore toute l'exubérance et la fantaisie d'un décor platéresque (_copie de l'étage du palais des ducs de Avellaneda à Peñaranda de Duero_). Les médaillons qui le décorent représentent des apôtres, des prophètes, des rois d'Espagne.

Sala de los Conversos – 12ᵉ s. Les deux longues nefs sont séparées par de robustes colonnes aux chapiteaux stylisés.

Cuisine – Remarquable par sa monumentale cheminée centrale.

★★ Réfectoire – Chef-d'œuvre de l'architecture gothique du 13ᵉ s., cette salle, longue de 35 m, frappe par l'ampleur de ses proportions et la clarté venant des fenêtres et, surtout, de l'admirable rosace du mur méridional. Ses voûtes sexpartite s'élèvent à 15 m. La **chaire du lecteur** est accessible par un très bel escalier creusé dans le mur formé de petits arcs supportés par des colonnettes.

Église – Une restauration lui a redonné son allure primitive, cependant la chapelle royale a conservé sa luxuriante décoration churrigueresque. Entre les nefs et le narthex s'intercale une grille du 18ᵉ s. très ouvragée.

Coro alto – De fines boiseries Renaissance le décorent. Le sol est recouvert de très anciens azulejos de Talavera.

Créez vos propres itinéraires
à l'aide de la carte des principales curiosités et régions touristiques.

SANTANDER*

Cantabrie

196 218 habitants

Carte Michelin nº 442 B 18 – Atlas España Portugal p. 12

Plan dans le guide Rouge Michelin España & Portugal

Grâce à son site privilégié au Nord d'une large baie, que ferment l'étroite presqu'île de la Magdalena et la langue sablonneuse de Somo, et grâce à ses plages, Santander compte parmi les stations balnéaires les plus élégantes de la côte cantabrique. Sa célèbre université internationale d'été et son festival de musique et de danse ne font qu'ajouter à sa renommée.

Une ville nouvelle – Le 15 février 1941, une violente tornade s'abat sur la ville, la mer envahit les quais et le feu dévaste tout le centre. La reconstruction se fit selon un plan rigoureux par blocs d'immeubles de 4 ou 5 étages. Des esplanades et des jardins furent aménagés au bord de la mer comme le Paseo de Pereda, le long du port de plaisance appelé Puerto Chico. L'animation de la ville se concentre autour de l'avenue commerçante Calvo Sotelo et de la plaza Porticada.

Le port s'est développé à la faveur de cette immense baie bien abritée. La richesse commerciale a entraîné la création de nombreuses industries : sidérurgie, industrie chimique, chantiers navals à **El Astillero**.

CURIOSITÉS

Cathédrale ⊙ – Perchée sur la butte, elle a des allures de forteresse. Très endommagée par l'incendie de 1941, elle a été reconstruite dans le style gothique. À l'intérieur, un **bénitier** n'est autre qu'un bassin à ablutions musulman.

La **crypte** du 12ᵉ s. (accès par le portail Sud) a conservé ses trois nefs basses, séparées par de solides piliers cruciformes ; le cloître gothique a été très restauré.

★ **Museo Regional de Prehistoria y Arqueología** ⊙ – Installé dans les sous-sols de la Diputación, il est constitué en grande partie par les collections provenant des fouilles effectuées dans les grottes préhistoriques de Cantabrie (surtout El Castillo et El Pendo). L'époque la plus riche est celle du paléolithique supérieur. On remarquera des os gravés de silhouettes d'animaux et les **bâtons de commandement**★, morceaux de corne finement décorés dont la destination reste mystérieuse. Le plus bel exemplaire, en corne de cerf, a été trouvé à El Pendo.

Belle série de haches néolithiques, certaines en diorite remarquablement polie. Quatre grandes stèles représentent l'apogée de la culture cantabre (âge du bronze). Une section enfin est réservée aux vestiges de l'occupation romaine, recueillis pour la plupart à Julióbriga (*voir p. 295*) et Castro Urdiales : monnaies, statuettes en bronze et céramiques.

Museo de Bellos Artes ⊙ – Un portrait de Ferdinand VII exécuté par Goya ainsi que certaines de ses eaux-fortes les *Désastres de la guerre*, *Tauromachie* et *Des caprices et des songes* côtoient des œuvres de peintres régionaux.

Biblioteca Menéndez y Pelayo ⊙ – Grand érudit et esprit universel, **Marcelino Menéndez y Pelayo** (1856-1912), passionné par les livres, se constitua une bibliothèque fabuleuse de près de 45 000 volumes parmi lesquels plusieurs manuscrits de grands auteurs castillans. Léguée à sa ville natale qui l'agrandit, cette bibliothèque fait face à la maison de l'écrivain.

★ EL SARDINERO

Dès la fin du 19ᵉ s., la famille royale d'Espagne mit à la mode les bains de mer de Santander. La ville construisit le **palais de la Magdalena** sur la presqu'île du même nom et l'offrit à Alphonse XIII comme résidence d'été : il sert aujourd'hui d'annexe à l'université internationale. Les estivants disposent ici de plusieurs plages : celles du Promontorio, de la Magdalena, les trois plages du Sardinero séparées par des promontoires égayés de jardins ; à marée basse, ces plages sont réunies en une longue bande de sable fin. Outre la pratique de sports nautiques, les spectacles et le casino, la station offre un vaste terrain de golf établi de l'autre côté de la baie (Pedreña). Au nombre des festivités, citons, en juillet, les fêtes de la Saint-Jacques qui voient se dérouler d'importantes courses de taureaux et, durant tout le mois d'août, le festival de théâtre, de musique et de danse.

ENVIRONS

Cap Mayor – *7 km au Nord.* Du phare, belle vue sur le profil de la côte et de la baie.

Muriedas – *7 km au Sud, route de Burgos.* Restaurée, la maison de Pedro Velarde, héros de la guerre d'Indépendance, accueille le **Museo Etnográfico de Cantabria** ⊙. Un portail caractéristique des propriétés de la province donne accès au jardin où l'on peut voir un hórreo provenant de la région de la Liébana et une stèle cantabre. La

Plage à El Sardinero

demeure (17ᵉ s.) renferme meubles, ustensiles et instruments de travail recueillis dans toute la province. À l'étage, la chambre de Velarde et une grande salle rassemblent des souvenirs du héros.

Parque de la Naturaleza de Cabárceno, à **El Astillero** ⊙ - *17 km au Sud de Santander*. Dans cette ancienne mine de fer de la sierra de Cabarga, qui a été en activité depuis l'époque romaine à 1989, un programme de réhabilitation de l'environnement a été mis en place. Il comprend un **parc animalier**, où l'on peut voir, vivant en semi-liberté, des animaux provenant de tous les continents.

Monasterio de SANTES CREUS★★★

Catalogne (Tarragone)

Carte Michelin nº 443 H 34 - Atlas España Portugal p. 32

Venant du Sud on découvre le vaste ensemble de bâtiments monastiques dans un cadre vallonné. Ce monastère, frère de celui de Poblet, fut fondé peu après son voisin et confié à des cisterciens de Toulouse. Protégé par les grandes familles catalanes, il bénéficia également de la faveur des rois d'Aragon qui prenaient pour chapelain l'abbé du monastère. Après la splendeur du Moyen Âge vinrent, comme à Poblet, les ravages du 19ᵉ s., mais jamais le culte ne cessa d'être célébré dans l'église. Santes Creus est le cadre d'un intéressant cycle de Musique classique et sacrée et d'un concours de Chant grégorien.

VISITE ⊙ 2 h

Le plan d'ensemble reproduit celui de Poblet dont il a les trois enceintes. Par une porte baroque on pénètre sur la place principale où les anciennes dépendances ornées de fines sgraffites sont aujourd'hui occupées par des commerces. À droite l'ancien palais abbatial au joli patio abrite aujourd'hui la mairie. Au fond s'élève l'église (12ᵉ et 13ᵉ s.) à la façade nue, simplement ornée d'un portail en plein cintre et d'une grande baie gothique ; les créneaux furent ajoutés un siècle plus tard.

★★★ **Grand cloître** - La **porte Royale**, à droite de l'église, ouvre sur le cloître aux baies gothiques très restaurées. Sa construction débuta en 1313 sur l'emplacement d'un cloître plus ancien dont subsistent le lavabo et la salle capitulaire. La décoration des chapiteaux et des impostes constitue une sorte de revue de thèmes iconographiques gothiques, fauniques, floraux, bibliques, mythologiques et satiriques. Les scènes ont été traitées avec une grâce et une imagination étonnantes. On goûtera la verve des sculptures (notamment le récit d'Adam et Ève sur la première frise d'angle où l'on voit Ève sortir de la côte d'Adam) et la science des remplages. Par contraste, le **lavabo** paraît presque fruste, de style transition ; il abrite une belle vasque de marbre. Le long des murs s'alignent dans les enfeus les tombeaux sculptés des nobles catalans.

★★ **Salle capitulaire** – Elle est élégante avec ses voûtes retombant sur quatre piliers. La grande pureté architecturale des murs, des voûtes et des arcs dégage une forte impression d'harmonie. Les pierres tombales des abbés sont encastrées dans le sol.

Dortoir – À côté de la salle capitulaire un escalier monte au dortoir (12e s.), longue salle couverte en charpente sur arcs diaphragmes. Il sert maintenant de salle de concerts.

★★ **Église** – Commencée en 1174, elle suit le schéma cistercien, en garde le chevet plat et la stricte austérité. Les ogives de la voûte, à section carrée, remplacent le berceau brisé sans en adoucir la rigueur ; la tour-lanterne (14e s.), les vitraux de la grande fenêtre de la façade, la superbe **rose**★ de l'abside, en partie cachée à l'intérieur par le retable du maître-autel, constituent les seules entorses aux règles. Les voûtes d'ogives retombent sur des piliers qui se prolongent le long des murs comme des dosserets et s'arrêtent sur de curieuses consoles à multiples encorbellements. À l'entrée de chaque croisillon un édicule gothique coiffe les **tombeaux royaux**★★. À gauche repose Pierre le Grand sous une châsse (vers 1295) ; à droite, son fils Jacques II le Juste et Blanche d'Anjou son épouse. Sous les gisants, qui portent le costume cistercien et la couronne royale, décor plateresque.

Cloître ancien – Bien qu'il ait été réalisé au 17e s., il doit son nom au fait d'occuper le site d'un premier cloître du 12e s. Il frappe par la simplicité de son architecture, la petite fontaine centrale et les quatre cyprès qui donnent à ce lieu une grâce faite de calme et de fraîcheur. Sur ce cloître donnaient le cellier (*à droite en entrant*), la cuisine, le réfectoire et le **palais royal** dont subsiste le magnifique **patio**★ (14e s.), pourvu d'un bel escalier.

Le grand cloître

D. Lerault/DIAF

SANTIAGO DE COMPOSTELA★★★

ST-JACQUES-DE-COMPOSTELLE – Galice (La Corogne)
105 851 habitants
Carte Michelin n° 441 D 4 – Atlas España Portugal p. 6
Plan d'agglomération dans le guide Rouge Michelin España Portugal

Troisième grande ville de pèlerinage du monde après Jérusalem et Rome, St-Jacques attira à partir du Moyen Âge des foules de pèlerins venus de toute l'Europe *(voir Camino de Santiago)*. C'est encore aujourd'hui l'une des plus remarquables cités d'Espagne : ses quartiers anciens, ses nombreuses églises et ses couvents en font un centre mystique. Cependant, contre toute attente, ce n'est pas l'art roman qui y prédomine mais les monuments d'époque baroque et néo-classique donnant à la ville un air un peu solennel particulièrement visible depuis le paseo de la Herradura. Ses rues anciennes ont conservé leur animation grâce aux quelque 32 000 étudiants qui fréquentent son Université.

La légende et l'histoire – L'apôtre **Jacques**, surnommé « le fils du tonnerre », à cause de son tempérament fougueux, traverse – dit-on – l'Océan afin d'évangéliser l'Espagne ; son esquif s'échoue à l'embouchure de l'Ulla. Pendant sept ans, il sillonne le pays avant de retourner en Terre Sainte où il est l'une des premières victimes d'Hérode Agrippa. Ses disciples, contraints de quitter la Palestine, emmènent en Espagne son corps qu'ils ensevelissent près de la côte où les conduit leur barque, à l'endroit même où il avait accosté quelques années plus tôt. Les Barbares et plus tard les Arabes déferlent sur l'Espagne, faisant oublier jusqu'au lieu même de son tombeau.

Saint Jacques le Majeur

Au début du 9e s., rapporte la légende, une étoile révèle à des bergers l'endroit où repose saint Jacques. Cette légende confortait la thèse selon laquelle l'origine de Compostelle vient de *campus stellae* (champ de l'étoile) ; une thèse plus récente, liée aux découvertes concernant la nécropole sous la cathédrale, soutient que ce nom provient du bas latin *compostela* (cimetière).

En 844 Ramire Ier, à la tête d'une poignée d'Espagnols, livre aux Maures à **Clavijo**, près de Logroño, un combat acharné. Soudain apparaît un cavalier monté sur un cheval blanc, un étendard blanc frappé de la croix rouge à la main, se mêlant aux combattants et taillant hardiment l'ennemi ; les chrétiens reconnaissent en lui Jacques le Matamore (le tueur de Maures). La Reconquête a trouvé son saint patron. Durant la lutte contre les Infidèles, le seigneur de Pimentel, contraint de traverser à la nage un bras de mer, s'est couvert de coquilles ; la coquille devient alors l'emblème du pèlerinage et le symbole tangible que tout pèlerin doit rapporter.

C'est à partir du 11e s. que Compostelle connaît son essor. Au moment où l'invasion turque rend périlleux le voyage en Terre Sainte, son pèlerinage est aussi méritoire que ceux de Jérusalem et de Rome. Le sanctuaire exerce un attrait particulier sur les Français que la lutte contre l'Infidèle a rapprochés de leurs frères espagnols. Les abbés de Cluny, appelés naguère par le roi de Navarre pour réformer les monastères, puis ceux de Cîteaux, prennent en charge l'organisation et le développement du pèlerinage. En 1175, le pape Alexandre III confirme les statuts de l'ordre militaire de Santiago, destiné à assurer la protection des pèlerins. Quand la Saint-Jacques (25 juillet) coïncide avec un dimanche, l'année est considérée année sainte, et des grâces spéciales (Jubilé) sont accordées aux pèlerins. Les cérémonies revêtent alors un caractère particulièrement solennel.

★★★ PLAZA DEL OBRADOIRO (ou DE ESPAÑA) (V)

Sa taille et la qualité des monuments qui la composent en font le digne cadre de la cathédrale.

★★★ **Catedral** – Succédant à la première basilique, bâtie sur la tombe de l'apôtre peu après sa découverte, et à celle d'Alphonse III détruite par le raid d'Al-Mansour en 997, la **cathédrale** actuelle date presque entièrement du 11e s. au début du 13e s. bien que, de l'extérieur, elle ait toute l'apparence d'un édifice baroque.

★★★ **Façade de l'Obradoiro** – Ce chef-d'œuvre baroque de **Fernando Casas y Novoa** déploie sa magnificence à l'entrée de la cathédrale depuis 1750 (son nom signifie l'œuvre d'or). Le corps central, richement sculpté et animé par un jeu savant de droites et de courbes, s'achève en triangle élancé ; légèrement en retrait, deux hautes tours, elles aussi somptueuses, encadrent cette flèche et prolongent ses lignes ascendantes.

OÙ SE LOGER...

Pour les tranches de prix, se reporter à la page 85.

« PETITS BUDGETS »

Hostal Pico Sacro (V α) – *San Francisco, 22* – ☏ *981 58 44 66* – *12 chambres.*
Petit hôtel modeste qui présente le grand avantage d'être à deux pas de la plaza del Obradoiro.

Casa do Cruceiro – *Raíces, Ames* – ☏ *981 54 85 96* – *fax 981 54 85 96* – *6 chambres.*
Pour ceux qui recherchent un peu de calme. Gîte rural situé à 7 km environ de Santiago. Accueil exceptionnel. La décoration combine des éléments rustiques avec des touches anglaises. Il dispose d'un porche agréable et d'une petite piscine.

« NOTRE SÉLECTION »

Hogar San Francisco (V c) – *Campillo del Convento de San Francisco, 3* – ☏ *981 57 25 64 et 981 57 27 64* – *fax 981 57 19 16* – *71 chambres.*
L'hôtel est installé dans l'ancien couvent franciscain. Son emplacement et ses prix font de lui une adresse très intéressante. Chambres sans luxe excessif. Un musée de la Terre Sainte a été installé à l'intérieur du couvent.

« OPTION PRESTIGE »

Hostal de los Reyes Católicos – *Pr. do Obradoiro, 1* -- ☏ *981 58 22 00* – *fax 981 56 30 94* – *130 chambres.*
L'ancien Hôpital royal fondé en 1499 par les Rois catholiques est devenu aujourd'hui un parador luxueux. Ses cours intérieures reflètent la typologie des hôpitaux du 16e s.

RESTAURANTS

Toñi Vicente – *Rosalía de Castro, 24* -- ☏ *981 59 41 00.*
C'est le restaurant emblématique de Santiago. Lignes sobres, tons pastels et cuisine excellente. Il est fréquenté par les hommes politiques.

San Clemente – *San Clemente, 6* – ☏ *981 58 08 82.*
Très proche de la cathédrale, mais dans une zone tranquille à l'écart du circuit touristique. Bons poissons.

Mesón A Lareira – *Rúa do Villar, 11* – ☏ *981 57 62 28.*
Style et décoration moderne dans l'une des rues les plus savoureuses de Santiago. En été, il dispose d'une terrasse très agréable.

O'42 – *Franco, 42* – ☏ *981 58 10 09.*
Un des classiques de Santiago, situé dans la rue la plus riche en restaurants de la ville. Décoration rustique. Établissement idéal pour les tapas.

Prada a Tope – *La Troya, 10* – ☏ *981 58 19 09.*
Produits et cuisine typiques du Bierzo. Chez Prada, on s'enorgueillit de ne fournir

Rúa do Vilar

J. Hidalgo-C. Lopesino/MARCO POLO

que des produits naturels. Bon endroit pour déguster des plats comme le *boteiro*, arrosé de l'un des vins de la maison.

Vins et Cafés

Cafetería Paradiso – *Rúa do Villar, 29* – Café dans le style 19e s.

Café Derby Bar – *Rúa das Orfas, 29.* Un établissement d'antan que fréquentait, paraît-il, Valle-Inclán.

Café Literario – *Plaza de Quintana* – Local bien décoré fréquenté par la jeunesse. Situé en haut des escaliers et avec une belle vue de la place et de la cathédrale.

Café Universal – *Plaza de la Universidad* – En face de la faculté d'Histoire. Ambiance universitaire.

Vinatería Don Pinario – *Plazuela de San Martín.* Où l'heureuse association du design et des vins...

RENSEIGNEMENTS PRATIQUES

Office de tourisme – *Rúa do Villar, 43* – ☎ *981 58 40 81.*

Office municipal de tourisme – *Praza de Galicia s/n* – ☎ *981 58 44 00.*

Santiago 7 días – Il s'agit d'une publication mensuelle et gratuite avec de renseignements sur les magasins, les spectacles, les événements culturels e les loisirs en général. On la trouve à l'Office de tourisme.

Transports

Aéroport – Labacolla, au km 11 de la route Santiago-Lugo (☎ 981 54 75 00 Une ligne d'autobus le dessert depuis la rue General Pardiñas (croisement ave la rue República del Salvador – ☎ 981 58 18 15). **IBERIA** : ☎ 981 59 75 50 **AIR EUROPA** : ☎ 981 59 49 50 ; **SPANAIR** : ☎ 902 13 14 15.

Train – La gare se trouve rue Hórreo (☎ 981 52 02 02).

Autocars – Il existe plusieurs gares routières à Santiago. Les principales sor **La Estación Central**, San Caetano (☎ 981 58 77 00) et **INTERCAR / ALSA**, d'o partent les autobus pour Madrid, Santander, Bilbao, Saint-Sébastien e quelques pays européens, comme le Portugal, la France, la Belgique e l'Allemagne.

Taxis – On en trouve toujours à l'aéroport, à la gare et à la gare routière. Su la Plaza de Galicia, il existe un service permanent (☎ 981 59 59 64).

Location de voitures – Les principales compagnies de location de véhicule sont présentes à l'aéroport et en ville. **AVIS** : República del Salvador, 1 (☎ 981 57 37 18) ; **HERTZ** : Avda. de Lugo, 145 (☎ 981 58 34 66).

*** **Pórtico de la Gloria** – Le portique de la Gloire se trouve dans le narthex au-delà d la façade baroque. La statuaire de ce triple portail est d'une beaut exceptionnelle, offrant à la fois le spectacle d'un ensemble très harmonieux e celui des ressources d'un art varié dans son expression, ses détails, sa factur et sa polychromie.

D'une époque plus tardive que le reste de la cathédrale romane, ce chef-d'œuvr fut réalisé par le **maître Mateo** à la fin du 12e s. et présente déjà quelque caractéristiques de l'art gothique. Le maître Mateo, qui était constructeur d ponts, renforça la crypte au-dessous pour soutenir le poids du portique. Le porta central est dédié à l'Église chrétienne : sur le tympan, le Sauveur est entouré de quatre évangélistes tandis qu'à l'archivolte siègent les 24 vieillards d l'Apocalypse. Sur les piédroits, couverts de statues d'apôtres et de prophètes, o remarquera le prophète Daniel au sourire voilé annonçant le célèbre ange de Reims. Sur le meneau, au-dessous de la statue assise de saint Jacques, est creuse l'empreinte des doigts d'une main. La tradition veut en effet que les pèlerin harassés posent la main là pour signifier qu'ils touchent au but. Derrière se trouv la statue du « saint aux bosses » qui aurait la vertu de donner mémoire e intelligence à quiconque vient s'y cogner la tête. Les portails latéraux so consacrés aux Églises rivales : celle des juifs à gauche et celle des gentils ou païen à droite.

Intérieur – L'immense cathédrale romane où se pressaient les pèlerins e restée intacte. On y retrouve les caractéristiques des églises de pèlerinage : pla en croix latine, vastes proportions, déambulatoire pour la circulation de pèlerins, triforium. La nef principale et le vaste transept, lui aussi pourvu d bas-côtés, sont d'une admirable sobriété alliée à une majesté incomparable. L tribunes ouvrent sur ces nefs par des baies géminées que surmonte un arc d décharge. Des voûtes d'ogives couvrent les collatéraux. Aux grandes fêtes, u immense encensoir, le « **botafumeiro** » *(visible dans la bibliothèque)*, accroché à clé de voûte de la croisée du transept, est balancé jusqu'aux voûtes, grâce à u jeu de poulies, au bout d'une corde tirée par huit hommes, spectac impressionnant.

Le sanctuaire est d'une exubérance surprenante dans ce cadre roman. I **maître-autel** que surmonte une statue de saint Jacques (13e s.), somptueuseme parée, est dominé par un énorme dais sculpté. Les pèlerins peuvent aller baiser manteau du saint par un escalier situé derrière l'autel.

Sous le maître-autel une **crypte**, constituée par les soubassements de l'église d 9e s. qui abritait le tombeau de l'apôtre, renferme les restes de saint Jacques de ses disciples : saint Théodore et saint Athanase.

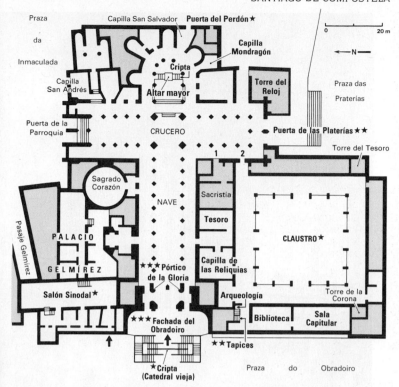

Praza
da
Inmaculada

Capilla San Salvador **Puerta del Perdón ★**

**Capilla
Mondragón**

Capilla
San Andrés

Cripta

Altar mayor

**Torre del
Reloj**

Praza das

Praterías

Puerta de la
Parroquia

CRUCERO

Puerta de las Platerías ★★

Torre del Tesoro

Sagrado
Corazón

1   2

Sacristía

NAVE

Tesoro

CLAUSTRO ★

P A L A C I O

G E L M I R E Z

★★★ **Pórtico
de la Gloria**

**Capilla de
las Reliquias**

Pasaje Gelmírez

Salón Sinodal ★

Arqueología

Torre de la
Corona

★★★ **Fachada del
Obradoiro**

Biblioteca

**Sala
Capitular**

★ **Cripta
(Catedral vieja)**

★★ **Tapices**

Praza   do   Obradoiro

0   20 m

← N →

On remarquera dans le déambulatoire la voûte gothique de la **chapelle Mondragón** (1521) et la chapelle de la Corticela, qui, à sa construction au 9e s., était séparée de la cathédrale. Il en ira de même dans le croisillon Sud pour les portes Renaissance de la **sacristie (1)** et le cloître **(2)**.

Musée ⊘ – Il comporte trois espaces distincts. De l'intérieur de la cathédrale, on accède au **trésor**, installé dans une chapelle gothique du bas-côté droit. La principale pièce exposée est un ostensoir doré d'Antonio de Arfe (1539-1566).

En sortant sur la plaza del Obradoiro on peut accéder à la **crypte★**, construite au 11e s. pour compenser le dénivelé et soutenir le portique de la Gloire. Son accès se trouve en partie caché par le grand escalier de la façade de l'Obradoiro. Il s'agit d'une petite église romane sur plan en croix latine, avec de belles colonnes et des chapiteaux sculptés. Par une porte latérale de cette même façade, on accède aux salles consacrées aux fouilles archéologiques de la cathédrale, à la **bibliothèque**, où sont conservés les encensoirs, à la **salle capitulaire**, dont la voûte granitique représente une prouesse technique et dont les murs sont tendus de diverses tapisseries flamandes du 16e s. et, enfin, aux salles de la galerie supérieure où sont conservées des **tapisseries★★** conçues par Goya, Bayeu, Rubens et Teniers.

★ **Cloître** – *On y accède par le musée.* Il s'agit d'un cloître Renaissance conçu par Juan de Álava, qui, suivant le mode du début du 16e s. y combina une structure gothique avec une décoration plateresque. Il fut terminé par Rodrigo Gil de Hontañón et Gaspar de Arce.

★ **Puerta de las Platerías** – C'est l'unique portail roman (12e s.) conservé, même s'il ne nous est pas parvenu dans son état originel, car de nombreuses sculptures proviennent de l'ancienne porte de la Azabachería. La figure la plus notable en est, sans doute, David jouant de la harpe, sur la gauche. À remarquer aussi Adam et Ève expulsés du paradis, et, dans l'angle droit du tympan gauche, la femme adultère. S'élèvent, à droite, la **Torre del Reloj** (Horloge), de la fin du 17e s. et, à gauche, sur une trompe, la **tour du Trésor**. La façade de la **Casa del Cabildo**, en face de la « fontaine aux chevaux » n'est qu'un décor baroque construit au 18e s.

Palacio Gelmírez ⊘ **(A)** – Situé à gauche de la cathédrale, il abrite l'archevêché. On peut voir quelques salles du palais du 12e s. et de l'époque gothique, dont le vaste **salon synodal★**, long de plus de 30 m, aux voûtes d'ogives sculptées ; sur les culs-de-lampe se déroule, en haut relief, le banquet nuptial d'Alphonse IX de León.

Plaza del Obradoiro

* **Hostal de los Reyes Católicos** – Aujourd'hui parador national, l'**hôtellerie des Rois catholiques** fut fondée par Ferdinand d'Aragon et Isabelle de Castille pour servir d'auberge et d'hôpital aux pèlerins. L'imposante **façade*** est ornée d'un splendide portail plateresque. Le plan est celui de tous les hôpitaux de l'époque : une croix inscrite dans un carré qui délimite quatre élégants patios plateresques.

Ayuntamiento (**H**) – Face à la cathédrale, l'**hôtel de ville** est installé dans l'ancien palais de Raxoy dont la façade très classique fut confiée au 18e s. au Français Charles Lemaur. Il sert aussi de siège à la présidence de la Xunta de Galicia.

Colegio de San Jerónimo (**VX**) – Cet édifice du 17e s. conserve un élégant portail du 15e s. avec de fortes réminiscences romanes.

> **Un conseil...** Pour profiter d'une jolie vue de la cathédrale, descendez les escaliers de l'avenue de Rajoy, à gauche de l'hôtel de ville.

** QUARTIER ANCIEN

Le visage du Santiago d'aujourd'hui est le fruit de la combinaison sur un fond architectural médiéval de la rationalité de la Renaissance et de la théâtralité baroque. Le vieux quartier de Santiago, toutefois, à gardé son complexe écheveau de ruelles s'ouvrant soudain sur de petites places comme celles de Fonseca, Platerías, Feijóo, San Martín ou San Roque.

Rúa do Franco (**X**) – Dans cette pittoresque rue s'observent d'anciens collèges (Fonseca), des boutiques et des bistrots typiques.

Rúa do Vilar (**X**) – Remontant vers la cathédrale, elle est bordée d'arcades et de demeures anciennes, comme la rue parallèle plus commerçante : la **Rúa Nova** (**X**).

** **Plaza de la Quintana** (**VX**) – Située au chevet de la cathédrale, cette célèbre place est animée par la vie estudiantine. Elle est bordée dans sa partie inférieure par l'ancienne **maison du Chapitre** (**R**), aux arcades sobres et bien rythmées, et, sur l'aile en retour d'équerre, par les murs du monastère San Payo de Antealtares (17e s.)

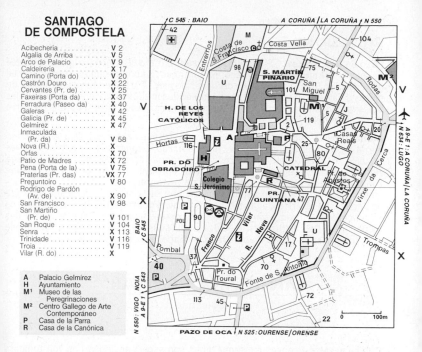

SANTIAGO
DE COMPOSTELA

dont l'austérité n'est rompue que par de belles grilles anciennes. En face, perçant le mur du chevet de la cathédrale, la **porte du Pardon**★ ou Porte Sainte fut construite en 1611 par Fernández Lechuga en réutilisant les statues de prophètes et de patriarches qui ornaient l'ancien coro roman sculpté par maître Mateo. Elle n'est ouverte que pendant les années saintes. En haut du grand escalier, la **maison de la Treille (P)** est une belle construction baroque de la fin du 17e s.

Museo de las Peregrinaciones ⊘ **(V M¹)** – Dans ce qui semble-t-il fut la demeure du roi Pierre Ier (15e s.), aujourd'hui totalement restaurée et ne conservant à peine aucun élément médiéval, un petit musée consacré à l'origine et à l'histoire du pèlerinage à Saint-Jacques a été installé.

★ **Monasterio de San Martín Pinario** ⊘ **(V)** – L'église offre sur la plaza San Martín une façade composée comme un retable platéresque et précédée d'un escalier à double volée. L'intérieur frappe par l'ampleur de sa nef unique, voûtée d'un berceau à caissons et éclairée par une lanterne sans tambour, à la mode byzantine. Le retable du maître-autel, du style churrigueresque le plus exubérant, fut dessiné par le grand architecte Casas y Novoa (1730). Remarquer les deux chaires baroques aux abat-voix en forme de double bulbe. Un escalier d'honneur sous une élégante coupole mène à trois cloîtres (16e s.-18e s.) dont celui des Processions.

On sort sur la plaza de la Inmaculada, où la façade du couvent opte pour l'ordre colossal : de grandes colonnes doriques groupées par paires s'élancent du sol jusqu'au couronnement. En face, la plaza de la Azabacheria doit son nom aux nombreux ateliers de fabricants de bijoux en jais qui s'y trouvaient.

Museo do Pobo Galego ⊘ – Le musée du Peuple galicien est installé dans le couvent de Bonaval (17e-18e s. – *illustration p. 493*) et vise à donner une vision globale de la culture galicienne en mettant l'accent sur sa diversité. Ses salles sont consacrées à la mer, aux métiers, aux instruments musicaux ou à l'habitat. De l'édifice, remarquons la prouesse technique de son **escalier hélicoïdal**★ qui fait communiquer les différentes salles. En face se trouve le **Centre d'art contemporain** (Centro Galego de Arte Contemporáneo – **V M²**).

AUTRES CURIOSITÉS

Paseo de la Herradura (X 40) – Cette colline boisée dans le prolongement de la vieille ville procure une **vue**★ bien composée sur la cathédrale et la ville.

★ **Collégiale Santa María del Sar** ⊘ – *Par la calle Castrón Douro* **(X 22)**. Cette église du 12e s. frappe extérieurement par ses contreforts ajoutés au 18e s. dont la puissance n'apparaîtra pas superflue quand on observera, à l'intérieur, le saisissant déversement des piliers sous l'action des poussées exercées par la voûte. Du cloître qui l'accompagnait, il ne reste que l'aile adossée à l'église, dont les **arcades**★ géminées, décorées de fleurs et de feuillage, sont d'une grande élégance.

EXCURSIONS

★ **Pazo de Oca**, à **Valboa** ⊙ – *25 km au Sud-Est par N 525*. Derrière la tour crénelée de cet austère **manoir** galicien, *pazo*, encadrant sur deux côtés une vaste place ornée d'un calvaire, quelle surprise de découvrir un **parc**★★ tracé en terrasses autour de pièces d'eau *(illustration p. 21)*. La mousse rousse adoucit la rigueur du granit, les buissons isolent des recoins cachés tandis que sur l'eau flotte la barque de pierre de quelque Belle au Bois dormant...

Monastère de Sobrado dos Monxes ⊙ – *60 km au Nord-Est. Quitter Santiago par la N 634 puis prendre la N 547 jusqu'à Arzua. Gagner ensuite Sobrado par les LC 234 et 232*. C'est l'un de ces vastes monastères galiciens, bâtis entre la Renaissance et l'époque baroque, très éprouvé par le temps et qu'une communauté de cisterciens a entrepris de restaurer.
Le parti pris de grandeur s'accompagne d'une certaine sécheresse sur la façade de l'église. À l'intérieur, en revanche, les **coupoles** du transept, de la sacristie et de la chapelle du Rosaire sont d'un dessin remarquable, ainsi que le cloître des Médaillons. Des bâtiments médiévaux, il subsiste une cuisine à cheminée monumentale, une salle capitulaire et la chapelle de Marie-Madeleine.

SANTILLANA DEL MAR★★

Cantabrie

3 839 habitants

Carte Michelin n° 442 B 17 – Atlas España Portugal p. 12

Santillana del Mar a conservé presque intact son aspect ancien et l'on voit toujours les troupeaux rentrant le soir dans leurs étables centenaires au-dessus desquelles s'élèvent de belles façades de pierre blasonnées. On serait à peine surpris d'y voir apparaître le héros de Lesage, **Gil Blas de Santillane**, l'un de ces seigneurs sans grande fortune qui vivaient dans ces *casonas*, ou demeures seigneuriales.
Santillana grandit autour du monastère qui gardait les reliques de sainte Julienne, martyre d'Asie Mineure (son nom vient d'ailleurs de la contraction de Santa Juliana). Durant tout le Moyen Âge, ce lieu de pèlerinage, objet de faveur des Grands de Castille, connut la célébrité. Le monastère devint puissante collégiale au 11e s. et la cité, promue au rang de marquisat au 15e s., s'emplit alors de ces demeures qui font tout le charme de Santillana.
Íñigo López de Mendoza, **marquis de Santillana** *(voir p. 192)*, habita calle del Cantón dans le palais qui porte son nom.
À 2 km au Sud-Ouest du bourg, se trouvent les fameuses **grottes d'Altamira** *(voir Cuevas de Altamira)*.

★★ LE VILLAGE *1 h 1/2*

Deux grands axes, reliés par des ruelles transversales, conduisent tous deux à la collégiale. La plupart des demeures nobles aux façades lisses en grosses pierres de taille datent des 15e, 16e et 17e s. Presque toutes présentent des balcons de fer forgé ou des galeries de bois *(solanas)* et des blasons qui font la joie des passionnés d'héraldique.

Calle de Santo Domingo – La **maison des Villa** se distingue par ses balcons semi-circulaires. Les quartiers du blason portent tous des devises : celui des Villa où figure un aigle aux ailes déployées et percé d'une flèche, porte l'inscription suivante : « Une belle mort honore toute une vie. »

À la bifurcation, prendre à gauche la calle de Juan Infante.

Plaza Mayor – Cette vaste place triangulaire est bordée sur la droite par le **Parador Gil Blas** et la **tour de Merino** (14e s.) dont les créneaux apparaissent sous le toit. En face la **tour de Borja-Barreda** présente une élégante porte en arc brisé. Sur la gauche, la mairie est installée dans un bâtiment du 18e s.
La **calle de las Lindas** *(à l'extrémité de la place à droite)* se faufile entre d'austères façades massives et permet de rejoindre l'axe des rues del Cantón et del Río qui mènent à la collégiale.
En descendant vers la collégiale, on admirera quelques maisons nobles : à droite la **maison de los Hombrones**, qui doit son nom aux deux guerriers qui encadrent le blason des Villa, puis les **demeures de Cossío et Quevedo** arborant aussi de magnifiques blasons. Sous la dernière s'échappe le ruisseau qui alimente l'abrevoir et a donné son nom à la calle del Río. Sur la gauche, la maison de l'archiduchesse d'Autriche, ancienne **maison des Abbés**, est décorée de trois blasons.

Plaza de las Arenas – Derrière la collégiale, l'imposant édifice qu'est la **tour de Velarde**, primitivement donjon du palais (15e s.), a été fortement remanié.

La collégiale

J. Hidalgo-C. Lopesino/MARCO POLO

★ Collégiale ⊙ – Elle date des 12ᵉ et 13ᵉ s. Si son chevet est d'un dessin roman très pur, sa façade manque un peu d'unité mais, par la disposition harmonieuse de ses baies et de ses tours autant que par sa belle couleur dorée, elle s'intègre fort bien au décor de la place. Au-dessus du portail, recomposé au 18ᵉ s., une niche abrite la statue de sainte Julienne.

★ Cloître – Construit à la fin du 12ᵉ s., il a perdu les arcades romanes de sa galerie Est. Chaque groupe de colonnes jumelées est coiffé d'un chapiteau. Historiés ou à décor végétal, ces **chapiteaux★★** furent exécutés de main de maître. Si les thèmes végétaux et les entrelacs d'un bel effet décoratif prédominent, dans la galerie Sud les scènes représentées, souvent allégoriques, sont très expressives : le Pantocrator accompagné de six apôtres ; le baptême du Christ et la décollation de saint Jean-Baptiste ; Daniel dans la fosse aux lions ; la Fidélité (représentée par le chien entre le chevalier et sa dame).

Intérieur – Les voûtes de la nef et des collatéraux ont été refaites sur croisées d'ogives à la fin du 13ᵉ s., tandis que celles du transept et des absides sont d'origine. On remarque plusieurs défauts d'alignement entre nefs et absides, ainsi que la forme, presque elliptique, de la coupole. Des chapiteaux, très stylisés, décorent les piliers. Le sarcophage commémoratif de sainte Julienne, sculpté au 15ᵉ s., se trouve au milieu de la nef centrale. Dans le chœur on peut voir un devant d'autel mexicain, en argent repoussé, du 17ᵉ s., et **quatre apôtres★**, pierres sculptées romanes, d'un hiératisme byzantin. Le **retable★** hispano-flamand du 16ᵉ s. présente une originale prédelle en bois sculpté polychrome représentant les évangélistes de profil.

Convento de Regina Coeli – *À l'autre extrémité du bourg.* Restauré, ce couvent de clarisses, du 16ᵉ s., abrite le **Musée diocésain** ⊙. Art religieux populaire. À l'extrémité de la rue, la belle **maison des Tagle** (18ᵉ s.) arbore un énorme blason.

En fin de volume figurent d'indispensables Renseignements pratiques :
- *Organismes habilités à fournir toutes informations ;*
- *Loisirs sportifs ;*
- *Manifestations touristiques ;*
- *Conditions de visite des sites et des monuments...*

SANTO DOMINGO DE LA CALZADA

La Rioja

5 308 habitants

Carte Michelin n° 442 E 21 – Atlas España Portugal p. 26

Étape importante du chemin de Saint-Jacques, cette cité historique fut fondée sur les bords de la rivière Oja au 11e s. par l'ermite Dominique, qui construisit en outre un pont pour faciliter le passage des pèlerins, une chaussée filant droit sur Burgos, une auberge et un hôpital. Elle conserve quelques pans de sa muraille du 14e s.

Tous les ans, un **marché médiéval** très vivant et coloré se déroule dans le vieux quartier, en même temps que les fêtes de la Constitution et de l'Immaculée Conception (6 et 8 décembre).

★ VIEILLE VILLE

Elle se regroupe autour de la **plaza del Santo**, où se dressent la cathédrale et l'ancien hôpital, transformé en parador. Ses alentours, et surtout la calle Mayor, conservent de nombreuses maisons parées de leurs armoiries de pierre, des 16e et 17e s., avec de belles entrées. La plaza de España toute proche est dominée par l'hôtel de ville (18e s.), couronné par un blason imposant.

★ **Cathédrale** ⊙ – L'édifice est gothique, à l'exception du déambulatoire et du chœur romans. Dans le croisillon droit se trouve le tombeau de saint Dominique, sous un baldaquin conçu en 1513. En face, un monument gothique forme la cage somptueuse où, depuis un miracle attribué au saint, sont entretenus une poule et un coq blancs. Un pèlerin, injustement accusé d'un vol, avait été pendu sur-le-champ. Un mois plus tard, toujours vivant au bout de sa corde, il reconnut ses parents et leur dit : « Que le juge me dépende, saint Dominique me protège. » Le juge, attablé devant un poulet rôti, resta incrédule et déclara : « Il doit être aussi vivant que ce poulet. » Le volatile se dressa alors sur ses pattes et se couvrit de plumes. L'ancien **retable du maître-autel**★★, œuvre inachevée de Damián Forment, est installé dans le transept, dans le bras dit de l'Évangile. Des scènes de la vie du Christ y sont accompagnées de sculptures d'apôtres et de saints. Le mouvement qui anime ce splendide ensemble en fait une création majeure du 16e s.

La cathédrale recèle d'autres œuvres de grand intérêt. La **chapelle de la Madeleine**★ (nef de l'Évangile) présente une belle décoration platéresque et une magnifique grille. Dans la chapelle voisine, délicate statue flamande de sainte Véronique (15e s.). Dans la nef de l'Épître, en face à la chapelle de la Madeleine, se trouve la **chapelle Saint Jean Baptiste ou Sainte Thérèse** : belle grille, intéressants tombeaux nobiliaires et magnifique retable avec des peintures hispano-flamandes. Remarquer le grand blason impérial couronnant la décoration platéresque de la chapelle de l'Immaculée.

À l'extérieur s'élève le **campanile** (18e s.), de style baroque. Sur cette même place, face à la cathédrale, le petit **ermitage du saint** présente un accueillant intérieur gothique.

ENVIRONS

Nájera – 20 km à l'Est par la N 120. Reconquise en 920 par le roi Sanche Ier García, Nájera fut la résidence des rois de Navarre et une étape très importante sur le chemin de St-Jacques. En 1076, quand fut négocié le partage du royaume, la ville fut incorporée à la Castille avec la Rioja.

★ **Monastère Santa María la Real** ⊙ – Il fut fondé en 1032 par García III, roi de Navarre, sur la grotte, où, attiré par le vol d'un vautour et d'une perdrix, il aurait découvert une statue de la Vierge.

★★ **Cloître** – Ses galeries s'adossent à la falaise, d'une étrange couleur pourpre. À l'étage inférieur, remplages platéresques (vers 1520) aux élégantes arabesques toutes différentes.

Église – Sous la tribune, deux soldats portant les couleurs de García de Navarre et de son épouse gardent le **panthéon royal**★ (infants de Navarre, Léon et Castille des 11e et 12e s.), dont les gisants furent exécutés au 16e s. Au centre, entre les statues agenouillées des fondateurs, s'ouvre l'accès de la grotte où aurait eu lieu la découverte miraculeuse ; dans la niche se trouve une Vierge polychrome du 13e s. Dans le bas-côté droit, parmi d'autres sarcophages royaux, le **tombeau de Blanche de Navarre**★ (12e s.) est sculpté de personnages aux attitudes gracieuses et naturelles, vêtus de fins drapés.

Dans le coro alto, on admirera les **stalles**★ (1495) pour la variété des miséricordes et des accoudoirs, et surtout le décor du siège central où l'artiste a représenté le roi fondateur, élégant et majestueux dans son armure, sous un dais d'une finesse prodigieuse.

San Millán de la Cogolla – 19 km au Sud-Est. Au 5e s., Émilien (Millán) de Berc et quelques disciples s'étaient retirés à cet endroit pour y mener une vie d'ermite. Émilien mourut centenaire en 574 et son tombeau devint lieu de pèlerinage.

10e s. furent édifiés un monastère et une église mozarabe (Suso) et en 1053 les moines s'établirent dans la vallée (Yuso). Les premiers manuscrits en langue castillane furent rédigés ici.

★ **Monastère de Suso** ⊙ – Situé dans la montagne au-dessus de la vallée de Cardenas, l'édifice mozarabe, en partie creusé dans la roche, présente une abside cubique aux grands corbeaux sculptés. L'église comprend deux nefs séparées par trois arcades outrepassées. À l'époque romane, ces nefs furent prolongées vers l'Ouest. À côté de l'église a été découverte une nécropole de moines enterrés dans des grottes.

J. A. Sanguinetti/MARCO POLO

Monastère de Suso

Monastère de Yuso ⊙ – Le monastère actuel fut élevé du 16e au 18e s. dans les styles Renaissance pour l'église, néoclassique pour les portails et baroque pour la sacristie. Le trésor renferme de **splendides ivoires**★★ qui ornaient deux reliquaires du 11e s. dont la monture d'or et les pierres précieuses ont tenté les soldats napoléoniens. Celui de saint Émilien (1067-1080) compte quatorze plaques romanes, remarquables pour l'expression des personnages ; celui de saint Félix (1090) présente cinq plaques marquées par le hiératisme byzantin.

Monastère de Cañas – *16 km au Sud-Est.* Ce monastère cistercien est habité par des disciples féminines de Bernard de Clairvaux depuis sa fondation en 1170. L'église (16e s.) et la salle capitulaire sont d'extraordinaires exemples de la simplicité et de la pureté de lignes de l'art de Cîteaux : élégantes arcades ogivales, décoration florale et voûtes à croisée d'ogives simple. Dans les anciens entrepôts *(cilla)*, il est prévu d'installer un musée.

Monasterio de SANTO DOMINGO DE SILOS★★

Castille et Léon (Burgos)

Carte Michelin n° 442 G 19 – Atlas España Portugal p. 26

monastère ⊙ tient son nom du moine Dominique qui, au 11e s., reconstruisit les ⌐timents d'une ancienne abbaye wisigothique (6e-8e s.) ruinés par Al-Mansour. ⌐andonné par les moines en 1835, Santo Domingo devint en 1880 le refuge des ⌐nédictins français venus de Ligugé en Poitou. Ils plantèrent alors le majestueux ⌐près qui se trouve dans le cloître et un immense séquoia devant le portail. Le ⌐onastère est renommé pour ses chants grégoriens.

Cloître – C'est l'un des plus beaux cloîtres d'Espagne. La spiritualité qui émane ⌐e de l'équilibre de ses formes, de ses couleurs et de son majestueux cyprès a inspiré ⌐de nombreux poètes. Très vaste pour un édifice roman, il comprend deux étages ⌐d'une parfaite homogénéité. Les galeries du rez-de-chaussée se composent d'une ⌐soixantaine d'arcs en plein cintre soutenus par des colonnes géminées et au centre ⌐de chaque galerie par un ensemble de cinq colonnes. Les huit bas-reliefs qui se trouvent aux angles comptent parmi les chefs-d'œuvre de la sculpture romane. Plusieurs artistes se sont succédé. Le premier maître (2e moitié du 11e s.), le plus original, utilise le dessin linéaire, les attitudes hiératiques, et donne la prépondérance au symbole sur le réalisme ; on lui doit les galeries Est, Nord et en partie Ouest ainsi que les bas-reliefs des piliers Sud-Est, Nord-Est et Nord-Ouest. Le second artiste (début du 12e s.) joue du volume et individualise ses personnages.

Chapiteau du cloître

Les bas-reliefs du pilier Sud-Ouest (12e s.) sont d'une troisième main, et d'une facture très différente.

Les **chapiteaux**, dans leur ensemble, constituent un bestiaire fantastique à partir de thèmes animaliers et végétaux d'influence mudéjar. *Les plus intéressants sont cités dans la description des galeries ci-dessous.*

Pilier Sud-Est – On identifie à gauche l'Ascension et à droite la Pentecôte. Leur composition s'apparente à celle d'un diptyque d'ivoire.

Galerie Est – (**1**) : vannerie, (**2**) : entrelacs végétaux, (**3**) : harpies défendues par des chiens.

Pilier Nord-Est – Il évoque la Descente de croix avec, au registre supérieur, la terre et la lune dont les faces vont se couvrir d'un voile ; de l'autre côté sont synthétisées en une seule scène, très originale, la Mise au tombeau et la Résurrection.

En face de ce pilier on admirera la porte de l'ancienne abbatiale romane ou **porte des Vierges** (**4**) dont l'arc outrepassé est encadré de colonnes supportant d'intéressants chapiteaux.

Galerie Nord – (**5**) : entrelacs végétaux, (**6**) : les vieillards de l'Apocalypse, (**7**) : harpies attaquées par des aigles, (**8**) : couples d'oiseaux. Dans cette galerie se trouve le tombeau de saint Dominique de Silos (13e s.) (**9**) trois lions roman portant le gisant du saint.

Pilier Nord-Ouest – Il se rapporte aux doute que sema la Résurrection de Jésus dans l'esprit de certains disciples : l'Apparition aux disciples d'Emmaüs, l'Apparition saint Thomas.

Galerie Ouest – (**10**) vannerie de pierr (**11**) : oiseaux affront avec les cous entr croisés, (**12**) : flaman au galbe parfait, (**13** entrelacs végétaux e prisonnant des oisea et des lions. Les cha teaux suivants sont deuxième artiste. (**14**

naissance de Jésus, (**15**) : scènes de la Passion. Remarquer le plafond artesona du 14e s., bien conservé dans cette galerie.

Pilier Sud-Ouest (**A**) – Œuvre du troisième maître, il est consacré à la Vierge, ave gauche une admirable Annonciation, où la Vierge est couronnée par deux ang et, à droite, un arbre de Jessé.

Galerie Sud – (**16**) et (**17**) : entrelacs emprisonnant des oiseaux dans l'un et des ce dans l'autre, (**18**) : aigles enserrant des lièvres, (**19**) : têtes de monst grimaçants.

Musée – Il présente quelques pièces fort anciennes : calice de saint Dominique décoré de filigranes (11e s.), reliquaire en émaux, manuscrit de rite mozarabe (10e-11e s.) et tympan du portail de l'église primitive.

Ancienne pharmacie – Belle collection de pots de Talavera aux armes du monastère.

Église – Le bâtiment actuel (1756-1816), de proportions agréables, allie la science baroque des lignes courbes à la simple grandeur herrérienne.

ENVIRONS

Garganta de la Yecla – *3 km au Sud-Ouest ; visite 20 mn.* Une passerelle permet de suivre le parcours d'un profond et étroit canyon taillé dans une épaisse couche de calcaire gris.

SARAGOSSE★★

Voir ZARAGOZA

SEGOVIA★★★

SÉGOVIE – Castille et Léon

57 617 habitants

Carte Michelin n° 444 J 17 – Atlas España Portugal p. 39

Schéma : Sierra de GUADARRAMA

Plan d'agglomération dans le guide Rouge Michelin España & Portugal

Cette noble cité castillane, résidence des rois Alphonse X le Sage et Henri IV, fut au Moyen Âge un important centre économique et politique qui joua un rôle décisif dans l'histoire de la Castille.

Ségovie jouit d'un **site★★** très original – le cœur de la ville, entouré de murailles qui sont aussi des murs de soutènement, est perché à 1 000 m d'altitude sur un rocher triangulaire qui saisit le regard de qui vient de l'Est. À gauche s'allonge l'aqueduc romain, à droite se dessinent les dômes de la cathédrale, à l'extrême pointe du triangle est perché l'alcázar, 100 m au-dessus du confluent de l'Eresma et du Clamores.

Pour mieux apprécier ce site, il est recommandé de suivre en voiture la route par la Cuesta de los Hoyos et le Paseo de Santo Domingo de Guzmán.

Un peu d'histoire – À l'époque romaine Ségovie fut un poste militaire important : les Arabes y introduisirent le travail de la laine et en firent au Moyen Âge une cité industrielle. Le 15e s. marque l'âge d'or de Ségovie qui compte alors une population de 60 000 habitants.

Isabelle la Catholique, reine de Castille – À la mort de Henri IV, en 1474, bien des Grands ne reconnaissent pas la légitimité de sa fille Jeanne, que l'on appelle « **la Beltraneja** » en allusion au favori Beltrán de la Cueva que l'on dit être son père. À Ségovie, ils proclament reine la demi-sœur du roi défunt, Isabelle, femme de l'héritier d'Aragon, et préparent ainsi l'unité de l'Espagne. « La Beltraneja », aidée d'Alphonse V de Portugal, son mari, essaie de défendre ses droits mais doit y renoncer en 1479 après les défaites de Toro et d'Albuera, qui décidèrent du cours de l'histoire de Espagne.

« Les comuneros » – Au début du règne de Charles Quint, l'entourage flamand du souverain, sa volonté d'absolutisme et les impôts nouveaux lui attirent l'hostilité des Espagnols. De nombreuses communes, sous l'impulsion du Tolédan Juan de Padilla et de Juan Bravo, de Ségovie, se révoltent contre l'autorité royale, mais les troupes de *comuneros* sont écrasées à Villalar en 1521 et leurs chefs décapités à Ségovie.

Architecture – À l'intérieur des murailles, la plupart des rues puisent leur charme des portails castillans encadrés d'alfiz (15-16e s.) ou ornés de blasons et des façades décorées de **sgraffites**. Mais la grande particularité de Ségovie réside dans sa richesse en églises romanes.

Les églises romanes – En pierre dorée, elles sont l'un des trésors artistiques de la ville. Toutes présentent les mêmes caractères : des absides rondes bien marquées, souvent un haut clocher carré dressé à côté du chevet et une galerie couverte le long d'un mur où s'abritaient les réunions des corporations de tisserands et de marchands.

Ségovie aujourd'hui – Ville essentiellement touristique, elle est fréquentée pour la richesse de ses monuments, ainsi que pour ses spécialités gastronomiques dont l'exquis cochon de lait rôti au feu de bois (*cochinillo asado*).

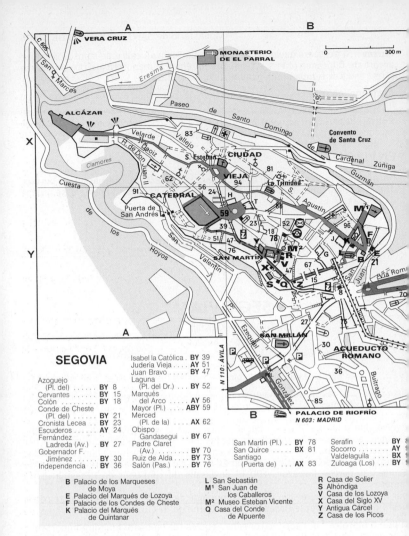

SEGOVIA

★★★ AQUEDUC ROMAIN (BY)

Par la simplicité et l'élégance de son architecture, c'est l'un des plus beaux aqueduc témoignant du génie des ingénieurs romains. Il est toujours en service. Long d 728 m, haut de 28 m au point où le niveau du sol est le plus bas, il est composé de deu étages d'arches et fut érigé au temps de Trajan (1ᵉʳ s.) pour acheminer l'eau du r Acebeda, dans la sierra de Fuenfría, jusqu'à la partie haute de la ville.

★★ VIEILLE VILLE *4 h*

Suivre l'itinéraire indiqué sur le plan

Plaza Mayor (ABY 59) – Dominée par la haute silhouette de la cathédrale, c'est lieu de rencontre des Ségovians qui se retrouvent aux terrasses des cafés sous l arcades. Parmi les bâtiments qui l'entourent se trouvent l'hôtel de ville et théâtre Juan Bravo.

★★ **Cathédrale** ⊙ **(AY)** – Sa belle pierre dorée, son chevet étagé, hérissé de pinacles de balustrades, et sa haute tour confèrent aux formes massives de l'ensemble u grâce certaine. L'édifice fut élevé sous le règne de Charles Quint après la destructi de la cathédrale précédente lors du soulèvement des comuneros en 1511. C'est exemple de la survivance du style gothique au 16ᵉ s. en pleine période Renaissanc L'ampleur des nefs, le décor linéaire des piliers, les nervures des voûtes, en rende l'intérieur lumineux et élégant. Remarquer dans les premières chapelles, à droi les belles grilles et un retable de Juan de Juni représentant la mise au tombeau gauche, le carrosse de la Fête-Dieu. Les stalles du coro, de style gothique flamboya (fin du 15ᵉ s.), appartenaient à l'ancienne cathédrale.

★ **Cloître** – Il est du 15ᵉ s. et faisait également partie de l'ancienne cathédrale qui trouvait près de l'Alcázar. Il a été transporté pierre à pierre dans son nou emplacement. La salle capitulaire expose de splendides **tapisseries**★ de Bruxel (17ᵉ s.) qui représentent la reine Zénobie.

★ **Plaza de San Martín** (BY 78) – C'est la place la plus évocatrice du passé de Ségovie. Située au cœur de l'ancien quartier aristocratique, elle est formée de deux petites places reliées par quelques marches. Au centre la statue de Juan Bravo. On y remarque la **maison du 15ᵉ s.** (X), connue aussi sous le nom de maison de Juan Bravo, dotée d'une galerie sous le toit, la tour de la **maison des Lozoya** (V) (14ᵉ s.), preuve de la puissance de cette famille, la façade platteresque de la **maison Solier** (R), ou casa de Correos, et de riches portails. Au centre l'**église San Martín★** (12ᵉ s.) est entourée sur trois côtés d'une galerie-porche aux chapiteaux ciselés de lacis et d'animaux. L'ancienne prison (BY Y) (17ᵉ s.) est décorée d'un beau fronton baroque.

Museo Esteban Vicente ⊙ (BY M²) – Installé dans le palais d'Henri IV, connu sous le nom d'Hospice. Il ne reste de cet édifice que la belle chapelle, avec son plafond à caissons mudéjar, qui a été transformée en auditorium. Le musée a été fondé grâce à une donation du peintre Esteban Vicente, seul représentant espagnol de l'École de New York, et couvre sa production de 1925 à 1997.

Alhóndiga (BY S) – Ancien entrepôt à grain du 15ᵉ s. transformé en salle d'exposition.

Casa del Conde de Alpuente (BY Q) – Cette belle maison gothique du 15ᵉ s. montre une façade décorée de gracieux sgraffites.

Casa de los Picos (BY Z). – C'est la plus originale des demeures ségoviennes du 15ᵉ s. avec sa façade couverte de « pointes de diamant ».

★★ **Aqueduc romain** (BY) – *Voir plus haut.*

Église San Sebastián (BY L) – Petite église romane sur une place très calme.

Plaza del Conde de Cheste (BY 21) – Cette place aristocratique est entourée par les **palais des marquis de Moya** (B), **de Lozoya** (E), **des comtes de Cheste** (F) et **du marquis de Quintanar** (K).

Église San Juan de los Caballeros (BY M¹) – La plus ancienne église romane de Ségovie (11ᵉ s.). Elle est remarquable par son portique, provenant de l'église San Nicolás, où des modillons et aussi les intervalles qui les séparent sont sculptés de têtes, de feuillages et d'animaux. L'église, à demi-ruinée au début du siècle, fut achetée par Daniel Zuloaga qui y installa son atelier et sa demeure. Elle abrite aujourd'hui le **musée Zuloaga** ⊙, avec des dessins de Daniel et des tableaux de son neveu, le peintre Ignacio Zuloaga.

Église de la Trinidad (BY) – Église romane aux volumes sobres. À l'intérieur, l'abside est décorée d'arcatures aveugles et de chapiteaux sculptés d'animaux fantastiques ou d'une décoration végétale.

Église San Esteban ⊙ (AX) – L'une des plus tardives (13ᵉ s.) et des plus belles églises romanes de Ségovie. Sur deux côtés les portiques sont décorés de chapiteaux finement sculptés.
Son **clocher★**, aérien, comprend cinq étages aux élégantes ouvertures. Ses angles sont soulignés par de fines colonnettes. L'intérieur est de style Renaissance. Sur l'autel du bras droit du transept, Christ gothique (13ᵉ s.) en bois polychrome.

★ **Alcázar** ⊙ (AX) – Situé sur un rocher qui domine la vallée, il fut construit au début du 13ᵉ s. et transformé aux 15ᵉ et 16ᵉ s. Son donjon est flanqué de tourelles en encorbellement. Plusieurs de ses salles ont conservé de magnifiques plafonds artesonado mudéjar, des armes, des tableaux, des meubles d'époque médiévale. Depuis la salle du Cordón et la terrasse on jouit d'un beau **panorama** sur la verte vallée de l'Eresma où s'élèvent le monastère d'El Parral et la chapelle de la Vera Cruz, et au-delà sur la meseta castillane.
Les salles du **collège royal d'Artillerie** accueillent un musée qui nous rappelle l'importance du laboratoire de chimie installé ici au 18ᵉ s., ainsi que la figure du chimiste français **Louis Proust**, qui énonça (1808) à Ségovie sa loi sur les proportions définies. Depuis le donjon (152 marches), **vues** sur l'ensemble de Ségovie et la sierra de Guadarrama.

CURIOSITÉS HORS LES MURS

★ **Église San Millán** ⊙ (BY) – Isolée au milieu d'une vaste place, elle laisse voir de pures formes romanes encore primitives (début 12ᵉ s.) et deux portiques aux beaux chapiteaux et modillons sculptés.
À l'intérieur des trois nefs alternent piliers et colonnes suivant le modèle de la cathédrale de Jaca. L'abside est soulignée d'arcades aveugles. Au-dessus court comme dans toute l'église une élégante frise. Une voûte à croisée arabique couvre le transept.

★ **Monastère d'El Parral** ⊙ (AX) – Il fut fondé par Henri IV en 1445 puis remis à l'ordre de saint Jérôme. L'**église** conserve, derrière une façade inachevée, une nef gothique décorée de splendides portes sculptées, un retable du 16ᵉ s., œuvre de Juan Rodríguez, et de chaque côté du chœur les tombeaux platteresques du marquis de Villena et de son épouse.

L'Alcázar

★ **Chapelle de la Vera Cruz** ⊘ (**AX**) – Sa construction semble être l'œuvre des templiers (13ᵉ s.). Elle appartient aujourd'hui à l'ordre de Malte. Elle est d'un curieux plan polygonal : un couloir annulaire entoure un petit édicule composé de deux salles superposées où se déroulaient les cérémonies secrètes de l'ordre. La chapelle du Lignum Crucis conserve un autel de style gothique fleuri très décoré. Belle vue sur le site de Ségovie.

Couvent de Santa Cruz (**BX**) – De la route on aperçoit les pinacles et le beau portail isabélin décoré d'un calvaire, d'une Pietà et des emblèmes des Rois catholiques.

Église San Lorenzo (**BX**) – L'église romane au clocher de brique est entourée d'une pittoresque place aux maisons à colombage et en encorbellement.

ENVIRONS

★ **La Granja de San Ildefonso** – *Voir ce nom.*

★ **Riofrío** – *11 km au Sud par N 603.* Au pied de la « Mujer Muerta » (la femme morte) qui marque les derniers contreforts de la sierra de Guadarrama, le palais de Riofrío émerge d'un bois de chênes verts où les daims paissent en liberté.

Palais ⊘ – Conçu par Élisabeth Farnèse pour rivaliser avec le palais de la Granja qu'elle avait quitté dès la mort de son mari Philippe V, Riofrío fut commencé en 1752. Malgré ses grandes dimensions (84 m de côté), ce ne fut qu'un pavillon de chasse. L'ensemble ne fut pas terminé et Élisabeth n'y vécut jamais. Le mobilier que nous pouvons y contempler aujourd'hui appartient à l'époque de l'infant François, époux d'Isabelle II, et à celle d'Alphonse XII, qui y passèrent quelques moments.

Le palais est bâti autour d'une grande cour centrale, de style néoclassique. Les couleurs verte et rose de la façade révèlent l'origine italienne de l'épouse de Philippe V. Un escalier monumental à double volée monte aux somptueux salons. On y a installé un curieux **musée de la Chasse** qui illustre, à partir d'oeuvres d'art et d'animaux disséqués conservés sous vitrine, la pratique de la chasse de la préhistoire jusqu'à l'époque des premiers Bourbons.

La SEU D'URGELL/SEO DE URGEL★

Catalogne (Lérida)

11 195 habitants

Carte Michelin n° 443 E 34 – Atlas España Portugal p. 18

Schéma : PIRINEOS CATALANES

Au confluent du Segre et du Valira qui descend des vallées d'Andorre s'étend, dans un paysage adouci, la cité des Princes-Évêques. Aux charges épiscopales s'ajouta en 1278 la souveraineté sur l'Andorre, que l'évêque partagera d'abord avec le comte de Foix, puis avec le président de la République française.

L'ancienne capitale du comté vit de ses ressources traditionnelles, commerce, agriculture et élevage, et de leur traitement industriel (produits lactés, surtout les fromages).

CURIOSITÉS

★★ **Cathédrale Santa Maria** ⊙ – Construite à partir du 12e s. elle accuse de fortes influences lombardes. La façade occidentale avec deux coloris de pierre présente trois corps qui correspondent aux trois nefs. Le corps central, avec son fronton couronné d'un petit campanile, est typiquement italien.

À l'intérieur, la nef centrale, d'une élévation grandiose, s'appuie sur des piliers cruciformes qui portent à la manière française des colonnes engagées. Une galerie de baies géminées d'un bel effet anime les murs orientaux du transept et contourne l'abside par l'extérieur.

★ **Cloître** – Il date du 13e s., mais l'aile orientale a été refaite en 1603. Des artistes venus du Roussillon ont taillé dans le granit des chapiteaux représentant des figures humaines et des animaux avec un art consommé de la composition et un certain humour. Dans l'angle Sud-Est, la porte Santa Maria donne accès à l'église **Sant Miquel**★ (11e s.), seul vestige de l'ensemble construit par saint Ermengol.

★ **Musée diocésain** ⊙ – Il rassemble une magnifique collection d'œuvres d'art, du 10e s. au 18e s., provenant de la région. La plus importante est un *Beatus*★★ du 11e s. remarquable par l'extraordinaire polychromie des enluminures, une des copies les mieux conservées du *Commentaire sur l'Apocalypse* rédigé au 8e s. par le moine Beato de Liébana *(voir index)*.

On remarquera aussi un intéressant **papyrus**★ du pape Sylvestre II, un crucifix roman décoré d'émaux (13e s.) d'influence byzantine, provenant du monastère de Silos, le **retable de la Abella de la Conca**★ (14e s.) de Pere Serra, montrant des influences de l'école de Sienne et de l'iconographie byzantine, et le retable de *San Bartolomé* (14e s.) en pierre polychrome aux scènes d'un grand réalisme. Dans la crypte sont exposés des objets d'orfèvrerie et l'urne de saint Ermengol (18e s.).

GUIDES MICHELIN

Les guides Rouges (hôtels et restaurants) :

Benelux – Deutschland – España Portugal – Europe – France – Great Britain and Ireland – Ireland – Italia – London – Paris et environs – Portugal – Suisse.

Les guides Verts (paysages, monuments, routes touristiques) :

Allemagne – Amsterdam – Autriche – Barcelone et la Catalogne – Belgique Grand-Duché de Luxembourg – Berlin – Bruxelles – Californie – Canada - Danemark, Norvège, Suède, Finlande – Disneyland Paris – Écosse – Espagne – Europe Florence et la Toscane – Floride – Forêt Noire, Alsace – France – Grande-Bretagne Grèce – Guadeloupe, Martinique – Hollande – Irlande – Italie – Londres – Maroc Mexique, Guatemala, Belize – New York – Nouvelle-Angleterre – Paris – Portugal Le Québec – Rome – San Francisco – Suisse – Thaïlande – Venise – Vienne

... et la collection des guides régionaux sur la France.

SEVILLA★★★

SÉVILLE – Andalousie

704 857 habitants

Carte Michelin n° 446 T 11-12 – Atlas España Portugal p. 83

Plan d'agglomération dans le guide Rouge Michelin España & Portugal

Située dans la plaine du Guadalquivir, Séville, capitale de l'Andalousie, quatrième ville d'Espagne, présente toutes les caractéristiques d'une métropole à l'activité bourdonnante et pourrait se dérober au visiteur trop pressé. Il faut prendre le temps de découvrir ses quartiers anciens aux ruelles étroites, dont l'aristocratique Santa Cruz, la tranquillité de ses jardins et parcs où les calèches prennent le relais des voitures. Elle ne se manifeste au grand jour que lors de fêtes éclatantes qui attirent une foule immense. Pendant la **Semaine sainte**, les processions de pasos se succèdent. Chaque quartier ou confrérie rivalise de luxe et de ferveur. Les pasos, grands autels portatifs, décorés de fleurs et supportant des statues de bois polychromes, sont portés de nuit par un groupe de 25 à 60 hommes, salués au passage par la *saeta*, chant poignant improvisé, et sont accompagnés d'un cortège de pénitents, anonymes sous leur haute cagoule. Lors de la **Feria** d'avril, c'est une autre Séville qui se découvre, celle des belles Andalouses dans leurs robes à volants, des Andalous fièrement campés sur leurs montures. De splendides équipages déposent leurs occupants devant les pavillons en toile, où l'on danse les *sevillanas*. Car Séville, c'est aussi les sevillanas, le flamenco, les *tablaos*, les petits cafés où l'on se régale de tapas en prenant un verre, et, les jours de corrida, la grande animation autour des fameuses **arènes de la Maestranza** (Plaza de Toros de la Maestranza – **AX**), construites au 18e s.

UN PEU D'HISTOIRE

Elle se résume par ces vers, gravés sur la puerta de Jerez : « Hercule me bâtit, César m'entoura de murs et de tours, le Roi Saint me prit. » Ville ibère sous le nom d'Hispalis, chef-lieu de la Bétique romaine, Séville devint, avant Tolède, la capitale du royaume wisigoth. En 712 les Arabes s'y installent. À la chute des califes de Cordoue (11e s.), elle devient la capitale d'un royaume qui sera prospère au siècle suivant sous les Almohades : en 1195 le roi **Jacob Ier Mansour** (1184-1199) remporte la victoire d'Alarcos. Séville lui doit la Giralda. Le 19 novembre 1248, Saint **Ferdinand III de Castille**, cousin de Saint Louis, délivre la ville du joug arabe : tous les musulmans sont expulsés. La découverte de l'Amérique, en 1492, enrichit les Sévillans. C'est à Séville que se préparent les expéditions vers l'Amérique : celles du Florentin **Amerigo Vespucci** (1451-1512), qui voulut prouver que les terres découvertes par Colomb n'étaient pas les Indes, mais un nouveau monde auquel fut donné son nom ; celle de **Magellan**, parti faire le tour du monde en 1519. En 1503, Isabelle la Catholique y crée la chambre de commerce (Casa de Contratación), pour stimuler et contrôler les activités commerciales avec l'Amérique. Ce fructueux monopole dura jusqu'à ce qu'en 1717, à la suite de l'ensablement du Guadalquivir, la chambre de commerce fût transférée à Cadix.

L'art à Séville – De l'époque arabe subsistent un pan de murailles situé au Nord de la ville, les hauts murs de l'alcázar, la **tour de l'Or** (Torre del Oro ; 1220 – **BY** – *illustration p. 494*) au bord du Guadalquivir, où s'accrochait une chaîne qui barrait le fleuve, et la célèbre Giralda. Mais déjà chrétienne, alors que les Nasrides élèvent à Grenade leur palais fabuleux, Séville, fascinée, les imite et demeure longtemps fidèle au **style mudéjar** : alcázar de Pierre le Cruel, casa de Pilatos, **palais de las Dueñas** (**BCV**), clocher de **San Marcos** (**CV**).

Au siècle d'Or, l'**école de Séville** s'illustre par la peinture. On distingue trois générations correspondant aux trois règnes du siècle : sous Philippe III (1598-1621), **Roelas** et **Pacheco**, portraitiste, maître de Vélasquez ; sous Philippe IV (1621-1665), **Herrera le Vieux**, qui fait passer dans ses œuvres un souffle épique, et **Zurbarán** formé à Séville et adopté par elle, dont les personnages immobiles dégagent une rare intensité de vie. Sous Charles II (1665-1700) se développe le baroque gracieux avec **Murillo** (1618-1682) et ses *Immaculée Conception* d'une douceur rayonnante ; son sens de l'observation se manifeste dans les sujets croqués dans la rue : jeunes femmes, enfants, porteurs d'eau. À la même époque s'exprime un baroque violent avec **Valdés Leal** (1622-1690), dont le meilleur de l'œuvre se trouve à l'hôpital de la Charité. **Vélasquez** (1599-1660), né à Séville, poursuit à Madrid une carrière de peintre de cour.

La sculpture se manifeste à travers les œuvres de **Martínez Montañés** (17e s.), dispersées dans plusieurs églises de la ville, le *Christ du Grand Pouvoir* de Juan de Mesa, à l'église **San Lorenzo** (**AV**), le *Cachorro* de Francisco Antonio Gijón, à la **chapelle del Patrocinio**, calle Castilla (**AX**). Enfin, il faut retenir la **Vierge de la Macarena**, la plus populaire à Séville, qui siège dans une chapelle particulière (**CV**).

La Giralda

OÙ SE LOGER...

Pour les tranches de prix, se reporter à la page 85.

« PETITS BUDGETS »

Hotel Sevilla (BV s) – *Dáoiz, 5* – ☎ *954 38 41 61* – *fax 954 90 21 60* – *38 chambres.*
Sa situation centrale sur une agréable placette, son style simple et, bien évidemment, la climatisation de ses chambres, font de ce petit hôtel une adresse très recommandable.

La Rábida (AX v) – *Castelar, 24* – ☎ *954 22 09 60* – *fax 954 22 43 75* – *87 chambres.*
Situé dans une rue très calme du quartier de l'Arenal, très près du centre touristique de Séville. La façade simple et blanche recèle un intérieur quelque peu hérérogène et d'un goût éclectique. Il dispose d'un petit patio où déjeuner.

« NOTRE SÉLECTION »

Hotel Puerta de Triana (AX u) – *Reyes Católicos, 5* – ☎ *954 21 54 04* – *fax 954 21 54 01* – *65 chambres.*
Un hôtel très simple, avec une jolie façade, très proche des arènes de la Maestranza. Ses chambres, sans être très spacieuses, sont confortables. Bonne option intermédiaire proche de tout.

Las Casas de la Judería (CX x) – *Callejón de Dos Hermanas, 7* – ☎ *954 41 51 50* – *fax 954 42 21 70* – *53 chambres.*
Une agréable surprise dans l'ancien quartier juif. Élégance et tradition dans une architecture de type classique. Un hôtel lumineux et haut en couleurs, installé dans une demeure appartenant au duc de Béjar.

Las Casas del Rey de Baeza (CV r) – *Plaza del Cristo de la Redención, 2* – ☎ *954 56 14 96* – *fax 954 56 14 45* – *44 chambres.*
Dans un quartier calme. Les chambres s'ouvrent sur de simples patios où sont parfaitement combinés le bois et la pierre. Les chambres, quelque peu prétentieuses, sont très spacieuses et dotées de belles salles de bain.

« OPTION PRESTIGE »

Los Seises (BX e) – *Segovias, 6* – ☎ *954 22 94 95* – *fax 954 22 43 34* – *43 chambres.*
Situé dans l'un des patios du palais archiépiscopal, cet hôtel a su combiner avec un goût excellent la décoration moderne avec l'architecture des 16e et 17e s. Il dispose d'une piscine sur la terrasse.

Doña María (BX c) – *Don Remondo, 19* – ☎ *954 22 49 90* – *fax 954 21 95 46* – *59 chambres.*
Édifice ancien rénové avec goût. Bonnes vues de la Giralda. Même si vous n'y êtes pas descendu, n'hésitez pas à profiter toutefois de sa splendide terrasse et de ses perspectives sur la Giralda.

Casa Imperial (CX n) – *Imperial, 29* – ☎ *954 50 03 00* – *fax 954 50 03 30* – *24 chambres.*
Situé dans une rue tranquille juste derrière la Casa de Pilatos, il s'agit d'un exemple intéressant de demeure baroque sévillane. Bien que l'édifice ait été entrepris au 16e s., l'architecture que nous voyons aujourd'hui est des 17e et 18e s. De l'ensemble, remarquer le patio principal.

Alfonso XIII (BY a) – *San Fernando, 2* – ☎ *954 22 28 50* – *fax 954 21 60 33* – *127 chambres.*
Construit en 1928 dans le style néo-mudéjar. C'est l'hôtel le plus luxueux et le plus emblématique de Séville.

RESTAURANTS

La Albahaca – *Pl. Santa Cruz, 12* -- ☎ *954 22 07 14.*
Les pièces de cette ancienne maison seigneuriale, décorées dans différents tons, sont un cadre parfait pour bien dîner dans ce quartier emblématique. Agréable terrasse. Ses poissons feront vos délices.

Corral del Agua – *Callejón del Agua, 6* – ☎ *954 22 48 41.*
Une surprise fraîche et agréable dans cette tranquille ruelle exhalant les parfums d'antan. Sa terrasse, nichée au sein d'une abondante végétation, constitue un délice en été. Cuisine andalouse classique.

Taberna del Alabardero – *Zaragoza, 20* – ☎ *954 56 06 37.*
Une des meilleures tables de Séville, qui offre également la possibilité de se loger dans l'une de ses 7 chambres. Elle abrite l'école hôtelière de Séville.

TAPAS

L'art du *tapeo* atteint ici une qualité et une diversité sans égales et les clients des bars finissent souvent par occuper la rue, le verre à la main. Les bars sont nombreux, surtout dans les quartiers de Santa Cruz (**BCX**), de El Arenal (**AX**) et de Triana (**AY**). Le dimanche, avant le déjeuner, il est de tradition de se retrouver dans les bars de la plaza del Salvador (**BX**).

Quartier de Santa Cruz

Las Teresas – *Ximénez del Enciso, 16.*
Taverne typique qui nous rappelle le début du siècle. Un classique du quartier.

La Gitanilla – *Ximénez del Enciso, à l'angle de Mesón del Moro.*
Juste en face du précédent. Bon endroit pour goûter les tapas froides et un verre de vin et débuter ainsi la tournée des tapeos.

Bodega Santa Cruz – *Au croisement de Rodrigo Caro et de Mateos Gago.*
Dans cet établissement, fréquenté par une clientèle jeune, les tapas se prennent sur de grands tonneaux dressés dans la rue.

Queipiriña – *Rodrigo Caro, 3.*
Ne vous attendez pas à ce qu'on vous serve un *mojito* (punch), les spécialités de cet établissement sont le chorizo, la *pringá* (pot-au-feu mêlant viande de bœuf, jambon, lard et poulet) et autres tapas sévillanes.

Cervecería La Giralda – *Mateos Gago, 1.*
Un extérieur simple cache l'une des brasseries les plus traditionnelles du quartier. Décorée avec des azulejos et des gravures de la Giralda, elle propose de savoureuses *raciones*.

Bodega Belmonte – *Mateos Gago, 24.*
Bar récent, décoré simplement à l'aide de gravures et de bouteilles. Laissez-vous tenter par son steak au piment.

Triana

Kiosco de las Flores – *Betis, à côté du pont de Triana.*
L'atout de cet établissement est sans aucun doute sa terrasse, qui nous donne de splendides perspectives du Guadalquivir et de la Torre del Oro. Les fritures sont sa spécialité.

Las Columnas – *San Jacinto, 29.*
Établissement neuf mais de style traditionnel. Tapas abondantes.

Sol y Sombra – *Castilla, 149-151.*
Ses tapas sont une institution à Séville. Jambon à l'os, vins et affiches tauromachiques constituent le meilleur décor pour déguster son steak à l'ail ou ses œufs brouillés.

Casa Cuesta – *Castilla, 1.*
Juste à l'autre extrémité de la rue, dans un petit élargissement formant placette. Les jours de beau temps, les tables débordent dans la rue.

Arenal et Plaza Nueva

Infanta Sevilla – *Arfe, 36.*
Local récent mais de style traditionnel. Tonneaux en guise de tables et tapas très sévillanes.

Casablanca – *Zaragoza, 50.*
Toujours très animé. Les habitants du quartier se rendent régulièrement dans ce local étroit mais réputé du tapeo sévillan.

Bodeguita Romero – *Harinas, 10.*
Une des meilleures *pringá* de Séville, arrosée d'un bon vin au tonneau.

Santa Catalina

El Rinconcillo – *Gerona, 21.*
L'endroit vaut le déplacement, ne serait-ce que pour voir la plus ancienne taverne de Séville. Fondée en 1764, bien que sa décoration actuelle relève d 19e s.

Alfalfa

Bodega Extremeña – *Águilas esquina con Candilejo.*
Dans l'un des coins de la plaza de la Alfalfa, typique et animée, c'est la vitrine des produits de l'Estrémadure. Propose une grande variété de fromages, dont la *torta del casar* n'est jamais absente. On peut aussi se régaler de tapas a jambon ou autres charcuteries sèches.

ACHATS

La plupart des boutiques et des grands magasins se trouvent dans la zone formée par les rues Sierpes, O'Donnell et San Pablo. Derrière l'église San Salvador s'étend une autre zone commerciale plus populaire. Les boutiques « dans le vent » se sont installées sur l'autre rive dans la calle de l'Asunción, quartier des **Remedios (AZ)**.

Les amateurs d'antiquités iront flâner dans le quartier ancien, surtout dans le quartier de Santa Cruz.

El « **Jueves** », marché aux puces qui a toujours lieu le jeudi, d'où son nom, se tient dans la calle Feria. Un marché similaire existe le dimanche à la Alameda de Hércules.

Le marché « El Jueves »

Artisanat – Séville a une riche tradition artisanale. Les potiers sont installés dans les quartiers de Santa Cruz et **Triana (AY)**. Dans ce dernier, une rue porte d'ailleurs le nom d'Alfarería (poterie). Bien que procédant à une fabrication industrielle, la société « la Cartuja » est l'héritière de cette tradition venue des Romains et des Arabes. Parmi les autres spécialités de l'artisanat sévillan citons les dentelles, les mantilles, les éventails, les châles, les costumes de flamenco, le fer forgé, la bourellerie, les guitares et les castagnettes.

RENSEIGNEMENTS PRATIQUES

Office de tourisme – Avda. de la Constitución, 21 B – ☎ 954 22 14 04.

Office municipal de tourisme – Paseo de las Delicias, 9 – ☎ 952 23 44 65.

Centre d'information de Séville – Arjona, 28 – ☎ 954 50 56 00
Internet : www.sevilla.org.

Publications – Il existe des publications bilingues (espagnol-anglais) consacrées au tourisme à Séville, gratuites et mensuelles. On les trouve dans quelques hôtels et établissements : **Welcome Olé** et **The Tourist**. Le service culturel municipal **(NODO)** édite une petite brochure sur les événements culturels du mois. Pour l'ensemble de l'Andalousie paraît une publication mensuelle, **El Giraldillo**, avec des renseignements sur les fêtes, expositions, spectacles, restaurants, etc. Internet : http://www. giraldillo.es.

Transports

Aéroport – Aéroport de San Pablo, 14 km par la N IV direction Madrid, ☎ 954 51 25 78. Service d'autobus en face de l'hôtel Alfonso XIII, Puerta de Jerez.

Trains – Estación de Santa Justa, ☎ 954 41 41 11. De la gare part l'**AVE** (train à grande vitesse) Séville-Madrid, qui assure la liaison en 2 h 30 et atteint Cordoue en 45 mn. Réservations au ☎ 954 54 03 03.

Autocars – Séville possède deux gares routières : la **Estación Plaza de Armas** ☎ 954 90 77 37 et la **Estación del Prado de San Sebastián**, Manuel Vázquez Sagastizábal, s/n, ☎ 954 41 71 11.

Autobus urbains – Séville dispose d'un réseau étendu d'autobus diurnes, et aussi de 6 lignes nocturnes qui partent de la Plaza Nueva. L'horaire est approximativement de 6 h à 24 h tandis que les nocturnes partent toutes les 60 mn à partir de minuit. Il existe plusieurs types de cartes : Bonobús de 10 voyages et 10 voyages avec transbordement (on peut utiliser le même billet pendant une heure) et la carte mensuelle. Renseignements au ☎ 954 41 11 52.

Taxis – **Radio Taxi** : ☎ 954 58 00 00 et 954 57 11 11 ; **Tele Taxi** : ☎ 954 62 22 22 et 954 62 14 61.

Location de voitures – Avis : ☎ 954 63 33 00 ; Hertz : ☎ 954 57 00 55.

Calèches – Vous les verrez dès votre arrivée et les trouverez, entre autres, à la cathédrale, au Parque de María Luisa et à la Torre del Oro. La promenade a un charme fou !

En bateau sur le Guadalquivir

Une manière différente et toujours agréable de profiter de la ville est celle qu'offrent les promenades en bateau sur le Guadalquivir, navigable jusqu'à Séville. Le parcours dure une heure pendant la journée et une heure et demie la nuit. Le bateau part toutes les demi-heures de l'embarcadère de la Torre del Oro. ☎ 954 56 16 92.

Séville aujourd'hui – Centre industriel important c'est aussi le cœur d'une région agricole (céréales, coton, betteraves sucrières) et l'unique port fluvial d'Espagne. C'est dans l'**île de la Cartuja**, située entre deux bras du Guadalquivir, qu'eut lieu l'Exposition universelle de 1992. Cet événement important a modifié la physionomie de Séville car, outre la réalisation d'importants travaux de modernisation de l'infrastructure urbaine (ponts, avenues, etc.), elle a entraîné l'incorporation à la ville de l'île, suivie par la création du parc thématique de la **Isla Mágica** et l'aménagement de l'ancienne chartreuse en **centre d'art contemporain**.

★★★ LA GIRALDA ET LA CATHÉDRALE *1 h 30*

★★★ **La Giralda** ◷ (**BX**) – La Giralda (Girouette), haute de 98 m, est un ancien minaret. Son nom est dû à la statue de la Foi, en bronze, qui la surmonte et tourne au gré des vents. Quand la Giralda fut construite au 12e s. elle se présentait comme ses sœurs marocaines (la Koutoubia à Marrakech, la Tour Hassan à Rabat) et était dominée par quatre boules dorées. L'étage supérieur et la lanterne de style Renaissance ont été ajoutés au 16e s. Son décor délicat est caractéristique du style des Almohades, dynastie à l'origine puriste en matière religieuse, ennemie du luxe, et qui a su créer un art de grandeur monumentale accordé à son idéal de simplicité. Une rampe facile, rompue par de nombreux paliers, permet de monter jusqu'à la plate-forme de la tour à une hauteur de 70 m au-dessus du sol ; très belles **vues**★★ sur Séville.

De l'ancienne mosquée, il reste aussi le **patio de los Naranjos** (cour des Orangers), ou la Puerta del Perdón (1552) – qu'il faut voir du côté de la rue –, sur le côté Nord est un bel exemple de style mudéjar.

★★★ **Cathédrale** ◷ (**BX**) – « Bâtissons une église si grande que ceux qui la verront nous prendront pour des fous », décida en 1401 le chapitre de la cathédrale quand il fallut abattre la mosquée. De fait elle est par sa taille la troisième d'Europe, après St-Pierre de Rome et St-Paul de Londres. D'allure massive à l'extérieur, c'est l'une des dernières cathédrales gothiques et il s'y mêle quelques influences Renaissance. Les principaux portails sont modernes bien qu'accordés au style de l'ensemble. Encadrant le portail occidental, les portes de la Natividad *(à droite)* et del Bautismo *(à gauche)*, par contre, présentent de très belles sculptures de Mercadante de

Bretagne (vers 1460). Au chevet, de part et d'autre de la Chapelle royale (1575) aux formes arrondies, les portes de Los Palos et de Las Campanillas, de facture gothique, surprennent par le style Renaissance de leurs tympans qui utilisent avec brio la perspective. Ce sont des œuvres de Maître Miguel Perrin (vers 1520).

Entrer par la porte del Lagarto (côté Est).

À l'intérieur, les gerbes de colonnes supportant les grandes arcades semblent élancées malgré leur robustesse, du fait de leur exceptionnelle hauteur. À la croisée du transept les magnifiques voûtes flamboyantes s'élèvent de 56 m au-dessus du pavage.

Dans le bras du transept, le colossal mausolée de Christophe Colomb (19e s.) représente son cercueil porté par quatre rois, symboles des quatre royaumes de Léon, Castille, Navarre et Aragon.

Capilla Mayor – Elle est d'une richesse inouïe. De splendides grilles platéresques (1518-1533) précèdent son immense **retable★★★** flamand rutilant d'or (1482-1525), sculpté avec profusion et délicatesse, composé de tableaux représentant la vie du Christ.

Le coro – Les magnifiques stalles (15e-16e s.) sont malheureusement peu visibles derrière les grilles de frère Francisco de Salamanca (1519-1523). Le **trascoro**, clôture du coro, composé de marbres multicolores, jaspe et bronze, fut exécuté au 17e s.

★★ **Capilla Real** – Elle s'ouvre par un arc immense dont on apprécie mal la décoration, faute de recul. Couverte par une élégante coupole, richement ornée de caissons dans lesquels sont sculptés des bustes, elle est caractéristique de la Renaissance. De chaque côté se placent les tombeaux d'Alphonse X et de sa mère Béatrice de Souabe. Au centre de l'autel principal, curieuse statue habillée de *Notre-Dame des Rois*, patronne de Séville, donnée selon la légende par Saint Louis, roi de France, à son cousin Saint Ferdinand, roi de Castille, lequel repose au pied de l'autel dans une châsse en argent doré. La grille qui ferme la chapelle fut exécutée en 1771.

Dans les chapelles du pourtour, on peut admirer de nombreuses œuvres d'art, notamment le tombeau gothique du cardinal J. de Cervantes dans la chapelle San Hermenegildo *(côté Sud)*, et des peintures de Murillo dans la chapelle San Antonio *(côté Nord)*.

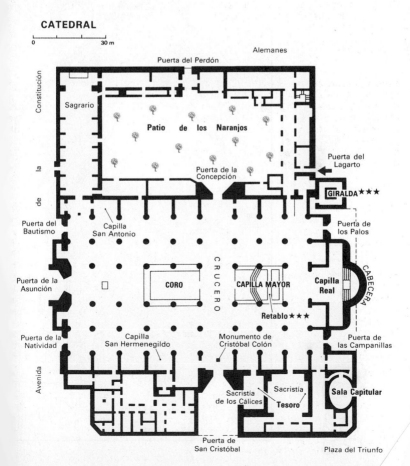

CATEDRAL

0   30 m

SEVILLA

B   Hospital de los
     Venerables
E   Archivo General
     de Indias
H   Ayuntamiento
U   Universidad

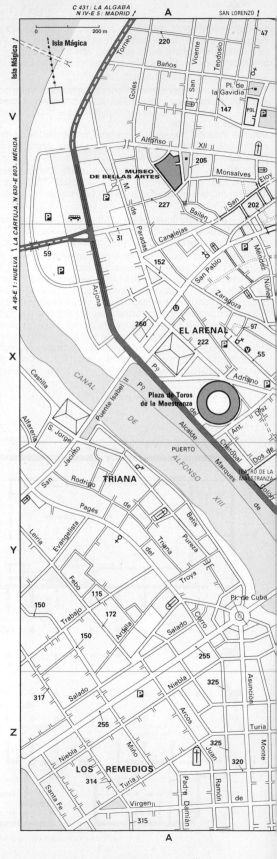

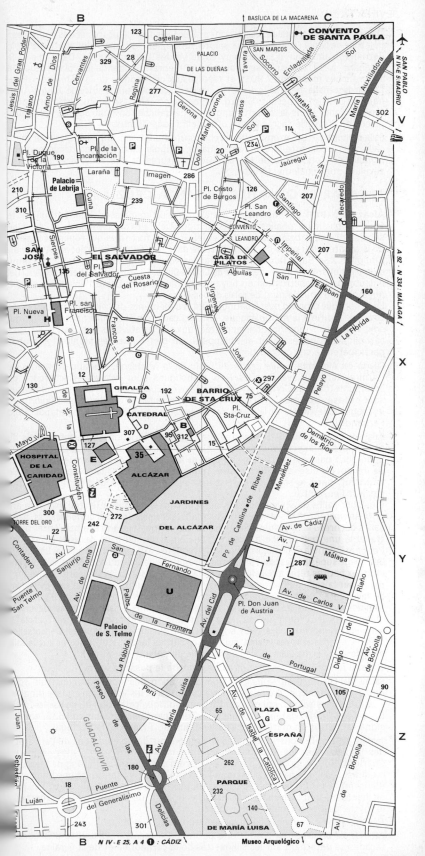

CONVENTO
DE SANTA PAULA

SAN PABLO
N IV y E 5: MADRID

A 92 - N 334: MÁLAGA

PALACIO
DE LAS DUEÑAS

CONVENTO
DE SANTA PAULA

123 Castellar
329 28
25 277
Regina
Gerona
Cervantes
Jesús del Gran Poder
Trajano
Amor de Dios

SAN MARCOS
Socorro
Enladrillada
Sol
Bustos
Matahacas
María
Auxiliadora

302

V

190
Pl. Duque de la Victoria
Pl de la Encarnación
Laraña
Imagen
286
Doña María Coronel
Sol
20
234
114
Jauregui

210
310
Palacio de Lebrija
Cuna
239
Pl. Cristo de Burgos
126
Pl. San Leandro
CONVENTO S. LEANDRO
Santiago
207
207
Recaredo

SAN JOSÉ
Sierpes
135
EL SALVADOR
Pl. del Salvador
Cuesta del Rosario
CASA DE PILATOS
Aguilas
San
Imperial
San Esteban
160
La Florida

Pl. Nueva
H
Pl. san Francisco
23
Francos
30
Virgenes
San
San José

X

130
12
de
GIRALDA
192
BARRIO DE STA CRUZ
75
Pl. Sta-Cruz
297
Pelayo
Demetrio de los Ríos

CATEDRAL
307
127
E
D
B
95
312
15

Mayo
HOSPITAL DE LA CARIDAD
Constitución
35
ALCÁZAR
JARDINES
DEL ALCÁZAR
Pº de Catalina de Ribera
Menéndez
42

300
TORRE DEL ORO
22
242
272
Av. de Cádiz
Av.
Málaga

Y

Contadero
Puente San Telmo
Av. de Roma
Sanjurio
San
Fernando
Palos de la Frontera
U
Av. del Cid
Pl. Don Juan de Austria
J
287
Av. de Carlos V
Riaño
de

Palacio de S. Telmo
La Rábida
Perú
María Luisa
Av. de Portugal
Diego
Av. de Borbolla

Juan Sebastián
GUADALQUIVIR
Paseo de las
Av.
65
PLAZA DE ESPAÑA
G
105
90

Z

18
180
Puente del Generalísimo
Delicias
262
PARQUE
232
140
67
Borbolla
de

Luján
243
301
DE MARÍA LUISA

Trésor – Dans la **sacristie des Calices** sont présentées des sculptures et des peintures : une toile de Goya *(sainte Juste et sainte Rufine)*, une de Zurbarán, quatre de Alejo Fernández ainsi que d'autres œuvres de Valdés Leal et Murillo. Dans une salle attenant à la sacristie se trouve le *Tenebrario*, chandelier plateresque à 15 branches mesurant 7,80 m et réservé aux cérémonies de la Semaine sainte. La **grande sacristie**, belle salle du 16e s., abrite l'**ostensoir** Renaissance de Juan d'Arfe, haut de 3,90 m et pesant 475 kg, et une *Sainte Thérèse* de Zurbarán ornant le mur du fond. Dans la salle rectangulaire de gauche, on peut admirer plusieurs pièces d'orfèvrerie sacrée et des ornements sacerdotaux.

Salle capitulaire – Bel exemple de l'architecture Renaissance du 16e s., cette vaste salle est recouverte d'une remarquable coupole elliptique et décorée d'une *Immaculée Conception* de Murillo. Des peintures et des sculptures d'artistes sévillans sont également visibles.

*** ALCÁZAR ET QUARTIER DE SANTA CRUZ *2 h 30*

*** **Alcázar** ⊘ (BXY) – L'ensemble palatial que nous connaissons aujourd'hui est le fruit de plusieurs phases de construction. De l'alcázar almohade (12e s.) ne subsistent que le beau **patio del Yeso** et les arcades fortifiées qui séparent le patio de la Montería du patio del León ; le reste date de l'époque chrétienne. Au 13e s., Alphonse X le Sage fait construire sur les vestiges almohades un palais connu aujourd'hui sous le nom de **salons de Charles-Quint**. Et en 1362, Pierre Ier le Cruel entreprend la construction du noyau principal de ce qui sera l'ensemble actuel, noyau connu sous le nom de **palais de Don Pedro**.

Le décor, qui reprend systématiquement les éléments de celui de l'Alhambra de Grenade, édifié à la même époque, en fait l'œuvre le plus purement mudéjar qui soit, malgré les modifications apportées aux siècles suivants par Jean II, les Rois catholiques, Charles Quint et Philippe II. On pense que des architectes arabes participèrent à sa construction.

Cuarto del Almirante – *Aile droite du patio de la Montería.* Les appartements de l'Amiral furent élevés par les Rois catholiques pour recevoir la chambre de commerce (Casa de Contratación), fondée par Isabelle. Dans la salle des audiences sont exposés une maquette de la caravelle *Santa María* de Christophe Colomb et le magnifique **retable de la Vierge des Navigateurs*** (1531-1536), peint par Alejo Fernández.

*** **Palais de Pierre le Cruel** – Son entrée, protégée par un énorme auvent en bois de pin sculpté et polychrome, rappelle celle de la chambre Dorée de l'Alhambra. De là un petit passage nous mène au **patio de las Doncellas** (des Demoiselles), décoré de façon exquise avec différentes moulures en plâtre. Le second corps de bâtiment, dans le style italien, est un ajout de l'époque de Charles Quint qui enlaidit l'ensemble.

Plusieurs salles de style mudéjar s'ouvrent sur ce patio. Sur le côté droit, un arc en plein cintre surhaussé nous introduit dans la **chambre à coucher des rois Maures**, deux salles décorées de moulures bleutées, au magnifique plafond sculpté. Après avoir traversé une petite salle à plafond plat, on arrive au **patio de las Muñecas** (des Poupées), dont la délicate ornementation reflète l'influence de Grenade. La galerie de l'étage supérieur est du 19e s. Sous l'arc situé à gauche du côté Nord se trouvent les deux petites têtes qui, selon la légende, donnent son nom à ce patio. Après être passé par la salle du plafond des Rois catholiques, on parvient à la **salle du plafond de Philippe II**, avec son magnifique plafond à caissons en bois de cèdre, de style Renaissance. Par l'**arc des Paons**, on passe ensuite dans le **salon des Ambassadeurs**, le plus somptueux de l'Alcázar, que couronne une impressionnante **coupole*** semi-sphérique en cèdre (15e s.). La visite autour du patio des Demoiselles s'achève par la **salle des Infants**, qui s'ouvre sur les jardins du Prince et sur la **salle du plafond de Charles-Quint**, ancienne chapelle du palais.

Dans le patio de la Montería, prendre à droite le passage voûté.

Salons de Charles Quint – Ils correspondent au palais gothique construit sous Alphonse X, dont ont été conservées la structure et les voûtes en croisée d'ogives. C'est dans ces salons, qui exposent une magnifique collection de **tapisseries**** de Bruxelles (1554) relatant la conquête de Tunis par Charles Quint en 1535, que fut signé le contrat de mariage de Charles Quint et d'Isabelle de Portugal.

* **Jardins (BCY)** – Ils constituent l'une des meilleures démonstrations de l'art arabe des jardins, dont les Andalous étaient des maîtres. En sortant des salons de Charles Quint et après être passé par le jardin des Danses et l'étang de Mercure, on débouche sur la **galerie du Grotesque*** (17e s.), où l'on bénéficie d'une bonne vue d'ensemble sur les jardins, distribués en terrasses et riches en étangs. Les plus enchanteurs sont la **charmille de Charles Quint**, le jardin de la Croix, où est reconstitué le mythe de Dédale, ou le jardin anglais.

Par une ruelle, gagner le patio de las Banderas.

Patio de las Banderas (BX 35) – Cette petite place fermée est bordée d'élégantes façades se détachant sur les silhouettes de la cathédrale et de la Giralda.

La galerie du Grotesque

★ **Quartier de Santa Cruz (BCX)** – L'ancienne Judería ou quartier juif, adoptée au 17e s. par l'aristocratie sévillane, plaît pour la fraîcheur et l'élégance de ses ruelles, pour ses grilles ouvragées, ses patios fleuris, ses placettes plantées de palmiers ou d'orangers. Le soir, le spectacle est encore plus attrayant autour des petites places de Doña Elvira, de los Venerables Sacerdotes, d'Alfaro, de Santa Cruz, de las Cruces qui servent de cadre aux terrasses des cafés et des restaurants.

★ **Hospital de los Venerables** ⊘ **(BX B)** – *Plaza de los Venerables*.
Siège de la fondation Focus, c'est l'un des meilleurs exemples du baroque du 17e s. Sa belle chapelle est décorée de fresques peintes par Valdés Leal et par son fils Lucas.

AUTRES CURIOSITÉS

★ **Museo de Bellas Artes** ⊘ **(AV)** – Cette magnifique pinacothèque, qui offre un étonnant panorama de la peinture espagnole du Siècle d'Or, est installée dans l'ancien couvent de la Merced (17e s.), œuvre de l'architecte sévillan Juan de Oviedo. Le portail baroque a été ajouté au 18e s. Les bâtiments conventuels sont regroupés autour de trois beaux patios.
La visite, qui comprend 14 salles, commence par l'art médiéval **(salle I)**. Dans la **salle II**, l'ancien réfectoire, l'art de la Renaissance est évoqué par une splendide sculpture de *Saint Jérôme* de Pietro Torrigiani, contemporain de Michel-Ange. Ressortent également l'*Annonciation* d'Alejo Fernández aux influences flamandes et italiennes ; un portrait de son fils *Jorge Manuel* par le Greco ; un diptyque de l'*Annonciation et la Visitation* de Coffermans et une *Sainte Famille* de Pedro Villegas. Dans la salle II sont présentés deux magnifiques portraits de *Dama y caballero* de Pedro Pacheco et dans la **salle IV** sont exposées des représentations de Jésus enfant, d'époque baroque. La **salle V★★★** est sans doute le joyau de ce musée : une église, décorée de peintures murales (18e s.) de Domingo Martínez, est le cadre incomparable dans lequel est exposée une extraordinaire collection d'œuvres de Murillo et un chef-d'œuvre de Zurbarán, l'*Apothéose de saint Thomas d'Aquin (dans la nef de l'Évangile)*. **Murillo**, qui maîtrise la technique picturale et l'emploi de la lumière, est un grand peintre de thèmes religieux et d'enfants ; de tous ses personnages se dégagent tendresse et délicatesse. Ses peintures se trouvent dans le transept et dans le chœur orné d'une monumentale *Immaculée*

qui reflète le mouvement. Entourée de peintures de saints et de saintes, *Santa Rufina et Santa Justa* qui soutiennent la Giralda et *Saint Léandre et saint Bonaventure* méritent une attention particulière. Dans le bras droit du transept, on remarque la *Vierge à la serviette*, pleine de tendresse, avec l'Enfant qui semble s'avancer vers le spectateur, *Le Christ en croix se penchant pour embrasser saint François d'Assise* et une *Immaculée* appelée parfois la Niña. Dans la croisée de gauche, parmi d'autres tableaux, on peut admirer le *Saint Antoine de Padoue avec l'enfant Jésus*, une *Mater Dolorosa*, et *Saint Félix de Cantalice avec l'enfant Jésus*.

Étage supérieur : Dans la **salle VI** (une galerie) est présentée une belle collection de saintes (peintres anonymes élèves de Zurbarán) richement vêtues, deux saints, un *Christ en croix* de Zurbarán et un *Apôtre saint Jacques* de Ribera, plein de force. La **salle VII** expose des œuvres de Murillo et de ses disciples et la **salle VIII** est totalement dédiée à un autre grand peintre baroque, Valdés Leal. Dans la **salle IX**, où sont exposées des œuvres baroques européennes, on remarque les œuvres de Breughel, et le magnifique *Portrait d'une dame* de Cornelis de Vos. La **salle X** consacrée à **Zurbarán** (1598-1664) est d'un grand intérêt. Personne n'a été capable de peindre comme lui les nuances des blancs dans les habits des moines ou la pureté des vêtements du Christ, comme dans la splendide *Crucifixion*, dont le corps sur fond noir possède un relief presque sculptural. Ses compositions sont simples et paisibles ; dans certaines d'entre elles, on peut observer une négligence de la perspective qui l'amène à commettre certaines incorrections, comme dans *Saint Hugues au réfectoire*, si remarquable par ailleurs. Son soin dans le traitement des drapés, que l'on a déjà pu observer dans les habits des pères de l'église dans l'*Apothéose de saint Thomas d'Aquin*, se retrouve dans le splendide brocart de velours de *Saint Ambroise*. À ses portraits de saints, il faut aussi ajouter la *Vierge des Grottes* et la *Visite de saint Bruno à Urbain II*. Dans cette même salle se trouvent diverses sculptures (Saint Bruno de Martínez Montañes). On remarque le très beau plafond à caissons dans la salle intérieure. Dans la **salle XI** dédiée au 18e s. se détache le portrait du chanoine *Don José Duarto* de Goya. Les deux salles suivantes **(XII et XIII)** présentent des œuvres du 19e s., parmi lesquelles les excellents portraits de Esquivel. Dans la dernière salle **(XIV)** sont présentées plusieurs toiles du 20e s. (Vázquez Díaz, Zuloaga).

La maison de Pilate

★★ **Casa de Pilatos** ⊘ **(CX)** – Construit à la fin du 15ᵉ s., ce palais fut achevé au début du 16ᵉ s. par Don Fadrique, premier marquis de Tarifa, qui se serait inspiré de la maison de Ponce Pilate à Jérusalem.

C'est un mélange des styles mudéjar, Renaissance et gothique flamboyant. Le grand patio, où le style mudéjar domine, évoque un élégant palais arabe avec ses stucs finement ciselés et ses magnifiques revêtements d'**azulejos**★★ aux reflets métalliques. Il est décoré de statues, certaines antiques, d'autres réalisées au 16ᵉ s., représentant des bustes d'empereurs romains, une Athéna... Les salles donnant sur le patio avec leurs plafonds artesonados, la chapelle aux voûtes gothiques dont l'autel a reçu une décoration de stucs et d'azulejos, ainsi que l'**escalier**★ qui dessert l'étage, recouvert d'une remarquable **coupole**★ en bois, témoignent de la vitalité du style mudéjar dans l'architecture civile à l'époque de la Renaissance.

Le premier étage se signale par ses plafonds peints, dont celui, exécuté par Francisco Pacheco en 1603, illustrant la légende de Phaéton.

★★ **Parque de María Luisa (BCZ)** – Ce parc créé au 19ᵉ s. appartenait au palais de San Telmo. Agréable pour ses beaux arbres, ses bassins, ses fontaines, il abrite des édifices construits pour l'exposition ibéro-américaine de 1929, dont celui en demi-cercle entourant la vaste **plaza de España**★ **(CZ)** et ses bassins où l'on peut canoter ; le long de ce bâtiment 58 bancs en azulejos représentent les provinces espagnoles illustrées chacune par un épisode de son histoire.

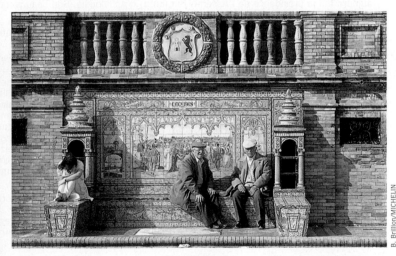

Plaza de España

Museo Arqueológico ⊘ **(CZ)** – Installé dans le palais néo-Renaissance de la plaza de América, ce musée abrite d'intéressantes collections concernant la préhistoire, puis les civilisations phénicienne, punique et romaine. On remarquera le **Trésor de El Carambolo**★ (7ᵉ s. avant J.-C.), ensemble de bijoux en or de l'ancienne culture de Tartessos, la statuette d'Astarté portant une inscription phénicienne et le trésor d'Ebora datant de la colonisation phénicienne (8ᵉ-5ᵉ s. avant J.-C.). Le fonds romain provient en partie d'Itálica. Il comprend de nombreuses statues : Vénus, Diane chasseresse, Trajan, tête d'Alexandre le Grand et la très belle tête d'Hispania ainsi que mosaïques, bronzes, etc.

★ **Hospital de la Caridad** ⊘ **(BY)** – L'**hôpital de la Charité** fut fondé en 1625 par Miguel de Mañara qui fit appel aux grands artistes sévillans de l'époque pour décorer l'église sur les thèmes de la mort et de la charité. Valdés Leal a illustré le premier thème avec un réalisme macabre saisissant, tandis que Murillo exprimait le second dans deux grandes toiles qui se font face : *le Miracle de la multiplication des pains et des poissons* et *Moïse faisant jaillir l'eau d'un rocher*, ainsi que dans les deux tableaux *Saint Jean de Dieu* et *Sainte Isabelle de Hongrie soignant les teigneux*. Le tableau du maître-autel, œuvre de Pedro Roldán, représente la mise au tombeau.

★ **Couvent Santa Paula** ⊘ **(CV)** – Ce couvent fut fondé au 15ᵉ s. L'église possède un très beau **portail**★ – achevé en 1504 – décoré de céramique. Malgré le mélange des styles (mudéjar, gothique et Renaissance) l'ensemble est très harmonieux. À l'intérieur, la nef est recouverte d'un lambris du 17ᵉ s. ; les voûtes gothiques du *presbiterio* sont ornées de peintures. Ce couvent renferme également des peintures et des sculptures intéressantes.

Musée – *Entrer par le nº 11 de la place.* Il contient des œuvres d'artistes renommés (Ribera, Pedro de Mena, Alonso Cano, etc.).

* **Église del Salvador** ⊙ **(BX)** – L'église (17e-18e s.) se dresse majestueusement sur un côté de la place du même nom. L'intérieur, qui frappe par son immensité, abrite d'impressionnants **retables baroques**★ du 18e s.

Palacio de Lebrija ⊙ **(BV)** – Il présente, avec son patio et son jardin intérieur, la structure classique des palais résidentiels andalous. Mais ce qui surprend ce sont ses pavements constitués de mosaïques romaines provenant de la proche Itálica, ses plafonds mudéjars et ses azulejos des 16e et 17e s.

Archivo General de Indias ⊙ **(BXY E)** – Cet édifice (1572) est dû à Juan de Herrera, l'architecte de l'Escurial. Construit pour servir de Bourse, il conserve une collection très rare d'archives concernant l'Amérique au moment de sa découverte et de sa conquête. On y montre des autographes de Christophe Colomb, Magellan, Cortés, etc., et de nombreux plans des villes des Amériques espagnoles, avec leurs fortifications à la Vauban.

* **Chapelle San José** ⊙ **(BX)** – Petite chapelle baroque ornée avec profusion, elle brille de tous ses ors le soir à l'heure de l'office. Son grand retable, son buffet d'orgues et ses belles tribunes en font un excellent exemple de l'art de son époque (1766).

Hôtel de ville (BX H) – Sa **façade orientale**★ (1527 à 1534) est une charmante œuvre Renaissance aux délicats rinceaux. Le vestibule présente une belle voûte en étoile.

Palacio de San Telmo (BY) – Bâti de 1682 à 1796, ce palais, qui fut d'abord école navale, puis résidence des ducs de Montpensier et enfin séminaire, accueille aujourd'hui la présidence de l'Assemblée (Junta) d'Andalousie. Son beau **portail** baroque à 3 étages fut dessiné par Leonardo de Figueroa (1722).

Université (BY U) – L'ancienne manufacture de tabac (18e s.) présente d'harmonieuses façades baroques et des patios élégamment dessinés.

* **Isla Mágica (AV)** ⊙ – Il suffit de traverser le pont de La Barqueta pour pénétrer dans ce parc à thèmes qui propose un voyage passionnant dans le temps, riche en aventures et en surprises. Il s'agit de rien moins qu'un voyage au siècle des grandes découvertes. Ses 40 ha ont été divisés en sept zones thématiques : « **Séville, port des Indes** », « **Porte de l'Amérique** », « **Amazonie** », « **Le Repaire des Pirates** », « **La Fontaine de Jeunesse** » et « **L'Eldorado** ». Dans tout le parc, des spectacles de théâtre se mêlent aux attractions, parmi lesquelles se détachent « **L'Anaconda** », qui associe montagne russe et passage de rivière, « **Les rapides de l'Orinoque** », pour les amateurs de rafting, et « **Le Jaguar** », sans doute la plus spectaculaire de toutes. Si vous en redemandez, essayez le « **Vol du Faucon** », une espèce de carrousel sauvage. Le parc offre en outre une grande variété de restaurants et de boutiques où reprendre son souffle avant de poursuivre le fascinant voyage.

La Cartuja-Centro Andaluz de Arte Contemporáneo ⊙ – Dans ce qui avait été une chartreuse implantée dans une île du Guadalquivir s'était installée au 19e s. une manufacture de céramique dont on peut voir encore les fours et les cheminées. C'est ce curieux complexe qui accueille maintenant le centre andalou d'Art contemporain, qui se consacre pour le moment à des expositions temporaires.

ENVIRONS

Itálica ⊙ – *9 km au Nord-Ouest par la N 630 (route de Mérida).* Dans un site de collines plantées de cyprès, dominant la plaine du Guadalquivir, on découvre les vestiges de cette **ville romaine** qui vit naître les empereurs Trajan et Hadrien et le poète Silius Italicus.
En suivant le tracé des rues qui quadrillent la colline, on peut voir quelques mosaïques situées à leur emplacement d'origine : mosaïque des oiseaux, de Neptune...

Amphithéâtre – Ce fut l'un des plus grands de l'Empire romain, pouvant contenir 25 000 spectateurs. Ses ruines imposantes laissent voir encore sa forme elliptique, une partie de ses gradins et des galeries situées sous l'arène.
De l'autre côté de l'ancienne route qui mène à la N 630 on a mis au jour le théâtre

---

Le gazpacho andalou

Région réputée sur le plan gastronomique pour ses fritures de poissons, comme à Séville où le poisson est frit coupé en morceaux et enveloppé dans une pâte épicée que l'on appelle *adobo*, l'Andalousie est aussi très renommée pour son gazpacho, soupe froide particulièrement agréable à déguster en été.
Ingrédients : tomates, piments, ail, huile, vinaigre, mie de pain. Dans un mortier, piler l'ail et le piment avec un peu de sel. Ajouter les tomates coupées en dés et de la mie de pain mouillée. Lorsque l'ensemble est bien pilé, verser l'huile lentement tout en remuant le mélange. Quand l'absorption est faite, ajouter un bouillon froid et filtrer le tout avec une passoire. Ajouter du vinaigre et du sel et servir très froid accompagné de petits morceaux de pain.

Sigüenza apparaît toute rose et ocre s'étageant sur le flanc d'une colline dominée par les silhouettes de l'imposante cathédrale-forteresse et du château (parador). La vieille ville présente un dédale de ruelles étroites bordées de belles demeures. Au centre, la **plaza mayor** *(sur le flanc droit de la cathédrale)* a beaucoup de charme avec sa galerie à arcades du 16e s. et son hôtel de ville Renaissance.

★★ **Cathédrale** ⊙ – La nef commencée au 12e s. sur un plan cistercien a été achevée à la fin du gothique en 1495. Le déambulatoire et le cloître sont légèrement postérieurs. Toiture et dôme du transept ont été reconstruits après les bombardements de 1936.
La façade a l'allure d'une forteresse avec ses tours crénelées et ses épais contreforts. La belle rose et les fenêtres romanes aux vitraux anciens atténuent sa sévérité.

Intérieur – De lignes sobres, le vaisseau laisse une forte impression de puissance grâce à l'élévation des voûtes et à l'épaisseur des piliers allégés par un faisceau de colonnettes.
Dans le **collatéral gauche**, à la **porte**★ de la chapelle de l'Annonciation sont superposés les pilastres Renaissance, les arabesques mudéjars et les polylobes gothiques ; à côté un triptyque du 15e s. de l'école castillane est dédié à saint Marc et à sainte Catherine. Le **bras gauche du transept** réunit un bel **ensemble sculpté**★★ : la porte de **porphyre** (16e s.) donne accès au cloître (marbres multicolores). L'**autel de Santa Librada** (16e s.) a été conçu par Covarrubias comme un retable avec dans la niche centrale un autel surmonté de panneaux peints relatant la vie de la sainte et de ses huit sœurs, toutes nées le même jour selon la légende. À côté le **sépulcre de dom Fadrique du Portugal** (16e s.) de style platéresque est un peu plus chargé.
La **sacristie**, œuvre de Covarrubias, surprend par la profusion de têtes et de rosaces entre lesquelles s'intercalent des milliers de têtes d'angelots qui tapissent son **plafond**★. Les boiseries des portes et du mobilier sont très finement travaillées dans le style platéresque. La **chapelle des Reliques**, du 16e s., est surmontée d'une belle **coupole**★.
Dans une chapelle donnant sur le **déambulatoire**, **Christ en bois** du 16e s.
Le « **presbiterio** » est fermé par une belle grille du 17e s. qu'encadrent deux chaires en albâtre, l'une gothique *(à droite)*, l'autre Renaissance *(à gauche)*. Retable du 17e s.
La chapelle du Damoiseau *(doncel)*, dans le bras droit du transept, a été conçue pour accueillir le **tombeau du Damoiseau**★★, commandé par Isabelle la Catholique pour son jeune page tué lors d'un siège en 1486. Le gisant accoudé, lisant avec sérénité, est frappant de réalisme. Au centre de la salle, mausolée des parents du *doncel*.

Cloître – Édifié au 16e s. dans le style gothique, il est entouré de chapelles aux portes platéresques comme celle de Jaspe (16e-17e s.) qui communique avec le bras du transept. Dans la **salle capitulaire** sont exposés des livres, des manuscrits et une collection de tapisseries flamandes du 17e s.

Museo de Arte Antiguo ⊙ – En face de la cathédrale. Il conserve un grand nombre d'œuvres d'art parmi lesquelles se remarquent un groupe sculpté de Pompeo Leoni (salle C), une Pietà attribuée à Morales, une Immaculée Conception de Zurbarán (salle E) et une fougueuse statue du prophète Élie, attribuée à Salzillo (salle N).

ENVIRONS

Atienza – *31 km au Nord-Ouest par la C 114.* C'est un typique village castillan construit au pied d'un château dont il ne reste que l'orgueilleux donjon. La **plaza del Trigo** entourée de portiques séduit par son cachet médiéval. Atienza fut une enclave commerciale importante pendant le Moyen Âge. Elle était protégée par Alphonse VIII reconnaissant aux habitants de l'avoir aidé, en 1162, à échapper à son oncle Ferdinand II de Léon qui voulait s'emparer du trône. Le dimanche de Pentecôte, la fête de **la Caballada** commémore cet événement. La guerre civile a laissé peu de vestiges des sept églises que comptait Atienza. Cependant, l'**église paroissiale** *(plaza del Trigo)* conserve un retable churrigueresque et celle de la **Trinité** *(près du cimetière)* une chapelle rococo.

Pour tout ce qui fait l'objet d'un texte dans ce guide
(villes, sites, curiosités isolées, rubriques d'histoire ou de géographie, etc.),
reportez-vous à l'index.

SITGES★★

Catalogne (Barcelone)

13 096 habitants

Carte Michelin n° 443 I 35 – Atlas España Portugal p. 32

Plan dans le guide Rouge Michelin España & Portugal

Cette station balnéaire, située au Sud de Barcelone, est l'une des préférées des riches familles catalanes comme en témoignent les nombreuses villas cossues le long du Passeig Marítim (2 km), qui s'allonge jusqu'à la plage de la Ribera. Ce fut un centre d'importantes manifestations culturelles à l'époque du Modernisme catalan et l'on y voit de très beaux exemples d'architecture moderniste.

Sitges est renommée pour ses tapis de fleurs du dimanche suivant la Fête-Dieu. S'y déroulent également un festival international de théâtre (en juin) et le festival international de Cinéma de la Catalogne (en octobre).

★★ VIEILLE VILLE *1 h 1/2*

Sur le promontoire de la Punta s'élève l'église derrière laquelle se serrent les rues de la vieille ville aux maisons égayées de balcons fleuris. Rusiñol et Miguel Utrillo (père légal du peintre français) y développèrent à la fin du 19e s. une activité artistique dont témoignent les musées aménagés dans les palais néo-gothiques de ce quartier.

★★ Museo del Cau Ferrat ⊘ – Le peintre **Santiago Rusiñol** (1861-1931) transforma deux maisons de pêcheurs du 16e s. auxquelles il ajouta des éléments de l'architecture gothique. Cette maison fut inaugurée en 1884 en même temps que la Casa de la Vila, palais néo-gothique qui se trouve en face. Les collections léguées par Rusiñol comprennent des céramiques, des peintures, sculptures et des œuvres de fer forgé.

Peinture – Sont exposées deux toiles du Greco *(La Madeleine repentante, Le Repentir de saint Pierre)*, ainsi que des toiles de Picasso, Casas, Llimona, Nonell, Zuloaga et de Rusiñol lui-même *(La poésie, la musique et la peinture)*.

Fer forgé – La collection qui donne son nom au musée est composée d'objets d'époques et de styles divers, parmi lesquels on remarque surtout un brasero romain et des poignées de porte gothiques.

Sculpture – À côté de pièces antiques on peut voir des œuvres de Manolo Hugué, Gargallo et Clarassó.

Céramique – De nombreux objets (assiettes, pots à fleurs, statuettes) sont disséminés dans les salles. Admirer le grand vase bleu décoré de scènes paysannes.

★ Museo Maricel del Mar ⊘ – Il est installé dans un ancien hôpital gothique (14e s.) que l'Américain Charles Deering fit réaménager en 1913 par Miguel Utrillo. Ce palais est relié par une passerelle à celui de Maricel de Terra. Les collections d'objets représentent les styles médiévaux et l'art baroque. Dans l'entrée, joli haut-relief gothique de style espagnol-flamand représentant les Rois mages.

★ Casa Llopis ⊘ – Cette maison bourgeoise construite à la fin du 18e s. dans les nouveaux quartiers de la ville témoigne de la prospérité de Sitges au 19e s. L'intérieur est représentatif de l'époque romantique avec ses murs peints de fresques, ses meubles anglais et la présence de plusieurs automates et boîtes à musique. À l'entresol, dioramas des scènes de la vie privée, sociale et populaire d'alors.

La **collection Lola Anglada** réunit un très riche ensemble de poupées des 17e, 18e et 19e s., en bois, en peau, en papier mâché ou en porcelaine, provenant de toute l'Europe.

ENVIRONS

Vilanova i la Geltrú – *7 km à l'Ouest*. Cette station balnéaire, avec sa plage de sable fin et peu profonde, est établie sur une petite baie abritant un important port combinant les deux fonctions de pêche et de plaisance.

★ Museu Romantic Casa Papiol ⊘ – Cette grande demeure construite entre 1780 et 1801 par la famille Papiol reflète bien l'esprit de la bourgeoisie industrielle du 19e s. à la fois dévote et vivant dans un certain luxe. L'austérité règne dans la bibliothèque riche de près de 5 000 volumes du 16e au 19e s., dans le bureau du député, dans la chapelle et sa curieuse relique de sainte Constance, ainsi que sur les murs des salles de réception couverts de grisailles puisant leur inspiration dans des sujets bibliques. Par contre, l'opulence se manifeste dans les très beaux meubles, la salle de bal, l'appartement de Suchet, qui abrita le général français meublé en style Louis XVI. La cuisine est encore toute pimpante avec ses murs couverts de carreaux de faïence.

À l'entresol et au rez-de-chaussée se trouvent les offices et dépendances : four, réserve d'huile, cuisine des domestiques, écuries des chevaux des maîtres et des chevaux de labour.

★ **Bibliothèque-musée Balaguer** ⊙ – Dans un surprenant édifice inspiré de l'Égypte, le poète, historien et homme politique **Víctor Balaguer** (1824-1901) institua cette bibliothèque qui compte 40 000 volumes. Le musée réunit une **collection d'art contemporain**, avec des œuvres des années cinquante et soixante d'artistes catalans, le **Legs 56**, qui montre à partir d'œuvres de petit format l'évolution de la peinture de la fin de 14e s. à nos jours, une collection intéressante de **peinture des 16e et 17e s.**, avec une *Annonciation* du Gréco, et quelques exemplaires d'archéologie égyptienne et d'art oriental.

★ **Museu del Ferrocarril** ⊙ – Il abrite l'une des collections de locomotives les plus complètes d'Espagne.

SOLSONA★

Catalogne (Lérida)

6 601 habitants

Carte Michelin n° 443 G 34 – Atlas España Portugal p. 32

Dominées par les ruines du château, les rues étroites et tortueuses, bordées de quelques demeures médiévales, ont conservé un certain cachet. À l'occasion de la Fête-Dieu défilent les jeunes gens, vêtus à la mode d'autrefois, en tirant des salves de tromblon. On sort également les « géants » de carton, et les enfants dansent dans les rues le *ball de Bastons*.

★ **Cathédrale** ⊙ – Elle ne garde de l'église romane que les absides, couronnées de bandes lombardes et de modillons sculptés, et le clocher. Le reste est de style gothique avec des ajouts baroques : les portails et la chapelle de la Vierge, dans le bras droit du transept. Celle-ci fut conçue pour abriter sous ses marbres fastueux la *Vierge du cloître*★, statue romane de pierre noire admirable par sa beauté, les plissés et les broderies de la robe.

★★ **Musée diocésain et comarcal** ⊙ – Il est installé dans le palais épiscopal, édifice baroque du 18e s. Ses **peintures**★★ romanes et gothiques sont parmi les plus représentatives de l'art catalan. Les **fresques de Sant Quirze de Pedret**★★★ comprennent une pièce rare, découverte sous les fresques du siècle suivant et représentant, dessiné d'un trait archaïque, Dieu bénissant dans un cercle, symbole du ciel, et surmonté du phénix, symbole d'immortalité. Dans un autre cercle, un paon picore une grappe de raisin. Dans l'abside mozarabe reconstituée, l'œuvre du « maître de Pedret » (12e s.) reprend les thèmes de l'Apocalypse dans un style où perce l'influence byzantine. Toutes différentes sont les **fresques de Sant Pau de Caserres**★ du 13e s., bordées d'un trait léger (merveilleux anges du Jugement dernier), et celles de Cardona (14e s.) déjà gothiques.

Les **devants d'autels** sont célèbres, en particulier celui de Sagars qui bannit tout décor au profit de l'expression symbolique des scènes représentées. On remarque également la *Cène de sainte Constance*★ de Jaime Ferrer (15e s.), tableau réaliste à la fois dans la représentation des objets et des visages.

Le **musée du sel** est bien curieux. Au centre d'une table garnie de mets et de plats, sculptés dans le sel gemme de Cardona, se dresse une composition étrange hérissée de pinacles, elle aussi tirée d'un bloc de sel.

SORIA★

Castille et Léon

35 540 habitants

Carte Michelin n° 442 G 22 – Atlas España Portugal p. 27

Soria est située à 1 050 m d'altitude sur les bords du Duero qui traverse l'immense plateau de terres rousses, balayé par les vents, en apportant verdure et fraîcheur. Les paysages mélancoliques et l'atmosphère médiévale de la vieille ville ont séduit plusieurs poètes dont **Antonio Machado** (1875-1939) qui, bien que né à Séville, s'éprit de la Castille. *Campos de Castilla* (Terres de Castille) est son chef-d'œuvre.

« **Soria pura, cabeza de Extremadura** » – Cette devise, sur le blason de la ville, rappelle qu'au 10e s. la région de Soria était l'extrême avancée du royaume de Castille face au Sud islamisé. Une véritable **ligne fortifiée du Duero** s'était constituée pour résister à l'invasion, avec des forteresses comme celles de **Soria**, **Berlanga**, **Gormaz**, **Peñaranda** et **Peñafiel**.

Au Moyen Âge, la ville connut une grande prospérité, due en partie à son rôle dans la « **Mesta** », cette puissante organisation d'éleveurs qui s'occupait de la transhumance des troupeaux de moutons entre l'Estrémadure, la Castille et les pâturages du Nord.

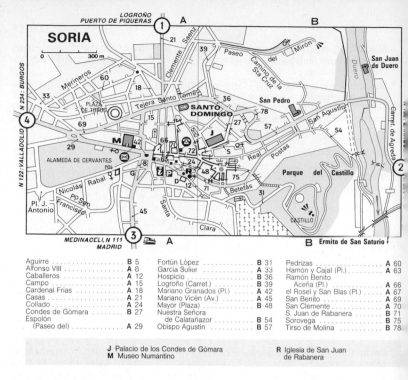

SORIA

CURIOSITÉS

★ Église Santo Domingo (A) – La façade séduit par la disposition de sa double arcature aveugle, de sa rosace et du **portail★★** ouvragé. Son caractère saintongeais s'explique si l'on sait que le roi fondateur, Alphonse VIII, avait épousé Eléonore d'Angleterre, l'héritière du royaume de Gascogne : tous deux figurent en effigie de part et d'autre du portail. Le tympan très aéré contraste avec l'archivolte, fourmillante de personnages ; remarquer le traitement des plis des vêtements. Sur les chapiteaux des piédroits les premières étapes de la Genèse sont racontées avec réalisme. À l'archivolte, de l'intérieur vers l'extérieur, on trouve les 24 Vieillards de l'Apocalypse jouant d'instruments à cordes, puis le massacre des Innocents, la jeunesse du Christ, sa passion et sa mort.

Palais des comtes de Gómara (B J) – Sa longue façade, en partie Renaissance, en partie classique, sa tour hardie, son patio à deux niveaux en font le plus orgueilleux témoin de l'opulence passée (fin 16e s.).

Église San Juan de Rabanera (A R) – Le portail roman provient d'une église ruinée dédiée à saint Nicolas : la vie du saint est rappelée sur les chapiteaux des colonnettes de droite et au tympan. Le chevet est intéressant par son étrange décoration où se mêlent les influences byzantine et gothique. À l'intérieur on verra deux crucifix : roman, au-dessus de l'autel, et baroque, dans le bras Nord du transept.

Museo Numantino ⊙ (A M) – Les collections de ce musée, récemment réaménagé, montrent l'évolution historique de Soria, du paléolithique à l'époque moderne. La plupart des objets exposés proviennent des fouilles effectuées dans la région : remarquer les mobiliers de nécropoles celtibériques, ainsi que les céramiques polychromes découvertes sur le site de Numance.

Cathédrale San Pedro ⊙ (B) – Cette église gothique du 16e s. frappe par ses dimensions et sa clarté. Le **cloître★** a gardé trois de ses galeries romanes. Les chapiteaux, délicatement retravaillés dans un style roman très pur, rappellent ceux de Santo Domingo de Silos. Dans les murs : enfeus où sont enterrés les moines.

San Juan de Duero ⊙ (B) – Dans un site champêtre au bord du Duero, cette fondation des Hospitaliers de St-Jean-de-Jérusalem a le charme de l'exotisme.

Du **cloître★** (12e-13e s. – *illustration p. 452*), il ne reste que les arcades des galeries de quatre ordres différents, entrelacées parfois en un mouvement continu des plus élégants, sous l'influence manifeste de l'art musulman.
L'église abrite un petit musée lapidaire antique. Les deux édicules, avec de très beaux chapiteaux historiés, à l'entrée de l'abside en forme de *ciborium*, évoquent la liturgie orthodoxe.

Parc du château (B) – De ces jardins dominant la ville, on découvre les « sierras chauves et peupleraies du ruisseau » qui inspirèrent à Machado ses plus beaux vers.

Ermita de San Saturio ⊘ **(B)** – Un chemin ombragé longeant le Douro mène aux grottes où méditait le saint ermite. On y a élevé au 18e s., accrochée au rocher, une chapelle octogonale couverte de fresques.

EXCURSIONS

Ruines de Numance ⊘ – *7 km au Nord-Est par* ① *du plan.* L'antique Numance garde peu de traces du drame qu'elle a vécu en 133 avant J.-C. À cette époque les légions romaines pensaient avoir achevé la pacification de la péninsule, mais la ville de Numance leur résistait. Scipion Émilien, le destructeur de Carthage, vint lui-même diriger le siège de Numance. Au bout de 8 mois, les Numantins n'eurent d'autre issue que la reddition sans condition. Ils préférèrent tous périr après avoir incendié leur ville.

Les ruines actuelles sont celles de la Numance reconstruite par les Romains.

★★ **Sierra de Urbión** – *Les routes peuvent être coupées par la neige, de novembre à mai.* Cette partie de la cordillère Ibérique qui culmine à 2 228 m surprend, si près des plateaux de Soria et de la plate et ocre vallée de l'Èbre, par ses paysages accidentés et verdoyants où les ruisseaux gambadent parmi les forêts de résineux et les prairies ; une partie de ces eaux formera l'un des plus grands fleuves d'Espagne, le Douro (Duero – 910 km).

★★ **Laguna Negra de Urbión** – *53 km au Nord-Ouest par* ④ *du plan et la N 234 – environ 1 h.* À Cidones, prendre à droite vers Vinuesa ; 18 km plus loin continuer sur Montenegro de Cameros pendant 8 km, puis prendre à gauche vers la Laguna (9 km). La **route**★★ longe la retenue de la Cuerda del Pozo, bordée de murailles rocheuses ou de rocailles et de chênes verts, puis s'enfonce sous la pinède. La **laguna Negra** (alt. 1 700 m) est un petit lac glaciaire niché au pied d'une haute falaise en demi-cercle d'où rebondissent deux cascades.

J. Hidalgo-C. Lopesino/MARCO POLO

Le « lac noir » d'Urbión

★ **Laguna Negra de Neila** – *Environ 86 km au Nord-Ouest par* ④ *du plan et la N 234.* À Abejar prendre à droite vers Molinos de Duero. Continuer jusqu'à Quintanar de la Sierra, où l'on prend à droite vers Neila pendant 12 km, puis à gauche vers Huerta de Arriba ; 2 km plus loin on trouve à gauche le chemin de la Laguna Negra. La **route**★ réserve de nombreuses vues sur la vallée et sur la sierra de la Demanda. Le paysage, verdoyant et pittoresque, offre des formes douces et sans cesse renouvelées. Le lac se trouve à 2 000 m d'altitude.

Sachez tirer parti de votre guide Michelin.
Consultez la légende en p. 4.

SOS DEL REY CATÓLICO★

Aragon (Saragosse)

974 habitants

Carte Michelin n° 443 E 26 – Atlas España Portugal p. 15

C'est ici, dans le **palais de Sada**, que naquit en 1452 Ferdinand le Catholique, qui devait unifier l'Espagne. Les maisons, palais, murailles et portes de la ville ont gardé un cachet médiéval que l'on découvrira tout au long des rues étroites qui montent vers l'église et le donjon.

La **plaza Mayor**, de forme irrégulière, est entourée par l'imposant bâtiment (16e s.) de l'hôtel de ville et le palais des Gil de Jaz, tous deux protégés par de grands auvents en bois sculpté et par les grandes arcades de la Bourse (Lonja).

★ **Église San Esteban** ⊙ – On y accède par un passage voûté. Sous l'église se trouve la **crypte**★ du 11e s. dédiée à la Vierge du Pardon. Deux des trois absides sont décorées de belles **fresques** du 14e s. Dans l'abside centrale, remarquables chapiteaux représentant des oiseaux et des femmes.

Les statues-colonnes du **portail** ont l'attitude noble et raide de celle de Sangüesa (*voir ce nom*). L'église construite dans le style de transition possède une fort belle **tribune**★ Renaissance. Dans une chapelle : Christ roman du 12e s. aux yeux ouverts.

ENVIRONS

Uncastillo – *21 km au Sud-Est.*
L'église romane **Santa María** possède une curieuse tour du 14e s. ornée de mâchicoulis et de clochetons. Le **portail Sud**★ est l'un des plus beaux de l'époque romane tardive par la richesse et la finesse de ses sculptures. La majorité représentent des animaux fantastiques. La tribune aux **stalles**★ Renaissance et le **cloître**★ sont de style plateresque (16e s.).

Actualisée en permanence,
la carte Michelin au 1/400 000 bannit l'inconnu
de votre route.

Équipez votre voiture de cartes Michelin à jour.

TALAVERA DE LA REINA

Castille-la Manche (Tolède)

69 136 habitants

Carte Michelin n° 444 M 15 – Atlas España Portugal p. 51

Le nom de Talavera, comme celui de Manises ou de Paterna, est associé depuis le 15e s. aux **carreaux de céramique** qui décoraient le bas des murs dans les salles d'habitations nobles et les chapelles des églises. On reconnaît les azulejos de Talavera à leurs dessins bleu et jaune (*illustration p. 53*). Aujourd'hui, la fabrication s'oriente aussi vers les ustensiles domestiques à usage décoratif : assiettes, pichets. Les tonalités vertes qui apparaissent sont originaires de **El Puente del Arzobispo**, petit village (*34 km au Sud-Ouest*) où l'on fabrique maintenant en série toutes sortes de pots (*cacharros*).

Basílica de la Virgen del Prado ⊙ – *Dans un parc à l'entrée de la ville quand on vient de Madrid.*

Cette église, véritable petit musée des azulejos, montre l'évolution du style local. La sacristie (*accès par le flanc gauche*) réunit les carreaux les plus anciens à tons jaunes et motifs géométriques (14e au 16e s.). Sur les murs intérieurs et sous le portique d'entrée, des productions plus récentes adoptent le dessin bleu et le style narratif (16e au 18e s.).

ENVIRONS

Oropesa – *32 km à l'Ouest.*
Deux églises et un château dominent le village. Le **château**★ (1366) garde fière allure. Les bâtiments ajoutés en 1402 ont été aménagés en parador. Dans l'escalier, une plaque commémorative rappelle que l'un des comtes d'Oropesa **Francisco de Toledo**, fut vice-roi du Pérou de 1569 à 1581.

À 2 km à l'Ouest, le village de **Lagartera** est célèbre pour ses broderies exécutées depuis plusieurs siècles : broderies paysannes des longues jupes et des bonnets aux teintes vives, broderies des nappes et des tentures de soie aux nuances douces aux fins semis de fleurs. Chaque maison propose un échantillon de ses travaux. Les brodeuses travaillent en été sur le pas de leur porte.

TARRAGONA★★★

TARRAGONE – Catalogne
112 801 habitants
Carte Michelin n° 443 I 33
Atlas España Portugal p. 45
Plan d'agglomération dans le guide Rouge Michelin España & Portugal

La vénérable cité de Tarragone, riche en vestiges antiques et médiévaux, est aussi une ville moderne aux belles promenades. Son front de mer, fleuri, se relève en terrasses sur la falaise qui domine la Méditerranée. Il longe la vieille cité, contourne le palais d'Auguste et suit l'enceinte derrière laquelle apparaît la cathédrale. Aux alentours se note la présence de nombreuses industries dont le développement est lié à l'expansion du port. La pétrochimie y est particulièrement importante.

Capitale de la Tarraconaise – L'antique Cosse, ville ibère, avait été soumise par les Romains en 218 avant J.-C. Sous le nom de Tarraco, elle devint rapidement très importante et fut la capitale de la plus grande partie de la péninsule. Considérée, sinon comme l'égale de Rome, du moins comme l'un de ses prolongements, elle bénéficiait des mêmes privilèges que la cité mère. Auguste, Galba, Hadrien ne dédaignèrent pas d'y résider. Christianisée, selon la tradition, par saint Paul, la cité impériale fut alors le siège de l'évêque métropolitain, le primat d'Espagne. Mais bientôt, ruinée par les Barbares au 5e s., puis par les Maures au 8e s., elle dut céder cet honneur à l'ambitieuse Tolède.

★★ TARRAGONE ROMAINE *2 h 30*

Les monuments les mieux conservés se trouvent dans les environs : mausolée de Centcelles et aqueduc de las Ferreres, tour des Scipions et arc de triomphe de Berá.

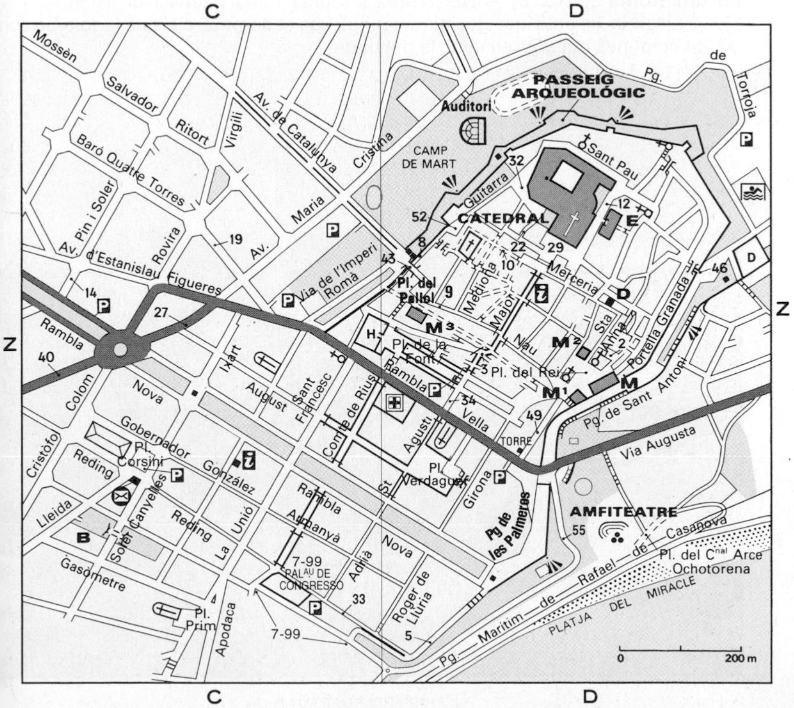

★★ **Passeig Arqueològic** ⏲ **(DZ)** – Ce sont les Scipions, selon Tite-Live et Pline, qui élevèrent ces murailles au 3e s. avant notre ère. Elles ont été établies sur une base cyclopéenne faite d'énormes blocs de pierre couchés les uns sur les autres sans liant et comprenant quelques portes. On a longtemps cru qu'ils étaient antérieurs

TARRAGONA

Angels (Pl.)	DZ	2
Baixada de Misericòrdia	DZ	3
Baixada de Toro	DZ	5
Baixada Roser	DZ	8
Cavallers	DZ	9
Civaderia	DZ	10
Coques (Les)	DZ	12
Enginyer Cabestany	CZ	14
López Peláez	CZ	19
Mare de Deu del Claustre	DZ	22
Nova (Rambla)	CDZ	
Pau Casals (Av.)	CZ	27
Pla de la Seu	DZ	29
Pla de Palau	DZ	32
Ponç d'Icart	CZ	33
Portalet	DZ	34
Ramón i Cajal (Av.)	CZ	40
Roser (Portal del)	DZ	43
Sant Agustí	DZ	
Sant Antoni (Portal de)	DZ	46
Sant Hermenegild	DZ	49
Sant Joan (Pl.)	DZ	52
Unió	CZ	
William J. Bryant	DZ	55

B Fòrum Romà
D Fòrum Provincial
E Antic Hospital
M Museu Arqueològic
M¹ Recinte Monumental del Pretori i del Circ Romà
M² Museu d'Art Modern
M³ Museu Casa Castellarnau

à l'époque romaine tant leur masse impressionnante semblait « barbare » ! Considérablement transformés et exhaussés au Moyen Âge, aménagés au 18ᵉ s., ces remparts racontent plus de vingt siècles d'histoire. À leur pied une promenade se glisse dans d'agréables jardins. L'enceinte extérieure fut élevée en 1707 par les Anglais, alliés de Charles d'Autriche lors de la guerre de Succession.

★★ **Museu Nacional Arqueològic** ⊘ **(DZ M)** – Toutes les pièces exposées ici proviennent de Tarragone et ses environs immédiats ; la plupart sont d'époque romaine.

Architecture romaine – *(Salle II, rez-de-chaussée)*. On y a regroupé des vestiges provenant des bâtiments les plus colossaux de Tarraco.

★★ **Mosaïques romaines** – Le musée possède les plus belles collections de Catalogne. Les pièces exposées dans les salles III *(1ᵉʳ étage)* et VIII *(2ᵉ étage)* permettent de juger de la maîtrise atteinte par les Romains en la matière. La plus extraordinaire de toutes est incontestablement la **mosaïque de la Méduse**★★, au regard pénétrant.

★ **Sculpture romaine** – *(Salles VI à X, 2ᵉ étage)*. La sculpture funéraire (salle IX) est magnifique et dans un excellent état de conservation. On remarquera aussi (salle VI) le **buste de Lucius Verus**★ l'un des exemples les plus aboutis de cet art au 2ᵉ s. après J.-C., et la petite **sculpture votive de Vénus**★ dont les dimensions réduites ne nuisent en rien à l'harmonie des formes.

★ **Recinto monumental del Pretori i Circo Romà** ⊘ **(DZ M¹)** – Il est installé dans l'ancien prétoire, grande tour qui, depuis sa construction au 1ᵉʳ s. avant J.-C., a connu diverses transformations et affectations. On peut en visiter les **souterrains voûtés**★ comme on peut bénéficier, du sommet, d'une belle **vue**★ sur les ruines et la ville.

L'œuvre la plus importante qui y soit exposée est le **sarcophage d'Hippolyte**★★, retrouvé sous les eaux de la Méditerranée en 1948, et dont le remarquable état de conservation permet d'apprécier la qualité, la variété et le dynamisme des sculptures dont il est orné.

Cirque romain – Il subsiste de ce monumental édifice (325 m x 115 m) destiné aux courses de chars quelques gradins, leurs voûtes de soutènement, des parties de la façade extérieure et quelques portes d'accès.

★★ **Amphithéâtre** ⊘ **(DZ)** – Il fut édifié au bord de la mer, dans un joli **site**★ naturel en pente dont on sut tirer le meilleur parti pour la réalisation des gradins. Là périrent en 259 l'évêque Fructueux et les diacres Augurius et Euloge, martyrs de Tarragone. Une basilique wisigothique fut élevée à l'endroit de leur supplice : on en a retrouvé la trace entre les murs romans de l'église Sta Maria del Miracle presque entièrement ruinée, qui l'a remplacée au 12ᵉ s.

Forum Romà ⊘ **(CZ B)** – Les restes les plus remarquables de ce forum où s'organisait la vie politique, juridique, religieuse et commerciale de la colonie sont les 24 colonnes qui soutenaient le portique.

L'amphithéâtre romain

★ **Musée et nécropole paléochrétienne** ⊙ – *Par l'avenue Ramón i Cajal* (**CZ**). L'enceinte de la nécropole englobe une zone de fouilles protégée par une structure métallique, le bâtiment du musée, des cryptes funéraires et un vaste jardin où sont exposés de nombreux sarcophages, l'ensemble composant une rétrospective des différents types de sépultures en usage entre les 3ᵉ et 6ᵉ s. : simples tombes couvertes de tuiles, sarcophages sculptés, sépultures de notables.

CITÉ MÉDIÉVALE 1 h

À l'intérieur des murailles s'étend un réseau de ruelles anciennes. Un large escalier mène à la cathédrale.

★★ **Cathédrale** ⊙ (**DZ**) – *Illustration p. 496. Entrée par la porte donnant sur le cloître, au bout de la rue Mare de Déu del Claustre.* Sa construction débuta en 1174, sur le site même de l'ancien temple de Jupiter. Bâtie à l'époque de transition du roman au gothique, ses chapelles latérales sont de style platéresque et baroque.

★ **Façade** – Précédée d'un perron, elle se compose d'un corps central gothique et de deux corps latéraux romans. Le **portail principal**★ est décoré de reliefs très expressifs représentant le Jugement dernier. Les archivoltes sont ornées de statues des apôtres et des prophètes, tandis qu'une Vierge (13ᵉ s.) sur le trumeau accueille les fidèles. Grande rosace gothique.

★★ **Intérieur** – L'abside de style roman est pourvue d'arcs en plein cintre. À chaque extrémité du transept s'ouvrent des rosaces encore dotées de leurs vitraux du 14ᵉ s. Le style gothique prédomine dans la nef.
De nombreuses œuvres d'art parent l'édifice. Le joyau en est sans conteste le **retable de sainte Thècle**★★★ (1430) qui clôt l'abside centrale ; on y accède par deux portes latérales gothiques. La légende veut que sainte Thècle, patronne de la ville, ait été convertie au christianisme par saint Paul, puis persécutée à maintes reprises ; mais l'intervention divine lui épargna le supplice. L'auteur, Pere Joan, prouve ici son goût prononcé pour le détail, l'ornementation et le pittoresque, particulièrement frappant dans la prédelle, aussi finement ciselée qu'une pièce d'orfèvrerie (on remarquera les mouches sur la plaie du bœuf). À droite de l'autel, le **tombeau**★★ de l'archevêque Jean d'Aragon (14ᵉ s.) est probablement l'œuvre d'un maître italien.
Dans la chapelle de la Vierge de Montserrat (*2ᵉ chapelle dans la nef de l'Évangile*), un **retable**★ (15ᵉ s.) de Lluís Borrassà retient l'attention, de même que les **reliefs**★ qui décorent la chapelle Sainte-Thècle (*3ᵉ chapelle dans la nef de l'Épître*). Sa complexe voûte nervurée, son retable et ses peintures font de la **chapelle de los Sastres**★★ (tailleurs, *à gauche de la grande chapelle*) l'une des plus flamboyantes de la cathédrale. D'immenses tapisseries, traitant pour la plupart de sujets allégoriques, complètent le somptueux décor de l'ensemble.

★★ **Cloître** – Il surprend par ses grandes dimensions (45 m de côté) et son originalité. Construit aux 12ᵉ s. et 13ᵉ s., il est roman par ses arcatures et son décor géométrique. Mais les voûtes sont gothiques, ainsi que les grands arcs de décharge qui groupent trois par trois les arcatures. L'influence de l'occupation musulmane se manifeste dans les claustra, plaques ajourées aux motifs géométriques, incrustées dans les oculi sous les arcs, ainsi que dans la bande d'arcatures polylobées qui borde le toit et la tour-lanterne octogonale de l'église, que l'on aperçoit à l'angle Nord-Est du cloître. La **porte romane**★ reliant le cloître à la cathédrale est surmontée d'un Christ en majesté.

★ **Musée diocésain** ⊙ – Objets liturgiques, peintures, retables et reliefs occupent quatre salles différentes des dépendances capitulaires. Parmi les tapisseries exposées, on retiendra plus particulièrement *La Bonne Vie*★, œuvre flamande du 15ᵉ s., salle III. Dans la même salle est exposé un **linceul**★ du 17ᵉ s., réalisé à Rome. Dans la chapelle du Corpus Christi (salle II), remarquer un **ostensoir**★ d'une grande richesse ornementale et le relief de saint Jérôme (16ᵉ s.), en albâtre polychrome.

AUTRES CURIOSITÉS

Museu-Casa Castellarnau ⊙ (**DZ M³**) – Lors d'une visite à Tarragone, l'empereur Charles Quint séjourna dans cette noble demeure des 14ᵉ-15ᵉ s. qui possède un beau patio gothique. Acquise au 18ᵉ s. par la famille Castellarnau, c'est désormais un musée qui présente une collection très variée de mobilier de l'époque.

★ **El Serallo** – Ce quartier maritime créé à la fin du 19ᵉ s. et fréquenté pour ses restaurants de poissons est le théâtre quotidien d'une vente à la criée très animée.

ENVIRONS

★ **Aqueduc de las Ferreres** – *Sortir par la Rambla Nova* (**CZ**). À 4 km de Tarragone, on aperçoit, sur la droite, l'aqueduc romain dit le pont du Diable, dont la rangée supérieure est longue de 217 m. Une promenade (*1/2 h*) dans la pinède permet d'aller jusqu'à l'aqueduc dont les étages d'arcatures sont fort bien conservés.

* **Mausolée de Centcelles** ⊘ – *5 km par l'avenue Ramón i Cajal* (**CZ**). *Prendre la direction de Reus et tourner à droite après avoir franchi le Francolí. À Constanti, prendre à droite la rue de Centcelles, puis un chemin de terre pendant 500 m environ. Juste avant le village de Centcelles prendre à angle droit sur la gauche.* Au milieu des vignes apparaissent deux corps de bâtiments aux volumes très marqués couverts de tuiles roses. Ce mausolée monumental fut construit au 4e s. par un très riche Romain près de sa vaste maison de campagne, possédant ses propres thermes. La première salle est couverte d'une immense coupole (11 m de diamètre). Elle est ornée de **mosaïques**★★ où se déroulent les thèmes familiers aux premiers chrétiens : scènes de chasse, Daniel entre les lions, etc. ; la salle voisine, de mêmes dimensions, carrée, est dotée d'une abside sur chaque côté. L'ensemble est exceptionnel et son symbolisme encore inexpliqué.

* **Tour des Scipions** – *Sortir de Tarragone par la N 340 et tourner à gauche après avoir parcouru 5 km.* Cette tour funéraire (1er s.) de plan carré et aux sobres proportions est composée de trois corps. Les reliefs du corps intermédiaire représentent deux personnages que l'on a longtemps pensé être les frères Scipion, alors qu'il s'agit en fait d'Attis, divinité d'origine phrygienne associée au culte des morts.

* **Villa romaine de Els Munts**, sur le territoire communal d'**Altafulla** ⊘ – *12 km à l'Est par la N 340.* Un **site**★★ privilégié sur une colline doucement inclinée vers la mer accueille cette ancienne villa romaine. On visite le long portique en L que bordait un jardin, et les **thermes**★ dont la complexe conception prouve la richesse de la villa.

* **Arc de Berà**, sur le territoire de **Roda de Berà** – *20 km par la N 340.* La Via Augusta passait sous cette porte monumentale (1er s.) à baie unique ornée de huit pilastres striés surmontés de chapiteaux corinthiens.

TERRASSA/TARRASA

Catalogne (Barcelone)
157 442 habitants
Carte Michelin nº 443 H 36 – Atlas España Portugal p. 32

Terrassa, importante ville industrielle à proximité de Barcelone, s'est spécialisée dans la filature et le tissage. Son origine remonte au *municipium* romain d'Egara. Elle recèle l'ensemble monumental des églises Sant Pere, admirable exemple d'architecture préromane.

CURIOSITÉS

★★ **Ensemble monumental des églises Sant Pere** ⊘ – Témoignage de l'ancien évêché d'Egara (5e s.), c'est un havre de paix au cœur de la ville. Outre leu exceptionnel intérêt artistique, les trois édifices (9e au 12e s.) d'influence pyrénéenne renferment des vestiges romains et wisigothiques.

* **Sant Miquel** – Cet ancien baptistère au plan en forme de croix grecque et pourvu d'une abside heptagonale a été construit au 9e s. avec des éléments romain tardifs. La coupole qui surmonte les fonts baptismaux est soutenue par hui colonnes, quatre à chapiteaux romans et quatre de style wisigothique. L'abside éclairée par des vitraux d'albâtre, conserve des peintures du 9e et 10e s. ; la crypt comprend trois petites absides aux arcs outre-passés.

* **Santa Maria** – Bel exemple de style roman lombard. Devant la façade subsistent de fragments d'une mosaïque du 5e s. L'église actuelle possède un plan en croi latine, un ciborium et une coupole octogonale. À l'intérieur, la voûte de l'absid (11e s.) présente quelques restes de décoration peinte, mais la fresque du bra droit du transept, qui représente le martyre de saint Thomas de Cantorbér (13e s.), a conservé ses couleurs éclatantes. Parmi les superbes retables du 15e s remarquer dans le bras gauche du transept celui des *Saints Adson et Sennen*★★ d Jaime Huguet.

Sant Pere – Cette rustique église de plan trapézoïdal commencée au 6e s. présent une croisée de transept romane et, encastré dans l'abside, un rare **retable de pierre**★

* **Masia Freixa** – Située dans le parc Sant Jordi, cette curieuse demeure bourgeois moderniste (1907), aujourd'hui occupée par le conservatoire de Musique, retien l'attention par l'utilisation répétitive des arcs paraboliques que fit l'architecte

* **Museu de la Ciència i de la Técnic de Catalunya** ⊘ – Installé dans une ancien usine (1909), intéressant exemple d'architecture moderniste industrielle, présente une rétrospective des progrès techniques associés à l'industrialisatio

Museu Téxtil ⊘ – Tissus d'Orient dont de rares tissus coptes des 4e s. et 5e s étoffes mérovingiennes et brocarts, disposés avec goût, forment un excellen panorama de l'histoire du textile.

Aragon

31 068 habitants

Carte Michelin n° 443 K 26 – Atlas España Portugal p. 56

Située à 916 m d'altitude, la capitale du bas Aragon occupe une plate-forme isolée du plateau par le large fossé où coule le Turia. Un paysage de buttes ocre ravinées donne à ce site* un aspect des plus étranges.

Une ville mudéjar – Au-dessus des bâtiments de brique fauve pointent encore les vieux clochers mudéjars heureusement conservés. La grande richesse de cet art à Teruel s'explique par la bonne entente des communautés chrétienne, juive et musulmane jusqu'au 15e s. La dernière mosquée ne fut fermée qu'en 1502.

Les amants de Teruel – Au 13e s., **Diego de Marcilla** et **Isabelle de Segura** s'aimaient mais le père d'Isabelle jeta son dévolu sur un jeune homme plus fortuné. Parti guerroyer pendant 5 ans pour conquérir honneurs et richesses, Diego revint le jour des noces d'Isabelle avec son rival. Désespéré, il mourut de chagrin devant les yeux de sa belle qui succomba à son tour le lendemain. Ce drame a inspiré des poètes et dramaturges, dont **Tirso de Molina**.

CURIOSITÉS

Au cœur de la ville, la **plaza del Torico** (du Taurillon – **YZ 7**) bordée de maisons de style rococo est le lieu de rencontre traditionnel. Elle doit son nom à la minuscule statue juchée sur une colonne en son milieu.

* **Tours mudéjars** – On en compte cinq. Élevées entre le 12e s. et le 16e s., elles se développent sur trois étages : à la base une arcade livre le passage à la rue ; le corps central, à peine éclairé d'étroites baies romanes, est décoré d'une marqueterie de briques et de céramiques d'influence mauresque ; le clocher, lui, est percé de plusieurs baies doubles en bas, quadruples en haut. Les deux meilleurs exemples sont les **tours San Martín** et **del Salvador** élevées au 13e s.

* **Museo provincial** ⊙ – Installé dans un palais à l'élégante façade Renaissance couronnée d'une loggia, il regroupe des collections d'ethnologie et d'archéologie.

Les anciennes écuries, au sous-sol, abritent des outils et des objets populaires de la région ; remarquer la forge et un heurtoir gothique (15e s.).

Un étage est consacré à la céramique, l'une des activités qui ont fait la renommée de Teruel depuis le 13e s., à motifs vert et violet pour les plus anciennes, bleus au 18e s. (pots de la pharmacie d'Alcalá).

Les étages supérieurs sont réservés à l'archéologie : préhistoire (épée d'Alcorisa de l'âge du fer), périodes ibérique, romaine (catapulte) et arabe (encensoir du 11e s.).

B. Brillon/MICHELIN

Tour mudéjar San Martín

Cathédrale ⊙ – Commencée au 13e s. par la tour mudéjar, cet édifice fut agrandi au 16e s. On lui ajouta une lanterne et un déambulatoire au 17e s., ainsi que des voûtes en étoile qui camouflèrent et préservèrent le **plafond artesonado*** de la fin du 13e s. Ce plafond, aujourd'hui dégagé, est un précieux témoignage de la peinture mudéjar : les caissons, poutres et consoles sont peints de motifs décoratifs, de personnages de cour et de scènes de chasse.

TERUEL

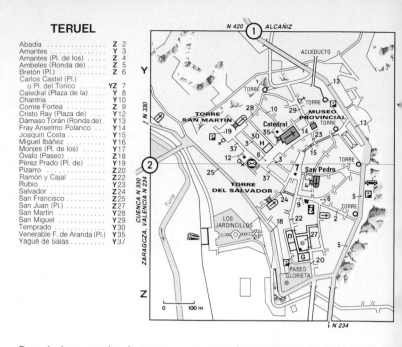

Dans le bras gauche du transept est exposé le **retable** du Couronnement de la Vierge, exécuté au 15e s. Les scènes du second registre horizontal manifestent, par leur fond d'architecture en perspective, l'influence flamande. Le **retable du maître-autel** a été sculpté au 16e s. par **Gabriel Joli**. Cet artiste de valeur taille des visages puissants et accentue la torsion des bustes pour rendre le mouvement.

Église San Pedro – En dépit des remaniements du 18e s., cette église a conservé l'architecture mudéjar d'origine de sa tour et de son chevet.

Une dépendance de l'église fait office de **chapelle funéraire** ⊙ pour les Amants de Teruel. Les deux gisants en albâtre sont l'œuvre de Juan de Ávalos (20e s.). A travers les parois vitrées des tombeaux, on aperçoit les squelettes des Amants.

La collection Escapade de Michelin.
Cette nouvelle collection au format de poche, sympathique
et facile à utiliser, donne l'essentiel de ce qu'il faut voir
et vivre dans les plus grandes villes et
régions touristiques du monde. 28 titres disponibles.

TOLEDO★★★

TOLÈDE – Castille-la Manche

63 651 habitants

Carte Michelin nº 444 M 17 – Atlas España Portugal p. 52

Au sommet d'une éminence granitique, cernée par le Tage qui roule ses eaux verdâtres au fond d'un profond ravin, Tolède se profile comme un décor de théâtre sur le ciel castillan souvent d'un bleu lumineux. À l'intérieur de ses **remparts**, la ville dissimule une multitude de monuments et l'étonnant dédale de vieilles ruelles tortueuses qui font un magnifique cadre à la procession qui a lieu le dimanche suivant la **Fête-Dieu**. Tout ici évoque le passé : outre qu'une histoire brillante a martelé chaque pierre de Tolède, sa richesse artistique reflète la fusion qui, au Moyen Âge, s'est opérée comme à Cordoue entre les cultures chrétienne, juive et arabe.

Tolède est renommée pour ses **objets damasquinés** (acier bruni incrusté de fils d'or, d'argent et de cuivre) et pour ses excellentes spécialités culinaires : perdrix en daube et massepain.

★ **Le site** – Le site incomparable de la ville s'admire du boulevard périphérique qui, du pont d'Alcántara au pont de San Martín, suit, de la rive opposée sur 3,5 km, la boucle inachevée que forme le fleuve. De ces hauteurs écrasées de soleil qu'occupent les *cigarrales*, vastes oliveraies où se cachent de blanches demeures, plusieurs **belvédères**, dont la terrasse du **parador** (**BZ P**) qui se trouve au-dessus de la rocade *(carretera de circunvalación)*, ménagent des visions inoubliables de la cité, appesantie entre l'alcázar et le monastère San Juan de los Reyes. À la tombée du jour, ou la nuit, le spectacle est tout aussi saisissant.

OÙ SE LOGER...

Pour les tranches de prix, se reporter à la page 85.

« PETITS BUDGETS »

La Almazara - *À 3,5 km sur la route de Cuerva* – ☎ 925 22 38 66 - fax 925 25 05 62 - 21 chambres.
Petit hôtel qui occupe une ancienne résidence rurale du 16e s. L'édifice est typiquement tolédan : brique et poutres apparentes, tuiles. De la terrasse, on peut admirer une vue spectaculaire sur la ville. Les chambres sont un peu spartiates, mais correctes.

« NOTRE SÉLECTION »

Hostal el Cardenal (**BX c**) - *Paseo de Recaredo, 24* – ☎ 925 22 49 00 - fax 925 22 29 91 - 27 chambres.
L'ancienne résidence du cardinal Lorenzana a été transformé en un hôtel agréable. Les soirées dans le jardin sont un délice. Bon restaurant.

María Cristina (**CX a**) - *Marqués de Mendigorria, 1* – ☎ 925 21 32 02 - fax 925 21 26 50 - 73 chambres.
Il est situé à côté de l'Hôpital Talavera et présente un aspect similaire (brique apparente). Son intérieur conserve une abside mudéjar qui donne son nom au restaurant de l'hôtel. Les chambres sont spacieuses.

Pintor El Greco (**AY e**) - *Alamillos del Tránsito, 13* -- ☎ 925 21 42 50 - fax 925 21 58 19 - 33 chambres.
Situé au coeur de la Judería, très près de la maison du Greco. Le bâtiment, du 16e s., conserve encore quelques éléments d'époque. Le mobilier des salons et chambres est simple.

RESTAURANTS

Adolfo - *La Granada, 6* - ☎ 925 22 73 21.
Situé derrière la cathédrale dans un édifice historique doté d'un joli avant-toit à caissons. Sa cuisine sait combiner tradition et modernité. Bons plats de gibier.

Aurelio - *Plaza del Ayuntamiento, 4* -- ☎ 925 22 77 16.
Cadre typiquement castillan, sans trop de raffinements, poutres apparentes et nappes à carreaux. La cuisine présente des plats typiquement tolédans, comme la perdrix à l'étouffée, et des poissons frais.

Casón de los López Toledo - *Sillería, 3* - ☎ 925 5 47 74.
Installé dans une grande demeure du 16e s., ce restaurant offre la meilleure cuisine de la Manche en même temps que quelques plats plus internationaux. Remarquer, outre les plafonds à caissons mudéjars, un patio simple et élégant.

Tolède – Vue d'ensemble

UN PEU D'HISTOIRE

La ville impériale – Appréciant la valeur stratégique du site et sa position avantageuse au centre du pays, les Romains avaient fait de Toletum une cité fortifiée. Elle passa ensuite aux mains des Barbares et devint, à la fin du 6e s., le siège de la monarchie wisigothique. Défaits à Guadalete en 711, les Wisigoths abandonnent leur ville qui dépendra de Cordoue, jusqu'à ce qu'en 1012 elle prenne la tête d'un royaume indépendant. En 1085, Tolède est reconquise par Alphonse VI qui, deux ans plus tard, la choisit pour capitale, au détriment de Léon. À Alphonse VII, qui se fait couronner empereur, Tolède doit son titre de ville impériale. Sa population mêlée (Arabes, juifs, chrétiens) fait bientôt sa prospérité. Les Rois catholiques entreprennent l'édification du monastère St-Jean, et il faudra Grenade, reconquise en 1492, pour leur faire oublier Tolède. Charles Quint fait réédifier l'Alcázar. La ville est pourtant l'une des premières à prendre part à la révolte des comuneros *(voir p. 331)* dont le chef, **Juan de Padilla**, est justement un Tolédan. Padilla mort, sa veuve le remplace dans la lutte.

L'essor de Tolède s'interrompt en 1561 lorsque Philippe II fait de Madrid sa capitale. Tolède ne sera plus qu'une capitale religieuse, siège du Primat des Espagnes. Avec l'épisode de l'Alcázar pendant la guerre civile, elle retrouve une place dans les pages de l'histoire.

Tolède et les Wisigoths – Le nom de Tolède est inséparable de l'histoire des Wisigoths puisque ceux-ci, arrivés dans la péninsule au 6e s., la choisissent comme capitale dès 554. Les conciles siégeaient déjà à Tolède depuis l'an 400. Celui de 589, grâce à la conversion du roi Recarède, consacre l'hégémonie des Wisigoths et l'unification religieuse de l'Espagne. Malheureusement déchirés par les luttes seigneuriales, les Wisigoths n'auront pas assez de puissance à opposer aux musulmans et abandonnent Tolède en 711. Il faudra Pélage et un petit groupe de chrétiens réfugiés dans les monts Cantabriques pour redonner vigueur à une monarchie en voie d'extinction.

Tolède et les juifs – Tolède a été, pense-t-on, la ville la plus importante de toute l'Espagne hébraïque. Au 12e s., elle comptait plus de 12 000 juifs. Leurs synagogues n'ont pas de style propre, mais s'inspirent de l'art musulman. Les légendaires amours de Rachel avec le roi Alphonse VIII au 12e s. inspireront Lope de Vega dans *La Juive de Tolède*.

L'importance culturelle de la ville s'affirme au temps de **Ferdinand III** (1217-1252), monarque tolérant qui permet l'éclosion, favorisée par la fusion des races, d'un grand foyer intellectuel. Celui-ci connaîtra son apogée sous **Alphonse X le Sage** (1252-1284) qui aime à s'entourer de savants juifs et crée une école de traducteurs. Cependant, l'immunité dont jouissent les juifs a bientôt un terme. À Tolède a lieu en 1355 un véritable pogrom fomenté par les partisans de Henri de Trastamare ; à la même époque, le dominicain **saint Vincent Ferrier**, remarquable prédicateur, convertit de nombreux Séfarades *(voir index)*. En 1492, le décret d'expulsion des juifs d'Espagne, promulgué par les Rois catholiques, porte un coup rude à Tolède.

L'art mudéjar à Tolède – La ville, où depuis des siècles coexistaient différentes races et religions, voit, sous la domination chrétienne, s'épanouir l'art mudéjar qui se retrouve aussi bien dans la décoration des palais (Taller del Moro), des synagogues (Tránsito et Ste-Marie-la-Blanche) que dans l'architecture des églises. Ainsi, au 13e et au 14e s., la plupart des églises tolédanes conservent de l'art roman le **chevet** semi-circulaire, mais les arcatures aveugles y prennent les formes les plus variées, la pierre est remplacée par la brique et les **clochers**, carrés et décorés, évoquent des minarets. On y trouve souvent trois nefs séparées par des arcs en fer à cheval – vestige wisigothique –, une abside tripartite – réminiscence romane –, tandis que les voûtes laissent place à des charpentes de bois, travaillées à la manière musulmane.

★★ LE VIEUX TOLÈDE *une journée*

Dans le labyrinthe de rues étroites, sinueuses, parfois en escalier, dallées ou pavées de galets, on rencontre à chaque pas une église ou un palais ancien.

★★ Cathédrale ⊘ (BY)

Elle fut entreprise sous le règne de Saint Ferdinand III en 1227, sous l'impulsion de l'archevêque Rodrigo Jiménez de Rada. Contrairement aux autres églises locales, elle adopte le style gothique français. Sa construction, qui se prolonge jusqu'à la fin du 15e s., laisse ainsi apparaître tous les stades du gothique espagnol. De nombreuses adjonctions postérieures masquent actuellement les lignes originelles. La richesse de la décoration sculptée et l'accumulation des œuvres d'art en font cependant un excellent musée d'art religieux.

Extérieur – La **Puerta del Reloj**, au flanc gauche, est la plus ancienne (13e s.), mais elle a été modifiée au 19e s.

La façade principale se compose de trois portails très élevés, du 15e s., dont la partie supérieure a été terminée aux 16e et 17e s. ; au centre, la **Puerta del Perdón** montre une profusion de statues et un tympan où est illustrée la légende selon laquelle la Vierge, pour remercier saint Ildefonse, évêque de Tolède au 7e s., de la dévotion qu'il lui témoignait, vint s'asseoir sur le siège épiscopal le jour de l'Assomption et lui remit une magnifique chasuble brodée.

La tour, harmonieuse, date du 15e s. Le dôme qui remplace la seconde tour a été créé au 17e s. par le fils du Greco. Sur la façade Sud, la **Puerta de los Leones** (15e s.), exécutée par Hennequin de Bruxelles et Juan Alemán, a été flanquée en 1800 d'un portail néo-classique.

Entrer par la porte del Mollete qui, située à gauche de la façade principale, donne accès au cloître.

Intérieur – Ce n'est pas l'élévation qui frappe ici, mais plutôt la largeur et la robustesse de l'ensemble, impression accrue par la hauteur fort inégale des cinq nefs et les épais piliers qui la soutiennent. Une remarquable parure de vitraux (1418-1561) garnit les baies nombreuses. De magnifiques grilles ferment le chœur, le coro, et la plupart des chapelles latérales. On ne manquera pas de remarquer les chapeaux de cardinaux pendus au-dessus des tombeaux des primats d'Espagne.

Chœur – C'est la plus somptueuse partie de l'édifice : elle a été agrandie au 16e s. par le cardinal Cisneros. L'immense **retable★★** sculpté, polychrome, de style flamboyant, est une œuvre admirable, de dimensions imposantes. La vie du Christ s'y répartit sur 5 rangées de sculptures. À la prédelle, statue de la Vierge en argent (1418). À gauche, le beau tombeau de marbre du cardinal Mendoza, plateresque, est de Covarrubias. Le gisant est dû à un artiste italien.

Coro – Une série de hauts-reliefs du 14e s. et de chapelles grillagées composent l'enclos du coro fermé par une grille élégante (1547). Il renferme de magnifiques **stalles★★★** des 15e et 16e s. dont la partie inférieure en bois, due à Rodrigo Alemán, retrace en 54 scènes les épisodes de la conquête de la province de Grenade, avec un souci du détail et du pittoresque extraordinaire, tandis que la partie supérieure en albâtre (16e s.), représentant des personnages de l'Ancien Testament, a été exécutée à gauche par Berruguete, à droite par Felipe Bigarny (Philippe de Bourgogne). Le bas-relief central illustrant la Transfiguration est également dû à Berruguete. Le style de Berruguete frappe par l'impression de mouvement, tandis que celui de Bigarny est plus figé.

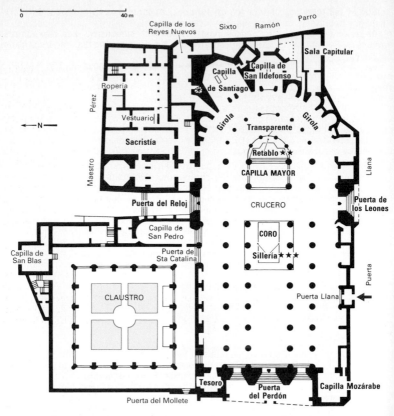

De belles orgues à la sonorité remarquable surplombent le coro, qu'occupent au
centre deux lutrins en bronze et un lutrin gothique en forme d'aigle. La Vierge
Blanche (14e s.), en marbre, est un chef-d'œuvre de l'art français.

Déambulatoire – Il est double, surmonté d'un élégant triforium à arcs polylobés
et bordé de sept absidioles entre lesquelles s'intercalent de petites chapelles
carrées. La voûte est remarquable. On a peu de recul pour contempler derrière
le sanctuaire le **Transparent**★, la discutable mais célèbre œuvre de Narciso Tomé
Il compose une étrange tache baroque dans ce temple gothique : par l'ouverture
percée dans le déambulatoire et destinée à éclairer le tabernacle, les rayons du
soleil mettent en valeur l'exubérant ensemble d'anges, de nuages et de rayons
entourant la Vierge, et au-dessus la Cène. La **chapelle San Ildefonso** abrite de beaux
tombeaux, en particulier au centre celui du cardinal Gil de Albornoz (14e s.)
La **chapelle Santiago** sert de mausolée à la famille du connétable don Álvaro de
Luna.

Salle capitulaire – Un beau plafond mudéjar, deux armoires de noyer décorées dans
le style plateresque ornent l'antichambre. Remarquables sont les encadrements
des portes d'accès en stucs mudéjars ainsi que les moulures de leurs vantaux de
style plateresque. Dans la salle capitulaire même, beau **plafond mudéjar**★ polychrome. Les peintures sont de Jean de Bourgogne. Au-dessous, parmi les portraits
de prélats, on distingue deux toiles de Goya (1804 et 1823).

Sacristie – Dans la première salle, surmontée d'une voûte peinte par Lucas Jordán
est exposée une importante collection de **toiles du Greco**★. Toute l'attention se
concentre sur *El Expolio*, toile où la personnalité de l'artiste, pourtant à peine arrivé
en Espagne, est perceptible. Tout s'efface autour de la personne du Christ à qui
les soldats arrachent sa tunique rouge. On voit aussi, du peintre, un Apostolat
complet. De grands maîtres sont représentés ici, avec un portrait du pape Paul II
dont l'air accablé est remarquablement souligné par Titien, une *Sainte Famille* de
Van Dyck, une *Dolorosa* de Morales et *L'Arrestation du Christ*, où Goya se montre
habile à dépeindre la canaille et joue de la lumière avec une grande virtuosité. Une
vitrine contient un *Saint François d'Assise* sculpté, l'une des œuvres les plus
fameuses et les plus caractéristiques de Pedro de Mena (17e s.). Dans la
garde-robe, citons les portraits du cardinal Borgia par Vélasquez et d'Innocent X
par Van Dyck ainsi qu'un Ribera.

Dans l'ancienne lingerie : ornements liturgiques utilisés par les prélats depuis le 15ᵉ s.

De la sacristie, on accède aux **nouvelles salles du musée** de la cathédrale, installées dans la maison du Trésorier. Elles abritent des œuvres du Caravage, du Greco, de Bellini et de Morales.

Trésor – Un joli portail platéresque dû à Alonso de Covarrubias donne accès à la chapelle située sous le clocher. Admirer le plafond mudéjar de style grenadin et le splendide **ostensoir**★★ (16ᵉ s.) d'argent doré, réalisé par Enrique de Arfe, que l'on transporte dans les rues le jour de la Fête-Dieu (Corpus Christi). Il pèse 180 kg et mesure 3 m de haut. La custode au centre a été ciselée dans l'or ramené d'Amérique par Colomb. On conserve aussi une Bible du 13ᵉ s. offerte par Saint Louis à saint Ferdinand.

Chapelle mozarabe – Située sous le dôme, elle fut édifiée pour la célébration du rite mozarabe par le cardinal Cisneros, restaurateur au 16ᵉ s. de ce culte qui, aboli au 11ᵉ s., remontait à l'époque wisigothique.

Cloître – La sobriété de l'architecture de la galerie inférieure (14ᵉ s.) contraste avec la décoration des murs, en partie couverts de fresques de Bayeu représentant la vie des saints tolédans (saint Eugène, saint Ildefonse).

Sur la place de l'Hôtel-de-Ville se dressent l'**archevéché** du 18ᵉ s. (**BY B**), l'**hôtel de ville** du 17ᵉ s. (**BY H**), à la façade classique, et le **tribunal** (Audiencia) (**BY**), du 14ᵉ s.

Autres monuments du vieux Tolède

Église Santo Tomé ⊘ (**AY**) – Belle tour mudéjar (14ᵉ s.) semblable à celle de San Román. L'intérieur abrite le célèbre tableau du Greco, *Les Funérailles du comte d'Orgaz*★★★ qui fut exécuté vers 1586 pour cette église. Il retrace le miracle de l'apparition de saint Augustin et de saint Étienne, venus enterrer eux-mêmes le comte d'Orgaz. Tout le talent de l'artiste s'exprime dans les contrastes

Les Funérailles du comte d'Orgaz, par le Greco

de couleur et de lumière faisant ressortir les visages et les mains – d'un réalisme remarquable –, dans la minutie avec laquelle il peint les habits sacerdotaux, l'armure du défunt, et dans l'impression de recueillement donnée aux personnages qui déjà semblent participer au monde surnaturel représenté dans la partie supérieure.

* Casa-museo de El Greco ⊘ **(AY M¹)** – Le Greco s'installa en 1585 dans un groupe de maisons appartenant au marquis de Villena. L'idée vint au marquis de Vega Inclán, au début du siècle, d'entreprendre la restauration de l'une d'entre elles et de faire édifier, à côté, un petit musée consacré à l'artiste.

La **maison** est un charmant exemple de résidence tolédane du 16ᵉ s. On a reconstitué au premier étage l'atelier du peintre où l'on peut voir un *Saint Pierre pénitent* (Lágrimas de San Pedro), réplique de celui de la cathédrale, et son cabinet de travail avec une de ses toiles, *Saint François et le frère Léon*.

Musée – Plusieurs œuvres du maître sont rassemblées au premier étage : *Vue et plan de Tolède*, version différente de celle du Prado (il y a représenté son fils), portraits, et surtout les Apôtres au complet, entourant le Christ bénissant. La série, postérieure à celle de la cathédrale, montre une facture déjà plus excessive. La **chapelle**, au rez-de-chaussée, possède un retable dont le *Saint Bernardin de Sienne* est dû au Greco. Intéressant *Couronnement d'épines*, de l'école hispano-flamande. Remarquer le plafond mudéjar polychromé.

** Sinagoga del Tránsito ⊘ **(AYZ)** – Des dix synagogues que comptait le quartier juif de Tolède (Judería), c'est la seule qui subsiste avec Ste-Marie-la-Blanche. Sa construction fut financée au 14ᵉ s. par Samuel Ha-Levi, trésorier du roi Pierre le Cruel. En 1492, elle fut transformée en église et bientôt dédiée à la dormition (*tránsito*) de la Vierge, d'où son nom actuel.

C'est un petit édifice d'apparence banale dont l'intérieur surprend par la merveilleuse **décoration mudéjar**** couvrant la partie supérieure des murs et le chevet. Un beau plafond artesonado en bois de cèdre coiffe cette salle rectangulaire. Toute la partie haute des murs est garnie de 54 arcatures polylobées, certaines aveugles, d'autres percées de délicates dentelles de pierre. Au-dessous, au chevet, court une frise de *mocárabes* tandis que les murs latéraux portent les armes de Castille encadrées d'inscriptions en caractères hébraïques à la gloire de Pierre le Cruel, de Samuel Ha-Levi et du dieu d'Israël. Les trois arcs au centre du mur oriental sont surmontés d'un magnifique panneau d'entrelacs où font saillie des rosettes ; dans les panneaux latéraux, deux inscriptions relatent la fondation de la synagogue. Sur le mur Sud s'ouvre la galerie qui était réservée aux femmes. Les salles annexes, de l'ancien couvent de Calatrava, converties en **Musée séfarade** (Museo Sefardí), contiennent de belles pièces d'origine judaïque : tombes, costumes et livres. Certaines sont des présents de **sefardim** (nom que l'on donne aux descendants de juifs expulsés d'Espagne en 1492).

* Santa María la Blanca ⊘ **(AY)** – C'était, à la fin du 12ᵉ s., le principal temple juif de Tolède. En 1405, elle fut offerte aux chevaliers de Calatrava, transformée en église et reçut son nom actuel. Le chevet a été modifié au 16ᵉ s., mais l'intérieur

Intérieur de Ste-Marie-la-Blanche

a gardé l'aspect d'une mosquée de style almohade. Cinq nefs de niveau étagé se succèdent, séparées par des arcs en fer à cheval que soutiennent 24 piliers octogonaux. L'enduit blanc met en valeur les **chapiteaux**★, combinant entrelacs et pommes de pin, et la remarquable décoration de la partie supérieure. Retable du 16e s. en bois sculpté polychrome.

★ **Monastère San Juan de los Reyes** ⊘ (**AY**) – Érigé par les Rois catholiques reconnaissants à Dieu d'avoir remporté sur les Portugais la victoire de Toro, le monastère fut confié à l'ordre franciscain. L'ensemble est très représentatif du style isabélin, qui mêle au gothique flamboyant quelques touches du style mudéjar, et même Renaissance, car la construction se prolongea jusqu'au début du 17e s. L'extérieur garde un aspect assez sobre malgré la multitude de pinacles et la balustrade de pierre qui couronnent l'édifice et la lanterne octogonale très ornée. Le portail Nord, réalisé par Covarrubias, représente saint Jean entouré de saints franciscains. Les chaînes suspendues aux murs de la façade sont celles de prisonniers libérés des Maures en Andalousie.

Cloître – Très restauré, le cloître n'en garde pas moins grande allure avec ses arcades flamboyantes et son original étage plateresque (1504) couronné d'une balustrade et de pinacles. À l'étage, on admire un plafond artesonado mudéjar.

Église – Incendiée en 1808, elle a été restaurée. L'ample nef unique, caractéristique des églises isabélines, est surmontée à la croisée du transept d'une coupole avec lanterne. La riche **décoration sculptée**★ exécutée par Juan Guas pare l'édifice d'une dentelle de pierre. Une crénelure ajourée sépare le corps supérieur de la nef du corps inférieur et forme au transept deux tribunes, destinées à l'origine aux Rois catholiques. Les murs du transept sont couverts d'une magnifique frise d'écussons royaux, soutenus par l'aigle de saint Jean. On remarque, aux culs-de-lampe des transepts, la présence de mocárabes mudéjars, et aux arcs triomphaux une pittoresque série de têtes en haut relief. Un beau retable plateresque du 16e s. remplace le retable original.

Non loin se dressent un palais wisigothique, ainsi qu'une porte, la **puerta del Cambrón** (**AY**) : celle-ci tient son nom des espèces de buissons *(cambroneras)* qui l'entouraient jadis. Elle appartenait à la muraille wisigothique et fut reconstruite au 16e s.

Dans la calle de Santo Tomé, prendre à gauche la pittoresque Traversía de Campana.

On longe, sur la petite place ombragée dénommée del Padre Mariana, la monumentale façade baroque de l'**église San Ildefonso** (**BY**), puis plus haut l'**église San Pedro** (**BY**).

★ **Église San Román** (**BY**) – Au point culminant de la ville, cette église mudéjar du 13e s. arbore une belle tour presque identique à celle de Santo Tomé. À l'intérieur les trois nefs séparées par des arcades en fer à cheval font penser à Ste-Marie-la-Blanche. Les murs sont recouverts de fresques du 13e s. représentant la résurrection des morts, les évangélistes et sur le mur du fond un des conciles de Tolède. L'abside a été modifiée au 16e s. : une coupole a été construite par Covarrubias ; le retable du 18e s. est intéressant.

Elle présente les collections du **musée des Conciles de Tolède et de la Culture wisigothique** (Museo de los Concilios y de la Cultura Visigótica ⊘). Les vitrines contiennent de beaux bijoux de bronze et des copies des couronnes votives décorées de cabochons de Guarrazar (originaux au Musée archéologique de Madrid). De nombreuses stèles sont disposées sur les murs : fragments de chapiteaux, de balustrades de chœur, de pilastres, revêtus de frises géométriques ou de rinceaux.

En face de l'église, **portail** plateresque du couvent de San Clemente (**BY K**).

Sur la plaza de San Vicente, remarquer le chevet mudéjar de l'**église San Vicente** (**BY**) et remonter la calle de la Plata que bordent des demeures ornées de portails sculptés.

Plaza de Zocodover (**BCY**) – Centre de Tolède, cette place triangulaire animée a été reconstruite après la guerre civile, de même que l'arc de la Sangre qui ouvre sur la calle de Cervantès.

★ **Museo de Santa Cruz** ⊘ (**CXY**) – Le cardinal Pedro González de Mendoza, archevêque de Tolède, mourut sans voir réalisé son projet : construire un hôpital pour malades et enfants trouvés. La reine Isabelle se chargea de mener à bien l'entreprise. C'est un bel ensemble plateresque commencé par Enrique Egas et terminé par Covarrubias à qui l'on doit la **façade**★. Au tympan du portail, on reconnaît le cardinal Mendoza agenouillé devant la croix entre sainte Hélène, saint Pierre, saint Paul et deux pages. Sur les arcs figurent les vertus cardinales. Au-dessus, deux jolies fenêtres encadrent un haut-relief représentant saint Joachim et sainte Anne.

L'architecture intérieure est remarquable par le volume de la nef et du transept dessinant une croix grecque sur deux niveaux et par la beauté des p. caissons.

TOLEDO

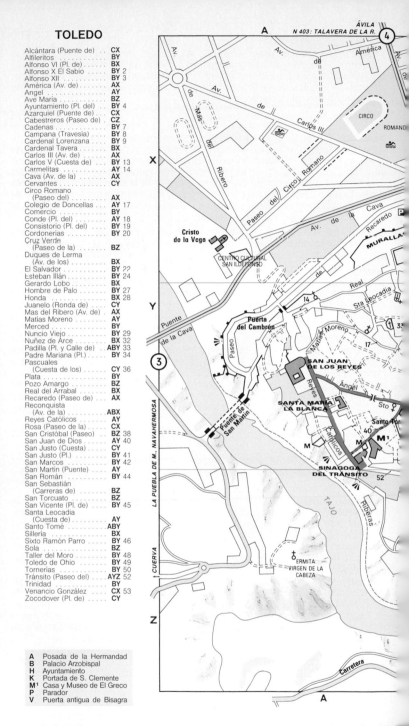

La présentation, le nombre des œuvres exposées, notamment la **collection d** **peintures**★ des 16e-17e s. et la série des **18 toiles du Greco**★, rendent la visite trè intéressante.

Rez-de-chaussée – La première partie de la nef contient des tapisseries flamandes d 16e s., des œuvres de **primitifs**★ et la *Tapisserie des Astrolabes ou des signes d zodiaque*, réalisée en Flandre au milieu du 15e s. pour la cathédrale de Tolède, qu séduit par l'originalité de sa composition et le modernisme de ses tons. Dans l bras droit du transept, remarquer *L'Ascension et la Présentation de Marie a Temple*, œuvre du Maître de Sigena. Dans la deuxième partie de la nef descend d la voûte l'immense étendard de Lépante qu'arborait la galère de don Jua d'Autriche. Au bas de l'étendard, un crucifix du 17e s. évoque celui qui aurait fa gagner la bataille, aujourd'hui dans la cathédrale de Barcelone. Dans le bras gauch du transept : *Christ attaché à la colonne*, par Morales.

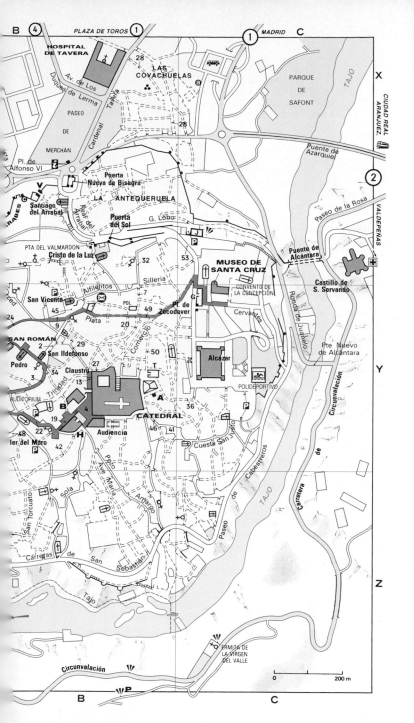

1er **étage** – L'escalier donne accès au bras gauche du transept où sont exposées les **toiles du Greco**★. On admirera la douceur des visages de son *Immaculée* et de sa *Véronique montrant la Sainte Face*, la réplique de *l'Expolio*, postérieur à celui de la cathédrale. Le **retable de l'Assomption**★ est caractéristique de sa dernière période (1613) par l'allongement des personnages et l'audace exagérée des couleurs.
Dans le bras droit du transept, *La Sainte Famille à Nazareth* de Ribera révèle ici un maître du ténébrisme lumineux et délicat. Dans la première partie de la nef, des tapisseries de Bruxelles (16e s.) relatent la vie d'Alexandre le Grand ; de l'école de Pascual de Mena (17e s.), buste de *Dolorosa* et *Ecce Homo*.
Le **patio plateresque**★ frappe par l'élégance de ses arcades que complètent les ajours de sa balustrade, par la beauté de ses plafonds mudéjars et surtout par son magnifique **escalier**★ créé par Covarrubias. Les salles attenantes font o⸍ musée archéologique et d'arts décoratifs.

Le Greco

Né en Crète en 1541, le Grec Dominikos Theotokópoulos est l'un des grands de la peinture espagnole. Après avoir travaillé en Italie auprès de Titien, il arrive en 1577 à Tolède, où il réside jusqu'à sa mort (1614). S'il n'a pas l'heur de plaire à Philippe II, la ville qui l'adopte lui assure sa fortune. Chez ce peintre formé aux techniques italiennes prédomine plutôt une sorte de hiératisme byzantin qui se traduit par un allongement des silhouettes s'accentuant avec l'âge.

On est étonné par l'éminente personnalité de son art visionnaire : les déformations, la crudité et la froideur des teintes, la violence des touches contribuent à créer, particulièrement dans les œuvres de l'âge mûr, une impression d'hallucination. L'obsession du surnaturel est présente dans toute son œuvre. Aussi généralement la composition de la toile est-elle étagée par deux plans, ciel et terre, car le Greco ne veut considérer la vie terrestre que comme une étape vers l'éternité. La plupart de ses modèles rayonnent d'une intense vie spirituelle.

AUTRES CURIOSITÉS

À l'intérieur des remparts

Alcázar ⊘ (**CY**) – Maintes fois détruit, l'Alcázar dresse sa masse énorme et orgueilleuse sur l'un des sommets de la cité. De l'ancienne forteresse du 13e s., dont le Cid avait été le premier gouverneur, Charles Quint décida de faire sa résidence et confia les travaux à Covarrubias de 1538 à 1551. Son continuateur fut Herrera, à qui on doit la sévère façade Sud, aux lignes verticales.

Le siège de 1936 n'en laissa que des ruines. Du 21 juillet au 28 septembre, les cadets d'infanterie, sous le commandement du colonel Moscardó, résistèrent aux assauts incessants des républicains, maîtres de la ville. Leurs familles, environ 600 femmes et enfants, étaient réfugiées au sous-sol.

Aujourd'hui, devant la façade de l'Alcázar reconstruit tel qu'il se présentait au temps de Charles Quint, se dresse le monument de la Victoire, œuvre d'Avalós. À l'intérieur de l'Alcázar on visite le sous-sol où vécurent les familles des « Cadets » et à l'étage le bureau du colonel Moscardó qui, sommé par téléphone de rendre l'Alcázar sous peine de voir son fils fusillé, refusa héroïquement : l'exécution eut lieu un mois plus tard le 23 août.

Autour du patio, dans les salles aménagées en musée, sont présentés uniforme et armes.

Posada de la Hermandad (**BY A**) – Les fenêtres grillagées donnent un aspect inquiétant à cette ancienne prison du 15e s.

Puerta del Sol (**BX**) – Cette porte de la seconde enceinte de la ville fut reconstruit au 14e s. C'est une belle réalisation mudéjar. Elle s'ouvre sur deux arcs en fer cheval circonscrits.

Au centre un bas-relief, plus tardif, représente la remise de la chasuble par la Vierge à saint Ildefonse. Au sommet, dans la décoration en brique d'arcature aveugles, a été encastrée une curieuse sculpture : deux jeunes filles soutenant un plateau portent une tête coupée qui, selon une légende, serait celle de l'*alguaz* principal de la ville coupable d'avoir violé les jeunes filles.

Cristo de la Luz (**BX**) – Sur les restes d'un temple wisigothique, les Arabes édifièrent en l'an 1000 une mosquée, qui fut transformée au 12e s. en église mudéjar. On raconte que, lors de l'entrée d'Alphonse VI dans Tolède, le cheval d Cid, qui l'accompagnait, s'agenouilla soudain devant le mur de l'édifice, refusan d'aller plus avant. On découvrit, à l'intérieur du mur, un Christ qu'illuminait un lampe wisigothique. Ce « Christ de la lumière » donna son nom à l'église.

Trois arcs de facture différente, des arcatures aveugles entrecroisées, une range de croisillons surmontés de caractères coufiques composent la façade.

À l'intérieur, les piliers, pour la plupart d'origine wisigothique, soutiennent d arcatures superposées comme le sont celles de la mosquée de Cordoue. Les ne coupoles, inscrites dans les carrés, sont étonnantes par leurs compositions, tout différentes.

Du jardin attenant, on accède au sommet de la Puerta del Sol : vue sur la ville

Taller del Moro ⊘ (**BY**) – Cet « atelier » utilisé pour y entreposer les matéria destinés à la construction de la cathédrale est un ancien palais qui a conservé décoration mudéjar. Les salles illuminées par de petites fenêtres ajouré communiquent par des ouvertures en fer à cheval décorées d'« atauriques », déc en stuc de style almohade.

Église Santiago del Arrabal (**BX**) – Restaurée, cette belle église mudéjar renfer la chaire gothico-mudéjar très travaillée, où aurait prêché saint Vincent Ferri Intéressant retable du 16e s.

En dehors des remparts

★ **Hospital de Tavera** ⊘ (**BX**) – Fondé au 16e s. par le cardinal Tavera, l'hôpital fut commencé par Bustamante en 1541, terminé par González de Lara et les Vergara, puis modifié au 17e s. Après la guerre civile, sa propriétaire, la duchesse de Lerma, fit restaurer l'aile gauche et y aménagea de **somptueux appartements**★, dans le style du 17e s. Plusieurs tableaux de valeur ornent les différentes pièces.

Au **rez-de-chaussée**, la vaste bibliothèque regroupe les archives de l'hôpital sous forme de dossiers reliés en cuir par des artisans arabes. Parmi les tableaux exposés, *La Sainte Famille* du Greco retient l'attention : la Vierge possède un des plus beaux visages jamais peints par l'artiste. Remarquer aussi *La Naissance du Messie* par le Tintoret, *Le Philosophe* de Ribera et, dans une salle annexe, le très étrange portrait de *La Femme à barbe* du même peintre.

Au **premier étage**, dans les salles de réception, une autre œuvre du Greco, le *Portrait du cardinal Tavera*, peint d'après un masque mortuaire, voisine avec *Samson et Dalila* du Caravage et des portraits des marquis de las Navas par Antonio Moro. Au centre de l'élégant double patio *(illustration p. 43)*, une galerie mène à l'**église**. On y entre par un portail en marbre de Carrare, œuvre d'Alonso Berruguete, artisan également du tombeau du cardinal Tavera. Le retable du maître-autel a été dessiné par le Greco.

La dernière œuvre du Greco, le remarquable *Baptême du Christ*★, où allongement des silhouettes et éclatement des couleurs atteignent leur paroxysme, y est exposé. Donnant sur le patio, l'ancienne pharmacie de l'hôpital a été reconstituée.

Puerta Antigua de Bisagra (**BX V**) – C'est par cette porte percée dans l'ancienne muraille arabe qu'Alphonse VI pénétra dans la ville en 1085.

Puerta Nueva de Bisagra (**BX**) – Cette porte a été construite par Covarrubias en 1550 et agrandie à l'époque de Philippe II. Les tours rondes qui font face à la route de Madrid encadrent un gigantesque écusson impérial.

Puente de Alcántara (**CX**) – À proximité, une plaque, apposée à la muraille, rappelle l'endroit où saint Jean de la Croix, emprisonné dans un couvent, s'enfuit par une fenêtre pour échapper à ses persécuteurs. Le pont date du 13e s. Il est précédé à l'Ouest par une tour mudéjar et à l'Est par un arc baroque. On aperçoit les murailles crénelées du **château de San Servando**, du 14e s., restauré. Face à l'Alcázar, il protégeait la vallée.

Puente de San Martín (**AY**) – Reconstruit au 14e s. à la suite d'une crue, ce pont médiéval porte, au Sud, une belle tour crénelée octogonale.

Cristo de la Vega (**AX**) – L'église du Christ de la Vega ou de Ste-Léocadie se dresse à l'emplacement d'une basilique wisigothique du 7e s., siège de plusieurs conciles de l'Église catholique. Elle aurait été le théâtre de l'apparition de sainte Léocadie à saint Ildefonse et au roi. Très modifié au 18e s., l'édifice a gardé une haute et belle abside mudéjar. À l'intérieur, un Christ moderne remplace l'ancien Christ auquel s'attachent plusieurs légendes, en particulier celle de la jeune fille qui, abandonnée par son fiancé, était venue l'implorer : le Christ, en signe d'approbation, lui aurait tendu le bras.

ENVIRONS

Guadamur – *15 km. Sortir de Tolède par ③ du plan puis prendre à gauche la CM 401.* Le **château** ⊘, qui domine le village, a été édifié au 15e s. et restauré à la fin du siècle dernier. Jeanne la Folle et son fils Charles Quint y séjournèrent. Les appartements, aménagés à l'espagnole, renferment de beaux meubles d'époque.

TORDESILLAS

Castille et Léon (Valladolid)
7 637 habitants
Carte Michelin n° 442 H 14-15
Atlas España Portugal p. 24

Bassée sur la rive abrupte du Duero, cette ville a donné son nom au célèbre **traité de Tordesillas**. Signé en 1494 par les rois d'Espagne et du Portugal et arbitré par le pape Alexandre VI Borgia, ce traité consacra le partage du Nouveau Monde entre l'Espagne et le Portugal. Toutes les terres découvertes, ou à découvrir, à l'Ouest d'une ligne joignant les pôles et passant à 370 lieues du cap Vert, revenaient désormais à l'Espagne ; celles situées à l'Est étaient attribuées au Portugal à qui échut ainsi le Brésil.

Après la mort de son mari Philippe le Beau en 1506, **Jeanne la Folle** s'installa à Tordesillas et y vécut 46 ans, confinée dans le désespoir. Elle fut enterrée dans le couvent Santa Clara avant que son corps ne soit transporté à Grenade.

★ **Couvent Santa Clara** ⊙ – Cet ancien palais construit par Alphonse XI en 1350, en commémoration de la bataille de Salado, fut transformé en couvent par son fils Pierre le Cruel pour y installer María de Padilla qu'il avait épousée secrètement, dit-on, bien que déjà marié à Blanche de Bourbon. Pour María qui gardait la nostalgie des beautés de Séville, il fit fleurir l'art mudéjar au cœur de la Castille.

Le **patio**★, avec ses arcs polylobés et en fer à cheval, a reçu une décoration d'entrelacs et de céramiques multicolores. La **chapelle dorée** a une belle coupole mudéjar. On y voit divers objets anciens : orgue de Jeanne la Folle, virginal de Charles Quint et clavicorde de Philippe II, et un devant d'autel du 13ᵉ s.

L'**église** occupe l'emplacement de l'ancienne salle du trône ; dans le chœur, le plafond **artesonado**★★ est remarquablement ouvragé. Dans la **chapelle des Saldañas**, de style gothique fleuri, tombeaux des fondateurs et retable du 15ᵉ s., ancien autel portatif.

ENVIRONS

Medina del Campo – *24 km au Sud par la N VI.* Au Moyen Âge cette ville était réputée pour ses foires. Aujourd'hui, c'est un nœud ferroviaire important et une grande cité agricole où a lieu un important marché dominical (les commerces ferment le jeudi et ouvrent le dimanche). Isabelle la Catholique mourut ici en 1504.

★ **Château de la Mota** – Sur une hauteur à côté de la ville, tout en briques et flanqué d'un énorme donjon, il a fière allure. Jeanne la Folle y résida souvent et le sinistre César Borgia fut emprisonné deux ans dans le donjon.

TORO

Castille et León (Zamora)

9 649 habitants

Carte Michelin nº 441 ou 442 H 13 – Atlas España Portugal p. 23

Toro est construite en bordure du Douro, au cœur d'une vaste plaine argileuse soumise par endroits à une forte érosion. On y cultive le blé, au Nord du fleuve, dans la Tierra del pan, et la vigne, au Sud, dans la Tierra del vino.

La plupart des églises romanes de la ville, construites en brique et intéressantes par leur décoration mudéjar, ont beaucoup perdu avec l'âge. Au contraire, la collégiale bâtie en calcaire a bien supporté l'épreuve du temps.

★ **Collégiale** ⊙ – Les travaux, amorcés en 1160 avec l'élégante tour-lanterne du transept, se sont terminés en 1240 par le portail occidental.

Extérieur – Le **portail Nord**, roman, rappelle certains portails saintongeais dont il reprend les thèmes familiers : ainsi, en haut, les vieillards de l'Apocalypse et, en bas, des anges reliés par une corde symbolisant l'unité de la Foi.

Le **portail occidental**★★, gothique, dont la polychromie a été rénovée au 18ᵉ s., est le chef-d'œuvre de la collégiale. Dédié à la Vierge, il montre sur son archivolte la cour céleste et sur la dernière voussure une scène frappante du Jugement dernier. Les statues des jambages du trumeau et du tympan, quoiqu'un peu raides, montrent des visages très jeunes.

Intérieur – S'arrêter sous la **coupole**★, l'une des premières réalisées en Espagne, dont le tambour à deux étages de fenêtres laisse bien pénétrer la lumière. La base des pendentifs s'orne du symbole des évangélistes. En bas de la nef, des statues de bois polychromes, adossées aux piliers, reposent sur des consoles dont l'une est sculptée d'une savoureuse « naissance d'Ève » *(sous l'ange)*. Dans la sacristie, la *Vierge à la mouche*★, magnifique tableau flamand, a été attribué soit à Gérard David, soit à Memling.

Église San Lorenzo ⊙ – C'est la mieux conservée des églises romanes en brique de Toro. Avec sa base en pierre, ses arcatures aveugles, sa corniche supérieure en dents de scie, le chevet se rattache au style mudéjar de Castille et León. Encadré de tombeaux platéresques, le **retable** gothique fut peint par Fernando Gallego.

ENVIRONS

San Cebrián de Mazote – *30 km au Nord-Est par la C 519.* Rare exemple d'architecture mozarabe, l'**église** ⊙ (10ᵉ s.), de plan cruciforme, comprend trois nefs séparées par des arcs en fer à cheval. Si les modillons sont typiquement mozarabes, certains chapiteaux et bas-reliefs montrent la survivance du style wisigothique.

TORTOSA★★

Catalogne (Tarragone)
29 717 habitants
Carte Michelin n° 443 J 31 – Atlas España Portugal p. 45

Sur les hauteurs dominant l'Èbre, Tortosa fut longtemps la dernière ville avant la mer, chargée de défendre le seul pont de la région. Depuis le château de **la Suda**, aujourd'hui parador, s'offre une **vue** intéressante sur la ville, l'Èbre et la vallée. Sur les hautes terres, retenues par des murets de pierre, poussent les oliviers et, en bas, les primeurs, le maïs, les orangers et les pêchers protégés du vent par des rangées de cyprès. Le secret de cette fertilité est dans le limon du fleuve *(voir en fin de rubrique : delta del Ebro)*.

Un peu d'histoire – Cité romaine puis wisigothique, les Arabes la conquirent en 714 et construisirent la forteresse de la Suda. Reconquise par Raymond Bérenger IV en 1148, elle conserva pendant plusieurs siècles une forte proportion de Maures et de juifs, éléments actifs et cultivés.

Pendant la bataille de l'Èbre (juillet 1938), plus de 150 000 républicains tombèrent ici.

LA VIEILLE VILLE *3 h*

★★ **Cathédrale** ⊘ – C'est un édifice gothique, d'un style très pur, bien que la construction ait duré de 1347 à 1547. La **façade**★ baroque (18e s.) est richement décorée de chapiteaux à motifs végétaux, de colonnes galbées et de reliefs flamboyants.

L'**intérieur**★★ aux lignes sobres est composé, dans la nef centrale, de deux niveaux de très hautes arcades. Un double déambulatoire entoure l'abside. Le chœur est entouré de chapelles rayonnantes sans séparation entre elles ; les plans prévoyaient des remplages savamment ouvragés, comme on le voit à l'entrée gauche du déambulatoire, mais ce projet trop onéreux ne fut pas poursuivi.

Le retable du maître-autel présente un grand **polyptyque**★ de bois sculpté et peint (14e s.) qui raconte la vie du Christ et de la Vierge.

Le **retable de la Transfiguration**★ (16e s.), attribué à Jaime Huguet, avec sa riche ornementation et ses délicats personnages, présente également un grand intérêt.

Dans la nef, les deux **chaires**★ de pierre du 15e s. montrent de magnifiques bas-reliefs représentant, à gauche, les évangélistes et leurs symboles, et, à droite, les docteurs de l'Église latine (les saints Grégoire, Jérôme, Ambroise et Augustin).

T. Vidal/GC (DICT)

Tortosa vue de la Suda

* **Chapelle Nuestra Señora de la Cinta** – *2e chapelle à droite*. Bâtie entre 1642 et 1725 dans le style baroque, décorée de peintures, de jaspes et de marbres du pays, elle abrite une relique de la ceinture de la Vierge que les fidèles vénèrent pendant la première semaine de septembre.

  Cuve baptismale – *1re chapelle à droite*. Cette cuve fut, dit-on, fontaine dans les jardins de l'antipape Benoît XIII, Pedro de Luna, et porte ses armes *(voir à Peníscola)*.

  L'austère **cloître** (14e s.) adossé au collatéral droit contient un grand nombre de stèles et de reliefs funéraires.

* **Palais épiscopal** ⊙ – Construit aux 13e et 14e s., on y voit un joli patio catalan du 14e s. avec son escalier droit le long d'un côté et sa galerie à arcades et fines colonnes. À l'étage, donnant dans une belle salle de réception, la chapelle gothique se signale par son portail sculpté et sa voûte d'ogives. Des culs-de-lampe sculptés de personnages soutiennent les nervures de chaque côté des fausses fenêtres qui achèvent la décoration raffinée de l'ensemble.

* **Collèges royaux** ⊙ – L'empereur Charles Quint fonda en 1564 ce bel ensemble Renaissance formé des collèges Sant Lluís, Sant Jordi et Sant Domènec.

  Le portail du **collège Sant Lluísa**, qui assurait l'éducation des jeunes musulmans convertis, est symboliquement décoré de deux sphinx représentant le savoir, flanqués du blason impérial. Au-dessus veillent saint Jacques et saint Mathias, patrons de l'institution. Le décor du beau **patio**★★ rectangulaire présente une réelle originalité par les attitudes et les expressions données aux personnages sculptés sur les reliefs. Il abrite aujourd'hui l'**Arxiu d'Història comarcal de les Terres de l'Ebre**★ ⊙, où sont conservées une importante collection de documents relatifs à la commune, des inscriptions lapidaires et des monnaies.

  La façade du **collège Sant Jordi i Sant Domènec** porte l'inscription latine « *Domus sapientiae* », identifiant le rôle de l'édifice.

  Église Sant Domènec – Construite au 16e s., cette église qui faisait partie des Collèges royaux est aujourd'hui le siège du **Musée municipal** qui comporte une collection numismatique importante.

* **Llotja de Mar** – L'ancienne bourse de Commerce maritime, beau bâtiment gothique (14e s.) à deux nefs rectangulaires séparées par des arcs en plein cintre, fut transférée en 1933 à son emplacement actuel.

ENVIRONS

★★ **Parque Natural del Delta del Ebro** ⊙ – *25 km à l'Est*. Une excursion en bateau permet de remonter l'Èbre depuis Deltebre jusqu'à l'embouchure *(45 mn aller et retour)*. Le parc, d'une superficie de 7 736 ha, fut créé en 1983 dans le but de préserver les oiseaux et de favoriser le développement économique du delta. Formé d'une masse énorme d'alluvions provenant des monts Cantabriques, des Pyrénées et des plateaux aragonais, c'est une étendue marécageuse fermée par l'île de Buda. Les trois quarts des terres sont occupées par les cultures de riz et des primeurs.

TRUJILLO★★

Estrémadure (Cacérès)

8 919 habitants

Carte Michelin n° 444 N 12 – Atlas España Portugal p. 50

Le bourg moderne ne laisse pas pressentir l'originalité et le charme de la ville ancienne établie un peu plus haut sur une plate-forme granitique. Hâtivement fortifiée par les Maures au 13e s., cette vieille cité d'aspect arabe s'est peu à peu « ennoblie » grâce aux demeures élevées aux 16e et 17e s. par les « Indianos ».

Une pépinière de conquistadors – « Vingt nations d'Amérique ont été conçues dans le sein de Trujillo », dit-on, tout au moins faut-il reconnaître à cette cité la glorieuse paternité d'un nombre exceptionnel d'aventuriers et de pionniers du Nouveau Monde comme **Francisco de Orellana**, parti explorer en 1542 le légendaire « pays des Amazones », ou **Diego García de Paredes**, surnommé pour sa force herculéenne « Samson de l'Estrémadure ». Mais le plus célèbre de tous est **Francisco Pizarro** (1475-1541), le conquérant du Pérou. Figure étonnante que ce porcher qui mourut fabuleusement riche et marié à une princesse inca. Renouvelant la tactique de Fernando Cortés au Mexique, Pizarro se saisit par ruse de l'empereur Atahualpa, fit exécuter, s'empara de ses richesses et de sa capitale Cuzco en 1533. Bientôt découverte des mines d'argent de Potosí plaça le Pérou au centre d'un Empire espagnol. Mais la rivalité de Pizarro et de son compagnon Almagro se fit implacable. Les clans opposés multiplièrent les complots et les assassinats. Almagro disparut premier en 1538, bientôt suivi par Pizarro tué dans sa propre maison.

★★ PLAZA MAYOR (z)

La Plaza Mayor, comme tout le quartier ancien de Trujillo, a un aspect moins austère qu'à Cacérès. Les maisons nobles, en général plus tardives (16ᵉ et 17ᵉ s.), sont ici allégées d'arcades, de loggias ou de fenêtres d'angle. L'emploi très répandu de la chaux et les ruelles plus escarpées ajoutent de la fantaisie à ce quartier. À ceux qui visitent Trujillo au printemps et en été, la tribu claquetante des cigognes fait une aimable compagnie.

Originale par sa disposition irrégulière, ses plans successifs reliés par de larges escaliers et la grande variété de style des maisons nobles qui la bordent, la Plaza Mayor est évocatrice d'un art de vivre ancien. La nuit, elle produit l'impression d'un décor de théâtre. Elle mérite d'être examinée en détail.

Statue équestre de Pizarro (YZ) – Bronze des sculpteurs américains C. Rumsey et Mary Harriman (1927).

Église San Martín (Y) – 16ᵉ s. Le parvis Sud servait aux réunions publiques. Les murs massifs en pierre de taille et moellons enserrent une immense nef où s'éparpillent de nombreuses dalles funéraires.

Palais des ducs de San Carlos (Y) – 17ᵉ s. Aujourd'hui couvent de religieuses cloîtrées. Haute façade granitique décorée dans un style de transition classique-baroque avec une fenêtre d'angle surmontée de l'aigle à deux têtes, blason des Vargas. On peut visiter le **patio** à deux étages d'arcades en plein cintre et le très bel escalier à quatre volées.

Palais du marquis de Piedras Albas (Z) – La loggia Renaissance a été aménagée dans le mur gothique d'origine.

Palais du marquis de la Conquista (Z L) – Élevé par Hernando Pizarro, le frère du conquistador, et percé d'un grand nombre de fenêtres toutes grillagées. Au 17ᵉ s., on égaya l'ensemble par une **fenêtre d'angle**★ de style platéresque ; à sa gauche, bustes de Francisco Pizarro et de sa femme ; à sa droite, ceux de Hernando et de sa nièce qu'il avait prise pour femme ; au-dessus blason de la famille. Au couronnement de la façade, de petites statues figurent les mois.

Ancien hôtel de ville (Z J) – Sur ce bâtiment du 16ᵉ s. aujourd'hui occupé par le palais de justice, on a replacé en guise de façade les trois étages d'arcades Renaissance d'un patio qui tombait en ruine.

Casa de las Cadenas (Y R) – Les chaînes auraient été déposées par des chrétiens libérés des Maures.

Torre del Alfiler (Y) – Clocher mudéjar à la silhouette vétuste mais attachante, affublé d'une pointe et qui semble être le lieu de prédilection des cigognes.

R. Mazin/DIAF

La Plaza Mayor

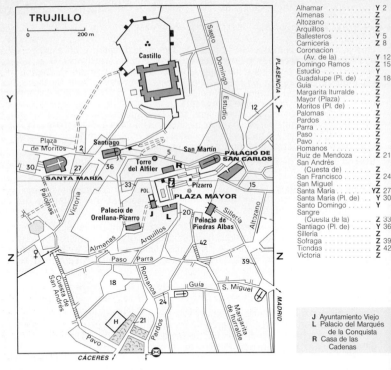

TRUJILLO

AUTRES CURIOSITÉS

Palacio de Orellana Pizarro (Z) – Du 16e s. Belle galerie d'étage plateresque.

Église Santiago (Y) – Son clocher roman du 13e s. et la haute tour seigneuriale qui lui fait face encadrent l'arc de Santiago, l'une des sept portes d'accès à la vieille ville. Nef remaniée au 17e s.

★ **Église Santa María** ⊘ (Y) – 13e s. Cet édifice gothique dont les voûtes en réseau furent réédifiées au 15e s. sert de panthéon aux célébrités de Trujillo. On verra dans le coro alto, éclairé par une grande rose, les deux chaires en pierre d'où les Rois catholiques assistaient aux offices quand ils séjournaient dans la cité. Les 24 panneaux du **retable**★ gothique décorant le maître-autel sont attribués à Fernando Gallego. Du haut du clocher, **vue** agréable sur les toits bruns, les arcades de la Plaza Mayor et le château.

Château (Y) – Bien dégagé au sommet de la plate-forme qui lui a fourni son bel appareil de granit, il se présente comme une enceinte crénelée renforcée de nombreuse grosses tours carrées. La patronne de Trujillo, N.-D.-de-la-Victoire, trône en haut du donjon. Des courtines, on domine la ville et sa Plaza Mayor.

TUDELA★

Navarre

26 163 habitants
Carte Michelin n° 442 F 25 – Atlas España Portugal p. 28

C'est le grand centre de la Ribera, une région agricole qui, grâce à l'irrigation, est devenue un véritable jardin potager (asperges, haricots, artichauts, piments...). Dépendance du califat de Cordoue au 9e s., la ville a conservé un important quartier maure (Morería) et d'anciennes demeures de style mudéjar.
Tous les ans à la Sainte-Anne (26 juillet) se déroulent, comme à Pampelune, pendant plusieurs jours des *encierros* et corridas. Pendant la Semaine sainte, la « descente de l'ange » a lieu sur la pittoresque **plaza de los Fueros** qui fit office d'arènes au 18e s.

CURIOSITÉS

★ **Cathédrale** ⊘ – 12e-13e s. C'est un excellent exemple de l'architecture de transition romano-gothique.
Le **portail du Jugement**★, surprenant ensemble sculpté, difficile à voir globalement à cause du manque de recul, expose près de 120 groupes de personnages illustrant le Jugement dernier.

L'**intérieur**, roman dans son élévation, est gothique dans les voûtes et les fenêtres hautes. Si l'on excepte la clôture du coro et quelques chapelles latérales baroques, l'église est riche en œuvres gothiques : stalles du coro (début 16e s.), retable du maître-autel, *Notre-Dame-la-Blanche* (vers 1200 – statue reliquaire en pierre d'allure byzantine) dans la chapelle absidiale droite. La **chapelle N.-D.-de-l'Espérance★**, juste à côté, renferme plusieurs chefs-d'œuvre du 15e s. : le sépulcre d'un chancelier du roi de Navarre et le retable central.

Le **cloître★★** (12e-13e s.) est très harmonieux. Les arcades romanes reposent alternativement sur deux ou trois colonnes aux chapiteaux historiés qui relatent, pour la plupart, les épisodes du Nouveau Testament et de la vie des saints. Le style est d'inspiration aragonaise. Dans le mur d'une des galeries a été conservée une porte de l'ancienne mosquée.

Église San Nicolás – Située calle Rúa, dans le vieux quartier. En la réédifiant au 18e s., on a remplacé sur la façade en brique de style mudéjar le tympan roman d'origine où figure Dieu le Père assis, tenant son fils et entouré des symboles des évangélistes.

ENVIRONS

Tarazona – *21 km au Sud-Ouest par N 121* (Aragon). Cette ville fut quelque temps au Moyen Âge la résidence des rois d'Aragon et conserve autour de l'ancienne demeure royale devenue **palais épiscopal** un vieux quartier aux rues étroites dominant les quais du río Queiles.

Cathédrale ⊘ – Elle fut en grande partie reconstruite aux 15e et 16e s. Plusieurs styles y sont représentés : mudéjar aragonais (tour-clocher et tour-lanterne), Renaissance (portail), gothique avec les **tombeaux** finement sculptés des Calvillos, deux cardinaux d'Avignon, dans la **2e chapelle★** du déambulatoire à gauche.

Le **cloître mudéjar** montre des remplages mauresques exécutés dans le plâtre au 16e s.

À proximité, on peut voir une petite place fermée et entourée de logements, la **plaza de toros vieja** (18e s.) qui faisait office d'arènes.

★★ **Monastère de Veruela** ⊘ – *39 km de Tudela et 17 km de Tarazona. De Tarazona, prendre la N 122 vers Zaragoza puis à droite la Z 373.*
Des moines cisterciens venus de l'abbaye d'Escaladieu, près de Bagnères-de-Bigorre, fondent, au milieu du 12e s., un monastère qu'ils entourent d'une enceinte fortifiée. C'est ici que **Bécquer**, poète sévillan du siècle dernier, écrivit ses *Lettres de ma cellule* où il décrit le pays aragonais à la façon d'un guide de tourisme avant la lettre.

★★ **Église abbatiale** – Élevée à une époque de transition entre le roman et le gothique, elle présente une façade très sobre mais charmante : un oculus, une rangée d'étroites arcatures curieusement dépourvues de base, un portail décoré de frises, billettes et chapiteaux.
L'intérieur, voûté d'ogives, surprend par ses vastes dimensions. Les arcs doubleaux sont brisés dans la nef centrale, outrepassés dans les collatéraux et le déambulatoire. Une chapelle platéresque avec porte sculptée polychrome a été aménagée au 16e s. dans le bras gauche du transept. En face, la porte de la sacristie est d'un style rococo surprenant.

★ **Cloître** – Il s'épanouit dans un gothique très fleuri. Remarquer au rez-de-chaussée les culs-de-lampe sculptés de têtes d'hommes et d'animaux. La galerie platéresque du 1er étage subsiste sur trois côtés. La **salle capitulaire★** est d'une grande pureté cistercienne. Les quinze premiers abbés du monastère sont enterrés là.

TUI / TUY★

Galice (Pontevedra)
15 346 habitants
Carte Michelin n° 441 F 4
Atlas España Portugal p. 20

Ville frontalière avec le Portugal, Tui frappe d'abord par le **site★** du quartier ancien escaladant une colline rocheuse sur la rive droite du Miño, en face de la forteresse portugaise de Valença. On appréciera particulièrement ce site depuis le **parc de Santo Domingo** au chevet de l'église gothique du même nom.
Cette ville fit l'objet d'un peuplement très ancien comme en témoignent les vestiges découverts sur le mont Alhoya. Elle fut ensuite occupée par les Romains, les Arabes, les Normands et connut une grande expansion au Moyen Âge.
Depuis la construction du pont international du Minho (1884), œuvre de Gustave Eiffel, Tui est devenu un nœud de communication entre le Portugal et la Galice.

CURIOSITÉS

Chargée d'histoire, Tui est une des villes les plus anciennes des quatre provinces de Galice ; ses maisons blasonnées et ses ruelles coupées d'escaliers montant vers la cathédrale témoignent de ce riche passé.

★ **Cathédrale** ⊙ – Trapue, frangée de créneaux et flanquée de tours puissantes, elle a l'allure d'une forteresse et en eut longtemps le rôle. Consacrée en 1232, elle est en grande partie d'un style romano-gothique dont la simplicité s'accorde parfaitement au rôle militaire. Le portail Nord roman, souligné d'arcades maçonnées dans le mur, est presque sévère. La façade occidentale, par contre, s'orne d'un porche ajouté au 14e s. qui, s'il répond toujours au rôle défensif, tire un grand parti décoratif de ses arcs en tiers-point et abrite un **portail**★ abondamment sculpté. Sous les voussures ciselées, le tympan glorifie la Mère de Dieu ; au-dessus de l'Adoration des Mages et des Bergers se profilent les tours de la Jérusalem céleste que l'artiste a su rendre aérienne par le jeu de la matière et du vide.

À l'**intérieur**, on est frappé par les poutres de consolidation ajoutées entre le 15e s. et le 18e s. pour pallier l'inclinaison des piliers. Dans le plan du transept, à trois nefs, se lit l'influence de Compostelle ; les deux églises sont les seules d'Espagne à posséder cette caractéristique. Du 16e s. au 18e s., des modifications ont été apportées dans les différentes chapelles. Les stalles du chœur racontent la vie et les miracles de saint Telmo, patron de Tui.

Au-dessus des galeries du **cloître**, larges et sobrement décorées à la manière cistercienne, le chemin de ronde réserve de jolies vues sur le fleuve et sa vallée.

Chapelle San Telmo – Le dominicain **saint Pedro González Telmo** vécut à Tui où il mourut vers 1240. À l'emplacement de la maison du saint, en contrebas de la cathédrale, une chapelle de style portugais conserve ses reliques. Dans la crypte *(accès rúa do Corpo Santo)* les pèlerins se recueillent devant l'alcôve où mourut le dominicain.

ÚBEDA★★

Andalousie (Jaén)
31 962 habitants
Carte Michelin n° 446 R 19 – Atlas España Portugal p. 76

Úbeda fut jadis extrêmement prospère. Reconquise dès 1234, elle fut l'une des bases de la Reconquête. Elle offre au visiteur l'un des plus remarquables ensembles urbains d'Espagne, marqué surtout par la Renaissance.

Artisanat traditionnel, la poterie se pratique toujours calle Valencia (**BY**).

Pendant la Semaine sainte, la procession nocturne du Vendredi saint est particulièrement solennelle.

★★QUARTIER ANCIEN 1 h 1/2

★★ **Plaza Vázquez de Molina** (**BZ**) – Bordée de bâtiments anciens, dont le **palais du doyen Ortega** (**BZ C**) transformé en parador, elle est le centre monumental d'Úbeda.

Casa de las Cadenas (BZ H) – Ainsi nommé car il est précédé d'une cour bordée de chaînes, ce palais, aujourd'hui hôtel de ville, fut construit en 1562 par Vandelvira à qui l'on doit

Détail de la maison des Sauvages

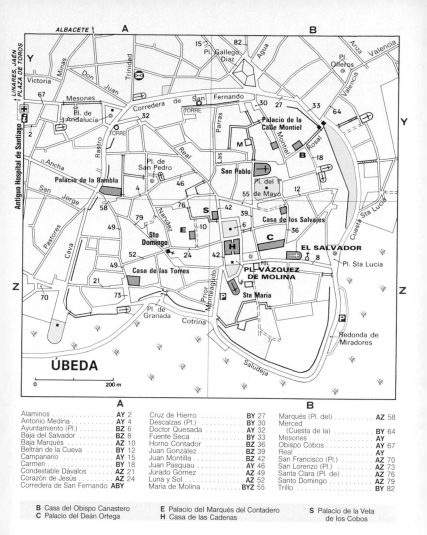

ÚBEDA

`0 ——— 200 m`

B Casa del Obispo Canastero
C Palacio del Deán Ortega
E Palacio del Marqués del Contadero
H Casa de las Cadenas
S Palacio de la Vela de los Cobos

également la cathédrale de Jaén. Sur la façade, à la fois majestueuse et discrète, alternent les baies et les pilastres et, dans les parties hautes, cariatides et atlantes. Le patio, bordé d'arcades légères, donne accès à la plaza del Ayuntamiento.

Au 2e étage, la salle des archives, couverte d'un artesonado sur toute la longueur de la façade, offre de belles vues sur la place et la ville.

Église Santa María (BZ) – Elle est assez hétérogène : la porte principale et celle de la Consolada, sur le côté gauche, sont du 17e s., le cloître du 16e s. Les **chapelles**★ aux encadrements finement sculptés ont de belles **grilles**★, dues pour la plupart à maître Bartolomé.

★ **Église El Salvador** ⊙ **(BZ)** – *En dehors des offices, entrer par une porte sur le côté gauche de l'église.* Édifice somptueux et très homogène, elle fut conçue en 1536 par Diego de Siloé. Sa façade, un peu massive, réunit la plupart des thèmes ornementaux de la Renaissance.

L'**intérieur**★ est théâtral. La nef, aux voûtes soulignées de bleu et or, est fermée par une grille monumentale. Au-delà, le chœur compose une sorte de rotonde dont l'immense retable (16e s.) forme un baldaquin où s'incruste le groupe de la Transfiguration (dont il ne subsiste que le Christ) sculpté par Berruguete. La **sacristie**★★, due à Vandelvira, s'orne de caissons, de médaillons, de cariatides et d'atlantes avec toute la grâce de la Renaissance italienne.

Casa de los Salvajes (BZ) – Deux « sauvages », vêtus de peaux de bêtes, ceinturés de ronces, présentent le blason d'un évêque.

★ **Église San Pablo (BY)** – Elle mêle harmonieusement le style gothique de son portail occidental au style isabélin du **portail Sud** (1511). L'intérieur contient de remarquables **chapelles**★ souvent ornées de belles grilles. On remarquera la chapelle des Têtes de mort, dessinée par Vandelvira, et celle de las Mercedes, richement sculptée dans le style isabélin.

Palacio de la calle Montiel (BY) – Portail monumental encadré de hautes colonnes torses.

Casa del Obispo Canastero (BY B) – Sur la façade dont les pierres à facettes sont rehaussées de sculptures, deux soldats présentent les armes du propriétaire.

Palacio del Marqués del Contadero (AZ E) – Sa façade (fin 18e s.) couronnée d'une galerie témoigne de la persistance du style Renaissance à Úbeda.

Palacio de la Vela de los Cobos (ABZ S) – Sa noble façade, surmontée d'une galerie à arcades, se prolonge en retour d'angle.

AUTRES CURIOSITÉS

Casa de las Torres (AZ) – Serrée entre deux tours carrées, la façade est ornée à profusion, dans le style plateresque, de motifs délicatement sculptés.

Antiguo Hospital de Santiago – *Sortir du plan par la calle Obispo Cobos* **(AY)**. Au-dessus de l'entrée de cet ancien hôpital, abritant aujourd'hui un centre culturel, un haut-relief représente saint Jacques Matamore. Patio à arcades et majestueux escalier à voûte polychrome (1562-1575).

Palacio de la Rambla (AY) – Sur le portail, deux guerriers présentent les armes de la maison.

Église Santo Domingo (AZ) – Donnant sur la petite place pittoresque, son portail Sud est un délicat ouvrage Renaissance orné de rinceaux et de rosaces.

UCLÉS

Castille-la Manche (Cuenca)

297 habitants

Carte Michelin n° 444 M 21 – Atlas España Portugal p. 54

Le château-monastère dresse sa masse imposante sur la colline qui domine le village. Uclés fut entre 1174 et 1499 le siège de l'ordre de Santiago.

Du fait de sa situation, ce petit village a été le théâtre de nombreux combats ; dans la bataille d'Uclés (1108) les Almoravides écrasèrent l'armée du roi Alphonse VI de Castille.

Castillo-monasterio ⊙ – L'édifice actuel fut commencé en 1529 dans le style plateresque, mais la plus grande partie des travaux furent l'œuvre de **Francisco de Mora** (1560-1610), disciple de Herrera, qui essaya de construire son Escurial ; on l'appelle d'ailleurs le petit Escurial. Deux réalisations harmonieuses sont à mettre à l'actif des sculpteurs baroques : la fontaine de la cour et la porte principale. En faisant à pied le tour extérieur des bâtiments, on découvre un large panorama.

UJUÉ★

Navarre

209 habitants

Carte Michelin n° 442 E 25 – Atlas España Portugal p. 15

Juché sur un sommet, dominant le pays de la Ribera, Ujué est resté tel qu'au Moyen Âge, avec ses rues tortueuses et ses façades pittoresques.

Sa **romería** est célèbre : chaque année depuis le 14e s., le dimanche suivant la Saint-Marc (25 avril), se déroule la procession traditionnelle avec des pénitents, en robe noire à capuchon et portant une croix, qui viennent de toute la région implorer la Vierge d'Ujué dans le sanctuaire.

Le sanctuaire – Une église, romane, avait été construite à la fin du 11e s. Au 14e s., le roi Charles II le Mauvais entreprit d'édifier l'église gothique ; mais les travaux durent être interrompus et le chœur roman subsista. Dans la chapelle centrale est vénérée **Santa María la Blanca**, statue romane en bois recouverte de plaques d'argent.

La forteresse – Des tours de l'église, la vue s'étend jusqu'à Olite, le Montejurra et les Pyrénées. Ce poste d'observation eut toujours un rôle militaire : du palais médiéval il reste de hauts murs et un chemin de ronde couvert qui contourne l'église.

VALDEPEÑAS

Castille-la Manche (Ciudad Real)
25 067 habitants
Carte Michelin n° 444 P 19 – Atlas España Portugal p. 65

À la limite Sud de la vaste zone viticole de la Manche, Valdepeñas produit un vin de table de grande production.

L'animation du bourg se concentre autour de la place d'Espagne où les maisons peintes en bleu et blanc reposent sur des portiques. Sur un des côtés, l'**église de la Asunción**, d'un gothique tardif, présente une tour harmonieuse et une galerie supérieure plateresque.

ENVIRONS

★ **San Carlos del Valle** – *22 km au Nord-Est*. Ce petit village possède une ravissante **plaza Mayor**★ du 18ᵉ s. mise en valeur par la chaude couleur de la brique. Au n° 5 l'ancien hospice conserve un portail en pierre et un patio typique. L'église baroque, couronnée d'un dôme et de quatre lanternons, domine la place.

Las Virtudes – *24 km au Sud*. Ce village se vante de posséder les plus anciennes **arènes** d'Espagne (1641). De forme carrée, elles sont bordées sur une de leurs faces par le **sanctuaire de Nuestra Señora de las Virtudes** ⊙, du 14ᵉ s., dont la nef est ornée d'un plafond mudéjar et le chœur d'un retable churrigueresque.

VALÈNCIA★★

VALENCE – Communauté valencienne
777 427 habitants
Carte Michelin n° 445 N 28 – Atlas España Portugal p. 57
Plan d'agglomération dans le guide Rouge Michelin España Portugal

Troisième ville d'Espagne, Valence a le tempérament d'une grande cité méditerranéenne, agréable par la douceur de son climat et la lumière qui la baigne. Ses larges avenues (Grandes Vías), agrémentées de palmiers et de ficus, ceinturent le quartier ancien avec ses portes fortifiées, ses églises, ses rues étroites bordées de magasins aux devantures désuètes et de demeures gothiques, dont on aperçoit parfois l'élégant patio. Mais Valence est également une ville en pleine modernisation. Certains projets architecturaux comme la **cité des Sciences et des Arts**, le **pont de Calatrava** ou le **palais des congrès** de Foster la situent à l'avant-garde de l'architecture contemporaine.

Elle est la capitale d'une province riche par son agriculture et les activités industrielles (construction navale, métallurgie, meubles, chimie, papier, textiles, etc.) que dessert son port, **el Grau de València**, très actif, surtout pour les exportations (agrumes, primeurs, vins, etc.).

L'activité touristique s'est aussi développée de façon importante du fait de sa situation sur la **Costa del Azahar**. Ce nom poétique qui signifie « côte de la fleur d'oranger » évoque la large frange sablonneuse qui se développe au Nord et au Sud de Valence. Cette côte très ensoleillée, protégée par les sierras des vents venus de la Meseta, est devenue l'un des grands centres du tourisme estival en Espagne. Valence compte deux plages, du **Levant** et de **Malva-rosa**, reliées au centre-ville par un moderne tramway. Dans les stations balnéaires : **Benicàssim**, **Oropesa**, **Peñíscola**, **Benicarló** et **Vinaròs** au Nord, **el Saler**, **Cullera**, **Gandia**, **Oliva** au Sud, les immeubles se sont multipliés, formant un insolite paysage urbain entre les longues plages de sable et les orangeraies.

2 000 ans d'histoire – Fondée par les Grecs en 138 avant J.-C., Valence passa ensuite aux mains des Carthaginois, des Romains, des Wisigoths puis des Arabes. En 1094, elle est reconquise par **le Cid**. Le héros, devenu duc de Valence, s'y retire et y meurt en 1099. Trois ans plus tard, la ville est reprise par les Maures, mais, en 1238, Jacques Iᵉʳ le Conquérant réussit à s'en emparer ; il en fait la capitale d'un royaume lié à l'Aragon. Valence est prospère jusqu'à la fin du 15ᵉ s. puis traverse une période de déclin à la suite de la découverte de l'Amérique, qui voit le développement des ports d'Andalousie. Au 17ᵉ s., grâce à l'industrie de la soie, la ville retrouve sa vitalité économique.

Depuis deux siècles Valence a joué un rôle dans toutes les insurrections. Au moment de la guerre de Succession (1701-1714), elle soutient l'archiduc d'Autriche et se trouve dépouillée de ses privilèges. En 1808, elle se soulève contre les Français mais est prise en 1812 par Suchet. En 1843 elle s'insurge sous la direction du général **Narváez** pour restaurer la régence de Marie-Christine. Enfin, pendant la guerre civile en mars 1939, les troupes républicaines s'y réfugient après la chute de la Catalogne.

L'art à Valence – Valence connaît au 15e s. une brillante période économique
artistique. La vieille ville a gardé de nombreux témoins de la floraison architectura
à l'époque gothique : édifices civils (palais, portes des murailles, bourse de commerc
ou religieux (cathédrale). En peinture plusieurs artistes atteignent la renommée : L
Dalmau, qui fait pénétrer l'influence flamande en Espagne, **Jaime Baço** dit **Jacomart**
son collaborateur **Juan Reixach**, chez qui se mêlent les influences flamande et italienn
les peintures de **Rodrigo de Osona le Vieux** et de son fils ont encore l'austérité flamand
Enfin, les artisans valenciens du 15e s. font preuve de leur talent dans la plupart d
arts décoratifs : ferronnerie, orfèvrerie, broderie. Mais c'est surtout dans
céramique, à Paterna et à Manises, que la région acquiert une solide réputation (v
le musée de la Céramique).

La huerta de Valence et La Albufera – La ville est située sur les rives du Turia au cœ
d'une campagne très fertile que l'on nomme ici la huerta. Grâce à un systèm
d'irrigation très étudié, établi par les Romains et perfectionné par les Arabes, d
milliers d'orangers, de citron-
niers poussent ici ainsi que des
primeurs, exportés vers toute
l'Europe.

Au Sud de Valence, une vaste
lagune, **La Albufera** (nom arabe
qui signifie la petite mer), maintenant protégée dans le cadre

Pour plus ample information sur le parc
naturel, s'adresser au centre d'interprétation ⏱ del **Racó de l'Olla** (☎ 961 62 73 45).

d'un **parc naturel**, est séparée de la Méditerranée par un cordon littoral, le Dehes
Depuis le 13e s., elle est exploitée en rizières et zone de pêche. Ses anguill
composent un des menus très typiques que l'on peut déguster dans les pet
restaurants de **El Palmar** (18 km au Sud), à moins qu'on ne leur préfère la célèb
paella.

Le tribunal des eaux – Depuis le Moyen Âge, la juridiction de la huerta est régie par
tribunal des eaux. Tous les jeudis à 12 h les représentants des zones irriguées p
chacun des huit canaux, accompagnés de l'alguazil, se réunissent devant la porte d
Apôtres de la cathédrale. Une fois exposés les délits, les juges, tous vêtus de no
discutent le cas et la sentence (imposition d'une amende, privation d'eau, donc
ressources) est prononcée immédiatement par le juge le plus âgé. Elle est orale, m
sans appel.

C'est à **Vicente Blasco Ibáñez** (1867-1928), écrivain naturaliste comparé parfois à Zo
que la huerta doit d'avoir sa place dans la littérature avec les romans hauts en coule
que sont La Barraca, Entre naranjos, etc. L'action de Cañas y Barro a pour cadre
Albufera. Un petit **musée** ⏱ est désormais consacré à cet écrivain dans le chalet qu
avait construit sur la plage de la Malva-rosa.

Les « Fallas » – Tous les ans, Valence est en fête pendant la semaine qui précède
19 mars. La coutume daterait du Moyen Âge. À l'époque, la corporation d
charpentiers brûlait le jour de la Saint-Joseph, dans des feux appelés fallas (du la
fax, torche), les chutes de bois. Le nom devint celui de la fête. Le temps aidant,
se mit à fabriquer ce qu'on destinait au feu comme des mannequins figurant d
individus peu appréciés. Au 17e s. cela devint de grands ensembles en carton-pâte
– les quartiers rivalisant entre eux – atteignent aujourd'hui des dimensic
extraordinaires. On attribue des prix à ces réalisations éphémères où ne manque
jamais le sens artistique ni l'intention satirique. La nuit du 19 mars l'incendie
cremá des fallas est accompagné de feux d'artifice, défilés, corridas, etc.

Un intéressant musée, le **museu fallero** ⏱, consacré à cette tradition, présente
ninots ayant échappé à l'« exécution » de 1934 à nos jours.

★ LA VILLE ANCIENNE 2 h

★ **Cathédrale** ⏱ (EX) – Elle occupe l'emplacement d'une mosquée. Les trava
commencèrent en 1262, mais la plus grande partie de l'édifice date des 14e
15e s. À la fin du 18e s., la restauration néo-classique masqua complèteme
l'architecture gothique ; les lignes primitives ont été à présent dégagées.

★ **Le Miguelete** ⏱ – Cette tour octogonale, accolée à la façade, appelée Micalet par
Valenciens, doit son nom à la grosse cloche baptisée le jour de la Saint-Michel.
son sommet on surplombe les toits de la cathédrale et la ville aux innombrab
coupoles d'églises aux tuiles vernissées.

Extérieur – La façade principale (début 18e s.), élégante quoique à l'étroit dans
espace restreint, a été réalisée d'après le projet d'un architecte allema
imitateur du style baroque italien. L'Assomption au fronton est l'œuvre d'Igna
Vergara et d'Estève.

La Puerta del Palau, au Sud, est romane. La **Portada de los Apóstoles**, au No
gothique, est décorée de sculptures qui ont souffert malheureusement de
mauvaise qualité de la pierre. Au tympan, la Vierge à l'Enfant, qui provient
trumeau, est entourée d'anges musiciens.

Intérieur – Bien que les voûtes gothiques soient assez peu élevées, on est frappé par la clarté qui provient des fenêtres aux vitres d'albâtre de l'élégante **tour-lanterne**, bel exemple de style gothique flamboyant. Le retable du maître-autel peint, au début du 16e s., par Fernando de Llanos et Yáñez de la Almedina représente la vie du Christ et de la Vierge dans un style très léonardesque.

Dans le déambulatoire, derrière le maître-autel, un beau portique Renaissance cache une Résurrection (1510) en albâtre translucide. En face, la Virgen del Coro (15e s.), en albâtre polychrome, voisine avec le Christ « de la bonne mort » situé dans une chapelle.

★ **Chapelle du Santo Cáliz** ou **salle capitulaire** – C'était au 14e s. une salle d'études. Elle est surmontée d'une élégante voûte étoilée. Derrière l'autel, douze bas-reliefs d'albâtre dus au sculpteur florentin Poggibonsi (dit à

Le Miguelete

Valence Julián Fiorentino) font partie d'un bel ensemble gothique au centre duquel trône une magnifique coupe de cornaline. Il s'agirait du Saint-Graal des légendes, que l'on dit avoir servi pendant la Cène et dans lequel auraient été recueillies quelques gouttes du sang du Christ. Elle aurait été apportée en Espagne au 3e s., au monastère de San Juan de la Peña, puis fut remise par les rois d'Aragon à la cathédrale de Valence au 15e s. La chapelle donne accès au **musée** ⊙ dans lequel, outre le monumental ostensoir réalisé après la guerre civile, on peut admirer deux toiles de Goya représentant saint François Borgia.

Museu de la Ciutat ⊙ (**EX M²**) – Le musée municipal occupe un petit édifice noble du 19e s., le palais du marquis de Campo. Il est constitué de la pinacothèque municipale et d'une petite section d'histoire consacrée à la ville, de sa fondation à l'époque chrétienne.

Cripta Arqueológica de la Cárcel de San Vicente ⊙ (**EX**) – Cette petite chapelle wisigothique recèle une sépulture entourée de quatre tambours de porte finement décorés ainsi que deux sarcophages wisigoths en pierre.

Almudín (**EX E**) – C'est un ancien dépôt à grains des 14e-16e s. où l'on remarque des fresques de style populaire et deux autels en azulejos du 19e s. Des expositions temporaires y sont organisées.

Nuestra Señora de los Desamparados ⊙ (**EX B**) – Elle abrite la statue de la patronne vénérée des Valenciens : la Vierge des Abandonnés (desamparados).

★ **Palacio de la Generalidad** ⊙ (**EX**) – Construit au 15e s., ce beau palais gothique (auquel une tour fut ajoutée au 17e s., puis une autre identique au 20e s.) fut, jusqu'en 1707, le siège des députés des Cortes valenciennes chargées de recueillir l'impôt.

On pénètre dans un élégant patio gothique décoré d'une sculpture de Benlliure, L'Enfer de Dante (1900). Puis on visite un salon doré dont le **plafond artesonado**★, doré et polychromé, est admirable ; un grand tableau représente le tribunal des eaux. Au 1er étage, la salle des rois (portraits des rois valenciens) donne accès à l'oratoire (retable du Valencien Juan Sariñena du 16e s.) et au grand salon des Cortes dont la frise d'azulejos et le plafond à caissons datent du 16e s. Plusieurs peintures (16e s.) représentent les membres des Cortes.

Calle de Caballeros (**DEX**) – Rue principale de l'ancienne ville, elle est encore bordée de plusieurs maisons qui ont conservé leur patio gothique (no 22).

San Nicolás ⊙ (**DX**) – Une des plus anciennes églises de la ville ; l'intérieur a été complètement transformé dans le style churrigueresque. On peut y admirer des peintures du 16e s. : retable de Juan de Juanes dans la chapelle à gauche de l'entrée, calvaire d'Osona le Vieux dans la chapelle des fonts baptismaux.

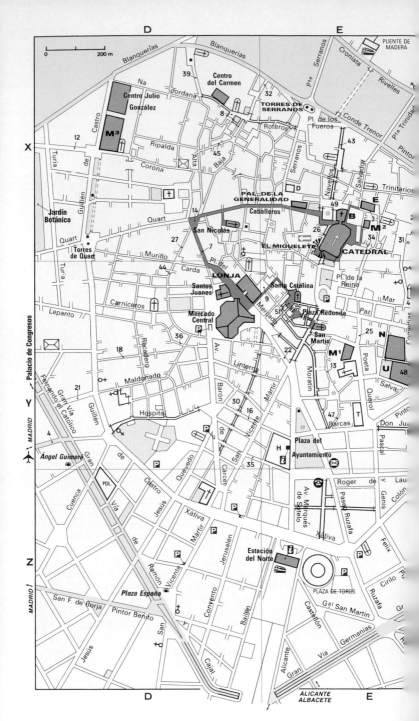

★ **Lonja** ⊘ (**DY**) – À la demande des marchands de soie de Valence, cet édific
construit au 15ᵉ s. dans le style gothique flamboyant, remplaça l'ancienne Bours
où avaient lieu (comme à Barcelone et à Palma) les échanges commerciaux :
prospérité de Valence exigeait un édifice plus vaste.

Couronnée d'un faîtage crénelé, la lonja s'ouvre par un beau portail gothiqu
Séparée de celui-ci par une tour, la partie gauche est surmontée d'une galerie orn
d'une frise de médaillons. On pénètre dans l'ancienne **salle**★★ du négoce de la so
dont les hautes voûtes ogivales sont supportées par d'élégantes colonn
torsadées et les murs percés de fenêtres à fins remplages.

Los Santos Juanes ⊘ (**DY**) – Cette vaste église a vu sa nef unique, gothiqu
transformée aux 17ᵉ et 18ᵉ s. sous un étonnant amas de stucs baroques. Depu
la Lonja, on peut aisément admirer la gracieuse tourelle couronnant la faça
baroque.

Mercado central (DY) – Construit en 1928, cette vaste structure de métal et de verre est un bel exemple de l'architecture moderniste. Il faut le visiter le matin quand l'animation bat son plein et admirer les scintillants étals de poissons et la richesse en fruits et légumes provenant de la huerta.

Santa Catalina (EY) – Elle est à signaler pour son clocher baroque (17ᵉ s.) qui se voit surtout de la place de Zaragoza.

Plaza Redonda (EY) – Un passage mène à cette curieuse petite place ronde, sorte de patio urbain entouré d'échoppes où sont vendues des dentelles et de la passementerie.

San Martín (EY) – Le portail principal s'orne d'un groupe sculpté en bronze, de l'école gothique flamande, représentant saint Martin à cheval partageant son manteau.

AUTRES CURIOSITÉS

* **Museu de Bellas Artes San Pío V** ⊙ **(FX)** – Situé près des jardins del Real, ce musée des Beaux-Arts est surtout intéressant pour sa **collection de primitifs valenciens****. D'innombrables retables témoignent de la vitalité de l'école valencienne du 15ᵉ s. Parmi une pléiade d'artistes on relève les noms de Jacomart, Reixach, Osona le Vieux et Osona le Jeune. De très beaux retables sont l'œuvre d'artistes moins connus tel celui de *San Martín*, de Gonzalo Pérez, marqué par l'art flamand, ou celui de Fray Bonifacio Ferrer, œuvre d'un anonyme. Le *Triptyque de la Passion* de l'atelier de Jérôme Bosch frappe par l'expression des visages. Le centre est une copie de *Los Improperios* qui se trouve à l'Escurial.

La Renaissance se signale par les œuvres de Macip et Juan de Juanes, Yáñez de la Almedina, Fernando de Llanos, dont les tableaux colorés reflètent le style de Léonard de Vinci. Au début du 17ᵉ s., Ribalta introduisit en Espagne le ténébrisme, tendance qui culminera avec Ribera, présent dans le musée avec un impressionant *Saint Sébastien*. Les grands noms du Siècle d'Or espagnol, le Greco, Morales et Vélasquez, ne sont pas non plus absents ; Goya démontre sa maîtrise de l'art du portrait avec son *Francisco Bayeu.*

La peinture valencienne des 19ᵉ et 20ᵉ s. est bien représentée, avec des œuvres de Joaquín Sorolla, Pinazo, Muñoz Degrain. Enfin, plusieurs sculptures de Mariano Benlliure sont réparties dans tout le musée.

Jardins del Real (FX) – Il s'agit du plus grand parc de la capitale valencienne, également appelé Viveros (serres). Le joli **jardin de Monforte** se trouve tout près. Le **Puente del Real**, qui traverse le **jardin du Turia** est du 16ᵉ s.

Couvent Santo Domingo (FY) – Son portail classique, orné de saints dans leurs niches, fut dessiné par Philippe II en personne.

** **Museu de Cerámica** ⊙ **(EY M¹)** – L'ancien **palais du marquis de Dos Aguas*** montre une étonnante façade churrigueresque. Sur le portail d'albâtre, exécuté par Ignacio Vergara au 18ᵉ s., d'après un dessin du peintre Hipólito Rovira, deux atlantes versant de l'eau illustrent le blason du marquis. Le même artiste avait recouvert la façade de peintures qui furent détruites au 19ᵉ s. Dans la grande salle du rez-de-chaussée, on peut admirer l'impressionnant carrosse du marquis.

Musée de la Céramique (ancien palais du marquis de Dos Aguas)

Le **musée**, installé dans les pièces de cet étonnant palais à la décoration exubérante, rassemble plus de 5 000 pièces de céramique allant de l'époque ibérique à nos jours, collection constituée en grande partie grâce aux dons de González Martí. La plupart des pièces exposées proviennent des centres de fabrication de la région. La céramique de **Paterna** *(6 km au Nord de Valence)* remonte au 13e s., c'est la plus ancienne de la région. Vert et blanc (elle porte des traits marron de manganèse) ou bleu et blanc, elle fut supplantée au 14e s. par celle de **Manises** *(8 km à l'Ouest)* dont la technique des reflets métalliques fut appréciée. Le déclin de Manises au 17e s. fut causé par la concurrence de Talavera. La création de la manufacture d'**Alcora** au 18e s. fit renaître la production régionale. De nos jours, le nom de Manises a repris une certaine importance dans la fabrication de la céramique.

On remarque au rez-de-chaussée la salle consacrée à la céramique de Paterna. Au 1er étage sont exposés la céramique d'Alcora, les plats à reflets métalliques de Manises (17e s. et 18e s.), la porcelaine orientale (Chine, Japon), les *socarrats*, carreaux dont on revêtait aux 14e s. et 15e s. les intervalles entre les poutres des plafonds. Au 2e étage : reconstitution d'une **cuisine valencienne**.

★ **Colegio del Patriarca** ⊘ (**EY N**) – Fondé par le bienheureux Juan de Ribera qui fut archevêque de Valence et patriarche d'Antioche, cet ancien séminaire remonte au 16e s. Au centre de son patio à l'harmonieuse architecture, décoré d'une frise d'azulejos, se trouve la statue du fondateur par Benlliure. L'**église** est l'un des rares exemples en Espagne de sanctuaire Renaissance décoré à fresque. La chapelle de La Purisima contient quatre tapisseries flamandes du 15e s.

Le **musée** rassemble d'intéressantes peintures du 15e au 17e s. : Juan de Juanes, le précieux **Triptyque de la Passion**★ de Thierry Bouts, un portrait sur carton du fondateur Ribera par Ribalta, ainsi que d'autres œuvres de Ribalta, de Morales et du Greco (une des multiples versions de l'Adoration des bergers). Remarquer aussi une admirable croix byzantine (14e s.) provenant du mont Athos.

Face au collège se dressent les bâtiments de l'**Université** (**EY U**) qui s'ordonnent autour d'un vaste patio ionique.

Plaza del Ayuntamiento (**EY**) – Cette place très animée où se dresse l'hôtel de ville donne le spectacle de son marché aux fleurs.

Estación del Norte (**EZ**) – La **gare** fut construite entre 1909 et 1917 par un admirateur de l'architecture moderniste autrichienne. Avec ses guichets en bois, ses panneaux d'azulejos montrant des scènes de la huerta ou de l'*albufera* (dans la cafétéria), cette gare est un exemple intéressant de l'architecture et de la décoration du début du siècle.

★ **Torres de Serranos** ⊘ (**EX**) – Ancienne porte de la muraille de Valence, ces tours, très restaurées, sont un exemple de l'architecture militaire de la fin du 14e s. On admire à l'extérieur la ligne souple des mâchicoulis et la fine dentelle qui surmonte la porte. Les appareils défensifs sont concentrés sur la partie extérieure.

Torres de Quart (**DX**) – Autre exemple de l'architecture militaire, ces tours qui encadraient une autre porte des murailles datent du 15e s.

Institut valencien d'Art moderne (**IVAM**) ⊘ – Il comprend deux édifices situés à des endroits différents.

Le **centre Julio González** (**DX**) est un vaste bâtiment moderne consacré à l'art contemporain qui expose, de façon permanente, la collection du sculpteur valencien Julio González. Les autres salles sont consacrées à des expositions temporaires à partir des fonds de l'institut : oeuvres de Tàpies, Saura, Millares, Chillida, groupe Equipo Crónica.

Le **centre del Carmen** (**DX**), ancien couvent carmélite où se mêlent les styles gothique, Renaissance et classique, offre aux artistes contemporains un merveilleux lieu d'exposition.

Centro de la Beneficiencia (**DX M³**) – Cet ancien couvent d'augustins, transformé en maison de Charité en 1840, abrite actuellement un complexe culturel composé du musée de la Préhistoire, du musée d'Ethnologie et de la salle Parpalló, réservée aux expositions temporaires.

Museu de Prehistoria ⊘ – Les produits des fouilles effectuées dans les plus importants gisements de la région, allant du paléolithique jusqu'à l'époque romaine, sont agréablement présentés. À remarquer : les plaquettes de la grotte del Parpalló, les céramiques néolithiques et les salles consacrées à l'art ibère.

Museu d'Etnologia ⊘ – Consacré à la diffusion de la culture valencienne.

Jardin botanique ⊘ (**DX**) – Valence fut l'une des premières villes espagnoles à suivre la mode des jardins d'étude née au 16e s. en Italie. Son emplacement actuel date de 1802 et, en dépit d'une histoire agitée, il constitue aujourd'hui à la fois un centre de recherche et un environnement splendide pour la promenade.

L'Hemisfèric – C'est le premier bâtiment du grand complexe culturel et de loisirs que sera la future **cité des Arts et des Sciences**. Elle comprendra également le musée des Sciences, le palais des Arts et le Parc océanographique universel. L'Hemisfèric, conçu par l'architecte **Santiago Calatrava** en forme d'œil humain, abrite un cinéma-planétarium pour des projections sous format Omnimax.

ENVIRONS

El Puig – *18 km au Nord par N 340* (**FX**). Sur la colline, le **monastère de la Virgen del Puig** ⊙, domine le village ; il est occupé par des religieux de l'ordre de la Merci. L'origine de cette fondation vient de la découverte, en 1237, d'un bas-relief en marbre de style byzantin (6e s.), représentant la Vierge, qui était caché depuis les invasions barbares sous une cloche enfouie dans la terre. Jaime le Conquérant choisit cette Vierge comme patronne du royaume de Valence et ordonna l'édification d'un couvent.
On peut admirer dans l'église les voûtes gothiques dégagées des stucs qui avaient été ajoutés au 18e s. ; au maître-autel trône la Vierge byzantine. Le monastère actuel a été élevé entre le 16e s. et le 18e s. ; le cloître haut, du 18e s., est orné de tableaux valenciens.

Gourmets...

Le chapitre Gastronomie en introduction de ce guide vous documente sur les spécialités gastronomiques les plus appréciées et les vins de l'Espagne.

Et chaque année, le guide Rouge Michelin España Portugal vous propose un choix de bonnes tables.

VALLADOLID★

Castille et Léon
345 891 habitants
Carte Michelin n° 441 H 15 – Atlas España Portugal p. 24
Plan d'agglomération dans le guide Rouge Michelin España & Portugal

L'ancienne capitale de la Castille est devenue aujourd'hui une importante métropole industrielle (mécaniques, automobiles, alimentation) et commerciale (nombreuses foires).
Les cérémonies de la Semaine sainte y sont particulièrement fastueuses.

Un peu d'histoire – À partir du 12e s. la cour itinérante des rois de Castille réside souvent à Valladolid et les Cortes y sont convoquées à diverses occasions. Pierre le Cruel s'y marie au 14e s. et les Rois catholiques en 1469 ; sous Charles Quint la ville joue un grand rôle dans la révolte des comuneros *(voir p. 331)* ; Anne d'Autriche, future reine de France, y vit le jour, ainsi que son frère Philippe IV.
Dans le **château de Simancas** *(11 km au Sud-Ouest)*, choisi par Charles Quint pour abriter les archives générales du royaume, sont conservés les documents concernant la politique et l'administration de l'Espagne du 15e s. au 19e s.

Le style isabélin – Mélange de gothique flamboyant et des traditions mudéjars, il apparaît à la fin du 15e s. et annonce le plateresque. L'abondant décor des portails s'ordonne en une grande plage rectangulaire composée de panneaux comme un retable. Les exemples les plus caractéristiques à Valladolid en sont le collège St-Grégoire et la façade de l'église St-Paul ; il est intéressant de les comparer à la façade de l'Université de Salamanque dont la décoration plateresque, abondante et délicate, montre déjà l'esprit de la Renaissance.

★ LE VALLADOLID ISABÉLIN *1 h 30*

★★★ **Museo Nacional de Escultura Policromada** ⊙ (**CX**) – Il est installé à l'intérieur du **collège San Gregorio**, le monument isabélin le plus important de la ville, fondé à la fin du 15e s. par Alonso de Burgos, confesseur d'Isabelle la Catholique.
Le **portail**★★, attribué à Gil de Siloé et Simon de Cologne, constitue l'une des merveilles de l'art espagnol. La décoration est d'une richesse inouïe, où toute fantaisie est bienvenue dans le décor (sauvages, branche d'épines tressées) ; sa composition fortement hiérarchisée porte l'accent sur le porche d'abord et ensuite sur le magnifique motif héraldique qui le surmonte.
Le musée – Au 15e s. et au 17e s., Valladolid fut un des grands centres de la sculpture espagnole et le musée témoigne de cette richesse en exposant une magnifique collection de statues religieuses en bois polychrome, matériau dans lequel les artistes pouvaient le mieux exprimer leur goût pour le dramatique. Au rez-de

chaussée se remarque l'admirable retable qu'Alonso Berruguete réalisa pour l'église St-Benoît et qui, démonté, est présenté dans plusieurs salles ainsi que l'une de ses œuvres maîtresses : le *Martyre de saint Sébastien*. Au premier étage plusieurs salles ont conservé leurs plafonds artesonados. Les stalles de St-Benoît (1525-1529), en noyer, sont le fruit de la collaboration de Andrés de Nájera, Diego de Siloé, Philippe de Bourgogne et Juan de Valmaseda. Une porte donne accès au remarquable **patio**★★, impressionnant avec ses hautes arcades en anse de panier reposant sur des colonnes torsadées. La galerie supérieure aux baies géminées est soulignée d'une magnifique balustrade. L'intérieur des arcs et les tympans sont très décorés. Une frise court sous la corniche supérieure, rompue par des écussons. Dans les salles suivantes, le groupe de personnages de la *Mise au tombeau* de Juan de Juni montre un certain maniérisme, on peut aussi y voir des œuvres de Pompeyo Leoni et de Juan de Mena *(Marie-Madeleine)*.

Par un escalier plateresque on redescend au rez-de-chaussée où est exposé le remarquable **Christ gisant** de Gregorio Fernández, d'un grand naturalisme, et un tableau représentant le *Saint Suaire* par Zurbarán.

La **chapelle**★, dessinée par Juan Guas, conserve un retable de Berruguete, un tombeau par Philippe de Bourgogne et de belles stalles.

Église San Pablo (CX) – Sa **façade**★★ est due pour la moitié inférieure à Simon de Cologne ; elle comprend une partie basse, fermée par un arc bombé, qui enserre le portail en arc en accolade, et au-dessus une grande rosace et deux blasons, soutenus par des anges. Le corps supérieur, plus tardif, montre une composition plus sereine de style plateresque. Elle est divisée en panneaux dans lesquels se trouvent statues et blasons.

B. Brillion/MICHELIN

Église San Pablo – Détail de la façade

AUTRES CURIOSITÉS

★ **Cathédrale** ⊙ **(CY)** – Le projet de la cathédrale, commandé vers 1580 par Philippe II à Herrera, ne fut réalisé qu'avec lenteur et en partie dénaturé par les continuateurs du 17e au 19e s. (au corps supérieur de la façade, dont les ornements baroques sont d'Alberto Churriguera, et dans la partie octogonale de la tour).

L'**intérieur**, bien qu'inachevé, est l'une des plus belles réussites de son auteur. Dans l'abside centrale, le retable de Juan de Juni (1551) sait jouer de la perspective et des degrés de relief : remarquer les statues qui paraissent converser.

Musée (CY) – Dans l'ancienne église gothique Ste-Marie-Majeure, qui subsiste au chevet de la cathédrale, sont exposés un retable du 15e s., deux tableaux de l'école de Ribera, deux portraits attribués à Vélasquez et une custode d'argent de Juan de Arfe (16e s.).

Église Santa María la Antigua (CY) – Une tour élancée de style roman lombard et un portique à colonnes triples le long du côté Nord sont les seuls vestiges de l'église romane reconstruite en style gothique.

Église de las Angustias ⊙ **(CY L)** – Édifiée par un disciple de Juan de Herrera, elle conserve dans le bras droit du transept la *Vierge des 7 couteaux*★ (de los 7 cuchillos), chef-d'œuvre de Juan de Juni.

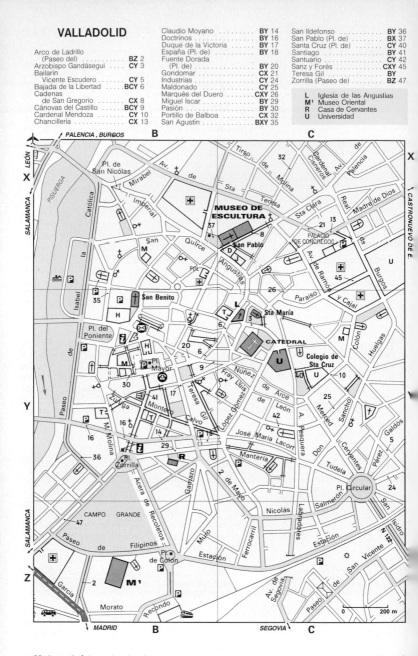

Université (**CY U**) – La façade baroque est l'œuvre de Narciso et Antonio Tomé.

Collège de Santa Cruz (**CY**) – Fin du 15ᵉ s. C'est l'une des premières œuvres espagnoles vraiment Renaissance ; si le fin décor du portail est encore platéresque, le bossage des pierres et le dessin des fenêtres sont de pure inspiration classique.

Église San Benito (**BY**) – 15ᵉ s. La rude simplicité de cette église n'exclut pas la grandeur ; son porche monumental et massif lui donne un air de forteresse. Le magnifique patio de style herrérien est d'une grandiose simplicité.

Musée oriental ⊘ (**BZ M¹**) – Installé dans un collège néoclassique dessiné par Ventura Rodríguez (18ᵉ s.), il abrite une collection d'art chinois (bronzes, porcelaines, laques, monnaies, broderies en soie) et une section dédiée aux Philippines (riches pièces en ivoire et nombreux souvenirs de la présence espagnole dans ces îles).

Casa de Cervantès ⊘ (**BY R**) – L'auteur de *Don Quichotte* vécut ici vers la fin de sa vie. La maison est restée telle qu'au 17ᵉ s., les pièces aux murs blanchis à la chaux sont meublées simplement, souvent avec les propres meubles de Cervantès.

VALLE DE LOS CAÍDOS★★

Madrid

Carte Michelin n° 444 K 17 – Atlas España Portugal p. 39

Au cœur de la sierra de Guadarrama, un gigantesque monument a été élevé de 1940 à 1958 à la mémoire des morts de la guerre civile (1936-1939). La vallée de Cuelgamuros, rebaptisée « Valle de los Caídos » (vallée de ceux qui sont tombés), lui offre un **site**★★ grandiose et dramatique composé de blocs granitiques et de pinèdes. La route mène jusqu'au pied de l'esplanade de la basilique, creusée dans la montagne, que domine la croix monumentale.

★★ **Basilique** ⊙ – Dans sa façade austère de granit s'ouvre le portail, aux vantaux de bronze sculptés par Fernando Cruz Solís, surmonté d'une Pietà sculptée par Juan de Ávalos. L'intérieur impressionne par son immensité. À l'entrée, une belle grille de fer forgé est décorée de 40 statues représentant des saints et des guerriers espagnols. La nef, longue de 262 m (St-Pierre de Rome : 186 m), est jalonnée de chapelles entre lesquelles on a placé huit copies de tapisseries bruxelloises du 16e s. ayant pour sujet les scènes de l'Apocalypse. Au-dessus de chacune des chapelles, des statues d'albâtre représentent les Vierges les plus célèbres d'Espagne. À la croisée du transept s'élève une **coupole**★ de 42 m de diamètre revêtue de mosaïques qui montrent héros, martyrs et saints de l'Espagne se dirigeant vers le Christ en majesté et vers la Vierge. Sur l'autel, beau Christ en bois peint placé sur un tronc d'arbre : il est dû au sculpteur Beovides. Au pied de l'autel se trouvent les dalles funéraires de José Antonio Primo de Rivera, fondateur de la Phalange, et du général Franco. Des ossuaires contiennent les cercueils de 40 000 soldats et civils tombés pendant la guerre civile, quelle que soit leur appartenance politique.

★ **Croix monumentale** – Œuvre de l'architecte Diego Méndez, elle mesure 125 m de haut (150 m avec le socle), la longueur des bras est de 46 m. Les statues des évangélistes, adossées au socle, et celles des quatre vertus cardinales dressées au-dessus ont été réalisées par Juan de Ávalos. Elles frappent par leurs dimensions. De la base où l'on accède par funiculaire, on découvre une belle **vue** sur le massif. Le monastère, immense construction aux accents herrériens, est occupé par des bénédictins qui tiennent également un séminaire et un centre d'études sociales.

VERÍN

Galice (Orense)

11 018 habitants

Carte Michelin n° 441 G 7 – Atlas España Portugal p. 21

Dans la large vallée du Támega couverte de vignobles, Verín tenait déjà sa place au Moyen Âge. Le bourg, à côté de la route, est animé et pittoresque avec ses rues étroites et dallées, ses maisons à galeries vitrées, à arcades et blasons sculptés.
Plusieurs sources thermales jaillissent alentour ; leurs eaux sont recommandées dans le traitement des affections rhumatismales et rénales. Citons celles de Fontenova et à quelques kilomètres Cabreiroa, Sousas et Villaza.

Château de Monterrei – *6 km à l'Ouest.* Le parador se trouve à l'intérieur. Sa position dominante et la proximité du Portugal lui confèrent un rôle important. Plus qu'un château, c'était une forteresse comprenant couvents, hôpital et tout un bourg qui fut abandonné au 19e s.
On monte au château par une jolie route bordée de tilleuls d'où se découvre le **panorama**★ sur toute la vallée. Il faut franchir trois enceintes successives : la première, à la Vauban, fut construite au 17e s., lors de la guerre hispano-portugaise. Au centre se dressent le donjon carré (15e s.) et la tour des Dames (14e s.) ; la cour du palais à trois étages de galeries est moins austère. L'église (13e s.) s'orne d'un **portail**★ finement dentelé portant au tympan le Christ en majesté entre les symboles des évangélistes.

Afin de donner à nos lecteurs l'information la plus récente possible, les conditions de visite des curiosités décrites ont été groupées en fin de volume. Dans la partie descriptive du guide, le signe ⊙ placé à la suite du nom des curiosités soumises à des conditions de visite le signale au visiteur.

VIC★★

Catalogne (Barcelone)
29 113 habitants
Carte Michelin n° 443 G 36 – Atlas España Portugal p. 32

Un village existait en ce lieu dès l'Antiquité. C'est aujourd'hui un important centre commercial et industriel (cuir, industries alimentaires et textiles). Les saucissons, *botifarres* (produits de la charcuterie incluant saucisses, boudins et tripes) et *fuet* de Vic sont très estimés.

CURIOSITÉS

★ **Cathédrale** ⊘ – Des églises qui ont précédé l'édifice actuel, il ne reste que l'élégant clocher roman et la crypte, tous les deux bâtis aux 11ᵉ s. La cathédrale fut élevée dans le style néoclassique, de 1781 à 1803.

L'**intérieur**★ fut entièrement décoré en 1930 par le grand peintre catalan **José María Sert**, mais fut incendié six ans plus tard pendant la guerre civile. Aussitôt, l'artiste reprit ses pinceaux et, à sa mort, en 1945, se déroulait à nouveau sur les murs son grand poème.

Ces **peintures**★ ont une fougue, une puissance qui font penser à Michel-Ange, en même temps qu'un symbolisme profond. Elles évoquent le mystère de la Rédemption dans le chœur, attendu depuis le péché originel *(transept)* et auquel les apôtres, par leur martyre, ont porté témoignage *(nef)*. Au revers de la porte d'entrée, trois scènes illustrent le triomphe de l'injustice humaine dans la vie du Christ et dans l'histoire de la Catalogne ; sur un fond d'architecture qui représente la cathédrale ruinée par l'incendie, le Justicier chasse les marchands du Temple *(à droite)* mais est condamné à la croix *(à gauche)*, tandis qu'au centre Pilate se lave les mains et que la foule choisit Barrabas, figure des révolutionnaires vandales. Le camaïeu or et brun de ces scènes s'harmonise aux piliers cannelés et le caractère monumental des fresques à l'ampleur de la nef.

Au fond du déambulatoire, le **retable**★★ de l'ancien maître-autel, œuvre en albâtre sculptée au 15ᵉ s., a échappé aux remaniements de la cathédrale. Divisé en douze panneaux par des statues de saints et des moulures, il est consacré à la gloire du Christ, de la Vierge et de saint Pierre.

Vierge romane

En face, dans le tombeau gothique dû au même artiste, repose le chanoine qui avait commandé le retable.

Cloître – Les grands remplages du 14ᵉ s. entourent un espace où s'élève le tombeau monumental de **Jaime Balmes** (1810-1848), célèbre philosophe né à Vic.

Dans une galerie, le tombeau de José María Sert est surmonté de sa dernière œuvre, inachevée, une Crucifixion destinée à remplacer celle de l'église, qui ne le satisfaisait pas.

★★★ **Museu Episcopal** ⊘ – *Fermé pour travaux. Une sélection d'œuvres d'art est cependant exposée à l'Hospital de la Santa Creu.*

Le bâtiment où est logé le musée est en cours de totale reconstruction ; c'est pourquoi une sélection de 200 chefs-d'œuvre est exposée à l'Hospital de la Santa Creu, parmi lesquels le **retable de Sainte Claire** de **Luis Borrassá**, grand coloriste et introducteur du style international en Espagne, le **retable de la Seu d'Urgell** de **Ramón Mur** et le **retable de Verdú**, œuvre singulière de Jaume Ferrer II.

★ **Plaça Major** – Les belles façades néoclassiques apportent une touche de distinction à cette place dont les arcades abritent terrasses et bistrots. Un marché très animé s'y déroule le samedi.

ENVIRONS

★ **Monastère Santa Maria**, à **L'Estany** ⊘ – *24 km au Sud-Ouest.* Le petit village s'édifia autour de ce monastère augustin médiéval dont subsistent l'école romane (12ᵉ s.) à tour-lanterne reconstruite au 15ᵉ s. et un beau **cloître**★ dont les arcades reposent sur des colonnes appareillées décorées de surprenants **chapiteaux**★★.

La galerie Nord est romane et narrative (scènes du Nouveau Testament) ; l'aile Ouest, décorative, fait voisiner palmettes et griffons aux lignes creusées.

Au Sud, tout est géométrie et entrelacs, mais l'exécution parfaite et le dessin héraldique des animaux attestent une date tardive.

La partie orientale s'égaye de scènes profanes (fiançailles, musiciens) tirées du répertoire des céramiques de Paterna, de tradition arabe.

VILAFAMÉS

Communauté valencienne (Castellón)

1 399 habitants

Carte Michelin nº 445 L 29 – Atlas España Portugal p. 57

Du haut de son château en ruine, duquel se contemplent de belles vues, surtout au coucher du soleil, se détachent les typiques rues empierrées pleines de charme. De nombreux artistes ont élu domicile dans ce village.

Museo Popular de Arte Contemporáneo ⊘ – Installé dans un palais du 15ᵉ s. et centre d'une incessante activité culturelle, ce musée original abrite de nombreuses œuvres, certaines signées par des artistes célèbres : Miró, Barjola, Serrano, Genovés...

Circuit des VILLAGES BLANCS D'ANDALOUSIE★

Voir Circuito de PUEBLOS BLANCOS DE ANDALUCÍA

VILLENA

Communauté valencienne (Alicante)

31 141 habitants

Carte Michelin nº 445 Q 27 – Atlas España Portugal p. 68

Au Moyen Âge, la région de Villena était un puissant état féodal et son territoire était jalonné par plusieurs châteaux forts accrochés à des buttes rocheuses : Chinchilla, Almansa, Biar, Sax, la Mola. Deux hommes de lettres connus ont été propriétaires du **château** dont le majestueux donjon veille sur la ville : **Don Juan Manuel** au 14ᵉ s. et le prince **Henri d'Aragon** au 15ᵉ s.

Museo Arqueológico ⊘ – Installé dans l'hôtel de ville (belle façade Renaissance), il renferme deux trésors en or massif datant de l'âge du bronze (1500 à 1000 avant J.-C.), dont le remarquable **trésor de Villena★★** qui comprend des bijoux et des calebasses en or décorées de motifs évoquant des coquilles d'oursins.

Église Santiago ⊘ – Les voûtes de cette église des 15ᵉ et 16ᵉ s. sont soutenues d'une façon originale par des piliers hélicoïdaux se prolongeant au-delà des impostes sculptées par des colonnes engagées, de même facture ; ils donnent à la nef une grande élégance.

ENVIRONS

Bocairent – *26 km au Nord-Est par la CV 81.* L'église de ce petit bourg où mourut le peintre **Juan de Juanes** (1523-1579) possède un intéressant **musée** ⊘. On peut y voir plusieurs œuvres de Juanes qui fut surnommé le Raphaël espagnol et, de son école, une *Cène* de Marcial de Sace (14ᵉ s.) ainsi qu'une collection d'orfèvrerie.

VITORIA★

Voir GASTEIZ

XÀTIVA/JÁTIVA

Communauté valencienne (Valence)

24 586 habitants

Carte Michelin nº 445 P 28 – Atlas España Portugal p. 69

ans un paysage de coteaux plantés de vignes, de cyprès, deux hautes collines ncerclées de murailles crénelées annoncent Játiva.

a ville est le berceau de deux membres de la famille Borgia qui devinrent papes, alixte III (1455-1458) et Alexandre VI *(voir Gandia)*, ainsi que du peintre Ribera.

CURIOSITÉS

Plaça de Calixto III – La **cathédrale** du 16ᵉ s., transformée au 18ᵉ s., fait face à la façade de l'**hôpital** de style gothique fleuri et plateresque.

Musée ⊘ – La collection de peintures est installée dans l'Almudin, ancien dépôt de grains. Dans le patio, une **fontaine arabe★** du 11ᵉ s. ou *pila* est l'un des vestiges les plus intéressants de la sculpture musulmane en Espagne avec, fait exceptionnel, des représentations humaines.

El Españoleto

José de Ribera naît en 1591. Il étudie à Valence, probablement aux côtés de Ribalta, puis part pour l'Italie. « Lo Spagnoletto », le petit Espagnol, comme le nomment en raison de sa petite taille les Italiens, y mourra en 1652. Grâce au vice-roi de Naples, un Espagnol, le duc d'Osuna, dont il devient le peintre attitré, il acquiert très vite une grande célébrité tant en Italie qu'en Espagne. Un art robuste et réaliste, qui rappelle par sa science du clair-obscur celui du Caravage, caractérise les toiles de ses débuts. Ses nombreux personnages religieux, moines, saints, sont dotés d'une énergie un peu rude. Le dessin de leur visage est fouillé avec un soin particulier, et la composition met l'accent sur le côté dramatique des scènes où ressortent des détails souvent atroces. Cependant quelques-unes de ses œuvres, aux tons plus tendres, aux sujets plus sereins, font découvrir un Ribera d'une surprenante délicatesse.

Ermitage Sant Feliu ⊙ – *Sur la route du château.* Cette chapelle abrite des **primitifs** valenciens du 15e s. À l'entrée, **bénitier★** de marbre blanc creusé dans un chapiteau.

Château ⊙ – Il se trouve à l'emplacement de la ville primitive. Ses vestiges (il fut démantelé par Philippe V) constituent un lieu de promenade avec de vastes **panoramas** sur la ville, les environs, la huerta et la mer au loin. Dans le grand château furent emprisonnés nombre de personnages, dont le comte d'Urgel, prétendant au trône d'Aragon, écarté par son rival Ferdinand Ier lors du compromis de Caspe en 1412.

ZAFRA

Estrémadure (Badajoz)
14 065 habitants
Carte Michelin nº 444 Q 10 – Atlas España Portugal p. 61

À l'entrée de cette ville blanche, l'une des plus anciennes d'Estrémadure, le puissant alcázar (aujourd'hui parador) dresse ses neuf tours rondes coiffées de merlons pyramidaux. Construit au 15e s. par les ducs de Feria, il présente un patio Renaissance en marbre blanc et un ravissant salon doré à la décoration mudéjar.

Les foires de Zafra, surtout celles de la Saint-Michel, la semaine du 5 octobre, sont réputées : elles donnent lieu à un grand rassemblement de bétail.

★ **Les places** – Entourées de belles maisons à arcades et communiquant entre elles les deux places, la grande ou **plaza Grande** (18e s.) et la petite ou **plaza Chica** (16e s.) forment un ensemble harmonieux.

Église de la Candelaria ⊙ – D'un style de transition gothico-Renaissance (16e s.) elle se signale par son lourd clocher de briques rouges. Dans le bras droit du transept, peu saillant, on découvre un **retable** peint par Zurbarán en 1644.

EXCURSIONS

Llerena – *42 km au Sud-Est.* La **plaza Mayor** de cette modeste cité campagnarde est une des plus monumentales d'Estrémadure. Sur l'un de ses côtés, l'**église Nuestra Señora de la Granada** dresse une façade composite rendue très harmonieuse par le jeu des couleurs de la chaux et de la brique ; la légèreté de la double galerie à arcades contraste avec l'aspect massif du beau clocher baroque. L'écusson au tympan de la porte principale est décoré d'une grenade.

Jerez de los Caballeros – *42 km à l'Ouest par les N 435 R et C 4311.* Dressée en position fortifiée sur une colline, Jerez garde le souvenir des Templiers à qui Alphonse IX de Léon en fit don après l'avoir reprise aux musulmans en 1230.

La ville présente un bel ensemble de tours-clochers à la décoration baroque exubérante. Tout au sommet de la colline, l'église San Bartolomé montre une façade et un clocher surchargés de stucs peints, de pâte de verre et d'azulejos.

Jerez est la patrie du conquistador **Vasco Núñez de Balboa** (1475-1517). Par batailler dans l'isthme de Darien (aujourd'hui Panama), il découvre en 1513 la « mer du Sud » baptisée par la suite océan Pacifique.

Avec ses rues étroites et escarpées bordées de maisons blanches, Jerez évoque déjà l'Andalousie.

ZAMORA★

Castille et Léon

68 202 habitants

Carte Michelin n° 441 H 12 – Atlas España Portugal p. 23

Il ne reste que de maigres vestiges des murailles qui faisaient de Zamora le bastion occidental de la ligne du Duero au temps de la Reconquête. Par la suite, cette place forte joua un rôle important dans les luttes qui opposèrent les prétendants au trône de Castille : au 11e s. ce furent les fils de Sanche III qui se disputaient l'héritage paternel, et au 15e s. la Beltraneja *(voir p. 331)*, qui n'acceptait pas de se voir évincée par Isabelle.

La Semaine sainte – Ces solennités sont réputées à Zamora pour le recueillement des fidèles et pour la valeur artistique des pasos promenés dans les rues. Le dimanche des Rameaux un cortège d'enfants escorte un paso représentant l'entrée du Christ à Jérusalem. Au soir du Jeudi saint, à la lueur des torches et dans un silence rigoureux, le *Christ mort*, poignante sculpture de Gregorio Fernández, porté par les pénitents blancs, gravit un sentier simulant le Golgotha. On verra la plupart de ces pasos au **Museo de la Semana Santa** ⊘ **(B M¹)**.

CURIOSITÉS

★ **Cathédrale** ⊘ **(A)** – Construit entre 1151 et 1174, le bâtiment a fait l'objet de nombreux ajouts et transformations au cours des siècles suivants.
La façade Nord, de style néoclassique bien en harmonie avec la place sur laquelle elle donne, surprend à côté de la **tour-clocher** romane et du délicat dôme à écailles rappelant la tour du Coq à Salamanque. La façade Sud, la seule qui soit d'origine, rythmée d'arcatures aveugles, s'éclaire d'un portail roman aux curieuses voussures à festons perforés.
Les nefs sont de transition romano-gothique : leurs voûtes vont du berceau brisé à la croisée d'ogives. De fines nervures peintes cloisonnent la lumineuse **coupole**★ sur pendentifs du transept.
À la fin de l'époque gothique, les artisans ferronniers et sculpteurs sur bois ont travaillé dans l'église. On verra les **grilles** fermant le coro, les deux chaires mudéjars (15e s.) et les **stalles**★★ ornées de personnages bibliques sur les dossiers, de scènes allégoriques ou burlesques sur les accoudoirs et les miséricordes.

Musée épiscopal ⊘ – Donnant sur le cloître de la cathédrale de style herrérien, il expose une collection de **tapisseries**★★ flamandes du 15e s. sur la vie de Tarquin et sur la guerre de Troie, et d'autres du 17e s. illustrant les campagnes d'Hannibal. Du **jardin du château (A)**, derrière la cathédrale, **vues** sur le Douro.

★ **Églises romanes** – Le 12e s. a vu fleurir dans la région toute une série d'églises romanes originales par leurs portails (sans tympan, bordés d'un arc polylobé et à l'archivolte souvent très sculptée) et par les coupoles sur pendentifs, à base circulaire, qui coiffent la croisée du transept des grands édifices. Les meilleurs exemples de ce style à Zamora sont les églises de **la Magdalena (A)**, **Santa María la Nueva (B)**, **San Juan (B)**, **Santa María de la Orta (B)**, **Santo Tomé (B)** et **Santiago del Burgo (B)**.

Maisons seigneuriales – La **Casa del Cordón (B E)** et la **Casa de los Momos (B A)** montrent d'élégantes fenêtres isabélines.

Dôme à écailles de la cathédrale

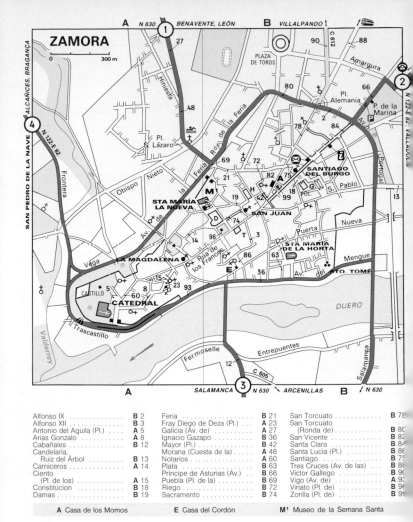

A Casa de los Momos **E** Casa del Cordón **M¹** Museo de la Semana Santa

EXCURSIONS

★ **San Pedro de la Nave** – *19 km au Nord-Ouest par* ④, *la N 122. À 12 km prendre* à droite. L'**église wisigothique** ⊘, menacée par la mise en eau d'un barrage sur l'Esla, a été rebâtie à El Campillo. Elle date de la fin du 7ᵉ s. et témoigne d'une réelle valeur artistique : les **chapiteaux** de la croisée du transept sont sculptés avec un sens très sûr de la composition (Daniel dans la fosse aux lions, le sacrifice d'Isaac). La frise à mi-hauteur des parois répète des symboles chrétiens : la grappe, la colombe, etc.

Arcenillas – *7 km au Sud-Est par la C 605* (**B**). On a remonté dans l'**église** ⊘ de ce village quinze **panneaux**★ du grand retable gothique de la cathédrale de Zamora, peint par **Fernando Gallego** à la fin du 15ᵉ s. : ils retracent la vie, la mort et la résurrection du Christ. Son style s'apparente à celui de Van der Weyden avec un dessin moins net, des coloris moins vifs et des visages plus familiers.

Benavente – *66 km par* ① *du plan N 630.* Cette ville qui connut au Moyen Âge une grande prospérité commerciale a gardé de son passé quelques beaux monuments.
Le **château des comtes de Pimentel** (aujourd'hui parador), de style Renaissance, conserve la belle tour du Colimaçon (del Caracol). De sa terrasse, **vues** étendues sur la vallée.
L'**église Santa María del Azogue**, de style transition, montre un large chevet à cinq absides et deux portails romans caractéristiques de la région de Zamora. À la croisée du transept, jolie Annonciation du 13ᵉ s.
L'**église San Juan del Mercado** présente sur son portail Sud un ensemble sculpté du 12ᵉ s. retraçant le voyage des Rois mages.

Les villes, sites et curiosités décrits dans ce guide
sont indiqués en caractères noirs sur les schémas.

ZARAGOZA★★

SARAGOSSE – Aragon
622 371 habitants
Carte Michelin n° 443 H 27 – Atlas España Portugal p. 29
Plan d'agglomération dans le guide Rouge Michelin España Portugal

Toute en brique rouge, étalée au pied de ses deux cathédrales, Saragosse est la métropole du bassin de l'Èbre. Au cœur de cette vaste dépression dont la sécheresse autrefois faisait peur, elle a une position privilégiée : trois fleuves s'y rencontrent et le canal impérial qui le côtoie irrigue une plaine fertile. Le traitement du sucre et des fibres textiles fournit la base d'un équipement industriel qui se développe en se diversifiant.

La ville a été en grande partie reconstruite au 19ᵉ s. après les dévastations de la guerre d'Indépendance. D'un urbanisme sans grande originalité, elle plaît pour son animation.

Centre universitaire important, Saragosse est aussi une métropole religieuse. La dévotion à la Vierge du Pilier (Virgen del Pilar) en fait le premier sanctuaire marial d'Espagne.

Les fêtes du « Pilar » – Dans la semaine du 12 octobre, les Saragossais fêtent « leur » Vierge avec une ferveur et un faste exceptionnels. Le 13, vers 19 h, se déroule la procession du **Rosario de Cristal** à la lueur de 350 lanternes transportées sur des carrosses. Au nombre des réjouissances populaires, citons le défilé des « **Gigantes y Cabezudos** » (Géants en carton et nains à têtes énormes), le concours de *jotas* et de fameuses courses de taureaux.

UN PEU D'HISTOIRE

Caesaraugusta-Sarakusta – Bien située au confluent de l'Èbre et des ríos Gállego et Huerva, Salduba devient en 25 avant J.-C. une colonie romaine dédiée à l'empereur Auguste, sous le nom de Caesaraugusta. C'est le 2 janvier 40 que la tradition situe l'apparition miraculeuse de la Vierge à saint Jacques. Autour du pilier qu'elle a laissé en gage de sa parole, s'élève maintenant la **basilique du Pilar**. Au 3ᵉ s., la vie de la cité sera troublée par les persécutions de Dioclétien et la ville honore encore avec fidélité la mémoire de ses « Innombrables Martyrs » enterrés dans la crypte de **Santa Engracia (Z)**.

Quatre siècles d'occupation musulmane n'auront laissé à la cité, rebaptisée Sarakusta, que le souvenir de l'éphémère éclat d'un royaume de taifa, au 11ᵉ s., sous la dynastie des Benihud. La partie de leur palais, l'**Aljafería**, qui nous est parvenue, constitue un précieux témoignage de l'art hispano-musulman.

Saragosse, capitale de l'Aragon – La grande cité agricole de l'Èbre, libérée des musulmans, devint la capitale du royaume d'Aragon. Jalouse de son autonomie, elle fait voter les *Fueros* les plus démocratiques de la péninsule et par une sage administration développe ses activités commerciales. Pour cela elle s'assure les services d'une **Bourse**. Tolérante par tradition, elle protège ses maçons musulmans, si habiles à travailler la brique, et le style mudéjar fleurit dans ses églises : abside de **la cathédrale**, tours de **San Pablo (Y)** et de la **Magdalena (Z)**. Plusieurs hôtels civils ou privés avec élégant patio et plafonds artesonados témoignent encore dans la vieille ville de la prospérité de Saragosse au 16ᵉ s.

Deux sièges héroïques – La résistance de Saragosse aux troupes napoléoniennes en 1808 et 1809 illustre la volonté d'indépendance du peuple espagnol et l'obstination des Aragonais. En juin la ville est envahie une première fois mais les Français lèvent le siège le 14 août. Le peuple exulte et chante « la Vierge de Pilar ne sera pas française ». Hélas, le 21 décembre le maréchal Lannes réapparaît et investit la ville jusqu'au 20 février, jour de la capitulation. La ville a perdu plus de la moitié de ses habitants, environ 54 000 personnes. Seule la **porte del Carmen (Z)** pieusement conservée porte encore des traces de mitraille.

CURIOSITÉS

★ **La Seo** ⊙ **(Y)** – Cathédrale de Saragosse, la Seo réunit tous les styles de décoration du mudéjar au churrigueresque, mais l'architecture est gothique dans son ensemble et d'une remarquable ampleur. Au 17ᵉ s., on a ajouté la haute tour-clocher, qui s'harmonise avec celles du Pilar toutes proches, et, au 18ᵉ s., la façade baroque. S'avancer un peu dans la calle del Sepulcro pour voir la décoration mudéjar du **chevet**.

Cinq nefs d'égale hauteur donnent à ce vaisseau une allure imposante. Au-dessus du maître-autel, un **retable★** gothique retient l'attention : sa prédelle a été exécutée par le Catalan Pere Johan tandis que les trois scènes centrales – Ascension, Épiphanie et Transfiguration – sont dues au ciseau de Jean de Souabe. La note germanique apparaît dans la position des corps, le modelé des visages et des vêtements.

Le **trascoro** et certaines chapelles latérales ont été parés au 16e s. d'ensembles
sculptés qui témoignent de la vigueur de la sculpture espagnole pendant la
Renaissance. Pour d'autres chapelles, le 18e s. churrigueresque a fait preuve d'une
exubérance un peu excessive dans la décoration. La **Parroquieta**, chapelle gothique,
fait exception : on y verra un tombeau du 14e s., influencé par l'art bourguignon
et surtout la **coupole**★ de style mauresque en bois polychrome, ornée de stalactites
et d'entrelacs (15e s.).

★ **Museo Capitular** – Installé dans la sacristie, il expose des peintures, un triptyque
d'émail, des ornements religieux et d'innombrables pièces d'orfèvrerie : de
bustes reliquaires en argent, des calices et un monumental ostensoir procession-
nel de 24 000 pièces.

★★ **Museo de Tapices** – Avec soixante tapisseries – dont seize sont exposées ici – la
cathédrale de Saragosse possède une exceptionnelle collection de tentures
gothiques comme la *Tenture des Nefs*, la *Crucifixion* ou les *Mystères de la
Passion* ; toutes sont françaises ou flamandes, tissées à Arras ou à Bruxelles.

★ **Lonja** ⊙ (**Y**) – Comme Valence, Barcelone et Palma de Majorque, autres grandes
villes commerçantes du royaume d'Aragon, Saragosse disposait au 16e s. d'une
bourse du Commerce. Ces édifices à la transition du gothique et du plateresque
comptent parmi les plus beaux exemples d'architecture civile en Espagne. Ici la salle,
très vaste, est divisée en trois nefs par de hautes colonnes au fût curieusement orné
d'une bague sculptée de grotesques. À la naissance des nervures qui s'épanouissent
en réseau étoilé sur les **voûtes**, on voit des blasons encadrés d'angelots.
L'hôtel de ville (**Y H**) a été reconstruit dans le style aragonais traditionnel avec un
avant-toit ouvragé. Deux sculptures modernes en bronze précèdent l'entrée.

★ **Nuestra Señora del Pilar** (**Y**) – Pour abriter le pilier de l'apparition miraculeuse,
plusieurs sanctuaires se sont succédé ici. Le monument actuel, seconde cathédrale
de Saragosse, a été conçu par Francisco Herrera « le Jeune » vers 1677 : c'est un
quadrilatère régulièrement épaulé de contreforts et éclairé par un dôme central.
Des coupoles à lanternons, dont les tuiles vernissées se reflètent dans l'Èbre, ont
été ajoutées au 18e s. par Ventura Rodríguez.
L'intérieur comprend trois nefs séparées par de gigantesques piliers à pilastres
cannelés. Des fresques décorent les coupoles. Certaines comptent parmi les
œuvres de jeunesse de Goya.
La **chapelle de la Vierge**, œuvre de Ventura Rodríguez, est en réalité une église en
miniature qui abrite dans une niche, à droite, le pilier et la statue gothique en bois
de la Vierge. Tous les jours, sauf les 2 et 12 de chaque mois – anniversaires de
l'Apparition (2 janvier) et de la Hispanidad (12 octobre) –, la statue est vêtue d'un
manteau différent. Les pèlerins peuvent baiser le pilier accessible par-derrière.

Au centre se trouve le **maître-autel** surmonté d'un **retable**★ que sculpta Damian Forment et dont la prédelle mérite un examen attentif, et le **coro** orné de stalles plateresques et fermé par une haute grille.

★ **Museo Pilarista** ⊙ – On peut voir les esquisses de Goya, González Velázquez et Bayeu pour les peintures des coupoles de N.-D.-du-Pilier, une maquette de Ventura Rodríguez et une partie des joyaux qui ornent la statue de la Vierge lors des fêtes du « Pilar ». Parmi les pièces très anciennes, en ivoire, citons un olifant du 11e s. et un coffret à bijoux arabe.

★ **Aljafería** ⊙ – *Accès par la calle Conde de Aranda* (**Z**). Palais arabe du 11e s. élevé par la famille des Benihud, l'Aljafería fut réaménagé pour les rois d'Aragon puis pour les Rois catholiques et affecté aux services de l'Inquisition avant d'être transformé en caserne. Cet énorme bâtiment réserve une surprise au visiteur qui ne s'attend pas à trouver au Nord de la péninsule une réplique aussi troublante des palais maures d'Andalousie.

Le palais arabe se répartit autour d'un patio rectangulaire, entouré de portiques, décoré de fins entrelacs et de chapiteaux ciselés. La « **musallah** », sorte de mosquée privée des émirs, nous est restituée avec son *mihrab* et toute la fantaisie de ses arcs festonnés et de ses décors floraux. Les stucs sont peints de couleurs vives. L'escalier d'honneur et le premier étage nous transportent quatre siècles plus tard dans les fastes de la cour des Rois catholiques. Le gothique flamboyant y règne. De la salle du trône il ne reste qu'un somptueux **plafond**★ aux caissons ornés de pommes de pin et séparés par des entrelacs géométriques. La galerie permettait aux spectateurs d'assister aux cérémonies officielles. Un autre plafond artesonado décore la chambre où naquit, en 1271, **sainte Isabelle**, fille de Pierre III d'Aragon et future reine du Portugal.

ENVIRONS

Fuendetodos – *45 km au Sud-Ouest par la N 330, après 21 km tourner à gauche dans la A 2101.* À l'intérieur de ce rustique village se visite la modeste **maison** ⊙ où naquit en 1746 le grand peintre **Francisco de Goya y Lucientes**. À côté le **museo de grabados** ⊙ expose une collection de ses gravures.

Minorque – Cala Macarella

H. Hebeisend/MARCO POLO

Les îles

Les Baléares

L'archipel des Baléares couvre une superficie de 5 000 km² et comprend trois grandes îles très différentes les unes des autres : Majorque, Minorque et Ibiza, et deux petites, Formentera et Cabrera (de nombreux soldats y furent déportés après la capitulation de Bailén en 1808) ainsi que de nombreux îlots. La communauté autonome des Baléares est l'une des 50 provinces espagnoles avec pour capitale administrative Palma. Les habitants parlent le baléare, langue dérivée du catalan mais qui a conservé des racines antiques comme les articles Se, Sa et Ses, provenant du latin *Ipse*.

OÙ SE LOGER...

Pour les tranches de prix, se reporter à la page 85.

Pour les coordonnées géographiques des établissements hôteliers, voir les plans de Palma (p. 408), Eivissa (p. 419).

Mallorca

« NOTRE SÉLECTION »

Ses Rotges (Cala Rajada) – *Rafael Blanes, 21* – ☎ *971 56 31 08* – *fax 971 56 43 45 - 24 chambres.* Situé dans un endroit calme, ce petit hôtel offre des chambres spacieuses et joliment décorées à un prix très intéressant.

Born (Palma – **AY a**) – *Sant Jaume, 3* – ☎ *971 71 29 42* – *fax 971 71 86 18 – 30 chambres.* Une bonne option centrale dans la ville de Palma. L'hôtel occupe un ancien palais du 16ᵉ s., réformé au 18ᵉ s., qui vous surprendra dès votre entrée par son charmant patio de style ibizan.

San Lorenzo (Palma – **AY c**) – *San Lorenzo, 4* – ☎ *971 72 82 00* – *fax 971 71 19 01 - 6 chambres.* Ancien petit palais du 17ᵉ s. situé dans une zone piétonne, près du centre de Palma. Tranquillité et bon goût.

León de Sineu (Palma, quartier de Sineu – **BZ e**) – *Dels Bous, 129* – ☎ *971 52 02 11 - fax 971 85 50 58 - 8 chambres.* Petit hôtel situé dans une demeure ancienne au joli patio jardin.

« OPTION PRESTIGE »

Palacio Ca Sa Galesa (Palma – **BZ e**) – *Miramar, 8* – ☎ *971 71 54 00* – *fax 971 72 15 79 - 12 chambres.* L'hôtel occupe un petit palais du 17ᵉ s. situé à côté de la cathédrale.

La Residencia (Deià) – *Finca Son Canals* – ☎ *971 63 90 11 - fax 971 63 93 70 – 62 chambres.* Situé dans le joli village de Deià, cet hôtel est installé dans une maison noble du 16ᵉ s. Style ibizan.

La Reserva Rotana (Manacor) – *4 km au Nord, camí de s'Avall* – ☎ *971 84 56 85 – fax 971 55 52 58 - 25 chambres.* Situé dans un vaste domaine, la nature l'entoure. Il possède une annexe à des prix plus modérés mais également dotée de beaucoup de charme.

Menorca

« PETITS BUDGETS »

S'Engolidor (es Migjorn Gran) – *Major, 3* – ☎ *971 37 01 93 - 4 chambres.* Son apparence de maison privée annonce l'accueil aimable et familial qui prévaut dans cet hôtel. Le restaurant comporte une terrasse agréable en été. Certaines chambres sont mansardées.

« NOTRE SÉLECTION »

Binali (Sant Lluís) – *Carretera S'Ullastrar-Binibèquer 50* – ☎ *971 15 17 24* – *fax 971 15 03 52 - 9 chambres.* Situé dans une ancienne ferme, cet hôtel agréable dispose de chambres confortables, toutes meublées dans un style différent.

Tramontana Park (Fornells) – *Urbanización Playa de Fornells* – ☎ *971 37 67 47 – fax 971 37 67 48 - 87 appartements.* Ensemble d'édifices au pied de la plage. Les terrasses des appartements disposent de jolies vues.

« OPTION PRESTIGE »

Port Mahón (Maó / Mahón) – *av. Fort de l'Eau, 13* – ☎ *971 36 26 00* – *fax 971 35 10 50 - 80 chambres.* Hôtel de luxe situé face au port, dans un édifice de style colonial. Il dispose d'une vaste terrasse-jardin, d'une piscine et d'un solarium face au port.

Ibiza

« NOTRE SÉLECTION »

Montesol (Eivissa / Ibiza – **Y a**) – *Passeig Vara del Rey, 2* – ☎ *971 31 01 61* – *fax 971 31 06 02 - 55 chambres.* Hôtel emblématique d'Ibiza, dont cafétéria et la terrasse sont très fréquentées. Chambres normales. Édifice du début du siècle.

La Colina (Santa Eulària des Riu) – *Sur la route d'Eivissa, à 5,5 km au Sud-Ouest* – ☎ *971 33 27 67* – *fax 971 33 27 67* – *16 chambres*. Petit hôtel simple à caractère familial qui offre des chambres correctes et décorées avec goût à un prix modéré par rapport à ce qui se fait dans l'île. Sa situation sur le territoire de Santa Eulalia et à proximité de l'unique rivière de l'île en fait une adresse intéressante.

El Corsario (Eivissa / Ibiza – **Z e**) – *Ponent, 5* – ☎ *971 39 32 12* – *fax 971 39 19 53* – *14 chambres*. Situé dans la vieille ville, Dalt Vila, au pied de la forteresse construite sous Charles Quint, il occupe une ancienne demeure du 17ᵉ s. et en a conservé toutes les particularités (murs irréguliers et hauts plafonds). Certaines de ses chambres permettent des vues splendides du port et de la mer.

« OPTION PRESTIGE »

La Ventana (Eivissa / Ibiza – Z **c**) – *Sa Carrossa, 13* – ☎ *971 39 08 57* – *fax 971 39 01 45* – *13 chambres*. Le bâtiment est simple mais son intérieur exhale le charme et le bon goût. Tons ibizans et couleurs naturelles. Tous les lits sont recouverts de voilages. Un vrai luxe.

Village (Sant Josep) – *À Cala Vedella, 8 km au Sud-Ouest* – ☎ *971 80 80 81* – *fax 971 80 80 27* – *19 chambres*. Son emplacement au milieu d'une pinède garantit le calme. Les chambres sont spacieuses et comportent chacune tapis et terrasse.

Hacienda (Sant Miquel de Balansat) – *Urbanización Na Xamena* – ☎ *971 33 45 00* – *fax 971 33 45 14* – *56 chambres*. Situé dans un cadre paradisiaque, avec des vues spectaculaires. Le blanc domine dans la construction et contraste avec le bleu des piscines et de la mer. Les chambres sont spacieuses et élégantes. L'endroit idéal si l'on recherche la tranquillité.

RENSEIGNEMENTS PRATIQUES

Comment s'y rendre ?

Il est possible de gagner les Baléares avec sa propre voiture, mais ce choix nécessite de rejoindre Barcelone, port de départ des ferries vers l'archipel qui soit le plus proche de la frontière française.
Le moyen le plus pratique est naturellement l'avion. Des vols sont assurés vers Palma tous les jours depuis Bruxelles par la Sabena et depuis Zurich par la compagnie Crossair. Par contre, le touriste français et les voyageurs à destination de Minorque ou Ibiza devront, à défaut de vols quotidiens ou permanents, transiter par Barcelone ou Madrid, dont les aéroports sont en liaison quotidienne avec les Baléares (se renseigner auprès des agences de voyage ou auprès de la compagnie Iberia).

Mallorca

Offices de tourisme
Palma – Santo Domingo, 11 ; ☎ 971 72 40 90.
Alcudia – Ctra. Artà, 68 ; ☎ 971 89 26 15.
Cala Ratjada – Plaça dels Pins s/n ; ☎ 971 56 30 33.

Transports dans l'île – Des lignes d'autobus publics relient Palma et les principaux bourgs de l'île : Alcudia, Andratx, Deià.

Tren Soller – Une antique machine électrique pleine de charme parcourt les 27 km qui s'étendent entre Palma et Soller.

Menorca

Offices de tourisme
Mahón : Plaça de la Esplanada, 40 – ☎ 971 36 37 90
Ciudadela : Plaza de la Catedral – ☎ 971 38 26 93.

Ibiza

Offices de tourisme
Ibiza : Paseo Vara del Rey, 13 – ☎ 971 30 19 00
San Antonio : Passeig de ses Fonts, s/n – ☎ 971 34 33 63
Santa Eulalia : Mariano Riquer Wallis, 4 – ☎ 971 33 07 28.

Formentera

Office de tourisme – Puerto de la Savina – ☎ 971 32 20 57.

Transports – Bateau : la compagnie **Baleària** relie Ibiza à Formentera en 25 mn entre 7 h 45 et 19 h. Renseignements à Ibiza : ☎ 971 31 40 05. En raison de la petite taille de l'île (20 kms est la distance maximale), motos et bicyclettes constituent un bon moyen de transport.

MALLORCA★★★

MAJORQUE – 3 640 km²

602 074 habitants

Carte Michelin n° 443 plis 40 à 42 – Atlas España Portugal p. 90 et 91

Majorque est la plus grande des Baléares. La beauté de ses paysages, la douceur de son climat, l'importance de ses ressources hôtelières la placent au premier rang des sites touristiques européens.

Paysages - Par son relief elle se divise en trois zones :

Au Nord-Ouest, la **sierra de la Tramuntana** élève des crêtes calcaires parallèlement à la côte et culmine au **Puig Major** (1 445 m). Malgré des altitudes modestes, cette montagne constitue une importante barrière rocheuse qui plonge directement dans la mer. Sur ses versants poussent les pins, genévriers et chênes verts cédant parfois la place à ces oliviers au tronc noueux et torturé qui sont l'une des caractéristiques du paysage majorquin. Les villages, accrochés à mi-pente, entretiennent sur d'acrobatiques terrasses des plantations de primeurs et d'arbres fruitiers.

À l'Est, les **sierras du Levant** ont été sculptées par l'érosion qui y a formé de magnifiques grottes. Ses côtes rocheuses et découpées abritent de nombreuses calanques tapissées de sable fin. Dans la plaine centrale, **el Pla**, on cultive des céréales, des figuiers et des amandiers. Pompant l'eau toujours rare, les éoliennes entourent de gros bourgs agricoles qui ont le plan régulier des bastides du Moyen Âge.

Économie - Le tourisme est l'atout majeur pour l'économie de l'île. L'industrie de la chaussure et les perles artificielles de Manacor trouvent des débouchés à l'étranger. La production agricole de fruits frais et secs (figues, abricots) alimente les conserveries, tandis que les amandes sont en grande partie exportées.

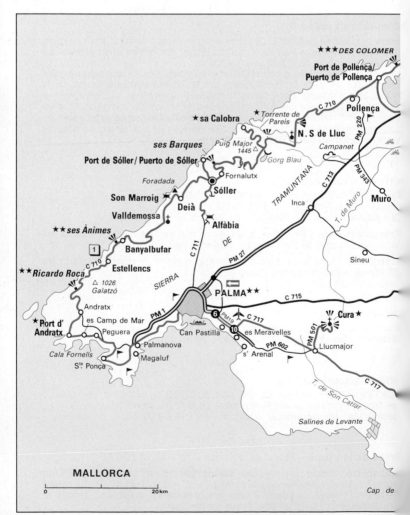

Majorque s'est fait une spécialité de la savoureuse « **ensaimada** », sorte de pâte à croissant très légère en forme de spirale et saupoudrée de sucre, et de la « **sobrasada** », une saucisse de porc pimentée.

L'éphémère royaume de Majorque (1262-1349) – Le 5 septembre 1229, **Jacques Ier d'Aragon** s'embarque à Salou pour reprendre aux musulmans Majorque qui représentait un important bastion du commerce méditerranéen et offrait la possibilité de s'emparer de nouvelles terres dont la distribution calmerait les appétits des nobles. La bataille décisive a lieu le 31 décembre dans la baie de Palma. Trente ans plus tard le roi fonde le royaume de Majorque (Baléares, Roussillon et Montpellier) qu'il donne à son fils Jacques II, qui instaure un nouveau système de gouvernement. Durant son règne et celui de son successeur Sanche, Majorque prospère, des villes et des bastides s'y élèvent, les campagnes se peuplent d'immigrants catalans.

En 1343, Pierre IV d'Aragon s'empare des Baléares et les annexe à son royaume. Le prince héritier légitime, Jacques, trouve la mort à la bataille de Llucmajor (1349) en tentant de récupérer son royaume. L'annexion ne viendra perturber en rien la vie des Majorquins, qui vont alors connaître leur plus belle période de prospérité : c'est alors en effet qu'est construit le plus grand nombre d'églises, que se développe la flotte et qu'est créée une prestigieuse école de cartographie.

Les primitifs majorquins (14e-15e s.) – La peinture gothique majorquine, caractérisée par la douceur des visages, traduit surtout des influences extérieures. Le **maître des Privilèges** montre encore au 14e s. un goût très siennois pour la miniature et les chauds coloris. Peu après, la peinture catalane inspire **Joan Daurer**, puis le talentueux **maître de l'évêque Galiana**. La fin du siècle voit s'affirmer la personnalité de **Francesc Comes** reconnaissable au dessin de ses bouches charnues et closes.

Le 15e s. révèle des artistes formés à Valence : **Gabriel Moger**, le suave **Miguel de Alcanyis** et **Marti Torner**. Le **maître des Prédelles** se distingue par son dessin très minutieux et **Rafael Moger** par son réalisme. Enfin deux maîtres d'origine étrangère, **Pere Nisart** et **Alonso de Sedano**, introduisent à Majorque le style flamand qui va prédominer au 16e s.

Majorquins célèbres et visiteurs illustres – **Ramón Llull** (1235-1315) illustre l'esprit cosmopolite qui règne à Majorque au 13e s. Ancien libertin, ce grand humaniste apprend les langues orientales et devient un célèbre philosophe, théologien et alchimiste. Voyageur infatigable et défenseur du christianisme, il fut élevé après sa mort au rang de Bienheureux.

Originaire de Petra, le **frère Junípero Serra** (1713-1783) partit évangéliser la Californie et y fonda plusieurs missions, qui deviendront plus tard San Francisco et San Diego. Il fut béatifié en 1988. Au 19e s. Majorque accueille écrivains, poètes et savants étrangers. En 1833, **Frédéric Chopin** et **George Sand** viennent passer l'hiver à la chartreuse de Valldemossa (voir p. 410). L'archiduc d'Autriche **Louis Salvator**, durant 53 ans, passa le plus clair de son temps sur la côte occidentale ; on lui doit l'étude la plus complète rédigée sur les Baléares. Le spéléologue Martel fut, en 1896, l'hôte de ce mécène.

ALCÚDIA

Entourée de ses murailles du 14e s., Alcúdia garde l'accès d'une langue de terre séparant la baie de Pollença et celle d'Alcúdia. De son enceinte fortifiée, il subsiste, remaniées et incorporées aux remparts, la **porte del Muelle** ou **Xara**, qui livre passage à la rue du port et, de l'autre côté de la ville, la **porte San Sebastián** ou **de Majorque**. À l'abri des remparts, quelques rues ont conservé un cachet ancien (fenêtres à décoration Renaissance).

1,5 km au Sud se trouve le site de l'ancienne ville romaine de **Pollentia** fondée au 2e s. avant J.-C. De cet important centre urbain restent les ruines du théâtre.

Museo monográfico de Pollentia ⊙ – Installé dans une chapelle dans le quartier ancien d'Alcúdia, le musée monographique de Pollentia réunit des statues, lampes à huile, bronzes et bijoux trouvés sur le site de l'ancienne ville de Pollentia.

Environs

Port d'Alcúdia – *2 km à l'Est.* Il commande une vaste baie dont la côte a été très construite (hôtels, hautes tours). Une longue plage s'étire jusqu'à la station de Can Picafort. Dans l'arrière-pays, la zone marécageuse de la Albufera est un parc naturel.

Coves de Campanet ⊙ – *17 km par C 713 et une petite route signalisée.* Les **grottes** furent découvertes en 1947. Sur les 1 300 m du parcours souterrain, la moitié n'est plus soumise à l'action de l'eau et se caractérise par de grandes concrétions. Dans la section vive, les stalactites très fines et rectilignes dominent.

Muro – *11 km par C 713, puis 7 km en passant par Sa Pobla.* La route traverse un paysage hérissé d'éoliennes.

Sección etnológica del Museo de Mallorca ⊙ – La section ethnographique du musée de Majorque est installée dans une grande maison noble du 17e s. où ont été réunies des collections de meubles, costumes, outils agraires traditionnels ainsi qu'une pharmacie ancienne et des céramiques caractéristiques de l'île : les *Xiurells* qui font sifflet. Dans un bâtiment annexe, expositions sur les artisans : forgeron, ébéniste, doreur, graveur, soudeur, orfèvre, cordonnier.

★★ PALMA 308 616 habitants

Le voyageur qui atteint Palma par bateau découvre la ville étalée au fond de sa large baie. Sa fière cathédrale veille sur la cité riche d'un glorieux passé maritime dont témoignent de nombreux bâtiments anciens. De part et d'autre du centre historique s'étalent les quartiers résidentiels (nombreux hôtels) et le long du front de mer, avinguda Gabriel Roca, planté de palmiers, qui dessert les installations portuaires. Face au passeig Sagrera, l'ancien port, où se trouve un important centre nautique, est utilisé par les lignes régulières et les bateaux de commerce. À l'extrémité Sud du Terreno, une digue permet l'accostage des grands paquebots.

La baie de Palma – Abritée des vents du Nord et de l'Ouest par la chaîne du Puig Major, elle jouit en toutes saisons d'un climat doux. Sur plus de 20 km de bord de mer des hôtels et des implantations touristiques se succèdent. À l'Ouest, ils se dispersent dans les nombreuses indentations de la côte de Bendinat, assez parcimonieuse en sable si l'on excepte les plages de **Palmanova** et **Magaluf**. À l'Est où la côte est rectiligne, mais moins abritée, les stations balnéaires – **Can Pastilla**, **ses Meravelles** et **s'Arenal** – groupées sous l'appellation « plages de Palma », se succèdent en bordure d'une longue plage de sable fin.

La « Ciutat de Mallorca » – C'est sous ce vocable que la cité, libérée après la bataille du 31 décembre 1229, vécut sa période la plus prospère. Elle est en relation constante avec Barcelone, Valence, les pays africains et l'Europe du Nord. Les juifs s'y installent en colonie de même que les Génois qui y possèdent leur Bourse particulière. Jacques II et ses successeurs la dotent de ses plus beaux bâtiments gothiques. Enfin, l'expansion aragonaise vers Naples et la Sicile lui permet d'étendre encore ses zones d'influence commerciale.

Les vieux hôtels de Palma – Aux 15e s. et 16e s., les grandes familles de Palma issues de la haute bourgeoisie marchande et de l'aristocratie adoptent le goût italien. Elles s'installent dans d'élégantes demeures dont les façades en pierre de taille sont égayées de fenêtres à décoration Renaissance. L'ordonnance du patio, originalité de ces *casas* majorquines, n'a été fixée qu'au 18e s. : de solides colonnes en marbre supportent les grands arcs surbaissés, tandis qu'un escalier conduit à une haute loggia. Les balustrades en pierre ou en fer forgé habillent l'ensemble. Ces mêmes citadins se sont fait construire comme résidence d'été, dans la montagne au Nord de Palma, de somptueuses villas.

Palma aujourd'hui – Palma groupe plus de la moitié de la population de Majorque ; elle enregistre en outre le plus fort mouvement de passagers sur tout le territoire espagnol.

L'animation touristique se concentre autour du quartier du **Terreno** – surtout autour de la plaza Gomila –, à l'Ouest de la ville, et du quartier de **Cala Major**. Mais le cœur de la vie citadine reste le Passeig des Born. Communément appelée **El Born** (**AY**), cette vaste rambla occupe l'ancien lit de la Riera, détourné hors des murailles au 16e s. en raison de ses crues dévastatrices. Le commerce de luxe (perles, verrerie, cuir, vêtements) et d'artisanat local (fer forgé, objets en filigrane, broderie) se groupe dans la ville ancienne à l'Est du Born dans les rues piétonnes autour de la plaça Major et dans l'avinguda Jaume III.

★ Quartier de la cathédrale *3 h*

★★ Cathédrale ⊘ (**AZ**) – Elle domine le front de mer de son élégante et originale silhouette scandée par les lignes verticales des contreforts surmontés de pinacles. Le calcaire de Santanyi, utilisé pour sa construction, frappe par ses coloris qui varient selon les heures : ocre, doré, rosé.

Cette cathédrale, dont l'édification commença au début du 14e s. sur l'emplacement de l'ancienne mosquée, est une des plus importantes réalisations du gothique final.

La façade principale, à l'Ouest, a été reconstruite au 19e s., à la suite d'un séisme, dans le style néogothique mais a conservé son portail Renaissance du 16e s. Au Sud, le **portail du Mirador**, abrité sous un porche face à la mer, montre une fine décoration gothique du 15e s. : sur le tympan représentation de la Cène ; de part et d'autre de la porte les statues de saint Pierre et saint Paul témoignent que Sagrera, l'architecte de la Lonja, était aussi un sculpteur de talent.

L'**intérieur** surprend par ses dimensions et sa clarté. Longue de 121 m, large de 55 m et haute de 44 m sous la voûte centrale, la nef est séparée des collatéraux par 14 grands piliers octogonaux d'une sveltesse exceptionnelle. Le dépouillement de la décoration accentue l'effet de légèreté et d'espace. La chapelle royale, aux proportions d'une église, abrite en son centre un énorme baldaquin en fer forgé, œuvre de Gaudí (1912) et de part et d'autre des stalles Renaissance. Dans la chapelle de la Trinité : tombeaux des rois de Majorque Jacques II et Jacques III.

Musée-trésor – Dans la salle capitulaire gothique on admire le retable de sainte Eulalie, œuvre du maître des Privilèges (1335). Dans la salle capitulaire baroque, de forme elliptique, sont conservées de nombreuses reliques dont le reliquaire de la Vraie Croix, décoré de pierres précieuses, et deux candélabres baroques en argent repoussé de Joan Matons.

La cathédrale

W. Otto/STOCK PHOTOS

PALMA

C Antiguo Consulado del Mar
H Ayuntamiento
M¹Museo del Mallorca
M²Museo Diocesano

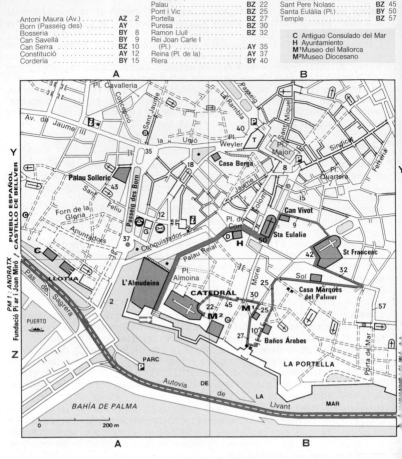

L'Almudaina ⊙ (**AZ**) – Cette ancienne forteresse des princes maures Walis a été remaniée aux 14e s. et 15e s. par les rois de Majorque pour en faire leur palais. À l'intérieur, plusieurs salles ont été récemment restaurées et élégamment meublées (tapisseries flamandes, pendules, tableaux...) pour recevoir le roi d'Espagne dont c'est une des résidences officielles.

Dans la cour, on admirera les auvents sculptés et le portail de la chapelle Ste-Anne, l'un des rares exemples d'art roman aux Baléares. À l'intérieur : retable du 15e s.

Ayuntamiento (**BY H**) – Un auvent en bois sculpté abrite la façade du 17e s.

Église Santa Eulàlia ⊙ (**BY**) – 13e s.-15e s. On notera l'élévation de la nef centrale d'un gothique très dépouillé. Dans la première chapelle à droite, retable du 15e s. Entre Ste-Eulalie et St-François, au n° 2 de la carrer Savellà, s'ouvre le beau patio décoré de colonnes de marbre de la **Can Vivot** (18e s.).

Église Sant Francesc ⊙ (**BY**) – 13e s.-14e s. Sa façade reconstruite à la fin du 17e s. s'orne d'une immense rosace plateresque et d'un portail baroque dont le magnifique tympan est l'œuvre de Francisco Herrera.

L'intérieur est composé d'une vaste nef unique. Dans la première abside de gauche se trouve le tombeau de Ramón Llull surmonté de son gisant reposant sur une frise d'animaux fantastiques que supportent sept niches gothiques.

Le **cloître**★ frappe par son élégance. Commencé en 1286, il a été terminé au 14e s. À l'exception d'une galerie aux baies tréflées, les arcades sont minutieusement découpées en plusieurs lobes et reposent sur des faisceaux de fragiles colonnettes. En variant l'épaisseur des piliers et le dessin des chapiteaux, l'architecte a créé une œuvre originale. Un plafond peint couvre les galeries.

Casa Marqués del Palmer (**BZ**) – Au cœur de l'aristocratique carrer del Sol, cette demeure construite en 1556 présente une imposante façade en pierre de taille noircie par les ans. À l'étage, la décoration Renaissance des fenêtres atténue l'austérité du mur gothique. La galerie haute, qu'abrite le classique auvent, est la réplique de celle de la Lonja.

L'ancien quartier juif de la **Portella**, tout près des murailles, réunit plusieurs ruelles étroites et silencieuses que des arcs enjambent parfois.

Baños árabes ⊘ (**BZ**) – Seul témoin intact de la présence musulmane à Palma, c'est une classique coupole éclairée d'œils-de-bœuf et reposant sur huit colonnes aux chapiteaux rudimentaires. Ces bains ont été utilisés après la Reconquête par les juifs et par les chrétiens.

Museo de Mallorca ⊘ (**BZ M¹**) – Il comprend trois sections : archéologie, beaux-arts et ethnographie (cette dernière se trouve à Muro, *voir p. 406*).

Archéologie islamique – Sous l'occupation musulmane (du 8ᵉ s. à 1229), Palma s'appelait Madina Mayurqa. Elle fut au 12ᵉ s. l'une des villes les plus importantes de Al-Andalus. De cette époque subsistent seulement la Almudaina, les bains arabes et l'arc de la Almudaina. Au rez-de-chaussée sont exposés des chapiteaux, plafonds artesonados et céramiques de cette période.

★ **Beaux-Arts** – *(voir texte sur les peintres majorquins p. 405.)* Cette section présente une excellente sélection de la peinture gothique majorquine des 14ᵉ s. et 15ᵉ s. Les œuvres de la première moitié du 14ᵉ s. montrent clairement l'influence italienne : *Retable de sainte Quiterie* du maître des Privilèges. À partir de 1349, date de l'annexion de Majorque par l'Aragon, réapparaît la peinture catalane : la *Crucifixion*, de Ramón Destorrents, intéressante par sa composition et par l'expression des visages, influencera d'autres peintres. Dans la salle 2 sont exposées l'*Annonciation*, *Sainte Lucie* et *Sainte Madeleine* du maître de l'évêque Galiana (fin du 14ᵉ s.). Francesc Comes, l'un des plus prestigieux peintres du début du 15ᵉ s., est représenté par un *Saint Georges*★ (salle 3) frappant par le souci de la profondeur et l'exécution du paysage. Dans la même salle, se trouve le retable de saint Onufre par le maître des Prédelles (15ᵉ s.). Dans les salles consacrées aux 16ᵉ s., 17ᵉ s. et 18ᵉ s. remarquer *Saint Michel* et *Saint Jean* par Juan de Juanes.

Museo diocesano ⊘ (**BZ M²**) – Parmi les nombreuses œuvres gothiques exposées, on admirera le remarquable *Saint Georges*★ de Pere Nisart (1568), terrassant le dragon devant la ville de Palma telle qu'elle se présentait au 16ᵉ s.

Promenade à l'Ouest du Born *1 h*

★ **La Llotja** ⊘ (**AZ**) – Cette bourse des Marchands fut édifiée au cours du 15ᵉ s. sur les plans de **Guillermo Sagrera**, architecte majorquin de grand renom, qui travailla à la cathédrale de Perpignan. L'allure fortifiée de cet édifice ne saurait tromper : la galerie ajourée simulant un chemin de ronde, les merlons et les tourelles ont un rôle plus décoratif que défensif. Cela permet de déguiser les indispensables contreforts et, avec l'aide de fenêtres gothiques au fin remplage, d'atténuer la sévérité des murs. L'élégance de la salle est extrême : les nervures qui soulignent les croisées d'ogives retombent sur six belles colonnes torses.

Ancien Consulat de la mer (**AY C**) – Édifié au début du 17ᵉ s. et décoré d'une loggia Renaissance, c'était le siège du tribunal de commerce maritime. Actuellement la présidence de la communauté autonome des Îles Baléares y est installée.

Remonter le Passeig des Born.

Palau Solleric ⊘ (**AY**) – Ce palais du 18ᵉ s. donne sur le Born par une façade décorée d'une élégante loggia. En contournant l'édifice par un étroit passage sous arcade, on découvre le **patio**★ le plus équilibré de Palma. L'escalier à doubles volées délicatement soulignées d'une rampe en fer forgé est merveilleux de proportions. Des salles ont été aménagées pour accueillir des expositions.

Autres curiosités

Casa Berga (**BY**) – Cette demeure datée de 1712 abrite le palais de justice. Si les balcons de pierre encadrant la porte alourdissent la façade, la vaste cour intérieure reproduit, en l'adaptant à son échelle, l'ordonnance des patios majorquins.

★ **Pueblo español** ⊘ – *Sortir du centre-ville par le passeig de Sagrera* (**AZ**). Ce simulacre de village où sont reconstituées les maisons les plus caractéristiques de chaque région d'Espagne diffère de celui de Barcelone. Ici, on s'est surtout attaché à reproduire avec une fidélité scrupuleuse des ensembles monumentaux très célèbres : la cour des Myrtes (Grenade), la maison du Greco (Tolède), la plaza Mayor de Salamanque... des artisans au travail et des spectacles folkloriques animent les ruelles. En face du village, le monumental **palais des Congrès** a été conçu comme un pastiche des principaux édifices romains d'Espagne.

★ **Castillo de Bellver** ⊘ – *Sortir du centre-ville par le passeig de Sagrera* (**AZ**). Édifié au 14ᵉ s. comme résidence d'été pour les rois de Majorque, il fut transformé en prison et garda cette affectation jusqu'en 1915. Parmi les hommes célèbres incarcérés ici, il faut citer l'écrivain **Jovellanos** dont la rapide ascension politique avait déplu à Godoy. Il quitta les lieux en 1808 juste avant que n'y entrent les officiers français faits prisonniers à Bailén.

La forme circulaire de l'enceinte, des bâtiments et de la cour intérieure est originale. Le donjon détaché du corps principal domine l'ensemble. Sous les arcades du rez-de-chaussée sont exposées des statues romaines de belle taille. Elles font partie du legs du cardinal Despuig dont les collections italiennes enrichissent le **musée municipal d'Histoire**. Le produit des fouilles effectuées dans l'antique Pollentia *(voir p. 406)* complète ce musée.

La terrasse offre un **panorama**★★ largement dégagé sur la baie de Palma.

Fondació Pilar i Joan Miró ◷ – *Sortir du centre-ville par le passeig de Sagrera* (**AZ**). La fondation est née du désir de l'artiste et de sa femme de doter la ville de Palma d'un centre culturel et artistique vivant. À l'ombre de Son Abrines, résidence privée de Miró depuis 1956, sont exposées par roulement les œuvres que l'artiste légua, dans l'*espacio estrella* de l'édifice conçu par l'architecte Rafael Moneo Vallès. La visite permet de découvrir l'univers de Miró, un des créateurs les plus complets et les plus originaux de l'art contemporain. On voit le grand atelier que lui dessina son ami Josep Lluís Sert et l'atelier de Son Boter.

★★★ LA CÔTE ROCHEUSE

La côte Ouest de Majorque est dominée par la barrière calcaire de la Tramuntana dont le plus haut sommet, le Puig Major, atteint 1 436 m. Cette montagne aux paysages violents, sauvages, seulement égayés par la présence des pinèdes vert tendre, tombe à pic dans une mer profonde aux eaux bleu et turquoise. Dans la partie Sud, autour des villages d'Estellencs et de Banyalbufar, les versants ont été complètement aménagés en terrasses, les *marjades*, où l'on cultive oliviers, amandiers et vignes. Dans les vallées plus fertiles, à l'arrière de la côte, de grandes *fincas*, aux élégantes maisons seigneuriales, comme la Granja et Alfabia se sont développées du 17e au 19e s.

De Palma à Sóller *125 km – compter une journée*

Entre Palma et Port d'Andratx, la côte, découpée en larges criques et calanques aux belles plages de sable, a été urbanisée et les stations se succèdent : **Palmanova**, **Santa Ponça** (où débarqua en 1229 Jacques Ier d'Aragon – croix commémorative), **Peguera, Cala Fornells, es Camp de Mar**.

★ **Port d'Andratx** – Utilisé par les bateaux de plaisance, ce port de pêche s'abrite au fond d'une rade étroite. En arrière, le bourg d'Andratx, entouré de plantations d'amandiers, se détache à peine sur un fond de montagnes grises que domine le pic Galatzó (alt. 1 026 m).

D'Andratx à Sóller, de la C 710 tracée en **corniche**★★★ extrêmement sinueuse, le plus souvent en bordure des falaises qui découpent la côte Nord-Ouest, s'offrent des points de vue remarquables. Elle est presque toujours ombragée de pins.

★★ **Mirador Ricardo Roca** – La vue plonge à pic sur les minuscules criques aux eaux limpides.

Estellencs – Village entouré de terrasses couvertes d'amandiers et d'abricotiers.

Banyalbufar – Ce beau village aux hautes maisons de pierre suivant le tracé des terrasses est entouré de cultures de tomates et de vignes.

★★ **Mirador de Ses Ànimes** – Depuis une ancienne tour de guet, la **vue** s'étend sur la côte de l'île de Dragonera jusqu'à Port de Sóller.

Cartuja de Valldemossa ◷ – Située au cœur du village du même nom, cette **chartreuse** fut rendue célèbre par le séjour de George Sand et Chopin l'hiver 1838-1839. Le temps maussade, l'hostilité des habitants à ce couple irrégulier laissèrent à George Sand des souvenirs désenchantés ; la beauté des paysages lui a dicté pourtant quelques pages enthousiastes *(Un hiver à Majorque)* et Chopin trouva dans cette ambiance oppressante matière à son inspiration.

Sur un côté du cloître, la **pharmacie** du 18e s. présente une belle collection de bocaux et boîtes. Des cellules où habitèrent George Sand et Chopin, d'agréables vues s'offrent sur les plantations de caroubiers, d'oliviers et d'amandiers qui entourent le village. Dans un petit **musée** : collection de bois gravés par xylographie.

Après Valldemossa la route en corniche surplombe la mer de plus de 400 m.

Son Marroig ◷ – Cette demeure, donnant sur la mer, a appartenu à l'archiduc Louis Salvator. On y voit ses collections d'archéologie, de meubles majorquins ainsi que ses ouvrages sur les Baléares. D'un petit temple en marbre dans le jardin, vue sur la **Foradada** (roche percée).

Deià – Ce village aux maisons rousses, qui se perche sur un coteau couvert d'oliviers et d'amandiers, a été élu comme lieu de résidence par de nombreux écrivains et peintres. Les hautes collines plantées de pins et de chênes verts donnent à ce site un aspect montagnard. La descente à pied du village jusqu'à la crique de Deià est une agréable promenade.

R. Drexel/STOCK PHOTOS

Deià

Sóller – La ville s'étale au cœur d'un large bassin où poussent cultures maraîchères, orangers et oliviers. De nombreux habitants, fortune faite à l'étranger dans le commerce des primeurs, sont revenus ici goûter une paisible retraite.

Port de Sóller – Au fond d'une petite baie presque circulaire, Port de Sóller dispose d'une rade très abritée pour les bateaux de plaisance. Avec sa plage de sable et son arrière-pays accidenté, c'est la grande station balnéaire de la côte occidentale. Un petit train pittoresque relie Port de Sóller à Sóller. Des excursions en bateau le long de la côte partent de ce port.

De Sóller, prendre la C 711 pour rejoindre Alfàbia.

La route en lacet s'élève rapidement en offrant des vues sur Sóller, le port et la mer, puis redescend vers la plaine sur le versant Sud de la sierra.

Jardins de Alfàbia ⊘ – Cette résidence appartenait au 14ᵉ s. à un Maure ; de cette époque il ne reste que le plafond artesonado du porche.
Un circuit fléché guide le visiteur à travers le parc, ses allées sous tonnelles, ses fontaines et sa végétation exotique de palmiers, bougainvilliers et bambous. La visite de la **bibliothèque** et du grand salon permet d'évoquer l'atmosphère qui régnait dans ces grandes demeures seigneuriales.

Revenir à Sóller.

De Sóller à Alcúdia *130 km – compter une journée*

De Sóller, prendre une petite route qui mène aux pittoresques villages montagnards de Biniaraix et Fornalutx, dont les belles maisons en pierre ocre s'ornent de volets verts. On rejoint la C 710.

Mirador de Ses Barques – Vue intéressante sur le site de Port de Sóller.
La route s'éloigne de la côte et traverse des paysages montagneux. Après un long tunnel, elle emprunte la haute vallée du torrent de Pareís. Vers l'Ouest se dresse l'imposant **Puig Major** (installations militaires au sommet).

Après avoir longé la retenue de Gorg Blau, prendre la route de Sa Calobra.

★ **Route de Sa Calobra** – Avec un dénivelé de 900 m sur 14 km, cette route, remarquable par son tracé, plonge vers la Méditerranée dans un dédale de roches déchiquetées aux formes étranges. Ce paysage désolé est dominé par le Puig Major.

★ **Sa Calobra** – Petit village, composé de quelques maisons en bordure de la mer, dans une crique rocheuse où accostent les bateaux d'excursion venant de Port de Sóller. À côté de Sa Calobra, l'embouchure du **torrent de Pareís**★ est barrée par une plage de galets ronds et blancs baignés d'une eau très pure. Le lit du torrent est accessible par un chemin (200 m) qui emprunte deux galeries souterraines. On appréciera son encaissement en remontant à pied le lit du torrent sur 2 ou 3 km.

Revenir à la C 710.

1 km après l'embranchement, un petit **belvédère**★ (alt. 664 m) permet d'apercevoir en contrebas l'entaille creusée par le défilé de Pareís. La route traverse ensuite une belle forêt de chênes verts.

Monastère Nuestra Señora de Lluc – Son origine remonterait au 13e s. quand un jeune berger découvrit à cet emplacement une statue de la Vierge et que l'on construisit un sanctuaire pour l'abriter.
Les bâtiments actuels datent du 17e s. pour l'église, du début du 20e s. pour l'hôtellerie. La vierge gothique en pierre sombre, la Moreneta, patronne de l'île de Majorque, fait l'objet d'un pèlerinage important.
Au passage d'un col à 5 km au Nord de Lluc, vue sur la baie de Pollença.

Pollença – Située entre deux collines : à l'Est celle du Puig (333 m), à l'Ouest celle qui couronne le calvaire *(accès par un long escalier bordé de cyprès)*, cette ville a conservé un aspect pittoresque avec ses maisons basses en pierre ocre au portail fermé d'un arc en plein cintre.

Port de Pollença – Cette importante station occupe un **site**★ dans une baie très abritée qui, entre le cap de Formentor au Nord et le cap del Pinar au Sud, constitue un plan d'eau idéal pour la voile et le ski nautique. Le port est aménagé pour les bateaux de plaisance. Une agréable promenade longe la plage.

★ **Route du cap Formentor** – Par de multiples sinuosités et souvent en haute corniche, elle entaille une longue épine dorsale étroite et déchiquetée en offrant des points de vue spectaculaires. Le **mirador des Colomer**★★★ *(accès par un chemin coupé d'escaliers)* domine la « Costa Brava » majorquine en un impressionnant surplomb. Vue sur les grands promontoires rocheux tombant à pic dans la mer. La **plage de Formentor**, bien abritée, ouvre sur la baie de Pollença. Son site, des plus agréables, est embelli par les terrasses fleuries du luxueux hôtel Formentor, construit en 1928, qui fut célèbre pour son casino et sa clientèle de milliardaires. En poursuivant la route du cap, une fois passé le tunnel qui masque un instant au Nord la Cala Figuera, le paysage devient aride, les dénivellations impressionnantes et l'on parvient au **cap Formentor**★, pointe la plus septentrionale de l'île, dominée par un phare. C'est une formidable muraille haute de 200 m qui plonge dans la mer.

Revenir à Port de Pollença et longer la baie jusqu'à Alcúdia.

Alcúdia – *Voir ce nom.*

★★ LA CÔTE EST ET LES GROTTES

De Artà à Palma *165 km – compter une journée*

Artà – Une butte rocheuse, supportant l'église Sant Salvador et les ruines d'un château fort, signale ce bourg aux rues étroites.
La région d'Artà est riche en **vestiges mégalithiques**, surtout des *talayots (voir p. 414)*, que l'on aperçoit au-dessus des murettes séparant les champs.
Prendre la C 715.

Capdepera – *Accès à la forteresse en voiture par des rues étroites, à pied par un escalier.* Les vestiges d'une forteresse du 14e s. ceinturant la colline dressent un étonnant profil de murailles crénelées épaulées de tours carrées. L'enceinte n'abrite plus qu'une **chapelle**. Faire le tour des murailles par l'étroit chemin de ronde, au ras des créneaux : **vues**★ sur la mer et les *calas* des environs.

Cala Rajada – La Cala Rajada, qui abrite dans sa baie étroite un petit port de pêche et de plaisance, est devenue un important centre balnéaire grâce aux criques de ses alentours.

Casa March ⊙ – Sur la colline, en face du port, se dresse une vaste demeure dont on visite les jardins, véritable musée de sculpture moderne. Plus de 40 sculptures s'intègrent à la végétation, œuvres d'artistes célèbres comme Henry Moore, Sempere, Otero Besteiro, Berrocal, Barbara Hepworth, Eduardo Chillida, Arman. En traversant la pinède en direction du phare, on découvre de petites calanques sauvages, tandis qu'à 2 km au Nord, la **Cala Agulla** possède une plage de sable.
Revenir à Capdepera et suivre la signalisation pour les grottes d'Artà.

★★★ **Coves d'Artà** ⊙ – Creusées en grande partie par les eaux marines dans le cap qui ferme la baie de Canyamel, les **grottes**, magnifiquement situées, sont accessibles par une route en corniche et ouvrent leur porche monumental à 35 m au-dessus de la mer. Les salles sont impressionnantes par l'élévation de leurs voûtes, la taille et le nombre de leurs concrétions. La fumée des torches utilisées au siècle dernier a malheureusement noirci l'imposant vestibule. Dans la salle suivante se dresse la **Reine des colonnes** (22 m). Un éclairage savant accentue l'aspect dantesque de la salle basse dite de l'**Enfer**, tandis que, dans la **salle des Drapeaux**, haute de 45 m, les concrétions composent un fabuleux décor.

Revenir à la PM 404 et tourner à gauche. À Portocristo, prendre la route de Manacor et tourner vers les grottes du Hams.

Coves dels Hams ⊙ – Empruntant le lit d'une ancienne rivière souterraine, cette cavité communique directement avec la mer, ce qui donne des phénomènes de flux et de reflux dans plusieurs petits lacs aux eaux claires. On admire ici la finesse des concrétions souvent d'une blancheur immaculée comme les frêles stalactites qui ornent la **salle des Hameçons**★.

Revenir à Portocristo et tourner à droite.

★★★ **Coves del Drach** ⊙ – Quatre salles, aux lacs transparents, décorées d'abondantes concrétions s'étirent sur près de 2 km. Malgré les dimensions exceptionnelles des grottes, leur origine marine ne semble faire aucun doute. Pour le spéléologue **Édouard Martel**, qui les explora en 1896, le creusement s'est fait par infiltration dans les affaissements et les dislocations du calcaire. Plusieurs lacs ont d'ailleurs une eau légèrement salée. Pour sa part, l'eau de pluie a dissous le calcaire miocène tendre, ce qui explique l'abondance des concrétions. « De tous côtés, aux alentours, en avant et en arrière, des cascades marmoréennes, des tuyaux d'orgue, des rideaux de guipure et des pendeloques de brillants descendent des murailles et des voûtes, à perte de vue », écrit Martel. Les **voûtes** surtout sont étonnantes, tapissées d'innombrables aiguilles de givre aux pointes acérées. La vaste salle où se trouve le grand **lac Martel**, qui dévoile en fin de parcours sa prodigieuse transparence, a été aménagée en amphithéâtre pour assister à un charmant intermède musical.

Poursuivre par la route de Santanyí puis tourner à droite dans la PM 401.

★ **Monastère Sant Salvador** ⊙ – Sur une butte à 500 m au-dessus de la plaine *(lacets serrés)*, ce sanctuaire offre un immense **panorama**★★ sur la partie orientale de l'île. Le monastère a été fondé au 14e s. L'**église** et les bâtiments réservés aux hôtes pèlerins ont été reconstruits dans le courant du 18e s. Dans la salle d'entrée, **Cène** en bois sculpté du 17e s. L'église abrite derrière le maître-autel baroque une **Vierge à l'Enfant** très vénérée. Dans les chapelles de droite, remarquer trois **crèches** en diorama et un **retable** de pierre polychrome sculpté en bas-relief (scènes de la Passion – 14e s.).

Revenir à la C 717 et reprendre la direction de Santanyí.

De la C 717, des routes annexes mènent à des criques aménagées en stations balnéaires : **Cala d'Or**★, aujourd'hui très équipée pour le tourisme, **Cala Figuera**★, qui a gardé tout son charme de petit port de pêche, et **Cala Santanyí**★.

À Santanyí, se diriger vers Palma. À Llucmajor, prendre à droite la PM 501.

★ **Sanctuaire de Cura** ⊙ – De Randa au monastère construit en haut de la colline, la route grimpe en lacet serré. Les bâtiments, occupés par des franciscains depuis 1913, ont été restaurés et modernisés. On visite l'**église** du 17e s., la salle de « grammaire » et un petit **musée**.
De la terrasse aménagée à l'Ouest, on découvre un **panorama**★★ sur Palma, sa baie et le Puig Major. Vers le Nord-Est, la vue porte jusqu'au cap Formentor.

Poursuivre jusqu'à Palma par Llucmajor et la C 717.

★ **Palma** – *Voir ce nom.*

MENORCA★★

MINORQUE – 669 km²

65 109 habitants
Carte Michelin n° 443 plis 43 et 44 – Atlas España Portugal p. 91

a plus septentrionale des îles Baléares est la deuxième par sa superficie et sa opulation. Ses 189 km de côtes ont été en grande partie préservés d'un ménagement abusif et l'île reste en dehors des grands courants touristiques. ourtant ce plateau battu par les vents, aux paysages que l'on croirait sortis des rumes atlantiques, se pare d'un charme mélancolique.
ar son origine géographique et son relief, Minorque se partage en deux zones istinctes. Au Nord, dans la partie appelée Tramuntana, affleurent les roches ombres (ardoises) du primaire et du secondaire. Ces vieux reliefs bien érodés ongent dans la mer où ils forment des rias très ramifiées ou de profondes alanques. On y trouve le sommet le plus élevé de l'île, le monte Toro (358 m). Au ud de la ligne Maó-Ciutadella, la plate-forme calcaire du Migjorn, aux belles roches aires, aboutit sur la mer en formant de hautes falaises entrecoupées de criques.
a végétation est typiquement méditerranéenne : pinèdes et oliviers sauvages, dont silhouette tourmentée montre les effets du vent du Nord, voisinent avec les uissons de lentisque, romarin, bruyère, camomille et thym.

MENORCA

Les innombrables murs de pierre, interrompus par de curieuses barrières réalisées avec les bois tordus des oliviers, scandent les paysages de l'île.

Un peu d'histoire – Après un peuplement préhistorique, dont il reste de nombreux vestiges dans toute l'île, Minorque fut colonisée par les Romains avant de subir la conquête vandale en 427, puis la domination musulmane. Au 13e s., Alphonse III d'Aragon envahit l'île et la repeuple de Catalans et d'Aragonais. Ciutadella est alors la capitale. Elle subit au 16e s., après Mahón, l'incursion des Barbaresques. Les deux villes sont pratiquement rasées.

À la fin du 17e s., le commerce maritime enrichit l'île, qui en 1713 est cédée à l'Angleterre par le traité d'Utrecht. L'Angleterre fait de Mahón sa principale base économique en Méditerranée. La domination britannique dure tout le 18e s., sauf un court intermède français de 1756 à 1763. De nombreux édifices sont élevés à cette époque ; un gouverneur éclairé, Kane, construit la première route de l'île entre Mahón et Ciutadella (cette route, au Nord de la C 721, existe toujours sous le nom de Camino Kane). Au début du 19e s., Minorque revient définitivement à l'Espagne. Petit à petit, l'économie de l'île s'est orientée vers l'industrie du cuir et la bijouterie, tandis que l'agriculture s'est spécialisée dans l'élevage bovin dont on tire fromages et dérivés lactés.

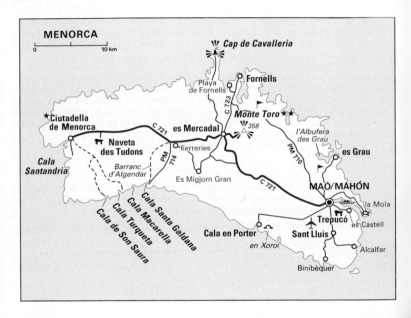

Les monuments mégalithiques – Au 2e millénaire avant J.-C. (fin de l'âge du bronze), les Baléares connurent un peuplement similaire à celui que l'on retrouve en Sardaigne. Le sol troué de Minorque offrait de nombreux abris naturels qui servirent d'habitations et de sépultures. Certaines grottes comme celle de **Calascoves** sont encore décorées de gravures. Parallèlement se développa la culture talayotique. Le « **talayots** » (on en a dénombré plus de 200) se présentent comme de grands cônes de pierre qui pouvaient renfermer une chambre funéraire et servaient, pense-t-on, de base à une habitation en bois.

Parmi les autres monuments caractéristiques de cette civilisation, on a retrouvé des « **taulas** », formées de deux grandes dalles disposées en T qui étaient probablement des autels, et des « **navetas** », monuments isolés affectant la forme de navires renversés qui abritaient aussi une chambre funéraire.

Les personnes intéressées par ces sites trouveront une carte les localisant : « Mapa arqueológico de Menorca » par J. Mascaró Pasarius, en vente dans l'île.

Architecture minorquaise – Les maisons frappent par leur blancheur : la chaux recouvre jusqu'aux toits de tuile et les dessus des murets. Les tuiles sont utilisées pour la confection des cheminées et des gouttières. La façade principale, orientée au Sud, s'ouvre largement par des arches, tandis que la façade septentrionale, exposée à la tramontane, n'est percée que de toutes petites ouvertures.

L'influence anglaise se manifeste dans l'architecture urbaine par la présence de fenêtres à guillotine, mais aussi dans certaines grandes maisons seigneuriales de style palladien en vogue chez les Britanniques au 18e s.

Dans la région de Ciutadella, les champs sont parsemés de curieux édifices en pierre dont la forme rappelle les zigourats (pyramides à degrés des anciens Babyloniens) ce sont les *barracas*, dont l'intérieur couvert d'une fausse voûte servait de refuge aux bergers.

★ CIUTADELLA/CIUDADELA

Au Moyen Âge, Ciutadella, la « citadelle », alors capitale de Minorque, était entourée de remparts ; démolis en 1873, il en subsiste le tracé qui a été repris par la couronne d'avenues entourant le quartier ancien. L'aspect fortifié apparaît encore très bien quand on découvre la ville depuis le port.

Attaquée au 16e s. par les Barbaresques turcs, Ciutadella fut en partie reconstruite à la fin du 17e s. et au 18e s. Un charme indéfinissable lui vient de sa vie calme, de son air pur, de l'atmosphère qui règne dans les ruelles du quartier ancien et dans le port. Chaque année la **fête de la Saint-Jean** est l'occasion de grandes festivités. La tradition veut que le dimanche précédant la Saint-Jean, un personnage vêtu de peaux de bêtes et portant un agneau, évocation de saint Jean-Baptiste, parcourt la ville et les environs au son des *fabiols* et des tambourins. Les 24 et 25 juin plus d'une centaine de cavaliers participent aux jeux et aux cavalcades.

Visite *1 h*

Quartier ancien – La **plaza del Born**, ancienne place d'Armes, est encadrée par l'**hôtel de ville** à la façade éclectique du 19e s. et le **palais de Torre Saura** (début du 19e s.) avec ses deux loggias latérales. Au centre, un obélisque commémore le geste héroïque des défenseurs de la ville devant les Turcs.

Cathédrale ⊙ – L'église fortifiée, terminée à la fin du 14e s., a conservé une partie du minaret de la mosquée qui se trouvait à cet emplacement. À l'intérieur, nef unique de style ogival et abside pentagonale.

En face de la cathédrale, dans la rue du Rosario, l'église présente un portail baroque. Au bout, à gauche, la rue Santisimo montre de part et d'autre deux beaux palais de la fin du 17e s. : celui de **Saura**, à la façade baroque décorée d'une corniche, et celui plus sobre de **Martorell**.

On revient par la rue de l'Obispo Vila (cloître del Socors et chapelle del Santo Cristo) à la rue principale qui mène **plaza de España** et aux arcades de **Carrer de Ses Voltes**.

Port – La rampe d'accès qui y mène emprunte une ancienne contrescarpe. Bien abrité, c'est surtout un port de plaisance. Les maisons qui bordent les quais abritent restaurants et cafés. Au-delà, la grande esplanade, Pla de Sant Joan, où se déroulent les fêtes de la Saint-Jean, est encadrée d'abris à bateaux creusés dans le roc. Ce quartier s'anime surtout la nuit.

Environs

Naveta des Tudons – *5 km à l'Est de Ciutadella.* Ce monument funéraire en forme de nef renversée est impressionnant par les dimensions des pierres des murs et surtout celles des dalles, qui recouvrent la salle intérieure.

Cala Santandria – *3 km au Sud.* Crique abritant une petite plage.

Cala de Son Saura, Cala Turqueta, Cala Macarella – *Pour l'accès se renseigner sur place.* Ces trois plages ont conservé toute la beauté des petites criques vierges entourées de pinèdes.

MAÓ/MAHÓN 21 814 habitants

La ville apparaît établie sur une falaise au fond d'une rade profonde de 5 km, **site***
remarquable qu'il est préférable de découvrir par bateau.

Mahón eut son heure de gloire pendant l'occupation anglaise de 1713 à 1782. Elle
a donné son nom à la sauce mahonnaise devenue la mayonnaise.

Le réseau des rues commerçantes relie la **plaza del Ejército**, grand centre animé avec
ses cafés et restaurants, à la **plaza de España**, paisible entre les deux églises qui la
dominent : **Santa María** qui abrite un bel orgue baroque et l'**église del Carmen** dont le
cloître a été aménagé en marché.

Museu de Menorca – Il est installé dans un ancien couvent franciscain, autour du
sobre cloître du 18e s. Il couvre différentes périodes de la préhistoire et de
l'histoire minorquaise. À remarquer sutout la salle consacrée à la culture des
talayots.

Le port – Descendre par l'abrupte rampe de carrer de Ses Voltes coupée d'un
escalier majestueux, puis suivre le quai jusqu'à la rive Nord de la rade. Là on
découvre la ville sous son aspect le plus caractéristique avec les immeubles coiffant
la falaise et, en contrebas, plaqués contre la paroi, les guinguettes, les
restaurants, les boutiques et les maisons colorées des pêcheurs.

Environs

***La rade** – Sur la rive Sud, calanques et villages se succèdent : la Cala Figuera avec
son port de pêche, ses restaurants ; puis **es Castell** qui fut construit par les Anglais
comme ville de garnison sous le nom de Georgetown. Son plan en damier est
structuré autour de la place d'Armes. Les vues en balcon sur la rade font découvrir
l'île de Lazaret et à côté celle de la Cuarentena où les marins étaient mis en
quarantaine. En suivant la rive Nord jusqu'au fort de la Mola, la route offre des
échappées sur Mahón.

Talayot de Trepucó – *1 km au Sud de Mahón.* Ce site mégalithique est célèbre
pour sa *taula* haute de 4,80 m.

Sant Lluís – *4 km au Sud.* Ce bourg aux rues étroites a été créé par le comte de
Lannion durant la présence française dans l'île.

De petites stations balnéaires ont été aménagées à proximité : **Alcalfar** dont les
villas sont disséminées à l'arrière de la côte et le long d'une crique entre deux
avancées rocheuses, et **Binibéquer**, un petit village créé de toutes pièces qui évoque
par sa blancheur, ses ruelles, ses placettes, un ancien hameau de pêcheurs.

Es Grao – *8 km au Nord.* À côté de ce joli village blanc et de sa longue plage, une
vaste lagune, la **Albufera de es Grao**, s'étend sur 2 km de long et 400 m de large. C'est
un endroit idéal pour observer les différents oiseaux migrateurs (canards, râles,
hérons) qui y font halte.

Cala en Porter – *12 km à l'Ouest.* Face à une étroite baie, abritée par deux
promontoires élevés, cette plage de sable est située dans un estuaire encaissé. Les
habitations s'accrochent à gauche sur la falaise. En haut du plateau, les **coves d'en
Xoroi** sont d'anciennes habitations troglodytiques ouvrant sur la mer. Un café y est
installé.

MERCADAL

Située à mi-chemin entre Maó et Ciutadella, cette petite ville séduit par ses rues
bordées de maisons d'un blanc immaculé. Elle est le point de départ de routes
menant vers les côtes Nord et Sud.

Environs

****Monte Toro** – *Accès par une petite route de 3,5 km.* Du sommet (358 m), occupé
par un sanctuaire, la **vue** s'étend sur toute l'île par temps clair. On distingue bien
au Nord, la baie de Fornells minutieusement découpée, au Sud, les falaises
calcaires qui donnent au rivage son tracé rectiligne, et, au Sud-Est, Mahón.

Fornells – *8,5 km au Nord par la C 723.* Ce petit port de pêche aux maisons
blanches agrémentées de volets verts est situé à l'entrée d'une très profonde
calanque bordée par des landes à la végétation rase. Fornells vit de la pêche à la
langouste qui se pratique avec des petits bateaux à la voile unique. La *caldereta*,
une soupe de langouste, est une spécialité très recherchée des gastronomes.

Cap de Cavalleria – *12 km au Nord par la PM 722.* En suivant les routes qui
mènent à cette pointe, la plus septentrionale de l'île, on découvre des paysages
de landes balayées par la tramontane, le vent du Nord, de grandes et belles
maisons blanches comme celle de Santa Teresa. Du phare, **vue** sur la côte rocheuse
et les calanques, paysage qui évoque plus la Bretagne que la Méditerranée.

Cala Santa Galdana – *16 km au Sud-Ouest en passant par Ferreries.* Cette magnifique calanque aux eaux limpides, encadrée de hautes falaises, a malheureusement été défigurée par la construction de grands hôtels.

On peut aussi y accéder à pied par le **ravin d'Algendar** *(le chemin se prend à la sortie de Ferreries, à gauche en allant vers Ciutadella).* Le sentier *(3 h AR)* suit le torrent au fond du ravin qui, à certains endroits, passe entre des parois hautes de 50 m.

IBIZA★

572 km²

74 001 habitants

Carte Michelin nº 443 pli 39 – Atlas España Portugal p. 91

Ibiza, l'« **île blanche** », la plus grande des îles Pityuses (nom donné par les Grecs aux îles d'Ibiza et Formentera), est située à 45 milles au Sud-Ouest de Majorque et à 52 milles de la péninsule.

Ses maisons aux murs recouverts de chaux ardente, ses toits en terrasse, ses ruelles tortueuses et son air d'île grecque la différencient des autres Baléares.

L'histoire d'Ibiza commence avec celle du commerce méditerranéen. Au 10ᵉ s. avant J.-C., les Phéniciens en font une étape sur la route des métaux espagnols et de l'Afrique. Carthage prend la relève au 7ᵉ s. avant J.-C. et fonde ici une colonie. À l'époque romaine, la capitale de l'île reste prospère et sans doute très peuplée si l'on considère l'importance de la nécropole découverte au Puig des Molins.

Paysages – Ibiza est une île massive de relief confus où les collines calcaires laissent peu de place à de riches plaines cultivables. Pins et genévriers couvrent les versants où s'accrochent les maisons cubiques et de nombreux hameaux. La côte apparaît souvent sauvage et découpée, bordée de hautes falaises. Aux avant-postes pointent des rochers isolés, tel l'étonnant **Vedrà★**, dent calcaire de près de 400 m.

Architecture traditionnelle – Elle est assez bien préservée à l'intérieur de l'île, tandis que les côtes ont souvent souffert d'aménagements abusifs.

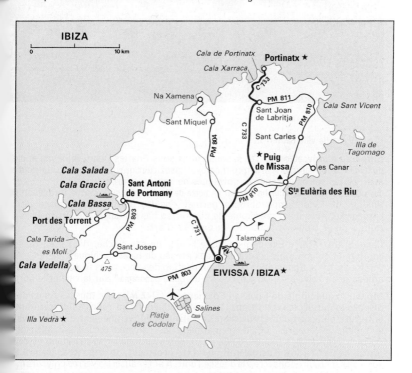

maison paysanne ou « **casament** » est formée de plusieurs cubes blancs aux rares ouvertures représentant chacun une pièce et donnant tous sur la salle commune. Le porche à arcades apporte un peu d'ombrage et fait office de grenier pour la récolte. même sobriété se retrouve dans les **églises rurales**. Très blanches à l'extérieur, ombres à l'intérieur, elles ont une silhouette attachante avec leur façade rectangulaire surmontée d'un étroit clocher-mur, et leur grand porche couvert. Les églises rtifiées des villages de Sant Carles, Sant Joan, Sant Jordi, Sant Miquel, Puig de ssa servaient de refuge contre les incursions des pirates.

Folklore et traditions – Ibiza a conservé vivace un folklore simple mais authentique. Les femmes portent une longue jupe plissée et un châle sombre. Les jours de fête, le costume, plus chatoyant, s'accompagne de fins colliers en or, les *emprendades*. Des groupes folkloriques restituent la danse de l'île dont toute la science réside dans une accélération progressive du pas que rythment flûte, tambourin et castagnettes.

Économie – Le tourisme est la principale ressource économique de l'île, tourisme qui a malheureusement dégradé certains sites.
Au Sud, les **salines**, déjà exploitées par les Carthaginois, produisent annuellement près de 50 000 tonnes de sel.

★ EIVISSA/IBIZA 30 376 habitants

Pour apprécier pleinement la beauté lumineuse de la ville d'Ibiza et de son **site**★★, il faut la découvrir de la mer. Sinon un agréable point de vue s'offre de la route de **Talamanca** *(3 km au Nord-Est)*.
Construite sur une colline plongeant dans la mer, la ville comprend un quartier ancien ceinturé de murailles, le quartier de la Marina près du port, le plus animé, et, autour, des quartiers plus résidentiels et commerçants. Toute la corniche est occupée par de grands hôtels.

La ville haute

★ Dalt Vila (la ville haute) (Z) 1 h 30

Entourée de murailles du 16e s. construites sous Charles Quint, le noyau ancie de la ville a conservé un caractère médiéval assez rustique, où les nobles demeure avec vastes patios et fenêtres gothiques ne sont pas rares.
On pénètre dans la ville haute par la **porte de Taules (YZ)** surmontée du blason d Philippe II. Une rampe abrupte permet ensuite d'atteindre la place de l cathédrale, mais il est préférable de monter au hasard des ruelles tortueuses e calmes où se trouvent boutiques et galeries d'art.

Cathédrale ⊙ **(Z)** – Elle domine toute la ville de son clocher du 13e s., mass comme un donjon mais éclairé par deux étages de baies gothiques. La nef a ét refaite au 17e s. En avant du chevet, un bastion des anciennes fortifications a ét aménagé en belvédère. On y découvre un beau **panorama**★ sur la ville et le port

★ **Museu Arqueològic de Eivissa i Formentera** ⊙ **(Z M¹)** – De tous les fonds do dispose le musée, les collections les plus singulières sont celles qui se réfèrent la culture punique qui s'est développée dans la Méditerranée entre le 7e s. ava J.C. et le 3e s. après J.C. On remarquera les ex-votos recueillis à Ibiza et Formentera, pour la plupart d'entre eux dans les fouilles de Illa Plana et de grotte de Es Ciuram. Il semblerait que cette grotte ait, du 5e au 2e s. avant J.C servi de sanctuaire consacré à la déesse Tanit. À noter aussi les verres polychrom en pâte vitrée, les oeufs d'autruche et les céramiques puniques, romaines arabes.

Autres curiosités

★ **Museu Monogràfic de Puig des Molins** ⊙ **(Z)** – La nécropole de Puig des Moli servit de lieu de sépulture aux Phéniciens à partir du 7e s. avant J.-C., puis a Romains jusqu'au 1er s. Dans la colline ont été découvertes plus de 3 000 hyp gées, chambres funéraires auxquelles on accédait par un puits.

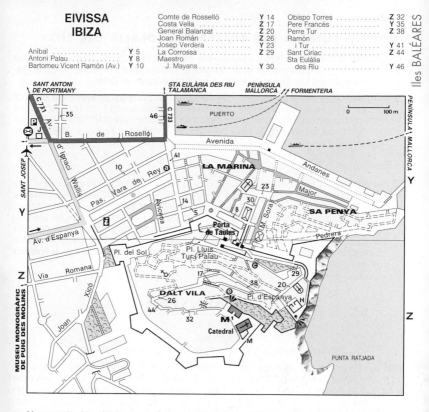

EIVISSA
IBIZA

Aníbal . . . . **Y** 5
Antoni Palau . . . . **Y** 8
Bartomeu Vicent Ramón (Av.) **Y** 10

Comte de Rosselló . . . . **Y** 14
Costa Vella . . . . **Z** 17
General Balanzat . . . . **Z** 20
Joan Román . . . . **Z** 26
Josep Verdera . . . . **Y** 23
La Corrossa . . . . **Z** 29
Maestro
J. Mayans . . . . **Y** 30

Obispo Torres . . . . **Z** 32
Pere Francés . . . . **Y** 35
Perre Tur . . . . **Z** 38
Ramón
i Tur . . . . **Y** 41
Sant Ciríac . . . . **Z** 44
Sta Eulàlia
des Ríu . . . . **Y** 46

Une partie des objets exposés constituait le mobilier qui accompagnait le défunt et comprenait à la fois des ustensiles de la vie quotidienne et des éléments rituels symbolisant la résurrection.

On remarquera le **buste de la déesse Tanit**★ (5e s. avant J.-C.), version punique de l'Astarté phénicienne, avec des restes de polychromie et répondant aux canons de la beauté grecque. Un autre buste montre plus l'influence carthaginoise.

La Marina (**Y**) - Près du port et de la place du marché, l'animation des rues commerçantes de la Marina, bordées de restaurants, de bars et de boutiques, contraste avec le calme de la ville haute.

★ **Sa Penya** (**Y**) - Établi sur un cap rocheux très étroit, cet ancien quartier de pêcheurs, devenu le centre de la vie nocturne, est extraordinaire par sa situation. Sur cet espace réduit, les cubes blancs des maisons s'enchevêtrent et se superposent en un pittoresque chaos troué d'impasses ou d'escaliers creusés dans le rocher.

SANT ANTONI DE PORTMANY/SAN ANTONIO ABAD

La vaste cala Sant Antoni au dessin harmonieux a donné lieu à un aménagement touristique particulièrement important. Les immeubles modernes dissimulent le quartier ancien qui s'étend autour de l'église fortifiée du 14e s., réédifiée au 16e s. Le port de plaisance abrite de nombreux bateaux. Plusieurs criques et calanques sont accessibles de Sant Antoni.

Environs

Cala Gració - *2 km au Nord*. Jolie crique bien abritée et facile d'accès.

Cala Salada - *5 km au Nord*. Une route descend à travers les pins pour atteindre cette plage bien abritée dans une calanque.

Port des Torrent et Cala Bassa - *5 km au Sud-Ouest*. Si Port des Torrent reste très rocheux, Cala Bassa est une belle plage étendue que borde une pinède. Sur cette côte, les rochers plats, à fleur d'eau, extrêmement découpés, donnent un attrait supplémentaire à la chasse sous-marine.

Cala Vedella - *15 km au Sud*. Une route longeant la côte à travers la pinède relie les plages de Cala Tarida (assez construite), Cala Molí (encore sauvage) et Cala Vedella située dans une crique encaissée. On peut revenir à Sant Antoni par une route de montagne, en corniche jusqu'à Sant Josep.

Iles BALÉARES

SANTA EULÀRIA DES RIU/SANTA EULALIA DEL RÍO

Au cœur d'une plaine fertile irriguée par l'unique río d'Ibiza, Santa Eulària est devenue une importante station balnéaire entourée d'immeubles modernes. Plusieurs plages ont été aménagées à proximité, dont **es Canar**.

★ **Puig de Missa** – *À la sortie de la ville vers Eivissa, 50 m après le poste d'essence qui se trouve à gauche, prendre à droite.* Le minuscule bourg fortifié qui couronne cette colline est un remarquable condensé de l'architecture traditionnelle à Ibiza. Il s'agit d'une survivance de ces « collines de la messe », faciles à défendre, où l'église fortifiée (16ᵉ s.) servait de refuge en cas de danger.

Environs

★ **Portinatx** – *27 km par la PM 810, PM 811 et la C 733.* La route passe par le village de **Sant Carles** (jolie église) qui est le point de départ vers des plages encore tranquilles. Elle descend ensuite sur la vaste cala **Sant Vicent** dont la belle plage de sable fait face au gros rocher de Tagomago, puis traverse des paysages presque montagneux couverts de pinèdes. En fin de parcours, après avoir sinué dans les bois de chênes et d'amandiers, elle domine **Cala Xarraca**. Plusieurs criques de sable fin cernées de courtes falaises et ombragées de pinèdes font de la **Cala de Portinatx** une des plages les plus agréables de l'île.

FORMENTERA

115 km²

4 760 habitants

Carte Michelin nº 443 pli 39 – Atlas España Portugal p. 91

L'île au Froment des Anciens est la quatrième des Baléares par sa superficie : 115 km². Une distance de 7 km à peine et plusieurs îlots minuscules la séparent d'Ibiza. Elle s'étire d'Ouest en Est sur 14 km, mais est formée en réalité de deux îlots réunis par un isthme plat et sablonneux. L'îlot Ouest regroupe le chef-lieu, Sant Francesc de Formentera, le port d'embarquement, la Savina, les salines et le cap de Barbaría. C'est une plaine ouverte et sèche plantée de céréales, de figuiers, certains aux formes surprenantes, d'amandiers et de quelques vignes. Dans l'îlot Est, le promontoire de **la Mola** fait figure de montagne avec ses 192 m. Des pins d'espèce naine recouvrent ses versants. Falaises rocheuses et dunes piquetées d'arbustes alternent le long des côtes.

Le peuplement de Formentera est assez récent, l'île ayant été désertée au Moyen Âge, à la suite des incursions de pirates barbaresques, pour être colonisée à nouveau à la fin du 17ᵉ s. Pour la plupart pêcheurs ou cultivateurs, les insulaires envoient à Ibiza des figues, du poisson et à Barcelone du sel.

Les plages – Elles sont la principale attraction de l'île avec leur sable blanc et leur eau transparente. Des deux côtés de l'isthme apparaissent de longues plages, celle de la Tramontane, rocheuse, au Nord, et au Sud, celle de Migjorn, sableuse et bien protégée du vent. Le reste du littoral est bordé de petites plages : Es Pujòls, la plus urbanisée, Illetas, Cala Sahona...

Cala Savina – Cette baie est le premier point où l'on aborde l'île. Quelques maisons y sont logées entre deux vastes étangs. Au loin sur la gauche scintillent les marais salants.

Sant Francesc – Chef-lieu et unique commune de l'île. Ses maisons se regroupent autour de l'église-forteresse du 18ᵉ s.

El Pilar de la Mola – Hameau situé au cœur du promontoire de la Mola. Son église aux formes géométriques est sœur cadette de celles d'Ibiza.

Faro de la Mola – Le phare domine une impressionnante falaise. Un monument est dédié à Jules Verne qui cite Formentera dans un de ses romans, *Hector Servardac*.

Les Canaries★★★

Plus proche de l'Afrique (115 km) que de l'Espagne (1150 km), l'archipel des Canaries se trouve dans l'océan Atlantique, au Nord du Tropique du Cancer, à une latitude moyenne de 28°. L'archipel comprend sept îles, couvrant une superficie de 7 273 km², et une population dépassant 1 million et demi de Canariens. Il constitue l'une des communautés autonomes espagnoles, dont les organes administratifs sont répartis entre Santa Cruz de Tenerife et Las Palmas de Gran Canaria. La communauté est divisée en deux provinces ; à l'Est, celle de **Las Palmas** comprend les îles de la Grande Canarie, Fuerteventura et Lanzarote, et, à l'Ouest, celle de **Santa Cruz de Tenerife** est composée de Tenerife, La Palma, La Gomera et Hierro. Mais chaque île dispose d'un Conseil insulaire, qui en est le véritable organe de gouvernement.

Conquérants... – On voit des allusions à l'archipel dans la littérature grecque. Mais les îles ne font leur apparition officielle qu'avec Plutarque et surtout avec Pline qui les dénomme « Îles Fortunées ». Si beaucoup y abordent, aucun n'y demeure : **Lancelloti Malocello**, qui pourtant laisse son nom à Lanzarote, n'échappe pas à la règle. La première expédition digne de ce nom a lieu en 1402. La résistance des indigènes est rude, et après plusieurs années d'efforts, **Jean de Béthencourt** et **Gadifer de la Salle** ne réussissent à soumettre que quatre îles : Lanzarote, Fuerteventura et, à un moindre degré, La Gomera et Hierro. Il faudra attendre la fin du siècle avec la conquête de la Grande Canarie par **Pedro de Vera** (1483) et celles de La Palma (1492) et de Tenerife (1496) par **Alonso Fernández de Lugo** pour que l'archipel soit entièrement aux mains des Espagnols. Pour certains, le nom « Canaries » dériverait du latin *canis*, chien...

... et Guanches – En arrivant aux Canaries, les conquérants du 15e s. trouvent une population indigène qui vit en plein âge de la pierre. Les « **Guanches** » (le nom des habitants de Tenerife s'est étendu à tout l'archipel) pratiquent l'élevage et un peu d'agriculture. Ils ont en général pour demeure des grottes formées par la lave, pour habits des peaux de chèvre, pour nourriture du « **gofio** », farine de céréales grillées, et du fromage de chèvre ou de brebis. La facture de leurs instruments est plus rudimentaire qu'artistique. Seule leur façon d'inhumer les morts, presque toujours

Y. Travert/DIAF

Parc national du Teide

momifiés et enveloppés de peaux de chèvre cousues, témoigne d'un certain raffinement. De l'origine de ces hommes, on sait peu de choses. L'étude d'ossements trouvés dans les nécropoles révèle une appartenance à la race de Cro-Magnon. Certains traits sont typiques des Berbères d'Afrique du Nord. Enfin la présence de gens blonds au teint clair n'a pas été expliquée. La conquête des îles et surtout les catastrophes (peste, famine, éruptions volcaniques) n'ont laissé que peu de survivants.

Un archipel volcanique – C'est le volcanisme qui aurait fait surgir ces îles du fond de l'Atlantique bien avant l'ère tertiaire. La Gomera et la Grande Canarie ont une véritable physionomie de cône volcanique et la plupart, à l'exception de Fuerteventura et Lanzarote, montrent un relief très accusé et un littoral abrupt. Le Teide, point culminant de l'archipel, se dresse à 3 718 m d'altitude, tandis qu'autour des îles l'océan atteint des profondeurs de 3 000 m. Malgré sa petitesse, La Palma culmine à 2 426 m. L'érosion et surtout les éruptions (la dernière s'est produite dans l'île de La Palma en octobre 1971) ont modelé la superficie des îles : coulées de lave (éruption de type hawaïen), champs de scories (type strombolien), champs ou cônes de cendre (type vulcanien) constituent ce que l'on nomme ici le « **malpaís** » dont la plus grande extension se trouve à Lanzarote.

Des « îles fortunées » – Si la neige couvre plusieurs mois par an le pic du Teide, les côtes bénéficient d'une température extraordinairement clémente. La moyenne est rarement inférieure à 18°. Avec la proximité de l'Afrique, la chaleur s'accentue, mais ne dépasse pas 30°, car elle est ici tempérée par les effets du courant froid des Canaries. La pluie est pratiquement inexistante sur l'ensemble du territoire : les îles orientales subissent même des années de sécheresse intégrale.

Dans leur végétation et celle de la côte Sud des autres îles, abritée du vent, prédominent les plantes xérophiles : cactus *(cardón)* et nopal *(tunera)*, espèce de figuier de Barbarie. Celui-ci a longtemps servi à l'élevage de la cochenille, dont on extrayait un colorant très apprécié. Par contre, sur les hauteurs des côtes Nord exposées aux vents alizés du Nord-Est, l'humidité atmosphérique entretient une abondante végétation (lauriers, bruyères géantes). Le sol volcanique, riche en engrais naturels, est très fertile, aussi, dès que l'irrigation est possible, y fait-on pousser une grande variété de plantes. Grâce à la rétention dans de vastes citernes de l'eau venue des sommets, les bananeraies ont envahi les terres basses au Nord de la Grande Canarie et de Tenerife, tandis que la culture des tomates se répand dans le Sud. Dans les îles orientales, l'ingéniosité des paysans pallie l'absence de montagnes rétentrices d'eau.

Vestiges de la flore originale, quelques exemplaires millénaires de **dragonniers** subsistent encore dans les îles. De la sève de ces liliacées arborescentes, les Guanches faisaient un grand usage médicinal.

LE SÉJOUR

En arrivant d'Espagne, il faut retarder sa montre d'une heure.

Quand partir ? – Les Canaries, c'est le printemps perpétuel. On peut s'y baigner toute l'année. La grande saison touristique va de janvier à mars (les hôtels sont alors complets). L'été, l'atmosphère, un peu plus lourde, reste très supportable.

Comment s'y rendre ? – Toutes les îles, à l'exception de La Gomera, sont pourvues d'aéroports. Des liaisons aériennes permanentes et quotidiennes sont assurées depuis Madrid vers Tenerife et Gran Canaria ; par contre, la fréquence des liaisons avec les autres grandes capitales européennes varie avec les saisons. Des services inter-îles permettent ensuite de gagner les autres îles, dont les dessertes directes vers l'Europe sont plus irrégulières.

Mais on peut aussi emprunter le bateau, la traversée entre Cadix et Santa Cruz de Tenerife ou Las Palmas de Gran Canaria s'effectuant en 2 jours. De là, des services de ferry ou d'hydrofoil permettent de gagner les autres îles.

Où séjourner ? – Dans les deux îles principales, la côte Sud est recommandée pour son ensoleillement et la qualité de ses plages. Si l'on aime l'animation urbaine, on préférera Las Palmas ou son équivalent à Tenerife, Puerto de la Cruz. La Gomera et Fuerteventura disposent de peu de ressources mais sont des paradis de tranquillité.

L'édition annuelle du **guide Rouge Michelin España-Portugal** vous guidera utilement dans votre choix. Néanmoins, il ne faut pas oublier que réserver sa chambre est difficile (surtout en haute saison, du 1er novembre au 30 avril), les hôtels étant souvent réservés à la clientèle des agences de voyages. À partir du lieu de séjour, il est vivement conseillé de rayonner, soit avec des autocars d'excursion, soit avec des taxis, des autobus réguliers ou des voitures louées.

Pour vos déplacements dans les îles, utilisez les cartes Michelin au 1/200 000 nos 220 (Gran Canaria), 221 (Fuerteventura, Lanzarote) et 222 (Tenerife, La Palma, Hierro, La Gomera).

Jusqu'à ces dernières décennies, l'économie canarienne reposait essentiellement sur l'agriculture. Surtout consacrée aux cultures d'exportation (banane, orange, tomate, tabac), elle n'occupe plus aujourd'hui que 8 % de la population. Les activités industrielles étant plus réduites encore (on ne recense qu'une raffinerie de pétrole à Santa Cruz de Tenerife), on peut dire que les îles vivent du tourisme. Chaque année, ce sont plus de 10 millions de touristes qui viennent profiter du climat et des paysages canariens. Par son développement, le tourisme a provoqué la croissance des activités de services, qui emploient 60 % de la population active.

La cuisine canarienne – Elle est connue pour ses *papas arrugadas* – littéralement : pommes de terres ridées –, minuscules pommes de terre bouillies dans leur peau dans très peu d'eau additionnée de sel afin que celui-ci forme une croûte autour du tubercule après évaporation de l'eau, et pour ses *mojos*, sauces à base d'huile d'olive et de paprika *(mojo rojo)* ou de coriandre *(mojo verde)* qui accompagnent nombre de plats. On fait une grande consommation de poisson, cuisiné de diverses façons, mais le potage canarien et le *sancocho*, sorte de pot-au-feu, sont les plats les plus traditionnels. Le climat de l'archipel permet aussi de proposer sur les tables des fruits tropicaux tels que la mangue, la papaye et la goyave.

TENERIFE★★★

2 053 km²

685 583 habitants
Carte Michelin n° 222 – Atlas España Portugal p. 92 et 93

La plus grande des îles Canaries tient son nom du guanche *tenerife* qui signifie montagne enneigée. Le trait caractéristique de cette île, traversée par une longue échine montagneuse, est d'être dominée par un cône volcanique de 3 718 m, le Teide. Le volcanisme est très apparent à Tenerife et le cratère des Cañadas qui entoure le Teide en est l'un des aspects les plus spectaculaires. À la côte Sud sèche et désertique s'oppose un littoral septentrional envahi par les bananeraies et bordé de hautes falaises. Là s'est développée la principale station balnéaire de l'île, Puerto de la Cruz. La mer de bananeraies de La Orotava compose, avec son arrière-plan le Teide, l'un des plus beaux paysages des Canaries.

LA LAGUNA

Ancienne capitale de l'île et siège de l'université de Tenerife, La Laguna fut fondée par Lugo, en 1496, sur un plan quadrillé, au bord d'une « lagune » aujourd'hui disparue. Pour la Fête-Dieu, la coutume est de recouvrir les rues de tapis de fleurs. La ville fête également, le 14 septembre, le Christ du couvent de San Francisco, son patron, par une procession et diverses réjouissances. On pourra assister, alors à un championnat de lutte canarienne, sport qui remonte à l'époque guanche.

Principales curiosités

Plaza del Adelantado – Agréable place ombragée, centre névralgique de la ville, elle est entourée de plusieurs édifices intéressants : l'ancien **couvent Santa Catalina**, couronné par ses balcons grillagés typiques de l'archipel ; le **palais de Nava**, avec sa façade en pierre de taille (17e s.), qui rappelle le palais épiscopal ; l'**hôtel de ville** (ayuntamiento ⊘ – *pour la visite, entrer par la rue Obispo Rey Redondo*), avec sa façade néoclassique. Ce dernier est composé par un ensemble de bâtiments dont les éléments les plus remarquables sont les entrées de la calle Obispo Rey Redondo (16e et 18e s.).

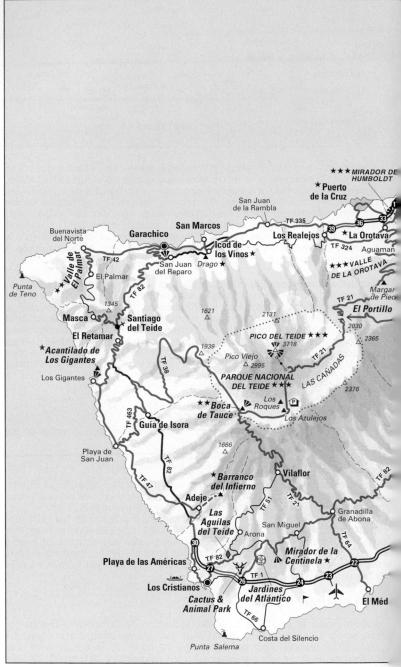

Parcourir cette rue, jalonnée de belles maisons.

Cathédrale ⊘ – Elle présente une élégante façade néoclassique (1819). Les tro
vaisseaux furent reconstruits en 1905 dans le style néogothique. Remarquer
retable de la chapelle de los Remedios *(bras droit du transept)*, avec une Vierg
du 16ᵉ s. et des panneaux flamands (17ᵉ s.).
Le trésor contient de précieux objets liturgiques, en particulier un ostensoir c
17ᵉ s. et le reposoir du jeudi saint.

★ **Église de la Concepción** ⊘ – Sa solide tour en pierre grise (17ᵉ s.) attire d'abo
l'attention. L'église, du début du 16ᵉ s. mais modifiée par la suite, est un exemp
typique des sanctuaires canariens construits à l'époque de la conquête. Elle reç
de beaux plafonds à caissons mudéjars et un autre d'influence portugaise, d

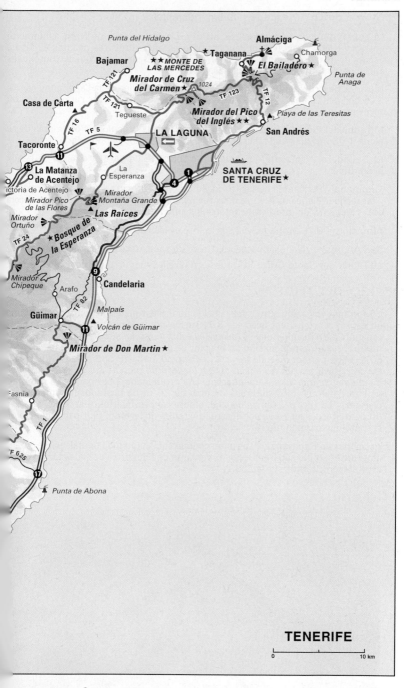

Punta del Hidalgo

Almáciga

Bajamar ★ Taganana

★★ MONTE DE
LAS MERCEDES

Chamorga

Mirador de Cruz
del Carmen ★

El Bailadéro ★

Punta de
Anaga

1024

Casa de Carta

TF 123

TF 12

Tegueste

TF 121

Mirador del Pico
del Inglés ★★

Playa de las Teresitas

LA LAGUNA

TF 5

San Andrés

Tacoronte

La
Esperanza

SANTA CRUZ
DE TENERIFE ★

La Matanza
de Acentejo

ictoria de Acentejo

Mirador Pico
de las Flores

Mirador
Montaña Grande

Mirador
Ortuño

Las Raíces

TF 24

★ Bosque de
la Esperanza

Mirador
Chipeque

Arafo

Candelaria

TF 82

Malpaís

Güimar

Volcán de Güimar

Mirador de Don Martin ★

asnia

TF 1

F 6 25

Punta de Abona

TENERIFE

0   10 km

stalles et une chaire baroques ainsi qu'un autel en argent repoussé dans la chapelle
du Saint-Esprit *(Capilla del Santísimo).*

Prendre la calle Belén et tourner dans la calle San Agustín.

Palacio episcopal – Dit aussi **Antigua Casa de Salazar**. Belle façade en pierre de taille
(17e s.) et patio fleuri.

Museo de Historia de Tenerife ⊙ – La **Casa Lercano** (fin du 16e s.), qui conserve
un beau patio, abrite cet intéressant musée. Ses collections offrent une vision
globale de l'histoire de l'île, du 15e s. à nos jours, sous ses différentes facettes :
sociale, économique, religieuse et institutionnelle.

Santuario del Cristo ⊙ – À l'extrémité de la calle Nava Grimón. Dans l'église, au
centre d'un retable en argent repoussé, Christ (15e s.) très vénéré.

★★ **Monte de Las Mercedes** *49 km - Compter 2 h.*

La pointe d'Anaga, montagneuse, attire les nuages venus du Nord. L'humidité entretient ici d'épais bois de lauriers arborescents, bruyères géantes et *fayas*, espèce de myrtacée propre aux Canaries. Les routes sinueuses qui parcourent ses abords offrent de beaux panoramas.

* **Mirador de Cruz del Carmen** ⊘ - Belle vue sur la vallée de la Laguna. Au centre d'accueil des visiteurs est présentée une exposition sur le parc rural d'Anaga où se trouve le belvédère.

★★ **Mirador del Pico del Inglés** - Le panorama le plus grandiose s'offre près de ce pic, à 1 024 m d'altitude, sur toute la péninsule d'Anaga ; au loin, le Teide.

* **El Bailadero** - La route qui franchit ce col offre de part et d'autre de beaux panoramas.

* **Taganana** - Pendant la descente, on jouit de **vues**★★ magnifiques sur le site de ce pittoresque village édifié entre deux ravins. Il faut voir, dans l'**église Nuestra Señora de Las Nieves** ⊘, un intéressant retable hispano-flamand.

Almáciga - De l'ermitage, vue sur la côte et les rochers d'Anaga.

San Andrés - Village de pêcheurs. Grève de sable doré de Las Teresitas.

Au retour sur Santa Cruz, on longe les nouvelles installations portuaires.

★★★ **PICO DEL TEIDE**

Ce sommet volcanique, qui sous la neige dont il est généralement couvert prend un aspect féerique, est avec ses 3 718 m le point le plus élevé des territoires espagnols. Un téléphérique ⊘ *(déconseillé aux personnes souffrant de problèmes repiratoires ou cardiaques)*, dont le point de départ (2 356 m) est établi au bord de la route, permet d'atteindre la plate-forme d'arrivé (3 555 m) en 8 mn. Il faut ensuite gravir les pentes à pied *(1/2 h environ de marche sur un sol volcanique instable - chemin actuellement fermé à la promenade)* pour gagner le sommet où s'ouvre un cratère sulfureux de près de 25 m de profondeur sur 50 m de diamètre. La vue, par temps dégagé, embrasse presque tout l'archipel.
On peut accéder au Teide par quatre itinéraires différents, tant par la qualité de la route que par son intérêt.

* **Accès par La Esperanza** - La route, connue sous le nom de dorsale parce qu'elle emprunte la crête séparant les deux versants de l'île, offre des vues tantôt sur le littoral Nord, tantôt sur le Sud.

Le Teide

* Bois de La Esperanza – On traverse sur plusieurs kilomètres cet épais bois de pins canariens, au milieu duquel, au lieu dit Las Raíces, s'élève un obélisque commémorant l'entrevue qui s'y déroula en 1936 entre le général Franco, alors capitaine général des Canaries, et les officiers placés sous son commandement.

** Les belvédères – Ils sont plusieurs (Mirador de Montaña Grande, del Pico de las Flores, de Ortuño, de Chipeque) à jalonner la route et, lorsque la mer de nuages qui souvent entoure le Teide se lève, ils permettent d'admirer le secteur Nord, à la végétation luxuriante, et de le comparer avec l'aridité de la vallée de Güimar (Sud).

Passé la Crucita, la route pénètre dans un paysage de haute montagne et l'on aperçoit, à gauche, l'observatoire astronomique de Izaña.

El Portillo – On rejoint à ce col (2 030 m) la route venant de La Orotava (TF 21) et l'on pénètre dans l'extraordinaire monde minéralogique de Las Cañadas.

** Parc national du Teide ⊙ – *Le centre d'accueil El Portillo (exposition sur le volcanisme, informations sur le réseau de sentiers) se trouve à l'entrée du parc, celui de Cañada Blanca près du parador.* Le pic du Teide (3 718 m) s'élève à la périphérie Nord du cirque de Las Cañadas, spectaculaire cône volcanique effondré culminant à plus de 2 000 m d'altitude. Au centre du cirque, en face du parador, se dresse une arête de rochers de lave dégagés par l'érosion, **Los Roques**. Les rochers de **Los Azulejos** sont couverts d'oxyde de cuivre aux reflets bleu-vert.

* Accès par La Orotava – Sur le trajet, on peut observer la végétation du versant Nord : bananiers, arbres fruitiers, maïs, pommes de terre, vignes. La vaste pinède canarienne commence à **Aguamansa**. Passé le village, on peut voir au bord de la route une énorme marguerite de basalte sculptée par l'habile ciseau de la nature.

Accès par Guía de Isora – La route traverse les coulées du Pico Viejo, plus précisément celles de Las Narices del Teide (les narines du Teide – éruption de 1798) et celles du volcan Chinyero (1909). Ces éruptions étant les dernières, le contraste entre la pinède et les coulées est ici plus accusé.

Accès par Vilaflor – Vilaflor est la localité la plus élevée de Tenerife (1 466 m). La route traverse une belle pinède puis, à la brèche de **Boca de Tauce**** (2 055 m), c'est la découverte saisissante des Cañadas et du Teide.

TOUR DE L'ÎLE *310 km – environ 3 jours*

La Côte Nord *De La Laguna à Garachico – 100 km*

La Laguna – *Voir ce nom.*

Bajamar – Importante station établie sur un pittoresque littoral rocheux frappant par ses piscines naturelles.

Casa de Carta – Domaine agricole canarien typique, avec maison de maître du 18e s. logeant le **musée d'Anthropologie** ⊙ de Tenerife.

Tacoronte – Le Teide domine l'horizon. Dans l'**église Santa Catalina** ⊙, le chœur est surmonté d'un très beau plafond artesonado mudéjar. On verra aussi un bel exemplaire de dragonnier millénaire.

La Matanza de Acentejo – Lugo et ses soldats enregistrèrent ici en 1495 une grave défaite contre les Guanches. Peu de temps après, Lugo prit sa revanche au lieu nommé maintenant La Victoria de Acentejo.

* Mirador de Humboldt – C'est de là que le savant naturaliste Humboldt, lors de son voyage à Tenerife en 1799, fut ébloui par la **vallée de La Orotava*****. Au pied du Teide raviné, cette immense dépression déroule jusqu'à la mer son épais tapis de bananiers que des bassins ponctuent de taches lumineuses et d'où émergent les maisons de La Orotava et de Puerto de la Cruz.

* La Orotava – *Voir ce nom.*

* Puerto de la Cruz – *Voir ce nom.*

Los Realejos – De la terrasse de la mairie à Realejo Alto, jolie vue sur les villages et le littoral. Dans le cimetière, dragonnier perché sur une échine rocheuse. L'**église Santiago Apóstol** ⊙, proche de la mairie, possède d'intéressants plafonds.

* Icod de los Vinos – Dans une région vinicole, la ville d'Icod, qui remonte au début de la conquête, est fière de posséder le **dragonnier*** le plus imposant et le plus vieux (plusieurs millénaires) de l'archipel (*signalisation « drago » dans la ville*). L'**église San Marcos** est intéressante, ainsi que la place fleurie où elle s'élève, entourée d'élégantes demeures à balcons de bois.

San Marcos – Traversant les bananeraies, la route conduit à cette station balnéaire établie près d'une crique encadrée de falaises noires déchiquetées.

Garachico – De la principale agglomération du Nord de l'île avant l'éruption volcanique de 1716, il reste un vieux quartier et le **fort San Miguel**, près duquel une promenade a été aménagée parmi des écueils acérés.

★★ **Vallée de El Palmar** – *Prendre la TF 42 à l'Ouest de Garachico*. Au-delà de El Palmar, on découvre un petit village enchâssé dans une cheminée volcanique, au centre d'un cratère strié de cultures en terrasses.

La Côte Ouest *De Garachico à Los Cristianos – 77 km*

Garachico – *Voir ci-dessus.*

Gagner **San Juan del Reparo** qui permet de contempler une jolie **perspective**★ sur Garachico, bâti en demi-cercle sur une coulée de lave.

Santiago del Teide – Pittoresque église à dôme.

Masca – Charmant hameau isolé au milieu d'un **paysage**★ saisissant.

El Retamar – À partir de ce village, c'est la descente parmi les champs de lave qui se sont répandus lors de l'éruption du volcan de Chinyero en 1909.

★ **Acantilado de Los Gigantes** – Le massif montagneux de Teno se termine ici par une gigantesque **falaise** noire, que sa paroi verticale de près de 400 m a fait surnommer à juste titre « les Géants ».

Adeje – De ce village à l'écart de la grand-route, on peut remonter à pied *(2 km)* un site étrange dans un cadre grandiose, le **Barranco del Infierno**★ (ravin de l'Enfer), une immense crevasse au fond de laquelle s'écoule un petit cours d'eau.

Playa de las Américas – Hotel Jardín Tropical

Playa de Las Américas – Cette importante station où se multiplient hôtels, locations, restaurants, terrasses et discothèques, inaugure une côte plate et sablonneuse.

Los Cristianos – Centre touristique agité dont l'un des attraits et la plage de Vistas, en plein centre, que longe une agréable promenade.

La Côte Sud *De Los Cristianos à Santa Cruz – 133 km*

Los Cristianos – *Voir ci-avant.*

Parque ecológico de las Águilas del Teide ⊙ – *Au km 3 de la route Los Cristiano – Arona.* Le parc compte 75 000 m² de jardins soignés à la végétation exhubérant où sont réunis de nombreux oiseaux exotiques et d'autres animaux. Spectacle avec perroquets et rapaces.

Cactus & Animal Park ⊙ – *Quitter l'autoroute à la sortie 26 (direction Guaza prendre une route signalée à gauche.* Jardin de cactées dans un environneme désertique. Une petite zone avec des animaux et une intéressante présentation reptiles.

Jardines del Atlántico ⊙ – *Au km 3,750 de la route de Guaza à Valle de S Lorenzo, prendre une route (signalisation) à droite.* La visite de ce domaine fe connaître la flore autochtone et les cultures traditionnelles de l'île (banane tomates, papayes, avocats, etc.). Exposition d'outils agricoles et d'ustensiles *Prendre à Valle de San Lorenzo la TF 82.*

Cette route par l'intérieur, plus longue et sinueuse que l'autoroute, est jalonn de belvédères et beaucoup plus pittoresque.

★★ **Mirador de la Centinela** – Véritable sentinelle de la côte, ce belvédère aménagé sur un piton rocheux domine une vaste étendue de plaine cultivée où se dispersent plusieurs cratères.

À Granadilla de Abona, prendre à droite la TF 614 vers El Médano.

El Médano – Sa plage, surmontée par un cône volcanique, est l'une des meilleures pour la pratique de la planche à voile. Elle est bordée par une agréable promenade.

Revenir à Granadilla et reprendre la TF 82.

★★ **Mirador de Don Martín** – On domine la vallée d'effondrement de Güimar, dont les pentes sont envahies principalement par les cultures de fruits tropicaux. Entre la ville et la mer se dresse l'imposant volcan de Güimar.

Güimar – Important centre de la côte Sud.

Candelaria – Ville ancienne, célèbre lieu de pèlerinage. Deux bergers guanches trouvèrent, en 1390, une statue de la Vierge échouée sur la grève. Une tempête l'emporta en 1826 de la grotte où elle avait été placée. Une basilique ⊘ (1958) abrite la nouvelle statue de la patronne de l'archipel que les Canariens viennent vénérer les 14 et 15 août. Sur la place, les statues des anciens chefs guanches de Tenerife, les Menceyes, semblent affronter la mer.

SANTA CRUZ DE TENERIFE

La capitale de l'île fut d'abord un petit port assurant les échanges de La Laguna. Elle se développa surtout au 19ᵉ s., pour monopoliser depuis les activités industrielle et maritime de l'île. Le port partage avec celui de Las Palmas le rôle d'escale sur les routes de l'Atlantique et le trafic commercial des Canaries. Une raffinerie et des industries (tabac, etc.) contribuent à l'activité de la ville. De la digue du port, une vaste **vue**★ embrasse l'amphithéâtre hérissé d'immeubles où s'étage la ville, à l'arrière duquel se profilent le Teide et le massif d'Anaga.

Le Théâtre Guimera, le nouvel Auditorium (en construction) et les salles d'exposition sont la meilleure preuve de l'intérêt et de la tradition culturelle de cette ville d'un peu plus de 200 000 habitants.

La tranquille Santa Cruz se métamorphose avec le **Carnaval**, probablement l'un des plus célèbres et des plus colorés qui soient en

La reine du carnaval de Santa Cruz

Espagne. Toute la ville participe à la liesse populaire, et chacun, enfants comme personnes âgées, se déguise pour participer à la grande mascarade.

Curiosités *voir plan pages suivantes*

Église de la Concepción ⊘ (**CY**) – De la cité ancienne, il ne subsiste que quelques demeures à balcon autour de cette église des 16ᵉ et 17ᵉ s. qui retient l'attention par sa haute tour et ses balcons extérieurs ; beaux retables baroques sculptés.

★ **Museo de la Naturaleza y el Hombre** ⊘ (**CY**) – Le **musée de la Nature et de l'Homme**, installé dans un grand bâtiment néoclassique, l'ancien hôpital civil, présente deux grandes collections, l'une d'archéologie et l'autre de sciences naturelles.

Palacio de Carta (**CY**) – *Plaza de la Candelaria*. Près de l'historique Plaza de España, ce palais du 18ᵉ s. accueille actuellement une banque. Beau patio à arcades et galeries en bois.

Église San Francisco ⊘ (**CDY**) – Construite aux 17ᵉ et 18ᵉ s., elle présente les caractéristiques des églises canariennes de cette époque : nef lambrissée et piliers cylindriques. Dans le *presbiterio*, retable baroque.

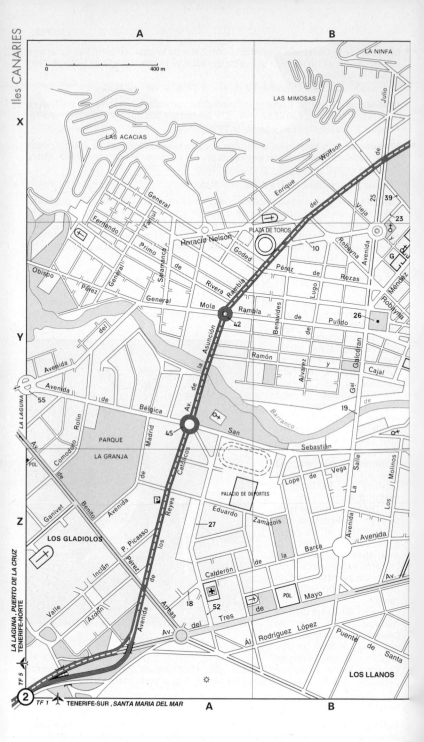

★ **Parc municipal García Sanabria** (**BY**) – Agréable parc fleuri aux essence tropicales et méditerranéennes situé près de la Rambla, un grand boulevard jalonné d'espaces verts qui constitue l'une des grandes artères de la ville.

Museo Militar (**DX**) – L'amiral Nelson, qui attaqua la ville en juillet 1797, perdi la bataille... et le bras droit. Parmi les canons exposés ici, on peut voir *le Tigre* auquel l'amiral dut sa mutilation.

★ **Parque Marítimo César Manrique** ⊘ – *Par ② du plan*. Grand complexe de loisir situé au bord de la mer et composé d'un ensemble de piscines, buvettes e restaurants. Réalisé d'après des ébauches de César Manrique, il combine ave bonheur l'eau, la roche volcanique et la végétation.

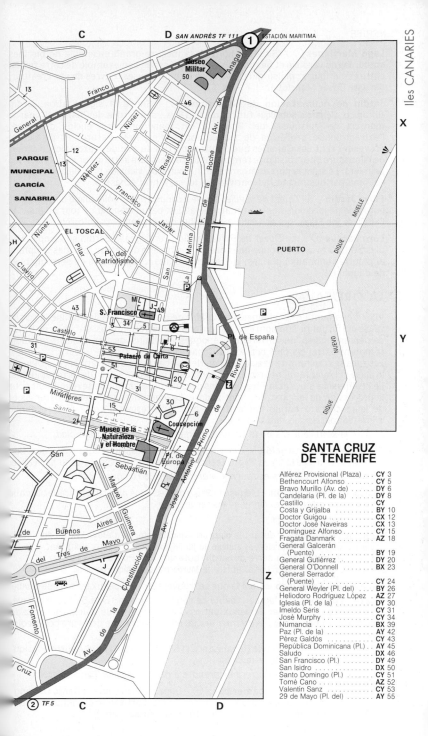

SANTA CRUZ DE TENERIFE

★ PUERTO DE LA CRUZ

Ce n'est pas la pêche, jadis ressource principale de Puerto de la Cruz, mais le tourisme qui est responsable de l'éruption au cœur des bananeraies de la côte Nord, de cette étonnante ville-champignon. Le soleil et le Teide veillent sur l'exubérante prolifération d'immeubles qui s'agglutinent le long d'un littoral rocheux, jonché d'écueils. Un agréable **front de mer**★ animé, jalonné de terrasses, de boutiques et de belvédères fleuris constitue l'agrément principal de la première station balnéaire de Tenerife. On y verra le petit ermitage San Telmo (18e s.) et, dans le vieux village, zone piétonne comprise entre la plaza de la Iglesia et la plaza del Charco, des maisons aux balcons typiques et des églises des 17e et 18e s.

* Lago Martiánez ⊙ – Situé au bord de la mer, ce grand ensemble de piscines entourées de verdure et de roches volcaniques est un bon exemple de cette fusion entre esthétique et plaisir qui caractérise de nombreuses œuvres de son créateur, l'artiste César Manrique.

*** Jardin de Aclimatación de La Orotava ⊙ – *Suivre la signalisation Jardín Botánico.* Ce **jardin botanique** fut fondé au 18ᵉ s., sur l'ordre de Charles III, par le marquis de Villanueva del Prado. C'est, dans un petit enclos de 2 ha, l'extraordinaire profusion de toutes sortes d'espèces d'arbres et de fleurs, provenant tant des Canaries que d'autres parties du monde, auxquelles le climat de l'île assure une croissance remarquable. On demeure surpris par la diversité des palmiers. Le sujet le plus étonnant est un **caoutchouc**, vieux de près de deux siècles, soutenu par des racines adventives qui lui servent d'échasses.

* Playa Jardín – *À l'Ouest de la ville, suivre les indications.* Jolie plage de sable noir entourée de jardins soignés et marquée à l'Est par une ancienne tour de guet, le **Castillo de San Felipe**, qui accueille aujourd'hui des événements culturels.

Loro Parque ⊙ – *À l'Ouest de Playa Jardín, bien signalé.* Jardin sub-tropical de plus 50 000 m² qui regroupe une collection complète de perroquets, des dauphins et d'autres animaux : gorilles, singes, crocodiles…. Spectacles de perroquets et de dauphins.

* LA OROTAVA

Ville monumentale échelonnée sur le flanc de la montagne, elle domine la fertile vallée qui lui donne son nom et conserve un **vieux quartier** intéressant, avec de belles demeures nobles de différentes époques. Certains de ses balcons en bois comptent parmi les plus beaux des Canaries.

Les rues se couvrent de beaux tapis de fleurs chaque jeudi suivant la Fête-Dieu, et la plaza del Ayuntamiento reçoit une composition géante à base de terres colorées. Le 2ᵉ dimanche suivant la Fête-Dieu, les paysans de la commune se réunissent pour la procession de leur patron, saint Isidore. La magnificence de leurs costumes et de leurs chars à bœufs apporte une note pittoresque à cette fête reconnue d'intérêt touristique national.

Laisser la voiture plaza de la Constitución et effectuer la visite à pied.

Plaza de la Constitución – Cette place, où se dressent l'église baroque San Agustín (17ᵉ s.) et le Liceo Taoro (centre culturel), constitue un beau belvédère.
Prendre la calle Carrera et tourner à droite dans la rue qui descend.

Église de la Concepción – L'église (18ᵉ s.) possède une amusante façade baroque encadrée de deux tours. On peut visiter le **trésor** ⊙.
Revenir à la calle Carrera.

Calle Carrera – Passer devant la **plaza del Ayuntamiento**, où s'élève l'hôtel de ville de style néoclassique. Derrière, l'**annexe du jardin botanique** ⊙, parc luxuriant créé au 19ᵉ s., fut un temps la serre du jardin botanique du Puerto de la Cruz.
Au nᵒ 17, un édifice du 16ᵉ s. abrite le **Musée ethnographique guanche** ⊙.

* Calle de San Francisco – C'est là que se trouvent les plus beaux balcons de la ville.
Casa de los Balcones – Il s'agit en réalité de deux maisons (nᵒˢ 3 et 5) du 17ᵉ s., avec de splendides balcons et de beaux patios. Au nᵒ 3, boutique d'artisanat *(rez-de-chaussée)* et petit **musée** ⊙ *(premier étage)* où l'on visite une demeure bourgeoise traditionnelle.

Casa Molina – Maison de style Renaissance (16ᵉ-17ᵉ s.) abritant une autre boutique d'artisanat. Jolie vue de la terrasse.
Retourner dans la calle Carrera et prendre à gauche la calle Tomás Zerolo.

Museo de Artesanía Iberoamericana ⊙ – Dans l'ancien couvent Santo Domingo (17ᵉ s.), le musée présente une riche collection d'artisanat espagnol et ibéro-américain (instruments musicaux, céramiques, textiles, etc.)

AUX CANARIES
Voici les cartes Michelin qu'il vous faut :
nᵒ 220 au 1/200 000 Gran Canaria
nᵒ 221 au 1/200 000 Fuerteventura, Lanzarote
nᵒ 222 au 1/200 000 Tenerife, La Palma, Hierro, La Gomera

GRAN CANARIA★★

La GRANDE CANARIE – 1 532 km²

715 611 habitants
Carte Michelin nº 220 – Atlas España-Portugal p. 94

Cette île a la forme d'un coquillage dont la pointe serait le Pozo de las Nieves. Tout autour, les pentes sont striées d'une multitude de ravins où coulaient autrefois d'impétueux torrents. Leur eau est maintenant récupérée près de la source par des barrages ou des canaux. À la régularité du relief s'oppose un violent contraste entre le Nord, plus fertile, plus humide, royaume des bananiers, et le Sud, dont les grandes étendues désertiques commencent à se couvrir de cultures de tomates.
Les côtes Nord et Ouest sont bordées d'une abrupte falaise ; par contre, la côte Sud, plus accessible et jalonnée de longues plages, connaît un intense essor touristique.

LE NORD

De Las Palmas à San Nicolás de Tolentino

23 km – prévoir une journée

Quitter Las Palmas par ④ du plan, GC 2. Sortir de l'autoroute à l'échangeur 8 et prendre la direction d'Arucas.

Arucas – Troisième ville de l'île après Las Palmas et Telde. Une petite route partant du flanc gauche de la cathédrale mène au sommet de la **Montaña de Arucas★**, sorte de pain de sucre d'où l'on jouit d'un vaste **panorama★** qui s'étend à l'Est jusqu'à Las Palmas de Gran Canaria. Au pied de la montagne, la cathédrale, noirâtre, se détache sur le bourg blanc de Arucas.

Prendre la C 813, et, à 6 km de Arucas, à Buenlugar, prendre à gauche.

Firgas – Une eau minérale gazeuse très consommée dans tout l'archipel y est produite. Près de la plaza de San Roque, où se trouvent l'église et la mairie, le paseo de Gran Canaria constitue un hommage pittoresque aux municipalités de l'île.

Faire demi-tour revenir sur la C 813.

Los Tilos de Moya – La route sinueuse court au flanc de la montagne. Après Moya *(2 km à gauche)*, un petit bois touffu de lauriers constitue la zone protégée de Los Tilos.

À hauteur de Guía, prendre à droite la C 810 et, à quelques mètres en direction de Las Palmas, emprunter la route vers le Cenobio de Valerón.

★ **Cenobio de Valerón** ⊙ – Cet ensemble de grottes creusées dans le tuf volcanique et protégées par une chape de basalte se trouve dans un site remarquable dominant un profond ravin. On a longtemps pensé que les Guanches en avaient fait une sorte de monastère *(cenobio)*, où les jeunes filles se préparaient à leur rôle de vierges sacrées. Elle servaient en fait de grenier collectif. Au sommet de la montagne avaient lieu les assemblées *(tagoror)* des chefs.

Revenir sur la C 810, que l'on prend vers l'Ouest en direction de Gáldar.

Gáldar – Au pied de la montagne du même nom, Gáldar, ancienne cour du roi guanche, le *guanarteme*, garde des vestiges précieux de cette civilisation mystérieuse. On visite une grotte, la **Cueva Pintada** ⊙, découverte en 1881, qui renferme des **peintures murales★** géométriques dont le symbolisme demeure encore mystérieux. Des objets guanches y sont exposés.

Nécropole de la Guancha ⊙ – *Sur le littoral, à 2 km au Nord de Gáldar.* Dans la zone archéologique, des fouilles ont mis au jour les restes d'un village et d'une nécropole. Cette dernière se compose d'un ensemble de constructions circulaires à divisions intérieures, bâties avec de grand blocs de lave, et d'un grand tumulus.

Revenir à Gáldar et prendre vers le Sud la C 810.

Cuevas de las Cruces – *À mi-chemin de Gáldar et d'Agaete.* Pittoresques cavernes naturelles formées dans le tuf volcanique.

Agaete – Charmant village blanc au sein d'une région fertile. Le 4 août s'y déroule la **Fiesta de la Rama**, l'une des fêtes les plus courues de l'île.

★ **Route de Los Berrazales** – *Au Sud-Est d'Agaete.* Elle remonte l'exubérante **vallée d'Agaete★**, encaissée dans les montagnes et bien abritée.

Puerto de las Nieves – *À l'Ouest d'Agaete.* Petit port de pêche qui exportait jadis les bananes, quand les liaisons terrestres vers Las Palmas étaient difficiles. Des quais, en avant-poste en mer, on aperçoit le célèbre **Dedo de Dios**, un piton rocheux nommé en raison de sa forme « le doigt de Dieu ».
L'**ermitage** ⊙ conserve d'intéressants tableaux flamands du 16ᵉ s.

San Nicolás de Tolentino – Une rouge goudronnée très spectaculaire longeant une côte extrêmement escarpée et franchissant de multiples ravins conduit à San Nicolás, hameau situé dans un large bassin cultivé (canne à sucre, tomates).

LE CENTRE

De Las Palmas à Cruz de Tejeda *156 km – environ une journée.*

Sortir de Las Palmas par ② du plan, C 811.

Tafira – Ville résidentielle et siège de l'université de Las Palmas.

★ **Jardín Canario** ⊘ – Étagé sur une falaise, ce jardin tropical est un agréable but de promenade.

À Monte Lentiscal, tourner à gauche.

★★ **Mirador de Bandama** – Une route monte au pic de Bandama (569 m). La cime est un belvédère sur l'énorme cratère volcanique aux formes intactes, dont le fond est occupé par une petite zone cultivée. Un vaste et beau **panorama** s'étend sur

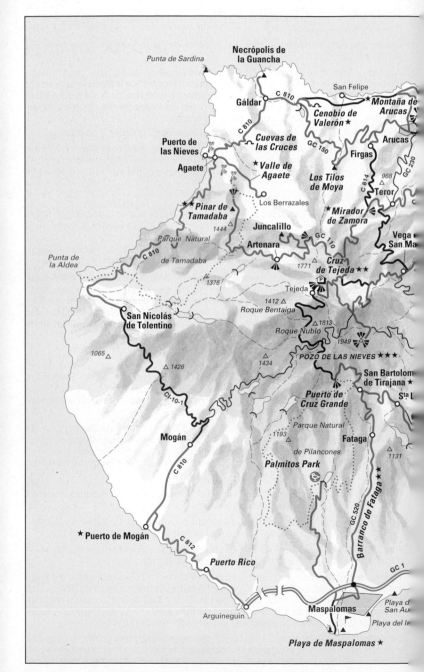

Tafira, la Montaña de Arucas et Las Palmas, au Nord ; le cratère, le terrain de golf de Las Palmas – le plus ancien d'Espagne –, et Telde, au Sud ; le massif intérieur de l'île à l'Ouest.

Revenir à la route C 811.

Santa Brígida – Ce village résidentiel établi au bord d'un ravin couvert de palmiers voit se dérouler chaque week-end un beau marché de plantes et fleurs.

Vega de San Mateo – Un grand marché se tient chaque week-end dans cette localité située au sein d'une importante zone agricole. Dans un ensemble de maisons traditionnelles (deux d'entre elles datent du 17ᵉ s.), la **Casa-museo Cho Zacarías** ⊘ présente une vaste collection ethnographique, avec poteries, mobilier, textiles, outils agricoles traditionnels, etc.

Continuer par la C 811 sur 6 km environ, avant de tourner à gauche.

GRAN CANARIA

0	10 km

★★★ **Pozo de las Nieves** – De ce sommet (1 949 m), parfois enneigé, on domine un spectaculaire **panorama**★★★, le plus étendu de toute l'île. Vers le Sud, la vue offre au premier plan une perspective en plongée de San Bartolomé de Tirajana et atteint les dunes de Maspalomas. À l'Ouest se détachent les formes singulières du Roque Nublo, à gauche, et du Roque Bentaiga, à droite, avec, par temps clair, le Teide à l'horizon.

★★ **Cruz de Tejeda** – *Au Nord-Ouest du Pozo de las Nieves.* Aux alentours du parador aménagé à ce col de 1 450 m d'altitude, on découvre au fond d'une caldeira le village de Tejeda. Merveille volcanique qu'Unamuno a qualifiée de « tempête pétrifiée », c'est un paysage tourmenté auquel les necks, la « tour » Bentaiga et la « tour » Nublo, donnent sa physionomie particulière. Cette dernière était, dit-on, l'objet de la vénération des aborigènes canariens.

Prendre la GC 110 vers Artenara.

Le parcours dispense de bonnes **vues**★ sur le village troglodytique de **Juncalillo** : la plupart des habitants vivent dans des grottes, souvent fermées par une façade, formées par une coulée de lave.

Artenara – Ce petit village soigné est le plus haut de l'île (1 270 m). Le charmant **ermitage de la Cuevita**, creusé dans la roche, abrite une image de la Vierge à l'Enfant ; **vue**★ sur les necks, Tejeda et le Pozo de las Nieves. De l'auberge de la Silla, établie dans une grotte à la sortie du village, **perspective**★ intéressante sur le Bentaiga.

★★ **Pinar de Tamadaba** – La route traverse cette magnifique **forêt de pins** des Canaries qui tapisse un versant séparé du littoral par un énorme ravin. *Après un virage à gauche, aller jusqu'au bout d'un chemin goudronné en suivant l'indication Zona de acampada, puis faire à pied 200 m sous les pins pour atteindre le bord du ravin.* Quand on y parvient, on est stupéfait par la **vue**★★ vertigineuse sur Agaete, Gáldar et le littoral au Nord, Tenerife et le Teide à l'Ouest.

Revenir sur ses pas et prendre à gauche la route GC 110 vers Vallesco.

★ **Mirador de Zamora** – Peu après Vallesco, jolie **vue**★ sur Teror, serti dans une ample vallée encadrée de pentes douces.

435

Teror – La majesté de la façade de l'**église Nuestra Señora del Pino** ⊘ (18ᵉ s.) va de pair avec l'allure aristocratique de la ville qui a gardé de belles demeures à balcons de bois. L'intérieur du sanctuaire abrite la statue de la Vierge du Pin, patronne vénérée de l'île, qui serait apparue en 1481 dans les branches d'un pin. Dans le trésor, on admirera divers manteaux brodés de la Vierge ainsi que de riches présents.

Un pèlerinage annuel, le 8 septembre, rassemble, dans une atmosphère extraordinaire des milliers de Canariens venus à Teror apporter leurs offrandes et chanter leur ferveur.

Chaque dimanche, Teror voit se tenir un marché particulièrement fréquenté.

LE SUD

De Las Palmas à Maspalomas *59 km - environ 2 h.*

Sortir de Las Palmas par ① *du plan, GC 1, et quitter l'autoroute à la sortie 8.*

Telde – Comme Gáldar, Telde fut une capitale des aborigènes canariens. Dans la partie basse de la ville, l'**église San Juan Bautista** ⊘, fondée au 15ᵉ s. et reconstruite aux 17ᵉ et 18ᵉ s., conserve un retable flamand sculpté (16ᵉ s.) illustrant la vie de la Vierge. Le Christ situé au-dessus est une œuvre mexicaine réalisée dans une pâte très légère à base de papier et de roseaux.

Sur la place de l'église San Juan Bautista, prendre la calle Inés Chimida. Cette rue mène au paisible **quartier San Francisco**, encore imprégné d'une atmosphère séculaire. Dans ses rues étroites et pavées, derrière ses façades chaulées vivaient les artisans et les hommes libres sans fortune.

Prendre la C 813 en direction d'Ingenio ; après le carrrefour avec la C 816, prendre à gauche, à la hauteur de petites maisons, un chemin en mauvais état ; ensuite, parcourir 250 m environ à pied.

★ **Cuatro Puertas** – Dans la grotte, qui possède quatre ouvertures, se réunissaient les aborigènes. La face Est de la montagne est criblée de grottes où les Guanches embaumaient leurs morts. Belle vue jusqu'à l'océan.

Ingenio - Centre traditionnel de broderie.

MASPALOMAS

C'est sur les côtes basses et sablonneuses du Sud que se concentrent les grands centres touristiques de l'île : Maspalomas, la Playa del Inglés et San Agustín. Hôtels, appartements, villas, centres commerciaux, restaurants, discothèques, terrasses de cafés, parcs aquatiques, toutes les formes de loisirs s'offrent aux touristes qui débarquent en masse pour profiter des plages et du climat magnifique de la zone. Maspalomas s'est développé autour de sa spectaculaire **plage**★ et de ses dunes, dont les 400 ha sont protégés. La lagune et la palmeraie sont ses autres attraits naturels.

Les dunes de Maspalomas

Excursions

Palmitos Park ⊘ – *13 km au Nord.* Une verte oasis où vivent de nombreux oiseaux exotiques, d'Australie et d'Amérique du Sud, apparaît dans un ravin désertique. Le parc offre également un aquarium intéressant, un jardin de cactées et une serre où voltigent les papillons.

Mogán – *38 km au Nord-Ouest.* La route suit la côte, très tourmentée et urbanisée. On passe **Puerto Rico**, localité touristique qui déploie ses blocs d'appartements sur les flancs du ravin, pour déboucher sur **Puerto de Mogán**★, un pittoresque petit village de villégiature, construit autour d'un petit port de pêche et de plaisance. La route, à **Mogán**, emprunte le ravin du même nom.

★ **San Bartolomé de Tirajana** – *48 km au Nord par la route GC 520.*
La remontée vers San Bartolomé par le **ravin de Fataga**★, sorte de canyon grandiose, est d'une beauté impressionnante. On passe à côté de Arteara, oasis sertie au fond du ravin, puis on traverse **Fataga**, pittoresque village au milieu des vergers. **San Bartolomé** est magnifiquement situé dans un cirque montagneux, au pied de hautes falaises grises qui seraient les rebords d'un ancien cratère.

Puerto de Cruz Grande – Belle vue sur les montagnes qui précèdent le Nublo.

Revenir à San Bartolomé et prendre la route C 815.

Santa Lucía – Un petit **musée guanche** ⊘, dit Castillo de la Fortaleza, présente des objets découverts, à l'Est, dans une colline à laquelle l'érosion a donné l'allure d'une forteresse.

Christophe Colomb

On dit souvent que sans les Canaries, Colomb (1451-1506) n'aurait pas découvert l'Amérique. On sait avec quelle insistance ce marin génois, persuadé de l'existence d'une route maritime occidentale vers les Indes, tenta d'en convaincre l'un après l'autre les souverains portugais, anglais, français. Finalement, il obtint des Rois catholiques la faveur d'armer trois bateaux – la *Niña*, la *Pinta* et la *Santa María* – pour mener une expédition vers les Indes. Parti de Palos en août 1492, il se vit contraint de faire escale à la Grande Canarie et à Gomera pour réparer la Pinta. Le 12 octobre 1492, c'est la découverte, dans les Antilles, de la première terre américaine. Au cours des trois voyages suivants, il fait escale tantôt à Las Palmas, tantôt à Gomera et découvre successivement plusieurs îles antillaises (1493), le delta de l'Orénoque (1498) et les côtes du Honduras (1502).

★LAS PALMAS DE GRAN CANARIA

Fondée par Juan Rejón en 1478, dans un bois de palmiers, la plus grande ville de l'archipel, Las Palmas, capitale de la province qui porte son nom, est avec Santa Cruz de Tenerife un des plus grands ports espagnols. Las Palmas s'étend sur près de 10 km entre le ravin de Guiniguada au Sud et la presqu'île d'Isleta au Nord, qui forme pour le port un excellent abri naturel. Deux villes cohabitent, à Las Palmas : la vieille cité, **Vegueta**, qui remonte au temps de la conquête et, entre le port et la plage d'Alcaravaneras, d'une part, et celle de las Canteras d'autre part, l'agglomération de **Puerto de la Luz**, où se concentre l'animation touristique. Les deux zones sont reliées entre elles par le quartier résidentiel, abondamment fleuri, de **Ciudad Jardín**. Une falaise borde la ville à l'Ouest ; au-delà sont situés les quartiers populaires dont le développement est actuellement extrêmement rapide.

La présence de l'aéroport à 25 km, plaque tournante de l'Atlantique, et d'un port où font escale les transatlantiques fait affluer à Las Palmas de nombreux touristes.

★Vegueta – Triana *2 h*

Ces deux quartiers forment le centre historique de la ville. Las Palmas n'a dépassé définitivement les limites de ces quartiers qu'à partir du 19ᵉ s., avec le développement du Puerto de la Luz.

Plaza de Santa Ana – Agréable place rectangulaire entourée de palmiers et dominée par les belles façades de l'ancien hôtel de ville (1842) d'un côté, de la cathédrale de l'autre. Les chiens de bronze évoquent l'origine supposée du nom « Canaries » qui, pour certains, viendrait du latin *canis*, chien. Sur un troisième côté s'élèvent le palais épiscopal, avec un portail d'influence mudéjar encadré par un alfiz, et la maison du Régent, de style Renaissance.

VEGUETA, TRIANA

À l'occasion de la procession de la Fête-Dieu, la place et les rues adjacentes s'ornent de tapis élaborés à partir de fleurs, de sciure et de sel.

Cathédrale ⊘ – Commencée au début du 16ᵉ s., elle ne fut achevée qu'au 19ᵉ s. La façade est franchement néoclassique mais l'intérieur tient plutôt du gothique. Elle comporte trois nefs élancées, à chapelles latérales, couvertes de voûtes à tiercerons. Dans le transept se trouvent des statues dues au Canarien **José Luján Pérez** (1756-1815) : *Saint Joseph* et une *Dolorosa* à droite, *Vierge à l'Enfant* à gauche.

Museo Diocesano de Arte Sacro ⊘ – *Entrée par la rue Espíritu Santo*. Le musée, installé dans des dépendances de la cathédrale autour du patio des Orangers (16ᵉ s.), expose sculptures (16ᵉ au 19ᵉ s.) et pièces d'orfèvrerie. La salle capitulaire offre une remarquable mosaïque de Manises (Valence).

★ **Casa de Colón** – *Entrée par la calle Colón*. L'ancien palais des premiers gouverneurs de l'île, où séjourna Christophe Colomb en 1502, abrite le musée consacré à l'époque colombine. Dans un cadre typiquement canarien, cartes et instruments de navigation évoquent les expéditions du navigateur. À remarquer les beaux plafonds à caissons des salles. L'étage supérieur présente une collection de peintures allant du 16ᵉ au 19ᵉ s.

À proximité, l'**église San Antonio Abad** ⊘, à l'emplacement de la chapelle où Colomb vint assister à la messe, présente, à l'intérieur, une élégante décoration baroque.

Centro Atlántico de Arte Moderno ⊘ (**E**) – Dans la calle de los Balcones (**CZ** 5) subsistent d'anciens édifices à beaux portails. L'un d'eux (18ᵉ s.), complètement réaménagé par l'architecte Sáeinz de Oíza, accueille le Centre d'art moderne, créé en 1989 afin d'établir un point de rencontre des expressions artistiques européenne, africaine et américaine. D'intéressantes expositions temporaires y sont organisées et le fonds permanent, qui sera prochainement présenté dans l'édifice annexe, est constitué d'œuvres réalisées par des artistes canariens, espagnols ou étrangers contemporains.

★ **Museo Canario** ⊘ – L'isolement des îles a prolongé la préhistoire canarienne jusqu'au Moyen-Âge. Ce musée intéressant expose une collection complète d'anthropologie et d'objets archéologiques appartenant aux cultures préhispaniques de la Grande Canarie : momies, idoles, cuirs, céramiques, etc. Remarquer la collection de *pintaderas*, sortes de sceaux en argile cuite et en bois qui n'ont été trouvés que dans la Grande Canarie et dont la finalité reste incertaine (peinture corporelle ? identification des greniers ?), et une reproduction de la grotte peinte de Gáldar.

La **plaza del Espíritu Santo** et la **plaza de Santo Domingo** méritent une visite pour leur charme et leur caractère pittoresque.

Casa-Museo de Pérez Galdós ⊘ – Installé dans la maison natale de Benito Pérez Galdós, ce musée rassemble des manuscrits, des souvenirs et des objets personnels de l'écrivain.

Parc San Telmo – Cet agréable parc termine la calle Mayor de Triana, artère commerçante de la vieille ville. À l'intérieur, dans une partie retirée, la petite **église San Bernardo** ⊘ recèle des autels baroques et des peintures murales.

La ville moderne *2 h*

Suivre en voiture l'avenida Marítima del Norte. Gagnée sur la mer, elle longe toute l'agglomération.

Parc Doramas – Ce parc central enserre le grand **hôtel Santa Catalina**, qui accueille le casino, et le **Pueblo Canario** ⊘ (**AT M**), village canarien fondé par le peintre Néstor Fernández de la Torre (1888-1938). Ce complexe, qui comprend diverses boutiques d'artisanat et le **musée Néstor** ⊘, sert de cadre à des spectacles folkloriques.

Parc Santa Catalina (**AS**) – C'est le cœur de la zone touristique de **Puerto de la Luz**. Les rues avoisinantes regorgent de bars, restaurants, nights-clubs fréquentés par une clientèle internationale. On ne compte pas non plus les bazars, tenus par des Indiens, où l'on trouve toutes sortes d'articles, surtout appareils photos, postes de radio, cassettes et vidéo à bas prix, car le port de Las Palmas bénéficie d'un régime douanier particulier.

★ **Playa de las Canteras** – Cette splendide plage qui descend doucement vers la mer doit son calme à la barre rocheuse qui la protège du mouvement des vagues. Elle est ourlée par une promenade agréable et animée de plus de 3,5 km, bordée de restaurants et de terrasses de cafés.

C. Vaisse/HOA QUI

Maison Colomb

LAS PALMAS
DE GRAN CANARIA

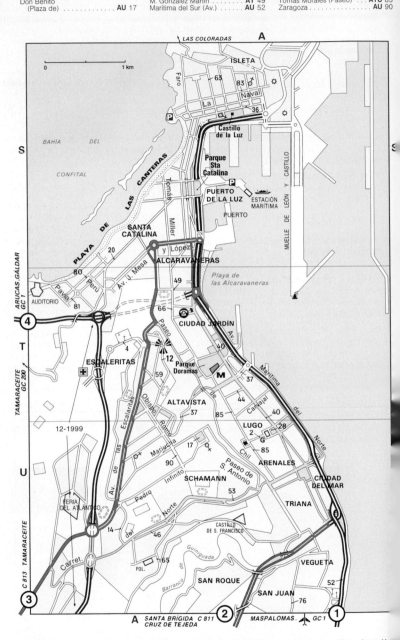

Le port – Baptisé **Puerto de la Luz**, moteur du développement de la ville, c'est l'*
des plus importants d'Espagne. Sa situation privilégiée sur la route de l'Atlantiq
en fait un grand port international, avec un intense trafic de passagers et
marchandises. Équipé de tous les services nécessaires aux escales, c'est aussi
plus important port de pêche de la zone, en raison de sa proximité des rich
pêcheries africaines.

Castillo de la Luz – Dans ce fort construit au 16e s. pour protéger la ville d
attaques des pirates sont organisées des expositions temporaires.

Paseo Cornisa – On pourra terminer la visite en gagnant cette aver
appartenant au quartier moderne de Escaleritas. Elle offre un beau **panorama**★ s
Puerto de la Luz et sur Isleta.

LANZAROTE★★★

836 km² 88 475 habitants
Carte Michelin nº 221 – Atlas España-Portugal p. 95

Lanzarote, déclarée réserve de la biosphère par l'UNESCO, est la plus originale des îles Canaries. Si le tourisme a généré la construction d'ensembles résidentiels à côté de jolies plages de sable, c'est la singularité des paysages qui y attire le visiteur. Les fascinantes terres noires et leur constellation d'oasis de verdure et de cultures surprennent par le contraste de leurs textures et de leurs couleurs. Les difficiles conditions naturelles auxquelles l'homme a dû s'adapter pour survivre ont marqué le caractère et les activités du paysan de Lanzarote.

Du 14e s. à nos jours – Au 14e s., le Génois Lancelloti Malocello ne laisse que son nom à l'île. La véritable conquête commence en 1402 avec deux Normands, **Gadifer de la Salle** et **Jean de Béthencourt**. L'île est bientôt soumise sans trop de difficultés et Béthencourt en fait don au roi de Castille. Lanzarote est alors prise comme point de départ d'incursions vers les autres îles. Mais, l'une après l'autre, les tentatives de domination échouent. Les conquérants ne réussiront finalement à s'établir, non sans mal, qu'à Fuerteventura. Lorsque Béthencourt quitte Lanzarote, en 1416, pour retourner sur sa terre natale, confiant le gouvernement de l'île à son cousin Maciot, il est très regretté par les habitants.

Une fois conquises les îles plus importantes, Lanzarote est délaissée. Or, les côtes ne sont pas suffisamment escarpées ni les montagnes assez élevées pour protéger les habitants des incursions de pirates à la recherche d'esclaves... Et voilà qu'en 1730, Lanzarote est ébranlée par une énorme secousse volcanique. Un massif montagneux naît près du village de Timanfaya. On l'appelle « **les Montagnes de Feu** » parce qu'il ne cesse de vomir des flammes. L'éruption, qui dure 6 ans, submerge d'une mer de lave le tiers du territoire de l'île. Tout recommence, un peu plus au Nord, en 1824. Un volcan surgit, le Tinguatón, et une fois encore, la lave ravage le Sud-Ouest de l'île, engloutissant villages et cultures.

Peu à peu, la vie a repris dans ces vastes zones lunaires où les cratères (l'île en compte une centaine) se disséminent à travers les champs de lave aux formes tourmentées (le *malpaís*) et les épaisses couches noirâtres de cendres et de lapilli. Dans **La Geria**, région riche en lapilli, les paysans ont planté ces ceps de vigne qu'ils protègent du vent du Nord-Est à l'aide d'un muret semi-circulaire. Ainsi produit-on à Lanzarote un excellent vin blanc, léger et parfumé. Partout dans l'île, on peut voir, répandue sur chaque champ par les paysans, une épaisse couche de ces lapilli (nommés aux Canaries *picón*) qui ont la particularité de retenir l'humidité de l'air, dans une île où il ne pleut pour ainsi dire jamais. Autre originalité de l'île : la présence du dromadaire, dont la silhouette est indissociable de son paysage.

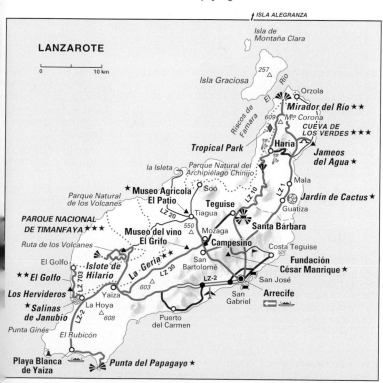

LE CENTRE

Circuit de 62 km au départ d'Arrecife.

Arrecife – Établie sur une côte jonchée de récifs, d'où son nom, le chef-lieu était jadis défendu côté océan par le **château San Gabriel** (16ᵉ s.), édifié sur un îlot et relié à la ville par deux ponts, dont un pont-levis, le pont de Bolas. Le fort abrite aujourd'hui un petit **Musée archéologique et ethnographique** ⊙.

Arrecife dispose d'une agréable plage et d'une pittoresque lagune, la Charca de San Ginés, où les pêcheurs ancrent leurs barques. Au Nord, à l'extrémité de l'avenue qui longe la mer, sur un petit promotoire s'élève le **château San José** (18ᵉ s.), restauré par César Manrique et transformé en **musée international d'Art contemporain** ⊙. Depuis sa cafétéria-restaurant, de belles vues s'étendent sur le port, dit Puerto de Naos, et sur la ville, à droite, ainsi que sur le quai dit Muelle de Los Mármoles, à gauche.

* **Fundación César Manrique**, à **Taro de Tahiche** ⊙ – Elle est installée dans la maison de cet artiste original, qui la fit construire en 1968 au-dessus de cinq bulles volcaniques formées lors de l'éruption de 1730-1736. Par ce choix même, César Manrique manifestait combien le préoccupait la fusion entre l'art et la nature. Dans le surprenant espace habitable sont exposées, outre les propres œuvres de Manrique, sa collection d'art contemporain (Miró, Tàpies, Mompó, Guerrero, Chirino, etc.).

César Manrique (1920-1992)

La figure de César Manrique est étroitement liée à Lanzarote et à son développement touristique, au service duquel il a placé le meilleur de son talent artistique. Il fut le promoteur de la règlementation destinée à freiner la spéculation et la croissance urbaine, pour éviter ainsi les néfastes conséquences d'un développement incontrôlé.

Tous les visiteurs de l'île, terre natale de l'artiste, se rendent compte de l'importance de son action. Il a réalisé les centres d'Art, Culture et Tourisme du conseil insulaire, en y appliquant ses idées sur l'intégration art-nature. Avec la fondation César Manrique, ils témoignent de l'amour qu'il ressentait pour Lanzarote et de sa préoccupation pour la conservation de son patrimoine naturel.

Les centres sont au nombre de sept : le musée d'Art contemporain Castillo San José, le restaurant El Diablo dans le parc naturel de Timanfaya, la maison-musée et le monument au Paysan, la grotte de Los Verdes, les Jameos del Agua, le mirador del Río et le jardin de cactus *(voir descriptions dans le texte)*.

Monumento al Campesino – C'est près de **Mozaga**, au centre de l'île, que s'élève ce monument qui rend hommage au paysan de Lanzarote. À côté, la **Casa-Museo de Campesino** est un échantillon de l'architecture populaire de l'île.

* **Museo Agrícola El Patio**, à **Tiagua** ⊙ – Installé dans un ancien domaine agricole, les collections ethnographiques et ethnologiques nous font connaître la culture et la vie traditionnelle des paysans de l'île. Dégustation de malvoisie.

Museo del vino El Grifo ⊙ – Les caves El Grifo (18ᵉ s.), les plus anciennes de Lanzarote, ont été transformées en musée où sont expliquées les méthodes traditionnelles d'élaboration du vin.

** **La Geria** – C'est, entre Yaiza et Mozaga, une vaste étendue noirâtre couverte de cendres volcaniques. Elle est constellée d'alvéoles, dites *zocos* et composant un paysage insolite, où on cultive la vigne.

LE SUD

Circuit de 124 km au départ d'Arrecife ; environ une journée.

*** **Parc national de Timanfaya** ⊙ – Ce massif surgi lors des éruptions de 1730-1736 émerge, tantôt rougeâtre, tantôt noirâtre, d'un univers de cendres. Le noyau central constitue les **Montagnes de Feu** (Montañas de Fuego).

À 5 km au Nord de Yaiza, les dromadaires attendent au bord de la route les amateurs d'exotisme, pour une petite promenade sur les flancs de la montagne : belle vue sur le cratère.

Si les volcans sont endormis depuis 1736, leurs entrailles sont encore en feu. À l'**Islote de Hilario**, on peut assister à de surprenantes expériences : engagés dans une crevasse de moins de 1,50 m de profondeur, des branchages s'enflamment ; quant à l'eau qu'on verse dans un tuyau enfoncé dans la lave, elle fuse immédiatement en vapeur, tant la température du sous-sol est élevée (140 ºC

Pratt Pries/DIAF

Le lent cortège des dromadaires sur les Montagnes de Feu

10 cm, plus de 400 à 6 m). Au restaurant El Diablo, dont les cuisines utilisent l'énergie géothermique, on peut jouir de belles vues du spectaculaire paysage environnant.

Il est recommandé d'effectuer à partir de l'Islote la promenade en autocar par la **route des volcans**, une route de 14 km spécialement tracée à travers les champs de lave : extraordinaires points de vue sur la région et promenade parmi les cratères. D'un belvédère naturel, la vue s'étend jusqu'à la mer sur un immense champ de lave et de volcans. On traverse ensuite la vallée de la Tranquillité, formée de cendres. dans l'inhospitalière solitude de ces montagnes, seuls les lichens apportent une touche de vie.

Los Hervideros – Remous et clapotis de la mer qui pénètre dans les galeries de la falaise.

★★ **El Golfo** – L'eau de cette lagune est retenue par un banc de sable au creux d'un ancien cratère. Décor fantastique de la falaise de tuf noir rongée par l'érosion.

★ **Salinas de Janubio** – La mer s'est réfugiée ici dans un ancien cratère. C'est le règne des contrastes : chromatique (blanc lumineux des tas de sel, bleu intense du lac) et géométrique (quadrillage des salines dans le demi-cercle de la lagune).

Playa Blanca de Yaiza – Cette agréable localité côtière du Sud, d'où l'on aperçoit les côtes de Fuerteventura, est dotée d'un front de mer réservé aux piétons qui s'étire entre la côte et les anciennes maisons de pêcheurs et d'une jolie plage de sable doré (à l'Est). Ligne maritime régulière avec Fuerteventura.

★ **Punta del Papagayo** – C'est dans la région du **Rubicón** que Béthencourt s'était établi. Seul vestige de la conquête, le château de Las Coronadas est une vieille tour au bord de la falaise. À la pointe (accès par un chemin situé à l'entrée de Playa Blanca de Yaiza et donnant accès à la zone protégée de los Ajaches), magnifiques criques rocheuses et jolie **vue**★ sur Playa Blanca et Fuerteventura.

Revenir à Arrecife par la LZ 2.

LE NORD

Circuit de 77 km au départ d'Arrecife ; environ une demi-journée.

Arrecife – Voir ci-avant.

★ **Jardín de Cactus**, à **Guatiza** ⊘ – Conçu avec un sens esthétique élevé, il occupe une ancienne carrière disposée en terrasses, et présente une importante sélection d'espèces des Canaries, d'Amérique et de Madagascar. Il inclut un ancien moulin. Il est situé dans une zone de figuiers de Barbarie où l'on élève la cochenille, petit insecte dont on extrait un colorant rouge autrefois très apprécié.

★ **Cueva de los Verdes** ⊘ – Au pied du volcan Corona, le sous-sol de l'île est sillonné de galeries où les Guanches trouvaient un refuge sûr lors des incursions des pirates. Lorsque la surface de la coulée de lave se refroidit au contact de l'air, elle

El Golfo

forme une épaisse couche de basalte au-dessous de laquelle le magma en fusion
continue à circuler. Sur 2 km, on parcourt plusieurs étages de ces galeries qui se
sont superposées chaque fois qu'une nouvelle coulée s'est épanchée par-dessus la
précédente.
L'illumination met en valeur les couleurs et les formes de ce fantasmagorique
monde souterrain. Une des plus spacieuses galeries sert d'auditorium.

★ **Jameos del Agua** ⊙ – Joli complexe de loisirs, réalisé sur deux *jameos* et le canal
qui les relie, avec restaurant, bar, piste de danse et auditorium. Un jameo est un
creux formé à la suite de l'effondrement du plafond d'une galerie volcanique. Dans
la lagune naturelle qui occupe le fond de la grotte, une espèce millénaire de petit
crabe albinos et aveugle est restée prisonnière.
La **maison des Volcans**, située dans la partie supérieure, offre des renseignements
intéressants sur le volcanisme.

★★ **Mirador del Río** ⊙ – Il se trouve au Nord de l'île, dans une enclave privilégiée de
la falaise des **Riscos de Famara**. Le belvédère, magnifiquement intégré dans les
roches de la falaise, offre un superbe **panorama**★★. Au-delà du bras de mer (**El Río**),
d'un bleu intense, on aperçoit Graciosa et les îlots de Alegranza, Montaña Clara,
Roque del Oeste et Roque del Este. En contrebas, les salines. De Orzola, un
bateau ⊙ assure une liaison avec Graciosa.

Tropical Park ⊙ – Le parc offre sur 45 000 m² des jardins soignés consacrés aux
oiseaux exotiques. Lors de leurs spectacles, les perroquets démontrent leur
habileté.

Haría – Comme dans tout l'archipel, le Nord de l'île est la zone la moins aride. À
5 km au Sud du village, un belvédère aménagé offre une belle **vue** ★ sur la
verdoyante vallée de Haría aux innombrables palmiers. Au loin, le volcan Corona.

Teguise – Autrefois capitale de Lanzarote, Teguise est la patrie du *timple*, guitare
miniature indissociable du folklore canarien. À proximité, le **château Santa Bárbara**
(16e s.), installé sur le volcan Guanapay, abrite le **Museo del Emigrante** ⊙, qui recueille
documents et témoignages de l'émigration canarienne en Amérique. Du sommet,
vaste **panorama**★ : au premier plan, Teguise, à l'horizon, Graciosa.

FUERTEVENTURA

1 731 km²
49 542 habitants
Carte Michelin n° 221 – Atlas España-Portugal p. 93

La plus vaste des Canaries après Tenerife, Fuerteventura est aussi proportionnellement la moins peuplée (28 hab. au km²) après Hierro. C'est une terre aride, un « squelette d'île », disait Unamuno, semée d'une multitude de croupes pelées, qui sont pour la plupart des volcans éteints. Seules les chèvres paissent sur ces espaces désertiques. Les villages, dispersés dans les larges plaines ou dans les ravins, se signalent par la présence de quelques palmiers et surtout d'innombrables éoliennes, qui puisent dans le sous-sol l'eau indispensable aux cultures (tomates, céréales).

Proche de l'Afrique, Fuerteventura en partage le climat ; elle en reçoit aussi le sable qui la borde d'un chapelet de plages interminables, et grâce auquel, jadis, les deux îles qui la composaient à l'origine (Maxorata et Jandía) furent reliées par un isthme (El Jable).

Fuerteventura, « l'île calme », a pour elle la beauté de ses paysages dénudés, un littoral presque entièrement jalonné d'immenses plages de sable blanc baignées d'eaux turquoise ou de rochers extrêmement propices à la chasse sous-marine. Le couloir très poissonneux qui la sépare de l'Afrique attire également les amateurs de pêche de haute mer.

Un climat suave, des vents réguliers et modérés et le calme de la mer, font de ses rivages le lieu idéal pour pratiquer les sports de l'eau : plongée, voile et, surtout, planche à voile. Il n'en est pour preuve que la célébration des championnats du monde de planche à voile, en juillet et août.

L'écrivain **Miguel de Unamuno** vint se réfugier à Fuerteventura en 1924.

PUERTO DEL ROSARIO

Dans la capitale comme à l'aéroport voisin, on trouvera taxis et voitures pour circuler dans l'île. Au Sud de Puerto del Rosario s'étend une longue plage, **Playa Blanca**.

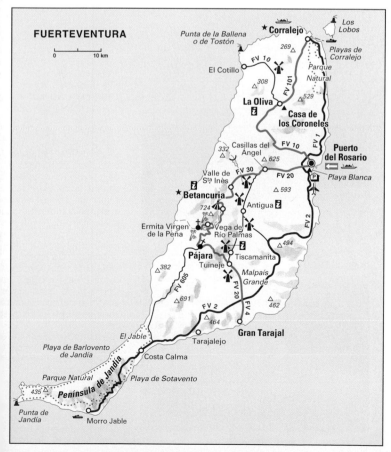

Excursions

★ **Corralejo** – *39 km au Nord de l'île. Quitter Puerto del Rosario par la FV 1.*

La Oliva – Prendre le chemin partant de l'église. La **Casa de los Coroneles** du 18e s., ancienne demeure des gouverneurs de l'île, flanquée de deux tours crénelées, présente d'harmonieux balcons de bois. Non loin, sur la droite, la **Casa del Capellán** est une minuscule maison à deux toitures, dans un enclos de pierres sèches : la porte et la fenêtre sont décorées de motifs très semblables à ceux de l'église de Pájara.

★ **Corralejo** – À la pointe de l'île, au-delà du malpaís, se trouve un petit port de pêche et station touristique. Une mer transparente baigne les immenses plages blanches du parc naturel des Dunes de Corralejo et de l'île de Los Lobos, où l'on peut se rendre en barque. Autrefois paradis des phoques (que la population locale désignait sous le nom de *lobos*, loups de mer), elle est aujourd'hui celui de la chasse sous-marine.

Lanzarote se profile à l'horizon.

Gran Tarajal – *67 km au Sud de l'île. Quitter Puerto del Rosario par la FV 20. Après Casillas del Angel, prendre à droite la route FV 30.*

Après Valle de Santa Inés, belles vues sur Betancuria.

★ **Betancuria** – Un vallon abrite ce bourg paisible fondé en 1404 par Béthencourt qui avait choisi cet endroit dissimulé au cœur des montagnes pour en faire sa capitale.

Des premiers temps de la conquête, Betancuria garde, outre un certain cachet citadin, un couvent franciscain, en ruine, et une ancienne **cathédrale**, blanche, ornée d'un pittoresque balcon de bois et appelée aujourd'hui **église Santa María la Antigua** ⊙. L'intérieur, à trois nefs, abrite, dans les fonts baptismaux, un Christ intéressant ; la sacristie est encore surmontée d'un joli plafond artesonado.

À la sortie Sud du village, un petit **musée archéologique** ⊙ présente quelques objets d'origine guanche.

La route se poursuit vers le Sud, offrant un contraste entre les vastes horizons de croupes dénudées et la verte vallée-oasis où se niche le village de Vega d

Betancuria

G. Guittot/DIAF

446

Río Palmas. Non loin de là, l'ermitage de la Vierge de la Peña, patronne de l'île, est un lieu de pèlerinage où se rendent, tous les ans, le troisième samedi de septembre, les habitants de l'île.

Pájara – Le portail de l'église est sculpté de motifs qui semblent étrangement d'inspiration aztèque (têtes couronnées de plumes, pumas, serpents, soleils).

À Pájara, continuer par la route FV 20.

Gran Tarajal – Au milieu des tamaris, c'est un port exportateur de tomates constituant la deuxième localité de l'île.

Péninsule de Jandía – *(Morro del Jable : 54 km au Sud-Ouest de Gran Tarajal).* Ce parc naturel, connu pour ses plages paradisiaques, comprend près de 50% des plages de l'île. Sur la côte au vent, le littoral accidenté est ourlé de plages peu accueillantes, tandis que la côte sous le vent accorde une plus large place à des plages plus longues et plates.

La PALMA★

728 km²
75 577 habitants
Carte Michelin n° 222 – Atlas España-Portugal p. 95

La Palma, avec son massif central culminant à 2 426 m, est l'île la plus haute du monde en regard de sa superficie. Un gigantesque cratère volcanique de plus de 10 km de diamètre et profond de 1 500 m, la **Caldera de Taburiente**, qui aurait donné naissance à l'île, en occupe le centre. Une chaîne de pics le prolonge vers le Sud. Les versants, striés de ravins, descendent en pente raide vers la mer où ils dessinent un littoral déchiqueté. L'eau, abondante sur les sommets, est captée dès son apparition, favorisant ainsi l'irrigation des cultures en terrasse.

Produits de l'artisanat

Cigares – La culture du tabac fut introduite par des immigrants venus de Cuba. Les cigares de La Palma, élaborés artisanalement, jouissent d'un prestige mérité et sont très appréciés des connaisseurs.

Soie – La Palma connaît une importante tradition textile qui remonte au 17ᵉ s. Actuellement, plusieurs artisans se consacrent au travail de la soie naturelle.

Fromage – Le fromage blanc de chèvre fumé est une des spécialités de l'île, qui possède un troupeau de plus de 30 000 chèvres.

SANTA CRUZ DE LA PALMA

Le chef-lieu de l'île fut fondé par Lugo en 1493, au pied d'une haute falaise, qui n'est autre qu'un cratère érodé nommé la Caldereta. Grâce à l'exportation du sucre de canne, à l'essor de la construction navale, Santa Cruz était au 16ᵉ s. un des plus grands ports espagnols. C'est aujourd'hui une cité paisible qui se dissimule derrière une promenade maritime bordée d'élégantes façades à balcons de bois.

Plaza de España – Sur cette place à trois niveaux s'enchâssent plusieurs édifices Renaissance. L'**église El Salvador** ⊘ (16ᵉ s.) possède de beaux plafonds **artesonados**★. On visitera la sacristie, pour sa voûte gothique. En face, s'élèvent la mairie du 16ᵉ s., et une succession de maisons de style colonial.
De la place, on peut monter à la charmante **plaza de Santo Domingo.** La chapelle ⊘ de l'ancien couvent, contiguë à un établissement scolaire, abrite de beaux autels baroques.

LE NORD

★ **Roque de los Muchachos** – *36 km. Environ 1 h 45 pour monter.* La route serpente parmi les lauriers et les pins, offrant des vues étendues ; on atteint 2 423 m ; là se trouve l'un des observatoires d'astrophysique ⊘ les plus importants du monde. Du sommet, impressionnant **panorama**★★★ : au Sud la Caldera, Los Llanos de Aridane, le système montagneux de l'île et l'île de Hierro ; à l'Est, le Teide et l'île de Gomera.

Punta Cumplida – *36 km au Nord par la C 830.* La route en corniche offre de très belles vues sur la côte et traverse d'importants ravins envahis par une dense végétation, qui font partie de la réserve de la biosphère de Los Tilos. Remarquer la présence de nombreux cratères.

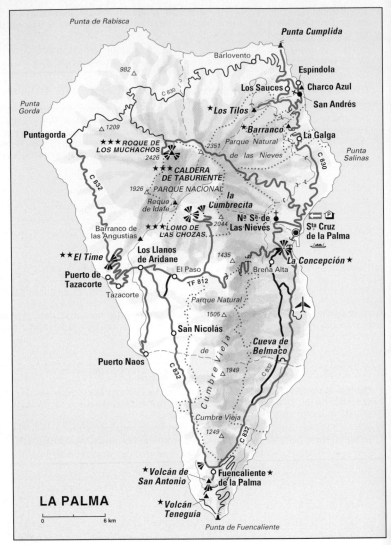

LA PALMA

0   6 km

La Galga – Au Nord du village, après le tunnel, on franchit un **ravin**★ dont on admirera
le profil très escarpé et la végétation luxuriante.

San Andrés – Un beau plafond mudéjar orne le chœur de l'église.

Charco Azul – Bassins naturels d'eau de mer.

Espindola – Minuscule port de pêche dont les barques sont hissées sur la grève de
galets, dans une anfractuosité de la falaise.

Punta Cumplida – En faisant le tour du phare établi sur ce promontoire, on observe
les vagues qui viennent écumer avec fureur sur les prismes basaltiques. Au Nord
pittoresques bassins naturels de Fajana.

Los Sauces – Grand centre agricole au milieu d'une mer de bananeraies.

★ Los Tilos – En empruntant le ravin del Agua, on atteint le bois de tilleuls qui par
d'un épais manteau ce pittoresque ravin. Un **centre de recherches** ⊙ de la **réserve d**
la biosphère expose d'intéressants panneaux explicatifs sur la flore de toute la zone

LE SUD

190 km. Quitter Santa Cruz par le Nord et prendre la première route à gauch
après le ravin.

Une reproduction en ciment de la *Santa María* de Christophe Colomb, dite **El Bar**
de la Virgen ⊙, accueille un petit musée naval. On passe bientôt devant le fort d
la Vierge, qui défendait la ville du 16ᵉ s.

Las Nieves – Au pied du pic de las Nieves, le **sanctuaire de Nuestra Señora de las Nieves** ⊘ abrite la statue de la patronne de l'île. Tous les 5 ans, on la descend en procession jusqu'au navire *(ci-dessus)* érigé en son honneur, et de là à l'église du Sauveur à Santa Cruz.

★ **Mirador de La Concepción** – Du bord de la Caldereta, magnifique **vue plongeante**★ sur Santa Cruz de la Palma, le port et les montagnes.

Prendre vers l'Ouest la route TF 812.

★★★ **Parc national de la Caldera de Taburiente** ⊘ – *Le centre d'accueil du parc est situé à droite 4 km après le tunnel ; on y obtiendra tous les renseignements concernant les sentiers balisés du parc. Plus loin, prendre à droite une piste vers La Cumbrecita.* Du col de **La Cumbrecita** (1 833 m), et surtout du **Lomo de las Chozas**, à 1 km, le **panorama**★★★ est prodigieux sur les profondeurs de la Caldera de Taburiente, parsemée de pins canariens touffus et couronnée de très hautes cimes roses (Roque de los Muchachos, en face). Au centre se dresse une échine au profil aigu, d'où se détache un petit rocher pointu, le Roque de Idafe, qui était pour les Guanches un objet d'adoration.

Los Llanos de Aridane – La seconde ville de l'île est située dans une belle plaine où l'on cultive bananes et avocats.

★★ **El Time** – Du haut de la falaise de El Time, on peut contempler un **panorama**★★ remarquable sur la plaine d'Aridane, mer de bananiers, et sur le ravin de las Angustias, impressionnante vallée de fracture qui est l'unique débouché des eaux de la Caldera de Taburiente.

Puntagorda – La beauté du paysage fait de ce parcours un agréable but de promenade.

Revenir à El Time.

Puerto de Tazacorte – Petit port où aborda Lugo en 1492. C'est aussi l'une des plages fréquentées le dimanche par les habitants de La Palma.

Puerto Naos – La descente à travers les champs de lave datant de 1949, puis les bananeraies est très pittoresque. Une station balnéaire s'est créée le long de l'immense plage de sable noir.

San Nicolás – La coulée de lave du volcan Nambroque qui, en 1949, coupa le village en deux, fait encore une tache sinistre dans le paysage.

★ **Fuencaliente** – Avant d'arriver à Fuencaliente, depuis le belvédère de Las Indias, belle **échappée**★ en arrière, à travers les pins, sur le littoral. Le village, ensoleillé, était jadis une station thermale. L'éruption du **volcan San Antonio**★ en 1677 enterra la source d'eau chaude. En faisant le tour de ce volcan, on découvrira les impressionnants cratères du **volcan Teneguía**★ né en octobre 1971. On distingue la coulée de lave qui, s'échappant jusqu'à la mer, isola le phare du village. Les alentours sont toujours cultivés et des serres ont été aménagées au pied même du nouveau volcan.

Reprendre la route C 832 vers Santa Cruz.

Cueva de Belmaco – À 5 km de la bifurcation vers l'aéroport. Au pied de cette grotte, plusieurs rochers sont gravés d'énigmatiques inscriptions guanches, en forme de labyrinthes.

La GOMERA★

378 km²

15 858 habitants

Carte Michelin n° 222 – Atlas España-Portugal p. 95

ette petite île circulaire forme une masse montagneuse s'élevant à 1 487 m au pic arajonay et entourée de côtes abruptes échancrées d'impressionnants ravins. Les ifficultés de communication sont telles que les gens du pays utilisaient naguère ncore, pour se transmettre des messages d'une vallée à l'autre, un langage sifflé venté par les Guanches. Il reste ici peu de traces du volcanisme original hormis ces mmenses necks appelés *roques* et la falaise basaltique de Los Organos, visible ulement de la mer. Les habitants de Gomera travaillent la terre, une terre rouge, rtile, minutieusement répartie en terrasses.

Gomera est le lieu idéal pour passer des vacances tranquilles au contact de la na-re et pour réaliser des activités de plein air : randonnées pédestres et à VTT, cursions à cheval et sports aquatiques.

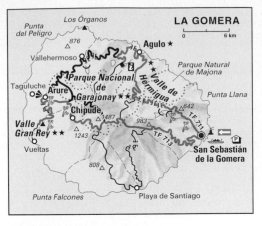

San Sebastián de la Gomera – Chef-lieu de l'île, Christophe Colomb y fit escale en 1492. On peut suivre ses traces dans la rue principale : la première maison au coin est celle où il s'approvisionna en eau (on peut demander à voir le puits dans une cour rustique) ; dans **l'église de la Asunción**, il entendit la messe ; enfin, une maison blanche à étage, un peu avant la poste, l'aurait hébergé. En 1488, la **tour du comte de Gomera** où s'était réfugiée sa veuve, Doña Beatriz de Bobadilla, fut attaquée par les Guanches. Ceux-ci venaient d'assassiner le comte, coupable d'avoir séduit l'une des leurs et de se montrer particulièrement cruel. L'arrivée de Pedro de Vera sauva Doña Beatriz mais valut aux Guanches d'être massacrés.

★★ **Parc national de Garajonay** – *15 km. Quitter San Sebastián de la Gomera par la route TF 711.* À la sortie du premier tunnel, apparaît la **vallée d'Hermigua**★★ ; maisons blanches, palmiers, bananeraies, au pied de hautes falaises.

★ **Agulo** – Site très pittoresque au bord de la mer ; à l'horizon se profile Tenerife.

★★ **Parc national de Garajonay** ⊙ – *Passer au préalable au centre d'accueil Juego de Bolas.* Ce parc national créé en 1981 est couvert d'épaisses forêts de lauriers, vestiges de l'ère tertiaire, et de bruyères géantes au milieu desquelles apparaissent de grands rochers *(roques)*. La présence quasi constante de brumes, dues aux alizés, donne à ce lieu un caractère mystérieux.

★★ **Valle Gran Rey** – *55 km de San Sebastián de la Gomera par la TF 713.* La route s'élève sur les flancs Sud de l'île, au relief moins accusé, jusqu'à atteindre le plateau central qu'occupe le parc national.

Chipude – Village de potiers joliment situé.

Arure – Au-delà du pont en béton, beau **panorama**★ sur Taguluche.

★★ **Valle Gran Rey** – Le ravin au fond duquel s'échelonnent les maisons du village est l'un des plus spectaculaires de l'île.

Bananier

Sur les plans de villes de ce guide apparaissent des informations pratiques telles que l'emplacement des parcs de stationnement, de l'Office de tourisme, du bureau de poste principal...

HIERRO

278 km²
6 995 habitants
Carte Michelin n° 222 – Atlas España-Portugal p. 93

La plus petite des îles n'est pas la moins élevée. Elle a la forme d'un demi-cratère ouvert au Nord, dont les rebords s'élèvent à plus de 1 000 m d'altitude (Malpaso, 1 500 m).

Ses habitants y parlent un castillan remarquablement pur. De quoi vivent les descendants des Bimbaches ? La pêche est peu pratiquée, sauf à La Restinga. Les principales ressources sont l'élevage de moutons et de chèvres (on fabrique de délicieux fromages) et l'agriculture ; la vigne produit un excellent vin blanc. Cette île où règne la plus grande variété de paysages est entourée d'un littoral rocheux idéal pour la chasse sous-marine.

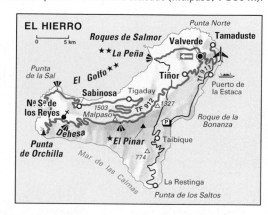

Excursions au départ de Valverde

Valverde – Le chef-lieu de l'île est perché à 571 m d'altitude.

Tamaduste – *8 km au Nord-Est*. Dans la crique de cette petite station balnéaire, un banc de sable forme une lagune aux eaux calmes.

★★ **El Golfo** – *8 km à l'Ouest*. Une excellente **vue**★★ s'offre sur El Golfo depuis le **belvédère de La Peña**. Cette dépression aux parois abruptes serait le fond d'un ancien cratère. Le rebord est couvert d'une forêt de lauriers et de bruyères géantes et le fond, plat, porte des cultures. Au Nord-Est, les **rochers de Salmor** sont célèbres : tout près, dans la Fuga de Gorreta, vit encore une espèce antédiluvienne de lézard.

La Dehesa – *Circuit de 105 km. Quitter Valverde au Sud par la route TF 912.*

Tiñor – Au Nord-Ouest se dressait jadis le *garoé*, arbre sacré des Bimbaches, qu'une tempête abattit en 1610. Les feuilles de cette espèce mystérieuse retenaient l'eau par condensation et les indigènes venaient s'y approvisionner.

Sabinosa – Hôtel thermal où sont soignées les maladies de la peau et de la digestion. Trois kilomètres après, commence la piste qui traverse le désertique domaine pastoral de La Dehesa ; elle procure des **vues étendues**★ sur le versant Sud de l'île dont les pentes aux couleurs incendiaires, parsemées de cratères, descendent rapidement vers la mer. Celle-ci, immobile, est nommée ici « Mar de las Calmas ».

Punta de Orchilla – Elle fut choisie bien avant Greenwich comme emplacement du méridien d'origine. Au-delà du phare, se trouve un bois de *sabinas*, conifères au tronc tourmenté, qu'on ne trouve qu'à Hierro.

Ermitage Nuestra Señora de los Reyes ⊙ – Il abrite les statues des Rois mages et celle de la Vierge des Rois, patronne de l'île, transportée en procession tous les 4 ans jusqu'à Valverde. Des danseurs de chaque village traversé portent la statue à tour de rôle.

El Pinar – Une vaste et agréable **pinède**★ couvre la région.

L'Arbre sacré de Hierro

Dans son *Historia de los Reyes Católicos*, Andrés Bernáldez s'émerveille de la présence sur Hierro du **garoé** qu'il dit ressembler à un peuplier, bien que plus petit et suffisamment touffu pour abriter deux hommes, toujours vert et à feuillage persistant, et produisant en outre de petits glands aussi amers que le fiel mais possédant des vertus médicinales. « Il distille en permanence des gouttes d'eau, recueillies dans un bassin disposé au pied. »

La disparition de l'espèce fut si catastrophique que le Conseil de l'île dut, le 12 juin 1610, prendre un décret sensibilisant la population sur la nécessité pour elle d'entretenir et arroser la terre désormais...

Cloître de San Juan de Duero-Soria

Renseignements pratiques

Ce qu'il faut savoir

L'Espagne a la même heure légale que la France.
Pour téléphoner en Espagne depuis la France, faire le 00 + 34 + numéro à neuf chiffres du correspondant.

À QUELLE SAISON PARTIR EN ESPAGNE ?

Le printemps et l'automne sont les saisons les plus favorables à une visite d'ensemble mais, selon les régions, toutes les saisons sont conseillées :

Au printemps : Andalousie, Estrémadure, Castille, Baléares et côte méditerranéenne.

En été : sur la côte : Pays Basque, côte Cantabrique, Galice ; en montagne : Pyrénées, pics d'Europe, sierra Nevada, sierras de Gredos et de Guadarrama.

En automne : partout.

En hiver : Méditerranée, Baléares, et ski dans les Pyrénées et la sierra Nevada.

Températures

	Janv.	Févr.	Mars	Avr.	Mai	Juin	Juil.	Août	Sept.	Oct.	Nov.	Déc.
Barcelona	13	14	16	18	21	25	28	28	25	21	16	13
	6	7	9	11	14	18	21	21	19	15	11	7
Madrid	9	11	15	18	21	27	31	30	26	19	13	9
	1	2	5	7	10	14	17	17	14	9	5	2
Santander	12	12	15	15	17	20	22	22	21	18	15	12
	7	6	8	9	11	14	16	16	15	12	9	7
Sevilla	15	17	20	23	26	32	36	36	32	26	20	16
	6	6	9	11	13	17	20	20	18	14	10	7
Valencia	15	16	18	20	23	26	29	29	27	23	19	16
	5	6	8	10	13	16	19	20	17	13	9	6

Maximales en rouge. Minimales en noir

AVANT LE DÉPART

Adresses utiles

Pour organiser son voyage, rassembler la documentation nécessaire, vérifier certaines informations, s'adresser en premier lieu à l'**Office espagnol du Tourisme** :

– à **Paris** : 43, rue Decamps, 75016 – ☎ 01 45 03 82 50 (renseignements sur **minitel** : 3615 ESPAGNE).

– à **Bruxelles** : rue de la Montagne 18, 1001 – ☎ 322 512 57 35.

– à **Genève** : 40, boulevard Helvétique, 67, rue du Rhône, 1207, ☎ 41 22 735 95 95.

– à **Madrid** : Secretaría General de Turismo, c/ José Lázaro Galdiano nº 6, 28036 – ☎ 913 43 35 00.

Ambassade d'Espagne ; 22, avenue Marceau, 75008 – ☎ 01 44 43 18 00.

Consulat général d'Espagne : 165, boulevard Malesherbes, 75017 – ☎ 01 44 29 40 00.

Instituto Cervantes (centre culturel) : 7, rue Quentin-Bauchart, 75008 – ☎ 01 40 70 92 92.

Librairie espagnole : 72, rue de Seine, 75006 – ☎ 01 43 54 56 26.

Chambre de Commerce d'Espagne : 17, avenue de l'Opéra, 75002 – ☎ 01 42 61 33 10.

RENFE : Iberrail, 8, boulevard Poissonnière, 75009 – ☎ 01 48 01 97 80.

Transmediterránea (Compagnie de navigation) représentée par Iberrail, 8, boulevard Poissonnière, 75009 Paris, ☎ 01 48 01 97 97 et par Voyages Victoria, 6, boulevard Victor-Hugo, 06000 Nice, ☎ 04 93 82 38 38.

Formalités d'entrée

Pièces d'identité – La carte nationale d'identité en cours de validité ou le passeport (même périmé depuis moins de 5 ans) sont valables pour les ressortissants des pays de l'Union européenne, d'Andorre, du Liechtenstein, de Monaco, de Suisse. Les mineurs voyageant seuls ont besoin d'un passeport en cours de validité. S'ils n'ont que la carte d'identité, il est demandé une autorisation parentale sous forme d'attestation délivrée par la mairie ou le commissariat de police.

Véhicules – Pour le conducteur : permis de conduire à trois volets ou permis international. Le conducteur doit être en possession d'une autorisation écrite du propriétaire, si celui-ci n'est pas dans la voiture. Outre les papiers du véhicule, il est nécessaire de posséder la carte verte d'assurance.

Animaux domestiques – Pour les chats et les chiens, un certificat de vaccination antirabique de moins d'un an et un certificat de bonne santé sont exigés.

Assurance sanitaire – Afin de profiter de la même assistance médicale que les Espagnols, les Français avant le départ doivent se procurer le formulaire E 111 auprès de leur centre de paiement de Sécurité sociale. Dès l'arrivée en Espagne, vous devez solliciter auprès de la « Dirección provincial del Instituto Nacional de la Seguridad Social » un carnet à souches de soins de santé qui vous sera remis en échange de l'imprimé E 111.

Devises

L'unité monétaire est la peseta (environ 4 centimes français début 1999).

Change et cartes de crédit – On peut changer dans les aéroports, les banques, certaines gares, la plupart des hôtels et agences de voyages. Billets : 1 000, 2 000, 5 000 et 10 000 pesetas ; pièces : 1, 5, 10, 25, 50, 100, 200 et 500 pesetas.

Tout résident français peut sortir de France avec 50 000 F à chaque voyage sans faire de déclaration. Du point de vue espagnol, les étrangers peuvent entrer et sortir d'Espagne à chaque voyage, jusqu'à 1 000 000 de pesetas ou la contre-valeur en devises.

Les chèques de voyage et les principales cartes de crédit internationales (dont la carte bleue Visa) sont acceptés dans presque tous les commerces, hôtels et restaurants. Distributeurs de billets : fonctionnent notamment avec la carte Visa internationale.

COMMENT SE RENDRE EN ESPAGNE ?

En voiture – Les principaux postes frontière se trouvent aux deux extrémités des Pyrénées : à Irún (pont international de Béhobie) et à la Jonquera (col du Pertus). On peut passer également par des postes situés le long de la chaîne des Pyrénées (Vera de Bidasoa, Etxalar, Dantxarinea, Erratzu, etc.) ou par l'Andorre.

Pour définir l'itinéraire entre votre point de départ en France et votre destination en Espagne, consultez les cartes Michelin nos 441 à 446 à 1/400 000 couvrant l'ensemble du pays. Vous trouverez sur les cartes nos 442 et 443 les différentes voies de passage.

Sur Minitel, le 3615 Michelin permet d'établir plusieurs itinéraires entre votre point de départ en France et votre destination en Espagne. Le kilométrage total et le temps de parcours sont alors indiqués (ainsi que les sites touristiques et la sélection Michelin des hôtels, restaurants et terrains de camping). Pour les itinéraires avec autoroutes, le coût des péages sur le parcours français est également indiqué.

La carte Michelin n° 970 Europe indique les autoroutes, routes nationales, régionales, etc. entre les différents pays d'Europe.

En avion – Des vols directs assurés par plusieurs compagnies aériennes relient les grands aéroports français Paris, Lyon, Bordeaux, Marseille, Nice aux aéroports espagnols de Madrid, Barcelone, Alicante, Bilbao, Ibiza, Malaga, St-Jacques-de-Compostelle, Séville, Valence. Pour tout renseignement, s'adresser à :

– Air France 119, avenue des Champs-Élysées, 75008 Paris, ☎ 01 42 99 22 04.

– Iberia 1, rue Scribe, 75009 Paris, ☎ 01 40 47 80 90.

En train – Paris (gare de Lyon) est relié à Madrid via Bordeaux par le Madrid Talgo Francisco de Goya (train de nuit) en 12 h 30 (8 h à partir de Bordeaux). Le TGV est une autre possibilité, nécessitant des changements.

De Paris (gare de Lyon) à Barcelone, le Barcelone Talgo Joan Miró met 11 h 30 (train de nuit) ; par le TGV jusqu'à Montpellier et ensuite un autre train, le voyage dure moins de 10 h. Se renseigner auprès de la RENFE (voir Adresses utiles) ou de la SNCF, ☎ 08 36 35 35 35, Minitel 3615 SNCF.

En autocar – Se renseigner auprès de Cie Eurolines, 28, avenue du Général-de-Gaulle, BP 313, 93541 Bagnolet Cedex, ☎ 01 49 72 51 51.

VIE PRATIQUE

Les horaires – La matinée (« mañana ») dure jusqu'à 14 h, heure à laquelle on prend le déjeuner (« almuerzo » ou « comida »). Ensuite c'est la sieste et l'après-midi (« tarde ») commence vers 17 h. Vers 20 h on pense à l'apéritif qui entame la soirée (« noche »). Le dîner (« cena ») est servi à partir de 21 h et la soirée peut se poursuivre fort tard.

La « Plaza mayor » – Pas une petite ville, pas un village d'Espagne qui n'ait sa « grand-place », presque toujours bordée d'arcades. Celle-ci est rarement un carrefour où convergent et se redistribuent toutes les voies ; au contraire, fermée sur elle-même – très souvent les rues ne l'atteignent qu'en passant sous l'arche d'une maison –, elle est le creuset de la vie communautaire (c'est là que le plus souvent se trouve l'hôtel de ville) et des réjouissances populaires (au 18e s., comme de nos jours encore dans les villages dépourvus d'arènes, on en fermait simplement les accès par de solides barrières pour y donner les corridas).

La rue – Dans les grandes villes subsiste un quartier ancien piétonnier où les magasins ont conservé leurs devantures désuètes et pleines de charme. On y flâne en famille, on y fait ses emplettes, on y achète un billet de loterie à l'un des nombreux vendeurs de la Once (organisme des aveugles).

La grande fête de la rue c'est le « **paseo** ». À la tombée du jour toute la ville se donne rendez-vous dans la rue principale, alors livrée au flot de piétons qui s'écoule lentement dans les deux sens ; on se promène *(pasear)* pour jouir de la fraîcheur de l'air et des derniers rayons de soleil.

Quelques adresses utiles en Espagne

Ambassade de France : Salustiano Olozaga, 9, 28001 Madrid, ☎ 914 35 55 60.

Consulats de France :
- Marqués de la Ensenada 10, 28004 **Madrid**, ☎ 913 19 71 88.
- Ronda Universidad 22-4°, 08007 **Barcelona**, ☎ 934 87 81 40.
- Avenida Argentina 45-1°, 07013 **Palma**, ☎ 971 23 03 01.
- Plaza de Santa Cruz, 1, 41004 **Sevilla**, ☎ 954 22 28 97.

Ambassade de Belgique : Paseo de la Castellana, 18-6°, 28046 Madrid, ☎ 915 77 63 00.

Consulats de Belgique :
- Diputació 303-1°, 08009 **Barcelona**, ☎ 933 18 98 99.
- Recogidas 66-1° A, 18002 **Granada**, ☎ 958 25 16 31.

Ambassade de Suisse : Gran Via de Carles III 94-7°, 08028 Barcelona. ☎ 933 30 92 11.

Renseignements touristiques : ☎ 901 30 06 00, à composer en Espagne seulement (tarif réduit).

Horaires

Il faut s'habituer aux horaires espagnols qui sont assez différents de ceux des autres pays européens *(voir en début de guide le chapitre : l'Espagne d'aujourd'hui)*. À titre indicatif : déjeuner de 13 h 30 à 15 h 30, dîner de 21 h à 23 h.

Bureaux de poste : 9 h à 14 h. Les bureaux principaux dans les grandes villes et les aéroports internationaux restent ouverts 24 h/24.

Banques : en général de 9 h à 14 h les jours de semaine. En été, elles sont fermées le samedi.

Magasins : généralement ouverts de 9 h 30 ou 10 h à 13 h 30 et de 16 h 30 à 20 h ou 20 h 30. Cependant, de plus en plus de commerces restent ouverts le midi et même le samedi après-midi. Ils sont fermés le dimanche. En été dans les régions touristiques, il n'est pas rare de trouver des commerces ouverts jusqu'à 22 h ou 23 h.

Pharmacies : généralement ouvertes de 9 h 30 à 14 h et de 16 h 30 à 20 h. Service de garde assuré la nuit, les dimanches et jours fériés. La liste des établissements de garde est affichée en vitrine des pharmacies.

Poste et télécommunications

Courrier – Les bureaux de poste sont signalés par le nom « **Correos** ». Pour envoyer du courrier en poste restante indiquer le nom du destinataire, *Apartado de Correos* et le nom de la ville précédé du code postal.
Les timbres *(sellos)* sont également en vente dans les bureaux de tabac *(estancos)*.

Téléphone – Pour appeler l'étranger depuis l'Espagne, composer le 00 suivi de l'indicatif du pays de destination (33 pour la France, 32 pour la Belgique, 352 pour le Luxembourg, 41 pour la Suisse) et du numéro du correspondant.
Les cabines téléphoniques fonctionnent avec des pièces de 5 ptas (appel urbain), 25, 50 et 100 ptas pour l'étranger. Les cartes téléphoniques *(tarjetas telefónicas)* sont en vente dans les bureaux de poste et dans les estancos (1 000 ou 2 000 ptas).
Les codes postaux et les indicatifs téléphoniques sont donnés dans le **guide Rouge Michelin España & Portugal** pour chaque localité citée.

Jours fériés

Voir au chapitre Conditions de visite, p. 466.

Visite des monuments, églises et musées

Les monuments et musées se visitent en général de 10 h à 13 h 30 et de 16 h à 19 h.

Les journaux

Les principaux quotidiens sont : *ABC, Diario 16, El Mundo, El País, La Vanguardia, El Periódico de Catalunya.* Les hebdomadaires : *Cambio 16, El Siglo, Época, Tiempo* et *Tribuna.*

La télévision

Chaînes publiques nationales : TVE 1, La 2. Privées : Antena 3, Tele 5 ; chaînes régionales : TV 3 (Catalogne), TeleMadrid, Euskal Telebista (Pays Basque), etc.

Pourboires

Même si le service est compris, il est de bon usage en fonction de la prestation de laisser un pourboire dans les bars, les restaurants, les hôtels ainsi qu'aux chauffeurs de taxi.

Bateaux

Pour relier les îles Baléares, les îles Canaries ou l'Afrique du Nord, s'adresser à la compagnie de navigation Transmediterránea, calle Obenque n° 4 Alameda de Osuna 28042 Madrid, ☎ 913 22 91 00 (Internet : www.trasmediterranea.net).

HÉBERGEMENT

Hôtels

Le **guide Rouge Michelin España Portugal**, mis à jour chaque année, recommande un large choix d'établissements avec indication de leur classe et de leur confort, de leur situation, de leur agrément, de leur équipement (piscine, tennis, golf, jardin...), de leur prix. Ce choix a été établi après visites et enquêtes sur place. Les établissements qui se distinguent par leur agrément et leur tranquillité (décor original, site, vue exceptionnelle) sont indiqués par des symboles rouges. Les localités qui disposent de tels hôtels sont repérées sur plusieurs cartes dans les pages d'introduction du guide. *Sur les cartes 441 à 446, les soulignés rouges signalent les ressources hôtelières sélectionnées dans le guide Rouge.*
Le secrétariat général de Tourisme édite aussi un guide des hôtels. Ceux-ci sont classés de 1 à 5 étoiles. Les prix varient selon les saisons. En 1999 le prix d'une chambre double avec bain dans un hôtel★ se situait entre 150 et 250 F, un★★ entre 200 et 300 F, un★★★ entre 300 et 450 F, un★★★★ entre 500 et 750 F, un★★★★★ entre 800 et 1 600 F (à ces prix il convient d'ajouter la TVA, 7 % pour toutes les catégories).

Paradors

Au chapitre de l'hôtellerie, les paradors de tourisme méritent une mention spéciale : plusieurs sont installés dans des monuments historiques restaurés (châteaux, palais, monastères), et tous sont merveilleusement situés et pourvus de tout le confort. Le prix moyen pour une chambre double est de 610 à 900 F environ (plus la TVA).
Pour information, s'adresser à Paradores de Turismo, calle Requena 13, 28013 Madrid, ☎ (00 34) 915 61 66 66, ou à la centrale de réservation en France : Interface International, 8, rue Pasquier, 75008 Paris, ☎ 01 49 24 06 99, fax 01 47 42 24 23, e.mél : Paradores@compuserve.com
Les paradors sont indiqués sur les cartes Michelin 990 et 441 à 446 par le signe ⌂.

Camping, caravaning

La carte des terrains est disponible à l'Office espagnol du Tourisme. Pour tout renseignement, on peut également s'adresser à la Fédération espagnole de camping et de caravaning, c/San Bernardo n° 97-99, Edificio Colomina, 28015 Madrid, ☎ 914 48 12 34. Les prix varient selon les catégories des terrains de camping, compter 40 à 60 F plus un prix équivalent pour la voiture, la tente ou la caravane. TVA 7 %.

Auberges de jeunesse (Albergues Juveniles)

Les titulaires d'une carte de la Fédération internationale des auberges de jeunesse peuvent séjourner dans les auberges espagnoles. Pour information s'adresser à Instituto de la Juventud, calle Ortega y Gasset, 71 – 28006 Madrid, ☎ (00 34) 913 47 77 00.

Location d'appartements

Ce type d'hébergement est très prisé notamment sur tout le littoral ou aux îles Baléares. L'Office espagnol du Tourisme possède des listes d'agences de voyages ou agences immobilières locales qui louent des appartements meublés.

RESTAURATION

Consulter également le chapitre Gastronomie, en Introduction.

Le **guide Rouge Michelin España Portugal** propose une large sélection de restaurants qui permettront de découvrir et de savourer les meilleures spécialités d'Espagne. Les établissements remarquables pour la qualité de leur cuisine, sont signalés par des étoiles de bonne table (une à trois étoiles).

Le repas – Traditionnellement il se compose d'un « **primero** » ou hors-d'œuvre *(entremeses)* : crudités, charcuterie ; d'un « **segundo** » comprenant viande *(carne)* ou poisson *(pescado)* ; d'un « **postre** » (dessert) comprenant fruits *(frutas)*, pâtisserie *(repostería)* ou glace *(helado)*.
Les petits restaurants sympathiques offrent un menu « de la casa » accompagné du *vino de la casa* de bonne qualité et à des prix raisonnables.

Boissons – L'eau *(agua)* naturelle peut se servir en carafe *(jarra)* mais on peut préférer l'eau minérale en bouteille, dans ce cas demander *agua mineral, sin gas* (plate), *con* *gas* (gazeuse). Le **vin** *(vino)* peut être blanc *(blanco)*, rouge *(tinto)* ou rosé *(rosado)*. Il peut se servir en bouteille *(botella)* mais aussi en pichet *(frasca)*. La **bière** *(cerveza)* peut être servie à la pression *(caña)* ou en bouteille *(botella)* ; les principales marques locales sont :

> Dans certaines régions d'Espagne, l'eau est un bien précieux qu'il ne faut pas gaspiller.
> Aussi ne pas s'étonner si elle est parfois rationnée.

San Miguel, Mahou, Águila, Damm… Après un repas on peut demander un « **carajillo** » (café noir avec cognac ou rhum – Catalogne).
La **sangría** peut se boire en guise d'apéritif accompagnée de quelques tapas ; le **Cuba libre** : Coca et gin *(ginebra)* ou Coca et rhum *(ron)* se boit bien frais avec de la glace.

Les bars

Grand lieu de rencontre, on s'y retrouve pour l'apéritif, tradition bien établie, pour y boire entre amis un verre de vin en grignotant des **tapas** ou des **raciones**, hors-d'œuvre variés en petite quantité allant des olives aux calmars et aux pommes de terre à la mayonnaise. La télévision y est souvent omniprésente ainsi que les machines à sous qui émettent l'air du film *Le Troisième Homme*. Ensuite c'est l'heure du café : café noir se dit *café solo*, café au lait *café con leche* ou *café cortado*.
Après le travail vient l'heure des « **tertulias** » où l'on parle entre hommes de l'actualité, de politique et de football – des derniers exploits de l'Atlético et du Real Madrid ou du F.C. Barcelone –, où l'on raconte ces plaisanteries (« **chistes** ») qui réjouissent tous les assistants. En guise de petit déjeuner comme en fin d'après-midi on peut aller prendre un chocolat et des **churros**, délicieux beignets torsadés, longs de 15 cm et gros comme le doigt. En été ce sera plutôt une « **horchata de chufas** », boisson rafraîchissante extraite du souchet.

SUR LA ROUTE ET EN VILLE

En voiture

Cartes routières – Pour l'ensemble de l'Espagne, utilisez la carte Michelin n° 990 au 1/1 000 000. Les cartes régionales n⁰ˢ 441 à 446 au 1/400 000 couvrent les différentes régions du pays. *Voir découpage au dos de la couverture du guide.* L'Atlas Michelin Espagne Portugal au 1/400 000 couvre toute la péninsule Ibérique.

Vitesse – Elle est limitée à 50 km/h dans les villes et agglomérations, à 90 km/h sur le réseau courant, à 100 km/h sur les routes nationales et à 120 km/h sur les autoroutes et voies rapides. L'Espagne compte environ 2 000 km d'autoroutes *(autopistas)*, à péage dans la plupart des cas.
Le port de la ceinture de sécurité est obligatoire à l'avant du véhicule.

Essence (« **gasolina** ») – Les prix de l'essence *normal* (92 octanes), *super* (97 octanes) ou *sin plomo* (sans plomb) varient (110 à 115 ptas environ actuellement) selon les compagnies en fonction du prix maximum déterminé par le gouvernement chaque quinzaine. Il en va de même pour le *gasóleo* (environ 90 ptas).

En train

La compagnie RENFE, Société nationale des chemins de fer espagnols, gère le réseau ferroviaire. Des trains modernes relient de jour comme de nuit les différentes régions de la péninsule. Le voyage se fait soit en 1ʳᵉ soit en 2ᵉ classe. Les tarifs sont relativement avantageux. De plus la RENFE propose des tarifs spéciaux :

– les **jours bleus** qui excluent généralement les jours fériés, les veilles de fête et les périodes de vacances ; les voyageurs bénéficient d'une réduction de 50 % ;

– le **carnet jeune** destiné aux usagers de 12 à 25 ans ; réduction de 50 % hors jours bleus ;

– la **carte touristique**, destinée à tous les visiteurs étrangers, permet la libre circulation sur toutes les lignes, sans limite de kilométrage. Prix variable selon la classe et le nombre de jours d'utilisation (8, 15 ou 22 jours) ;

– l'**Euro-railpress**, destinée aux personnes résidant hors d'Espagne, permet de circuler sur toutes les lignes, sans limite de kilométrage à n'importe quelle date. Prix variable selon la durée d'utilisation (15, 25, 30, 60 ou 90 jours) ;

– l'**AVE**, train rapide reliant Madrid à Séville en moins de 3 h.

Signalons aussi les trains touristiques particulièrement confortables, dont le but est de faire découvrir une région :

– l'**Expreso Al Andalus** part de Séville et parcourt les terres andalouses durant 5 jours avant de revenir à Séville. Le prix du billet comprend la visite des villes, plusieurs repas, des spectacles. Ce luxueux hôtel sur rail décoré dans un style Belle Époque fait assaut d'élégance et de raffinement ;

– le **Transcantábrico**, dans le Nord de l'Espagne, relie en 7 jours St-Sébastien à St-Jacques-de-Compostelle. Le prix du billet comprend les nuits dans le train, les repas, les excursions avec accompagnateur, etc.

Loisirs sportifs

La voile

L'Espagne compte de nombreux ports de plaisance et clubs nautiques. Des régates et des compétitions internationales sont organisées par la Fédération espagnole de voile qui regroupe presque tous les clubs. Pour adhérer à un club et participer à une compétition il faut être en possession d'une licence.

Tarifa, pointe la plus méridionale de l'Espagne bien balayée par les vents, constitue l'endroit privilégié pour les amateurs de **planche à voile**.

Pour tout renseignement : Federación española de Vela, calle Luis de Salazar 12, 28002 Madrid, ☎ 915 19 50 08.

Plongée sous-marine

Les étrangers doivent être en possession d'un permis délivré par la direction générale de la Marine marchande espagnole, ou avoir un titre équivalent certifié par un des clubs adhérant à la Fédération des activités sous-aquatiques. De plus il faut être en possession d'une autorisation spéciale à caractère temporaire délivrée par l'autorité civile provinciale ou l'autorité locale maritime, selon qu'il s'agisse de plongée en eau douce ou en mer.

Pour tout renseignement : Federación española de Actividades subacuáticas, calle Zurbano 83, 2º A, 28003 Madrid, ☎ 914 42 21 39.

Pêche

Pêche en mer et pêche sous-marine – Leur pratique est subordonnée à la possession du permis français certifié par les autorités de la Marine espagnole de la région (Commandancias de marina). Les personnes ne possédant pas de permis peuvent en obtenir un sur présentation du passeport auprès des autorités maritimes. Costa Brava, côte d'Almería et Baléares séduiront les amateurs de pêche sous-marine, par leurs eaux claires et la richesse de leur fond marin.

Pêche en eau douce – Elle est très populaire grâce à quelque 75 000 km de cours d'eau. Le permis s'obtient auprès des services officiels d'agriculture de chaque région, sur présentation du passeport.

Renseignements – Federación española de Pesca en agua dulce y marítima, calle Navas de Tolosa 3, 1º, 28013 Madrid, ☎ 915 32 83 53.

Chasse

Afin de protéger la faune sauvage, la législation en vigueur limite la chasse de certaines espèces à des zones et des saisons bien déterminées. L'élaboration du calendrier de chasse relève des différentes communautés autonomes, car les règlements varient suivant les régions. Généralement établi au mois d'août, ce calendrier prévoit les zones et les périodes de chasse autorisée pour chaque espèce. Chaque chasseur doit posséder un permis de port d'arme délivré par la police de la frontière sur présentation du passeport et du permis de chasse français en règle, accompagnés de leur traduction et certifiés par le consulat d'Espagne ; un permis de chasse délivré sur présentation du passeport par les autorités de la région choisie ; une assurance obligatoire.

Pour tout renseignement : Federación española de Caza, calle Franco Rodríguez 70, 2º, 28039 Madrid, ☎ 913 11 14 11.

Golf

L'Espagne ne manque pas de terrains de golf : il en existe plus de 160, souvent situés dans un cadre agréable, notamment le long du littoral méditerranéen. Parmi les terrains renommés, citons : la Real Sociedad de Golf de Neguri en Biscaye, le Real Golf de Pedreña en Cantabrie, le Real Club de Golf El Prat à Barcelone, le Golf Río Real à Malaga, le Golf la Moraleja et le Real Club de Puerta de Hierro situés tous deux à Madrid. Les joueurs doivent posséder une licence incluant une assurance sportive.

Pour tout renseignement : Federación española de Golf, calle Capitán Haya 9, 5º, 28020 Madrid, ☎ 915 55 26 82.

La carte des terrains de golf est disponible à l'Office espagnol du Tourisme.

Les golfs sont notés dans le **guide Rouge Michelin España & Portugal** à la localité la plus proche avec leur nº de téléphone.

Sports d'hiver

L'Espagne compte 31 stations de ski dont 12 dans les Pyrénées catalanes, 5 dans les Pyrénées aragonaises, 6 dans la chaîne Cantabrique, 3 dans la chaîne Ibérique, 4 dans la chaîne centrale et 1 dans la sierra Nevada (près de Grenade).

Pour tout renseignement : Federación española de Deportes de Invierno, calle Infanta María Teresa 14, 28016 Madrid, ☎ 913 44 09 44 ou à ATUDEM (Asociación Turística de Estaciones de Esquí y Montaña), calle Juan Ramón Jiménez nº 8 Ed. Eurobuilding, 1º, oficina 2A, 28036 Madrid, ☎ 913 59 15 57.

La carte des stations de ski est disponible à l'Office espagnol du Tourisme.

Club de golf El Mas Nou – Platja d'Aro

Tourisme équestre

Ce type d'activité connaît un essor notamment dans les Pyrénées où des itinéraires (GRH) ont été créés, reliant des villages équipés pour accueillir cavaliers et chevaux pour la nuit. Citons la route des Hautes-Pyrénées (de la mer Méditerranée au golfe de Gascogne), la route du chemin de St-Jacques, la route des Basses-Pyrénées (entre la Catalogne et la Navarre), etc.

Dans l'ensemble du pays, chemins muletiers, pistes et routes locales constituent un important réseau de communication pour aller à la découverte des verts paysages de la cordillère Cantabrique, des montagnes du Système Ibérique (Nord de la péninsule depuis Burgos jusqu'à la Méditerranée), des sierras de Gredos et de Guadarrama (au centre de la péninsule), de la sierra Nevada en Andalousie. Chaque région possède des clubs, associations ou écoles qui se consacrent à la pratique du tourisme équestre. Se renseigner auprès des offices de tourisme locaux.

Pour tout renseignement : Federación hípica española, calle Monte Esquinza 8, 28010 Madrid, ☎ 913 19 02 32.

Randonnées pédestres

GR 11 (la route Pyrénéenne), route du chemin royal (ancienne voie romaine reliant les provinces de Léon et des Asturies), le cirque de Gredos, le GR 88 de Ségovie ne sont que des exemples d'itinéraires qui permettent d'apprécier aux mieux la beauté des paysages.

La brochure *Itinéraires de montagne et randonnées*, éditée par le Secretaría General de Turismo et disponible à l'Office espagnol du Tourisme, offre – dans chaque région – un choix de sentiers de difficulté et de durée variables.

Pour tout renseignement : Federación española de Montañismo, calle Alberto Aguilera 3, 28015 Madrid, ☎ 914 45 13 82.

VTT

Petites excursions sans but précis « à l'aventure » ou excursions organisées le long d'itinéraires précis et signalisés ou montées en remonte-pentes et descentes en VTT : de multiples possibilités sont offertes aux amateurs en fonction de leur niveau. Les plus entraînés pourront s'essayer dans la montagne. Location de VTT dans de nombreuses communes.

Sports aériens

Plusieurs régions bénéficient de sites abrupts qui constituent de bonnes bases d'envol pour le **parapente** et le **deltaplane**. Les Pyrénées aragonaises, les Pyrénées navarraises, la Catalogne, le col de Peña Negra dans la sierra de Gredos, la sierra Nevada font partie des endroits idéaux pour ce type d'activité qui permet une découverte différente des vallées.

Le **vol à voile** peut également se pratiquer dans les régions montagneuses.

Escalade

Les régions montagneuses comme les Pyrénées se prêtent bien évidemment à la pratique de ce sport. Se renseigner auprès des offices de tourisme qui peuvent orienter les amateurs d'escalade vers les différentes fédérations ou associations.

Sports d'eau vive

Ils connaissent un succès croissant. Le **rafting** permet d'effectuer la descente de rivières à fort débit dans des radeaux pneumatiques à 6 ou 8 places maniés à la pagaie. De nombreuses possibilités existent dans les Pyrénées navarraises, aragonaises (sierra de Guara) et catalanes riches en ravins, canyons et gorges ; le long de la Cordillère cantabrique ; l'île de Majorque (sierra de Tramuntana). Les rivières Sella, Deva et Duje sont appropriées pour la pratique du **canoë-kayak**, de même la descente de ravins dans les gorges de la Cares et le défilé des Xanas dans les Asturies séduiront les amateurs.

O. Torres/MARCO POLO

Quelques livres

Ouvrages généraux

Le Monde hispanique, par John Elliott *(Vilo)*.
Espagne, par Pierre Minvielle *(Nathan)*.
L'Art de vivre en Espagne, par S. Slesin, S. Cliff et D. Rozensztrock *(Flammarion..*
Espagne, par Angus Mitchell et Amparo Garrido, Tom Bell *(Éditions E.P.A.)*.
La Corrida, par Simon Casas, Denis Cocula *(Planète Denoël)*.

Art et architecture

Je suis le cahier – Les Carnets de Picasso, sous la direction de Arnold et Marc Glimcher *(Grasset)*.
Art préroman hispanique *(2 tomes) (Zodiaque)*.
L'Âge d'or de la peinture espagnole, par Jonathan Brown *(Flammarion)*.
Guide Gaudi « L'exaltation de Barcelone », par Xavier Güell *(Guides visuels, Hazan)*.
Les Architectures fantastiques de Gaudi ; l'Alhambra de Grenade *(Atlas, coll. Les Passeports de l'Art)*.

Histoire

Un Siècle d'or espagnol, par Bartolomé Bennassar *(Laffont, coll. Les Hommes et l'histoire, 1982)*.
Histoire des Espagnols *(2 tomes)*, par Bartolomé Bennassar *(Armand Colin, 1985)*.
Les Morisques et l'Inquisition, par Louis Cardaillac *(Publisud, 1990)*.
Histoire de l'Espagne contemporaine : de 1808 à nos jours, par E. Temine, A. Broder, G. Chastagnaret *(Aubier, coll. historique, 1990)*.
Histoire de l'Espagne, par P. Vilar *(P.U.F., coll. Que sais-je ?)*.
Ce que la culture doit aux Arabes d'Espagne, par J. Vernet *(Éditions Sindbad, coll. La petite bibliothèque Sindbad)*.
Les Espagnols : la movida européenne, la décennie socialiste, par Thierry Maliniak *(Centurion, 1990)*.

Géographie et économie

España, Espagne, Spain, Atlas Reclus (cartes géographiques et économiques sur l'Espagne) *(Fayard, Reclus)*.
L'Économie de l'Espagne, par M. Drain *(P.U.F., coll. Que sais-je ?)*.
L'Économie de l'Espagne, par Alain Huetz de Lemps *(Masson, 1988)*.

Littérature

Cent ans de littérature espagnole, par Gérard de Cortanze *(La Différence)*.
Calderón : **La Vie est un songe** *(Gallimard, coll. Arlequin)*.
Camilo José Cela : **La Famille de Pascal Duarte** *(Seuil, coll. Points-Roman)*, **La Célestin** *(Nouvelles Éditions latines)*.
Cervantès : **Don Quichotte** *(2 volumes) (Gallimard-Folio)*.
Rafael Chirbès : **Tableau de chasse** *(Rivages)*.
García-Lorca : **La Maison de Bernarda Alba**, suivi de **Noces de sang** *(Gallimard, coll. Folio)* **Poésies** *(Gallimard, coll. Poésies)*.
Juan Goytisolo : **Juan sans terre** *(Seuil)*, **État de siège** *(Fayard)*.
Hemingway : **Pour qui sonne le glas** *(Livre de Poche)*.
Catherine Hermary-Vieille : **Un Amour fou** (vie de Jeanne la Folle) *(Éditions Olivie Orban)*.
Lope de Vega : **Fuente Ovejuna** *(Aubier-Flammarion, coll. Bilingue)*.
Eduardo Mendoza : **La Ville des Prodiges** (Barcelone entre 1888 et 1929) *(Seui Points-Roman)*.
Montalbán : **La Rose d'Alexandrie** *(10/18, Grands Détectives)*.
Pérez Galdós : **Tristana** *(Bordas)*.
Juan Manuel de Prada : **Les Masques du héros** *(Seuil)*.
Jorge Semprún : **Quel beau dimanche !** *(Grasset, coll. Cahiers Rouges)*.
Ramón Sender : **Le Roi et la Reine** *(Seuil)* ; **Requiem pour un paysan espagnol** *(Fédérop, Lyon* Rafael Torres : **L'Arme à gauche** *(Phébus)*.

Récits de voyage

Christophe Colomb : **Mémoires**, avec la complicité de Stephen Marlowe *(Seuil, Point Roman)*.
Voyage en Espagne, par Gustave Doré et Charles Davillier (réédition de 1862) *(Stock* **De Paris à Cadix : impression de voyage**, par Alexandre Dumas (en 1846) *(F. Bourin)*.
Guadalquivir, par Jacques Durand et Jacques Maigre *(Seghers)*.

Principales manifestations

Ce tableau ne prétend pas donner une liste exhaustive de toutes les manifestations en Espagne. Nous ne citons que les principales, mais vous trouverez dans les offices de tourisme des calendriers des fêtes régionales.

Semaine avant le mercredi des Cendres
Cadix – Santa Cruz de Tenerife .... Fêtes du Carnaval

1er dimanche de mars
Sitges .... Rallye international de voitures anciennes

3e dimanche de Carême
Castellón de la Plana .... Fêtes de la Madeleine : corridas, cavalcades

12-19 mars
Valence .... *Fallas* de San José

Semaine sainte
Carthagène, Cuenca, Malaga, Murcie, Séville, Valladolid, Zamora .... Processions solennelles

Semaine de Pâques
Murcie .... Fêtes du Printemps

En avril
Séville .... Féria

22 au 24 ou 24 au 26 avril
Alcoi .... Fête de la Saint-Georges : *Moros et cristianos*

Dernier dimanche d'avril
Andújar (Andalousie) .... *Romería* à la *Virgen de la Cabeza*

Début mai
Jerez de la Frontera .... *Feria del caballo* (du cheval)

1re quinzaine de mai
Cordoue .... Festival des patios cordouans et concours national de Flamenco

15 mai
Madrid .... San Isidro : corridas pendant plusieurs jours

Pentecôte
El Rocío (Andalousie) .... Pèlerinage des gitans à la Vierge du Rocío
Atienza (Castille La Manche) .. La Caballada

1e jeudi après la Pentecôte : Corpus Christi (Fête-Dieu)
Puenteareas (Galice) .... Tapis de fleurs
Sitges .... Concours de tapis de fleurs dans les rues
Tolède .... Processions solennelles

24 juin
Alicante .... *Hogueras* (Feux de la Saint-Jean)
Ciutadella (Minorque) .... Fêtes de la Saint-Jean

1 au 6 juillet
La Estrada (Pontevedra) ...... *A Rapa das Bestas*

7 au 14 juillet
Pampelune .... *Sanfermines*

1er ou 2e samedi d'août
Arriondas-Ribadesella (Asturies) .... Descente du Sella

Estrada – La *Rapa das Bestas*

Lexique

MOTS USUELS

Pour les termes liés à l'hôtellerie, voir le guide Rouge Michelin España & Portugal.

Termes de politesse

oui, non	sí, no
bonjour (le matin)	buenos días
bonjour (l'après-midi)	buenas tardes
au revoir	hasta luego, adiós
s'il vous plaît	por favor
Comment allez-vous ?	¿ qué tal ?
merci (beaucoup)	(muchas) gracias
pardon	perdón
je ne comprends pas	no entiendo
monsieur, vous...	señor, Usted...
madame	señora
mademoiselle	señorita

Le courrier

boîte aux lettres	buzón
poste	correos
téléphone	telégrafos, teléfonos
lettre	carta
carte postale	(tarjeta) postal
poste restante	apartado (de Correos)
timbre	sello
appel téléphonique	conferencia, llamada
bureau de tabac	estanco

Le temps

quand ?	¿ cuándo ?
à quelle heure ?	¿ a qué hora ?
aujourd'hui	hoy
hier	ayer
demain matin	mañana por la mañana
demain après-midi	mañana por la tarde

Les achats

combien (coûte)	¿ cuánto (vale) ?
(trop) cher	(demasiado) caro
beaucoup, peu	mucho, poco
plus, moins	más, menos
grand, petit	grande, pequeño
carte de crédit	tarjeta de crédito

Sur la route et en ville

coche	voiture
gasolina	essence
a la derecha	à droite
a la izquierda	à gauche
obras	travaux
peligroso	dangereux
cuidado	attention
dar la vuelta à...	faire le tour de...
después de...	après, au-delà de...
girar	tourner

SITES ET CURIOSITÉS

Voir également Quelques termes d'art, en début de guide.
Les mots écrits en italique sont en catalan.

où se touve ?	¿ dónde está ?
peut-on visiter ?	¿ se puede visitar ?
clé	llave
lumière	luz
sacristain	sacristán
guide	guía
gardien, concierge	guarda, conserje
ouvert, fermé	abierto, cerrado
interdit	prohibido
entrée, sortie	entrada, salida
s'adresser à...	dirigirse a
attendre	esperar
étage, escalier	piso, escalera
alcazaba	forteresse arabe
alcázar	palais arabe
ayuntamiento	
ajuntament	hôtel de ville
balneario	établissement thermal
barranco	ravin
barrio, *barri*	quartier
bodega	cave, chais
calle, *carrer*	rue
campanario	clocher
capilla	chapelle
carretera	route
casa consistorial	hôtel de ville
castillo	château fort
castro	village celtique
ciudad, *ciutat*	ville, cité
collado, alto, *coll*	petit col
cruz	croix, calvaire
cuadro	tableau
cueva, gruta, *cova*	grotte
desfiladero	défilé

embalse	barrage, retenue
ermita	ermitage
excavaciones	fouilles
fuente	fontaine
gargantas	gorges
lago, *estany*	lac
mezquita	mosquée
monasterio, *monestir*	monastère
nacimiento	source ; crèche
palacio (real), *palau*	palais (royal)
pantano	lac artificiel
paseo, *passeig*	promenade
pazo	manoir (en Galice)
plaza, *plaça*	place
plaza mayor	grand-place
plaza de toros	arènes
portada	portail
pórtico	portail, porche
presa	barrage
pueblo, *poble*	village, bourg
puente, *pont*	pont
puerta	porte
puerto, *port*	port ; col
romano ; románico	romain ; roman
talla	bois sculpté
tapices	tapisseries
techo	plafond
tesoro	trésor
torre	tour, clocher
torre del homenaje	donjon
valle, *vall*	vallée
vidriera	vitrail
yacimiento	gisement (archéologique)

Conditions de visite

Les renseignements fournis ci-dessous sont donnés à titre indicatif en raison de l'évolution incessante du coût de la vie et des variations fréquentes dans les horaires d'ouverture des monuments.

Ils s'adressent à des touristes voyageant isolément et ne bénéficiant pas de réduction. Les groupes peuvent obtenir, à la suite d'un accord préalable, des conditions spéciales, aussi bien pour les horaires que pour les tarifs.

N'hésitez pas à vous renseigner par téléphone avant d'entreprendre un parcours : le patrimoine espagnol étant important, des travaux de restauration peuvent amener la fermeture momentanée de certains monuments.

En règle générale, la vente de billets d'entrée cesse une demi-heure avant la fermeture des musées et monuments. Si ce délai est différent, l'horaire de dernière admission est précisé dans les renseignements qui suivent.

Les conditions de visite des églises ne sont précisées que si l'intérieur présente un intérêt particulier. Les églises, bien qu'elles demeurent ouvertes pendant les offices, ne se visitent généralement pas alors et il convient d'observer une attitude respectueuse.

Dans la partie descriptive du guide, les curiosités soumises à des conditions de visite sont signalées par le symbole ⊙.

Jours fériés

- 1ᵉʳ janvier   – 2 janvier   – 6 janvier
- 19 mars   – Jeudi saint   – Vendredi saint
- 1ᵉʳ mai   – Fête-Dieu (Corpus Christi : 2ᵉ jeudi après la Pentecôte)
- 25 juillet   – 15 août   – 12 octobre
- 1ᵉʳ novembre   – 6, 8 et 25 décembre

ainsi que dans chaque ville le jour de la fête patronale (les jours en italique peuvent être jours fériés ou non selon les communautés autonomes).

A

Cuevas del ÁGUILA
Visite guidée (45 mn) du 21 mai au 21 septembre de 10 h 30 à 13 h et de 15 h à 18 h. 500 ptas. ☎ 920 37 71 07.

AGUILAR DE CAMPÓO 🛈 Pl. de España 32 - 34800 - ☎ 979 12 20 2·
Monastère Santa María la Real – Visite de 10 h à 14 h et de 16 h à 20 h. **Musée** 200 ptas. ☎ 979 12 50 00.

Collégiale San Miguel – Visite guidée sur rendez-vous de 10 h 30 à 13 h 30 (12 h à 13 h en hiver) et de 16 h à 17 h. ☎ 979 12 22 31.

AIGÜESTORTES I ESTANY DE SANT MAURICI
Parc nacional – Avant d'entreprendre toute visite, il est conseillé de se rendre au maisons du Parc, situées à **Boí** (Plaza del Treio 3, ☎ 973 69 61 89) et à **Espot** (C/ Pra· del Guarda 2, ☎ 973 62 40 36), ouvertes tous les jours (sauf le 1ᵉʳ janvier et l· 25 décembre) de 9 h à 13 h et de 15 h 30 à 19 h (seulement le matin les dimanch· et jours fériés d'octobre à mars). Le transport vers le parc est assuré depuis le· centres (500 ptas aller, 1 000 ptas A/R).

ALACANT/ALICANTE 🛈 Explanada de España 2 - 03002 - ☎ 96 520 00 C
Catedral de San Nicolás – Visite de 7 h à 12 h et de 18 h à 20 h ; les dimanches e· jours fériés de 8 h 30 à 13 h. ☎ 96 521 26 62.

Ayuntamento (chapelle) – Visite de 9 h à 14 h. Fermé les samedis, dimanches et jour· fériés. ☎ 96 514 91 10.

Église Santa María – Fermée pour travaux. ☎ 96 521 60 26.

Colección de Arte del s. XX. Museo de la Asegurada – Visite de mai à septembr· de 10 h 30 à 13 h 30 et de 18 h à 21 h ; le reste de l'année de 10 h à 14 h et de 16· à 19 h (18 h les samedis, dimanches et jours fériés). Fermé le lundi, l'après-midi le· dimanches et jours fériés de mai à septembre, ainsi que le 1ᵉʳ janvier et· 25 décembre. ☎ 96 314 07 68.

Castillo de Santa Bárbara – Visite du 22 mars au 22 septembre de 10 h à 20 h· le reste de l'année de 9 h à 19 h. **Montée en ascenseur :** 300 ptas. ☎ 96 526 31 31·

ALAIZA
Église – Visite sur rendez-vous ou en demandant la clef au n° 26. ☎ 908 90 16 7·

ALBACETE   🚹 Tinte 2, edificio Posada del Rosario - 02071 - ☎ 967 58 05 22

Musée – Visite de 10 h (9 h les dimanches et jours fériés) à 14 h et de 16 h 30 à 19 h. Fermé le lundi, l'après-midi les dimanches et jours fériés, le Jeudi saint, le Vendredi saint et le 25 décembre. 200 ptas. ☎ 967 22 83 07.

ALBARRACÍN   🚹 Catedral 5 - 44100 - ☎ 978 71 02 51 ou 978 70 04 00

Cathédrale – Visite guidée (30 mn) de 10 h 30 à 14 h et de 16 h à 18 h (20 h d'avril à septembre). Trésor : 300 ptas. ☎ 978 71 00 84.

ALCALÁ DE HENARES   🚹 Callejón de Santa María 1 - 28801 - ☎ 918 89 26 94

Ancienne université – Visite guidée (40 mn) les jours ouvrables de 11 h 30 à 13 h 30 et 18 h à 19 h ; les dimanches et jours fériés de 11 h à 14 h et de 17 h à 20 h (16 h 30 à 17 h 30 d'octobre à mai). Fermé le 1er janvier et le 25 décembre. 300 ptas, visite de la chapelle San Ildefonso incluse. ☎ 918 89 26 94.

ALCAÑIZ

Collégiale – Visite en été de 10 h 30 à 13 h 30 et de 16 h 30 à 19 h 30 ; en hiver de 11 h à 13 h 30 et de 16 h 30 à 18 h. Fermé le matin les lundis, mardis et mercredis. 200 ptas. ☎ 978 83 12 13.

ALCÁNTARA   🚹 Av. de Mérida 21 - 10980 - ☎ 927 39 08 63

Couvent San Benito – Visite guidée (30 mn) du lundi au vendredi de 10 h à 14 h (11 h 30 le samedi) et de 16 h à 18 h (18 h à 20 h en été), les dimanches et jours fériés de 11 h 30 à 13 h 30. Fermé à Noël. ☎ 927 39 00 80.

ALCANTARILLA

Musée de la huerta – Visite de mars à juillet et en septembre les jours ouvrables de 10 h 30 à 19 h, les samedis, dimanches et jours fériés de 10 h à 14 h et de 15 h 30 à 19 h ; en octobre et novembre de 10 h 30 à 18 h (samedis, dimanches et jours fériés, fermeture entre 13 h 30 et 16 h 30) ; de décembre à février de 10 h à 17 h 30 samedis, dimanches et jours fériés, fermeture entre 14 h et 16 h). Fermé en août, le lundi, le 1er janvier, le Vendredi saint et le 25 décembre. ☎ 968 89 38 66.

ALDEA DEL FRESNO

Safari Madrid – Visite de 10 h 30 à 18 h (20 h en été). 1 600 ptas ; enfants : 850. ☎ 918 62 23 14.

ALMAGRO   🚹 Bernardas 2 - 13270 - ☎ 926 86 07 17

Corral de Comedias – Visite d'avril à septembre de 10 h à 14 h et de 18 h à 21 h 20 h les samedis, dimanches et jours fériés) ; le reste de l'année de 10 h (11 h les dimanches et jours fériés) à 14 h et de 16 h à 19 h (18 h les samedis, dimanches et jours fériés). Fermé le lundi. 400 ptas (100 ptas les samedis et dimanches). ☎ 926 86 07 17.

Convento de los Dominicos – Visite les jours ouvrables de 11 h à 13 h et de 17 h 18 h ; les dimanches et jours fériés de 10 h à 12 h. ☎ 926 86 03 50.

ALMERÍA   🚹 Parque de Nicolás Salmerón - 04002 - ☎ 950 27 43 55

Alcazaba – Visite du 16 juin au 30 septembre de 10 h à 14 h et de 15 h à 20 h ; le reste de l'année de 9 h 30 à 13 h 30 et de 15 h 30 à 18 h 30. Fermé le 1er janvier et le 25 décembre. 250 ptas. Entrée libre pour les ressortissants des pays de l'UE. ☎ 950 27 16 17.

Cathédrale – Visite de 10 h à 17 h 30. Fermé les dimanches et jours fériés. 300 ptas. ☎ 989 67 90 03.

ALMODÓVAR DEL RÍO

Château – Sonner pour appeler le gardien. Informations à la mairie : ☎ 957 71 36 02.

ALQUÉZAR

Collégiale – Visite guidée de 11 h à 13 h et de 16 h 30 à 19 h 30 (16 h à 18 h en hiver). Fermé le mardi. 200 ptas. ☎ 974 31 82 67.

ALTAFULLA   🚹 Pl. dels Vents - 43893 - ☎ 977 65 07 52

Villa romaine de Els Munts – Visite du 1er juin au 30 septembre de 10 h à 13 h 30 de 16 h à 19 h 30 ; le reste de l'année de 10 h à 13 h 30 et de 15 h à 17 h 30 ; dernière visite 20 mn avant la fermeture. Fermé le lundi, l'après-midi les dimanches jours fériés et les 1er janvier et 25 décembre. 300 ptas. ☎ 977 23 62 09.

Cuevas de ALTAMIRA

Afin de préserver la grotte, le nombre de visiteurs est limité. Il convient donc
demander par écrit une autorisation au moins un an à l'avance en indiquant la d
de visite souhaitée auprès du Museo nacional y Centro de Investigación de Altami
39330 Santillana del Mar (Cantabria).

Musée – Visite de 9 h 30 à 14 h 30. Fermé le lundi et les 1er janvier, 1er mai, 28 ju
16 août, 24, 25 et 31 décembre. ☎ 942 81 80 05.

Principat d'ANDORRA

🛈 c/ Doctor-Vilanova – ☎ 07 376 82 02

Andorra la Vella

Casa de la Vall – Réserver sa visite un mois à l'avance. Visite guidée (30 mn) de 1
à 13 h et de 15 h à 18 h. Fermé les samedis et dimanches et les 1er janvi
8 septembre, 25 et 26 décembre. ☎ 07 376 82 91 29.

Sant Joan de Caselles

Église – Visite sur rendez-vous. ☎ 07 376 85 14 34.

ANSÓ

Musée ethnologique – Visite de mai à octobre du lundi au vendredi de 10 h 30
19 h 30, les samedis, dimanches et jours fériés de 10 h 30 à 13 h 30 et de 15
20 h ; le reste de l'année sur rendez-vous. ☎ 974 37 00 22.

ANTEQUERA

🛈 Pl. de San Sebastián 7 – 29200 – ☎ 952 70 25

Musée municipal – Visite guidée (40 mn) de 10 h (11 h le dimanche) à 13 h 30 (1
les samedis et dimanches). Fermé le lundi et les jours fériés. 200 pt
☎ 952 70 40 21.

Église del Carmen – Visite de 10 h à 14 h ainsi que de 16 h à 19 h le samedi. Fer
le lundi. 200 ptas. ☎ 952 70 25 05 ou 909 53 97 10.

Dolmens – Visite de 10 h à 14 h et de 15 h à 17 h 30. Fermé le lundi, les jours fér
et l'après-midi les samedis et dimanches. ☎ 952 70 25 05.

ARACENA

🛈 Pl. de San Pedro – 21200 – ☎ 959 11 03

Gruta de las Maravillas – Visite guidée (45 mn) toutes les heures de 10 h 30
13 h 30 et de 15 h à 18 h ; samedis, dimanches et jours fériés, visites chac
demi-heure. 875 ptas. ☎ 959 12 83 55.

ARANJUEZ

🛈 Pl. Puente de Barcas – 28300 – ☎ 918 91 04

Palacio Real – Visite guidée de 10 h à 18 h 15 (17 h 15 d'octobre à mars). Fer
le lundi et les 1er et 6 janvier, 2 et 30 mai, 15 août, 5 septembre, 25 et 26 décemb
ainsi qu'à l'occasion de cérémonies officielles. 650 ptas. Entrée libre le mercredi po
les ressortissants des pays de l'UE. ☎ 915 42 00 59.

Parterre y jardín de la Isla et Jardín del Principe – Ouverts de 8 h à 20 h 30 (18 h
d'octobre à mars). Fermés le lundi et les 1er et 6 janvier, 2 et 30 mai, 15 ao
5 septembre, 25 et 26 décembre.

Casa del Labrador et Casa de Marinos – Mêmes horaires de visite que le Palais roy
Visite de la Casa del Labrador seule : 425 ptas, de la Casa de Marinos seule : 325 pt
visite combinée : 600 ptas. Entrée libre le mercredi pour les ressortissants des pa
de l'UE.

ARANTZAZU

Sanctuaire – Visite de 8 h à 13 h et de 15 h 30 à 20 h. ☎ 943 78 09 51.

ARCENILLAS

Église – Visite de 9 h à 14 h et de 16 h à 18 h. ☎ 980 57 12 15.

ARCOS DE LA FRONTERA

🛈 Cuesta de Belén – 11630 – ☎ 956 70 22

Église Santa María – Visite de 10 h à 13 h (14 h 30 le samedi) et de 16 h à 18 h
(17 h du 1er mai au 31 août). Fermé de décembre à février, l'après-midi le samedi
les dimanches et jours fériés. 150 ptas. ☎ 956 70 22 64.

El ASTILLERO

Parque de la Naturaleza de Cabárceno – Visite de 9 h 30 à 18 h (19 h d'avril à ju
20 h de juillet à mi-octobre). 800 ptas ; enfants : 500. ☎ 942 56 37 36.

ASTORGA 🛈 Pl. Eduardo de Castro (église Santa Marta) - 24700 - ☎ 987 61 68 38

Cathédrale – Visite de 9 h à 12 h et de 16 h 30 à 18 h (17 h à 18 h 30 en été). ☎ 987 61 58 20.

Museo de la catedral – Visite en été de 10 h à 14 h et de 16 h à 20 h ; le reste de l'année de 11 h à 14 h et de 15 h 30 à 18 h 30. Fermé en janvier. 250 ptas (visite combinée du **Museo de los Caminos** : 400 ptas). ☎ 987 61 58 20.

Palacio Episcopal – Visite du 21 avril au 20 septembre de 10 h à 14 h et de 16 h à 20 h ; le reste de l'année de 11 h à 14 h et de 15 h 30 à 18 h 30. Fermé les dimanches et jours fériés sauf d'avril à septembre, les 1er et 6 janvier, et le 25 décembre. 250 ptas. ☎ 987 61 68 82.

ÁVILA 🛈 Pl. de la Catedral 4 - 05001 - ☎ 920 21 13 87

Cathédrale – Visite de 10 h 30 à 13 h 30 et de 15 h 30 à 17 h 30 (16 h à 18 h en été). Fermé les 1er et 6 janvier, Jeudi saint, 15 octobre et 25 décembre. 250 ptas. ☎ 920 21 16 41.

Museo de la catedral – Visite de 10 h à 13 h 30 et de 15 h 30 à 17 h 30 (16 h à 18 h en été). Fermé les 1er et 6 janvier, la Fête-Dieu, le 15 octobre et le 25 décembre. 250 ptas. ☎ 920 21 16 41.

Basilique San Vincente – Visite de 10 h à 14 h et de 16 h à 19 h. 100 ptas. ☎ 920 25 52 30.

Monastère Santo Tomás – Visite de 10 h à 13 h et de 16 h à 19 h. Accès aux cloîtres : 100 ptas. ☎ 920 22 04 00.

Église San Pedro – Visite de 9 h 30 à 12 h 30 et de 18 h à 20 h 30. S'abstenir durant les offices. ☎ 920 22 93 28.

B

BADAJOZ 🛈 Pl. Libertad 3 - 06005 - ☎ 924 22 27 63

Cathédrale – Visite de 10 h à 12 h et de 18 h à 20 h. Fermé le dimanche. Le musée ne se visite que les vendredis et samedis de 11 h à 13 h : 300 ptas. ☎ 924 22 39 99.

Museo Arqueológico Provincial – Visite de 10 h à 15 h. Fermé le lundi et les jours fériés. 200 ptas. Entrée libre pour les ressortissants des pays de l'UE. ☎ 924 22 23 14.

Museo Provincial de Bellas Artes – Visite de 10 h à 14 h et de 16 h à 18 h. Fermé le lundi, l'après-midi les samedis et dimanches, et les jours fériés. Entrée libre. ☎ 924 21 24 69 ou 924 24 80 34.

BAEZA 🛈 Pl. del Pópulo - 23440 - ☎ 953 74 04 44

Cathédrale – Visite de 10 h 30 à 13 h et de 16 h à 18 h 30 (17 h à 20 h du 1er juin au 30 septembre). ☎ 953 74 04 44.

Église San Andrés – Ouverte uniquement pendant les offices, de 18 h à 21 h. ☎ 953 74 04 44.

BAIONA

Collégiale – Visite sur rendez-vous. ☎ 986 35 51 65.

Monterreal – Visite de 8 h à 23 h. 100 ptas ; voitures : 500 ptas. ☎ 986 35 50 00.

BAÑOS DE CERRATO

Basilique San Juan Bautista – Visite guidée (20 mn) de 10 h à 13 h et de 16 h à 19 h. Fermé le lundi. ☎ 988 77 03 38.

BANYOLES 🛈 Pg. Indùstria 25 - 17820 - ☎ 972 57 55 73

Museu Arqueològic Comarcal – Visite en juillet et août de 11 h à 13 h 30 et de 16 h 20 h ; le reste de l'année de 10 h à 13 h 30 et de 16 h à 18 h 30 ; toute l'année les dimanches et jours fériés de 10 h 30 à 14 h. Fermé le lundi. 500 ptas. ☎ 972 57 23 61.

BARBASTRO 🛈 Pl. de Aragón - 22300 - ☎ 974 31 43 13

Cathédrale – Visite de 9 h à 13 h et de 18 h à 20 h. ☎ 974 31 16 82.

BARCELONA 🛈 Plaça de Catalunya, 17-S - 08002 - ☎ 933 04 31 34
🛈 Paseo de Gràcia 107 (Palau Robert) - 08008 - ☎ 932 38 40 00
🛈 Estació de Sants - 08014 - ☎ 934 91 44 31

Cathédrale – Visite de 8 h à 13 h 30 et de 16 h à 19 h 30. *Coro et terrasse* (inaccessibles le samedi après-midi et le dimanche) : 300 ptas. ☎ 933 15 15 54.

Museu Capitular – Visite de 11 h à 13 h et de 16 h à 19 h. Fermé le samedi après-midi. 100 ptas. ☎ 933 15 15 54.

Museu de la Calçat – Visite de 11 h à 14 h. Fermé le lundi. 200 ptas. ☎ 933 01 45 33.

Museu d'Història de la Ciutat – Visite de 10 h à 14 h et de 16 h à 20 h (sans interruption entre 14 h et 16 h du 1er juillet au 30 septembre). Fermé le lundi, l'après-midi les dimanches et jours fériés, les 1er janvier, Vendredi saint, 1er mai, 24 juin, 25 et 26 décembre. 500 ptas. Entrée libre le premier samedi du mois. ☎ 933 15 11 11.

Museu Frederic Marès – Visite de 10 h à 17 h (14 h les dimanches et jours fériés). Fermé le lundi et les 1er janvier, Vendredi saint, 1er mai, 24 juin, 25 et 26 décembre. 300 ptas. ☎ 933 10 58 00.

Museu d'Art Contemporàni de Barcelona – Visite de 10 h (10 h 30 du 25 juin au 30 septembre) à 20 h (15 h les dimanches et jours fériés). Fermé le mardi, les 1er janvier et 25 décembre. 700 ptas. ☎ 934 12 08 10.

Centre de Cultura Contemporània de Barcelona – Visite de 11 h à 14 h et de 16 h à 20 h (sans interruption le mercredi et le samedi, de 10 h à 19 h les dimanches et jours fériés). Fermé le lundi, les 1er janvier et 25 décembre. 600 ptas. ☎ 934 81 10 69.

Église Santa Maria del Pi – Visite de 8 h 30 à 13 h et de 16 h 30 à 20 h 45 (de 9 h à 14 h et de 17 h à 21 h les dimanches et jours fériés). S'abstenir pendant les offices religieux. ☎ 933 18 47 43.

Palau Güell – Visite de 10 h à 14 h et de 16 h à 20 h. Fermé les dimanches et jours fériés. 300 ptas. ☎ 933 17 39 74.

Centre d'art Santa Mònica – Visite de 10 h à 14 h et de 17 h à 20 h ; de 11 h à 14 h les dimanches et jours fériés. Fermé les 1er et 6 janvier, Vendredi saint et 25 décembre. ☎ 934 12 22 79.

Museu Marítim – Visite de 10 h à 19 h (15 h les dimanches et jours fériés, 18 h d'octobre à mars). Dernière entrée 1 h avant la fermeture. Fermé le lundi, les 1er janvier, Vendredi saint, 1er mai, 24 juin, 25 et 26 décembre. 800 ptas. Entrée libre le mercredi après-midi. ☎ 933 01 18 71.

Basilique de la Mercè – Visite les jours ouvrables de 10 h à 13 h et de 18 h à 20 h (20 h 30 le samedi) ; les dimanches et jours fériés de 10 h à 14 h et de 19 h à 20 h 30. ☎ 933 10 50 51.

Parc de la Ciutadella – Visite de 10 h à 21 h (20 h d'octobre à mars). 200 ptas. ☎ 934 24 38 09.

Museu de Zoologia – Visite de 10 h à 14 h. Fermé le lundi, les 1er janvier et 25 décembre. 400 ptas. Entrée libre le premier dimanche du mois. ☎ 933 19 69 12.

Parc Zoològic – Visite de mai à août de 9 h 30 à 19 h 30 ; en avril et septembre de 10 h à 19 h ; en mars de 10 h à 18 h ; le reste de l'année de 10 h à 17 h. Fermé le 25 décembre. 1 400 ptas. ☎ 932 21 25 06.

Museu d'Art Modern – Visite de 10 h à 19 h (14 h 30 les dimanches et jours fériés). Fermé le lundi et les 1er janvier, 1er mai et 25 décembre. 500 ptas. Entrée libre le premier jeudi du mois. ☎ 933 19 57 28.

Museu d'Història de Catalunya – Visite de 10 h à 19 h (20 h les vendredis et samedis, 14 h 30 les dimanches et jours fériés). 500 ptas. ☎ 932 25 47 00.

Museu Téxtil i d'Indumentària – Visite de 10 h à 20 h (15 h les dimanches et jour fériés). Fermé le lundi et les 1er janvier, Vendredi saint, 1er mai, 24 juin, 25 et 26 décembre. 400 ptas. Entrée libre le premier samedi du mois. ☎ 933 10 45 16.

Museu Picasso – Visite de 10 h à 20 h (15 h le dimanche). Fermé le lundi, le 1er janvier, Vendredi saint, 1er mai, 24 juin, 25 et 26 décembre. 500 ptas. Entrée libre le premier dimanche du mois. ☎ 933 19 63 10.

Museu Barbier Mueller d'Art precolombi – Visite de 10 h à 20 h (15 h le dimanche). Fermé le lundi, les 1er janvier, Vendredi saint, 1er mai, 24 juin, 25 et 26 décembre. 500 ptas. ☎ 933 19 63 10.

Église Santa Maria del Mar – Visite les jours ouvrables de 9 h 30 à 13 h 30 et de 16 h 30 à 18 h, le dimanche de 8 h 30 à 14 h et de 16 h 30 à 20 h 30. ☎ 933 10 23 90.

Museu Nacional d'Art de Catalunya – Visite de 10 h à 19 h (14 h 30 les dimanches et jours fériés, 21 h le jeudi). Fermé les 1er janvier, 1er mai et 25 décembre. 800 ptas. Entrée libre le premier jeudi du mois. ☎ 934 26 53 86.

Poble espanyol – Visite le lundi de 9 h à 20 h ; les mardi, mercredi et jeudi de 9 à 2 h du matin ; les vendredi et samedi de 9 h à 4 h du matin ; le dimanche de 9 à 24 h. Dernière entrée 1 h avant la fermeture. 950 ptas. Entrée libre le dimanche après 20 h. ☎ 933 25 78 66.

Museu de les Artes, Industrias i Tradiciones Populares – Visite sur rendez-vous. ☎ 934 23 69 54.

Palau Sant Jordi – Visite de 10 h à 13 h. ☎ 934 26 20 89.

Stade olympique – Visite guidée (1 h) sur rendez-vous en dehors des compétitions sportives. Fermé en août. ☎ 934 26 20 89.

Galerie olympique – Visite du 1er juillet au 30 septembre de 10 h à 14 h et de 16 h à 20 h ; du 1er avril au 30 juin de 10 h à 14 h et de 16 h à 19 h ; le reste de l'année de 10 h à 13 h et de 16 h à 18 h (fermé le samedi après-midi). Fermé l'après-midi les dimanches et jours fériés, le lundi, les 1er janvier et 25 décembre. 390 ptas. ☎ 934 26 06 60.

Fondació Miró – Visite du 1er juillet au 30 septembre de 10 h à 20 h (21 h 30 le jeudi, 14 h 30 les dimanches et jours fériés) ; le reste de l'année de 10 h à 19 h (14 h 30 les dimanches et jours fériés, de 11 h à 21 h 30 le jeudi). Fermé le lundi, les 1er et 6 janvier et le 25 décembre. 700 ptas. ☎ 933 29 19 08.

Museu arqueològic – Visite de 9 h 30 à 19 h (10 h à 14 h 30 le dimanche). Fermé le lundi. 200 ptas. Gratuit le dimanche. ☎ 934 24 65 77.

Sagrada Familia – Visite d'avril à août de 9 h à 20 h ; en mars, septembre et octobre de 9 h à 19 h ; en janvier et février de 9 h à 18 h (13 h les 1er janvier et 25 décembre). 800 ptas. ☎ 934 55 02 47.

Casa Milà (La Pedrera) – **Montée aux terrasses** : de 10 h à 20 h. 500 ptas. ☎ 934 84 59 80.

Casa Milà

Museu de la Mùsica – Visite de 10 h à 14 h (20 h le mercredi sauf en été). Fermé le lundi, les 1er janvier, Vendredi saint, 1er mai, 24 juin, 25 et 26 décembre. 300 ptas. Entrée libre le premier dimanche du mois. ☎ 934 16 11 57.

Park Güell – Visite de mai à août de 10 h à 21 h ; en avril et septembre de 10 h à 20 h ; en mars et octobre de 10 h à 19 h ; le reste de l'année de 10 h à 18 h. ☎ 934 24 38 09.

Casa Museu Gaudí – Mêmes horaires que le parc Güell. ☎ 932 84 64 46.

Palau de la Música Catalana – Visite obligatoirement guidée (1 h) sur rendez-vous les mardis et jeudis. Les visites peuvent être en catalan, castillan, anglais ou français. Fermé en août et les jours fériés. 500 ptas. ☎ 932 68 10 00.

Fondació Antoni Tàpies – Visite de 11 h à 20 h. Fermé le lundi, les 1er et 6 janvier, 25 et 26 décembre. 500 ptas. ☎ 934 87 03 15.

Monastère Santa Maria de Pedralbes – Visite de 10 h à 14 h. Fermé le lundi, les 1er janvier, Vendredi saint, 1er mai, 24 juin, 25 et 26 décembre. 400 ptas. Entrée libre le premier dimanche du mois. ☎ 932 03 92 82.

Museu de les Artes Decoratives – Visite de 10 h à 15 h. Fermé le lundi, les 1er janvier, Vendredi saint et 25 décembre. 400 ptas ; billet combiné avec le musée de la Céramique : 700 ptas. Entrée libre le premier dimanche du mois. ☎ 932 80 16 21.

BARCELONA

Museu de la Ceràmica – Mêmes conditions de visite que le musée des Arts décoratifs.

Museu de la Ciencia – Visite de 10 h à 20 h. Fermé le lundi, les 1er et 6 janvier et le 25 décembre. 500 ptas ; planetarium : 250 ptas. ☎ 932 12 60 50.

BAREYO

Église Santa María – Visite sur rendez-vous. 25 ptas. ☎ 942 62 11 67.

BEGET

Église – Demander les clés à Mme María Vila Sauquet, en face de l'église.

BELMONTE

Château – Visite en été de 10 h à 13 h 30 et de 16 h à 20 h ; le reste de l'année de 10 h à 13 h et de 15 h 30 à 18 h. 200 ptas. ☎ 967 17 00 08.

BERLANGA DE DUERO

Collégiale – Se reporter aux instructions affichées à la porte. ☎ 975 34 30 49.

BESALÙ
🄳 Pl. de la Llibertat 2 - 17850 - ☎ 972 59 12 40

Église Sant Pere – Visite de 10 h à 14 h et de 16 h à 19 h. ☎ 972 59 12 40.

« **Mikwa** » – Mêmes horaires que l'église Sant Pere ; s'adresser à l'Office de tourisme pour la visite. 50 ptas. ☎ 972 59 12 40.

BETANZOS

Église Santa María del Azogue – Visite de 10 h 30 à 14 h et de 16 h à 19 h 30. Respecter les horaires de culte. ☎ 981 77 07 02.

Église San Francisco – Visite de 10 h 30 à 14 h et de 16 h à 19 h 30.

BILBO/BILBAO
🄳 Pl. Arriaga 1 - 48005 - ☎ 944 16 00 22

Museo Guggenheim – Visite de 11 h à 20 h. Fermé le lundi. 700 ptas. ☎ 944 35 90 80.

Museo de Bellas Artes – Visite de 10 h à 13 h 30 (14 h le dimanche) et de 16 h à 19 h 30. Fermé le lundi, l'après-midi le dimanche, les jours fériés et les 1er et 6 janvier, durant la Semaine sainte, les 25 et 31 juillet, 15 et 23 août, 12 octobre, 1er novembre, 6, 8 et 25 décembre. 400 ptas. Entrée libre le mercredi. ☎ 944 39 60 60.

Museo Vasco – Visite de 10 h 30 à 13 h 30 et de 16 h à 19 h. Fermé le lundi, l'après-midi le dimanche et les jours fériés. 300 ptas. ☎ 944 15 54 23.

Museo Diocesano de Arte Sacro – Visite de 8 h à 13 h 30 et de 16 h à 19 h Fermé le lundi, l'après-midi le dimanche et les jours fériés. Entrée libre. ☎ 944 41 01 25.

Santuario de Begoña – Visite de 8 h à 13 h 30 et de 16 h 30 à 20 h 30 (21 h le samedi) ; de 9 h 30 à 14 h et de 17 h 30 à 21 h les dimanches et jours fériés ; de 4 h du matin à 22 h le 15 août. ☎ 944 12 70 91.

BLANES
🄳 Pl. Catalunya, s/n - 17300 - ☎ 972 33 03 48

Jardin botanique Marimurtra – Visite du 1er avril au 30 octobre de 9 h à 18 h ; le reste de l'année de 10 h à 17 h ; le samedi et le dimanche de 10 h à 14 h. Fermé les 1er et 6 janvier et le 25 décembre. 300 ptas. ☎ 972 33 08 26.

BOCAIRENT
🄳 Pl. del Ayuntamento 2 - 46880 - ☎ 962 90 50 62

Musée – Visite guidée (1 h) les jours ouvrables sur rendez-vous, les dimanches et jours fériés à 12 h 30. 100 ptas. ☎ 962 35 00 62.

Castillo del BUEN AMOR

Visite guidée (30 mn) de 9 h à 14 h et de 16 h à 18 h 30 (20 h 30 de mai à septembre). Fermé en novembre. 400 ptas. ☎ 923 26 15 12.

El BURGO DE OSMA

Cathédrale – Visite de 9 h 30 à 13 h et de 16 h à 19 h ; les dimanches et jours fériés de 12 h à 14 h et de 16 h à 19 h. Visite uniquement les dimanches et jours fériés en novembre et décembre. **Musée** : 200 ptas. ☎ 975 34 01 96.

Canyon du río Lobos – Pour visiter, contacter le ☎ 975 36 35 64.

BURGOS

Cathédrale – Visite de 9 h 30 à 13 h et de 16 h à 19 h sauf durant les offices des dimanches et jours de fêtes solennelles. 400 ptas. ☎ 947 20 47 12.

Arco de Santa María – Visite de 11 h à 14 h et de 17 h à 21 h. Fermé le lundi, l'après-midi le dimanche, et les jours fériés. Entrée libre. ☎ 947 26 53 75.

Église San Nicolás – Visite du 15 juin au 15 septembre de 9 h à 14 h et de 16 h à 20 h ; le reste de l'année le lundi toute la journée, du mardi au samedi de 18 h 30 à 19 h 30, les dimanches et jours fériés de 9 h à 14 h et de 17 h à 18 h. ☎ 947 20 70 95.

Museo del Retablo (Église San Esteban) – Visite de juin à octobre de 10 h 30 à 14 h et de 16 h 30 à 19 h ; le reste de l'année sur rendez-vous. Fermé le lundi. 200 ptas.

Église San Gil – Visite de 10 h à 14 h et de 17 h à 20 h, sur rendez-vous en été. Fermé le lundi. ☎ 947 26 11 49.

Real Monasterio de las Huelgas – Visite guidée (50 mn) les jours ouvrables de 11 h à 13 h 15 et de 16 h à 17 h 15 (17 h 45 le samedi et du 1er avril au 30 septembre), les dimanches et jours fériés de 10 h 30 à 14 h 15. Fermé le lundi. 650 ptas. Entrée libre le mercredi pour les ressortissants des pays de l'UE. ☎ 947 20 16 30.

Cartuja de Miraflores – Visite de 10 h 15 à 15 h et de 16 h à 18 h ; les dimanches et jours fériés de 10 h 15 à 11 h, de 11 h 30 à 12 h 30, de 13 h 15 à 15 h et de 16 h à 18 h 15. Entrée libre.

Musée – Visite de 10 h à 14 h et de 16 h 15 à 19 h. Fermé le lundi, l'après-midi les samedis et dimanches, et les jours fériés. 200 ptas. Entrée libre les samedis et dimanches. ☎ 947 26 58 75.

Museo Marceliano Santa María – Visite de 10 h à 13 h 50 et de 17 h à 19 h 50. Fermé le lundi, l'après-midi le dimanche et les jours fériés. 25 ptas. ☎ 947 20 56 87.

Castillo de BUTRÓN

Visite d'avril à septembre de 10 h 30 à 20 h ; le reste de l'année de 10 h 30 à 17 h 30 (de 11 h à 18 h les samedis, dimanches et jours fériés). Fermé le 1er janvier et le 25 décembre. Visite normale : 700 ptas ; incluant celle de l'étage noble : 900 ptas. ☎ 946 15 11 10.

Cueva del BUXU

Visite guidée (30 mn) de 10 h à 12 h 30 et de 16 h à 18 h 30. Accès limité à 25 personnes par jour sans possibilité de réservation. Fermé le lundi, le mardi matin, en novembre, et les 1er janvier, 24, 25 et 26 décembre. 200 ptas. Entrée libre le mercredi. ☎ 908 17 54 67.

C

CÁCERES

Église Santa María – Visite de 10 h (9 h 30 les dimanches et jours fériés) à 14 h et de 17 h à 19 h 30 (18 h à 20 h 30 du 1er mai au 30 septembre). **Musée** : 100 ptas. ☎ 927 21 53 13.

Palais Carvajal – Visite de 8 h à 15 h, les samedis, dimanches et jours fériés de 10 h à 14 h. ☎ 927 25 55 97.

Musée provincial – Visite de 9 h (10 h 15 le dimanche) à 14 h 30. Fermé le lundi et les jours fériés. 200 ptas. ☎ 927 24 72 34.

Église Santiago – Visite de 9 h à 12 h et de 18 h à 20 h. ☎ 927 24 49 06.

Sanctuaire de la Virgen de la Montaña – Visite de 8 h 30 à 14 h et de 16 h à 20 h. Fermé du 22 avril au premier dimanche de mai. ☎ 927 22 00 49.

CADAQUÉS

Église Santa Maria – Visite du 1er juin au 30 septembre de 10 h à 13 h et de 16 h à 20 h ; le reste de l'année sur rendez-vous. ☎ 972 25 80 84.

Museu Perrot-Moore – Visite de 10 h 30 à 13 h 30 et de 16 h à 20 h. Fermé les dimanches et jours fériés l'après-midi en été, la journée en hiver. ☎ 972 25 83 12.

Casa-Museu Salvador Dalí – Visite sur rendez-vous de mi-juin à mi-septembre de 10 h à 21 h le reste de l'année de 10 h 30 à 18 h. Fermé le lundi. 1 200 ptas. ☎ 972 25 80 63.

CÁDIZ

Museo Provincial – Visite de 9 h 30 à 14 h (14 h 30 en hiver). Fermé le lundi et les jours fériés. 250 ptas. Entrée libre pour les ressortissants des pays de l'UE. ☎ 956 21 22 81.

CÁDIZ

Museo histórico – Visite de 9 h à 13 h et de 16 h à 19 h (17 h à 20 h du 15 juin au 15 septembre) ; les samedis et dimanches de 9 h à 13 h. Fermé le lundi, les jours fériés et les 28 février, 7 octobre, 24 et 31 décembre. ☎ 956 22 17 88.

Église San Felipe Neri – Visite du lundi au vendredi de 8 h 30 à 10 h et de 19 h 45 à 22 h ; le samedi de 17 h 30 à 22 h ; le dimanche de 10 h 30 à 14 h. ☎ 956 21 16 12.

Cathédrale – Visite de 12 h à 13 h. Fermé les dimanches et jours fériés. 100 ptas.
Musée – Visite de 10 h à 12 h. Fermé les dimanches et jours fériés. 400 ptas.
☎ 956 28 61 54.

La CALAHORRA

Château – Visite le mercredi de 10 h à 13 h et de 16 h à 18 h. ☎ 958 67 70 98.

Castillo-Convento de CALATRAVA

Visite d'avril à septembre de 10 h à 14 h et de 18 h à 21 h ; le reste de l'année de 10 h à 14 h et de 16 h à 19 h. Fermé le lundi et les jours fériés. ☎ 908 62 35 48.

CALELLA DE PALAFRUGELL   🛈 Les Voltes 6 - 17210 - ☎ 972 61 44 75

Jardín Botànic del Cap Roig – Visite d'avril à septembre de 10 h à 14 h et de 18 h à 21 h ; le reste de l'année de 8 h à 17 h. Fermé le lundi et les jours fériés. ☎ 972 61 45 82.

CAMBRE

Église Santa María – Visite de 9 h 30 à 19 h 30 (21 h 30 en été). ☎ 981 67 51 57.

CAMPRODON   🛈 Pl. d'Espanya 1 - 17867 - ☎ 972 74 00 10

Monastère Sant Pere – Visite sur rendez-vous. ☎ 972 74 01 24 et 972 74 01 36.

Coves dels CANELOBRES

Visite guidée (40 mn) pendant la Semaine sainte et du 21 juin au 30 septembre de 10 h 30 à 19 h 50 ; le reste de l'année de 11 h à 17 h 50. Fermé les 1er janvier et 25 décembre. 550 ptas. ☎ 96 569 92 50.

CARAVACA DE LA CRUZ

Église de la Santa Cruz – Visite guidée (45 mn) en août de 10 h à 13 h et de 16 h 30 à 20 h 30 ; le reste de l'année de 11 h à 13 h 30 et de 17 h à 19 h. Fermé du 1er au 5 mai et le 14 septembre. 400 ptas. ☎ 968 70 77 43.

CARDONA   🛈 Av. del Rastrillo - 08261 - ☎ 938 69 27 98

Collégiale Sant Vicenç – Visite de 10 h à 13 h (13 h 30 les dimanches et jours fériés et de 15 h à 17 h 30 (18 h 30 du 1er juin au 30 septembre). Fermé le lundi, l'après-midi les dimanches et jours fériés, et les 1er janvier et 25 décembre. 300 ptas. Entrée libre le mardi. ☎ 938 68 41 69.

CARMONA   🛈 Plaza de las Descalzas - 41410 - ☎ 954 14 22 00

Église Santa María – Visite de 9 h à 12 h et de 18 h à 21 h. ☎ 954 19 09 55.

Nécropole romaine – Visite du 15 juin au 15 septembre de 8 h 30 à 14 h ; le reste de l'année de 10 h à 14 h et de 16 h à 18 h ; les samedis et dimanches de 10 h à 14 h. Fermé le dimanche du 15 juillet au 15 septembre, le lundi et les jours fériés. 250 ptas. Entrée libre pour les ressortissants de l'UE. ☎ 954 19 09 55.

CARRIÓN DE LOS CONDES

Monastère San Zoilo – Visite du 1er juillet au 15 septembre de 10 h à 14 h et de 16 h à 19 h 30 ; le reste de l'année de 10 h 30 à 13 h 30 et de 16 h à 19 h. Fermé le lundi, les 1er et 6 janvier, les jours de fêtes locales et le 25 décembre. 200 ptas. ☎ 979 88 09 02.

CARTAGENA   🛈 Pl. Ayuntamento - 30202 - ☎ 968 50 64 83

Museo Nacional de Arqueología Marítima – Visite de 10 h à 15 h. Fermé le lundi, les 1er et 6 janvier, 1er mai, 24, 25 et 31 décembre ainsi que lors des fêtes locales. 400 ptas. Entrée libre le dimanche. ☎ 968 50 84 15.

CASILLAS DE BERLANGA

Ermitage San Baudelio de Berlanga – Visite en juillet et août de 10 h 30 à 14 h et de 17 h à 21 h ; d'avril à juin et en septembre et octobre de 10 h 30 à 14 h et de 16 h à 19 h ; le reste de l'année de 10 h 30 à 14 h et de 16 h à 18 h. Fermé le lundi, mardi, l'après-midi les dimanches et jours fériés, le 1er janvier et le 25 décembre. 100 ptas. Entrée libre le samedi et le dimanche. ☎ 975 22 13 97.

CASTAÑEDA

ncienne collégiale – Visite sur rendez-vous. Contacter le musée diocésain de antillana del Mar : ☎ 942 81 80 04.

CASTELLÓ D'EMPÙRIES   🏛 Pl. dels Homes 1 - 17486 - ☎ 972 15 62 23

glise Santa Maria – Visite du 1er juin au 30 septembre de 9 h 30 à 13 h et de 16 h 20 h ; le reste de l'année sur rendez-vous. ☎ 972 25 05 19.

CELANOVA

Monastère – Visite guidée (45 mn) de juin à septembre à 11 h, 12 h, 13 h, 17 h, 18 h t 19 h ; le reste de l'année à 12 h, 13 h, 17 h et 18 h. 200 ptas. ☎ 988 43 22 01.

CERVATOS

ollégiale – Pour visiter, demander la clef à la maison voisine (Don Julio). ☎ 942 75 10 36.

CEUTA   🏛 Alcalde José Vitori Goñalons - 11701 - ☎ 956 51 40 92

Museo municipal – Visite de 10 h à 13 h (14 h le samedi) et de 17 h à 20 h (19 h 21 h du 1er juin au 31 août). Fermé l'après-midi le samedi, et les dimanches et jours ériés. Entrée libre. ☎ 956 51 73 98.

arque Marítimo del Mediterráneo – Visite de 11 h à 19 h (20 h en été). Fermé le udi en hiver. 300 ptas le lundi, 600 ptas du mardi au samedi, 800 ptas les dimanches t jours fériés. ☎ 956 51 69 89.

CIUDAD RODRIGO   🏛 Pl. de las Amayuelas 6 - 37500 - ☎ 923 46 05 61

athédrale – Visite de 10 h à 13 h et de 16 h à 18 h. **Cloître** : 200 ptas. ☎ 923 48 14 24.

Castillo de COCA

isite guidée (30 mn) de juillet à septembre de 10 h 30 à 13 h 30 et de 16 h 30 à 0 h ; en mai et juin de 10 h 30 à 13 h 30 et 16 h 30 à 19 h ; le reste de l'année de 0 h 30 (11 h les samedis, dimanches et jours fériés) à 13 h 30 et de 16 h 30 (16 h s samedis, dimanches et jours fériés) à 18 h. Fermé le premier mardi du mois. 00 ptas. ☎ 921 58 66 22.

CÓRDOBA   🏛 Torrijos 10 - 14003 - ☎ 957 47 12 35
🏛 Plaza Judá Levi - 14003 - ☎ 957 20 05 22

lezquita-Catedral – Visite d'avril à juin de 10 h à 19 h 30 ; en mars et de juillet à ctobre de 10 h à 19 h ; en février et novembre de 10 h à 18 h ; en janvier et décembre e 10 h à 17 h 30. Fermé le 1er janvier, 25, 26 et 27 mai, 24, 25 et 31 décembre près-midi). 750 ptas. ☎ 957 47 05 12.

ynagogue – Visite de 10 h à 13 h 30 (14 h les dimanches et jours fériés) et de 15 h 30 17 h 30. Fermé le lundi, l'après-midi les dimanches et jours fériés, et les 1er et janvier, 24, 25 et 31 décembre. 50 ptas. Entrée libre pour les ressortissants des ays de l'UE. ☎ 957 20 29 28.

alacio de Viana – Visite guidée (1 h) du 16 juin au 30 septembre de 9 h à 14 h ; reste de l'année de 10 h à 13 h (9 h à 14 h les dimanches et jours fériés) et de 16 h 18 h. Fermé le mercredi, l'après-midi les dimanches et jours fériés, la première uinzaine de juin ainsi que les 1er janvier, Vendredi saint, 1er mai, 24 octobre et 5 décembre. 400 ptas. Entrée libre le mardi. ☎ 957 48 22 75.

Museo Arqueológico – Visite du 15 juin au 15 septembre de 10 h à 14 h et de 18 h 20 h ; le reste de l'année de 10 h à 14 h et de 17 h à 19 h. Fermé le lundi, l'après-midi s dimanches et jours fériés, et les 1er et 6 janvier, 24, 25 et 31 décembre. 250 ptas. ntrée libre pour les ressortissants des pays de l'UE. ☎ 957 47 40 11.

lcázar – Visite de 10 h à 14 h et de 18 h à 20 h (16 h 30 à 18 h 30 d'octobre à avril) ; s dimanches et jours fériés de 9 h 30 à 15 h. Fermé le lundi, le 1er janvier, le Vendredi aint et le 25 décembre. 425 ptas. Entrée libre le vendredi. ☎ 957 48 50 01.

orre de la Calahorra – Visite guidée (1 h) du 1er mai au 30 septembre de 10 h à 14 h : de 17 h 30 à 20 h 30 ; le reste de l'année de 10 h à 18 h. 500 ptas. ☎ 957 29 39 29.

Museo Municipal Taurino – Visite de 10 h à 14 h et de 18 h à 20 h (17 h à 19 h 'octobre à avril) ; les dimanches et jours fériés de 9 h 30 à 15 h. Fermé le lundi, le er janvier, le Vendredi saint et le 25 décembre. 425 ptas. Entrée libre le vendredi. ☎ 957 48 50 01.

osada del Potro – Visite de 9 h à 14 h et de 17 h à 20 h. Fermé les samedis, manches et jours fériés ainsi qu'en août. Entrée libre. ☎ 957 48 50 01.

Musée Julio Romero de Torres – Mêmes conditions de visite que le musée municipal urin.

CÓRDOBA

Museo de Bellas Artes – Visite de 10 h à 14 h (13 h 30 les dimanches et jours fériés) et de 17 h à 19 h. Fermé l'après-midi des dimanches et jours fériés, le lundi, les 1er et 6 janvier, Jeudi et Vendredi saints, 24, 25 et 31 décembre. 250 ptas (entrée libre pour les ressortissants de l'U.E). ☎ 957 47 33 45.

Medina Azahara – Visite de mai à septembre de 10 h à 13 h 30 et de 18 h à 20 h 30 ; le reste de l'année de 10 h à 14 h et de 16 h à 18 h 30. Fermé le lundi, l'après-midi les dimanches et jours fériés, et les 1er et 6 janvier et les 24, 25 et 31 décembre. 250 ptas. Entrée libre pour les ressortissants des pays de l'UE. ☎ 957 32 91 30.

CORIA

Cathédrale – Visite de 9 h 30 à 13 h et de 16 h à 19 h. ☎ 927 50 39 60.

CORIAS

Monastère – Ouvert de 9 h 30 à 12 h 30 et de 15 h 30 à 19 h 30. ☎ 985 81 01 50.

A CORUÑA 🖪 Dársena de la Marina - 15001 - ☎ 981 22 18 22

Collégiale Santa María del Campo – Visite en été de 8 h 30 à 13 h et de 17 h 45 à 19 h ; le reste de l'année de 9 h 30 à 13 h 30 et de 17 h 30 à 19 h. ☎ 981 20 31 86.

Église Santiago – Visite de 9 h 30 à 13 h et de 18 h 30 à 20 h 30. ☎ 981 20 56 96.

Museo Arqueológico e Histórico – Visite de 10 h à 19 h (21 h en juillet et août) ; les dimanches et jours fériés de 10 h à 14 h 30 (13 h en juillet et août). Fermé le lundi. 300 ptas. ☎ 981 20 59 94.

Museo de Bellas Artes – Visite le mardi de 10 h à 15 h ; du mercredi au vendredi de 10 h à 20 h ; le samedi de 10 h à 14 h et de 16 h 30 à 20 h ; le dimanche de 10 h à 14 h. Fermé le lundi. 400 ptas. Entrée libre le samedi après-midi. ☎ 981 22 37 23.

Domus-Casa del Hombre – Visite de 10 h à 19 h (21 h en été). 300 ptas. ☎ 981 22 89 47.

Torre de Hércules – Visite de 10 h à 18 h (19 h en été) ; nocturne les vendredis et samedis de 22 h à minuit. 250 ptas. ☎ 981 22 10 54.

COVADONGA 🖪 Pl de la Basílica - 33589 - ☎ 985 84 60 35

Santa Cueva – Visite de 8 h 30 à 21 h. ☎ 985 84 60 26.

Musée – Visite de 10 h 30 à 13 h et de 15 h à 20 h. 200 ptas. ☎ 985 84 60 35.

COVARRUBIAS 🖪 Manuel Ruiz Zorrilla - 09346 - ☎ 947 40 30 51

Collégiale – Visite guidée (30 mn) de 10 h 30 à 19 h, sauf pendant l'office de 12 h les dimanches et jours fériés. Fermé le mardi. 250 ptas. ☎ 947 40 63 11.

CUACOS DE YUSTE

Monastère de Yuste – Visite obligatoirement guidée (30 mn) de 9 h 30 à 12 h 30 et de 15 h à 18 h (15 h 30 à 18 h 30 d'avril à octobre). 100 ptas. Entrée libre le jeudi matin. ☎ 927 17 21 30.

CUENCA 🖪 San Pedro 6 - 16001 - ☎ 969 23 21 19
🖪 Dalmacio García Izara 8-1º - 16000 - ☎ 969 22 22 31

Cathédrale – Visite de 9 h à 14 h et de 16 h 30 à 18 h (20 h le samedi). Fermé le lundi et l'après-midi les dimanches et jours fériés. 200 ptas. ☎ 969 21 24 63.

Museo Diocesano – Visite de 9 h à 14 h et de 16 h 30 à 18 h (20 h le samedi). Fermé le lundi, l'après-midi les dimanches et jours fériés, et les 1er janvier, jours de fêtes locales et 25 décembre. 200 ptas. ☎ 969 21 20 11.

Museo de Arte Abstracto – Visite de 11 h à 14 h (14 h 30 le dimanche) et de 16 h à 18 h (20 h le samedi). Fermé le lundi et l'après-midi les dimanches et jours fériés. 500 ptas. ☎ 969 21 29 83.

Museo de Cuenca – Visite de 10 h à 14 h et de 16 h à 19 h. Fermé le lundi et l'après-midi les dimanches et jours fériés. 200 ptas. ☎ 969 21 30 69.

D

DAROCA 🖪 Pl. de España 7 - 50360 - ☎ 976 80 01 2

Collégiale Santa María – Visite de 11 h à 13 h et de 17 h 30 à 19 h 30 ; les dimanches et jours fériés de 11 h 30 à 13 h et de 18 h à 20 h. Fermé le lundi. ☎ 976 80 07 61.

Musée paroissial – Mêmes horaires de visite que la collégiale. 300 ptas. ☎ 976 80 07 61.

Église San Miguel – Visite sur rendez-vous. ☎ 976 80 01 29.

Parque Natural del DELTA DEL EBRO

Office de tourisme du Delta, C/ Dr. Martín Buera 22, à **Deltebre** – Ouvert de 10 h à 14 h et de 15 h à 18 h (19 h en juillet et août) ; le samedi de 10 h à 13 h et de 15 h 30 à 18 h ; les dimanches et jours fériés de 10 h à 13 h. Fermé les 1er janvier et 25 décembre. ☎ 977 48 96 79.

Parque nacional de DOÑANA

Les centres d'accueil sont ouverts sans interruption de 8 h à 19 h (21 h de juin à septembre). Fermeture les 1er janvier, 24, 25 et 31 décembre et le jour du pélerinage du Rocío. Réserver au préalable pour les promenades en véhicule tout terrain (4 h : 2 500 ptas – ☎ 959 43 04 32) ou en bateau (4 h : 2 100 ptas – ☎ 956 36 38 13). Bureau d'information du parc : ☎ 956 38 16 35 ou 956 44 87 11.

DONOSTIA/SAN SEBASTIÁN

Funiculaire d'accès au mont Igueldo – Fonctionne en juillet et août tous les jours de 10 h à 22 h ; du 1er avril au 30 juin et en septembre tous les jours de 11 h à 20 h ; le reste de l'année du jeudi au mardi de 11 h à 18 h (20 h les samedis, dimanches et jours fériés). 105 ptas aller simple, 200 ptas AR. ☎ 943 21 05 64.

Église Santa María – Visite de 8 h 30 à 13 h 30 et de 16 h 30 à 20 h. ☎ 943 42 19 95.

Museo de San Telmo – Visite de 10 h 30 à 13 h 30 (14 h les dimanches et jours fériés) et de 16 h à 20 h. Dernière entrée 15 mn avant la fermeture. Fermé le lundi, l'après-midi les dimanches et jours fériés, ainsi que les 1er, 6 et 20 janvier, 1er mai et 25 décembre. ☎ 943 42 49 70.

Palais de la Mer – Visite de juillet à mi-septembre de 10 h à 20 h ; le reste de l'année de 10 h à 13 h 30 et de 15 h 30 à 19 h 30. Fermé le lundi de mi-septembre à juin, et les 1er janvier et 25 décembre. 450 ptas. ☎ 943 44 00 99.

Museo naval – Visite de mi-juin à mi-septembre de 10 h à 13 h 30 et de 17 h à 20 h 30 ; le reste de l'année de 10 h à 13 h 30 et de 16 h à 19 h 30 ; toute l'année le dimanche de 11 h à 14 h. ☎ 943 43 00 51.

El Peine de los Vientos, par Eduardo Chillida

E

ÉCIJA ⌂ Avenida de Andalucía - 41400 - ☎ 954 83 30 62

Église Santiago – Visite de 11 h à 13 h et de 18 h à 19 h. ☎ 955 90 29 33.

ELX/ELCHE ⌂ Pg. de l'Estació - 03202 - ☎ 965 45 38 31

Huerto del Cura – Visite de 9 h à 18 h (20 h 30 du 1er mai au 30 septembre). 300 ptas. ☎ 965 45 19 36.

Museo Arqueológico – Visite de 10 h à 13 h et de 16 h à 19 h. Fermé le lundi, l'après-midi les dimanches et jours fériés, et les 1er janvier, 15 août et 25 décembre. 00 ptas. ☎ 965 45 36 03.

EMPÙRIES

Neápolis - Visite du 1er avril au 30 septembre de 10 h à 20 h ; le reste de l'année de 10 h à 18 h. Fermé les 1er janvier et 25 décembre. 400 ptas. ☎ 972 77 02 08.

Monasterio de El ESCORIAL 🚩 Floridablanca 10 - 28200 - ☎ 918 90 15 54
Visite du mardi au dimanche de 10 h à 18 h (19 h du 1er avril au 30 septembre). Dernière entrée 1 h avant la fermeture. Fermé le lundi et les 1er et 6 janvier, 1er mai, 10 août, 11, 13, 24 et 25 décembre. 850 ptas. Entrée libre le mercredi pour les ressortissants des pays de l'UE. ☎ 918 90 59 02.
La bibliothèque est actuellement fermée pour travaux.

La bibliothèque du monastère de l'Escurial

Casita del Príncipe - Fermé pour restauration. ☎ 918 90 59 03.

Casita de Arriba - Visite uniquement durant la Semaine sainte (du mardi au dimanche) et en août de 10 h à 18 h. 350 ptas. Entrée libre le mercredi pour les ressortissants des pays de l'UE. ☎ 918 90 59 03.

L'ESTANY

Monastère Santa Maria - Visite de 10 h à 13 h et de 16 h à 19 h (18 h 30 en hiver). 300 ptas. ☎ 938 30 31 39.

L'ESTARTIT 🚩 Pg. Marítim - 17258 - ☎ 972 75 19 10

Croisières maritimes vers les îles Medes - Plusieurs sociétés en organisent autour des îles. Renseignements à l'Office de tourisme.

Sanctuaire d'ESTÍBALIZ

Église - Visite du 28 avril au 30 octobre de 8 h à 20 h 30 ; le reste de l'année de 9 h 30 à 20 h. ☎ 945 29 30 88.

F

FIGUERES 🚩 Pl. del Sol - 17600 - ☎ 972 50 31 5!

Teatre-Museu Dalí - Visite du 1er juillet au 30 septembre tous les jours de 9 h à 19 h 15 (nocturne de 22 h à 0 h 15 en août) ; le reste de l'année du mardi au dimanche de 10 h 30 à 17 h 15. Fermé les 1er janvier et 25 décembre. 1 000 ptas (en nocturne 1 200 ptas) en été, 800 ptas en hiver. ☎ 972 51 18 00.

Église Sant Pere - Visite de 8 h 15 à 12 h 45 et de 15 h 30 à 21 h. ☎ 972 50 31 55

Museu de Joguets - Visite de 10 h à 13 h et de 16 h à 19 h 30. Fermé le mardi, et les 1er janvier et 25 décembre. 600 ptas. ☎ 972 50 45 85.

Museu de l'Empordà – Visite du 1er juin au 14 septembre de 10 h à 13 h et de 15 h à 19 h ; le reste de l'année de 11 h à 13 h et de 15 h à 19 h. Fermé le matin les dimanches et jours fériés d'été, l'après-midi les dimanches et jours fériés d'hiver et chaque lundi. 300 ptas. ☎ 972 50 23 05.

FOZ
🛈 Alvaro Cunqueiro 24 - 27780 - ☎ 982 14 00 27

Église San Martín de Mondoñedo – Visite de 11 h à 13 h et de 16 h à 19 h. ☎ 982 13 26 07.

FRÓMISTA
🛈 Paseo Central - 34440 - ☎ 979 81 01 13

Église San Martín – Visite de 10 h à 14 h et de 15 h à 18 h (16 h 30 à 20 h en été). ☎ 979 81 01 44.

FUENDETODOS

Maison natale de Goya – Visite de 11 h à 14 h et de 16 h à 19 h. Fermé le lundi (sauf si férié), les 1er janvier, 23 et 24 août, 12 octobre, 24, 25 et 31 décembre. 300 ptas. ☎ 976 14 38 30.

Museo de Grabados – Mêmes horaires de visite. 300 ptas. ☎ 976 14 38 30.

FUENTE DÉ

Téléphérique – Fonctionne en été de 9 h à 20 h ; le reste de l'année de 9 h 30 à 17 h. Fermé du 6 janvier au 15 mars. 1 300 ptas. ☎ 942 73 66 10.

G

GACEO

Église – Demander la clef au responsable de l'église, Don Ignacio, à la maison nº 10. ☎ 945 30 02 37.

GANDIA
🛈 Marqués de Campo - 46700 - ☎ 962 87 77 88

Palais ducal – Visite guidée (45 mn) du 1er avril au 30 septembre à 11 h et à 18 h ; du 1er novembre au 31 mai à 11 h et à 17 h. Fermé l'après-midi le samedi et les dimanches et jours fériés. 250 ptas. ☎ 962 87 12 03.

GASTEIZ/VITORIA
🛈 Parque de la Florida - 01008 - ☎ 945 13 13 21

Cathédrale Santa María – Fermée pour travaux, réouverture possible à la visite en mai. ☎ 945 25 55 67.

Museo de Arqueología – Visite de 10 h à 14 h et de 16 h à 18 h 30 ; le samedi de 10 h à 14 h ; les dimanches et jours fériés de 11 h à 14 h. Fermé le lundi (sauf férié), e mardi suivant un lundi férié, le 1er janvier, le Vendredi saint et le 25 décembre. ☎ 945 18 19 20.

Museo « Fournier » de Naipes – Mêmes conditions de visite que le musée d'Archéologie. ☎ 945 18 19 18.

Museo de Bellas Artes – Mêmes conditions de visite que le musée d'Archéologie.

Museo de Armería – Mêmes conditions de visite que le musée d'Archéologie.

GIBRALTAR
🛈 158 Main Street - ☎ 9567 749 82

St. Michael's Cave – Visite de 9 h 30 à 19 h. Fermé le 1er janvier et le 25 décembre. 300 ptas. ☎ 9567 749 50.

GIRONA
🛈 Rambla de la Llibertat 1 - 17004 - ☎ 972 22 65 75

Cathédrale – Visite du 1er juillet au 30 septembre de 10 h à 20 h ; du 1er mars au 30 juin de 10 h à 14 h et de 16 h à 19 h ; le reste de l'année de 10 h à 14 h et de 16 h à 18 h ; les dimanches et jours fériés de 10 h à 14 h. Fermé le lundi et du 7 au 31 janvier. ☎ 972 21 44 26.

Trésor – Mêmes horaires que la cathédrale. 400 ptas.

Museu d'Art – Visite de 10 h à 18 h (19 h du 1er mars au 30 septembre) ; les dimanches et jours fériés de 10 h à 14 h. Fermé le lundi, les 1er et 6 janvier, dimanche de Pâques, 25 et 26 décembre. 200 ptas. Entrée libre le dimanche et les jours fériés. ☎ 972 20 38 34.

Banys àrabs – Visite du 1er avril au 30 septembre de 10 h à 19 h (14 h les dimanches et jours fériés) ; le reste de l'année de 10 h à 14 h. Fermé le lundi du 1er avril au 30 septembre, les 1er et 6 janvier, dimanche de Pâques, 25 et 26 décembre. 200 ptas. ☎ 972 21 32 62.

Museu arqueològic – Visite du 1er juin au 30 septembre de 10 h 30 à 13 h 30 et de 16 h à 19 h ; le reste de l'année de 10 h à 14 h et de 16 h à 19 h. Fermé le lundi, l'après-midi les dimanches et jours fériés, et les 1er janvier, dimanche de Pâques, 25 et 26 décembre. 200 ptas. Entrée libre le dimanche. ☎ 972 20 46 37.

Museu del Cinema – Visite de 10 h à 19 h (18 h d'octobre à avril). Fermé le lundi (sauf férié) et les 1er et 6 janvier et 25 décembre. ☎ 972 41 22 77.

GRANADA

🛈 Pl. de Mariana Pineda 10 - 18009 - ☎ 958 22 66 88
🛈 C/ de Mariana Pineda - 18009 - ☎ 958 22 59 90

L'Alhambra et le Généralife – Visite de 9 h à 18 h (20 h en été, sauf le dimanche). Visite de nuit des palais nasrides en été les mardis, jeudis et samedis de 22 h à 24 h, le reste de l'année le samedi de 20 h à 22 h. Dernière entrée 1 h 1/4 avant la fin des visites. Fermé l'après-midi le Samedi saint et les 1er janvier et 25 décembre. 725 ptas. Entrée libre le dimanche. ☎ 958 22 75 25.

Capilla Real – Visite de 10 h 30 (11 h les dimanches et jours fériés) à 13 h et de 15 h 30 à 18 h 30 (16 h à 19 h du 1er mai au 30 septembre). Fermé le 2 janvier au matin, le Vendredi saint et le 12 octobre au matin. 250 ptas. Entrée libre le dimanche matin. ☎ 958 22 78 48.

Cathédrale – Visite de 10 h 30 à 13 h 30 et de 15 h 30 à 18 h 30 (16 h à 19 h du 1er avril au 30 septembre). Fermé le matin les dimanches et jours fériés. 300 ptas. ☎ 958 22 29 59.

Cartuja – Visite de 10 h à 13 h (12 h le dimanche) et de 15 h 30 à 18 h (16 h à 20 h en été). 250 ptas. Entrée libre le dimanche. ☎ 958 16 19 32.

Église San Juan de Dios – Visite de 8 h à 12 h et de 18 h à 21 h. ☎ 958 27 57 00.

Monastère San Jerónimo – Visite de 10 h à 13 h 30 et de 15 h à 16 h 30 (16 h à 19 h 30 du 1er avril au 30 septembre). 250 ptas. ☎ 958 27 93 37.

Baños árabes – Visite de 9 h à 14 h et de 17 h à 19 h. Fermé le lundi, l'après-midi le samedi, le dimanche et les jours fériés. ☎ 958 22 23 39.

Hospital Real – Visite de 8 h à 20 h. Fermé le samedi, le dimanche et les jours fériés. ☎ 958 24 30 60.

Museo Arqueológico – Visite de 9 h 30 (10 h les samedis et dimanches) à 14 h. Fermé le lundi et les jours fériés. 250 ptas. Entrée libre pour les ressortissants des pays de l'UE. ☎ 958 22 56 40.

GRANDAS DE SALIME

Musée ethnographique – Visite de 11 h 30 à 14 h et de 16 h à 18 h 30. Fermé l'après-midi des dimanches et jours fériés du 1er septembre au 30 juin et le lundi. 250 ptas. Entrée libre le mardi. ☎ 985 62 72 43.

La GRANJA DE SAN ILDEFONSO

Palais – Visite du 1er juin au 30 septembre de 10 h à 18 h ; le reste de l'année de 10 h à 13 h 30 (14 h les dimanches et jours fériés) et de 15 h à 17 h (horaires d'été appliqués les samedis, dimanches et jours fériés en avril et mai). Fermé l'après-midi les dimanches et jours fériés d'octobre à mars, le lundi toute l'année ainsi que les 1er, 6 et 23 janvier, 24, 25 et 31 décembre. 650 ptas. ☎ 921 47 00 19.

Jardins – Visite de 10 h à 18 h (21 h en été). Les jeux d'eau fonctionnent de la Semaine sainte à mi-août les samedis, dimanches et jours fériés à 17 h 30 ; les Grandes Eaux ont lieu le 30 mai, le 25 juillet et le 25 août. **Jeux d'eau** : 325 ptas. ☎ 921 47 00 19.

Real Fábrica de Cristales – Visite de 11 h à 19 h (20 h d'avril à septembre). Fermé le lundi. 400 ptas. ☎ 921 47 17 12.

GUADALAJARA

🛈 Pl. de los Caidos - 19001 - ☎ 949 21 16 2●

Palacio del Infantado – Visite de 10 h 30 à 14 h et de 16 h 15 à 19 h. Fermé le lundi, l'après-midi le samedi en juillet et août, l'après-midi les dimanches et jours fériés, e● les 1er janvier, Vendredi saint, 1er mai, 24, 25 et 31 décembre ainsi que les jours d● fêtes locales. 200 ptas. Entrée libre le samedi après-midi et le dimanche matin. ☎ 949 21 33 01.

GUADALUPE

🛈 Pl. Santa Maria de Guadalupe - 10140 - ☎ 927 15 41 2●

Monastère – Visite guidée de 9 h 30 à 13 h et de 15 h 30 à 18 h 45. 300 ptas. ☎ 927 36 70 00.

GUADAMUR

Château – Fermé pour restauration. ☎ 925 29 13 10.

GUADIX

🅩 Avenida Mariana Pineda - 18500 - ☎ 958 66 26 65

Cathédrale – Visite de juin à septembre de 11 h à 13 h et de 17 h à 19 h ; le reste de l'année de 9 h à 13 h et de 16 h à 18 h. ☎ 958 66 08 00.

Alcazaba – Visite de 9 h à 14 h et de 16 h à 19 h. Fermé l'après-midi le samedi et le dimanche toute la journée. 100 ptas. ☎ 958 66 01 60.

H – I

HARO

Museo del Vino de la Rioja – Visite de 10 h à 14 h et de 16 h à 20 h. Fermé l'après-midi le dimanche. 300 ptas. Entrée libre le mercredi. ☎ 941 31 05 47.

HUESCA

🅩 C/ General Lasheras 5 - 22003 - ☎ 974 22 57 78

Cathédrale – Visite de 10 h 30 à 13 h et de 16 h à 18 h 30. ☎ 974 22 06 76.

Museo Arqueológico Provincial – Fermé pour rénovation. ☎ 974 22 05 86.

Église San Pedro el Viejo – Visite de 10 h à 14 h. ☎ 974 22 23 87.

IRACHE

Monastère – Visite de 10 h à 13 h 30 et de 17 h (16 h les samedis, dimanches et jours fériés) à 19 h. Fermé le lundi, le mardi après-midi et en décembre. ☎ 948 55 44 64.

IRANZU

Monastère – Fermé à Noël et à l'Épiphanie. 300 ptas. ☎ 948 52 00 47.

IRUÑEA/PAMPLONA

🅩 Duque de Ahumada 3 - 31002 - ☎ 948 22 07 41

Cathédrale – Visite de 9 h à 10 h 30 et de 18 h à 20 h ; les dimanches et jours fériés de 11 h à 14 h et de 18 h à 20 h 30. ☎ 948 22 56 79.

Musée diocésain – Visite de 10 h 30 à 13 h 30 et de 16 h à 18 h (sans interruption à la mi-journée du 15 juillet au 15 septembre). Fermé le samedi après-midi, le dimanche et les jours fériés. 400 ptas. ☎ 948 21 08 27.

Musée de Navarre – Visite de 10 h (11 h les dimanches et jours fériés) à 14 h et de 17 h à 19 h. Fermé l'après-midi les dimanches et jours fériés, le lundi et les 1er janvier, Vendredi saint, 7 juillet et 25 décembre. 300 ptas. Entrée libre le samedi après-midi et le dimanche. ☎ 948 42 64 92.

Église San Saturnino – Visite de 8 h 30 à 14 h et de 18 h 30 à 19 h 30. ☎ 948 22 11 94.

J

JACA

🅩 Av. Regimiento de Galicia 2 - 22700 - ☎ 974 36 00 98

Cathédrale – Visite de 12 h à 14 h et de 16 h à 19 h. ☎ 974 35 62 41.

Musée épiscopal – Visite de 11 h à 14 h et de 16 h à 19 h. Fermé le lundi et en novembre. 300 ptas. ☎ 974 35 51 30.

JAÉN

🅩 Arquitecto Bergés 1 - 23007 - ☎ 953 22 27 37

Musée provincial – Visite du 1er juin au 15 septembre de 9 h (10 h le dimanche) à 14 h ; le reste de l'année de 10 h à 14 h et de 16 h à 19 h 30. Fermé le samedi après-midi en hiver, le dimanche après-midi, le lundi et les jours fériés. 250 ptas. Entrée libre pour les ressortissants des pays de l'UE. ☎ 953 25 06 00.

Cathédrale – Visite de 8 h 30 à 13 h et de 16 h 30 à 19 h. ☎ 953 22 27 37.

Musée – Visite les samedis et dimanches de 11 h à 13 h. 100 ptas.

Baños árabes – Visite de 9 h à 20 h ; les samedis et dimanches de 9 h 30 à 14 h 30. Fermé le lundi et les jours fériés. Entrée libre. ☎ 953 23 62 92.

JEREZ DE LA FRONTERA

🅩 Larga 39 - 11403 - ☎ 956 33 11 50

Museo de los Relojes « La Atalaya » – Visite de 10 h à 14 h. Fermé les dimanches et jours fériés et, en août, le samedi. 400 ptas. ☎ 956 18 21 00.

Real Escuela Andaluza de Arte Ecuestre – On peut assister à l'entraînement et visiter les installations de 11 h à 13 h ; les spectacles équestres ont lieu uniquement jeudi à 12 h. Fermé les samedis, dimanches et jours fériés. **Visite seule** : 450 ptas ; spectacles équestres : 1 500 ptas. ☎ 956 31 11 11.

Colegiata – Visite de 18 h 30 à 20 h ; les dimanches et jours fériés de 11 h à 14 h et de 19 h à 20 h. ☎ 956 34 84 82.

Musée archéologique – Visite en juillet et août ainsi que les samedis, dimanches et jours fériés de 10 h à 14 h 30 ; le reste de l'année de 10 h à 14 h et de 16 h à 19 h. Fermé le lundi, les 1er et 6 janvier, Vendredi saint et 25 décembre. 250 ptas. Entrée libre le premier dimanche du mois et le 9 novembre. ☎ 956 33 33 16.

Alcázar – Visite de 10 h à 14 h et de 16 h à 18 h. Fermé le samedi après-midi, les dimanches et jours fériés. ☎ 956 33 73 06.

Église San Miguel – Visite sur rendez-vous. ☎ 956 34 33 47.

L

LAGUARDIA

Église Santa María de los Reyes – Visite le samedi de 10 h à 14 h. En cas de fermeture, demander la clef au bureau de tourisme : ☎ 941 60 08 45.

LEBEÑA

Église Nuestra Señora – Visite en été de 10 h à 20 h 30 ; en hiver sur rendez-vous. ☎ 942 74 43 32.

LEÓN   🖪 Pl. de Regla 3 - 24003 - ☎ 987 23 70 82

Cathédrale – Visite du 1er juin au 30 septembre de 9 h 30 à 14 h et de 16 h à 19 h 30 (19 h le samedi) ; le reste de l'année de 9 h 30 à 13 h 30 et de 16 h (17 h le samedi) à 19 h. Fermé les dimanches et jours fériés. ☎ 987 87 57 70.
Musée – Visite guidée (30 mn) selon les mêmes tranches horaires. Dernière entrée 1 h avant la fermeture. 450 ptas.

Panthéon royal – Visite guidée (40 mn) de 10 h à 13 h 30 et de 16 h à 18 h 30. Fermé l'après-midi les dimanches et jours fériés, le lundi (sauf en juillet et août), le 1er janvier, la première quinzaine de février et le 25 décembre. 400 ptas. ☎ 987 22 96 08.

Musée – Visite de 10 h à 14 h et de 17 h à 20 h 30 (16 h 30 à 20 h d'octobre à avril). Fermé l'après-midi les dimanches et jours fériés et le lundi. 200 ptas. Entrée libre le samedi, le dimanche, le 23 avril, le 18 mai, le 12 octobre et le 6 décembre. ☎ 987 23 64 05.

LERMA   🖪 C/ Audiencia 6 - 09340 - ☎ 947 17 01 43

Collégiale – Visite guidée (1 h 15) en été de 10 h 30 à 12 h 30 et de 17 h 30 à 18 h 30 (16 h 30 à 19 h le samedi) ; les dimanches et jours fériés de 11 h 30 à 14 h ; en hiver sur rendez-vous auprès de l'Office de tourisme. Fermé le lundi et le 1er mai. 200 ptas.

Monasterio de LEYRE

Visite guidée (35 mn) de 10 h 30 à 13 h 30 et de 16 h à 18 h 30 (15 h à 17 h 30 du 10 décembre au 28 février). Fermé les 1er et 6 janvier et le 25 décembre. 225 ptas. ☎ 948 88 40 11.

LIZARRA/ESTELLA   🖪 San Nicolás 1 - 31200 - ☎ 948 55 40 1

Église San Pedro de la Rúa – Visite guidée (30 mn) de la Semaine sainte à septembre de 10 h à 14 h et de 17 h à 19 h ; le reste de l'année sur rendez-vous préalable à l'Office de tourisme. Fermé les 1er et 6 janvier et le 25 décembre. ☎ 948 55 40 11.

LLEIDA   🖪 Av. de Madrid 36 - 25002 - ☎ 973 27 09 9

Seu Vella – Visite de 10 h à 13 h 30 et de 16 h à 19 h 30 (15 h à 17 h 30 d'octobre à mai). Dernière entrée 20 mn avant la fermeture. Fermé l'après-midi les dimanches et jours fériés, le lundi, les 1er janvier et 25 décembre. 300 ptas. Entrée libre le mardi. ☎ 973 23 06 53.

Église Sant Llorenç – Ouverte aux heures de culte. ☎ 973 26 79 94.

LLÍVIA   🖪 Forns 4 - 17527 - ☎ 972 89 63 1

Musée Municipal – Visite de 10 h à 13 h (14 h les dimanches et jours fériés) et de 15 h à 19 h (18 h d'octobre à mars). Fermé l'après-midi les dimanches et jours fériés et le lundi (sauf en juillet et août). 150 ptas. ☎ 972 89 63 13.

LOARRE

Château – Visite en juin, juillet et août tous les jours de 10 h à 13 h 30 et de 16 à 20 h ; du 16 mars à fin mai et du 1er septembre au 15 octobre du mardi au dimanche de 10 h à 13 h 30 et de 16 h à 19 h ; le reste de l'année du mercredi au dimanche de 11 h à 14 h 30. Entrée libre. ☎ 974 38 26 27.

LOGROÑO

🏛 Paseo del Principe de Vergara (Espolón) - 26071 - ☎ 941 26 06 65

Santa María la Redonda – Visite de 7 h 45 à 13 h 15 (8 h 35 à 14 h le dimanche) et de 18 h 30 à 20 h 45. ☎ 941 25 76 11.

Museo de la Rioja – Visite de 10 h (11 h 30 le dimanche) à 14 h et de 16 h à 21 h. Fermé le lundi, l'après-midi le dimanche, les 1er et 6 janvier, Vendredi saint et 25 décembre. Entrée libre. ☎ 941 29 12 59.

LUGO

🏛 Pl. Maior 27 (galeries) - 27001 - ☎ 982 23 13 61

Musée provincial – Visite en juillet et août de 11 à 14 h (10 h à 13 h le samedi) et 17 h à 20 h ; le reste de l'année de 10 h 30 à 14 h et de 16 h 30 à 20 h 30 (20 h le samedi). Fermé les jours fériés et, en juillet et août, le samedi après-midi et le dimanche, ou, de septembre à juin, le dimanche après-midi. Entrée libre. ☎ 982 24 21 12.

M

MADRID

🏛 C/ Duque Medinaceli 2 - 28014 - ☎ 914 29 49 51
🏛 Plaza Mayor 3 - 28012 - ☎ 913 66 54 77
🏛 Aéroport Madrid-Barajas - 28042 - ☎ 913 05 86 56

Basilique San Miguel – Visite de 10 h à 13 h 30 et de 17 h 30 à 20 h 20. S'abstenir les jours fériés et durant les offices. ☎ 915 48 40 11.

Église San Francisco el Grande – Visite guidée (30 mn) de 11 h à 13 h et de 16 h à 18 h 30 (17 h à 20 h en été). Fermé le lundi et le dimanche. 50 ptas. ☎ 913 65 38 00.

Église San Isidro – Visite de 7 h à 13 h et de 18 h à 21 h. ☎ 913 69 20 37.

Palacio Real – Visite libre ou guidée (40 mn) d'avril à septembre de 9 h à 18 h (15 h les dimanches et jours fériés) ; le reste de l'année de 9 h 30 à 17 h (14 h les dimanches et jours fériés). Fermé les 1er et 6 janvier, la Semaine sainte, les 1er, 5 et 15 mai, le 24 juillet, le 15 août, le 9 septembre, le 1er novembre et les 6, 8 et 25 décembre ainsi que lors de cérémonies officielles. 850 ptas. Entrée libre le mercredi pour les ressortissants des pays de l'UE. ☎ 915 42 00 59.

Museo de Carruajes Reales – Fermé pour restauration. ☎ 915 42 00 59.

Monasterio de las Descalzas Reales – Fermé temporairement pour travaux. ☎ 915 42 00 59.

Real Monasterio de la Encarnación – Visite guidée (45 mn) les mardis, mercredis, jeudis et samedis de 10 h 30 à 12 h 45 et de 16 h à 17 h 45, le dimanche de 11 h à 13 h 45. Fermé les lundis, vendredis et jours fériés ainsi que du Mercredi saint au Samedi saint, les 2 et 15 mai, 27 juillet et 9 octobre. 425 ptas. Entrée libre le mercredi pour les ressortissants des pays de l'UE. ☎ 915 42 00 59.

Musée du Prado – Visite de 9 h à 19 h (14 h les dimanches et jours fériés). Fermé le lundi, les 1er janvier, Vendredi saint, 1er mai et 25 décembre. 500 ptas. Entrée libre le samedi après-midi et le dimanche. ☎ 913 30 28 25.

Casón del Buen Retiro – Fermé pour travaux.

Museo Thyssen-Bornemisza – Visite de 10 h à 19 h. Fermé le lundi, le 1er janvier, le 1er mai et les 24 (après-midi), 25 et 31 (après-midi) décembre. 700 ptas. ☎ 913 69 01 51.

Jardin botanique – Visite de mai à août de 10 h à 21 h ; en avril et septembre de 10 h à 20 h ; en mars et octobre de 10 h à 19 h ; de novembre à février de 10 h à 18 h. Dernière entrée dans la serre d'exposition 1 h avant la fermeture. Fermé les 1er janvier et 25 décembre. 200 ptas. ☎ 914 20 30 17.

Centro de Arte Reina Sofía – Visite de 10 h à 21 h (14 h 30 le dimanche). Fermé le mardi. 500 ptas. Entrée libre le samedi à partir de 14 h 30 et le dimanche. ☎ 914 67 50 62.

Museo del Ejército – Visite de 10 h à 14 h. Fermé le lundi, les 1er et 6 janvier, les Jeudi et Vendredi saints, le 1er mai, les 24, 25 et 31 décembre. 100 ptas. Entrée libre le samedi. ☎ 915 22 89 77.

Museo Nacional de Artes Decorativas – Visite les jours ouvrables de 9 h 30 à 15 h ; le dimanche de 10 h à 14 h. 400 ptas. Entrée libre le dimanche. ☎ 915 32 64 99

Museo Naval – Visite de 10 h 30 à 13 h 30. Fermé en août ainsi que le lundi, le 1er janvier, les Jeudi et Vendredi saints, le 16 juillet et le 25 décembre. Entrée libre. ☎ 913 79 52 99.

Faro de la Moncloa – Visite en été de 11 h à 13 h 45 et de 17 h 30 (17 h les samedis, dimanches et jours fériés) à 20 h 45 ; le reste de l'année de 10 h 30 à 13 h 45 et de 16 h 30 à 19 h 15. Fermé le lundi, le 1er janvier et le 25 décembre. 200 ptas. ☎ 915 44 81 04.

Parc du Retiro - Le palais de cristal

Téléphérique du Parque del Oeste - 505 ptas AR ; 355 ptas le passage simple. ☎ 915 41 11 18.

Parc d'attractions - Entrée seule : 450 ptas ; billet permettant l'accès à toutes les attractions : 2 200 ptas (enfants de moins de 7 ans : 1 225 ptas) ; billet combiné avec le zoo : 2 300 ptas (enfants de moins de 7 ans : 1 600 ptas). ☎ 914 63 29 00.

Zoo-Aquarium - Visite en été de 10 h à 21 h ; de novembre à février de 10 h 30 à 18 h (18 h 30 les samedis et jours fériés). 1 590 ptas (enfants de moins de 7 ans : 1 280 ptas) ; billet combiné avec le parc d'attractions : voir ci-dessus. ☎ 915 12 37 70.

Museo arqueológico nacional - Visite de 9 h 30 à 20 h 30 (14 h 30 les dimanches et jours fériés). Fermé le lundi. 500 ptas. Entrée libre le samedi à partir de 14 h 30 et le dimanche. ☎ 915 78 02 03.

Museo de Cera - Visite de 10 h à 14 h 30 et de 16 h 30 à 20 h 30. 900 ptas. ☎ 913 19 26 49.

Museo Lázaro Galdiano - Visite de 10 h à 14 h. Fermé le lundi et en août ainsi que le 1er janvier, les Jeudi et Vendredi saints, les 1er et 2 mai, le 1er novembre et les 6, 24, 25 et 31 décembre. 400 ptas. Entrée libre le dimanche. ☎ 915 61 60 84.

Real Academia de Bellas Artes de San Fernando - Visite de 9 h à 19 h (14 h 30 les samedis, dimanches et jours fériés ; 18 h 30 en juillet et août). Fermé les 1er et 6 janvier, le Vendredi saint, les 25 et 31 décembre et certains jours fériés non déterminés. 400 ptas. Entrée libre le samedi et le dimanche. ☎ 915 22 14 91.

Museo de América - Visite de 10 h à 15 h (14 h 30 les dimanches et jours fériés). Fermé le lundi, les 1er et 6 janvier, les 1er et 15 mai, le 9 novembre et les 24, 25 et 31 décembre. 500 ptas. ☎ 915 43 94 37.

San Antonio de la Florida - Visite de 10 h à 14 h et de 16 h à 20 h. Fermé le lundi, l'après-midi les samedis et dimanches et les jours fériés. 300 ptas. Entrée libre le mercredi et le dimanche. ☎ 915 42 07 22.

Museo Cerralbo - Visite de 9 h 30 à 14 h 30 (10 h à 14 h le dimanche). Fermé le lundi et les jours fériés. 400 ptas. Entrée libre le mercredi et le dimanche. ☎ 915 47 36 46.

Museo Sorolla - Visite de 10 h à 15 h (14 h les dimanches et jours fériés). Fermé le lundi et les 24 et 31 décembre. 400 ptas. Entrée libre le 18 mars, le 12 octobre et le 6 décembre. ☎ 913 10 15 84.

Musée taurin - Visite de 9 h 30 à 14 h 30 (10 h à 13 h les dimanches et jours fériés). Fermé le lundi, le samedi et, de novembre à février, les dimanches et jours fériés. Entrée libre. ☎ 917 25 18 57.

Museo de la Ciudad - Visite de 10 h à 14 h et de 16 h à 18 h (17 h à 19 h du 1er juillet au 15 septembre). Fermé le lundi, l'après-midi les samedis et dimanches, et les jours fériés. Entrée libre. ☎ 915 88 65 99.

Museo municipal – Visite de 9 h 30 à 20 h (14 h en août, de 10 h à 14 h les samedis et dimanches). Fermé les lundis et jours fériés. 300 ptas. Entrée libre le mercredi et le dimanche matin. ☎ 915 88 86 72.

Museo Romántico – Visite les jours ouvrables de 9 h à 13 h ; les dimanches et jours fériés de 10 h à 14 h. Fermé le lundi. 400 ptas. Entrée libre le dimanche. ☎ 914 48 10 71.

Museo del Ferrocarril – Visite de 10 h à 15 h. Fermé le lundi. 500 ptas. Entrée libre le dimanche. ☎ 902 22 88 22.

Museo Nacional de Ciencia y Tecnología – Visite de 10 h à 14 h (13 h en été, 14 h 30 le dimanche) et de 16 h à 18 h. Fermé le lundi et l'après-midi le dimanche. Entrée libre. ☎ 915 30 31 21.

MÁLAGA
🛈 Pasaje de Chinitas 4 - 29015 - ☎ 952 21 34 45

Alcazaba – Visite de 8 h 30 à 19 h. Fermé le mardi. ☎ 952 21 60 05.

Cathédrale – Visite de 10 h à 12 h 45 et de 16 h à 18 h 45. Fermé le dimanche et les 1ᵉʳ janvier et 25 décembre. **Musée** : 200 ptas. ☎ 952 21 59 17.

Sagrario – Visite de 9 h 30 à 12 h 30 et de 18 h à 19 h.

Museo de Bellas Artes – Fermé pour transfert. ☎ 952 21 83 82.

Museo-Casa natal Picasso – Visite de 10 h à 14 h et de 18 h à 21 h (17 h à 20 h en hiver). Fermé l'après-midi le dimanche. Entrée libre. ☎ 952 21 50 05.

Museo de Artes y Costumbres populares – Visite de 10 h à 13 h 30 et de 16 h à 19 h. Fermé les dimanches et jours fériés. 200 ptas. ☎ 952 21 71 37.

Jardín Botánico-Histórico de la Concepción – Visite obligatoirement guidée (1 h 15) de 10 h à 18 h 30 au printemps, 19 h 30 en été, 17 h 30 en automne ou 16 h en hiver. Fermé le lundi, le 1ᵉʳ janvier et le 25 décembre. 425 ptas. ☎ 952 25 21 48.

MALPARTIDA DE CÁCERES

Museo Vostell Malpartida – Visite en été de 10 h à 13 h 30 et de 16 h à 21 h ; au printemps de 10 h à 13 h 30 et de 17 h à 19 h 30 ; le reste de l'année de 10 h à 13 h 30 et de 16 h à 18 h 30. Fermé les dimanches et jours fériés. 200 ptas. Entrée libre le mercredi. ☎ 927 27 64 92.

MEDINA DE RIOSECO

Église Santa María – Visite de 11 h à 14 h (13 h en hiver) en commun avec celle de l'église Santiago. Fermé le lundi. 300 ptas. ☎ 983 70 03 27.

Église Santiago – Mêmes conditions de visite que l'église Santa María.

MEDINA SIDONIA

Église Santa María – Visite de 10 h à 19 h. ☎ 956 41 03 29.

MELILLA
🛈 Av. General Aizpuru 20 - 29804 - ☎ 952 67 40 13

Musée municipal – Visite du 15 juin au 15 octobre de 10 h à 14 h et de 17 h 30 (18 h le dimanche) à 22 h ; le reste de l'année de 10 h à 14 h et de 16 h 30 à 21 h 30 (16 h à 21 h le dimanche). Fermé le lundi et les jours fériés. ☎ 952 68 13 39.

MENDOZA

Museo de heráldica Alavesa – Visite de 10 h (11 h les dimanches et jours fériés) à 14 h et de 16 h à 18 h 30. Fermé l'après-midi les samedis, dimanches et jours fériés, le lundi, le 1ᵉʳ janvier et le Vendredi saint. ☎ 945 23 17 77.

MÉRIDA
🛈 Paseo José Álvarez Saénz de Buruaga - 06800 - ☎ 924 31 53 53

Museo Nacional de Arte Romano – Visite de 10 h à 14 h et de 16 h à 18 h (17 h à 19 h du 1ᵉʳ juin au 30 septembre). Fermé le lundi, l'après-midi les dimanches et jours fériés, et les 1ᵉʳ et 6 janvier, 1ᵉʳ mai, 10, 24, 25 et 31 décembre. 400 ptas (gratuit samedi après-midi et le dimanche). ☎ 924 31 16 90 ou 924 31 19 12.

Théâtre – Visite de 9 h à 13 h 45 et de 17 h à 19 h 15 (16 h à 18 h 15 du 1ᵉʳ octobre au 31 mars). Fermé les 8, 10, 24 et 31 décembre. 750 ptas (billet incluant la visite de l'amphithéâtre, des maisons romaines, de l'Alcazaba et de l'église Santa Eulalia). ☎ 924 31 20 24.

Amphithéâtre – Mêmes conditions de visite que le théâtre.

Alcazaba – Mêmes conditions de visite que le théâtre. ☎ 924 31 53 53.

Église Santa Eulalia – Visite de 10 h à 13 h 45 (14 h 45 en été) et de 16 h à 17 h 45 (18 h 45 en été). 750 ptas (billet incluant la visite du musée d'Art romain, de l'amphithéâtre, des maisons romaines et de l'Alcazaba). ☎ 976 39 74 97.

MOGUER
🛈 Av. de Andalucía 5 - 21800 - ☎ 959 37 23 77

Couvent Santa Clara – Visite obligatoirement guidée (45 mn) sur préinscription à 11 h, 12 h, 13 h, 17 h, 18 h et 19 h. Fermé le lundi, l'après-midi les dimanches et jours fériés et la première quinzaine de septembre. 250 ptas. ☎ 959 37 01 07.

MONDOÑEDO

Cathédrale – Visite de 9 h à 13 h 30 et de 16 h à 19 h 30 (19 h le samedi), de 9 h à 10 h, de 11 h à 12 h, de 12 h 30 à 14 h et de 16 h à 20 h les dimanches et jours fériés. Pas de visite durant la Semaine sainte. ☎ 982 52 10 06.

MONTBLANC
🛈 Muralla de Santa Tecla 18 - 43400 - ☎ 977 86 12 32

Église Sant Miquel – Visite sur rendez-vous. ☎ 977 86 22 91.

Museu Comarcal de la Conca de Barberà – Visite du 1er juin au 30 septembre de 10 h à 14 h et de 17 h à 20 h ; le reste de l'année de 10 h à 13 h et de 16 h à 19 h. Fermé le lundi, l'après-midi les dimanches et jours fériés, les 1er janvier et 25 décembre. 300 ptas. ☎ 977 86 03 49.

Museu Frederic Marès – Fermé pour travaux. ☎ 977 86 03 49.

Couvent de la Serra – Visite de 8 h à 20 h. ☎ 977 86 22 91.

MONTSERRAT
🛈 Monestir de Montserrat - 08199 - ☎ 938 35 02 51 poste 186

Monastère – Visite de 7 h à 19 h 45 (20 h 15 les samedis, dimanches et jours fériés). ☎ 938 35 02 51.

Funiculaire de Sant Joan – Un service toutes les 20 mn de juin à septembre de 10 h à 19 h ; en avril, mai et octobre de 10 h à 17 h ; le reste de l'année de 11 h (10 h les samedis, dimanches et jours fériés) à 16 h. Fermé du 16 au 21 février. Aller et retour : 835 ptas. ☎ 932 05 15 15.

Funiculaire de Santa Cova – Un service toutes les 20 mn de juin à septembre tous les jours de 10 h 10 à 13 h et de 13 h 30 à 18 h 50 ; le reste de l'année les samedis, dimanches et jours fériés de 10 h 10 à 13 h et de 15 h 30 à 16 h 20. Fermé du 23 au 28 février. Aller et retour : 340 ptas.

MORELLA
🛈 Pl. de San Miguel 2 - 12300 - ☎ 964 17 30 02

Basilique Santa María la Mayor – Visite du 1er juillet au 30 septembre de 11 h à 14 h et de 16 h à 19 h ; le reste de l'année de 12 h à 14 h et de 16 h à 18 h. Fermé les 1er et 6 janvier, la dernière semaine de novembre, les 25 et 31 décembre. **Musée :** 150 ptas. ☎ 964 16 07 93.

MURCIA
🛈 San Cristóbal 6 - 30001 - ☎ 968 36 61 00

Cathédrale – Visite de 7 h à 13 h et de 17 h à 20 h. Fermé lors du pélerinage de la Vierge de la Fuensanta. ☎ 968 21 63 44.
Musée – Visite de 10 h à 13 h et de 17 h à 19 h (20 h en été). 200 ptas.

Museo Salzillo – Visite de 9 h 30 (11 h les dimanches et jours fériés) à 13 h et de 16 h à 19 h (15 h à 18 h d'octobre à mars). Fermé le lundi (sauf en juillet et août) les samedis et dimanches en juillet et août. 250 ptas. ☎ 968 29 18 93.

MURIEDAS

Museo Etnográfico de Cantabria – Visite obligatoirement guidée (40 mn) de 10 h à 13 h et de 16 h à 18 h (19 h du 21 juin au 20 septembre) ; les dimanches et jours fériés de 11 h à 14 h. Fermé le lundi, les 1er janvier, Vendredi saint, 1er mai et 25 décembre. Entrée libre. ☎ 942 25 13 47.

N

NÁJERA
🛈 El Carmen - 26300 - ☎ 941 36 16 2

Monastère Santa María la Real – Visite d'avril à septembre de 9 h 30 à 13 h 30 et de 16 h à 19 h 30 ; le reste de l'année de 10 h à 12 h 30 et de 16 h à 18 h ; les dimanches et jours fériés de 10 h à 12 h 15 et de 16 h à 18 h 45. Fermé le lundi en hiver, et les 1er janvier, 17 septembre et 25 décembre. 200 ptas. ☎ 941 36 36 50

NERJA
🛈 Puerta del Mar 2 - 29780 - ☎ 952 52 15 3

Cueva – Visite de 10 h 30 à 14 h et de 16 h à 18 h 30 (20 h en juillet et août). 650 ptas ☎ 952 52 95 20.

Vall de NÚRIA

Train à crémaillère – Consulter les horaires. 2 150 ptas AR. ☎ 972 73 20 20.

○

OLITE
🖪 Pl. Carlos III el Noble - 31390 - ☎ 948 71 24 34

Château des rois de Navarre – Visite de mai à septembre de 10 h à 14 h et de 16 h à 19 h (20 h en juillet et août) ; pendant la Semaine sainte et lors de ponts de 10 h à 19 h ; le reste de l'année de 10 h à 14 h et de 15 h 30 à 17 h 30. 350 ptas. ☎ 948 74 00 35.

Église Santa María la Real – Visite sur rendez-vous. ☎ 948 71 24 34.

Monastère de La OLIVA
Visite de 8 h 30 à 18 h 30. ☎ 948 72 50 06.

OLIVENZA

Museo Etnográfico González Santana – Visite de 11 h à 14 h et de 16 h à 18 h. Fermé le lundi. ☎ 92449 02 22.

OLOT
🖪 Bisbe Lorenzana 15 - 17800 - ☎ 972 26 01 41
🖪 Mulleres 33 Ed. Pl. del Mercat - 17800 - ☎ 972 27 02 42

Église Sant Esteve – Visite de 7 h à 9 h et de 19 h à 20 h ; les dimanches et jours fériés de 10 h à 13 h et de 19 h à 21 h. ☎ 972 26 04 74.

Museu Comarcal de la Garrotxa – Visite de 10 h à 14 h et de 16 h à 18 h (17 h à 19 h de juillet à septembre). Fermé le mardi, l'après-midi les dimanches et jours fériés, et les 1er janvier et 25 décembre. 300 ptas (gratuit le premier dimanche du mois). ☎ 972 26 67 62.

OÑATI/OÑATE
🖪 Foruen Enparantza 4 - 20560 - ☎ 943 78 34 53

Ancienne université – Visite sur rendez-vous. ☎ 943 78 34 53.

Église San Miguel – Visite sur rendez-vous. ☎ 943 78 34 53.

ORIHUELA
🖪 Francisco Díez 25 - 03300 - ☎ 965 30 27 47

Collège Santo Domingo – Visite de 9 h 30 à 13 h et de 16 h à 18 h. Fermé le samedi, e dimanche et les jours fériés ainsi que l'après-midi en été. Entrée libre. ☎ 965 30 02 49.

Cathédrale – Visite obligatoirement guidée (35 mn) de 10 h 30 à 13 h 30 et de 16 h 30 à 19 h (16 h à 18 h 30 d'octobre à mars). Fermé le samedi après-midi, le dimanche et les jours fériés. ☎ 965 30 06 38.

Musée de la cathédrale – Visite de 10 h à 13 h 30 et de 16 h à 18 h 30 (17 h à 19 h en été). Fermé le samedi après-midi, le dimanche et les jours fériés. 100 ptas. ☎ 965 30 27 47.

Église Santiago – Visite de 10 h à 12 h et de 17 h 30 à 19 h. ☎ 965 30 27 47.

ORREAGA/RONCESVALLES
🖪 Antiguo Molino - 31650 - ☎ 948 76 01 93

Collégiale royale – Visite de 10 h à 19 h 30 (17 h 30 les samedis, dimanches et jours fériés d'octobre à juin). Fermé le lundi quand le temps le nécessite. 200 ptas. ☎ 948 76 00 00.

Musée – Visite de juillet à septembre de 10 h à 14 h et de 16 h à 20 h ; les samedis, dimanches et jours fériés de 11 h à 13 h 30 et de 16 h à 18 h ; le reste de l'année visite possible sur rendez-vous. 200 ptas. ☎ 948 76 00 00.

OSEIRA

Monastère Santa María la Real – Visite obligatoirement guidée (45 mn) de 9 h 30 à 12 h 30 et de 15 h à 17 h 30 (18 h 30 au printemps et en été) ; une seule visite à 12 h 30 les dimanches et jours fériés. 200 ptas. ☎ 988 28 20 04.

OSUNA

Collégiale – Visite guidée (45 mn) de 10 h à 13 h 30 et de 16 h à 19 h (15 h 30 à 18 h 30 d'octobre à avril). Fermé le lundi, le 1er et le 6 (après-midi) janvier, les Jeudi et Vendredi saints, les 24 (après-midi), 25 et 31 (après-midi) décembre. 300 ptas. ☎ 954 81 04 44.

OURENSE/ORENSE
🖪 Curros Enríquez 1 - 32003 - ☎ 988 37 20 20

Cathédrale – Visite de 7 h 45 à 13 h 30 et de 16 h à 20 h 30 ; les dimanches et jours fériés de 8 h 15 à 13 h 30 et de 16 h 30 à 20 h 30. **Chapelle del Santísimo Cristo** : 100 ptas. **Musée** – Visite de 12 h à 13 h et de 16 h à 19 h ; les dimanches et jours fériés de 16 h 30 à 19 h. 150 ptas. ☎ (988) 22 09 92.

Museo Arqueológico y de Bellas Artes – Visite de 9 h 30 à 14 h 30 et de 16 h à 21 h 30. Fermé le lundi et l'après-midi les dimanches et jours fériés. 400 ptas. ☎ 988 22 38 84.

Cloître San Francisco – Visite de 11 h à 14 h et de 16 h à 18 h. ☎ 988 38 81 10.

OVIEDO
🛈 Pl. Alfonso II el Casto 6 - 33003 - ☎ 985 21 33 85

Cathédrale – Visite de juin à mi-septembre de 10 h à 20 h ; le reste de l'année de 10 h à 13 h et de 16 h à 18 h (19 h de mars à mai) ; le samedi toute l'année de 10 h à 13 h et de 16 h à 19 h. ☎ 985 20 31 17.

Cámara Santa – Visite du 16 mai au 13 septembre de 10 h à 13 h et de 16 h à 20 h (18 h le samedi) ; du 1er mars au 15 mai et du 14 septembre au 31 octobre de 10 h à 13 h et de 16 h à 19 h (18 h le samedi) ; le reste de l'année de 10 h à 13 h et de 16 h à 18 h. Fermé les dimanches et jours fériés. 400 ptas (gratuit le jeudi). ☎ 985 20 31 17.

Museo de Bellas Artes de Asturias – Visite de 10 h 30 à 13 h 30 et de 17 h à 20 h ; le samedi de 11 h 30 (11 h de juin à septembre) à 14 h et de 17 h à 20 h ; les dimanches et jours fériés de 11 h à 14 h. Fermé le lundi, les 1er et 6 janvier, le Vendredi saint, le 8 septembre, le 12 octobre, le 1er novembre et les 6 et 25 décembre. Entrée libre. ☎ 985 21 30 61.

Museo Arqueológico – Visite de 10 h à 13 h 30 et de 14 h à 15 h ; les dimanches et jours fériés de 11 h à 13 h. Fermé le lundi. Entrée libre. ☎ 985 21 54 05.

Église Santullano – Visite de 11 h (12 h de novembre à avril) à 13 h et de 16 h à 17 h. Fermé le lundi. ☎ 985 28 25 18.

Santa María del Naranco – Visite du 1er mai au 15 octobre de 9 h 30 à 13 h et de 15 h à 19 h ; le reste de l'année de 10 h à 13 h et de 15 h à 17 h. Fermé l'après-midi les dimanches et jours fériés. 200 ptas (gratuit le lundi). ☎ 985 29 56 85.

San Miguel de Lillo – Mêmes conditions de visite que Santa María del Naranco.

P

PADRÓN

Église – Visite en été de 10 h 30 à 13 h et de 16 h 30 à 20 h 30 ; en hiver de 19 h à 20 h 30 ; les dimanches et jours fériés de 9 h à 13 h et de 19 h à 20 h 30 ☎ 981 81 03 50.

PALENCIA
🛈 Mayor 105 - 34001 - ☎ 979 74 00 68

Cathédrale – Visite de 10 h 30 à 13 h 30 et de 16 h à 18 h 30 (19 h 30 de juillet à octobre, 18 h le samedi) ; les dimanches et jours fériés, visite unique à 11 h 15
Musée – Mêmes horaires que la cathédrale. 300 ptas. ☎ 979 70 13 47.

El PARDO

Palacio Real – Visite obligatoirement guidée (35 mn) d'avril à septembre de 10 h 3 à 18 h (9 h 25 à 13 h 40 les dimanches et jours fériés) ; le reste de l'année de 10 h 3 à 17 h (9 h 55 à 13 h 40 les dimanches et jours fériés). Fermé les 1er et 6 janvier le 25 décembre et lors de réceptions officielles. 650 ptas. Entrée libre le mercred pour les ressortissants des pays de l'UE. ☎ 913 76 15 00.

Casita del Príncipe – Fermé pour restauration. ☎ 913 76 03 29.

La Quinta – Fermé pour restauration. ☎ 913 76 03 29.

Couvent des Capucins – Visite de 7 h 30 à 13 h et de 16 h 30 à 20 h ☎ 913 76 08 00.

PASTRANA

Collégiale – Visite obligatoirement guidée (1 h 30) de 10 h à 14 h (13 h à 14 h 3 les dimanches et jours fériés) et de 16 h à 18 h. 300 ptas. ☎ 949 37 00 27.

El PAULAR

Chartreuse – Visite les jours ouvrables à 12 h, 13 h et 17 h ; les dimanches et jou fériés à 13 h et de 16 h à 18 h 30. Fermé l'après-midi le jeudi. ☎ 918 69 14 25

PEÑARANDA DE DUERO

Palacio de Avellaneda – Visite obligatoirement guidée (30 mn) de 10 h à 13 h 3 et de 16 h à 19 h. Fermé le lundi, les 1er janvier, 24, 25 et 31 décembre ☎ 947 55 20 02.

PENÍSCOLA

🛈 Paseo Marítimo - 12598 - ☎ 964 48 01 08

Château – Visite du 15 juin au 15 septembre de 10 h à 14 h 30 et de 17 h à 21 h 30 ; pendant la Semaine sainte de 9 h à 14 h 30 et de 16 h à 21 h 30 ; de Pâques au 15 juin et du 16 septembre au 15 octobre de 9 h à 20 h 30 ; du 16 octobre au dimanche des Rameaux de 10 h à 13 h et de 15 h 15 à 17 h 30. Fermé les 1er janvier, 22 mai, septembre, 9 octobre et 25 décembre. 150 ptas. ☎ 964 48 00 21.

Monasterio de PIEDRA

Parc – Visite de 9 h à la tombée du jour. 1 000 ptas. ☎ 976 84 90 11.

Monasterio de POBLET

Visite obligatoirement guidée (1 h) de 10 h à 12 h 30 et de 15 h à 18 h (17 h 30 de novembre à février). Fermé le 25 décembre. 500 ptas. ☎ 977 87 02 54.

PONTEVEDRA

🛈 General Mola 1, bajo - 36002 - ☎ 986 85 08 14

Museo Provincial – Visite de juin à septembre de 10 h à 14 h 15 et de 17 h à 20 h 45 ; le reste de l'année de 10 h à 13 h 30 et de 16 h 30 à 20 h ; les dimanches et jours fériés de 11 h à 13 h. Fermé le lundi, les 1er et 6 janvier et le 25 décembre. 200 ptas. Entrée libre pour les ressortissants des pays de l'UE. ☎ 986 85 14 55.

Église Santa María la Mayor – Visite de 10 h à 12 h et de 17 h à 19 h. ☎ 986 86 61 85.

Chapelle de la Peregrina – Visite de 8 h à 13 h et de 16 h 30 à 20 h. ☎ 986 85 68 85.

Ruines de Santo Domingo – Visite du 1er juin au 30 septembre de 10 h à 13 h 30 ; le reste de l'année sur rendez-vous avec Don Manuel Castaño. Fermé le lundi, le samedi, le dimanche et les jours fériés. Entrée libre. ☎ 986 85 14 55.

PRIEGO DE CÓRDOBA

🛈 C/ Real 46 - 14800 - ☎ 957 59 44 27

Parroquia de la Asunción – Visite sur rendez-vous de 11 h à 13 h 30 et de 19 h 30 à 21 h 30. ☎ 957 54 07 13 (Señor José Mateo Aguilera).

PÚBOL

Casa-Museu Castell Gala-Dalí – Visite du 1er juillet au 30 septembre tous les jours de 10 h 30 à 19 h 30 ; du 15 mars au 30 juin et du 1er octobre au 1er novembre du mardi au dimanche de 10 h 30 à 18 h. Fermé le reste de l'année. 600 ptas. ☎ 972 48 82 11.

PUENTE LA REINA

🛈 Ayuntamiento - 31100 - ☎ 948 34 00 07

Église del Crucifijo – Visite l'après-midi. En cas de fermeture, s'adresser au couvent en face de l'église. ☎ 948 34 00 50.

Église Santiago – Visite de 10 h à 13 h 30 et de 17 h à 20 h ; en cas de fermeture, s'adresser en face à la boucherie. ☎ 948 34 01 32.

PUENTE VIESGO

Cueva del Castillo – Visite obligatoirement guidée (40 mn) d'avril à octobre de 10 h à 12 h 15 et de 15 h à 18 h 15 ; le reste de l'année de 10 h à 14 h 15. Fermé le lundi, 1er janvier, 1er mai et 25 décembre. 250 ptas. Entrée libre pour les ressortissants des pays de l'UE. ☎ 942 59 84 25.

PUIG

Monastère de la Virgen del Puig – Visite de 10 h à 13 h et de 16 h à 19 h 30. Fermé l'après-midi le lundi. 300 ptas. ☎ 961 47 02 00.

Q – R

QUINTANILLA DE LAS VIÑAS

Église – Visite d'avril à septembre de 9 h 30 à 17 h 30 ; le reste de l'année de 9 h 30 à 14 h et de 16 h à 19 h. Fermé le lundi et le mardi, le dernier week-end de chaque mois et pour les vacances (date indéterminée). ☎ 947 28 15 70.

RÁBIDA

Monastère – Visite obligatoirement guidée (40 mn) de 10 h (10 h 45 les dimanches et jours fériés) à 13 h et de 16 h à 18 h (19 h de mai à août). Fermé le lundi. ☎ 959 35 04 11.

SOBREDO

Aquariumgalicia – Visite en été de 10 h à 21 h ; en hiver de 11 h à 19 h. Fermé le lundi et le mardi en hiver. 775 ptas. ☎ 986 73 29 68.

RIBADESELLA 🏛 Puente Río Sella, carretera de la Piconera - 33560 - ☎ 985 86 00 38

Cuevas de Tito Bustillo – Visite obligatoirement guidée (45 mn) du 1ᵉʳ avril au 15 septembre de 10 h à 13 h et de 15 h 30 à 17 h. Fermé le lundi d'avril à juin et en septembre, le dimanche en juillet et août et le reste de l'année. 300 ptas. Entrée libre le mercredi. ☎ 985 86 11 20.

Domaine de RIOFRÍO

Palais – Visite de juin à septembre de 10 h à 18 h ; le reste de l'année de 10 h à 13 h 30 et de 15 h à 17 h (10 h à 18 h sans interruption les samedis, dimanches et jours fériés en avril et mai). Fermé le lundi, les 1ᵉʳ, 6 et 23 janvier, 25 et 31 décembre. 650 ptas. Entrée libre le lundi. ☎ 921 47 00 19.

RIPOLL 🏛 Pl. de l'Abat Oliba, s/n - 17500 - ☎ 972 70 23 51

Ancien monastère Santa Maria – Visite de 8 h à 13 h et de 15 h à 20 h ; le cloître de 10 h à 13 h et de 15 h à 19 h. 100 ptas. Fermé le lundi sauf en été. ☎ 972 70 02 43.

RODA DE ISÁBENA

Cathédrale – Visite obligatoirement guidée (20 mn) de 11 h 15 à 13 h 30 et de 16 h à 18 h (16 h 30 à 17 h 30 en été). Fermé les 1ᵉʳ janvier et 25 décembre. 200 ptas. ☎ 974 54 45 35.

RONDA 🏛 Pl. de España 1 - 29400 - ☎ 952 87 12 72

Musée taurin – Visite de 10 h à 18 h (20 h en été). Fermé la veille et le jour de la corrida. 250 ptas. ☎ 952 87 41 32.

Colegiata – Visite de 10 h à 18 h. 200 ptas. ☎ 952 87 22 46.

Baños árabes – Visite de 9 h 30 à 14 h et de 16 h à 18 h ; les dimanches et jours fériés de 10 h 30 à 13 h. Fermé le lundi. Entrée libre. ☎ 952 87 38 89.

Excursion

Cueva de la Pileta – Visite obligatoirement guidée (1 h) de 10 h à 13 h et de 16 h à 18 h. 700 ptas. ☎ 952 16 72 02.

S

SAGUNTO 🏛 Pl. Cronista Chabret - 46500 - ☎ 962 66 22 1

Ruines – Visite de 10 h à 14 h et de 16 h à 18 h. Fermé le lundi, l'après-midi le dimanches et jours fériés, le 1ᵉʳ janvier, le Vendredi saint et le 25 décembre. ☎ 962 66 22 13.

SALAMANCA 🏛 Rúa Mayor 70 (Casa de las Conchas) - 37008 - ☎ 923 26 85 1

Clerecía – Visite de 13 h à 14 h et de 19 h à 20 h. ☎ 923 26 46 60.

Université – Visite de 9 h 30 à 13 h 30 et de 16 h à 19 h ; de 10 h à 13 h les dimanche et jours fériés. 300 ptas. Entrée libre le lundi matin. ☎ 923 29 44 00.

Escuelas Menores – Mêmes conditions de visite que l'université. ☎ 923 29 44 0

Nouvelle cathédrale – Visite de 10 h à 14 h et de 16 h à 20 h. 300 pta ☎ 923 21 74 76.

Ancienne cathédrale – Visite de 10 h à 13 h 30 et de 16 h à 19 h 30. 300 pta ☎ 923 21 74 76.

Huerto de Calixto y Melibea – Visite de 10 h à 14 h et de 16 h à 19 h. Entrée lib

Museo Art Nouveau y Art Déco – Visite de 11 h à 14 h et de 16 h à 19 h (17 h 21 h en été) ; les samedis, dimanches et jours fériés de 11 h à 20 h (21 h en ét Fermé le lundi, le 1ᵉʳ janvier, et les 24, 25 et 31 décembre. 300 ptas. Entrée libre jeudi matin. ☎ 923 12 14 25.

Couvent San Esteban – Visite de 9 h à 13 h et de 16 h à 20 h. 200 pt ☎ 923 21 50 00.

Couvent de las Dueñas – Visite de 10 h 30 à 13 h et de 16 h 30 à 19 h. 200 pt ☎ 923 21 54 42.

Église de la Purísima Concepción – Visite de 12 h à 13 h et de 17 h à 20 h. Fer le dimanche. ☎ 923 21 27 38.

Couvent de las Úrsulas – Visite de 11 h à 13 h et de 16 h 30 à 18 h 30. Fermé le dernier dimanche de chaque mois. 100 ptas. ☎ 923 21 98 77.

Colegio Fonseca – Visite de 10 h à 14 h et de 16 h à 19 h. 100 ptas. Entrée libre le lundi matin. ☎ 923 29 45 70.

SALARDÚ
🛈 Balmes 2 - 25998 - ☎ 973 64 50 30

Église Sant Andreu – Visite sur rendez-vous. ☎ 973 64 12 91.

SAN CEBRIÁN DE MAZOTE

Église – Visite sur rendez-vous. ☎ 983 78 00 77.

Santuario de SAN IGNACIO DE LOYOLA
Visite de 10 h à 13 h et de 15 h à 19 h. ☎ 943 81 65 08.

Monasterio de SAN JUAN DE LA PEÑA
Visite de juin à août tous les jours de 10 h à 13 h 30 et de 16 h à 20 h ; de mi-mars à mai et de septembre à mi-octobre du mardi au dimanche de 10 h 30 à 13 h 30 et de 16 h à 19 h ; le reste de l'année du mercredi au dimanche de 11 h à 14 h 30. ☎ 974 34 80 99.

Sanctuaire SAN MIGEL DE ARALAR
Visite de 10 h à 14 h et de 16 h à la tombée du jour. ☎ 948 39 60 28.

SAN MIGUEL DE ESCALADA

Église – Visite de mai à septembre de 10 h à 14 h (13 h le dimanche) et de 17 h à 20 h ; le reste de l'année de 10 h à 14 h (15 h le dimanche) et de 16 h à 18 h. Fermé le lundi et l'après-midi les dimanches et jours fériés. ☎ 987 23 70 82.

SAN MILLÁN DE LA COGOLLA
🛈 Monasterio de San Millán - 26226 - ☎ 941 37 30 49

Monastère de Suso – Visite de 10 h à 14 h et de 16 h à 18 h (19 h de juin à septembre). Fermé le lundi et les 1er janvier et 25 décembre. ☎ 941 37 31 73.

Monastère de Yuso – Visite obligatoirement guidée (45 mn) de mi-mai à mi-septembre de 10 h 30 à 13 h 30 et de 16 h à 18 h 30 ; le reste de l'année de 10 h 30 à 13 h et de 16 h à 18 h. Fermé le lundi de mi-septembre à mi-mai. 400 ptas. ☎ 941 37 30 49.

SAN PEDRO DE LA NAVE

Église – Visite du lundi au vendredi de 16 h 30 à 18 h 30. On peut demander les clefs au bar du village. ☎ 980 55 57 09.

Monasterio de SANT CUGAT DEL VALLÈS
Visite de 10 h à 13 h 30 et de 15 h à 17 h 30 (18 h 30 de juin à septembre). Fermé le lundi et l'après-midi les dimanches et jours fériés. 300 ptas. Entrée libre le mardi. ☎ 936 74 69 04.

SANT FELIU DE GUÍXOLS
🛈 Pl. del Monestir, 54 - 17220 - ☎ 972 82 00 51

Église-monastère Sant Feliu – Visite de 11 h à 14 h et de 17 h à 20 h (18 h à 21 h en été). Fermé le lundi, l'après-midi les dimanches et jours fériés et les 1er janvier et 25 décembre. ☎ 972 82 15 75.

SANT JOAN DE LES ABADESSES
🛈 Rambla Comte Guifré 5 - 17860 - ☎ 972 72 05 99

Monastère – Visite en juillet et août de 10 h à 19 h ; en mai, juin et septembre de 10 h à 14 h et de 16 h à 19 h ; en mars, avril et octobre de 10 h à 14 h et de 16 h à 18 h ; le reste de l'année de 10 h à 14 h ainsi que de 16 h à 18 h les dimanches et jours fériés. 200 ptas. ☎ 972 72 00 13.

SANT PERE DE RODES

Monastère – Visite de 10 h à 12 h 15 et de 15 h à 18 h 30 (17 h 30 de novembre à février). Dernière entrée 20 mn avant la fermeture. Fermé le lundi et les 1er janvier et 25 décembre. 400 ptas. Entrée libre le mardi. ☎ 942 29 34 04.

SANTA COMBA DE BANDE

Église – Pour visiter, demander les clefs à côté de la nouvelle église. ☎ 988 44 30 52.

SANTA EULÀLIA DE BÓVEDA

Monument paléochrétien – Visite de 11 h à 14 h et de 15 h 30 à 17 h (19 h 30 de juin à septembre). Fermé l'après-midi les dimanches et jours fériés et le lundi. ☎ 908 08 02 14.

Monasterio de SANTA MARÍA DE HUERTA

Visite de 10 h (12 h 30 les dimanches et jours fériés) à 13 h et de 15 h à 18 h 45. Dernière entrée 15 mn avant la fermeture. 200 ptas. ☎ 975 32 70 02.

Monasterio de SANTES CREUS

Visite de 10 h à 13 h 30 et de 15 h à 19 h (18 h de mi-septembre à mi-mars). Dernière entrée 45 mn avant la fermeture. Fermé le lundi, les 1er janvier et 25 décembre. 400 ptas. Entrée libre le mardi. ☎ 977 63 83 29.

SANTO DOMINGO DE LA CALZADA

Cathédrale – Visite d'avril à octobre de 10 h à 19 h ; le reste de l'année de 9 h à 14 h et de 16 h à 20 h. Fermé les dimanches et jours fériés. 250 ptas (visite guidée). ☎ 941 34 00 33.

Monasterio de SANTO DOMINGO DE SILOS

Visite de 10 h à 13 h et de 16 h 30 à 18 h. Fermé le matin les lundis, dimanches et jours fériés et du Jeudi saint après-midi au lundi de Pâques au matin. 250 ptas. Entrée libre le lundi. ☎ 947 39 00 49.

Monastère SANTO TORIBIO DE LIÉBANA

Visite de 9 h 30 à 13 h et de 15 h 30 à 19 h (20 h de mai à septembre). ☎ 942 73 05 50.

SANGÜESA   🚹 Alfonso el Batallador 20 - 31400 - ☎ 948 87 03 29

Castillo de Javier – Visite obligatoirement guidée de 9 h à 13 h et de 16 h à 19 h. Dernière entrée 20 mn avant la fermeture. Fermé les 1er janvier et 25 décembre. ☎ 948 88 40 24.

SANLÚCAR DE BARRAMEDA   🚹 Calzada del Ejército - 11540 - ☎ 956 36 61 10

Église Santo Domingo – Visite de 10 h à 12 h et de 18 h 30 à 20 h. ☎ 956 36 04 91

SANTANDER   🚹 Jardines de Pereda - 39003 - ☎ 942 21 61 20

Cathédrale – Visite du lundi au vendredi de 10 h à 13 h et de 16 h à 19 h 30 ; le samedi de 10 h à 13 h et de 16 h 30 à 21 h ; les dimanches et jours fériés de 8 h à 14 h et de 16 h 30 à 21 h. ☎ 942 22 60 24.

Museo Regional de Prehistoria y Arqueología – Visite de 9 h (10 h de mi-juin à mi-septembre) à 13 h et de 16 h à 19 h ; les dimanches et jours fériés de 11 h à 14 h. Fermé le lundi, les 1er janvier, Vendredi saint, 1er mai et 25 décembre. ☎ 942 20 71 09.

Museo de Bellas Artes – Visite de 10 h à 13 h et de 17 h (17 h 30 de mi-juin à mi-septembre) à 20 h. Fermé le samedi après-midi, les dimanches et jours fériés. ☎ 942 23 94 87.

Biblioteca Menéndez y Pelayo – Visite obligatoirement guidée (20 mn) sur rendez-vous chaque demi-heure entre 9 h 30 et 11 h 30. Fermé le samedi, le dimanche et les jours fériés. ☎ 942 23 45 54.

SANTIAGO DE COMPOSTELA   🚹 Vilar 43 - 15705 - ☎ 981 58 40 8

Trésor et chapelle des Reliques (cathédrale) – Visite de juin à septembre de 10 h à 13 h 30 et de 16 h à 19 h 30 ; le reste de l'année de 11 h à 13 h et de 16 h à 18 h ; les dimanches et jours fériés de 10 h à 13 h 30. 400 ptas. ☎ 981 58 11 55.

Musée de la cathédrale – Mêmes conditions de visite que le trésor.

Palacio Gelmírez – Visite de 10 h à 13 h 30 et de 16 h 30 à 19 h 30. Fermé le lundi. 200 ptas. ☎ 981 57 23 00.

Museo de las Peregrinaciones – Visite de 10 h à 20 h ; le samedi de 10 h à 13 h 30 et de 17 h à 20 h ; le dimanche de 10 h à 13 h 30. Fermé le lundi. Entrée libre. ☎ 981 58 15 58.

Monasterio de San Martín Pinario – Visite uniquement lors d'exposition. ☎ 981 58 40 81.

Museo do Pobo Galego – Visite de 10 h à 13 h et de 16 h à 19 h. Fermé les dimanches et jours fériés. Entrée libre. ☎ 981 58 36 20.

Santiago de Compostela – Musée du Peuple galicien (Couvent de Bonaval)

Collégiale Santa María del Sar – Visite sur rendez-vous de 10 h à 13 h et de 16 h à 19 h. Entrée par l'abside. Fermé les dimanches et jours fériés. 50 ptas. ☏ 981 56 28 91.

SANTILLANA DEL MAR
🛈 Pl. Mayor - 39330 - ☏ 942 81 82 51

Collégiale – Visite de mi-juin à septembre de 10 h 30 à 13 h et de 16 h à 20 h ; le reste de l'année de 9 h 30 à 13 h et de 16 h à 18 h. Fermé le mercredi en hiver, en février, le 28 juin et le 16 août. 300 ptas (billet combiné avec la visite du musée diocésain). ☏ 942 81 80 04.

Musée diocésain – Mêmes conditions de visite que la collégiale.

Cuevas de SANTIMAMIÑE

Visite obligatoirement guidée (1 h) à 10 h, 11 h 15, 12 h 30, 16 h 30 et 18 h. Fermé les samedis, dimanches et jours fériés. Entrée libre. ☏ 944 20 77 01.

SANTOÑA

Église Nuestra Señora del Puerto – Visite de 8 h à 11 h et de 15 h 30 à 20 h 30 ; les dimanches et jours fériés de 8 h 30 à 13 h et de 18 h 30 à 19 h. ☏ 942 66 01 55.

SEGOVIA
🛈 Pl. Mayor 10 - 40001 - ☏ 921 46 03 34

Cathédrale – Visite de 9 h 30 à 18 h (9 h à 19 h de novembre à février). Fermé les 1er et 6 janvier et le 25 décembre. ☏ 921 43 53 25.

Museo Esteban Vicente – Visite de 11 h à 14 h et de 16 h à 19 h. Fermé le lundi, l'après-midi les dimanches et jours fériés. Entrée libre. ☏ 921 46 20 10.

Museo Zuloaga – Visite de 10 h à 14 h et de 17 h à 19 h. Fermé le lundi, les jours fériés et l'après-midi le dimanche. 200 ptas. Entrée libre le samedi et le dimanche. ☏ 921 46 33 48.

Église San Esteban – Visite de juillet à septembre de 11 h à 14 h et de 14 h 30 à 19 h. Prendre les clefs à la maison paroissiale. ☏ 921 46 00 27.

Alcázar – Visite de 10 h à 19 h (18 h d'octobre à mars). Fermé les 1er janvier et 25 décembre. 400 ptas. ☏ 921 46 07 59.

Église San Millán – Visite de 8 h 30 à 12 h 30 et de 19 h à 21 h. Fermé les jours fériés et le mardi matin. ☏ 921 43 53 25.

Monastère d'El Parral – Visite de 10 h à 12 h 30 (11 h 30 le dimanche) et de 16 h 18 h 30. ☏ 921 43 12 98.

Chapelle de la Vera Cruz – Visite de 10 h 30 à 13 h 30 et de 15 h 30 à 18 h (au printemps et en été). Fermé le lundi et en novembre. 200 ptas. ☏ 921 /

La SEU D'URGELL   ☎ Av. Valls d'Andorra 33 - 25700 - ☏ 973 35 15 11

Cathédrale Santa Maria – Visite de 9 h 30 à 13 h et de 16 h à 18 h. Fermé l'après-midi les dimanches et jours fériés. **Cloître** : 150 ptas. ☏ 973 35 32 42.

Musée diocésain – Visite de juin à septembre de 10 h à 13 h et de 16 h à 18 h ; le reste de l'année de 12 h (11 h les samedis, dimanches et jours fériés) à 13 h. Fermé les 1er et 6 janvier et le 25 décembre. 300 ptas. ☏ 973 35 32 42 entre 12 h et 13 h.

SEVILLA   ☎ Av. Constitución 21 - 41004 - ☏ 954 22 14 04
                ☎ Paseo de las Delicias 9 - 41012 - ☏ 957 23 44 65

La Giralda – Visite de 10 h 30 à 18 h (les dimanches et jours de 10 h à 13 h 30 et de 14 h à 17 h). Horaires restreints les Mardi, Jeudi et Vendredi saints. Dernière entrée 1 h avant la fermeture. Fermé les 1er et 6 janvier, le 30 mai, le jour de la Fête-Dieu, le 15 août, les 8 et 25 décembre. 300 ptas. ☏ 954 56 33 21.

Cathédrale – Visite de 10 h 30 à 18 h (les dimanches et jours fériés de 14 h à 17 h). Horaires restreints les Mardi, Jeudi et Vendredi saints. Dernière entrée 1 h avant la fermeture. Fermé les 1er et 6 janvier, le 30 mai, le jour de la Fête-Dieu, le 15 août, les 8 et 25 décembre. 600 ptas. ☏ 954 56 33 21.

Alcázar – Visite d'avril à septembre de 9 h 30 à 20 h ; d'octobre à mars de 9 h 30 à 18 h (14 h 30 les dimanches et jours fériés). Dernière entrée 1 h avant la fermeture. Fermé le lundi, les 1er et 6 janvier, le Vendredi saint, le 25 décembre et lors de cérémonies officielles. 600 ptas. ☏ 954 22 71 63.

Hospital de los Venerables – Visite obligatoirement guidée (20 mn) de 10 h à 14 h et de 16 h à 20 h. Fermé le Vendredi saint et le 25 décembre. 500 ptas. ☏ 954 56 26 96.

Museo de Bellas Artes – Visite de 15 h à 20 h le mardi ; de 9 h à 15 h du mercredi au dimanche. Fermé le lundi et les jours fériés. 250 ptas. ☏ 954 22 18 19.

Casa de Pilatos – Visite de 10 h à 18 h (19 h en été). 500 ptas par étage. ☏ 954 22 52 98.

Museo Arqueológico – Visite de 9 h à 20 h. Fermé le lundi, les 1er et 6 janvier, le 10 avril, le 1er mai, le 12 octobre, le 2 novembre, les 7, 24, 25 et 31 décembre. 250 ptas. Entrée libre pour les ressortissants des pays de l'UE. ☏ 954 23 24 01.

Hospital de la Caridad – Visite de 9 h 30 à 13 h 30 et de 15 h 30 à 18 h 30 ; les dimanches et jours fériés de 9 h à 13 h. 400 ptas. ☏ 954 22 32 32.

Couvent Santa Paula – Visite de 10 h à 12 h 30 et de 16 h 30 à 18 h 30. Fermé le lundi et lors de retraites. ☏ 954 42 13 07.

Église del Salvador – Visite de 9 h à 10 h et de 18 h 30 à 21 h. ☏ 954 21 12 34.

La « Tour de l'Or »

Palacio de Lebrija – Visite de 17 h à 19 h. Fermé les jours fériés. ☏ 954 23 81 32

Archivo General de Indias – Visite sur rendez-vous de 10 h à 13 h. Fermé le samed? le dimanche et les jours fériés. ☏ 954 22 96 44.

Chapelle San José – Visite de 19 h à 21 h ; le dimanche de 11 h à 12 h ☏ 954 22 32 42.

Isla Mágica – Demander horaires et prix au ☏ 954 48 70 00.

...rtuja-Centro Andaluz de Arte Contemporáneo – Visite de 10 h à 20 h (15 ...he). Fermé le lundi. 300 ptas. Entrée libre le mardi. ☏ 954 48 06 11.

...d'avril à septembre de 9 h à 21 h (15 h le dimanche) ; le reste de l'anné ...16 h le dimanche) Fermé le lundi. 250 ptas. Entrée libre pour le ...s pays de l'UE. ☏ 955 99 73 76.

SIGÜENZA

Pl. Mayor 1 (Ayuntamiento) - 19250 - ☎ 949 39 32 51

Cathédrale – Visite de mars à novembre de 10 h à 14 h et de 17 h à 19 h ; le reste de l'année de 11 h à 14 h et de 16 h à 19 h. Possibilité de visite guidée dans quelques dépendances fermées à la visite libre. 300 ptas. ☎ 949 39 14 40.

Museo de Arte Antiguo – Visite d'avril à septembre de 12 h à 14 h et de 16 h 30 à 18 h, les samedis, dimanches et jours fériés de 11 h à 14 h et de 17 h à 19 h ; d'octobre à mars uniquement les samedis, dimanches et jours fériés de 12 h à 14 h et de 16 h 30 à 18 h. Fermé le lundi. 200 ptas. ☎ 949 39 10 23.

SIRESA

Église – Visite en été de 10 h 30 à 13 h et de 16 h à 20 h. En hiver demander les clefs au gardien, au 1er étage du bar Pirineos.

SITGES

Sinia Morera 1 - 08870 - ☎ 938 84 50 04

Museu del Cau Ferrat – Visite de 9 h 30 à 14 h et de 16 h à 18 h (21 h du 1er juillet au 15 septembre) ; le samedi de 9 h 30 à 20 h ; les dimanches et jours fériés de 9 h à 14 h. Fermé le lundi, le 1er janvier, le 24 juin, le 24 août, le 23 septembre et les 25 et 26 décembre. 500 ptas. Entrée libre le premier mercredi du mois. ☎ 938 94 03 64.

Museu Maricel del Mar – Mêmes conditions de visite que le Museu del Cau Ferrat. ☎ 938 94 03 64.

Casa Llopis – Visite de 9 h 30 à 14 h et de 16 h à 18 h (20 h le samedi, 21 h du 1er juillet au 15 septembre). Fermé l'après-midi les dimanches et jours fériés. 500 ptas. Entrée libre le premier mercredi du mois. Visite du Musée romantique obligatoirement guidée (50 mn) aux heures de pointe. ☎ 938 94 29 69.

SOBRADO DOS MONXES

Monastère – Visite de 10 h 15 (12 h 15 les dimanches et jours fériés) à 13 h 15 et de 16 h 15 à 18 h 30. 100 ptas. ☎ 981 78 75 09.

SOLSONA

Carret. Basella 1 - 25280 - ☎ 973 48 23 10

Cathédrale – Visite de 8 h à 13 h et de 16 h à 20 h (17 h à 21 h en juillet et août). ☎ 973 48 06 19.

Musée diocésain et comarcal – Visite de 10 h à 13 h et de 16 h à 18 h (16 h 30 à 19 h du 1er mai au 30 septembre) ; les dimanches et jours fériés de 10 h à 14 h. Fermé les lundis non fériés, les 1er janvier et 25 décembre. 300 ptas. ☎ 973 48 21 01.

SORIA

Pl. Ramón y Cajal - 42003 - ☎ 975 21 20 52

Museo Numantino – Visite de mai à septembre de 9 h à 14 h et de 17 h à 21 h ; le reste de l'année de 9 h à 20 h 30. Fermé le lundi, l'après-midi les dimanches et jours fériés, le 1er janvier, en juin le jeudi de « La Saca » et le dimanche des « Calderas », le 2 octobre et le 25 décembre. 200 ptas. Entrée libre les samedis et dimanches. ☎ 975 22 13 97.

Cathédrale San Pedro – Visite de 10 h 30 à 14 h et de 16 h à 18 h (17 h à 21 h de mai à septembre) ; les dimanches et jours fériés de 10 h à 14 h. Fermé le lundi. 100 ptas. ☎ 975 24 01 79.

San Juan de Duero – Visite de juin à août de 10 h à 14 h et de 17 h à 21 h ; en avril, mai, septembre et octobre de de 10 h à 14 h et de 16 h à 19 h ; le reste de l'année de 10 h à 14 h et de 15 h 30 à 18 h ; les dimanches et jours fériés de 10 h à 14 h. Fermé le lundi, le 1er janvier, le 26 juin, le 2 octobre et le 25 décembre. 100 ptas. Entrée libre les samedis et dimanches. ☎ 975 22 13 97.

Ermita de San Saturio – Visite de 10 h 30 à 14 h et de 16 h à 18 h 30 (17 h à 21 h de mai à septembre). ☎ 975 18 07 06.

Excursion

Ruines de Numance – Visite de juin à août de 10 h à 14 h et de 17 h à 21 h ; en avril, mai, septembre et octobre de 10 h à 14 h et de 16 h à 19 h ; le reste de l'année de 10 h à 14 h et de 15 h 30 à 18 h ; les dimanches et jours fériés de 10 h à 14 h. Fermé le lundi, le dernier dimanche de juin et le 2 octobre. 100 ptas. ☎ 975 21 20 52.

SOS DEL REY CATÓLICO

Église San Esteban – Visite de 10 h à 13 h (12 h les dimanches et jours fériés) et de 15 h 30 à 17 h 30 (16 h à 18 h d'avril à octobre). 100 ptas. ☎ 948 88

T

TALAVERA DE LA REINA 🔲 Ronda del Cañillo (Torreón) - 45600 - ☎ 925 82 63 22

Basílica de la Virgen del Prado – Visite de 10 h à 11 h et de 16 h à 17 h. Fermé les dimanches et jours fériés. ☎ 925 80 14 45.

TARAZONA 🔲 Iglesias 5 - 50500 - ☎ 976 64 00 74

Cathédrale – Fermé pour travaux.

TARRAGONA 🔲 Fortuny 4 - 43001 - ☎ 977 23 24 15
🔲 Major 39 - 43003 - ☎ 977 24 50 64

Passeig Arqueològic – Visite de juin à septembre de 9 h à 24 h ; en avril et mai de 10 h à 13 h 30 et de 15 h 30 à 18 h ; d'octobre à mars de 10 h à 13 h 30 et de 15 h 30 à 17 h 30 ; les dimanches et jours fériés de 9 h à 15 h (10 h à 14 h d'octobre à mars). Fermé le lundi, les 1er et 6 janvier, 1er mai, 11 septembre, 24, 25, 26 et 31 décembre. 450 ptas. ☎ 977 24 57 96.

Museu Nacional Arqueològic – Visite du 16 juin au 15 septembre de 10 h 30 à 14 h et de 16 h à 19 h ; le reste de l'année de 10 h à 13 h 30 et de 16 h à 19 h ; les dimanches et jours fériés de 10 h à 14 h. Fermé le lundi, les 1er et 6 janvier, 1er mai, 11 septembre, 24, 25 et 26 décembre. 300 ptas. ☎ 977 23 62 09.

Recinto Monumental del Pretori i Circo Romà – Visite de juin à septembre de 9 h à 20 h (15 h les dimanches et jours fériés) ; le reste de l'année de 10 h à 13 h 30 (14 h les dimanches et jours fériés) et de 16 h à 18 h 30. Fermé l'après-midi les dimanches et jours fériés, le lundi, les 1er et 6 janvier, 1er mai, 11 septembre, 25 et 26 décembre. 450 ptas. ☎ 977 24 27 52.

Amphithéâtre – Visite de juin à septembre de 9 h à 20 h (15 h les dimanches et jours fériés) ; en avril et mai de 10 h à 13 h 30 (14 h les dimanches et jours fériés) et de 15 h 30 à 18 h 30 ; le reste de l'année de 10 h à 13 h 30 et de 15 h 30 à 17 h 30. Fermé le lundi, l'après-midi les dimanches et jours fériés, les 1er et 6 janvier, 1er mai, 11 septembre, 25, 26 et 31 décembre. 450 ptas. ☎ 977 24 25 79.

Forum Romà – Mêmes conditions de visite que l'amphithéâtre. ☎ 977 23 34 15.

Musée et nécropole paléochrétienne – Mêmes conditions de visite que le Museu Nacional Arqueològic. ☎ 977 21 11 75.

Cathédrale – Visite du 1er juillet au 15 octobre de 10 h à 19 h ; du 16 mars au 30 juin de 10 h à 13 h et de 16 h à 19 h ; du 16 octobre au 15 novembre de 10 h à 12 h 30 et de 15 h à 18 h ; du 16 novembre au 15 mars de 10 h à 14 h. Fermé les dimanches et jours fériés. 300 ptas. ☎ 977 23 86 85.

Musée diocésain – Mêmes conditions de visite que la cathédrale.

Tarragone – La cathédrale

Museu-Casa Castellarnau – Mêmes conditions de visite que le Recinto Monumental del Pretorio. ☎ 977 24 22 20.

Environs

Mausolée de Centcelles – Visite de 10 h à 13 h 30 et de 16 h à 19 h 30 (15 h à 17 h 30 d'octobre à mai). Fermé le lundi, l'après-midi les dimanches et jours fériés, les 1er et 6 janvier, 1er mai, 11 septembre, 25, 26 et 31 décembre. 300 ptas. ☎ 977 52 33 74.

TAÜLL

Église Sant Climent – Visite de juillet à octobre de 10 h à 14 h et de 16 h à 20 h ; de novembre à juin de 10 h 30 à 14 h et de 16 h à 18 h. 100 ptas. ☎ 973 69 61 79.

TERRASSA

🛈 Raval de Montserrat 14 - 08221 - ☎ 937 39 70 19

Ensemble monumental des églises Sant Pere – Visite de 10 h à 13 h 30 et de 16 h à 19 h ; le dimanche de 11 h à 14 h. Fermé le lundi et les jours fériés. ☎ 937 39 70 19 ou 937 89 27 55.

Museu de la Ciència i de la Tècnica de Catalunya – Visite de 10 h à 19 h (14 h 30 en juillet et août). Fermé le lundi et les 1er janvier, 25 et 26 décembre. 400 ptas. Entrée libre le premier dimanche du mois. ☎ 937 36 89 66.

Museu Téxtil – Visite de 9 h à 18 h (21 h le jeudi) ; les samedis et dimanches de 10 h à 14 h. Fermé le lundi et les jours fériés. 300 ptas. Entrée libre le premier dimanche du mois et le 18 mai. ☎ 937 31 49 80.

TERUEL

🛈 Tomás Nougués 1 - 44001 - ☎ 978 60 22 79

Museo provincial – Visite de 10 h à 14 h et de 16 h à 19 h. Fermé le lundi, l'après-midi les samedis et dimanches et les jours fériés. Entrée libre. ☎ 978 60 01 50.

Cathédrale – Visite de 9 h à 14 h et de 17 h à 21 h. ☎ 978 60 22 75.

Chapelle funéraire des amants de Teruel – Visite de 10 h (10 h 30 les dimanches et jours fériés) à 14 h et de 17 h à 20 h. Fermé le lundi. 50 ptas. ☎ 978 60 21 67.

TEVERGA

Collégiale San Pedro – Visite sur rendez-vous. ☎ 985 76 42 75.

TOLEDO

🛈 Puerta de Bisagra - 45003 - ☎ 925 22 08 43

Cathédrale – Visite de 10 h 30 à 13 h et de 15 h 30 à 18 h (19 h de mai à septembre). Fermé le matin le 1er janvier, les dimanches des Rameaux, de Pâques et de la Fête-Dieu, le 15 août et l'après-midi le Jeudi saint, les 24, 25 et 31 décembre. 500 ptas. Entrée libre le mercredi après-midi. ☎ 925 22 22 41.

Église Santo Tomé – Visite de 10 h à 13 h 45 et de 15 h 30 à 17 h 45 (18 h 45 en été). Fermé les 1er janvier et 25 décembre. 150 ptas. ☎ 925 25 60 98.

Casa-museo de El Greco – Visite de 10 h à 14 h et de 16 h à 18 h. Fermé le lundi, l'après-midi les dimanches et jours fériés, les 1er janvier et 25 décembre. 400 ptas. Entrée libre l'après-midi les samedis et dimanches. ☎ 925 22 40 46.

Sinagoga del Tránsito – Mêmes conditions de visite que la maison du Greco. 400 ptas. ☎ 925 22 36 65.

Santa María la Blanca – Visite de 10 h à 14 h et de 15 h 30 à 18 h (19 h en été). Fermé les 1er janvier et 25 décembre. 150 ptas. ☎ 925 22 72 57.

Monastère San Juan de los Reyes – Visite de 10 h à 13 h 45 et de 15 h 30 à 17 h 45 (18 h 45 en été). Fermé les 1er janvier et 25 décembre. 150 ptas. ☎ 925 22 38 02.

Museo de los Concilios y de la Cultura Visigótica – Visite de 10 h à 14 h et de 16 h à 18 h 30. Fermé le lundi, l'après-midi les dimanches et jours fériés, les 1er janvier et 25 décembre. 100 ptas. Entrée libre l'après-midi les samedis et dimanches. ☎ 925 22 78 72.

Museo de Santa Cruz – Visite le lundi de 10 h à 14 h et de 16 h à 18 h 30 ; du mardi au samedi de 10 h à 18 h 30 ; les dimanches et jours fériés de 10 h à 14 h. Fermé les 1er janvier et 25 décembre. 200 ptas. Entrée libre l'après-midi les samedis et dimanches. ☎ 925 22 10 36.

Alcázar – Visite de 10 h à 13 h 30 et de 16 h à 17 h 30 (18 h 30 en été). Fermé le lundi, les 1er janvier et 25 décembre. 125 ptas. ☎ 925 22 30 38.

Taller del Moro – Visite de 10 h à 14 h et de 16 h à 18 h 30. Fermé le lundi, l'après-midi les dimanches et jours fériés, les 1er janvier et 25 décembre. ☎ 925 22 71 15.

Hospital de Tavera – Visite obligatoirement guidée (30 mn) de 10 h 30 à 13 h 30 et de 15 h 30 à 18 h. Fermé le lundi, les 1er janvier et 25 décembre. 500 ptas. ☎ 925 22 04 51.

TORDESILLAS

Couvent Santa Clara – Visite obligatoirement guidée (1 h) d'avril à septembre de 10 h à 13 h et de 15 h 30 à 18 h 30 ; le reste de l'année de 10 h 30 à 13 h et de 16 h à 17 h 30 ; les dimanches et jours fériés de 10 h 30 à 13 h 30 et de 15 h 30 à 17 h 30. Fermé le lundi, les 1er et 6 janvier, le Jeudi saint après-midi, le Vendredi saint, le 23 avril, le jour de la Fête-Dieu, deux jours en septembre (non déterminés) et les 24, 25 et 31 décembre. 425 ptas. Entrée libre le mercredi pour les ressortissants des pays de l'UE. ☎ 983 77 00 71.

TORO

Collégiale – Visite de 10 h à 13 h et de 17 h à 20 h (16 h à 18 h d'octobre à décembre). Fermé en janvier, le lundi et le vendredi matin. ☎ 980 69 03 88.

Église San Lorenzo – Fermée pour restauration. ☎ 980 69 03 88.

TORRECIUDAD

Sanctuaire – Visite du 16 juin au 15 septembre de 10 h (9 h les dimanches et jours fériés) à 14 h et de 16 h 30 à 20 h 30 ; du 1er mai au 15 juin de 10 h (9 h les dimanches et jours fériés) à 14 h et de 16 h à 19 h 30 (20 h 30 les samedis, dimanches et jours fériés) ; le reste de l'année de 10 h à 14 h et de 16 h à 19 h. ☎ 974 30 40 25.

TORTOSA
🛈 Pl. del Bimil.lenari - 43500 - ☎ 977 51 08 22

Cathédrale – Visite de 8 h à 13 h et de 17 h à 20 h. ☎ 977 44 17 52.

Palais épiscopal – Visite de 10 h à 14 h. Fermé les dimanches et jours fériés. ☎ 977 44 07 00.

Collèges royaux – Visite du lundi au vendredi de 9 h à 13 h 30 et de 16 h à 19 h et le premier samedi du mois de 9 h à 14 h. Fermé le deuxième lundi du mois et les jours fériés. Entrée libre. ☎ 977 44 15 25.

Arxiu d'Història comarcal de les Terres de l'Ebre – Visite du 1er juin au 14 septembre de 8 h à 15 h ; le reste de l'année de 9 h à 13 h 30 et de 16 h à 19 h ; le samedi toute l'année de 9 h à 14 h. Fermé les dimanches et jours fériés. ☎ 977 44 15 25.

TOSSA DE MAR
🛈 Av. El Pelegrí 25 - 17320 - ☎ 972 34 01 08

Musée municipal – Visite de 10 h à 13 h et de 15 h à 18 h (19 h du 1er juin au 30 septembre). Fermé le lundi et le 25 décembre. 200 ptas. ☎ 972 34 07 09.

TREMP
🛈 Pl. de la Creu 1 - 25620 - ☎ 973 65 00 50

Église Santa Maria – Visite de 9 h à 13 h et de 17 h 30 à 19 h 30. ☎ 973 65 06 90.

TRUJILLO
🛈 Pl. Mayor - 10200 - ☎ 927 32 26 77

Église Santa María – Visite de 10 h 30 à 14 h et de 16 h 30 à 19 h (17 h à 20 h de mai à septembre). 50 ptas. ☎ 927 32 26 77.

TUDELA
🛈 Pl. Vieja 1 - 31500 - ☎ 948 82 15 39

Cathédrale – Visite de 9 h à 13 h et de 16 h à 19 h. Fermé le lundi et l'après-midi les dimanches et jours fériés. ☎ 948 41 17 93.

TUI
🛈 Puente Tripes, Av. de Portugal - 36700 - ☎ 986 60 17 89

Cathédrale – Visite de 10 h 30 à 13 h 30 et de 16 h à 19 h (16 h 30 à 20 h en été). Le musée diocésain est fermé en hiver. 200 ptas en hiver, 250 ptas en été, visite du musée incluse. ☎ 986 60 31 07.

U

ÚBEDA
🛈 Av. Cristo Rey 2 - 23400 - ☎ 953 75 08 97

Église El Salvador – Pour visiter, s'adresser à la sacristie. ☎ 953 75 08 97.

UCLÉS

Castillo-monasterio – Visite de 9 h 30 à 20 h. 200 ptas. ☎ 969 13 50 58.

V

VALBOA

Pazo de Oca – Visite des jardins uniquement de 10 h à 14 h et de 16 h à 20 h. 500 ptas. Entrée libre le matin les lundis non fériés. ☎ 981 58 74 35.

VALDEDIOS

Église San Salvador – Visite de 11 h à 13 h et de 16 h 30 à 18 h. Fermé le lundi et, de novembre à avril, l'après-midi tous les jours. ☎ 985 97 69 55.

Monastère – Visite obligatoirement guidée de 11 h à 13 h et de 16 h à 18 h. Fermé un mois par an (indéterminé), le lundi et, de novembre à avril, l'après-midi tous les jours. ☎ 985 89 23 24.

VALÈNCIA

🛈 Pl. del Ayuntamiento 1 – 46002 – ☎ 963 51 04 17
🛈 Av. Cataluña 5 – 46010 – ☎ 963 69 79 32
🛈 C/ Paz 48 – 46003 – ☎ 963 94 22 22

Centro de Interpretación del Racó de l'Olla – Visite de 9 h à 14 h et de 15 h 30 (15 h les samedis, dimanches et jours fériés) à 17 h 30. Fermé l'après-midi les lundis, mercredis et vendredis. ☎ 961 62 73 45.

Museu Blasco Ibàñez – Visite de 9 h 15 à 14 h et de 16 h 30 à 20 h. Fermé le lundi et l'après-midi le dimanche. Entrée libre. ☎ 963 56 47 86.

Museu Fallero – Visite de 10 h à 14 h et de 16 h à 19 h ; les samedis, dimanches et jours fériés de 10 h à 14 h. Fermé le dimanche de juin à octobre et les 1er et 6 janvier, 19 mars et 25 décembre. 300 ptas. ☎ 963 47 96 23.

Cathédrale – Visite de 10 h 30 à 13 h et de 16 h 30 à 18 h 30. ☎ 963 91 81 27.
Le Miguelete – Visite de 10 h à 13 h et de 16 h 30 à 19 h. 200 ptas.
Musée – Visite de 10 h à 13 h et de 16 h 30 à 18 h (19 h de juin à septembre). Fermé le dimanche et l'après-midi des jours fériés et de décembre à mars. 200 ptas.

Museu de la Ciutat – Visite de 9 h 30 à 14 h et de 17 h 30 à 20 h. Fermé l'après-midi le dimanche. Entrée libre. ☎ 963 91 02 19.

Cripta Arqueológica de la Cárcel de San Vicente – Visite de 9 h 30 à 14 h et de 17 h 30 à 20 h. Fermé le lundi et l'après-midi le dimanche. Entrée libre. ☎ 963 94 14 17.

Nuestra Señora de los Desamparados – Visite de 7 h à 14 h et de 16 h à 21 h. ☎ 963 91 92 14.

Palacio de la Generalidad – Visite obligatoirement guidée (45 mn) sur rendez-vous. ☎ 963 86 34 61.

Église San Nicolás – Fermé pour restauration. ☎ 963 91 33 17.

Lonja – Visite de 9 h à 14 h (13 h 30 le dimanche) et de 17 h à 19 h. Fermé le lundi, e samedi, l'après-midi le dimanche, les jours fériés et lors des inaugurations d'expositions temporaires. ☎ 963 52 54 78.

Église de los Santes Juanes – Visite de 8 h (7 h 30 en été) à 13 h et de 18 h à 20 h. ☎ 963 52 63 54.

Museu de Cerámica – Fermé pour réorganisation. ☎ 963 51 63 92.

Museu San Pio V – Visite de 10 h à 14 h et de 16 h à 18 h. Fermé le lundi, l'après-midi es dimanches et jours fériés, le 1er janvier, le Vendredi saint et le 25 décembre. ☎ 963 60 57 93.

Colegio del Patriarca – Visite de 11 h à 13 h 30 ainsi que de 17 h à 19 h du 15 au 31 juillet et du 1er au 15 septembre. Fermé le Vendredi saint. 100 ptas. ☎ 963 51 41 76.

Torres de Serranos – Visite de 9 h à 14 h et de 16 h 15 à 20 h. Fermé le lundi, le samedi après-midi, le dimanche et les jours fériés. ☎ 963 91 90 70.

Institut valencien d'Art moderne (IVAM) – **Centre Julio González** : visite de 10 h à 19 h ; 350 ptas (entrée libre le dimanche). **Centre del Carmen** : visite de 11 h à 14 h 30 et de 16 h 30 à 19 h ; entrée libre. Fermé le lundi, le 1er janvier, le Vendredi saint et le 25 décembre. ☎ 963 86 30 00.

Museu de Prehistoria – Visite de 9 h 15 à 14 h et de 16 h à 20 h. Fermé le lundi et l'après-midi les dimanches et jours fériés. ☎ 963 52 54 78 (poste 1097).

Museu d'Etnologia – Visite de 10 h à 14 h 30 et de 16 h à 19 h (17 h à 20 h de mi-juin à mi-septembre). Fermé le lundi, le 1er janvier, le 1er mai et le 25 décembre. ☎ 963 88 36 29.

Jardin botanique – Visite de juin à août de 10 h à 21 h ; en avril, mai et septembre de 10 h à 20 h ; en mars et octobre de 10 h à 19 h ; le reste de l'année de 10 h à 18 h. 0 ptas. ☎ 963 91 16 57.

VALLADOLID

Museo Nacional de Escultura Policromada – Visite de 10 h à 14 h et de 16 h à 18 h. Dernière entrée 15 mn avant la fermeture. Fermé le lundi, l'après-midi les dimanches et jours fériés, les 1er et 6 janvier, 1er et 13 mai, 8 septembre, 24, 25 et 31 décembre. 400 ptas. Entrée libre le samedi après-midi, les dimanches et jours fériés, le 18 mai, le 12 octobre et le 6 décembre. ☎ 983 25 03 75.

Cathédrale – Visite de 10 h à 13 h 30 et de 16 h 30 à 19 h ; le samedi de 10 h à 14 h ; les dimanches et jours fériés de 10 h à 14 h et de 17 h 45 à 18 h 45. Fermé le lundi. ☎ 983 30 43 62.
Musée : également fermé l'après-midi les dimanches et jours fériés. 350 ptas.

Église de las Angustias – Visite de 9 h 30 à 13 h et de 17 h 30 à 20 h 30 ; les dimanches et jours fériés de 10 h à 14 h.

Museo oriental – Visite de 16 h à 19 h ; les dimanches et jours fériés de 10 h à 14 h ; pendant la Semaine sainte de 11 h à 14 h et de 16 h à 19 h. 400 ptas. ☎ 983 30 68 00.

Casa de Cervantes – Visite obligatoirement guidée (30 mn) de 9 h 30 à 15 h 30 ; les dimanches et jours fériés de 10 h à 15 h. Fermé le lundi, les 1er et 6 janvier, 1er et 13 mai, 8 septembre, 24, 25 et 31 décembre. 400 ptas. ☎ 983 30 88 10.

VALLBONA DE LES MONGES

Monastère – Visite obligatoirement guidée (45 mn) de 10 h 30 (12 h le dimanche et les jours fériés) à 13 h 30 et de 16 h 30 à 18 h 45 (18 h du 1er novembre au 28 février). Fermé le lundi, les 1er janvier et 25 décembre. 250 ptas. ☎ 973 33 02 66.

La VALL D'UIXO

Grutes de Sant Josep – Visite obligatoirement guidée (45 mn). Voir horaires sur place. Fermé le 1er janvier et le 25 décembre. 850 ptas. ☎ 964 69 05 76.

VALLE DE LOS CAÍDOS

Basilique et croix – Visite du 1er avril au 30 septembre de 9 h 30 à 19 h ; le reste de l'année de 10 h à 18 h. Fermé le lundi, les 1er et 6 janvier, 17 juillet, 10 août, 24, 25 et 31 décembre. 650 ptas. **Montée en funiculaire** : 350 ptas. ☎ 918 90 56 11.

VALPORQUERO

Cuevas – Visite obligatoirement guidée (1 h 15) de juin à septembre tous les jours de 10 h à 14 h et de 16 h à 19 h ; en avril et mai les week-ends et jours fériés de 10 h à 17 h ; en octobre les vendredis, samedis et dimanches de 10 h à 17 h. 575 ptas. ☎ 987 29 22 43.

VEGA DEL REY

Église Santa Cristina de Lena – Visite de 10 h à 13 h et de 16 h à 18 h. Fermé le lundi. ☎ 985 49 38 83.

Monastère de VERUELA

Visite du 1er avril au 30 septembre de 10 h à 14 h et de 16 h à 19 h ; le reste de l'année de 10 h à 13 h et de 15 h à 18 h. 200 ptas. ☎ 976 64 90 25.

VIC

Cathédrale – Visite de 10 h à 13 h et de 16 h à 19 h. Fermé le lundi. 300 ptas. Entré libre le dimanche matin. ☎ 938 86 01 18.

Museu Episcopal – Visite de 10 h à 13 h toute l'année ainsi que de 16 h à 18 h d 15 mai au 14 octobre. Fermé le 25 décembre. 300 ptas. ☎ 938 86 22 14.

VIELHA

VILAFAMÉS

Museo Popular de Arte Contemporáneo – Visite de 11 h à 13 h (14 h les samedis dimanches et jours fériés sauf de mi-juin à mi-septembre) et de 17 h (16 h les samedis dimanches et jours fériés sauf de mi-juin à mi-septembre) à 19 h (20 h de mi-juin mi-septembre). 200 ptas. ☎ 964 32 91 52.

VILANOVA I LA GELTRÚ

Casa Papiol – Visite de 9 h 30 à 13 h 15 (10 h à 13 h les samedis et dimanches) de 16 h à 17 h 15 (17 h le samedi). Fermé l'après-midi le dimanche, le lundi et le jours fériés. 200 ptas. Entrée libre le dimanche. ☎ 938 93 03 82.

Bibliothèque-musée Balaguer – Visite de 10 h à 13 h 30 et de 16 h 30 à 18 h 30 (de 18 h à 21 h le jeudi, de 16 h 30 à 19 h du 1er juin au 30 septembre). Fermé l'après-midi les dimanches et jours fériés, le lundi, le 1er janvier, la Semaine sainte, le 1er mai, le 5 août, les 25 et 26 décembre. 300 ptas. Entrée libre le jeudi après-midi et le premier dimanche du mois. ☎ 938 15 42 02

Museu del Ferrocarril – Visite du 15 juin au 15 septembre de 10 h à 14 h et de 17 à 19 h ; le reste de l'année de 10 h à 17 h. Fermé le lundi, l'après-midi les samedis, dimanches et jours fériés, les 1er et 6 janvier, 25 et 26 décembre. 500 ptas. ☎ 938 15 84 91.

VILLALCÁZAR DE SIRGA

Église Santa María la Blanca – Visite sur rendez-vous. ☎ 979 88 80 76.

VILLENA

Museo Arqueológico – Visite de 10 h à 14 h et de 17 h à 20 h ; les samedis, dimanches et jours fériés de 11 h à 13 h 30. Fermé le lundi, les 1er janvier, 1er mai, 15 août, 8 septembre et 25 décembre. ☎ 965 80 11 50 (poste 50).

Église Santiago – Visite de 8 h 30 à 12 h et de 18 h 30 à 20 h. ☎ 965 81 39 19.

Las VIRTUDES

Sanctuaire Nuestra Señora – Visite de 10 h à 21 h (18 h d'octobre à mars). Fermé le mardi. ☎ 926 33 82 35.

X – Y – Z

XÀTIVA / JÁTIVA   🛈 Alameda Jaume I 50 – 46800 – ☎ 962 27 33 46

Musée – Visite de 10 h à 14 h (9 h 30 à 14 h 30 de mi-juin à mi-septembre) et de 16 h à 18 h. Fermé le lundi, l'après-midi les samedis, dimanches et jours fériés, et les 1er janvier, 22 mai, 24, 25, 26 et 31 décembre. 300 ptas. Entré libre le mardi. ☎ 962 27 65 97.

Ermitage Sant Feliu – Visite de 10 h à 13 h et de 16 h (15 h d'octobre à mars) à 18 h. Fermé l'après-midi les dimanches et jours fériés. ☎ 962 27 33 46.

Château – Visite de 10 h à 13 h et de 15 h 30 à 18 h (19 h en été), sans interruption les samedis, dimanches et jours fériés. Fermé le lundi, les 1er janvier, 24, 25 et 31 décembre. 300 ptas. Entrée libre le mardi. ☎ 962 27 33 46.

ZAFRA   🛈 Pl. de España – 06300 – ☎ 924 55 10 36

Église de la Candelaria – Visite de 10 h 30 à 13 h. ☎ 924 55 01 28.

ZAMORA   🛈 Santa Clara 20 – 49014 – ☎ 980 53 18 45

Museo de la Semana Santa – Visite de 10 h à 14 h et de 16 h à 19 h (17 h à 20 h en été). Fermé l'après-midi les dimanches et jours fériés. 300 ptas. ☎ 980 53 22 95.

Cathédrale – Visite de 9 h à 14 h et de 16 h à 18 h (17 h à 20 h d'avril à septembre). ☎ 980 52 03 14.

Musée : ouvert à partir de 11 h. Fermé le lundi matin et le dimanche après-midi. 300 ptas.

ZARAGOZA   🛈 Torreón de la Zuda-Glorieta Pio XII – 50003 – ☎ 976 39 35 37

La Seo – Visite obligatoirement guidée de 12 h à 13 h et de 17 h à 20 h ; visite libre de 13 h à 14 h ; le dimanche de 10 h à 14 h. Fermé le lundi. Entrée libre. ☎ 976 39 74 97.

Lonja – Visite lors des expositions de 10 h à 14 h et de 17 h à 21 h. Fermé le lundi, l'après-midi les dimanches et jours fériés, le 1er janvier, les 24 (après-midi), 25 et 31 (après-midi) décembre ainsi que lors de l'installation et du démontage des expositions. ☎ 976 39 72 39.

Museo Pilarista – Visite de 9 h à 14 h et de 16 h à 18 h. 150 ptas. ☎ 976 29 95 64.

Aljafería – Visite de 10 h à 14 h et de 16 h 30 à 18 h 30 (16 h à 20 h de mai à octobre). Fermé l'après-midi les dimanches et jours fériés. 200 ptas. ☎ 976 28 95 28.

ZUMAIA

Musée Ignacio Zuloaga – Visite de mars à mi-septembre du mercredi au dimanche de 16 h à 20 h. 400 ptas. ☎ 943 86 23 41.

Iles Baléares

MALLORCA

Alcúdia
⌖ Carretera de Artà 68 - 07410 - ☎ 971 86 26 15

Museo monográfico de Pollentia – Visite de 10 h à 13 h 30 et de 16 h à 18 h (17 h à 19 h 30 d'avril à septembre). Fermé le lundi, l'après-midi les samedis et dimanches, et les jours fériés. 200 ptas. ☎ 971 54 70 04.

Environs

Coves de Campanet – Visite obligatoirement guidée (45 mn) de 10 h à 18 h (19 h du 26 avril au 25 octobre). Fermé les 1er janvier et 25 décembre. 1 000 ptas. ☎ 971 51 61 30.

Jardins de Alfàbia
Visite du lundi au vendredi de 9 h 30 à 17 h (18 h 30 de mai à septembre) ; le samedi de 9 h 30 à 13 h. Fermé les jours fériés. 400 ptas. ☎ 971 61 31 23.

Coves d'Artà
Visite obligatoirement guidée (40 mn) de 10 h à 17 h (19 h d'avril à octobre). Fermé les 1er janvier et 25 décembre. 900 ptas. ☎ 971 56 32 93.

Cala Rajada
Casa March – Visite obligatoirement guidée (2 h) sur rendez-vous. Fermé les samedis, dimanches et jours fériés. 500 ptas. ☎ 971 56 30 33.

Sanctuaire de Cura
Visite de 10 h à 13 h 30 et de 16 h à 18 h. ☎ 971 66 09 94.

Coves del Drach
Visite obligatoirement guidée (1 h 10) d'avril à octobre à 10 h, 11 h, 12 h, 13 h, 14 h, 15 h, 16 h et 17 h (avec concert) ; le reste de l'année à 10 h 45, 12 h, 14 h et 15 h 30 (avec concert). Fermé les 1er janvier et 25 décembre. 900 ptas. ☎ 971 82 16 17.

Coves dels Hams
Visite obligatoirement guidée (40 mn) d'avril à octobre de 10 h 30 à 13 h 30 et de 14 h 15 à 16 h 30 (avec concert toutes les 20 mn) ou de 16 h 30 à 18 h (sans concert) ; le reste de l'année de 10 h 30 à 13 h 30 et de 14 h 15 à 15 h 30 (avec concert toutes les 20 mn) ou de 15 h 30 à 17 h (sans concert). Fermé les 1er janvier et 25 décembre. 1 200 ptas. ☎ 971 82 09 88.

Muro
Secciòn etnológica del Museo de Mallorca – Visite de 10 h à 14 h et de 16 h à 19 h. Fermé le lundi et l'après-midi les dimanches et jours fériés. 300 ptas. ☎ 971 71 75 40.

Palma
⌖ Santo Domingo 1 - 07001 - ☎ 971 72 40 9C

Cathédrale – Visite de 10 h à 15 h (18 h d'avril à octobre) ; le samedi de 10 h à 14 h. Fermé les dimanches et jours fériés. 300 ptas. ☎ 971 72 31 30.

L'Almudaina – Visite d'avril à septembre de 10 h à 18 h 30 ; le reste de l'année de 10 h à 14 h et de 16 h à 18 h ; les samedis et jours fériés toute l'année de 10 h à 14 h. Fermé le dimanche, sauf en août (ouvert de 10 h 30 à 13 h 30). 450 ptas. Entrée libre le mercredi pour les ressortissants des pays de l'UE. ☎ 971 72 71 45.

Église Santa Eulàlia – Visite de 7 h à 13 h et de 17 h 30 (16 h le samedi) à 20 h 45 ; les dimanches et jours fériés de 8 h à 13 h et de 18 h à 22 h. ☎ 971 71 46 25.

Église Sant Francesc – Visite de 9 h 30 à 12 h 30 et de 15 h à 18 h ; les dimanche et jours fériés de 9 h à 13 h. Fermé les 1er janvier, Vendredi saint, 24 et 25 décembre. 100 ptas. ☎ 971 71 26 95.

Baños árabes – Visite de 9 h à 20 h. 150 ptas. ☎ 971 72 15 49.

Museo de Mallorca – Visite de 10 h à 14 h et de 16 h à 19 h. Fermé le lundi, l'après-midi le dimanche, et les jours fériés. 300 ptas. Entrée libre le samedi après-midi et le dimanche. ☎ 971 71 75 40.

Museo diocesano – Visite de 10 h à 13 h 30 et de 15 h à 18 h (20 h en été). Fermé l'après-midi les samedis, dimanches et jours fériés. 300 ptas. ☎ 971 71 40 63.

La Llotja – N'est ouverte que lors d'expositions de 11 h à 14 h et de 17 h à 21 h, les dimanches et jours fériés de 11 h à 14 h. Fermé le lundi. ☎ 971 71 17 05.

Palau Soleric – Visite de 10 h 30 à 13 h 45 et de 17 h à 20 h 30. Fermé le lundi et l'après-midi les dimanches et jours fériés. ☎ 971 72 20 92.

Pueblo español – Visite de 9 h à 18 h (20 h de mai à septembre). 600 ptas. ☎ 971 73 70 75.

Castillo de Bellver – Visite de 8 h à 20 h (de 10 h à 14 h et de 16 h à 21 h en juillet et août ; de 10 h à 19 h les dimanches et jours fériés). Fermé les dimanches et jours fériés en juillet et août ainsi que les 1er janvier, Vendredi saint, dimanche et lundi de Pâques après-midi et le 25 décembre. 260 ptas. ☎ 971 73 06 57.

Fondació Pilar i Joan Miró – Visite du 15 mai au 15 septembre de 10 h à 19 h, les dimanches et jours fériés de 10 h à 15 h ; le reste de l'année de 11 h à 18 h, les dimanches et jours fériés de 11 h à 15 h. Fermé le lundi, les 1er janvier et 25 décembre. 625 ptas. ☎ 971 70 14 20.

Monastère Sant Salvador

Visite de 7 h 30 à 19 h 30 (22 h en été). ☎ 971 82 72 82.

Son Marroig

Visite de 9 h 30 à 14 h. Fermé le dimanche, les 1er janvier et 25 décembre. 350 ptas. ☎ 971 63 91 58.

Valldemossa

Cartuja – Visite du 1er avril au 30 septembre de 9 h 30 à 13 h et de 15 h à 18 h 30 ; en mars et octobre de 9 h 30 à 13 h et de 15 h à 18 h ; le reste de l'année de 9 h 30 à 13 h et de 15 h à 17 h 30. Fermé le dimanche, les 1er janvier et 25 décembre. 1 000 ptas. ☎ 971 61 21 06.

MENORCA

Ciutadella / Ciudadela

Cathédrale – Visite de 9 h 30 à 13 h et de 17 h à 20 h. ☎ 971 36 37 90.

Maó / Mahón
🛈 Plaça Explanada 40 – 07703 – ☎ 971 36 37 90

Museu Arqueològic – Visite de 10 h à 13 h et de 17 h 30 à 20 h (18 h à 21 h en été). Fermé le lundi, l'après-midi les samedis et dimanches, et les jours fériés. ☎ 971 35 09 55.

IBIZA

Eivissa / Ibiza
🛈 Passeig Vara de Rey 13 – 07800 – ☎ 971 30 19 00

Cathédrale – Visite de 10 h à 13 h. 100 ptas. ☎ 971 31 27 73.

Museu Arqueològic – Visite de 10 h à 13 h et de 16 h à 18 h (17 h à 20 h d'avril à septembre) ; les dimanches et jours fériés de 10 h à 14 h. Fermé le lundi. 300 ptas. Entrée libre le samedi après-midi et le dimanche. ☎ 971 30 12 31.

Museu Monogràfic de Puig de Molins – Visite de 10 h à 13 h et de 16 h à 18 h (17 h à 20 h d'avril à septembre) ; le dimanche de 10 h à 14 h. Fermé le lundi et les jours fériés. 300 ptas. ☎ 971 30 17 71.

les Canaries

TENERIFE

Candelaria

Basilique Nuestra Señora de la Candelaria – Visite de 7 h 30 à 13 h et de 15 h à 19 h 30 (sans interruption les samedis, dimanches et jours fériés). ☎ 922 50 01 00.

Casa de Carta

Musée d'Anthropologie de Tenerife – Visite de 10 h à 17 h ; les dimanches et jours fériés de 10 h à 14 h. Fermé le lundi, les 1er et 6 janvier, le mardi du Carnaval, les 24, 25 et 31 décembre. 500 ptas. Entrée libre le dimanche. ☎ 922 54 30 53.

Los Cristianos

Parque ecológico de las Águilas del Teide – Visite de 10 h à 18 h. 2 200 ptas. ☎ 922 75 30 01.

Cruz del Carmen

Mirador – Visite de 9 h 30 à 15 h (16 h en hiver). ☎ 922 63 35 76.

Guaza

Cactus & Animal Park – Visite (2 h) de 10 h à 18 h (19 h en été). Dernière entrée 2 h avant la fermeture. 1 650 ptas. ☎ 922 79 54 24.

Jardines del Atlántico – Visite de 10 h à 17 h. Départ des visites guidées (conseillées) à 10 h, 11 h 30, 13 h, 15 h 30 et 16 h 15. Fermé le 1er janvier. 1 000 ptas. ☎ 922 72 04 03.

La Laguna

🛈 Obispo Ruy Redondo 1 - 38201 - ☎ 922 60 11 06

Ayuntamiento – Visite guidée (45 mn) de 8 h à 15 h sur rendez-vous. Fermé les samedis, dimanches et jours fériés. ☎ 922 60 11 06.

Cathédrale – Visite du lundi au samedi de 8 h 30 à 13 h 30 (12 h 30 le mardi) et de 17 h 30 à 19 h 30. Fermé l'après-midi le mardi. ☎ 922 25 89 35.

Église de la Concepción – Visite de 10 h 30 à 12 h 30, sauf pendant les offices. 200 ptas. Entrée libre le dimanche. ☎ 922 25 91 30.

Museo de Historia de Tenerife – Visite de 10 h à 17 h (14 h le dimanche). Fermé le lundi. 400 ptas. Entrée libre le dimanche. ☎ 922 63 01 03.

Santuario del Cristo – Visite de 8 h (10 h 30 le samedi) à 13 h 30 et de 16 h à 20 h 30 (21 h le samedi) ; les dimanches et jours fériés de 8 h à 21 h. ☎ 922 25 97 48.

La Orotava

Église de la Concepción (trésor) – Visite de 9 h à 13 h et de 16 h à 20 h ; les dimanches et jours fériés de 10 h à 13 h. Fermé le mercredi après-midi. ☎ 922 33 01 87.

Annexe du jardin botanique – Visite de 9 h à 14 h. Fermé le samedi et le dimanche. ☎ 922 38 35 72.

Musée ethnographique guanche – Visite de 10 h à 19 h 30. Fermé le dimanche. ☎ 922 32 27 25.

Casa de los Balcones (musée) – Visite de 8 h 30 à 18 h 30 (17 h les samedis et jours fériés, 14 h 30 le dimanche). 250 ptas. ☎ 922 33 06 29.

Museo de Artesanía Iberoamericana – Visite de 9 h à 18 h (14 h le samedi) ; les dimanches et jours fériés sur rendez-vous. 350 ptas. ☎ 922 32 33 76.

Puerto de la Cruz

🛈 Plaza de Europa - 38400 - ☎ 922 38 60 00

Lago Martiánez – Visite de 10 h à 18 h. Fermé en mai. 350 ptas. ☎ 922 38 60 00.

Jardín de Aclimatación de la Orotava – Visite de 9 h à 18 h (19 h d'avril à septembre). Fermé les 1er janvier, Vendredi saint et 25 décembre. 100 ptas. ☎ 922 38 35 72.

Loro Parque – Visite de 8 h 30 à 17 h. 2 500 ptas. ☎ 922 38 60 00.

Los Realejos

Église Santiago Apóstol – Visite de 18 h à 21 h ; les dimanches et jours fériés de 9 h à 13 h. Visite sur rendez-vous aux autres heures de la journée. ☎ 922 34 02 61

Santa Cruz de Tenerife

🛈 Plaza de España - 38002 - ☎ 922 24 84 6

Église de la Concepción – Visite de 8 h 30 à 13 h et de 17 h à 20 h. ☎ 922 24 23 84

Museo de la Naturaleza y el Hombre – Visite de 10 h à 20 h. Fermé le lundi, l 1er janvier et le 25 décembre. 400 ptas. Entrée libre le dimanche. ☎ 922 20 93 20

Église San Francisco – Visite de 8 h 30 à 13 h et de 17 h 30 à 18 h 30 ; le dimanch de 9 h à 13 h. ☎ 922 24 45 62.

Parque Maritimo César Manrique – Visite de 9 h à 17 h. ☎ 922 20 29 95.

Tacoronte

Église Santa Catalina – Visite sur rendez-vous. ☎ 922 56 06 91.

Taganana

Église Santa Ana (Nuestra Señora de las Nieves) – Visite sur rendez-vou ☎ 922 59 00 75.

Pico del Teide

Téléphérique – Fonctionne de 9 h à 17 h si les conditions météorologiques le permettent. Fermé les 1er janvier et 25 décembre. 2 000 ptas AR. ☎ 922 38 37 40.

Parc national – Les centres d'accueil del Portillo et de Cañada Blanca sont ouverts de 9 h 15 à 16 h. Possibilité d'excursions pédestres guidées (2 h 30) sur accord préalable. ☎ 922 29 01 29.

GRAN CANARIA

Gáldar

Cueva Pintada – Fermé pour travaux. ☎ 928 55 10 90.

Nécropole de la Guancha – S'informer auprès de la mairie, au ☎ 928 88 00 50.

Maspalomas   🅱 Av. de España (centre commercial Yumbo) - 35100 - ☎ 928 77 15 50

Las Palmas de Gran Canaria

🅱 Parque Santa Catalina - 35007 - ☎ 928 22 09 47

Cathédrale – Visite de 10 h à 17 h ; le samedi de 9 h à 14 h. Fermé le dimanche. 100 ptas. ☎ 928 31 49 89.

Museo Diocesano de Arte Sacro – Visite de 10 h (9 h le samedi) à 13 h 30 et de 14 h 45 à 16 h 30. Fermé le samedi après-midi, le dimanche et les jours fériés. 100 ptas. ☎ 928 31 49 89.

Casa de Colón – Visite de 9 h à 18 h (15 h les samedis et dimanches). Fermé les jours fériés. ☎ 928 31 76 52.

Église San Antonio Abad – Visite sur rendez-vous. ☎ 928 31 42 00.

Centro Atlántico de Arte Moderno – Visite de 10 h à 21 h (14 h le dimanche). Fermé le lundi et les jours fériés ainsi que du 2 au 17 février, du 30 mars au 14 avril et du 1er au 15 septembre. ☎ 928 31 18 24.

Museo Canario – Visite de 10 h à 16 h 30 (14 h les samedis et dimanches). Fermé les jours fériés. 400 ptas. ☎ 928 31 56 00.

Casa Museo Pérez Galdós – Visite obligatoirement guidée (30 mn) de 9 h à 13 h et de 16 h 20 à 20 h. Fermé le samedi et le dimanche. ☎ 928 37 37 45.

Église San Bernardo – Visite de 8 h 15 à 13 h 30 et de 17 h à 18 h. ☎ 928 36 79 70.

Pueblo Canario – Visite de 10 h à 13 h et de 16 h à 20 h ; le dimanche de 11 h à 14 h. Fermé le samedi et les jours fériés. ☎ 928 24 51 35.

Musée Néstor – Visite de 10 h à 13 h et de 16 h à 20 h ; le dimanche de 11 h à 14 h. Fermé le lundi, le samedi, en août, à Noël et les jours fériés. 150 ptas. ☎ 928 24 51 35.

Palmitos Park

Ouvert de 9 h à 18 h. 1 975 ptas. ☎ 928 14 03 66.

Puerto de las Nieves

Ermitage – Ouvert pendant les offices. ☎ 928 89 82 62.

Santa Lucía

Musée guanche – Visite de 9 h à 18 h. 300 ptas. ☎ 928 77 30 80.

Tafira

Jardín Canario – Visite de 8 h à 12 h et de 15 h à 18 h (13 h à 17 h 30 le samedi) ; les dimanches et jours fériés de 10 h à 12 h et de 15 h à 17 h 30. ☎ 928 43 04 15.

Telde

Église San Juan Bautista – Ouverte pendant les offices. ☎ 928 69 02 85.

Teror

Église Nuestra Señora del Pino – Visite de 14 h à 16 h 30 ; les dimanches et jours fériés de 11 h à 14 h et de 15 h 30 à 18 h. **Camarín** : 100 ptas. ☎ 928 63 01 18.

Cenobio de Valerón

Visite de 10 h à 13 h et de 15 h à 17 h. Fermé les samedis, dimanches et jours fériés. ☎ 928 38 13 02.

Vega de San Mateo

Casa-museo Cho Zacarías – Visite de 10 h à 13 h. Fermé les dimanches et jours fériés. ☎ 928 66 06 27.

LANZAROTE

Arrecife

🅸 Parque Municìpal - 35500 - ☎ 928 81 18 60

Musée archéologique et ethnographique – Visite de 10 h à 13 h et de 16 h à 19 h. Fermé le samedi après-midi, le dimanche et les jours fériés. 300 ptas. ☎ 928 81 19 50.

Musée international d'art contemporain – Visite du musée de 11 h à 21 h, du château de 11 h à 13 h. ☎ 928 81 23 21.

El Grifo

Museo del vino – Visite de 10 h 30 à 18 h. Entrée libre. ☎ 928 52 05 00.

Guatiza

Jardín de Cactus – Visite de 10 h à 18 h. 500 ptas. ☎ 928 52 93 97.

Jameos del Agua

Visite de 9 h 30 à 18 h 45. Les mardis et samedis, ouvert également de 19 h à 3 h du matin avec spectacle folklorique à 23 h. 1 000 ptas pour les visites de jour, 1 100 ptas lors des nocturnes. ☎ 928 84 80 20.

Orzola

Bateau pour Graciosa – Passage simple : 900 ptas, AR : 1 700 ptas. ☎ 928 81 17 62.

Mirador del Río

Visite de 10 h à 17 h 45 (18 h 45 de juillet à septembre). 400 ptas. ☎ 908 64 43 18.

Taro de Tahiche

Fundación César Manrique – Visite de juillet à octobre de 10 h à 19 h ; le reste de l'année de 10 h à 18 h (15 h le dimanche). ☎ 928 84 34 63.

Teguise

Museo del Emigrante – Visite de 10 h à 17 h (16 h les samedis et dimanches). 300 ptas. ☎ 928 84 50 01.

Tiagua

Museo Agricola El Patio – Visite de 10 h à 17 h 30 (14 h 30 le samedi). Fermé le dimanche. 600 ptas (dégustation de vin comprise). ☎ 928 52 91 34.

Parc national de Timanfaya

Parcours du parc en autocar de 9 h à 17 h 45. Dernier départ à 17 h. 1 000 ptas, promenade en autocar comprise. ☎ 928 84 00 57.

Tropical Park

Visite de 10 h à 17 h. 1 200 ptas (enfants : 500 ptas). ☎ 928 83 55 00.

Cueva de los Verdes

Ouvert de 10 h à 17 h (18 h d'octobre à mai). Dernière entrée 1 h avant la fermeture. 1 000 ptas. ☎ 928 80 15 00.

FUERTEVENTURA

Betancuria

Église Santa María la Antigua – Visite de 10 h à 17 h ; les dimanches et jours fériés de 11 h à 14 h. ☎ 928 87 80 03.

Museo arqueológico – Visite de 10 h à 17 h ; le dimanche de 11 h à 14 h. Fermé le lundi et certains jours fériés. 100 ptas. ☎ 928 87 82 41.

LA PALMA

Parc national Caldera de Taburiente

Avant d'entreprendre toute excursion, il est recommandé de passer au centre d'accueil des visiteurs, ouvert de 10 h à 14 h et de 16 h à 18 h ou de 10 h à 15 h les samedis, dimanches et jours fériés. ☎ 922 49 72 77.

Roque de los Muchachos

Observatoire – Visite sur rendez-vous. ☎ 922 40 55 00.

Sanctuaire Nuestra Señora de las Nieves

Ouvert de 8 h 30 à 20 h. ☎ 922 41 63 37.

Santa Cruz de la Palma

O'Dally 22 - 38700 - ☎ 922 41 21 06

Église El Salvador – Visite de 10 h à 13 h et de 17 h à 20 h (21 h le samedi) : les dimanches et jours fériés de 7 h 30 à 12 h et de 18 h à 20 h. ☎ 922 41 32 50.

Chapelle de l'ancien couvent Santo Domingo – Pour visiter, demander les clefs à l'église El Salvador. ☎ 922 41 32 50.

El Barco de la Virgen – Visite de 9 h 30 à 14 h et de 16 h à 19 h. Fermé l'après-midi de juillet à septembre inclus, ainsi que les samedis, dimanches et jours fériés. 150 ptas. ☎ 922 41 65 50.

Los Tilos

Centre de recherches – Visite de 9 h à 18 h (17 h en hiver). Fermé le 1er janvier et les 24, 25 et 31 décembre. Entrée libre. ☎ 922 45 12 46.

La GOMERA

Parc national de Garajonay

Visite de 9 h 30 à 16 h 30. Excursions pédestres guidées le mercredi et le samedi sur rendez-vous préalable. Fermé le lundi, le 1er janvier et le 25 décembre. ☎ 922 80 09 93.

HIERRO

Ermitage Nuestra Señora de los Reyes

Pour visiter, demander les clefs dans l'un ou l'autre des villages environnants. ☎ 922 55 03 02.

Index

Les curiosités isolées (château, étang, monastère...) sont répertoriées à leur nom propre.

Les noms précédés de l'un des articles (A, El, Els, Es, La, Las, Les, Los, Sa, Ses, Son) en usage dans les langues parlées sur le territoire espagnol sont classés à leur lettre initiale.

A

B

I

J

H

S